国际汉藏语研究译丛

Selected Readings in Chinese Historical Syntax

境外汉语
历史语法研究文选（第二版）

吴福祥 编

上海教育出版社
SHANGHAI EDUCATIONAL
PUBLISHING HOUSE

出 版 说 明

为了方便国内学者了解国际汉藏语研究领域的进展情况,促进中外语言学研究之间的交流、沟通,相互借鉴,共同提高,本社拟出版"国际汉藏语研究译丛"。这个想法得到了梅祖麟先生的赞许,并给予了实际指导和推动。同时,也得到各位编委的热情支持和大力帮助。

"国际汉藏语研究译丛"所收是近些年来出版或发表的,以汉藏语及相关语言为研究对象的专著,当然还有论文,相关论文以专题研究的形式结集编译出版。

"国际汉藏语研究译丛"将是开放的丛书,既没有出版时间的限定,也不规定具体的品种数,希望随着国际汉藏语研究不断取得新的进展,我们的这套译丛也能常出常新。

上海教育出版社

2004 年 10 月

目　录

序 ………………………………………………… 吴福祥　1

中国语法札记 ………………………………………… 周法高　1

汉语语法的变迁 …………………………………… 太田辰夫　91

从 SVO 到 SOV 语序变化的解释 ……………… 李　讷　安珊迪　125

古汉语句法演变中的韵律制约 ……………………… 冯胜利　139

上古汉语的语序 ………………………………………… 贝罗贝　181

上古汉语中"于"和"在"作介词的用法 …………… 罗　端　包华莉　193

先秦汉语的"之" …………………………………… 余霭芹　211

说中古汉语的使成结构 ……………………………… 魏培泉　275

现代汉语小词"了"的来源 ………………………… 武　果　327

几个闽语虚词在文献上和方言中出现的年代 ……… 梅祖麟　357

江淮官话中的句法变化：地理分布如何揭示扩散的历史 ……… 张　敏　377

迎接一个考证学和语言学结合的汉语语法史研究新局面 ……… 梅　广　429

"施受同辞"刍议

——《史记》中的"中性动词"和"作格动词" ………… 大西克也 451

"使用"和"使因":"使用"和汉语一种使成式的产生 …… 孙朝奋 481

汉语使役句表被动的语义发展 ………………………… 张丽丽 499

北方汉语动词后缀的形态化 …………………………… 柯理思 539

第二版后记 …………………………………………………… 吴福祥 570

序

系统的汉语历史语法研究,若从《马氏文通》的出版算起,迄今已有百余年的历史。《马氏文通》因缺乏历时观念而被视为泛时的文言语法著作,因此严格意义上的汉语历史语法研究,一般认为始于20世纪的三四十年代,开创之作是吕叔湘、王力、丁声树等语言学家发表于这个时期的若干重要论文。半个多世纪以来特别是1980年以后,汉语历史语法研究取得了巨大成绩和长足进步,迄今已成为汉语语言学中充满活力的研究领域之一。

回顾汉语历史语法研究的学术历程,我们不能忘怀境外语言学家在这个领域做出的重要贡献。境外的汉语历史语法研究,虽在成果数量上不及中国内地,但很多研究极具开创性和前沿性。20世纪五六十年代,周法高的上古汉语语法研究、太田辰夫的中古近代汉语语法研究,均体大思精而影响深远;七八十年代,梅祖麟基于结构主义的中古近代语法研究、贝罗贝基于功能主义的语法演变研究,为汉语历史语法研究引入全新的理念和独特的视角,极大地提升了汉语历史语法研究的学术层次和总体水准;降至20世纪90年代,罗端的甲骨金文语法研究、魏培泉的中古近代语法研究、大西克也基于出土材料的上古语法研究、张敏的方言语法史研究以及冯胜利基于韵律制约的语法演变研究等,均异彩纷呈、卓有建树。可以说,50余年来,境外语言学家有关汉语历史语法研究的成果是汉语语言学的一份宝贵的学术资源,值得我们高度重视和认真借鉴。有鉴于此,我们精选了15篇有代表性的学术论文,编成这本《境外汉语历史语法研究文选》。

论文集的编辑工作有幸得到梅祖麟、贝罗贝和柯理思等教授的指导和关心,上海教育出版社对论文集的编辑和出版给予热情帮助和大力支持,谨致谢忱。由于种种原因,还有一些重要论文未能收入本集,这是我们引以为憾的。

我们缺少编辑这类论文集的经验,不当之处敬请读者指正。

吴福祥

2009 年 10 月

于京城齐贤斋

中国语法札记

周法高 著

壹 语音区别词类说

一

中国语中有用声调或其他语音上细微的分别来区别词类的方法。这种方法是从上古遗留下来的,还是汉以后才有的呢?诸家的意见颇不一致。唐初陆德明曾经搜集六朝经师对于经典的音读,写成一部《经典释文》,在序中说:

> 夫质有精粗,谓之好恶(并如字);心有爱憎,称为好恶(上呼报反,下乌路反)。当体即云名誉(音预),论情则曰毁誉(音余)。及夫自败(薄迈反)败他(补迈反)之殊,自坏(乎怪反)坏撤(音怪)之异。此等或近代始分,或古已为别,相承积习,有自来矣。余承师说,皆辨析之。

宋初贾昌朝作《群经音辨》,卷六"辨字音轻浊""辨彼此异音""辨字音疑混"诸门,对于这一类的例子加以搜集。元刘鉴也著有《经史动静字音》(附《切韵指南》后),不过都缺乏系统的整理。清儒如顾炎武、钱大昕、卢文弨、段玉裁等,都认为汉以前无此分别。顾氏《音论》卷下"先儒两声各义之说不尽然"条云:

> 先儒谓一字两声各有意义,如恶字为爱恶之恶,则去声;为美恶之恶,则入声。《颜氏家训》言此音始于葛洪徐邈。乃自晋宋以下,同然一辞,莫有非之者。余考恶字,如《楚辞离骚》有曰:"理弱而媒拙兮,恐导言之不固;时溷浊而嫉贤

兮,好蔽美而称恶。"……此皆美恶之恶,而读去声。汉刘歆《遂初赋》:"何叔子之好直兮,为群邪之所恶;赖祁子之一言兮,几不免乎殂落。"……此皆爱恶之恶,而读入声。乃知去入之别,不过发言轻重之间,而非有此疆尔界之分也。凡书中两声之字,此类实多,难以枚举。

钱氏《十驾斋养新录》卷一"观"条云:

古人训诂寓于声音,字各有义,初无虚实动静之分。好恶异义,起于葛洪《字苑》,汉以前无此分别也。

近人周祖谟著《四声别义释例》①,搜集这一类材料,加以整理。并云:

以余考之,一字两读,决非起于葛洪徐邈,推其本源,盖远自后汉始。魏晋诸儒,第衍其绪余,推而广之耳,非自创也。(p.77)
此种以四声区分语义者,不仅见于书音,抑且见于俗语。然则古代语词分化之途径多端,以声别义,实先民区分文法范畴方式之一种。(p.108)

在周文之先,傅孟真先生对此问题也有所讨论。傅先生《性命古训辨证》上卷:

如此类者,不可以为一字有不类之两读,乃一词缘语法之作用,因其在句中之位置,而有两读。此两读者,乃一源而出之差异,或仅异其声调,或并微异其音质,或缘声调之异而微异其音质。颜〔之推〕说未彻,何〔休〕例诚精,此固古汉语中之绝大问题,当俟语学家解决之也。
此类变化,所表者必为语法的作用,可以无疑:其表示何种语法则未易理解。意者所表者乃多种之语法作用,不限一类,故其头绪不易寻也。如"王"之读去声(《孟子》"可以王",《中庸》"王天下"之王,是一名用词一动用词之差异也)。伐之急言短言(此必别为声调的),是一主呼一受呼之差异也。好恶之读去声,是一静用词(与名用本为一类)一动用词之差异也。正字有征政二读(金文中三字不分),告字有去入两读,疑是一示动作一示所动作之结果之差异也。如斯之例,求之于《释文》,当更多矣②。

主张在上古已有此种区别。

在西洋，远在18世纪，法国马若瑟神父(Prémare)即谓中国语有名词和动词之形态的分别，音调之变化可使名词变为动词，动词变为名词。19世纪末叶，德国康拉迪(Conrady)也认为中国语的动词有及物与不及物(外动与内动)两种的形态的分别。这分别是由于声母的清浊：清者为及物动词，是前加成分所留下的痕迹；浊者为不及物动词，本来没有前加成分[③]。

近人高本汉著《汉语词群》[④]，认为在中国的古文字中常常有一字两读而表示词类不同的情形。在他的近作《中国语言概论》中又提出了这个问题：

问题现在是这样的：上古中国语是否具备一些词，它们经由特别的标记，一种特别的语法形式，特别指示它们为动词和别的形式上标记为名词的词相对比？换言之，我们能否找到一对不同但语音很相似的词，二者明显地属于同一语干(word stem)，其一为名词，和另一为动词者相对？倘若我们能够找到这些情形，我们便证明了上古中国语具备按照最严格的语法含义的词类(word classes)，形式上彼此区别。

接着他举出一些例子，兹摘录一些于下：

1. 不送气清声母和送气浊声母的转换：
见 kian "to see" (active verb)；
见(现) g'ian "to be seen"，"to appear" (passive verb)。
解 kĕg "to lossen"，"to untie" (verb)；
解(懈) g'ĕg "lossened"，"lax" (adjective)。
干 kân "shield" (noun)；
扞 g'ân "to shield" (verb)。
坰 kiweng "distant region" (noun)；
迥 giweng "distant" (adjective)。
辟 piĕk "ruler" (noun)；
辟 b'iĕk "to rule" (verb)。
长 ti̯ang "to grow long"，i.e.，"to grow up" (verb)；
长 d'i̯ang "long" (adjective)。

拄 tiu "to prop up", "to support"(verb);
柱 d'iu "pillar", "post"(noun)。
子 tsiəg "child"(noun);
字 dz'iəg "to breed", "to rear"(verb)。

2. i 介音与无 i 介音之转换:
昂 ngâng "high"(adjective);
仰 ngiang "to raise the regard", "to look upwards"(verb)。
配 p'wər "to match"(verb);
妃 p'iwər "a match", i.e., "a wife"(noun)。
纳 nəp "to introduce", "to bring in"(transitive verb);
入 ńiəp "to enter", "to go in"(intransitive verb)。
杂 dz'əp "mixed"(adjective);
集 dz'iəp "to gather together"(verb)。
生 sĕng "to bear"(nascere)(verb);
性 siĕng "inborn nature"(noun)。

3. 清韵尾辅音与浊韵尾辅音之转换:
恶 ˙âk "bad"(adjective);
恶 ˙âg "to find bad", i.e., "to hate"(verb)。
度 d'âk "to measure"(verb);
度 d'âg "a measure"(noun)。
执 t'ʸiəp "to seize"(verb);
挚 t'ʸiəb "bird of prey"(noun)。
纳 nəp "to bring in"(verb);
内 nwəb "the interior"(noun)⑤。

高氏最后下结论说:

我们看到上古中国语表现众多的词群,他们的分子是一个共同语干的不同的诸方面,并且一个语干的这些形式的变化有时纯粹表示语法范畴(grammatical categories),例如:名词和形容词、名词和动词、形容词和动词、动词和副词、外动词和内动词、主动和被动的动词间的对比,和许多别的对比,由于篇幅限制,不及列举。这些有趣的特征指出上古中国语在实质方面比较类似西方语言。像印欧系的语言,它必曾具有语形变化(inflections)的系统和词的转成

（word derivation）及其他形式上的词类，总之，具有相当丰富的形态学。（前引书 p.98,99）

Bodman 曾经补充高氏的学说，他说：

有一种变换的类型高氏没有包括在他的讨论中，虽然他深知这个。这是声调的变换。……这对词群有重要的意义，因为有许多最小的对比只存在声调方面，虽然有些学者相信这些例子是和区别词类相联而生的颇为后起的改革。让我们用很普通的几对词来证明此点：

  平声：知'to know'   去声：智'knowledge, wisdom'
     宜'right, proper'   谊'right principle, duty'
     观'to look, observe'   观'a looking out'
     难'difficult'   难'difficulty'

在形式和功用间有整齐的对立；而这只是几种类型之一。这些类型虽然包括很普通的词，比起另一大类包含同一语形（包括声调）而兼有动词和名词的功用的，在数量上是很少的[⑥]。

高名凯氏在《汉语语法论》中对于高本汉氏的说法有所批评。

高本汉先生在他的《汉语字群》（Word Families in Chinese）里以为在中国的古文字中常常有一字两读而表示词品不同的情形。

高本汉所谓中国语之有词品分别者，实有两个根据：一是我们所谓的"读破"，即一字两读的情形，一是形声字中读音略有不同而表示词品之不同者。但虽为两点，而合在一起讲，实只一个原则，即：高氏以为中国语中读音略有不同的是表示词品的分类。高氏只注意到清浊和吐气不吐气的不同，实则中国语的"读破"还有音调的问题。……第一，高氏清浊吐气而分词品的原则并不是应用在某两种词品的分野，例如：名词与动词，而是表示一种空泛的普通的不同。例如："碇""定"的分别是名动，而"中""仲"的分别却是名词与形容词；两个"从"的分别是名动，而两个"长"的分别却是动词与形容词。不但如此，高氏还以同样的原则去解释语法范畴的不同，例如：念为 kian 的"见"是主动，而念为 g'ian 的见（或现）则为被动。这更是说不通。语法的结构多少有相当的逻辑根据，哪能用同一的原则去应用在一切不同范畴的分别之上？第二，高氏并没有告诉我们除了这些例子之外，其他有同样分别的语词是不是也应当有语音上的分别。他也没有告诉我们有同样的发音分别而没有词品的分别到底是什么理由。……原来高本汉的错误就在于他误把意义学的问题当做语法的问题。要知道这种"读破"确有存在,而由形声的引申也确可以创出许多音相似而义亦相近的字。然而这只是每一个新语词的创作问题,并不是语法词品的分别。(pp.45,46)

的确,高本汉忽略了一个很重要的现象,即声调的区别。他所标举的规律和例证也不够谨严而缺乏系统(如同一项目下包括名词:动词,动词:名词,形容词:动词,动词:形容词,名词:形容词,形容词:名词,主动:被动,及物动词:不及物动词,普通否定:语气否定等),所以难免引起人们的怀疑。不过高本汉对于同一成分表示几种不同甚至于相反的用法,曾在印欧系语言中举出一些例子。他在《中国语言概论》中说:

一种看来特别可疑的现象就是在上古中国语中同一形式上的成分有时有两种恰好相反的用法。我们有"干"kân 和"扞"g'ân,在这儿清声母 k 表示名词而浊声母 g' 表动词。但是我们也有"卷"ki̯wan 和"鬈"g'i̯wan,在这儿清声母 k 造成动词而浊声母 g' 为名词。用同样的方式我们有"恶"·âk 和"恶"·ag 这对字,在这儿浊韵尾-g 表示动词。但是我们也有"度"d'âk 和"度"d'âg 这一对字,在这儿浊韵尾-g 表示名词。接受我们如此的研究结果是合理的吗?如此的不一致能够存在于上古中国语的语法系统中吗?好,我们可以再在我们印欧系语言中援引相似的例子。……让我们观察〔拉丁文〕语尾-um 在 dominum 中它表示单数的宾格,即表示单数和复数相对。但是在和 dominum 押韵的 hominum 中,这同样的-um 表示复数的领格,即表示复数和单数相对。在这儿,当然我们从纯描写的观点观察我们的古典拉丁文(classical Latin)而不触及如此显然不一致的系统的历史渊源。倘若我们适巧不知道任何别的拉丁文有关的语言,倘若我们对前古典期的拉丁文(preclassical Latin)无所知,因此不知道如何发展成古典拉丁文中的系统,那么-um 在 dominum 中表示单数,而-um 在 hominum 中表示复数可能显得十分奇怪和不一致。上古中国语的情形确是相同。我们只能从纯粹描写的观点了解它,(约在 800 B.C.),我们于是找到这种奇异的现象,即在不同的词群中同一形式上的成分能表示十分相反的语法关系。我们全不明了汉语系的母语的语法系统,此母语曾造成上古中国语中此种显然的不一致,和 lupus:tempus, dominum:hominum 显然的不一致相类似。在现在,我们满意于叙述上古中国语中之事实,如其所呈

现者,上古汉语乃我们目前能力所及的此语言的最早阶段。(pp.96－97)

至于高名凯氏批评高本汉把意义学的问题当做语法的问题,一方面固然由于高本汉所举的例子,难免有牵强附会的地方,如"卷"(动词)和"鬈"(名词)、"伯"(白发者,长者,名词)和"白"(白色,形容词)、"艰"(名词)和"懂"(动词)、"不"(普通否定)和"否"(语气否定)、"敦"(形容词)和"谆"(动词)、"卒"(士卒,名词)和"卒"(死,动词)、"杂"(形容词)和"集"(动词)等(前引书 pp.90－93),不一定是用语音来表示语法上的区别的;另一方面也由于高名凯氏对词类的看法,和我们不同,如他认为"词性也并不是固定的,要看它在句子里的地位如何而定"(前引书 p.47),把词的功用(functions)和词类(word classes)混杂不清,所以难免有所误解[7]。

现在如果将规律和例证排列得更系统化一点,便可以减少一般的怀疑了。

二

前面已经将过去研究这个问题的情形,略加叙述。以下大体上根据《群经音辨》卷六所载,并略加增减[8],归纳为七类。

(一) 非去声或清声母为名词,去声或浊声母为动词或名谓式[9]

A. 平上声和去声之别：

王:君也,于方切,平声;君有天下曰王,于放切,去声。
子:男女之通称也,将此切,上声;子育下民曰子,将吏切,去声。
女:未嫁之称也,尼吕切,上声;以女嫁人曰女,尼据切,去声。
妻:与夫齐者也,七奚切,平声;以女适夫曰妻,七计切,去声。
宾:客也,必邻切,平声;客以礼会曰宾,必刃切,去声。
衣:身章也,于希切,平声;施诸身曰衣,于既切,去声。
冠:首服也,古桓切,平声;加诸首曰冠,古玩切,去声。
枕:藉首木也,章荏切,上声;首在木曰枕,章鸩切,去声。
麾:旌旗也,许为切,平声;所以使人曰麾,许类切,去声。
冰:水凝也,笔凌切,平声;所以寒物曰冰,彼凭切,去声。

膏:脂凝也,古刀切,平声;所以润物曰膏,古到切,去声。
文:采章也,无分切,平声;所以饰物曰文,亡运切,去声。
粉:白饰也,夫吻切,上声;所以傅物曰粉,夫问切,去声。
巾:帨也,居银切,平声;所以饰物曰巾,居吝切,去声。
种:五谷也,之陇切,上声;谓播谷曰种,之用切,去声。
首:头也,书九切,上声;头所响曰首,书救切,去声。
蹄:兽足也,杜奚切,平声;足相蹑曰蹄,大计切,去声。
棺:柩也,古桓切,平声;以棺敛曰棺,古患切,去声。
*风:风谣也,方戎切,平声;讽谏也,方凤切,去声⑩。

B. 入声和去声之别⑪:

*嗌:喉也,伊昔切,缢:自经死也,于赐切,去声。

C. 清声母和浊声母之别⑫:

朝:旦日曰朝,陟遥切,清声(平);旦见曰朝,直遥切,浊声(平)。
*背:脊背,补妹切,清声(去);向偝,薄昧切,浊声(去)。
赃:纳贿曰赃,则郎切,清声(平);藏:隐也,昨郎切,浊声(平)。
*干:盾也,古寒切,清声(平);扞:卫也,侯旰切,浊声(去)。
*坰:野外曰林,林外曰坰,古萤切,清声(平);迥:远也,户顶切,浊声(上)。
*子:子息,即里切,清声(上);字:乳也,疾置切,浊声(去)。

(二) 非去声或清声母为动词,去声或浊声母为名词或名语⑬

A. 平上声和去声之别:

采:取也,仓宰切,上声;所以取食曰采〔如采地〕,仓代切,去声。
数:计之也,色主切,上声;计之有多少曰数,色句切,去声。
量:酌也,龙张切,平声;酌之有大小曰量,龙向切,去声。
行:践履也,户庚切,平声;履迹曰行,下孟切,去声。
将:持也,即良切,平声;持众者曰将,即亮切,去声。
监:苤也,古衔切,平声;苤事者曰监,古陷切,去声。
知:识别也,张离切,平声;识谓之知,张义切,去声。
思:虑度也,息兹切,平声;虑谓之思,息吏切,去声。
操:持之也,七刀切,平声;志有所持谓之操,七到切,去声。

令：使也，力丁切，平声；所使之言谓之令，力政切，去声。
教：使也，古肴切，平声；所使之言谓之教，古孝切，去声。
缘：循也，羊专切，平声；谓循饰其旁曰缘，羊绢切，去声。
封：授爵土也，甫容切，平声；谓所受爵土曰封，甫用切，去声。
藏：入也，徂郎切，平声；谓物所入曰藏，徂浪切，去声。
处：居也，昌吕切，上声，谓所居曰处，昌据切，去声。
爨：炊也，七岢切，平声；谓所炊处曰爨，七乱切，去声。
乘：登车也，食陵切，平声；谓其车曰乘，食证切，去声。
卷：曲也，居兖切，上声；谓曲者曰卷〔如篇卷〕，居恋切，去声。
要：约也，与招切，平声；谓约书曰要，于笑切，去声。
传：授也，直专切，平声；记所授曰传〔如书传〕，直恋切，去声。
缄：束也，古咸切，平声；齐谓棺束曰缄，古陷切，去声。
含：实口中也，胡南切，平声；谓口实曰含，胡绀切，去声。
引：曳也，以忍切，上声；曳车之绋曰引，余刃切，去声。

B. 入声和去声之别：

度：约也，徒洛切，入声；约之有长短曰度，徒故切，去声。
帅：总也，所律切，入声；总人者曰帅，所类切，去声。
宿：止也，思六切，入声；谓日星所止舍曰宿，思宥切，去声。
*塞：隔也，苏则切，入声；边塞，先代切，去声。
*锲：刻也，断绝也，苦结切，入声；契：契约，苦计切，去声。
*执：持也，之入切，入声；贽：所执贽也，脂利切，去声。

C. 清声母和浊声母之别：

载：舟车以致物也，作代切，清声（去）；谓所致物曰载，昨代切，浊声（去）。
柱：支也，知庾切，清声（上）；谓支木曰柱，直主切，浊声（上）。
*增：加也，作滕切，清声（平）；层：重屋也，昨棱切，浊声（平）。

（三）非去声为形容词，去声为他动式或使动式

A. 平上声和去声之别：

左：对右之称，臧可切，上声；左右助之曰左，臧个切，去声[14]。
右：对左之称，于久切，上声；左右助之曰右，于救切，去声。

先：前也，思天切，平声；前之曰先，思见切，去声。
远：疏也，于阮切，上声；疏之曰远，于眷切，去声。
傍：近也，蒲郎切，平声；近之曰傍，蒲浪切，去声。
空：虚也，苦红切，平声；虚之曰空，苦贡切，去声。
好：善也，呼皓切，上声；向所善谓之好，呼到切，去声。
B. 入声和去声之别：
恶：否也，乌各切，入声；心所否谓之恶，乌路切，去声。

（四）非去声或清声母为动词，去声或浊声母为既事式
A. 平上声和去声之别：
染：濡也，而琰切，上声；既濡曰染，而艳切，去声。
贯：穿也，古桓切，平声；既穿曰贯，古玩切，去声。
缝：纴也，符容切，平声；既纴曰缝，符用切，去声。
过：踰也，古禾切，平声；既逾曰过，古卧切，去声。
治：理也，直基切，平声；致理成功曰治，直吏切，去声。
C. 清声母和浊声母之别：
折：屈也，之舌切，清声（入）；既屈曰折，市列切，浊声（入）。
解：释也，古买切，清声（上）；既释曰懈，胡买切，浊声（上）。
＊见：视也，古甸切，清声（去）；既见曰见（现），胡甸切，浊声（去）。

（五）非去声为自动式，去声为使动式或他动式
A. 平上声和去声之别：
沉：没也，直金切，平声；沉之曰沉，直禁切，去声。
语：言也，仰举切，上声；以言告之谓之语，牛据切，去声。
饮：歠也，于锦切，上声；使之饮曰饮，于禁切，去声。
＊啖：食也，徒敢切，上声；以食喂人，徒滥切，去声。《史记·项羽本纪》索隐："凡以食喂人则去声，自食则上声。"
B. 入声和去声之别：
＊食：饮食，时力切，入声；喂养也，祥吏切，去声。《左传》文公元年："谷也食子"，《释文》："食音嗣。"

（六）非去声或清声母为使动式或他动式，去声或浊声母为自动式

A. 平上声和去声之别：

去：除之曰去，羌举切，上声；自离曰去，丘倨切，去声。

毁：坏他曰毁，许委切，上声；自坏曰毁，况伪切，去声。

C. 清声母和浊声母之别：

坏：毁之曰坏，音怪，清声（去）；自毁曰坏，户怪切，浊声（去）。

败：毁他曰败，音拜，清声（去）；自毁曰败，薄迈切，浊声（去）。

（七）主动受动关系之转变

A. 平上声和去声之别：

假：取于人曰假，户雅切，上声；与之曰假，古讶切，去声。《左传》庄公十八年孔《疏》："假借同义，取者假为上声，借为入声；与者假借皆为去声。"

遗：有所亡曰遗，以追切，平声；有所与曰遗，羊季切，去声。

*受：承也，殖酉切，上声；授：付也，承咒切，去声。

*买：市物也，莫蟹切，上声；卖出物也，莫懈切，去声。

B. 入声和去声之别：

借：取于人曰借，子亦切，入声；与之曰借，子夜切，去声。

乞：取于人曰乞，去讫切，入声；与之曰乞，去既切，去声[15]。

贷：取于人曰贷，他得切，入声；与之曰贷，他代切，去声。

三

上面所列的七类，在语音上包括三型，即：

A. 平上声和去声的差别；

B. 入声和去声的差别，包括韵尾辅音的差别；

C. 轻声母和浊声母的差别。

并不能包括所有的类型。如高本汉 i 介音和无 i 介音的转变，即未列入。例如"纳"（使入）和"入"为使动式和自动式之别，其分别在介音和声母；"生"和"性"为动词和名词之别，其分别在介音和声调。这里都未列入。此外也有因音变而改变字形的，如"左""右"作动词时，后来写作"佐""佑"。不过从语言的立场来看，这一点没有什么大关系，因为

文字不过是代表语言的符号而已。

我们现在要问：那些用语音上的差异（特别是声调方面）来区别词类或相近的意义的现象，是不是后起的呢？我觉得有两点需先弄清楚：第一，某字的读音最先见于记载的时期和它存在于语言中的时期并不见得一致。它可能在见诸记载以前早已存在于口语中，也可能虽见于记载而只是书本上的读法；在口语里并不存在。根据此点，那些讨论一字两读起于葛洪徐邈、抑或起于后汉的人，只能证明其最早出现于记载的时期，而不能断定其在语言中使用的时期。第二，某些字读法上的区别发生是后起的，并不能证明所有属于这类型的读音上的区别都是后起的。可能某些字读音的区别发生很早，而某些字则是后来依着这类型而创造的。

在上古，意义相近的一些词构成词群，这一点似乎是中外学者所公认的[⑯]。如"纳""内""入"便是一例。清代学者所怀疑的着重在声母韵母相同而声调有别的异读，可是根据现代对古音的研究，采上去和入声的区别，有时已经牵涉到韵尾的区别了。"纳"*nəp 和"内"*nwəb 古音的区别，正和"恶"入声 *ˑâk 和去声 *ˑâg 语音上的区别相似。顾炎武从叶韵证明"爱恶"之"恶"读入声，也不能成立，因为两者本来可以互叶的。假使我们承认了古代"恶"字去入声的区别，对于"好"字去上声的区别，也未尝不可承认的。

我们看上节所列的类型，是不是上古已经具备了呢？第一、二类的例子较多，在现代国语还有例可寻，如：

（一）**非去声为名词，去声为动词**

咽：咽喉，阴平声；吞也（如"咽下去"），去声。

枕：枕头，上声；头倚枕也，去声。

钉：钉子，阴平声；用锤击钉也，去声。

（二）**去声为名词，非去声为动词**

背：脊背，去声；（偝）以背负之，阴平声。

把：物之把柄，去声；持也，上声。

簸：簸箕，去声；以箕簸米，上声。

磨:石磨,去声;磨刀,阴平声。
担:担子,去声;荷也,阴平声。
钻:钻子,去声;以钻穿孔也,上声。
数:数目,去声;计数也,上声[17]。

第三类的"左"("佐")"好""恶"等,第四类的"见"和"现","折"和"折"(音舌),都是常见的字,其区别还都保存在口语中。第五、六类为自动式和使动式或他动式的区别,在一些写法不同的字上,还可以看出一些来,如:"入"和"纳"(使入),"至"(脂利切,照纽)和"致"(使至,陟利切,知纽)虽然区别在声母或介音,但性质上也是属于同类的。第七类如《公羊传》庄公二八年:

《春秋》伐者为客,伐者为主。
何休注:"伐人者为客,读伐长言之,齐人语也,见伐者为主,读伐短言之,齐人语也。"

也是用语音来表示主动受动的关系的。又如口语里的"买"和"卖"等,似乎是意义上的区别,其实"卖"即是"见买"(被买)。又如"籴"(买米,徒历切,*d'iɔk)。和"粜"(卖米,他吊切,*t'iɔg),也是这种关系。

现在差不多每一类型都可以找到比较可信的例子,可能是从很早的时候就有这种区别的方法;不过另一方面并不能因此湮没了汉以后依据这些类型所创的新例。我们可以说在上节所列的例子中可能有从上古遗留下来的例子;同时也许上古有许多别的语音区别的例子,因为语音变迁的缘故而在口语中丧失了,或是因为没有见于记载而被遗忘了。

我们再看上节所举的例子,大多以去声为转变的枢纽。这种以去声为枢纽的现象,在上古音中也可以得到解释。在上古音中,和入声字谐声或叶韵的非入声字,大都是去声字。高本汉在1928年曾经假定这些和入声互谐的去声字具备和入声相同的韵尾辅音,但有不同的声调,而平上声和入声相谐的字则具有不同的韵尾辅音,如:

各(入声)＊kâk,裕(去声)＊juk,高(平声)＊kâg⑱。

但是这种办法太烦琐了,后来把这种分别取消,把平上去和入声相谐的一列写作和入声-p,-t,-k尾相当的-b,-d,-g尾。有人提出"四声三调"的说法,即去声和入声韵尾辅音不同而声调则相同,所以去入互谐的字特别多⑲。我觉得这个解释可以适用到上节以去声为枢纽的现象:一方面去声和平上声声母韵母相同而声调有不同,另一方面去声和入声声调相同而韵尾辅音不同。实际上说起来,去入之分在韵尾辅音,不过现在沿袭旧的术语,仍用去入声的称呼。

最后,我们的结论是:

根据记载上和现代语中所保留的用语音上的差异(特别是声调)来区别词类或相近意义的现象,我们可以推知这种区别可能是自上古遗留下来的;不过好些读音上的区别(尤其是汉以后书本上的读音)却是后来依据相似的规律而创造的。

贰　否定词后代词宾语的次序

一

马建忠《马氏文通》卷四 p.18 云:

止词后乎外动字者,常也;惟外动字加弗辞,或起辞为"莫""无"诸泛指代字,其止词为代字者皆先动字⑳。

案此例自甲骨文至秦汉皆然。否定词如"不""未""无""曼""莫"等㉑,宾语为代词者,如"我""余""吾""尔""汝""己""之""是"等。略举数例于下:

不　贞:祖辛不我㄁,贞:祖辛㄁我。(《殷墟书契前编》卷一页十一片五)
　　不汝瑕殄。(《书·康诰》)

未　晋国之命,未是有也。(《左传·襄十四》)
　　邻国未吾亲也。(《国语·齐语》)
无　尔无我诈,我无尔虞。(《左传·宣十五》)
　　志轻理而不重物者,无之有也;外重物而不内忧者,无之有也;行离理而不外危者,无之有也;外危而不内恐者,无之有也。(《荀子·正名》)
曼　或曰:谅谅者天下皆讼也,奚其存？曰:曼是为也。天下之亡圣也久矣。(《法言·寡见》)
莫　不患莫己知,求为可知也。(《论语·里仁》)
　　莫余毒也已！(《左传·僖二八》)

否定词后的代词如为双宾语之一,也将代词提前。如：

庚申卜,㱿贞:王勿正舌方,下上弗若,不我其受又。(《前编》卷五页二二片二)
代龙方,帝受我右。贞:勿伐舌方,帝不我其受又。(《前编》卷六页五八片四)

以上二例,"受"读为"授","又"读为"祐";"不我其受又"者,"不其授我祐"也[22]。又如：

无我殄享。(《书·康诰》)
自古以来,未之有伦也。(《三国志·蜀志·诸葛亮传》)

谓"无殄我享"(《广雅》:"享、祀也。"),"未有其伦"也。又如：

昆弟不我衣食,宾客不我内门。(《史记·主父偃传》)师古曰:"内门,谓内之于门也。"

有时,否定词后面做介词宾语的代词,也提前放在介词之前：

不我以归,忧心有忡。(《诗·邶风·击鼓》)
昭公曰:以吾宗庙之在鲁也,有先君之服,未之能以服;有先君之器,未之能以

出,敢辞。(《公羊传·昭二五》)

谓"不以我归","未能以之服""未能以之出"也。

有时,否定词后做宾语的名词提前放在述语之前,

无非无仪,唯酒食是议,无父母诒罹。(《诗·小雅·斯干》)郑《笺》:"妇人之事,惟议酒食尔,无遗父母之忧。"
弗问弗仕,勿罔君子;式夷式已,无小人殆。(《诗·小雅·节南山》)俞樾《群经平议》卷十页十三云:"'无小人殆',与上文'勿罔君子'义同,犹云'无殆小人',倒其文以协韵耳。"
尧不姚告,二女何亲?(《楚辞·天问》)王逸注:"姚、舜姓也。言尧不告舜父母而妻之。"
舒中情之烦或兮,恐重华之不累与。陵阳侯之素波兮,岂吾累之独见许!(《汉书·扬雄传·反骚》)

《节南山》一例,是由于叶韵的缘故。《天问》和《反骚》二例是由代词宾语提前的用法类推而成的。这种例子很少见。

有时,否定词后做宾语的代词不提前,反而放在述语后面,其例如下:

(一)否定词后为单纯之述语(即否定词与代词宾语间仅有一单字为述语)

　不(1)知我者谓我心忧,不知我者谓我何求。(《诗·王风·黍离》)
　(2)子曰:狂而不直,侗而不愿,悾悾而不信,吾不知之矣。(《论语·泰伯》)
　(3)祭肉,不出三日;出三日,不食之矣。(又《乡党》)
　(4)饮酒乐,赵孟出,曰:吾不复此矣。(《左传·昭元》)杜《注》:"不复见此乐。"
　(5)夫大国之人,不可不慎也。几为之笑而不陵我?(又昭十六)杜《注》:"言数见笑则心陵侮我。"
　(6)夫知吾将用之,必不予我矣。(《国语·齐语》)《管子·小

匡》作"彼知吾将用之,必不吾予也"。

(7) 悲夫! 子之不知余也。(《庄子·让王》)

(8) 张仪欲假秦兵以救魏,左成谓甘茂曰:子不予之,魏不反秦兵,张子不反秦。(《战国策·秦策》一)

(9) 虽周吕望之功,亦不过此矣。(又《秦策》三)

(10) 虽欲无为之下,固不得之矣。(又《秦策》三)

(11) 遂攻狄,三月而不克之也。(又《齐策》六)

(12) 且臣之说齐,曾不欺之也。(又《燕策》一)

(13) 吾闻君子诎于不知己,而信于知己者。方吾在缧绁中,彼不知我也。(《史记·晏平仲传》)《吕氏春秋·观世》作:"吾闻君子屈乎不己知者,而伸乎己知者",孙仁和曰:"《意林》引'己知'并作'知己';与《晏子》《新序》合,近是。"

(14) 虽欲学吾术,终不告之矣。(又《货殖传》)

(15) 陈余亦怨羽独不王己,从田荣藉助兵。(《汉书·高帝纪》)

(16) 汉果不击我矣。(又《赵充国传》)

未(17) 其未得之也,患得之;既得之,患失之。(《论语·阳货》)

(18) 未绝之也。(《左传》僖三)阮氏《校勘记》云:"《石经》、宋本、淳熙本作'未之绝也'。"

无(19) 非汝能使人保汝,而汝不能使人无保汝也。(《庄子·列御寇》)

(20) 胶鬲曰:西伯将何之? 无欺我也。武王曰:不子欺,将之殷也。(《吕氏春秋·贵因》)

莫(21) 莫击之,或益之,立心勿恒,凶。(《易·益》上六)

(22) 莫乐之,则莫哀之;莫生之,则莫死之。(《管子·形势》)

(23) 以天下之王公莫好之也,然而于是独好之;以天下之民莫欲之也,然而于是独为之。(《荀子·君道》)《韩诗外传》五作:"以天下之王公莫之好也,而是子独好之;以民莫之为也,而是子独为之也。"王念孙《读书杂志》八之四:"'于是'皆义不可通,当依《外传》作'是子'。……今本作'于是'者,'是子'认为'是于',后人因改为'于是'耳。

'莫欲之',亦当依《外传》作'莫为之'。"法高案《荀子》多作"於",不作"于",此处作"于",明为误文,王说是也。

(24) 王曰,仲虺有言,不谷说之,曰:诸侯之德;能自为取师者王,能自取友者存,其所择而莫如己者亡。(《吕氏春秋·骄恣》)《荀子·尧问》引中蘬之言作"自为谋而莫己若者亡",《新序·杂事》一作"足己而群臣莫之若者亡",则此处"如己"似应乙转。

(25) 喟然叹曰:莫知我夫!子贡曰:何为莫知子?(《史记·孔子世家》)《论语·宪问》作:"子曰:莫我知也夫!子贡曰:何为其莫知子也?"㉓

(二) 否定词与代词宾语间不止一字者(26-29 为二动词相连,30-32 为"助谓词+动词",33-35 为"副词+动词")

不(26) 胡逝我梁,不入唁我?始者不如今,云不我可。(《诗·小雅·何人斯》)

(27) 子曰:禘自既灌而往者,吾不欲观之矣。(《论语·八佾》)

(28) 令他马,固不败伤我乎?(《汉书·张释之传》)

(29) 犬羊相聚,不知为之耳。(《汉书·王莽传》)

(30) 故能为之,则小可为大,贱可为贵;不能为之,则虽为天子,人犹夺之也。(《管子·形势解》)

(31) 虽自谓贲育,亦不能夺之矣。(《史记·汲黯传》)

莫(32) 谓子贡曰:天下无道久矣,莫能宗予。(《史记·孔子世家》)《礼记·檀弓》上作:"夫明王不兴,而天下其孰能宗予?"

未(33) 为其事而无其功者,髡未尝睹之也。(《孟子·尽心》下)

(34) 富而不骄者,未尝闻者;贫而不恨者,婴是也。(《晏子春秋·内篇集》下)

(35) 臣以为自天下之始分以至于今,未尝有之也㉔。(《战国策·魏策》三)

上面所举的例外,在汉以前的文献中,仅占极少数的比例,并不能影响此规则的正确性。此类例外之发生,可能由于下述几种原因:

1. 古书由于屡经抄刻,难免有讹误。如(18)《左传》一条,有他本证其误;(24)《吕氏春秋》一条,有《荀子》证其误。又如:
   > 不我知者,谓我士也骄。(《诗·魏风·园有桃》)阮氏《校勘记》云:"'不我知者',唐《石经》小字本同,相台本作'不知我者',闽本、明《监本》、毛本同。案相台本非也。"

大概后人有时照当时的习惯而改之。其他错误无异文可校的,想必还有一些。

2. 由于与上下文作平行的对比,有时违反通例。如:(1)《诗》"知我者"和"不知我者"对比;(17)《论语》"未得之"和"既得之"对比,(19)《庄子》"保汝"和"无保汝"对比;(21)易"莫击之"和"或益之"对比;(25)《史记》"莫知我"和"莫知子"对比;(30)《管子》"能为之"和"不能为之"对比,(8)《战国策》"不予之"和"不反秦兵","不反秦"平行。又如(23)《荀子》"莫好之"和"独好之"相对,"莫为之"和"独为之"相对;虽然有《韩诗外传》的异文作"莫之好""莫之为",但还不能据以改《荀子》。(13)《史记》"不知己"和"知己"相对;虽然有《吕氏春秋》的异文作"不己知"和"己知",可是《意林》《晏子》《新序》仍作"不知己""知己",我们不能据《吕氏春秋》改《史记》。

3. 有时由于叶韵的缘故,如(17)《易》"莫击之,或益之",除了对比之外,"击""益"还叶韵;(26)《诗》"不入唁我"的"我"和"可"叶韵。

4. 我们再看上面(2)、(3)、(4)、(6)、(9)、(10)、(14)、(16)、(27)、(31)诸例,句末皆有"矣"字;而"矣"字是表示决定的语气的[25]。在这些例中,代词宾语不提前,可能和加重语气有关。

5. 此外,有时由于成语或其他的关系,如:
   君何不举之?(《韩非子·外储说》左上)
   夫不深料秦之不奈我何也。(《战国策·齐策》一)

"何不"[26],"奈我何"都是成语。还有(二)项二词相连的情形也可能影响代词宾语的提前[27]。

假使在否定句里再加助谓词、副词或其他成分,可以有两种排列法:

1. 否定词+代词宾语+助谓词、副词或其他：

不我能畜，反以我为雠。(《诗·邶风·谷风》)
蝃蝀在东，莫之敢指。(又《鄘风·蝃蝀》)
三岁贯女，莫我肯顾。(又《魏风·硕鼠》)
亦莫余敢侮。(《左传》昭七)
虽有良工，莫之能固。(《周礼·考工记·轮人》)

以上为代词宾语放在助谓词前之例，《诗经》多用此式。

其乡里之人，未之均闻见也。(《墨子·尚同》下)
古之圣王所以取明名广誉厚功大业显于天下，不忘于后世，非得人者，未之尝闻。(《管子·五辅》)
丘也闻不言之言矣，未之尝言。(《庄子·徐无鬼》)
檀弓曰：何居？我未之前闻也。(《礼记·檀弓》上)
民不足而可治者，自古及今，未之尝闻。(《汉书·食货志》上贾谊《论积贮疏》)

以上为代词宾语放在副词(或副语)前之例。

毋女又(有)闲。(《大盂》)《两周金文辞大系考释》页八六："'毋汝有闲'意谓不女限制"。
大夫君子，无我有尤。(《诗·鄘风·载驰》)
福轻乎羽，莫之知载；祸重乎地，莫之知避。(《庄子·人间世》)

以上为两谓词相连在代词宾语后之例。

越予冲人，不卬自恤。(《书·大诰》)
季氏出其君，而民服焉，诸侯与之；君死于外，莫之或罪也。(《左传》昭三二)
虽使五尺之童适市，莫之或欺[20]。(《孟子·滕文公上》)

以上为两代词相连在述语前之例。

2. 否定词+助谓词、副词或其他+代词宾语：

未之得闻也。(《墨子·公孟》)吴毓江《校注》卷十二页十四："宝历本'未'作'不'，毕本改作'未之得闻也'。……案《节葬》下篇曰：'未尝之有也'，句法与此同，未敢辄移。"
莫肯之为。(《吕氏春秋·不苟》)
天下莫敢之危。(又《分职》)
孔子循道弥久，温温无所试，莫能己用。(《史记·孔子世家》)
长仁言君辞虽茂，华而不实，未敢之信。(《三国志·魏志》《管辂传注》引《辂别传》)

以上为助谓词在代词宾语前之例。

今国家百姓之不治也，自古及今，未尝之有也。(《墨子·节葬》下)
无善事而有善治者，自古及今，未尝之有也。(《管子·枢言》)《读书杂志》五之二："引之曰：'未尝之有'当作'未之尝有'。"并引《五辅篇》为证。案二者皆可通，王改非也。
相拂以辞，相镇以声，而未始吾非也。(《庄子·徐无鬼》)
请只风与日相与守河，而河以为未始其撄也。(同上)

以上为副词(或副语)在代词宾语前之例。

予不屑之教诲也者，是亦教诲之而已矣。(《孟子·告子》下)

以上为代词宾语在两组谓词之间之例。此例因"不屑"为成语，"之"不能置于谓词"屑"之前，故置于"屑"与"教诲"之间。

上述关于助谓词，副词(或其他)的两种排列法在古代都有其例。毕沅把《墨子·公孟》的"未得之闻也"改为"未之得闻也"，王引之认为《管子·枢言》的"未尝之有"当作"未之尝有"，其错误便是由于不知道这两种排列法在先秦都是可通的[20]。

双重否定后面的代词宾语，次序是如何排列呢？马建忠《马氏文通》卷四 p.21 说：

句中有两弗辞者,则先者弗其后者,与无弗辞同。而代字止词,亦不先矣。《魏其列传》:"后家居长安,长安中诸公,莫弗称之。"不曰"莫之弗称"者,以"莫""弗"两字自相弗也。与句之无弗辞者同,用特识焉。

案《墨子·天志》中:

自古及今,未尝不有此也。

也合乎马氏之例。但另一些双否定的例子中,代词宾语也可提前。如:

如松柏之茂,无不尔或承。(《诗·小雅·采芑》)
亲戚为戮,不可以莫之报也。(《左传》昭二十)
吾未之乐也,亦未之不乐也㉚。(《庄子·至乐》)
故当今之世,有仁人在焉,不可而不此务;有贤主,不可而不此事。(《吕氏春秋·功名》)

二

关于否定词"弗"字,丁声树先生《释否定词弗不》,得出几条结论:

(一)"弗"字只用在省去宾语的外动词或省去宾语的介词之上。
(二)内动词、带有宾语的外动词、带有宾语的介词,上面只用"不"字而不用"弗"字。
(三)状词(形容词、副词)之上也只用"不"字而不用"弗"字。
(四)由这种情形看起来,"弗"字似乎是一个含有"代名词性的宾语"的否定词,略与"不之"二字相当;"不"字则只是一个单纯的否定词㉛。

我们看这几条原则适用的范围如何?丁先生在第六节中根据这原则来纠正《书经》等书的讹误(前引文 p.992),大概他认为可以适用到汉以前。案甲骨文、金文和《书经》不能适用这原则。

甲骨文里有"弗"和"弜","弜"字也等于"弗"㉜。"弗""弜"字用在有宾语的述语之上者,其例甚多,如:

叀(唯)丝丰用。弜用丝丰。(《殷契佚存》241)
乙巳、王宾日。弗宾日。(又872)

"弗""弜"字用在没有宾语的述语之上者,如:

弜风。(《甲骨文录》94)参:"不风。"(《殷契佚存》856)
弜田。(《殷契遗珠》915)
丁酉卜,叀王正(征)卭方,下上若,受(授)我又(祐)。贞:勿正(征)
卭方,下上弗若,不我其受右。(《铁云·藏龟》244.2)

金文"弗"字用在带有宾语的述语之上者也不少。单用"弗"者,如:

女觅我田牧,弗能许鬲从。……我弗具付鬲从其且租。(《鬲攸从鼎》)
俗(欲)我弗作先王忧。(《毛公鼎》)
王用弗忘圣人之后。(《师望鼎》)
弗敢望(忘)王休。(《召尊》)
弗敢望(忘)公伯休。(《虡彝》)

"弗"和"不"或"毋"合用为双否定者,如:

女毋弗帅用先王作明刑,俗(欲)女弗以乃辟函于艰。(《毛公鼎》)
安不敢弗帅用文祖皇考穆穆秉德。(《井人安钟》)
尸敢用拜稽首,弗敢不对扬朕辟皇君之锡休命。(《叔夷钟》)

"弗"字用在没有宾语的述语之上者,如:

尸不敢弗憼戒。(《叔夷钟》)

《书经》里"弗"字用在带有宾语的述语之上的,也不乏其例,如:

予弗知乃所讼。(《盘庚》上)

厥考翼其肯曰:予有后,弗弃基。(《大诰》)

我们现在不妨把丁文的结论再增加一条:

上述"弗""不"两字的区别,大体适用于先秦的文献,但甲骨文、金文、《书经》除外。

在先秦其他的文献中,绝大多数适用丁文的结论;不过也有少数例子"弗"字后仍有"之"字,如:

东方有莒之国者,其为国甚小间于大国之间;不敬事于大,大国亦弗之从而爱利。(《墨子·非攻》中)案此谓"大国亦弗从而爱利之"也。
翟闻之:言义而弗行,是犯明也。绰非弗之知也。(又鲁问)
亡,则弗之忘矣。(《礼记·檀弓上》)
君子曰:无节于内者,观物弗之察矣;欲察物而不由礼,弗之得矣。故作事不以礼,弗之敬矣;出言不以礼,弗之信矣。(又《礼器》)
参分其辐之长而杀其一,则虽有深泥,亦弗之溓也。(《周礼·考工记·轮人》)

以上为"弗"字后代词宾语"之"提前之例。

其在《周易》,《丰》之《离》,弗过之矣。(《左传》宣六年)杜《注》:"不过三年。"
此蔡侯般弑其君之岁也,岁在豕韦,弗过此矣。(又昭十一)杜《注》:"言蔡凶不过此年。"
虽与之俱学,弗若之矣。(《孟子·告子上》)
故其好之也一,其弗好之也一。(《庄子·大宗师》)
回之为人也,择乎中庸,得一善,则拳拳服膺而弗失之矣。(《礼记·中庸》)
素隐行怪,后世有述焉,吾弗为之矣。(同上)
太清问于无穷曰:子知道乎?无穷曰:吾弗知也。……太清又问于无始曰:向者吾问道于无穷,无穷曰:吾弗知之。(《淮南子·道应》)

以上为"弗"字后代词宾语"之"不提前之例。《中庸》的两条,丁文

p.994 根据他书所引的异文把"弗"改为"不";但是我们应该注意上述七条和通常的否定次序不同。如改为"不"字,仍为例外。

上面"弗"后面有宾语"之"的现象,可能有几种解释:其一,"弗"可能为"不"之误或"弗""不"通用;其二,"弗"后再跟"之"为一种特殊的用法,好比"诸"本为"之乎"的合音,但如:

> 万章问曰:或谓孔子于卫主痈疽;于齐,主侍人瘠环,有诸乎?(《孟子·万章》上)

则"诸乎"连文;"耳"本为"而已"的合音,但如:

> 正而待之而已耳。(《庄子·山木》)
> 安特将学杂志顺诗书而已耳。(《荀子·劝学》)

则"而已耳"连文。我们再看上述诸例后面多有表决定的"矣"字(十二例中有七例),或是代词宾语"之"不提前(十二例中有七例),可能和语气有关。

和"弗"字情形相似的有"勿"字,吕叔湘《中国文法要略》中册p.178说:

> "毋"跟"勿"的分别和"不"跟"弗"相同。"勿"字只用在兼含"之"字的地方㉝。

案这分别在甲骨文、金文、《书经》《易经》㉞中不能成立。同时在先秦其他文献中,其用法也不如"弗"的严格。此外也有一些"勿"后跟代词宾语的例子,如:

> 有孚惠心,勿问之矣。(《易·益》九五《象》)
> 夫明堂者,王者之堂也。王欲行王政,则勿毁之矣。(《孟子·梁惠王》下)
> 已矣,勿言之矣。(《庄子·人间世》)
> 不可与往者,不知其道,慎勿与之,身乃无咎。(又《渔父》)
> 愿物而物之,孰与理物而勿失之也?(《荀子·天论》)

房喜谓韩王曰:勿听之也。(《战国策·韩策》三)
宋郑之间有隙地焉,曰弥作顷丘玉畅岩戈锡。子产与宋人为成,曰:勿有是。(《左传》哀十二)杜《注》:"俱弃之。"㉟

以上为"勿"后代词宾语不提前之例。前六例宾语为"之",后一例为"是"。

三月而葬,凡附于棺者,必诚必信,勿之有悔焉耳矣。丧三年以为极。亡,则弗之忘矣。(《礼记·檀弓》上)

以上为"勿"后代词宾语"之"提前之例,犹言"勿有悔之焉耳矣"。以上多数"勿"字后代词宾语不提前(八例中有七例),或句末有"矣"字(八例中有四例),与"弗"的情形也相似。

"弗"等于"不之""勿"等于"毋之",是由于语音上的拼合:

不 $p\!i\!w\!\partial g$ + 之 $\hat{t}\!i\!\partial g$ = $p\!i\!w\!\partial t$;
勿 $m\!i\!w\!\partial g$ + 之 $\hat{t}\!i\!\partial g$ = $m\!\underaccent{\dot}{Y}\!w\!\partial t$.

因为在否定词后代词宾语照例要提到述语的前面;"不"(或"毋")和"之"接触的机会很多,也许"之"字因为轻读的缘故,在快说时便脱去了韵母而和前面"不""毋"拼合了㊱。

叁 "得"和"得而"

本文讨论唐以前"得"字在语法上的功用,并详论"得而"的用法。至于唐代至现代"得"的用法,不在本文讨论范围以内㊲。

一

在古代,"得"字通常可以用作动词和助谓词。

(一)"得"为动词

"得"为动词,甲骨文,金文㊳,及载籍皆有之。通常是外动词(或称

"及物动词")。

1. "得"+宾语,此用法最常见。

   白懋父乃罚得晶(茧)古三百爰,今弗克厥罚。(《师旂鼎》)

   凡民自得罪。(《书·康诰》)

   燕婉之求,得此戚施。(《诗·邶风·新台》)

   富与贵,是人之所欲也。不以其道得之,不处也。(《论语·里仁》)

2. "得"后省去宾语。

   窈窕淑女,寤寐求之。求之不得,寤寐思服。(《诗·周南·关雎》)

   王曰:贤者亦有此乐乎?孟子对曰:有。人不得,则非其上矣。不得而非其上者,非也;为民上而不与民同乐者,亦非也。(《孟子·梁惠王》下)"不得"="不得此乐"。

   遗其玄珠,使知索之而不得,使离朱索之而不得,使吃诟索之而不得也。乃使象罔,象罔得之。(《庄子·天地》)"不得"="不得玄珠"。

3. "得"后的宾语提前,而有受动之意。

   贞:往,羌不其得?(《殷墟书契前编》卷三页五十片八)

   丁丑卜,宾贞:禽得?王固曰:其得,隹庚?其隹丙?其齿。四日庚辰,禽允得。十二月。(又卷七页四二片二)

   周公居东二年,则罪人斯得。(《书·金縢》)

4. "得"单用,自为一顿,表被动,义为"被捕得"㊴。

   渭水虒上小女陈持弓年九岁,走入横城门,入未央宫尚方掖门,门卫户者莫见;至句盾禁中而觉,得。(《汉书·五行志》)

   其后人有盗高庙座前玉环,得。文帝怒,下廷尉治。(又《张释之传》)师古曰:"得者,盗环之人为吏所捕得也。"《史记·张释之传》作"其后有人盗高庙坐前玉环,捕得。"

   赖宗庙神灵,先发,得,咸伏其辜。(又《霍光传》)师古曰:"事发而捕得。"

   而圣子宾客为群盗,得,系庐江。(又《何武传》)

5. "有"(或"无")+"得",相当于"有(无)所得"。

贞:亡得。(《前编》卷三页二七片五)
㦰驭从王南征,伐楚荆,又(有)得。(《𢦏毁》)
由豫,大有得。(《易·豫》九四)

6. 助谓词+动词"得"。
为鬼为蜮,则不可得。(《诗·小雅·何人斯》)
三年学,不至于谷,不易得也。(《论语·大伯》)
楚未可以得志。(《左传》定四)
子能得珠者,必遭其睡也。(《庄子·列御寇》)

7. "得于(或'于''乎')"。
如匪行迈谋,是用不得于道。(诗《小雅·小旻》)郑《笺》:"君臣之谋事如此,与不行而坐图远近,是于道路无进于跬步,何以异乎?"
告子曰:不得于言,勿求于心;不得于心,勿求于气。(《孟子·公孙丑》上)
不得乎亲,不可以为人;不顺乎亲,不可以为子。(又《离娄》上)
仕则慕君,不得于君则热中。(《孟子·万章》上)赵岐《注》:"不得于君,失意于君也。"是故得乎丘民而为天子,得乎天子为诸侯,得乎诸侯为大夫。(又《尽心》下)赵岐《注》:"得天子之心,封以为诸侯;得诸侯之心,诸侯封以为大夫。"
苟得于道,无自而不可;失焉者,无自而可。(《庄子·天运》)
故许由娱于颍阳,而共伯得乎共首。(又《让王》)成玄英《疏》:"故许由娱乐于颍水,共伯得志于首山也。"⑩
故许由虞乎颍阳,而共伯得乎共首。(《吕氏春秋·慎人》)高诱《注》:"共、国,伯、子爵也。弃其国,隐于共首山,而得其志也。"

(二)"得"为助谓词

在甲骨文、金文、《书经》《诗经》中,"得"字还没有助谓词的用法。"得"作助谓词,表可能("可"或"能")⑪,常见于列国时代及以后的文献,可能是由动词的用法变来的。

1. 疑问词和"得"同用。

a. 述语为形容词。

里仁为美,择不处仁,焉得知?(《论语·里仁》)

枨也欲,焉得刚?(又《公冶长》)

则是厉民而以自养也,恶得贤?(《孟子·滕文公》上)

b. 述语为动词。

大子不得立矣,分之都城,而位以卿,先为之极,又焉得立?(《左传》闵元)

恶得有其一,以慢其二哉?(《孟子·公孙丑》下)

岂得暴彼民哉?(又《万章》上)

学士来者有声名,不过孔氏那得成?(《连丛子》下,附《四部丛刊》本《孔丛子》后)

我若不为此,卿辈亦那得坐谈?(《世说新语·排调》)

2. 否定词和"得"同用。

a. "不得"。

趋而辟之,不得与之言。(《论语·微子》)

邪说者不得作。(《孟子·滕文公》下)

春不得避风尘,夏不得避暑热,秋不得避阴雨,冬不得避寒冻。(《汉书·食货志》晁错《论贵粟疏》)

b. "无(毋)得",表禁止。

孟春既至,农事且起。大夫无得缮冢墓,理宫室,立台榭,筑墙垣;北海之众,无得聚庸而煮盐。(《管子·轻重甲》)

今言无得发取诸官,殆谓未央宫不属妾,不宜独取也。(《汉书·外戚·孝成许后传》)

c. "禁无(毋,不)得"㊷。

禁无得举矢书若以书射寇。(《墨子·号令》)

非旦夕临时,禁毋得擅哭。(《史记·文帝纪》遗诏)

欲防民盗铸,乃禁不得挟铜炭。(《汉书·王莽传》中始建国元年)

d. "禁……无(不)得"。

请以令禁百钟之家不得事鞯,千钟之家不得为唐园,去市三百步者不得树葵菜。(《管子·轻重甲》)

禁男子无得行入市。(《春秋繁露·求雨》)
禁妇人不得行入市。(又《止雨》)
禁郡国无得献名兽。(《汉书·哀帝纪》)
e. "得无(无、微、不、非)",表反诘。
为之难,言之得无讱乎？(《论语·颜渊》)
今者阙然数日不见,车马有行色,得微往见跖邪？孔子仰天而叹曰：然。柳下季曰：跖得无逆汝意若前乎？孔子曰：然。(《庄子·盗跖》)
博受诏,与御史大夫赵玄议,玄言事已前决,得无不宜？(《汉书·朱博传》)师古曰："得无,犹言无乃也。"
教住莫住,得非此邪？(二十卷本《搜神记》卷三)
秦若使三百人被发以朱丝绕树,赭衣灰坌伐汝,汝得不困邪？(又卷十八)《史记·秦本纪》文公二十七年《正义》引《录异传》,文略同。

3. 助谓词和"得"同用。
a. "可得"。
既辱且危,死期将至,妻其可得见邪？(《易·系辞》下)
齐桓晋文之事,可得闻乎？(《孟子·梁惠王》)
促去,可得与家相见。(《三国志·魏志·华佗传》)
b. "能得"。
能得明此者,可知成败吉凶。(《墨子·迎敌祠》)吴汝纶云："得、衍文。"案恐未必。
其人于城中不能得出,复不能得见无量清净佛；但见其光明,心中自悔责,踊跃喜耳。亦复不能得闻经,亦复不能得见诸比丘僧,亦复不能得见知无量清净佛国中诸菩萨阿罗汉状貌何等类。(后汉支娄迦谶译《无量清净平等觉经》卷三,《大正藏》第十二卷 p.292b)
阿难自鄙为佛作沙门,今日反在是中,不能得出。(后汉安世高译《摩邓女》经)
魏武弱冠屡造其门。值宾客猥积,不能得言。(《世说新语·方正注》引《楚国先贤传》)
c. "应得"。
佛语迦叶：是人应得为有是字不？(支娄迦谶译《遗日摩尼宝经》,《大正藏》第十二卷 p.193a)

d."宜得"。

夫天子之所尝敬,众庶之所尝宠,死而死耳,贱人安宜得如此而顿辱之哉?(《汉书·贾谊传》)

e."难得"

世间有佛,甚难得值。(《无量清净平等觉经》卷一,p.279c)

4."得以"+谓语[13]。

故进百金者,将用为大人粗粝之费,得以交足下之欢,岂敢以有求望邪?(《史记·刺客传》)《战国策·韩策》二作"以交足下之罐"。

又以右丞相从高帝击黥布,攻其前拒,陷两陈,得以破布军。(又《郦商传》)

秦以不早定扶苏,今赵高得以诈立胡亥。(又《叔孙通传》)

今募天下入粟县官,得以拜爵,得以除罪。(《汉书·食货志》引晁错《论贵粟疏》)

5."得而",详见下章。

6."得"后动词承前而省,多为反诘句或否定句,上句多有"欲""愿"等字。

a."得"。

信以守礼,礼以庇身,信礼之亡,欲免,得乎?(《左传》成十五)

夫二子者,或靰之,或推之,欲无入,得乎?(又襄十四)

禹八年于外,三过其门而不入,虽欲耕,得乎?(《孟子·滕文公》上)

b."可得"

前日愿见而不可得。(《孟子·公孙丑》下)

与谗谄面谀之人居,国欲治,可得乎?(又《告子》下)

夫百人作之,不能衣一人,欲天下亡寒,胡可得也?一人耕之,十人聚而食之;欲天下亡饥,不可得也。饥寒切于民之肌肤,欲其亡为奸邪,不可得也。(《汉书·贾谊传》《陈政事疏》)

7."得"后的谓语提前,"得"相当于现代口语的"可以""行""成"。多"亦得"连文。此种用法较后起。

若牛力少者,但九月十月一劳之,至春稿种亦得。(《齐民要术》《耕田》第一)

其春种不作畦,直如种凡瓜法者,亦得。(又《种瓜》第十四)

木瓜种子及栽皆得。(又《木瓜》第四十二)

率鱼一斗,曲末四升,黄蒸末一升,无蒸,用麦䴷末亦得㊹。(又《作酱法》第七十)有时为"名词+亦得"的形式,"得"字的用法已近于纯粹的动词;但似乎是由"用(或'取')+名词+亦得"变来的。

买新杀雉煮之,令极烂,肉销尽,去骨取汁,待冷解酱(鸡汁亦得。勿用陈肉,令酱苦腻,无鸡雉。好酒解之,还着日中)。(《要术》《作酱法》第七十)

无荷叶,取芦叶;无芦叶,干荷叶亦得。(又《作鱼鲊》第七十四)

8."得"在动词后,通常表可能。

今一受诏如此,且使妾摇手不得。(《汉书·外戚·孝成许后传》)《词诠》卷二 p.5:"按此文乃'不得摇手'之倒文。"

田为王田,卖买不得。(《后汉书·隗嚣传》,李贤《注》:"莽更名天下田曰王田,不得卖买。"

正未时,有一人持弓箭来,须具衫服于道侧伺候求见。即须致敬恳求,再三留宿。此必救得君母之患。(八卷本《搜神记》卷七)

及旦,宾向范曰:某昨夜与君母除疾害讫。范曰:如何除得㊺?(同上)

有时动词之前有"能"字,"得"似乎有表既事之意:

乃戏马曰:尔能为我迎得父还,吾将嫁汝。(二十卷本《搜神记》卷十四)

至春,能锄得两遍最好。(《要术杂说》)

有时"动词+得",似乎有既事之意,例见文末。

二

现在我们特别来讨论"得而"的用法。"得而"相当于助谓词"得"的用法,见于《论语》《墨子》《国语》《管子》《老子》《孟子》《庄子》《荀子》《韩非子》《吕氏春秋》《公羊传》《周礼》《礼记》《战国策》以及汉代及其后的文献,如:《淮南子》《韩诗外传》《春秋繁露》《新序》《扬子法言》《列子》《说文序》《仲长子》《孔丛子》《史记》《汉书》《后汉书》《三国志》《谷梁传集解序》《世说新语》《真诰》《水经注》诸书中,不见于甲骨文、金文、《书》《诗》《易》《左传》《谷梁传》诸书中[46]。

过去诸家对于"得而"的用法,也曾有所讨论。Legge 说:

"得",助动词 can, could,"而"时常出现在"得"和动词之间[47]。

Julien 说:

"善人吾不得而见之",除去"而"和"之",把动词"见"放在"善人"前,而解作"吾不得见善人"。……我特意讨论这种组织,因为这是我所遇到的最大困难之一[48]。

Gabelentz 说:

许多助动词,我们惯于了解它和跟着它的动词是管领的关系,在中国语的意义上好像是副词的关系。在"得"和"能"与后附的主要动词之间,有时就插入语词"而",它指出前面的词有副词的作用。(《汉文经纬》p.132)
"而"在助动词和主要动词之间的本来用法好像指出在中国语的意义上是当作一种副词的而非宾词的关系:"不可,当今吾不能而与晋争。"(《左传》襄九)"虽有耳目,安得而正之也?"(《扬子法言·吾子》)"其能而乱四方?"(《书·顾命》)(又 p.257)

马建忠说:

助动词"得"字后,直承散动,往往间以"而"字,亦变例也。(《马氏文通》卷八 p.10)

Haenisch 说:

因为满语译文,śolo bahambi"得到一种机会"用来翻译经常起副词作用的复词"乘间"和"乘隙",所以我假定在动词前的"得(而)"等于"乘间"义为"得到(和利用)一种可能,乘机做某事"。由此最后可能引申出"得到某机会"的意义,所以仅把"得(而)"翻译作"能"尚非正确[49]。

西门氏提出另一个解释。他说:

> 我们所提议的"而"字的复指功用不能仅仅轻易地根据例一〔"圣人吾不得而见之矣……"〕的证明而假定,因为在那儿宾语的代名词"之"出现在动词"见"的后面,好像回指"圣人"和"善人"。在同样的情形下,我们可以觉得在例二〔"夫子之文章可得而闻也……"〕,"也"字在句末出现于动词后达成同样的目的。可是据例三〔"盛德之士、君不得而臣,父不得而子。"〕的证明,动词"臣"和"子"不被"之"或"也"所跟随,我们值得假定"而"字达成了终于在三例中句首的词初步的指称,并且在例一中被"之",例二中被"也"(在别的例子中被"焉")所担任的职务仅是对"而"的次一步的指称,如像对在动词前不规则地位的宾语一样。
> 根据对"而"所假定的功用,"而"应视为代名词,因为它代替句首的成分。关于它的实在的意义,当然它必定和通常的第三身代名词"之"不同,并且似有比"之"较完整的意义,因为否则似乎没有理由在"之"以外又出现了"而"。(前引文 p.48)

因此他认为"而"字相当于英文的"such",义为"如此"。例一:"圣人吾不得而见之矣",和"而"字假定的意义相符合,可以直译为:"若论圣人,我是见不到像这样的(伟)人了。"(As far as a Divine Sage is concerned, I shall not succeed in meeting such a (great) man.)(p.49)

西门氏把他所举的例子分为二类。第一类(例1至23)包括"而"字所指为宾语提前于句首作"外位"(absolute position)者,第二类(例24至43)包括"而"字所指不出现于外位者(p.51)。他进一步解释为什么"而"作为宾语紧放在动词之前呢?他举出一些例子说明"而"字本来紧接着它所复指或加强的词或子句后面的(p.66)[50]。他认为"得而"加动词的地位是由于"希求思想上较大之正确性"。特别当被复指的宾语放在"外位"并且在句子本身以外的时候,说话者有此需要。除了把"而"字紧放在动词之前别无他法。因为放在动词后,分担动词后作宾语的代词之附属的性质(enclitic character)。(p.67)

Gabelentz把"得而"和"能而"相提并论,而后者是很少见的[51]。前者则比较普遍。Haenisch 认为"得（而）"相当于"得间"是不可信的。"得而"的"得"虽然可能原为动词，可是在上举大多数的例子中，都已经相当于表可能的助谓词了。西门氏认为"而"相当于英文"such"的代名词的性质，也不能使我们相信。"得而"相当于助谓词"得"的用法最早见于《论语》。在春秋时代以后，"而"在许多地方是纯粹的连词，似乎看不出代词的性质来（第二人称代名词"而"和连词"而"是不易相混的。关于连词"而"的用法，当另外讨论之）。在这里，西门氏认为"而"是代词，复指上文；并且当后面有"之"或"也"㉜时，又是回指"而"字，岂不是叠床架屋？他认为中文里没有相当于英文"such"的单词，用"而"字来和它相当（p.49），未免比附太甚，而不顾及中国的语言习惯了。（如《庄》a"夫故使人得而相女"，若照西门氏的解释，"而"字是不是又要复指下面的"汝"呢？）

现在我们对附录所举"得而"的例子 114 条（"得而"共一百七十三见）分析一下。

（一）根据和"得而"同用的语词来分析

1. 与助谓词同用：

a."可得而"，如：

是以天下之民可得而治，财用可得而足。（《墨子·辞过》）（《墨》a）

此外如《论》a,《墨》b.c.d.e.f.h.i.j.l.p,《国》a,《管》a.d.e.i,《孟》a,《庄》c.e.f.g.h,《荀》b,《吕》b,《周》a,《礼》c,《战》a,《淮》a,《外》a.b.c,《列》a, 史 b.d.f.g.h.k.m.p.s.t,《汉》a.b.c,《许》a,《孔》a,《后》a.b,《范》a。

b."难得而"，如：

夫匈奴无城郭之居，委积之守，迁徙鸟举，难得而制也。（《史记·主父偃传·论伐匈奴书》）（《史》q）

此外如:《史》r,《魏》b,《水》b。

2. 与否定词助谓词同用：

a."不可得而"，如：

天子三公既已立矣，以为天下博大，山林远土之民，不可得而一也。（《墨子·尚同》中）（《墨》d）

此外如:《论》a,《墨》m,《管》e.f.g.h,《老》a,《孟》b,《荀》a.c,《吕》a,

《公》a.b.c,《礼》b,《战》b.c,《淮》c.《外》a,《繁》a,《史》a.c.o,《仲》a,《魏》a,《世》a,《真》a。

b."未可得而",如：

然今天下之情伪,未可得而识也。(《墨子·非命中》)(《墨》n)

此外如:《墨》o,《后》b,《魏》c。

3. 与否定词同用：

a."不得而",如：

彼不臣天子者,是望不得而臣也；不友诸侯者,是望不得而使也。(《韩非子·外储说》右上)(《韩》a)

此外如:《论》b,《墨》k,《孟》c,《吕》c,《外》c,《新》a,《史》e,《水》a。

b."無(无)得而",如：

他人之贤者,丘陵也,犹可踰也；仲尼,日月也,无得而踰焉。(《论语·子张》)(《论》e)

此外如:《论》c,《庄》b。

c."靡得而",如：

太史公曰：秦以前尚略矣,其详靡得而记焉。(《史记·外戚世家》)(《史》i)

d."莫得而",如：

夫贵为天子,富有天下,名为圣王,兼制人人莫得而制也。是人情之所同欲也。(《荀子·王霸》)(《荀》d)

此外如:《汉》d。

4. 用于疑问或反诘句中：

a. 与疑问词("焉""恶""安""何""胡""宁")同用。如：

夫舜恶得而禁之？(《孟子·尽心上》)(《孟》e)

大得是而穷之者,物焉得而止焉？(《庄子·达生》)(《庄》d)

此外如:《庄》e.f.h.j,《吕》b,《礼》a,《战》a,《淮》b,《史》j.k.l.n.《扬》a,《魏》d。

b. 与表疑问的语末助词("乎""诸"="之乎""邪""与")同用,如：

天下之乱也,将安可得而治于？(《墨子·非乐》上)(《墨》l)

见且犹不得亟,而况得而臣之乎？(《孟子·尽心上》)(《孟》d)

物物而不物于物,则胡可得而累邪？(《庄子·山木》)(《庄》e)

此外如:《论》d,《庄》c.f.g.h,《礼》c,《战》a,《史》k.l.t,《扬》a,《后》a。

5."得而"单用(即不和助谓词、否定词、疑问词、表疑问的语末助词同用)如：

若豪之末,非天之所为也? 而民得而利之,则可谓否(=厚)矣。(《墨子·天志》中)(《墨》g)

此外如:《管》b,《庄》a.i,《孔》b。

(二) 根据"得而"后的动词后跟宾语与否来分析

1. "可(或'难')得而"+动词:

a. 动词后面通常不跟宾语,其动词通常有受动之意[3],如:

居下位而不获于上,民不可得而治也。(《孟子·离娄上》)(《孟》b) 例多,不备列。

b. 动词后有宾语"之",如:

今予之生地,皆走,宁尚可得而用之乎? (《史记·淮阴侯传》)(《史》k)

此外如:《墨》i,《仲》a。

c. 动词后虽无宾语,但没有受动之意,如:

子贡曰:然则人固有尸居而龙见,雷声而渊默,发动如天地者乎? 赐亦可得而观乎? 遂以孔子声见老聃。(《庄子·天运》)(《庄》c)

2. "得而"+动词:

a. 后跟宾语"之",如:

轻重之数,国准之分,吾已得而闻之矣。(《管子·轻重甲》)(《管》b)

此外如:《论》b,《墨》g,《孟》d.e,《庄》i.j,《吕》c,《礼》a,《史》j.l.n。

b. 后跟"诸"(="之乎"),如:

公曰:善哉! 信如君不君,臣不臣,父不父,子不子,虽有粟,吾得而食诸? (《论语·颜渊》)(《论》d)

此外如:《扬》a。

c. 后跟宾语"女",如:

而以道与世亢必信,夫故使人得而相汝。(《庄子·应帝王》)(《庄》a)

d. 后跟"焉",如:

子之先生不齐,吾无得而相焉。(《庄子·应帝王》)(《庄》b)

此外如:《论》c.e,《庄》d,《史》i,《孔》b。

e. 其他(后面不跟上面 a-d 所举的成分),如:

今君王以所不足益所有余,臣不得而为也。(《吕氏春秋·贵卒》)(《吕》c)

此外如:《墨》k,《孟》c,《荀》d,《韩》a,《淮》b,《外》c,《新》a,《史》e,

《汉》d,《魏》d,《水》a。

我们根据上面的分析,可以归纳出下面几点:

1. "得而"常和助谓词"可"(或"难")同用(87 例),和否定词同用(47 例),也用于疑问或反诘句中(30 例);此外"得而"单用的,114 例中仅有 5 例。

2. "得而"后的动词不能跟代词以外的宾语,只能跟代词("之"最常见)做的宾语。㊾

3. "得而"后多为外动词,后面跟宾语者固无论已;不跟宾语者,其动词或有受动之意("可(难)得而"后),其宾语或提前,如《孟》c(《万章》上:"盛德之士,君不得而臣,父不得而子"),《韩》a;或承前而省,如《墨》k,《新》a(《新序》卷七:"原宪曳杖拖履,行歌商颂而反,声满天地,如出金石;天子不得而臣也,诸侯不得而友也。""臣""友"的宾语为原宪,承上句而省)。

我们再看,"得而"和"得"也有互见之例。如:

子贡曰:夫子之文章,可得而闻也;夫子之言性与天道,不可得而闻也。(《论语·公冶长》)案《史记·孔子世家》:"子贡曰:'夫子之文章,可得闻也;夫子言天道与性命,弗可得闻也已!'"㊿"得"下无"而"字。
故不可得而亲,不可得而疏;不可得而利,不可得而害;不可得而贵,不可得而贱:故为天下贵。(《老子》五六章)敦煌天宝十载钞本(伯希和目录 2417)及唐景福二年易县龙兴观本无六"而"字。

此外,前引《新序》一则,《庄子·让王》作"天子不得臣,诸侯不得友","得"下无"而"字。不过根据上面所归纳出来的原则,"得而"的用法已受限制,有好些用"得"的地方,不能用"得而"来代替;而用"得而"的地方,大都可以用"得"来替代。再说,如:

子曰:圣人,吾不得而见之矣,得见君子者斯可矣。子曰:善人,吾不得而见之矣,得见有恒者斯可矣。(《论语·述而》)(《论》b)
可得同,不可得而杂。(《世说新语·方正》)(《世》a)

否定用"得而",肯定用"得"㊾;并且"得而"常用于宾语提前之例中,似乎用"得而"较单用"得"的语气为强(有时也许由于字数奇偶配合的关系)。此外,同为列国时代之书,《左传》不用"得而"表可能,《墨子》"得而"少用于问句中(十八例中只有一例),《庄子》则多用于问句中(十例中有七例):从这里也可以看出诸书间的一些差异来。

三

现在我们再来讨论唐以前"得"字用法的演变。动词的用法无疑是较先的。在甲骨文、金文、《书经》《诗经》中,"得"字就有动词的用法。助动词的用法始见于列国时代的文献,如《论语》等,可能是由动词演变出来的,大致经由下列两种途径:

1. "得+宾语"变成"得+谓语","得"便退居于助谓词的地位了。如:

百姓皆得暖衣饱食,便宁无忧。(《墨子·天志》中)

"得"如解作"获得",则为动词;如解作"能够",则为助谓词(《孟子·滕文公上》:"饱食暖衣,逸居而无教,则近于禽兽。""饱食暖衣"为谓语)㊿。

必使饥者得食,寒者得衣,劳者得息,乱者得治。(《墨子·非命下》)

在这儿似乎义为"获得饮食""获得衣服""获得休息""获得太平";但是如把"得"解作"能",也只是一个轻微的转变而已。

2. "得(而)+谓语"是由两组谓语连用㊽变来的。我们看见"得"和动词之间,常可以加"而"字。"而"字普遍的用法是联络两组谓语(当然也有联络副语和谓语的,不过要少得多了)。我们看一些"动词得+而+动词"的例子,如:

(a)是故昔者舜耕于历山,陶于河濒,渔于雷泽,灰(=贩)于常阳;尧得之服泽之阳,立为天子,使接天下之政,而治天下之民。昔伊尹为莘氏女师仆,使为庖人,汤得而举之,立为三公,使接天下之政,治天下之民。昔者傅说居北海之洲,圜土之上,衣褐带索,庸筑于傅岩之城,武丁得而举之,立为三公,使之接天下之政,而治天下之民。(《墨子·尚贤》下)

(b) 是故上下情请为通,上有隐事遗利,下得而利之;下有蓄怒积害,上得而除之。是以数千万里之外有为善者,其室人未遍知,乡里未遍闻,天子得而赏之,数千万里之外有为不善者,其室人未遍知,乡里未遍闻,天子得而罚之。(又《尚同》中)此及下条本义"得"为动词,解作"获得",但亦可解作助谓词"能"。参《庄》i。

(c) 千里之外有贤人焉,其乡里之人皆未之均闻见也,王得而赏之;千里之内有暴人焉,其乡里未之均闻见也,圣王得而罚之。(又《尚同》下)

(d) 彼实构吾二君,寡君若得而食之,不厌。(《左传》僖三三)"得"当解作"获得",Legge 前引书 Vol. V, p. 225 把次句译作"Even if he should eat them",不把"得"当做动词看待,可见二者的区别很微了。

(e) 百里奚之未遇时也,亡虢而虏晋,饭牛于秦,传鬻以五羊之皮;公孙枝得而说之,献诸缪公。(《吕氏春秋·慎人》)

(f) 蝗螟,农夫得而杀之,奚故?为其害稼也。(又《不屈》)此例"得"可解作动词("获得"),或助谓词。

(g) 因使人告东周之候曰:今夕有奸人当入者矣。候得而献东周。(《战国策·东周策》)

(h) 于是乃使百工营求之野,得说于傅险中。是时说为胥靡,筑于傅险,见于武丁。武丁曰:是也。得而与之语,果圣人。(《史记·殷本纪》)

(i) 臣之父杀人而不得,臣之母得而为公家隶,臣得而为公家击磬。(《新序杂事》四)此例"得"用于受动,义为"被捕得"。

(j) 洋川者,汉戚夫人之所生处也。高祖得而宠之。(《水经注·沔水》上)

此外"动词得+动词"的例子,如:

(k) 若王子搜者,可谓不以国伤生矣。此固越人之所欲得为君也。(《庄子·让王》)《庄子校释》卷五页六:"案《吕氏春秋·贵生篇》'为'上有'而'字。"

(l) 秦泗川守壮兵败于薛,走至戚,沛公左司马得杀之。(《汉书·高帝纪》)师古曰:"得者,司马之名。"刘邠曰:"得、得而杀之。《汉书》多以获为得。"王鸣盛曰:"《史记》'得'下有'泗川守壮'四字,则得者,得其人杀之,非名。"

以上所举:a. e. g. h. i. j. k. l 诸例,"得"为动词,不能解作助谓词;b. c. d 诸例,"得"以解作动词为宜,但解作助谓词,也尚可讲得过去;f 例则似乎两解皆可,不易判断;《庄》i 的情形也差不多,不过似乎当做助谓词讲要好一点,所以便没有列在此处。由此可见"得(而)"由谓词到助谓词的关键了。

上面两种途径都说明放在动词前面的助谓词"得"是由动词的用法变来的[59]。

至于"得"放在动词后的用法不见于东汉以前,其构成也可能经由下列两种途径:

1. 有一些表可能的例子大概由于助谓词后置的缘故。如《汉书》"摇手不得"为"不得摇手"之倒文,《搜神记》"如何除得"为"如何得除"之倒文。

2. 有一些表既事的大概由"动词+动词得"两组谓语连用变成的,如:

十余日间捕得五人。(《汉书·朱博传》)

义为捕而获得五人。

无问耕得多少,皆须旋盖磨如法。如一具牛两个月秋耕,计得小亩三顷。(《要术难说》)
只如十亩之地,灼然良沃者,选得五亩。(同上)

"耕得多少"本来有"耕而得多少"之意,"选得五亩"本来有"选而得五亩"之意,可是"得"字已渐转成较虚的意义。又如:

养得一犉牛,生得五犊子。(唐贞观间寒山诗)
忆得二十年,徒步国清归。……低头不用问,问得复何为?(同上)

"得"又表示既事态(或结果态)的意味,和"获得"的原义已有不同了[60]。

肆 "孰与"和"何如"

"孰"和"与"同用(或用"何如")表示比较,有几种排列法。

1. A 与 B+孰+形容词:

子谓子贡曰:女与回也孰愈?(《论语·公冶长》)
子贡问师与商也孰贤?(又《先进》)
我有是人也,与无是人也,孰愈?(《墨子·节葬下》)
父与夫孰亲?(《左传》桓十五)
名与身孰亲?身与货孰多?得与亡孰病?(《老子》四四章)
或问乎曾西曰:吾子与子路孰贤?(《孟子·公孙丑上》)

或者"与"前加"之"字:

时人共论晋武帝出齐王之与立惠帝,其失孰多?(《世说新语》《四部丛刊》本中之下页二七《品藻》)

或者连用数"与"字:

杀晋君,与逐出之,与以归之,与复之,孰利?公子絷曰:杀之利。(《国语·晋语》三)

或者不用"与"字:

鄢舒问于贾季曰:赵衰赵盾孰贤?(《左传》文七)

或者连用两"孰"字表示正反两面:

若是则无穷之弗知与无为之知,孰是而孰非乎?(《庄子·知北游》)

或者不列举 A、B,而笼统言之:

夫二子之勇,未知其孰贤?(《孟子·公孙丑上》)
上问朝臣,两人孰是?(《史记·魏其武安侯传》)

2. A 孰与 B+形容词:

南梁之难,韩氏请救于齐。田侯召大臣而谋曰:早救之,孰与晚救之便?(《战国策·齐策》一)
因问陆生曰:我孰与萧何曹参韩信贤?陆生曰:王似贤。复曰:我孰与皇帝贤?(《史记·陆贾传》)《汉书·陆贾传》师古《注》:"与,如也。"

或者省略一部分:

请为大王设秦赵之战,而亲观其孰胜。赵孰与秦大?曰:不如。民孰与之(=秦之民)众?曰:不如。金钱粟孰与之(=秦之金钱粟)富?曰:弗如。国孰与之(=秦之国)治?曰:不如。相孰与之(=秦之相)贤?曰:不如。将孰与之(=秦之将)武?曰:不如。律令孰与之(=秦之律令)明?曰:不如。(《战国策》《秦策》五)
今某之业所就,孰与仲(=仲之业)多?(《史记·高帝纪》)《汉书·高帝纪》师古《注》:"就成也。与亦如也。"

或者用两形容词,表正反两面:

沛公曰:君安与项伯有故?曰:秦时与臣游,项伯杀人,臣活之。今事有急,故幸来告良。沛公曰:孰与君少长?良曰:长于臣。(《史记·项羽本纪》)

3. A 孰与 B

大天而思之,孰与物畜而制之?从天而颂之,孰与制天命而用之?望时而待之,孰与应时而使之?因物而多之,孰与骋能而化之?思物而物之,孰与理物而勿失之也?(《荀子·天论》)
公之视廉将军孰与秦王?曰:不若也。(《史记·廉颇蔺相如传》)

4. 有时把所比较之事提出来:

(a) 所比较之事+A 孰与 B+形容词:

吴起曰:治四境之内。成训教,变习俗,使君臣有义,父子有序:子与我孰贤?商文曰:吾不若子。曰:今日置质为臣,其主安重,今日释玺辞官,其主安轻:子与我孰贤?商文曰:吾不若子。曰:士马成列,马与人敌,人在马前,援桴一鼓,使三军之士,乐死若生:子与我孰贤?商文曰:吾不若子。(《吕氏春秋·执一》)

(b) 所比较之事+A 孰与 B:

起曰:将三军,使士卒乐死,敌国不敢谋:子孰与起?文曰:不如子。起曰:治百官,亲万民,实府库;子孰与起?文曰:不如子。起曰:守西河,而秦兵不敢东乡,韩赵宾从:子孰与起?文曰:不如子。(《史记·吴起传》)

(c) A+所比较之事+孰与 B:

高曰:君侯自料能孰与蒙恬?功高孰与蒙恬?(《会注》:"《枫》《三本》无'高'字,以上文推之,无者是。")谋远不失,孰与蒙恬?无怨于天下,孰与蒙恬?长子旧而信之,孰与蒙恬?斯曰:此五者皆不及蒙恬。(《史记·李斯传》)

以上大概因为所比较之事,字句较长,所以特别提出来说。也有一些短的句子,其结构与此相似,如:

陛下自察圣武孰与高帝?(《史记·曹相国世家》)
大王自料勇悍仁强孰与项王?(《史记·淮阴侯传》)

事实上"圣武"和"勇悍仁强"都是形容词,可以任意变作(1)式(如:"陛下自察与高帝孰圣武?")或(2)式(如:"陛下自察孰与高帝圣武?")

5. A 何与 B:

此何与于殷人屡迁前八而后五？（张衡《西京赋》）李善《注》："《广雅》曰：
'与、如也。'言欲迁都洛阳，何如殷之屡迁乎？言似之也。"

6. A 何如 B+形容词：

因问明帝：长安何如日远？答曰：日远。（《世说》中之下页四八《夙惠》）

7. A 何如 B。魏晋常用之⑥。

仲弓曰：盗杀财主，何如骨肉相残？（《世说》上之下页一《政事》）
桓公问孔西阳：安石何如仲文？（又中之下页廿九《品藻》）

关于(1)式在解释上没有什么问题。(2),(3),(4),(5)式,注家多解"与"为"如",除前引《汉书·高帝纪》,《陆贾传》师古《注》《西京赋》李善《注》外,又如：

楚王之猎,孰与寡人乎？（司马相如《子虚赋》）郭璞《注》："与犹如也。"
君为相,自度孰与陈平绛侯？丞相曰：不如。（《汉书·爰盎传》）师古曰："与犹如也。"

所以王引之《经传释词》卷一"与"下云："何与,犹何如也。"并引《秦策·齐策》等（例见下）。马建忠《马氏文通》卷二 p.58 云：

习用"孰"为较量之词。《论》："女与回也孰愈？"犹云：女与回两人之中谁愈也。……《陆贾传》："我孰与萧何曹参韩信贤？"犹云：我与三人相较,谁贤也。……而《曹相国世家》："陛下自察：圣武孰与高帝？""孰与"二字,有谓有"何如"之意,犹云何如高帝也。实则其意当云：陛下自察,与高帝相较,孰为圣武也。则"孰"字当作表词。《秦策》："秦昭王谓左右曰：今日韩魏孰与始强？对曰：弗如也。王曰：今之如耳。"犹云：今之韩魏与始孰强也。《齐策》："田侯召大臣而谋曰：救赵孰与勿救？"同上。

杨树达《马氏文通刊误》p.60 云：

> 按：《齐策》之"孰与"当训"何如"，与《秦策》不一律。盖《秦策》有静字"强"字为所较之事，而《齐策》无之故也。马氏混而同之，误矣。

案王氏把(2),(3),(4)式的"孰与"都解作"何如"，马氏把它们和(1)式同解，杨氏把(3)式的"孰与"解作"何如"。我们唯有从历史的演变上得到比较完整的看法。(1)式见于《论语》等书；时代较早；(2),(3),(4)式见于秦汉，时代较晚。(5)式见于东汉，(6),(7)式见于魏晋，其时代更晚。(2)式和(1)式是差不多的，如：

> 邹忌修八尺有余，身体昳丽。朝服衣冠窥镜，谓其妻曰：我孰与城北徐公美？其妻曰：君美甚，徐公何能及公也？城北徐公，齐国之美丽者也。忌不自信，而复问其妾曰：吾孰与徐公美？妾曰：徐公何能及君也？旦日，客从外来，与坐谈，问之客曰：吾与徐公孰美？客曰：徐公不若君之美也。(《战国策·齐策》一)

前二问用(2)式，后一问用(1)式，可见其相近了。又如(4)项下引的《吕氏春秋·执一》和《史记·吴记传》内容是差不多的，而前者称"子与我孰贤"，为(1)式，后者称"子孰与起"，为(3)式。可见(1)式和(3)式也相近。又如：

> 甘罗见张唐曰：卿之功孰与武安君？唐曰：武安君战胜攻取，不知其数；攻城堕邑，不知其数；臣之功不如武安君也。甘罗曰：卿明知功之不如武安君欤？曰：知之。应侯之用秦也，孰与文信侯专？曰：应侯不如文信侯专。(《战国策·秦策》五) 又见《史记·甘罗传》。

前问为(3)式略有省略，相当于"卿之功孰与武安君之功"，后问为(2)式。"孰与"变为(5)式的"何与"，再变为(6),(7)式的"何如"，都可以看它们间的关系是连锁的，是逐渐演变的，而不是截然划分的。(3)式"A 孰与 B"，已接近"何如"的用法。马氏拿(2)(3),(4)式和(1)式同解，向上推究其关系；王氏等把"孰与"解作"何如"，向下推究其关系,是各有依据的。所差者,他们没有把历史演变的关系完全分别清楚罢了㉒。

伍　系词"是"的起源

"是"字系词性的来源,和代词"是"有关。在先秦的文献中,有时"是"字用作判断句的主语,复指前面的成分,如:

富与贵,是人之所欲也。(《论语·里仁》)
谷与鱼鳖不可胜食,材木不可胜用,是使民养生丧死无憾也。(《孟子·梁惠王上》)
参《梁惠王上》:"庖有肥肉,厩有肥马,民有饥色,野有饿莩:此率兽而食人也。"

不过这一类的例子,"是"字都可用"此"字来替代。如:

商文曰:是吾所以加于子之上已!(《吕氏春秋·执一》)《史记·吴起传》作"此乃吾所以居子之上也。"

有时"是"和"非"对举,表示正反两面,如:

王之不王,非挟太山以超北海之类也;王之不王,是折枝之类也。(《孟子·梁惠王上》)
是祭祀之齐,非心齐也。(《庄子·人间世》)

但是也可以用"此"字来替"是"字,如:

此庸夫之怒也,非士之怒也。(《战国策·魏策》四)
此天之亡我,非战之罪也。(《史记·项羽本纪》)

有时"是非"连文,如:

是非知能材性然也,是注错习俗之节异也。(《荀子·荣辱》)

这也表示反正两方面,"是非"的"是"无疑的是代词。

有时"则是"连文,如:

不识王之不可以为汤武,则是不明也;识其不可,然且至,则是干泽也。(《孟子·公孙丑下》)
己诚是也,人诚非也,则是己君子而人小人也。(《荀子·荣辱》)

这一类不过是判断句"是……也"前面加一连词"则"字,有时也可用"则此",如:

则此禹之所以征有苗也。……则此汤之所以诛桀也。(《墨子·非攻》下)下文又云:"此即武王之所以诛纣也"。

前面用"则此",后面用"此即",也就等于"此则"(《孟子·公孙丑》下:"此则寡人之罪也")。

有时"是也"或"是已"连文,如:

水由地中行,江淮河汉是也。(《孟子·滕文公》下)
地籁则众窍是已!……人籁则比竹是已!(《庄子·齐物论》)

王力氏认为这是由"是非"的意义生出来的⑥,实际上"……是也"和"是……也"的句式是相通的,如:

成名况乎诸侯,莫不愿以为臣,是圣人之不得势者也;仲尼子弓是也。一天下,财万物,长养人民,兼利天下,通达之属,莫不从服,六说者立息,十二子者迁化,则圣人之得势者,舜禹是也。(《荀子·非十二子》)

案本篇上文"是它嚣魏牟也","是陈仲史䲡也","是墨翟宋钘也","是慎到田骈也","是惠施邓析也",句式都作"是……也";不应解作"然否"的"然"或"对不对"的"对"。这和《论语·阳货》:"子曰:偃之言是也"(比较《雍也》:"子曰:雍之言然"),《微子》:"是鲁孔丘与曰:是也","是也"解作"然也"不同。

上面的许多"是"字,王力氏都不认为是系词,但他又说:

"是"字虽是指示代名词,但当其用于复指时,其作用在乎说明上文。系词的作用在乎表明主格,与说明上文的作用相差很近。只要指示的词性减轻,说明的词性加重,就很自然地变为系词了。……譬如"富与贵,是人之所欲也",转变而成"富与贵都是人们所希望的",真是极自然的转变了。(前引文p.30)

高名凯《汉语语法论》p.89 说:

"是"字之用作系词者并不是古代所没有的。《孟子·公孙丑下》"不识王之不可以为汤武,则是不明也",《礼记·三年问》"若驷之过隙,然而遂之,则是无穷也",这些句子的"是"字不是系词是什么?王力先生以为这些句子中的"是"字只是指示代名词,而不是系词,这就是他所以有这种误会的原因。要知道中国语的系词和印欧语不同,它不是用 verb to be 去表示,而是用指示代名词或其他的动词去表示的。"是"字是指示词,这是不错的。就是把它当做系词用的时候,它也保留着一些指示词的意味。所以"是"之是否系词并不能以它是否指示词来决定,应当以它是否带有系词的性质来判断。

案高氏只是对于"系词"这一名称所下的定义,和王氏有点不同,因此发生解释上的差异。上面所举的例子,"是"字大约相当于现代语的"这是",而不相当于现代单用的"这"或"是"。高氏也承认"就是把它当做系词用的时候,它也保留着一些指示词的意味",可见和后来不带指示词意味的系词"是"终究有点不同。

关于不带代词性的系词"是"出现的时代,王力氏说:

"是"字最初被用为系词,该是在六朝时代。不过,六朝这一个时代太长,我至少该追究它在哪一个朝代就有了系词的功用。西洋的语史学家往往能考定某字始现于某年,其年代即以现存的古籍初见此字的年代为准。照这种说法,我们要知道"是"字的系词性始于何年,并非绝对不可能的。不过,现在我的精力还不能达到那样精确的地步,就只能含混地说个六朝。如果就已经发现的例子看来,该说是起于晋末以后(约当西历第五世纪),因为陶潜、刘义庆、沈约、顾欢、慧皎、范缜诸人都曾经用"是"字为系词。但是在没有查遍六朝的书籍以前,我们还不能断定陶潜以前没有人把"是"字当系词用。因此,为比较妥当起见,我们仍旧愿意暂时说是六朝。(前引文 p.31)

高名凯《汉语语法论》p.89 说:

> 东洋的吉川幸次郎先生也以为"是"字之用为系词是六朝时《世说新语》中才见到的。这也是同样的误会。我们即使不把王力先生所谓"则是不明也"的"是"字看做纯粹的系词,也不能说和现代口语"我是中国人"一类的"是"字的用法是六朝才有的。《海内十洲记》的"杯是白玉之精",《别国洞冥记》的"汝悉是何处行?"这里的"是"字实在和现在口语的系词"是"并没有什么用法上的不同,然而却是汉人的著述。

案高氏引用《海内十洲记》和《别国洞冥记》去证明汉代已有纯粹的系词,似乎是笑话;因为二书被公认为不是汉人的作品㉔。高氏对吉川幸次郎的批评,也是出于误会(说见后)。

此外,在西汉人的著述中发现了几条疑似的例子:

1. 《韩诗外传》卷八:

> 齐庄公出猎,有螳螂举足将搏其轮。问其御曰:此何虫也?御曰:此是螳螂也。

案《太平御览》卷九百四十六页五(《四部丛刊》三编本)虫豸部三"螳螂"项下引:

> 《韩诗外传》云:"齐庄公出猎,有螳螂举足将搏其轮。问其御曰:此何虫?对曰:此螳螂也。"

"此"下无"是"字。

2. 《史记·刺客豫让传》㉕:

顷之,襄子当出,豫让伏于所当过之桥下。襄子至桥,马惊。襄子曰:此必是豫让也。使人问之,果豫让也。

王力说:

《刺客列传》述豫让一段系根据《战国策》,而《战国策》〔《赵策》一〕恰恰缺少"是"字,只作"此必豫让也"。假使我们不能在《史记》以前或与《史记》同时的史料中,找出"此必是豫让也"一类的句子("是"字为系词,在"此"字之后),我们尽可以根据《战国策》而认《史记·刺客列传》的"是"字为传写之讹。(前引文 p.2)

  3.《史记·儒林辕固生传》:

窦太后好老子书,召辕固生问老子书。固曰:此是家人言耳。

泷川资言《考证》:

《汉书》无"是"字,《艺文类聚》引《史记》亦无。

吉川幸次郎《世说新语之文章》曾引此条,并谓:

王力氏在《中国文法中的系词》只举《刺客传》的"此必是豫让也",并认为此乃后人传写之误,我是不赞成的。而且在《史记》中像这类"是"字的使用不止王氏所举《刺客传》的一条。又我们不得不认为始现于《世说》的新语法,其作为口语至晚在后汉已盛行,而《汉书》皆不采用之。从此意味言之,《世说》之文章乃后汉文章之反动⑥。

  4.《史记·商君传》:

商君亡至关下,欲舍客舍,客人不知其是商君也。

案末句译为口语,当作:"客舍的人不知道他是商君""是"可能是系词,但"其"字同时也可以当作语助词。《史记·刺客聂政传》说：

> 政姊荣闻人有刺杀韩相者，贼不得，国不知其名姓，暴其尸而悬之千金。乃于邑曰：其是吾弟与！

末句译为口语，当作"大概这是我的兄弟吧"，"其"为拟议之词。

以上诸条，都出现于西汉，但往往有异文无"是"字，或是可能有别的解释，不能使我们确信在西汉的文献中，已有纯粹系词"是"的使用。吉川氏认为后汉口语中已盛行，也不能举出确切的例证[67]。

我在后汉时翻译的佛经当中，找到一些用"是"字做系词的例子。现在略举数例：

> 须菩提问五百人：谁是汝师者？（后汉支娄迦谶译《佛说遗日摩尼宝经》，《大正藏》十二卷 p.193c，24 行）
>
> 其有信爱佛经诸深奉行道德，皆是我小弟也；其有甫欲学佛经戒者，皆是我弟子也；其有欲出身去家舍妻子，绝去财色，欲来作沙门，为佛作比丘者，皆是我子孙。（同人译《佛说无量清净平等觉经》卷三，《大正藏》十二卷 p.294c.7 - 10 行）
>
> 问：何所是学？何所是事？其佛言：有怛萨阿竭署，是若学，是若事。（同人译《文殊师利问菩萨署经》，《大正藏》十四卷 p.438b.7 - 8 行）
>
> 应时复问：是香者，是根，是本，是茎，是枝，是叶，是华，是实，实之所香？佛言：是香者，亦无根，亦无本，无茎，无枝，无叶，无华，无实，实而香，当求是香。（同上 p.438c，25 - 28 行）
>
> 制复白言：今佛是天上天下人师，当哀度脱我曹。（后汉安世高译《佛说长者子制经》，《大正藏》十四卷 p.801a，16 行）
>
> 时王子遥见道中有白物，即住车问旁人言：此白物是何等？答言：此是小儿。（同人译《佛说㮈女祇域因缘经》，《大正藏》十四卷 p.897b，23 - 24 行）
>
> 祇域闻声即问言：此是何等伎乐鼓声？傍人答言：是汝所为来长者子死，是彼伎乐音声。（同上 p.898c，17 - 19 行）
>
> 汝当正心知此罪人，或是邪妖恶师，或是不知世俗奸人。（同人译《佛说坚意经》，《大正藏》十七卷 p.535a，2 - 3 行）

案《开元释教录》卷一：

沙门支娄迦谶,亦云支谶,月支国人。……桓灵之代游于洛阳。从桓帝建和元年丁亥(147A.D.),至灵帝中平三年丙寅(186A.D.),于洛阳译《道行》等经二十三部。审得本旨,曾不加饰,可谓善宣法要弘道之士也。河南清信士孟福张莲笔受。沙门安清,字世高,安息国王正后之太子也。……高以桓帝建和二年戊子(148A.D.)至灵帝建宁三年庚戌(170A.D.)二十余载,译《大乘要慧》等经九十五部,并义理明析,文字允正,辩而不华,质而不野。凡在读者皆亹亹然而不倦焉。

从上面的记载可知,支娄迦谶和安世高都是后汉桓帝灵帝时(西元后2世纪)译经的,他们的译文都相当质朴,没有什么文饰。而在那时候,"是"字已经确切地作纯粹的系词了。王力氏泛称系词"是"起于六朝时代,已比后汉为迟;王氏所举的例子,也只自晋末起,比我所举的,更迟了二百多年。

此外,系词"是"流行于早期翻译的佛经中,也是值得注意的。因为佛教文学是一种新兴的通俗文学,所以流行于当时口语中的纯粹系词"是"便普遍使用了(它开始出现于口语中的时代,当然还要早若干年)。至于那些高文典策的著作,则还不敢或不惯于使用它。我们现在可以说:纯粹的系词"是"出现于汉代的语言中;不过根据现存的文献,在后汉晚年(西元后2世纪)的通俗作品(如佛经)中,才大量地使用它⑧。

陆　第三身代词"他"的来源

我们常用的第三身代词"他",在上古是不用作第三身代词的。南北朝隋唐以后,此种用法便很常见了。

"他"本作"它"。《说文》卷十三下云:

它,虫也。从虫而长,象冤曲垂尾形。上古草居患它,故相问:无它乎?
段玉裁《注》:"相问无它,犹后人之不恙、无恙也。语言转移,则以无别故当之。而其字或假'佗'为之,又俗作'他',经典多作'它',犹言彼也。许言此以说假借之例。"

罗振玉《殷墟书契考释》云：

> 卜辞中从止下它，或增彳。其文皆曰"亡㞢"，或曰"不㞢"，殆即它字。上古相问以无它故，卜辞中凡贞祭于先祖，尚用"不它""亡它"之遗言，殆相沿以为无事故之通称矣㉒。

案由训虫的"它"假借作"别的"讲，现代口语中的"其他"，仍保留此义。在先秦的典籍中，"他"用作名词的例子，如：

> 人知其一，莫知其他。（《诗·小雅小旻》）
> 此无他，不与民同乐也。（《孟子·梁惠王》下）
> 王顾左右而言他。（又《梁惠王》下）

"他"字都解作"别的"，又有"非（或'匪'）他"的用法，如：

> 岂伊异人？兄弟匪他。（《诗·小雅頍弁》）邓《笺》："无他，言至亲。"孔《疏》："皆王宗族，非有他人，何不燕而亲之？"
> 天子曰：非他，伯父实来，予一人嘉之。（《仪礼·观礼》）邓《注》："言非他者，亲之辞。"
> 萧同叔子非他，寡君之母也。（《左传》成公二年）

"非（匪）他"的"他"字也可以解作"别的"，不过因为上下文是指人，所以可以译作"别人"。外此又有"他"字放在名词前面做形容语的用法，如"他人"解作"别的人"，"他事"，解作"别的事"等，上古这种例子很多，因为不在讨论范围之内，所以从略。

现在要讨论第三身代词"他"是怎样形成的。范晔《后汉书·方术·费长房传》云：

> 长房曾与人共行，见一书生，黄巾被裘，无鞍骑马，下而叩头。长房曰：还它马，赦汝死罪。人问其故。长房曰：此狸也，盗社公马耳。

杨树达《词诠》卷二 p.27 云：

按此例似以"他"字作人称代名词"彼"字用，与今口语同。

文法家多以此条"他"字为第三身代词之始见于书者[70]。案现代第三身代词的"他"往往有"先词"(antecedent)说明"他"指某人(或某物)[71]，有时上下文虽未指明某人，而说者和听者(或读者)知道是指某人的。《后汉书》此条的"它"前无所承，"还它马"可以译作"还人家的马"[72]。

高名凯《汉语语法论》p.305 说：

早期的佛教俗文学也已经用"他"为第三身代名词，《百喻经》就有不少的例子：
如彼愚人，代他捉熊，反自被害。
昔边国人，不识于驴，闻他说言，驴乳甚美。
往有商人，贷他半钱，久不得偿。
昔有一人，共他相瞋，愁忧不乐。

就是在六朝的笔记小说中，我们也可以找到"他"字用为第三身代名词的，如：
干宝的《搜神记》："夫人食他一物，而有愧色，适来已饮他酒脯，宁无情乎？"
案《百喻经》(《大正藏》No.209)为萧齐求那毗地所出。上引《百喻经》的例子都没有"先词"，都应该解作"别人"。所引《搜神记》的"他"也可能解作别人[73]。

我在后汉安世高(西元后 2 世纪)译的《佛说罪业应报教化地狱经》里找到一些例子：

(1) 佛言：以前世时坐为针灸医师，针人身体，不能差病，诳他取财，徒受苦痛，令他苦恼，故获斯罪。(《大正藏》第十七卷 p.451b, 3-5 行)
(2) 佛言：以前世时坐焚烧山泽，火煨鸡子，烧他村陌，烧煮众生，身烂皮剥，故获斯罪。(同上 p.451b, 13-15 行)

(3) 佛言:此前世时坐治生贩卖,自誉己物,毁訾他财,嚣升弄斗,蹉秤前后,欺诳于人,故获斯罪。(同上 p.451c,18 - 20 行)

(4) 复有众生,少小孤寒,无有父母兄弟,为他作使,辛苦活命。(同上 p.452a,6 - 7 行)

(5) 虽亲附人,人不在意。若他作罪,横罹其殃。(同上 p.452a,19 行)

上述(5)例"他"用于主位,(1)、(4)例用于宾位,(2)、(3)例用于领位。"他"都解作"他人"(即别人)。《后汉书》成书在刘宋时,论时代不如安世高译经之早,不过《后汉书》也可能依据较早的史料。我们现在可以设想"他"字在解作"别的"和用为第三人称代词之间,可能经过一个阶段,"他"字可以解作"别人"[74]。

"他"字明确地用作第三身代词的例子,在《晋书》中可以遇到。《晋书》列传卷五十六《张轨传》后附《张天锡传》云:

尝大会,温(桓温)使司马刁彝嘲之。彝谓博(韩博)曰:君是韩卢后邪? 博曰:卿是韩卢后。温笑曰:刁以君姓韩,故相问焉。他自姓刁,那得韩卢后邪?

案"他"指刁彝。《晋书》成于唐初,但可能依据较早的史料。《乐府诗集》(《四部丛刊》本)卷四十七页五《圣郎曲》云:

左亦不伴伴,右亦不翼翼。仙人在郎傍,玉女在郎侧。酒无沙糖味,为他通颜色。

此例"他"字似亦为第三身代词[75]。

到了唐代,"他"字便相当盛行了。在唐初(7世纪)的白话诗中,如寒山[76]诗云:

城北仲家翁,渠家多酒肉。仲翁妇死时,吊客满堂屋。仲翁自身亡,能无一人哭。吃他盃臠者,何太冷心腹!(《四部丛刊》本页二三)案"他"指"仲翁"。可贵天然物,独一无伴侣。觅他不可见,出入无门户。促之在方寸,延之一切处。你若不信受,相逢不相遇。(同上页二六)案"他"指"天然物"。
侬家暂下山,入到城隍里。逢见一群女,端正容貌美。……谓言世无双,魂影随他去。(同上页二七)案"他"指"一群女"。

王梵志诗云：

亲中除父母,兄弟更无过。有莫相轻贱,无时始认他。(《敦煌掇琐》p.166)案"他"指"兄弟"。
亲客号不疏,建唤则湏唤。食食宁且休,只可代他散。(同上 p.169)案"他"指"亲客"。

同时"他"字也有解作"别人"的,如寒山诗云：

弃金却担草,谩他亦自谩。似聚砂一处,成团也大难。(《四部丛刊》本页十七)
为人常吃用,爱意须悭惜。老去不自由,渐被他推斥。(同上页二十)

拾得诗云：

世上一种人,出性常多事。终日傍街衢,不离诸酒肆。为他作保见,替他说道理。一朝有乖张,过咎全归你。(同上页五四)

王梵志诗云：

偷盗须无命,侵欺罪更多。将他物己用,思量得夜魔。(《敦煌掇琐》p.172)"他"解作"别人的"。

  关于"他"字的读音,《广韵》平声歌韵：

佗:非我也。……托何切。他:俗,今通用。

和"拖"字同音。在唐代,都读 t'â。可是后来"拖"字演为现代国语的 t'uo,而"他"字因为常用的缘故,却保留旧的读法未变。只有在一些较文的成语中,如"他力""其他"等,仍有读 t'uo 的[⑦]。

柒 "什么"和"何物"

一

现代口语里的"甚(什)么""怎么"等⑧,在唐代的白话文献里已经出现了,虽然在写法上还没有固定。

在8世纪的神会和尚的《语录》⑲里,有下列几种写法:

1. "是物(勿、没)"⑳:

问:是勿是生灭? 答:三世是生灭。(《神会遗集》p.104)

问:作没生得见无物? 见无物唤作是物? 答:不唤作是物。问:既不唤作是物,何佛性? 答:见不见无物是真见常见。(同上 p.116)

神会比者亦决诸人从不落莫。未审别驾疑是勿?(日本景印本 p.35"勿"作"物")(同上 p.143)

2. "作勿(没、物)生":

问此二若为? 答:此俱遣。问:作没生遣? 答:但离即遣。问:作没生离? 答:只没离? 无作勿(日本景印本 p.9"勿"作"没")生离。(同上 p.114)

问:唤作是物? 答:不唤作是物。问:作勿生是? 答:亦不作勿生。(同上 p.115)

日本景印本 p.10 作"问唤作是没勿? 答:不唤作勿。问异没时作物牛? 答:亦不作一物。"

王侍御问:作勿生是定〔惠〕等?(同上 p.138)日本景印本 p.30 作"作没时是定慧等?"

3. "只没":

问:心定俱无,若为是道? 答:只没道? 亦无若为道。问:既无"若为道",何处得"只没道"? 答:今言"只没道"为有"若为道"。若言无"若为","只没"亦不存。(同上 p.111)

侍御曰:阇梨只没口道? 答:一纤毫尘不得客语。(同上 p.139)日本景印本 p.30 作"侍御言:阇梨只没道不同?"

4. "慧":
   侍郎云？太好。若为无住？答:《金刚经》有文。又问:《金刚经》道没语？（同上 p.124）

在9世纪的禅宗语录里,有下列几种写法:

1. "什(甚)么":
   不与万法侣者,是什么人？(《庞居士语录》)"什么"又作"甚么"。
   欠少什么？(《临济录》)
   觅甚么实法？(《传心法要》)
2. "个什么":
   个俗人频频入院讨个什么？(《庞居士语录》)
   (山)云:还见这个么？士曰:见。山曰:见个什么？（同上）
3. "为什么":
   问无边身菩萨为什么不见如来顶相？(《苑临录》)
   为什么道归源性无二？（同上）
4. "作么":
   作么免得？(《庞居士语录》)
   无我复无人,作么有疏亲？（同上）
5. "作么生":
   待伊打汝,接住棒送一送,看他作么生？(《临济录》)
   后沩山问仰山云:此二尊宿意作么生？仰山云:和尚作么生？沩山云:养子方知父慈。仰山云:不然。沩山云:子又作么生？仰山云:大似勾贼破家。（同上）
6. "凭么":
   知子凭么,方始问子。(《庞居士语录》)
   谁凭么道？（同上）
7. "与么":
   山僧与么说,意在什么处？(《临济录》)
   霞曰:莫与么,莫与么。士曰:须与么,须与么[⑪]。(《庞居士语录》)

我们现在分别讨论于下:

1.《神会语录》的"是物(勿,没)"和后来的"什(甚)么""拾没"是同一语词。在唐代,"是""什""甚""拾"四字声母同属禅纽ź-"没""么""物""勿"四字同属双唇鼻音 m-。"个什么"的"个"是单位词,"为什么"的"为"是介词,都是用"什么"组成的成语[82]。

2.《神会语录》的"作勿(没)生"即 9 世纪禅宗语录的"作么生","生"是语尾[83]。"作么"即后来的"怎么","作""怎"的声母皆属精纽 ts-[84]。

3."只没"又作"只么":

取不得,舍不得,不可得中只么得?(唐玄觉《永嘉证道歌》)
红紫争春触处开,九衢终日犊车雷。闲情欲被春将去,鸟唤花惊只么回?
(宋黄庭坚《寄杜家父》)

"只"和"怎"都是不送气清塞擦音,同属上声,惟"怎"为 ts,而"只"为 tś-之异。

4."凭么",《广韵》:凭,如甚切。《助字辨略》卷三页五七云:"凭字,犹云如此。"按:"凭"和"如"声母同属日纽,和古代"然"解作"如此"的情形相似。"凭么"义为"这么"。

5."与么"和"凭么"当是同源的语词。因为日纽 ńź-的 ń 在 9 世纪时已经失落,便和"与"字开头的 i-相当接近了[85]。

二

有时"甚""怎""凭"单用,后面不加"么"(物、勿、没),这是由于后者的声母 m-已经和前面拼合成一个音节的缘故[86]。"甚""怎""凭"都是古代收-m 的字。这正和由"我们(每)"变成"俺"(-m)的情形相似[87]。

1."甚"字唐代已单用:

这老翁出出入入有甚了期?(《庞居士语录》)
教某甲向甚处去?(《悟本语录》)

2. "怎"字出现较晚,是特别造出来表示这拼合成功的音节的。《广韵》《集韵》都未收,金韩道昭《五音集韵》:

> 怎,子吽切。语辞也。五音篇中此字无切脚可称。昌黎子定作枕字第一等呼之,可谓正矣。今此寝韵中精母之下创立切脚,其吽字晓母下安呼怎切,两字递相为韵切之,岂不善哉?

"怎"字宋人常用,略举二例:

> 游蝶困,乳莺啼,怨春春怎知?(秦观《阮郎归》)
> 梧桐更兼细雨,到黄昏点点滴滴。这次第,怎一个愁字了得?(李清照《声声慢》)

又有"怎生",是"作么生"变来的。

> 等闲妨了绣功夫,笑问鸳鸯二字怎生书?(欧阳修《南歌子》)
> 不知怎生盘庚抵死要迁那都?(《朱子语类》)

又有"怎地(的)":

> 却说这样没根蒂的话来,旁人听见时,教我怎地做人?(《京本通俗小说》《菩萨蛮》)
> 杀人罪愆怎的免?(《小孙屠戏文》)

3. "恁"字宋人常用,如此也。略举二例:

> 把酒送春惆怅甚,长恁,年年三月病恹恹。(欧阳修《定风波》)
> 追念少年时,正恁凤帏倚香偎暖。(柳永《阳台路》)

又有"恁地":

> 恁地,是圣人以力角胜,却不问义理也。(《程氏遗书》第二三,《伊川语

录》九）

早知恁地难拚，悔不当初留住。（柳永《画夜乐》）

三

和"甚"有关的词有"舍""啥"等，和"怎"有关的词有"曾"（ts-）"正"（tś-）"争"（tṣ-）等。兹分别讨论于下：

1. "舍""啥"。章炳麟《新方言》卷一页三云：

《孟子·滕文公》篇："舍皆取诸其宫中而用之"，犹言何物皆取诸其宫中而用之也。《晋书·元帝纪》："帝既至河阳，为津吏所止。从者宋典后来，以策鞭帝马而笑曰：舍！长官禁贵人，女亦被拘邪？""舍"字断句，犹言何事也。……今通言曰"甚么"，"舍"之切音也。川楚之间曰"舍子"，江南曰"舍"，俗作"啥"。

案章氏所举"舍"字训"何"之例，都未可确信。不过近代方言中的吴语和川语鄂语（一部分）的"啥"则确和"甚么"有关。

2. "曾"：

《方言》卷十："曾、訾、何也。湘潭之原、荆之南鄙谓何为曾，或谓之訾，若中夏言何为也。"

《新方言》卷一："《方言》：'曾、訾、何也。'今通语曰曾，俗作怎。"

案"曾"字先秦通用。

曾谓泰山，不如林放乎？（《论语·八佾》）
先生既来，曾不发药乎？（《庄子·列御寇》）
犀首伐黄，过卫，使人谓卫君曰：弊邑之师过大国之郊，曾无一介之使以存之乎？（《战国策·宋卫策》）。

都可以用"怎么"来翻译它。

3. "正"。杨树达《词诠》卷五 p.27：

正,疑问副词,何也。按即今言"怎"字。
问曰:燕王正尔为放?资对曰:燕王实自知不堪大任故耳。(《魏志·蒋济传》)

4."争"。刘淇《助字辨略》卷二页三五:

争,俗云怎,方言如何也。

唐宋人多用之,略举数例。

争似识真源,一得即永得?(唐寒山诗)
自是姓同亲向说,九重争得外人知?(唐王建《赠王枢密》)
想绣阁深沉,争知憔悴损天涯行客?(宋柳永《倾杯乐》)

四

现在再来讨论《神会语录》里的"是物(勿、没)"(即后来的"什(甚)么")的后一成分的来源如何?戴密微《中国土语中之保存古读》p.18:

在七世纪颜师古的《匡谬正俗》中,我们已有"等物"解作"quoi?"("等"读 *tâi 是古疑问词),在五世纪末翻译的佛经〔萧齐僧伽跋陀罗译《善见律毗婆沙》〕(《大正藏》第六卷 p.711b,和第十六卷 p.87c)里,有复词"何勿"(或"何物")'quel?'形容词而非名词。这个语尾或者和广东话的疑问词 mǎt ('qui? quoi? lepuel?')写作"乜"的有关。

案"何物"一词,在六朝相当普通,今略举数例:
1. 用作名语,意为"什么东西",指"物",为"物"之本义。

颇有嫉己者,于坐问张:北方何物可贵?张曰:桑椹甘香,鸱鸮革响,淳酪养性。人无嫉心。(《世说》上之上页四六《言语》)
既饮,揽笔便作一句云:"娵隅跃清池。"桓问娵隅是何物?答曰:蛮名鱼为娵隅。(又下之下页九《排调》)

孙绰作《列仙商丘子赞》曰:"所牧何物? 殆非真猪。傥遇风云,为我龙摅。"时人多以为能,王蓝田语人云:近见孙家儿作文,道何物真猪也。(又下之下页二十《轻诋》)下一"何物"为形容语。

2. 用作名语,指"人":

羊权为黄门侍郎,侍简文坐。帝问曰:夏侯湛作羊秉叙,绝可想,是卿何物? 有后不?(《世说》上之上页三九《言语》)
卢志于众坐,问陆士衡:陆逊陆抗是君何物? 答曰:如卿于卢毓卢珽。(又中之上页九《方正》)

3. 用作形容语:

沉令起彷徨,问牛屋下是何物人? 吏云:昨有一伧父,来寄亭中。有尊贵客,权移之。(《世说》中之上页二八《雅量》)
总角尝造山涛,涛嗟叹良久。既去,目而送之曰:何物老妪,生宁馨儿!(《晋书·王衍传》)

以上诸例的"何物"都可以译作"什么"⑩。而"物"有时作"勿",《和神会语录》"是物""是勿"并存的情形一样。如:

是故律本说:出门外于墙边而食何物人者。父问须提耶:何物人于墙边食此残宿饭? 出家人不应如此食残宿饭。(《善见律毗婆沙》卷六,《大正藏》二四卷 p.712b)"物",宋元宫本作"勿"。
等道,犹今言何勿语也。(《后汉书·祢衡传注》)刘攽曰:"接注'勿'当作'物'。"

　　上面(1)项是"物"之本义,(2)项指人,已有活用;(3)项则由名语扩充到形容语了。唐代(8世纪)时的"是物"(勿、没)当与六朝时的"何物"有关,后来便写作"什(甚)么"。"作物(勿、没、么)""只没(么)""凭么"等表方式的词也就由"是物(勿、没)"或"什(甚)么"类推出来的。又有单用"没"或"么"来表示疑问的⑪,这正和"何等"与

"等"都表疑问的情形相似㊷。现在广东话的"乜"㊸(广州 mat,台山 nwot)解作"什么",可以看出一个入声的来源("物")。北平话的"干么(音麻)"也可能是"干什么"的省略。至于句末助词"么"或"吗",当从否定词变来,与此并不见得同源㊹。

捌　说否定词"没"

现代通行的否定词"没",《说文》水部解作"没、沉也。"《小尔雅·广诂》:

勿、蔑、微、曼、末、没,无也。

葛其仁《小尔雅·疏证》卷一页五(《咫进齐丛书》本):

没者,《史记·酷吏传》:"张汤始为小吏,乾没。"如淳曰:"得利为乾,失利为没。"

案葛氏引"乾没"解《小尔雅》"没、无也"。《小尔雅》号称汉代的作品,时代虽有问题,但总在唐以前。据我所知,在唐以前未见用"没"字解作"没有"或"无"的例子。那么《小尔雅》此条可能应如葛氏所解,或是如《诗经·小雅传》训"尽",而不是解作"没有"的(假如《小尔雅》的"没"为后来增加进去的,那又当别论)。

关于否定词"没",马伯乐《中国古代白话文献考》p.19 云:

我们知道通俗语言为了某些常用的字保存古读,不再和它们在语源上属同组的字相当;并且当它们如此和较规则的文言音不同时,它们常被特殊的字形所代表。如同我们用 mei"没"代替 wei"未"(或在中部方言中 mu"没"代替 wu"无"):实际上这些字的古声母是 m 而在唐代失去了。——又比较 ni"你"代替 eul"尔";t'a"他"代替 t'uo;na"那"代替 no 等。

高名凯《汉语语法论》p.538:

"无""微"本来是念为 m(w) 后来读音为 w-,而说话则仍保留 m-,这是白话历史中用"没"的来源。"没"其实只是代表保留于口语中的"无""微"类的中古音而已,并不是由"沉没"的意思引申出来的语词。因为"无""微"类在读音方面变为 w-,只好用从 m-的字来代替其保留于口语中的说法。

戴密微《中国土语中之保存古读》p.16 云:

> 现代口语的 mei(或 mei-iou)保存声母 m,在现代,这个 m-在文言里相当的否定词中是失落了。至于元音,单音节的语形 mei,按照它用作规定的否定词⑥,明显地如韵母所表示,和文言中的"未"uei 相当。mei 写作"没",这字在北方话失落韵尾 t 之前读作 *muət,并且它的读书音现在为 mu。在文言中,这字从未用来表示否定。据我所知,它具有这种意义(="未")不出现在唐代用白话写的文件中;它用作否定词只是在蒙古时代⑦确切地被证实了。在这时代,-t 在北方失落了,但在俗读中有时留下元音-i 的残余: *muət>*muəm>*muəi>*məi>mei,以致这个字从那时起能用来表示"未"的不规则读法,正常地用-ei 收音但保存古代的声母 m。

否定词"没"出现在唐代及以后:

> 恶口深乖礼,条中却没文。若能不骂詈,即便是贤人。(唐王梵志诗,《敦煌掇琐》p.196)
> 眼暗没工夫,慵来剪刻粗。自看花样古,称得少年无?(唐王建《酬从侄借诗本》)
> 教遍宫娥唱遍词,暗中头白没人知。楼中日日歌声好,不问从初学阿谁。(同上《宫词》)
> 低头久之,曰:我弭当家没处得卢皮遐来。(唐赵璘《因话录》卷四)

以上"没"都解作动词"无"。在唐初(7 世纪)寒山拾得的诗中写作"勿"。

> 劝你三界子,莫作勿道理。理短被他欺,理长不奈你。(寒山诗页三六)
> 余乃返穷之,推寻勿道理。但看箭射空,须臾还坠地。(同上页三九)
> 我居山,勿人识。白云中,常寂寂。(同上页四七)

寒山深,称我心。纯白石,勿黄金。(同上页四八)
谁来幽谷餐仙食？独向云泉更勿人。延龄寿尽招手石,此楼终不出山门。(拾得诗页五六)

以上诸条的"勿",与"没"训"无"的用法同。《切韵》音:"没"为 muet,"勿"为 miuət,也非常相近。我觉得"没"作动词训"无",可能即代表古代常用的"勿"字。"勿"和"毋"通常为副词,不过动词"无"和副词"毋"也常通用。裴学海《古书虚字集释》p.909"勿、无也"条下,曾举了一些"勿"相当于"无"的例子,如:

上九,莫益之,或击之。立心勿恒,凶。(《易·益》上九)王弼《注》:"求益无已,心无恒者也。"孔《疏》:"勿犹无也。"
勿忧,宜日中。(《易》《丰缘》),孔《疏》:"勿、无也。"
古者文武为正(＝政,均分,赏贤,罚暴,勿有亲戚弟兄之所阿。(《墨子·兼爱》下)

以上的例子,虽然可能有两可的解释("勿"作副词或作动词"无"用),不过"勿"和"没"两者都是表示否定的,音又极近,所以我疑心否定词"没"就是"勿"的后身。由于常见的缘故,保存声母 m-未失落,而文言中的"勿"在宋以后的官话中已按照音变的通则失去声母 m-,不能代表口语中的此字了。

"没"的字音,如照通常的演变,在国语中应读 mu(去声);元周德清《中原音韵》,卓从之《中州音韵》都把"没"字收入鱼模韵入声作去声中。不过现代国语中否定词的"没"读 mei(阳平声)[97];"沉没"的"没"读 mo(去声。明方以智《通雅》(康熙刊本)卷四九页七:

《佩觿集》曰:"河朔谓无曰毛。"智按今北人无言毛者,不过呼没字如"门铺切"之声耳。湖广江西广东,则谓无曰毛,此盖没字之转也。

可见当时否定词在北方有读 mu 的[98]。

在现代,如上海相当于文言"无"和"未"的词都是"呒没",湖北江陵、广西桂林的"无"是"没得","未"是"没有"[99],江苏东台"无"是"没得",都和"沉没"的"没"同音[100]。

至于国语的 mei,兼有古代动词"微"和副词"未"的两种用法。恐怕就是古代"微"或"未"的遗留(国语 mei 读阳平,和"微"声调相同,尤其切合)。"微"和"未"在官话中都失落了声母 m-,而口语中仍保存着,就用自唐以来表示"没有"的"没"字来表示。戴氏说"没"由 *muət 变 mei 的过程是靠不住的,因为照演变的规则,*muət 应该变 mu(或 mo)的。国语中还有"没有",和"没"可以互用。王力《中国语法理论》上册 p.361 说:

> 国语中的"没"字独用时,虽有些像"无",但我们把它认为"没有"的省略。

案在文献上"没"比"没有"出现的时代要早,正和古代"无"和"无有"的用法相似,我们不能说古代"无有"是"无"的省略呀!

玖　近代语中的四音状词

中国语中的状词[101],其组成的方式很多,如单字,叠字,双声,叠韵等,又可有后加词尾与不加词尾之分。通常为二音节,也有一、三、四或更多的音节的[102]。在这儿只讨论四音状词的构成方式,特别注意四音节间有双声叠韵关系的例子。

王力在《中国现代语法》中,举了一些四音状词的例子。如:

1. 双叠字法

a. 两组叠字为双韵:

> 只见秋纹碧痕唏唏哈哈的笑着进来。(《红楼梦》24 回)

b. 两组叠字为叠韵:

> 初时黛玉昏昏沉沉,吐了也没细看。(《红》82 回)
> 便在贾母灵前唠唠叨叨哭个不了。(《红》110 回)

c. 其他

凤姐带病哼哼唧唧的说。(《红》105 回)
你二哥还是那么疯疯癫癫。(《红》108 回)

2. 双声叠韵法

只听得嘻唎哗喇的乱响。(《红》64 回)
又把一溜檐瓦带下来,唏溜哈喇,闹了半院子。(《儿女英雄传》31 回)

3. 赘语法

向来是低声静气,慢条斯理的惯了。(《儿》4 回)(这个成语是从"条理"二字来的,"慢"和"斯"却是赘语。)
我糊里糊涂吃了下去,也不知道是什么。("糊涂"是正意,"糊里"是赘语[10]。)

赵元任先生《国语入门》:

在中国语中,中附语(infixes)是很少见的。常见的几个都同时有词的部分重叠。它们的型式可如(1)"叮当(dingdang):"叮拎当啷"(dinglhing-danglhang),包含"叮""当"的韵母-ing,-ang 的重叠,再前加声母 lh-。(2)"糊·涂"(hwu twu):"糊·里糊涂"(hwu.lihwutwu),在双音词的第一音节后加上"里"(-li)再重叠全词;若原为轻声,则恢复重音和声调(法高案:如"涂"在"糊涂"一词中为轻声,但在四音词中则为阳平声)[10]。

Hocket 说:

一些语言情况不明的双音节自由语形(free forms),重音在第一音节,第二音节为轻声,和四音节的自由语形相配合如下:"疙瘩"(ga^1.da):"疙里疙瘩的"(ga^1.li ga^1 da^1.de);"糊涂"(hu^2.tu):(hu^2.li hu^2 tu^2);有一些变例,如"旮旯"(ga^1.la):"叽哩旮旯儿"(zi^1.li ga^1 lar^2)。我们可以用音节"哩"(-li)代替基本形式的等第二音节叠在基本形式的前面,构成一个变形体[10]。

以上略述现代国语中的四音状词。我们现在想看一看在较早的时候这一类四音状词的情形。

在元曲中，因为和口语接近的缘故，所用的状词也相当多。王国维《宋元戏曲考》第十二章《元剧之文章》云：

> 古代文学之形容事物也，率用古语。其用俗语者绝无，又所用之字数亦不甚多。独元曲以许用亲字故，故辄以许多俗语，或以自然之声音形容之，此自古文学上所未有他。……

> 其用四字者，如马致远《黄粱梦》第四折：

> (《叨叨令》)我这里稳丕丕土坑上迷颩没腾的坐，那婆婆将粗刺刺陈米喜收希和的播，那蹇驴儿柳阴下舒着足乞留恶滥的卧，那汉子觉来也去脖项上迷着没索的摸。……

> 其更奇绝者，则如郑光祖《倩女离魂》第四折：

> (《古水仙子》)全不想这姻亲是旧盟，则待教祆庙火刮刮匝匝烈焰生，将水面上鸳鸯忒楞楞腾分开交颈，疏剌剌沙鞴雕鞍撤了锁鞚，厮琅琅汤偷香处喝号提铃，支楞楞争弦断了不续碧玉筝，吉丁丁珰精砖上摔破菱花镜，扑通通冬井底坠银瓶⑩。

案《倩女离魂》中的"忒楞楞腾""疏剌剌沙""支楞楞争"诸词，第一、四字为双声，第二、三字为来纽叠字，与第四字为叠韵("厮琅琅汤""吉丁丁珰""扑通通冬"等，则规则较宽)。此等例他处较不多见。现在所欲讨论者，即《黄粱梦》中那一类四音词的组成，在他处亦屡见之。

现在将元曲中这一类的例子举出一些来⑩。

(1)《陈州粜米》第三折白，页三一(《元曲选》甲集上三，第二册)：

我也是个傻弟子孩儿，又不曾吃个，怎么两片口里劈溜扑剌的？

(2)《杀狗劝夫》第二折页十八(甲集下二，第四册)：

（《叨叨令》）则被这吸里忽剌的朔风儿那里好笃簌簌避，又被这失留屑历的雪片儿偏向我密蒙蒙坠，将这领希留合剌的布衫儿扯得来乱纷纷碎，将这双乞量曲律的胳膝儿罚他去直僵僵跪，兀的不冻杀人也么哥！兀的不冻杀人也么哥！越惹他必丢疋搭的响骂儿这一场扑腾腾气。

　　（3）关汉卿《谢天香》第三折页二一（甲集下四，第五册）：

（《醉太平》）谎的我连忙的跪膝，不由我泪雨似扒推。可又早七留七力来到我跟底，不言语立地。我见他出留出律两个都回避，相公将必留不剌拄杖相调戏，我不该必丢不搭口内失尊卑，这的是天香犯罪。

　　（4）张国宾《薛仁贵》第三折页二五（乙集下四，第十册）：

（《尧民歌》）呀！莫不是半空中降下雪神祇？他叫一声雄吼若春雷。谎的我心儿胆儿急章拘诸的自昏迷，手儿脚儿滴羞笃速的似呆痴。……

　　（5）李直夫《虎头牌》第一折页三（丙集上四，第十三册）：

（《油葫芦》）疑怪这灵鹊儿坐在枝上稳，畅好是有定准。则见他左来右去再说不出甚亲人，为甚么叨叨絮絮占着是迷丢没邓的混，为甚么獐獐狂狂便待要急张拒遂（逐？）的褪，眼脑又剔抽秃揣的慌，口角又劈丢扑搭的喷。只见他蹅蹅忽忽身子儿无方寸，觑不的那奸奸诈诈没精神。

　　（6）石君宝《秋胡戏妻》第三折页二十（丁集上二，第十七册）：

（《尧民歌》）桑园里只待强逼做欢娱，谎的我手儿脚儿滴羞蹀躞战笃速。……

　　（7）关汉卿《蝴蝶梦》第三折页二十（丁集下二，第十九册）：

（《醉太平》）数说起罪愆，委实的衔冤。我这里烦烦恼恼怨青天。告哥哥可怜。他三个足（疋？）丢没乱眼脑剔抽秃刷转，依柔乞煞手脚滴羞笃速战，迷留没乱救他叫破俺喉咽,气的来前合后偃。

(8)高文秀《黑旋风》第二折页十六(丁集下五,第廿一册):

(《油葫芦》)……我这里七留七林行,他那里必丢不搭说,又被那伙乔男乔女将咱来拽,这田地上赤留兀剌那时节。

(9)马致远《黄粱梦》第四折页二九(戊集上五,第廿三册):已见前引。

(10)秦简夫《赵礼让肥》第四折页二三(己集下二,第二九册):

(《挂玉钩》)谎的我手儿脚儿滴羞跌蹙战笃速,想着你那摘胆剜心处。……

(11)关汉卿《魔合罗》第一折页四(辛集下四,第卅九册):

(《油葫芦》)恰便似画出潇湘水墨图,淋的我湿渌渌,更那堪吉丢古堆波浪渲城渠。你看他吸留忽剌水,流乞留曲律路,更和这失留疏剌风,摆希留急了树。怎当他乞纽忽浓的泥,更和他疌丢扑搭的淤。我与你便急章拘诸慢行的赤留出律去,我则索滴羞跌屑整身躯。

(12)康进之《李逵负荆》第二折页十三(壬集下二,第四三册)

(叨叨令)那老儿一会家便哭啼啼在那茅店里,他这般急章拘诸的立。那老儿一会家便怒吽吽在那柴门外,他这般乞留曲律的气。那老儿一会家便闷沉沉在那酒瓮边,他这般迷留没乱的醉。那老儿托着一片席头便慢腾腾放在土坑上,他这般壹留兀渌的睡。

(13)明周宪王《悟真如》第二折页七(《奢摩他室曲业》第二集)

(货郎儿)……我子待改乞留曲吕蚰蜒道,退稀溜合剌虼蚾皮。……

现在按语音结合的方式,把上列的四音状词分为若干组。每条后注阿拉伯数字,为所属例句号码。

(一) k'-l-k'-l-:

(a) 乞量曲律(2),(b) 乞留曲律(11,12),(c) 乞留曲吕(13);

(二) h-l-h-l-:

(a) 吸里忽剌(2),(b) 希留合剌(2),(c) 吸留忽剌(11),(d) 稀溜合剌(13);

(三) 〇-l-〇-l-:

一留兀渌(12);

(四) ch'-l-ch'-l-:

(a) 出留出律(3),(b) 赤留出律(11);

(五) sh-l-sh-l-:

(a) 失留疏剌(11);

(六) ta'-l-ts'-l-:

(a) 七留七力(3),(b) 七留七林(8);

(七) p-(p'-)l-p(p'-)l-:

(a) 必留不剌(3),(b) 劈溜扑剌(1);

(八) m-l-m-l-:

迷留没乱(7,12);(注一)

(九) □l-□l-:

(a) 希(h-)留急(k-)了(11),(b) 乞(k')留恶(〇-)滥(9),(c) 赤(ch'-)留兀(〇-)剌(8),(d) 失(sh-)留屑(s-)历(2);

(十) k-t-k-t-:

吉丢古堆(11);

(十一) k-ch-k-ch-:

(a) 急獐拘猪(4),(b) 急张拒遂(逐)(5),(c) 急章拘诸(11),(d) 急张拘诸(12);

(十二) t-s-t-s-:

(a) 滴羞笃速(4,7),(b) 滴羞踧躞(6,10),(c) 滴羞跌屑(11);

(十三) t'-ch'-t'-ch'-:

剔抽禿揣(5);

(十四) p-(p'-)t-p-(p'-)t-:

(a) 必丢不搭(3,8),(b) 必丢疋搭(2),(c) 劈丢扑搭(5),(d) 疋丢扑搭(11);

(十五) m-t-m-t-:

迷丢没邓(5);

(十六) 第二、四字声母相同:

(a) 乞(k'-)纽(n-)忽(h-)浓(n-)(11),(b) 婆(p'-)娑(s-)没(m-)索(s-)(9);

(十七) 第一、三字声母相同⑩:

(a) 喜(h-)收(sh-)希(h-)和(h-)(9),(b) 剔(t'-)抽(ch'-)秃(t'-)刷(sh-)(7),(c) 迷(m-)飑(?)⑩没(m-)腾(t')(9);

(十八) 其他:

(a) 疋(疋? p'-)丢(t-)没(m-)乱(l-)(7),(b) 依(〇-)柔(j-)乞(k'-)煞(sh-)(7)。

我们归纳上面的例子,可以得出以下几点:

(1) (一)至(八)组、(十)至(十五)组:第一、三字为双声,第二、四字为双声;

(2) (一)至(九)组:第二、四字声母为来纽(l-)字。

(3) 第一字韵母多为-i,如:"乞""吸""希""稀""一""赤""失""七""必""劈""迷""吉""急""滴""剔""疋""喜""依"等;第二字韵母多为-iou,如:"留""溜""丢""羞""抽""纽""收""柔"等。

(4) 第三四字有韵母相近的趋势,如"曲律""曲吕""出律""兀渌""七力""屑历""拘猪""拒逐""笃速""蹀躞""跌屑"等。

(5) 第一字多为入声字,元周德清《中原音韵》归入上声者,如:"乞""吸""出""赤""失""七""必""劈""吉""急""滴""剔""疋"等。第二字多为平声字,如:"量""留""丢""獐""张""章""羞""抽""娑""收""飑""柔"等。

我们再看现代北平话中这一类的四音状词,如"咕哩瓜拉""咕哩咕噜","嘻唎华喇""嘻哩呼噜""劈哩趴拉""劈哩铺噜""叮拎当啷""欺哩匡啷"等⑩,其规则如下:

(1) 第一、三字为双声⑪;

(2) 第一、二字为叠韵,第三、四字为叠韵;

(3) 第二字声母为 l-；
(4) 第一、二、四字为阴平声，第二字为轻声。

此外还有一类四音状词如"糊哩糊涂""疙哩疙瘩""拉哩邋遢""傻哩傻气"等，其组成规则即将双音词重复而将第二音节用轻声、li 代替。

这一类的四音状词，在元代以前，我还没看见它大量的使用。唐李群玉《九子坡闻鹧鸪》云：

> 落照苍茫秋草明，鹧鸪啼处远人行。正穿屈曲崎岖路，更听钩辀格磔声。

《四部丛刊》景印金刊本《重修政和证类本草》卷十九页十云：

> 鹧鸪……生江南，形似母鸡，云钩辀格磔者是：

"钩""辀"叠韵，"格""磔"叠韵；"钩"，"格"双声，"辀""磔"双声。和上述四音状词的规则相合。

《尔雅释诂》：

> 毗刘、暴乐也。

郝懿行《尔雅义疏》上之又一：

> 毗刘暴乐，盖古方俗之语，不论其字，唯取其声。今登莱间人凡果实及木叶陊落，谓毗刘杷拉，杷拉亦即暴乐之声转⑫。

案《尔雅》是两组状词，和近代的四音状词的性质不同，但如合起来，则第一、三字"毗""暴"为并纽（b'-）双声，第二、四字"刘""乐"为来纽（l-）双声，与近代的四音状词构造偶然相似耳。

（附记）本文承董同龢先生赐阅一过，有所指正，谨致谢忱。

注释

① 周祖谟《四声别义释例》,《辅仁学志》十三卷一、二合期(民国三十四年,1945),
  pp.75-112。
② 傅斯年《性命古训》辨证(民国二十九年,1940)上卷页四三,四四。又见《傅孟真
  先生集》中编己 p.73,74。
③ 据高名凯《汉语语法论》(民国三十七年,1948)p.48。
④ Bernhard Karlgren, Word Families in Chinese, BMFEA, No.5(1935), pp.9-120.
  张世禄有译本,题《汉语词类》,因避免与本文所谓"词类"相混,故译如今名。
⑤ Bernhard Karlgren. The Chinese Language (1949), pp.89-95.
⑥ Nicholas C. Bodman,评 The Chinese Language, Language, Vol.26, No.2 (1950),
  p.345.
⑦ 关于我对于词类的看法,参拙著《中国语的词类》,《历史语言研究所集刊》二十
  二本(1950) p.304。
⑧ 《群经音辨》所未载者,前加 * 号以别之。
⑨ 所谓"名谓式",指名词做句中述语的用法,参拙著《中国语的词类》p.310。
⑩ 《群经音辨》(《四部丛刊续编》本)卷六页十一"辨彼此异音"云:"上化下曰风,
  方戎切;下刺上曰风,方凤切。"案傅孟真先生云:"'风''讽'乃一字,此类加偏
  旁的字,每是汉儒做的。……风为名词,讽为动词,其义则一。"(《傅孟真先生
  集》中编乙《诗经讲义稿》,p.100,又中编甲 p.81 说同。)今用其说。
⑪ 此类还包括韵尾辅音的差异,姑且沿用通常去、入声的名称。
⑫ 此类又可分为同声调及异声调二种,姑合列之,而于括弧内注明其声调。
⑬ 所谓"名语",指句中的主语、宾语、表语,参拙著《中国语的词类》p.308。
⑭ 赵元任先生评 Karlgren 的 Grammata Serica, Language, Vol.17, No.1(1941), p.86
  "在举出'左','佐'时,什么比后者的声调变化表示前者的某种使动(causative)
  用法这事更要呢? ——而声调的说明是缺少的。"
⑮ 周祖谟前引文 p.96:"案《晋书》《谢安传》云:'谢安谓其甥羊鬈曰:以墅乞汝。'
  乞者,与之也。读去声。"案《齐民要术》卷八《作酱法》第七十云:"乞人酱时,以
  新汲水一盏和而与之,令酱不坏。"乞亦与也。《汉语语法论》p.406:"福州语,要
  表示受动的意思时,就说'乞'……然而这'乞'字却同时有'给予'的意思。"
⑯ 清代如王念孙的《广雅疏证》《释大》,阮元的《释矢》《释门》诸作,大都是据音释
  义,或因义求音的。章炳麟的《文始》自成系统,已多附会。又有认为古韵同部
  或古声同纽的字义多相近的(如刘师培有《古韵同部之字义多相近说》,载《左盦

集卷》四;刘赜有《古声同纽之字义多相近说》,载《武汉大学文哲季刊》二卷二号),则更涉玄虚了。高本汉的《汉语词群》,把音义俱近的字,归纳为若干词群,声母韵母方面都要顾及,方法比较谨严。

⑰ 据赵元任、杨联升合编:《国语字典》Concise Dictionary of Spoken Chinese,1947;周祖谟前引文 pp.105-107。又国语中有用介音区别名词动词者,如"言语"作名词,读如本字;作动词(="做声儿"),读如"缘语"。

⑱ 参 Bernhard Karlgren, Some Problems in Archaic Chinese, JRAS, 1928。赵元任先生译作《上古中国音当中的几个问题》,《历史语言研究所集刊》一本三分(1930年),pp.351,374。

⑲ 据李方桂先生在民国三十四年告诉我,李容君在北京大学文科研究所的论文有《四声三调说》一文,原文未见。董同龢先生《汉语音韵学》(1952年台湾大学油印讲义)第十四章也说:"① 平上去多兼叶,因为同是阴声字(音尾同是*-d 或*-g);② 去入韵尾不同(*-d:*-t 或*-g:*-k)而多兼叶是因为调值近似;③ 平上与入韵尾既不同,调值又远,所以极少兼叶。"

⑳ 参 Georg von Gabelentz, Chinesiche Grammatik, Leipzig, 1881(甲柏连孜:《汉文经纬》,立即州,光绪七年),p.148。

㉑ 杨树达《国文中之倒装宾语》,《清华学报》六卷一期(1930年) p.273 引《礼记檀弓》:"马惊,败绩。公队。佐车授绥,公曰:末之卜也";为否定词"末"字后宾语"之"提前之例。案此条颇有异解。

㉒ 陈梦家《古文字中之商周祭祀》,《燕京学报》十九期(民国二十五年,1936) p.97:"否定词如'不我其受又',否定字'不'置于一句前,异于后代置于主要动词前;闻一多先生谓《诗经》'不我遐弃','不我与''不我活兮'文例同此。"案此皆由于否定次序之故,而前面正好没有主语,其实与后代无异也。陈氏盖解作"我不其受祐",则误矣;另一例上有主语"帝"可证。

㉓ "子"字本来并非代词,所以《论语》和《史记》此条,并不适用否定词后宾语提前的原则,不能算作例外。但是在有些地方,如《吕氏春秋·贵因》(20),"子"字提前,把它当做代词看待了。

㉔ 关于"弗""勿"后代词宾语不提前之例,见后,兹不列入。

㉕ 马建忠《马氏文通》卷九 p.25:"'矣',……柳州又谓之决辞。……'矣'字者,所以决事理已然之口气也。"吕叔湘《中国文法要略》中册 p.225:"'矣'字的主要作用也是表决定。"

㉖ 案"何不"后代词宾语亦有提前者,如《左传》哀十一:"曰:何不吾谏?对曰:惧先行。"《书·盘庚》上:"汝曷弗告朕?而胥动以浮言。""曷弗"犹"何不","曷弗"后代词宾语不提前。

㉗ 有时否定词后"之"字提前,述语后复有宾语。如:《吕氏春秋·离谓》:"子产患之,于是杀邓析而戮之,民心乃服,是非乃定,法律乃行。今世之人多欲治其国,而莫之诛邓析之类。"裴学海《古书虚字集释》p.753 云:"上'之'字为语助。"法高案:"莫之诛"或当作"莫知诛"。又《战国策·韩策》三:"人之所以善扁鹊者,为有臃肿也;使善扁鹊而无臃肿也,则人莫之为之也。"裴云:"'莫之'之'之'是语助。"

㉘ 前有助谓词时,"或"放在"之"字前,如《孟子·滕文公》上:"北方之学者,未能或之先也。"

㉙ 《墨子·天志》上:"天下百姓未得之明知也";"之"在助谓词"得"和副语"明"之间,则为二种形式的混合。

㉚ 《庄子校释》卷三页十七:"陈碧虚引江南古藏本,两'未'字下并有'知'字,当从之。……即'吾未知其乐也,亦未知其不乐也',之犹其也。"案陈氏所据本未可从。盖诸本"之"有讹作"知"者(如《道藏》罗勉道《南华真经循本》卷十七、王元泽《南华真经新传》卷十并作"吾未之乐也,亦未知不乐也",下"之"字误作"知"),陈氏所据本并存之耳。

㉛ 丁声树《释否定词弗不》,《庆祝蔡元培先生六十五岁论文集》(《历史语言研究所集刊外编》第一种,民国二十二年,1933,pp.967-996),p.991。Gabelentz,Chinesische Grammatik,p.452:"在这个否定词'弗'字后,宾语'之'时常省略";为较早注意此问题者。

㉜ 参张宗骞《卜辞》《弜弗通用考》,《燕京学报》第二八期,(民国二十九年,1940)pp.57-69。所举例也录自该文。

㉝ Gabelentz 前引书 p.449 说:"在'勿'后常失去代词宾语'之',我们或者可以说'勿'='无之'。"为较早提出此假设者。吕氏另有一文论"毋"和"勿",未见。又参 A. C. Graham;A Probable Fusion Word:勿 wuh = 毋 wu + 之 jy,BSOAS,Volume XIV, Part 1. 1952. pp.139-148。

㉞ 参 Graham 前引文 p.143。

㉟ Graham 前引文 p.143 说:"'勿有是':不解作'不占有这个',而解作'不占有是对的'。"案其说牵强不可从。

㊱ 本来语音的拼合有两式:一种比较通行的,是上字的声母和下字的韵母拼合;如"诸=之乎","那=奈何"等;一种是上字和下字的声母拼合,如"盍=何不":(何 yâ+不 pi̯wɔg=盍 yâp),和上例相似。

㊲ 关于唐以后及现代"得"的一部分用法,可参吕叔湘《与动词后"得"与"不"有关之词序问题》,金陵、齐鲁、华西三大学《中国文化研究汇刊》第四卷下册(民国三十三年,1944),pp.47-57;赵元任、杨联升合编《国语字典》pp.77,78。

㊳ 甲骨文,金文,从"又"从"貝",或增"彳"(参孙海波《甲骨文编》卷二页二二,二三;容庚重订《金文编》卷二页二五)。罗振玉《殷墟书契考》释页五五云:"《说文解字》:得,行有所得也。从彳䙷。古文省彳作䙷(许书又有'䙷'字,注:'取也。从见从寸。'复出,当删)。此从又持貝,得之义也。或增彳。许书古文从见,殆从貝之讹。"现在一律楷书作"得"。

㊴ 参杨树达《词诠》卷二 p.4。

㊵ 《庄子校释》卷五页二二二云:"案陈碧虚《阙误》引江南古藏本'得'下有'志'字,《路史》《发挥》二引同,当从之。《疏》:'共伯得志于首山也。'是成本亦有'志'字(今本《吕氏春秋》《慎人篇》'得'下亦挍'志'字。"案"许由娱于颍阳""共伯得乎共首",皆六字句,高《注》成《疏》盖与孟子赵《注》同为增字释义耳。

㊶ 吕叔湘前引文 p.47:"'得'之表可能,又可判别'可'与'能'之二义。能与不能,以行事者自身之能力而言;可与不可,则取决于外在势力,如情理之当然,如他人之好恶,而非行事者本人所可左右者也。此二用,'得'字盖兼而有之。"

㊷ c、d 二项,参陈槃《"禁不得祠明星出西方"之诸问题》,《历史语言研究所集刊》第二十二本第一分。

㊸ 《庄子·天地》:"一之所起,有一而未形,物得以生谓之德。"宣颖云:"物得此未形之一以生。""得"为动词。《谷梁传》桓公元年:"礼:天子在上,诸侯不得以地相与也。""以"后跟宾语。皆不列入。

㊹ 唐李肇《国史补》卷上:"陆兖公为同州刺史,有家僮遇参军,不下马。参军怒,欲责其事,鞭背见血;入白兖公曰:'卑吏犯某请去官。'公从容谓曰:'奴见官人不下马,打也得,不打也得;官人打了,去也得,不去也得。'参军不测而退。""也得"与"亦得"同。

㊺ 《搜神记》二条,见于高名凯《汉语语法论》p.441 所引。案《搜神记》有二十卷本(如《津逮秘书》本,湖北崇文书局《子书百家》本)及八卷本(如王谟《汉魏丛书》本)之异。二本颇有差异。《四库全书总目》据二十卷本著录,卷一百四十二(子部小说家类三)云:"然其书叙事多古雅,而书中诸论亦非六朝人不能作,与他伪书不同。"余嘉锡《四库全书提要辨证》子部卷八页四云:"余谓此书似出后人缀缉,但十之八九出于干宝原书。"皆未考及八卷本。案《敦煌零拾》收《搜神记》一卷,题"句道兴撰",存"《行孝》第一"。大抵敦煌本和八卷本句较俚,时代当较晚。本文所引二条,捡二十卷本,未见其文。

㊻ Bernhard Karlgren, Excursions in Chinese Grammar, BMFEA, No. 23(1951), p.133,统计古书中虚字的分布,关于"得而"的如下:《论语》:1,《孟子》:1,《檀弓》:0,《左传》:0,《国语》:0,《庄子》:1,《墨子》:2,《荀子》:1,《吕氏春秋》:1,《韩非子》:0,《战国策》:1,《春秋繁露》:2,《淮南子》:1,《论衡》:0,《法言》:1(0

表示没有或极少见,1表示"有",2表示常见)。案本文附录,引《礼记》《檀弓》上一条("得而"二见),《国语》《齐语》一条("得而"二见),《韩非子》《外储说右》上一条("得而"二见)。Walter Simon, Der Erl Jiann 得而见 and Der Jiann 得见 in Luenyeu 论语Ⅶ, 25; Asia Major, New Series, Vol. Ⅱ, PartⅠ, (1951), pp.46-67,引古书中用"得而"者,凡1-43条。附录中每条后附的阿拉伯数字,为西门华德文中所引的号码。其第29条为《汉书贾谊传》:"贱人安宜得如此而顿辱之哉?"与"得而"连文之例不合,宜删。

㊼ James Legge, The Chinese Classics, vol. Ⅱ, Hongkong, 1861, p.433。

㊽ Stanislas Julien Syntaxe Nouvelle de la Langue Chinoise(《汉文指南》), Premier volume, paris, 1869, p.135。

㊾ Erich Haenisch, Grammatische Bemerkungen zur Chinesischen Literatursprache, Asia Major, vol. Ⅴ, 1930, p.238。

㊿ 西门氏前引文中,例44-68表示一共同的特征,即"而"的地位紧随在它所复指和加强的词或子句之后。44-67,"而"作宾语紧随在所复指的成分后;例如(44)《史记·鲁仲连传》:"即有取者,是商贾之人也,而连不忍为也。""而"译作"such a thing",指商贾之事。48-52,"而"作主语,指"前面提到的人";例如(48)《战国策》秦武王(《四部丛刊》本卷三页二二):"费人有与曾子同名族者,而杀人。""而"译作"he",指与曾子同名族之费人。53-55,"而"随着主语用作"加强语气之成分"(the intensifier)。例如(54)《论语八佾》:"管氏而知礼,孰不知礼?""而"指管氏。56-60,"而"随着宾语作"加强语气之成分";例如《论语·述而》:"富而可求也……"。61-63,"而"作宾语用为关系子句之先词(antecedent);例如(63)《论语·子罕》:"语之而不惰者,其回也与!"64-68,"而"作宾语有分指的功用(distributive function);例如(66)《孟子·离娄下》:"每人而悦之,日亦不足矣。"案西门氏假定上述诸例中"而"的代词性是不可信的。本文草成后,获见西门氏又一文:Functions and Meanings of Erl 而, Asia Major, N. S. Vol. Ⅲ, Part 2 (1952), p.179,谓"而"具有复指的和联结的双重功用;p.292并假定"而"字是"斯"或"是"和"乃"拼合。说虽小变,亦不可通。当于另外专门讨论连词"而"的用法时评之。

㊶ 案《左传》襄公九年:"当今吾不能与晋争","能"下无"而"字。《经传释词》卷七"而犹以也"项下云:"《书·顾命》曰'眇眇予末小子,其能而乱四方';言其能以治四方也(某氏《传》:'能如父祖治四方',失之)。"杨筠如《尚书覈诂》页一一〇云:"'而'与'能'古字通。《尧典》'柔远能迩',汉《督邮班碑》作'漯远而迩';《周易屯象传》:'宜建侯而不宁',郑本'而'作'能',谓:'能犹安也';《汉书》颜《注》:'能、善也';是'而'亦有安善之义。乱,《释诂》:'治也',然则

'而乱'犹言安治矣。"是此条颇有异说。《管子·枢言》:"能而稷乎?能而麦乎?"宋翔凤云:"能而音义并同。后人读此'而'字为'能',遂改定为'能',而仍存'而'字旧文,《管子》此例甚多。"俞樾云:"两'而'字并当作'为',古'为'字作'![]',故与'而'字相似而误。"《白虎通·五行》:"土则害水,莫能而御。"(前引西门氏第一文 p.66 引)《论衡乱龙》:"夫土虎不能而致风,土龙安能而致雨?"(前引西门氏第二文 p.202 引)黄晖《校释》p.692:"二'能'字并衍。'而''能'古通,古书多'而''能'互用。此'能'字,盖'而'字旁注误入正文。下文误同。"案同篇下文又云:"雷樽不闻能致雷,土龙安能而动雨?"上句作"能",下句作"能而"。此数例或系"能而"同义复文,或系由"得而"类推而成。

㊾ B Schindler, Some Notes about the Particle 也, Asia Major, N. S. Vol. I, Part I, 1949, p.134,提到西门氏在 XXIe Congres International des Orientalistes 宣读论文讨论所谓语末助词"也"的代词性。Schindler 说:"'也'用作指示代名词,常和在场之人名连用,特别在古典时期的文献中;例如《论语·先进》12:'由也''that Yu there';《学而》15:'赐也','that Tz'e there';《述而》30:'丘也''I, the K'iu here',但此用法已见于《仪礼士·昏礼》:'某也''a certain so and so there'。在前古典期的语言中(即在《诗经》。'也'全不出现于《书经》),我们找到'也'在别的名词(普通名词等)后,例如《诗经·陈风·墓门》:'夫也''that man there'(或'this man here')在《诗经·陈风·东门之枌》表方位:'市也''on that market there'(或'here')在《诗经·鄘风·柏舟》表呼格:'母也''o, mother here (there)'。案 Gabelentz p.415"指示代名词"项下说:"'也'于在场之人名后,用以加重语气和指示,并且不只当这个名词是句子的主语时;《礼记·檀弓》:'子之不使白也丧之何也?'"已有此说。我觉得我们现在还没有充足的理由把助词"也"假定为代名词或是源于代名词。"也"放在他词后往往有补充音节或表示停顿的功用。在中国语有时需要用双音节来代替单音节的成分,如:《诗经·卫风·氓》:"女也不爽,士贰其行;士也罔极,二三其德。"《论语·先进》:"子贡问师与商也孰贤?子曰:师也过,商也不及。曰:然则师愈与?曰:过犹不及。"《论语·子张》"子贡曰:譬之宫墙,赐之墙也及肩,阅见室家之好;夫子之墙数仞,不得其门而入,不见宗庙之美,百官之富。"前二例"士""师"下或用"也"或不用"也",后例"赐之墙"下用"也"和"夫子之墙"对称。此外"也"还可附加于副词("必也""独也")、连词("且也")后(参拙著《中国语的词类》,《历史语言研究所集刊》第二十二本 p.321)。在现代口语里,如"你太瘦"可以说成"你啊,太瘦"(参赵元任先生 Mandarin Primer p.34),我们不能因此说"啊"是代词(又参吕叔湘《中国文法要略》中册 p.302)。

㊿ 《马氏文通》卷四 p.29:"可足两字后,动字既有受动之意。"又拙著《上古语法札

记》(六)"可"和"可以",《历史语言研究所集刊》二十二本 p.189:"起词+可+外动字。起词同时又是动字的止词。"《孟子·滕文公》上:"然后中国可得而食也。"赵岐《注》:"于是水害除,故中国之地可得耕而食也。"James Legge, The Chinese Classics, vol Ⅱ, p. 127:"When this was done, it became possible for the people of the Middle kingdom to cultivate the ground and get food for themselves." 据 Legge 的译文,则应列入 1c。前引西门氏第一文 p.55:"但我觉得句子的主语仍为'禹',而食应读 syh:'Only then did he succeed in securing sufficient food for the (whole) Middle Country.'"

⑭ 唐玄奘译《说无垢称经》卷三《问疾品》第五(《大正藏》第十四卷:p.568b):"身中都无一法真实,是谁可得而受此病?"(姚秦鸠摩罗什译《维摩诘所说经》卷中(同上 p.544c)作:"无有实法,谁受病者?")"可得而"后跟名词做的宾语,与通例不合。

⑮ 前引西门氏第二文 p.180 说:"'而'的复指的功用可以被《史记·孔子世家》的异文所证实。《论语》的'不可得而闻也'在《史记》中代以'弗可得闻也已',因为'弗'是否定词'不'和代名词'之'(在宾位)的拼合,我们可以稳安地假定《论语》的'而'和藏在否定词'弗'之中的'之'一样有复指的功用,即复指在它前面的词。"在注中,复引及丁声树先生的《释否定词弗不》。案丁文举例不及《史记》,"弗""不"之分,大体上只能适用于先秦。如《史记·高帝纪》:"陈馀怨项羽之弗王已也,令夏说说田荣请兵击张耳",《汉书·高帝纪》作"陈馀亦怨羽独不王已,从田荣借助兵";《史记·魏其武安侯传》:"〔灌夫〕后家居长安,长安中诸公莫弗称之。"《汉书·灌夫传》作"家居长安中诸公莫不称"。"弗"与"不"通用,可证西门说非也。

⑯《管子·轻重甲》:"万民室屋,六畜树木,且不可得藉,鬼神乃可得而藉夫?"否定用"得",但"得而"为反诘语气,语气仍较强。

⑰ James Legge, The Chinese Classics, Vol. Ⅱ, p. 127:"but if they are well fed, warmly clad..."

⑱《马氏文通》卷五 p.31 叫作"动字相承",王力《中国语法理论》上册 p.198 叫作"紧缩式",赵元任先生 Mandarin Primer p.38 叫作"verbal expressions in series"。

⑲ Haenish 前引文 p.236:"'得'字在一个别的动词前也保持在这些例子〔如'得意''得人'〕中的完全的动词的意义,我们无权从它引申出助动词'能'(können)的变弱了的意义,它在观念上不许可从它的本义'获得'(erlangen)引申出来。……'得'字在满文译作 babambi 'erlangen'……这些确是流行的翻译:'得见' =〔满文〕bahafi sambi 'erlangt habend sehen'……"(引号内为德文)案 Haenisch 认为从"erlangen"不许可引申出"können"的意义来,可是在中国语

里,"得"字有时确容许有"获得"和"可能"两种解释。此外又有"能"和"得"互用的例子。如《墨》k"不能知"和"不得而记"对举,《管》c"不能上"和"不可得而恃"对举;《左传》宣公十二年:"暴而不戢,安能保大? 犹有晋在,焉得定功?""安能"和"焉得"对举;《史记·项羽纪》:"然不自意能先入关破秦,得复见将军于此。""能"和"得"对举,《汉书·高帝纪》作"不自意先入关,能破秦与将军复相见。"

(60) 高名凯《汉语语法论》p.385:"做为结果态虚字用的'得'字显然是从'获得''取得'的意思转过来的。有结果的动作或历程就是已经获得、已经得到的动作或历程。'得'字之表示结果态者古文口语都有存在。"

(61)《战国策·赵策》三:"赵王与楼缓计之曰:与秦城何如? 不与何如?"王念孙《读书杂志》二之二云:"念孙案:此以'与秦城'为句,'不与'为句,'不与'下本无'何如'二字。齐策:'田侯召大臣而谋曰:救赵孰与勿救',犹此言'与秦城何如不与'也。后人误读'与秦城何如'为句,因于'不与'下加'何如'二字,而不知其谬也。《太平御览·人事部》引此作'与秦地何如勿与'。"又《史记》《虞卿传》:"赵王与楼缓计之曰:予秦地何如毋予? 孰吉?"《读书杂志》三之四云:"此本作'予秦地如毋予,孰吉?'如者、与也。言予秦地与不予,二者孰吉也。《新序》作'予秦地与无予,孰吉?'是其证矣。今本'如'上有'何'字者,后人据《赵策》加之也。"案王说亦无确证。

(62) 此外,从问句的语气上看,也有疑问和反诘的不同。如(3)项《荀子天论》、(7)项《世说政事》等条,都是反诘的语气。

(63) 王力《中国文法中的系词》,《清华学报》十二卷一期(1937年)p.28。

(64)《四库提要》卷一百四十二《子部小说家》类三:"《海内十洲记》一卷,旧本题汉东方朔撰。……盖六朝词人所依托。""《汉武洞冥记》四卷,旧本题汉郭宪撰。……或六朝人依托为之。"余嘉锡《四库提要辨证》子部卷七页四二《汉武洞冥记》下云:"此书实梁元帝作也。"

(65) 王力前引文 p.29 型己曾引《史记·刺客豫让传》:"行见其友,其友识之曰:汝非豫让邪? 曰:我是也。"并说:"'是也'与'然','非也'与'否',用途是很相像的。'我是也'的句式稍为后起,与然否的意义颇有分别。"假如我们能证明西汉已有纯粹系词的使用,这个例子可能是"我是豫让也"之省略,如王文 p.34 的型卯。

(66) 吉川幸次郎《世说新语之文章》,东方学报京都第十册第二分(昭和十四年,1939)pp.107,108。

(67) 清刘淇《助字辨略》(咸丰五年海源阁刊本)卷三页九"止"字下云:"又诗《关雎序笺》云:'今谓此序,止是关雎之序。'"杨树达《词诠》卷五 p.8 因之。此条

㊂ "是"字用为系词。检此条见唐陆德明《经典释文》《毛诗音义》上页一,可能是梁沈重说,并非后汉郑玄《诗笺》语。
㊇ 纵使有人相信或证实了前述《史记》里的几条"是"字不是后来窜入的,我的结论仍可维持,因为这终究不是大量的使用啊!
㊉ 陈梦家《商代的神话与巫术》,《燕京学报》第二十期(1936年)p.513说:"卜辞它字,闻一多先生来函谓即虫字。梦案《说文》:'蚩,虫也,从虫虫声。',虫虫止三字形似音近,于古文最多混杂。而罗氏谓虫它一字,故卜辞它字转而为蚩。"可备一说。
㊀ 吕叔湘《汉语第三身代词说》,《华西大学中国文化研究所集刊》一卷二号(1940年),高名凯《汉语语法论》p.305,皆引后汉书此条为"他"字第一次当做第三身代词用的例子。
㊁ 参 Leonard Bloomfield, Language(1935),p.251。
㊂ 也许有人认为也可以译作"还他的马","他"指"社公";但根据下面所举的许多例子,"他"都解作"别人"或"人家",此处仍以译作"还人家的马"或"还人马"为长。
㊃ 高氏所据为八卷本卷一,崇文局二十卷本卷三页三作:"南面坐者语曰:适来饮他酒脯,宁无情乎?"无前二句。又《敦煌零拾》中《搜神记》一卷,题句道兴撰,页三云:"南边坐人语北边坐人曰:凡吃人一食,惭人一邑;吃人两食,与人著力。朝来饮他酒脯,岂可能活取此人?"文亦不同。
㊄ 先秦时期的"非(匪)他",因为上下文的关系,可以解作"别人",已开其先河;但用法仍有限制。
㊅ 又《乐府诗集》卷四十六页五《读曲歌》云:"坐起叹汝好,愿他甘丛香,倾筐入怀抱。"两则大概都是南朝的乐府。又《晋书载记》卷五《石勒传》云:"大丈夫当磊磊落落,如日月皎然;终不能如曹孟德司马仲达父子,欺他孤儿寡妇,狐媚以取天下也。"《魏书》卷七十五《尔朱度律传》云:"度律虽在军戎,聚敛无厌,所至之处,为百姓患毒。其母山氏闻度律败,遂患愤而发病。及度律至,母责之曰:汝既荷国恩,无状反叛,我何忍见他屠戮汝也?言终而卒。""他"字应解作"别人"。
㊆ 《四部丛刊本》《寒山子诗集》页四十九《拾得录》云:"丰干禅师、寒山、拾得者,在唐太宗贞观中,相次垂迹于国清寺。"
㊇ 参戴密微《中国土语中之保存古读》;P. Demiéville, Arcaïsmes de prononciation en chinois vulgaire T'oung Pao, Vol. XL., Livr, 1-3(1950), p.48。
㊈ 赵元任、杨联升合编《国语字典》p.81:"怎 tzee(m).(〔tsêm³〕,tsê³).怎·么 how ……"p.141:"甚,什 sher(m).(shé²,〔shêm²〕).甚·么 what?……"p.247:"么,

庅,么.m(e)([.m,.mê])疑问词和副词的词尾,在:甚·么 what? 怎·么 how?,这(那)·么 so……"p.248:"么,麻 ma(ma²) what? 干么 do what?, why?, what for?"

⑦⑨ 据胡适校敦煌唐写本《神会和尚遗集》(1930年)p.6,胡适编著的《神会传》说:"《宋僧传》说神会死于上元元年(七六〇),年九十三岁。……《圭传》说神会死于乾元元年(七五八),年七十五、……《灯录》说他死于上元元年,年七十五。……《宋僧传》似最可信。"p.156《跋神会语录第一残卷》云:"此卷中有张燕公问语,张说死在开元十八年。卷首又有崇远问语,与《南宗定是非论》所记滑台大云寺的辩论相同,事在开元廿二年。大概此卷所记不是一时的问答,乃是汇集各时期的记载而成的。卷中无安史乱后的事,又称王维之官为'侍御史',皆可证此卷所记在天宝末年以前。"又有日本影印《敦煌出土神会录》,昭和七年(1932)出版,与胡本略有异同,今但将有关本文之处,略校一二,以省繁冗。

⑧⑩ 唐赵璘《因话录》卷四也说:"玄宗问黄幡绰:是勿儿得人怜?(是勿儿,犹言何儿也。)对曰:自家儿得人怜(时杨贵妃宠极中宫,号禄山为子。肃宗在春宫,常危惧。上闻幡绰言,俯首久之)。"又见《太平广记》卷一百六十四讽谏类"黄幡绰"条,注云:"出《因话录》。"清文廷式《纯常子枝语》(民国三十二年汪刊本)卷四页二八引《太平广记》此条,并云:"按此'是勿'字,即今俗语'什么'所本也。"

⑧⑪ 据马伯乐《中国古代白话文献考》;Henri maspero, Sur quelqnes textes anciens de chinois parlé, BEFEO tome XIV, no, 4 (1914), pp. 23 - 25。pp.22 - 23说:"询问代名词是'甚''quel?'……但是它很少单用,而多数常和'么'接合起来用。这个语词实在用来形成各种询问词:起初'甚'的复合语表'quel? lequcl?'并且出现在一组不同的字形中:"甚么","什么","恁么";两个别的词"怎么","与么",可解作'comment?'并且据我所知,不再用于今日。这些语词转而形成别的,'个甚么','个什么'quel?''为什么?''pourquoi?''作么生''comment?'在另一方面这些询问词可用来表示不定的意义:'什么','甚么''quelqu'un';'恁么','作么','与么'anssi;它们形成新的词:'若与么''s'il en est ainsi';'不与么''de façon indifférente'。最后'么'用来形成非询问的词义为'ainsi, de la sorte':'者么','这么'。又参看高名凯《唐代禅家语录所见的语法成分》,燕京学报第三十四期(民国三十七年,1948)pp.77 - 79,"特殊询问词"节。案高文根据悟本(良价)元证(本寂)禅师的语录,都出自后人的编辑,未能代表第8世纪的文献。戴密微《中国土语中之保存古读》p.17对高文曾有批评,并说:"一种宋代的语录不能用来表示唐代的语言。"现在也没有引用高文的材料来代表8世纪的话。

⑧⑫ 清翟灏《通俗编》(乾隆刊本)卷三十三页八"什么"条云:"《摭言》:'韩愈问牛

僧孺:且道拍板为什么?'苏轼《醉僧图颂》有'劫劫地走为什么'句。《集韵》:
'不知而问曰拾没','没'音母果切。《别雅》:'么即没之平声。南北语音有高
下之不同,无定字也。'按'什么'当亦'恁么'之转。或又作'甚么'。《朱子语
录》:'说个道理如此,看是甚么人卜得?'又云:'我把作甚么用,皆是用得。'亦
作'只么'……"

㊸ 刘淇《助字辨略》卷二页三五:"生,语助也。李太白诗:'借问别来太瘦生。'"案
虞世南诗:"学画雅黄半未成,垂肩鞾袖太憨生";《游仙窟》:"看时未必相看死,
难时未许太难生。"又云:"少府公太能生。"皆唐人用"生"作语尾之例。

㊹ 刘淇《助字辨略》卷二页二十:"方言以何事为么事。《释氏传灯录》常云'作么
生',言作何事也。"高名凯《唐代禅家语录所见的语法成分》pp.78,79 说:"这些
语录里所用的'作么'除了一两个地方有'怎么'的意思外,多半都有'作甚么'
的意思。例如:'又来这里作么?'(《悟本语录》)……这里的'作么'就是现代的
'干吗',本来'做甚吗'的意思。"释"作"为动词"做",恐不可信。

㊺ 罗常培先生《唐五代西北方音》p.21,p.25 收了几种敦煌汉藏对音写本中的材
料。《大乘中宗见解》(7—8 世纪):"如"źu,"与"yi,《阿弥陀经》:"如"źi,"与"
yi,yu;《金刚经》:"如"źe,źi,"与"yi。

㊻ 明末黄生《字诂》页三五:"怎咱波吥"条云:"怎(子肯切)字本作咱上声。今北
人语犹然,盖么之二合音也。北无入声,故元人创作此字。南人踵之,又转其
声为子肯切耳。"谓"作"之声母与"么"之韵母合为"怎"字,非是。文廷式《纯常
子枝语》卷十三页二四云:"陈兰甫师评《白石词集》云:'怎字乃作么二字之
合音。'"

㊼ 参吕叔湘《释您俺咱喒附论们字》,《华西大学中国文化研究所集刊》一卷二号,
民国二十九年,1940。

㊽ 翟灏《通俗编》卷三三页八"舍子"条:"《留青日札》:'杭有贵公子以荫得县官,
见土阜当道,亟呼地方人开掘平治。耆老以无处容土对。官乃操吴音曰:有舍
子难? 快掘个潭埋了罢。'按此本俗音无字,田氏借字发之,究其实则亦甚么之
转音耳。《余冬序录》云:'吴人有以二字为一字者,如甚么为些之类。'《通雅》
云:'《方言》:沅澧之原,凡言相怜哀,谓之无写。古人相见曰无他,或曰无甚,甚
转为申驾反,吴中见故旧皆有此语。余音或近思,或近些,写即些之转也。'"案
可见明代吴语已呼"甚么"为"啥",可能是"甚么"的合音,章氏认为"甚么"是
"舍"之切音,非是。方以智《通雅谓方言》"无写"与"无甚"有关,也未免穿凿。

㊾ 王引之《经传释词》卷八虽引《方言》"曾、何也"之训,但未举例。《论语·八佾》
一则训乃也,则也。今从裴学海《古书虚字集释》p.640 所引。

㊿ 刘淇《助字辨略》卷二页十二:"何物,犹俗云甚底。"刘盼遂《世说新语校笺》(清

华学校研究院《国学论丛》一卷四号）p.103："何物之涵义为何类或何等。"

㉑ 湖北有许多县用"么"（相当国语的"什么"），"么样"（相当国语的"怎么"）；参赵元任等《湖北方言调查报告》（民国三十七年，1948）pp.1522–3，及第 61，62 图。

㉒ 唐颜师古《匡谬正俗》卷六"底"条云："问曰：俗谓何物为底，底义何训？答曰：此本言何等物，其后遂省何字，直云等物耳。等字本音都在反，转音丁儿反。……应瑗诗云：'文章不经国，筐篚无尺书。用等称才学？往往见叹誉。'此言讥其用何等才学而为官乎？以是知去'何'而直言'等'，其言已旧。"马伯乐《中国古代白话文献考》p.35 注二说："颜师古把'底'从用于同义的'等'字引出，并且他认为是'何等' 'de quelle sorte?'之省。这个语源不是毫不可能的：二字都属同样的声调，而鼻音韵尾的失落不是特别的（比较 lea'俩'和 leang'两'）；不幸的，疑问词'等'只在颇晚的文献中被证实了。"高名凯《汉语语法论》p.583："马伯乐先生的理由是不可靠的，因为这样用法的'等'字在《后汉书》中就已发现。但他之不相信此说则是我们所赞同的。'底'和'等'之相同，是语言上的相同，这两个字是当时用来表示 t-音的一个询问词，不见得是'何等'的缩形。因为这一类的缩形只能把'等'字去掉，不能把'何'字去掉，如果'等'字本身没有询问词的意思的话。"案'何等'出现得较早，在《汉书》中已出现，它可以用作名语，形容语，及副语。如：《汉书·武五子传》："大王诵《诗》三百五篇，人事浃，王道备，王之所行中《诗》一篇何等也？"师古曰："言王所行皆不合法度，王自谓当于何诗之文也。中音竹仲反。"《外戚孝成赵后传》："宫曰：善藏我儿胞，丞知是何等儿也？师古曰：'意言是天子儿耳。'《外戚孝宣许后传》：'衍曰：夫人所言，何等不可者？'师古曰：'无事而不可。'王充《论衡》中也常用之。'等'字出现较迟。《后汉书·文苑》《祢衡传》：'后黄祖在蒙冲船上，大会宾客，而衡言不逊顺；祖惭，乃诃。衡更熟视之，云：死公云等道？祖大怒。'俞正燮《癸已类稿》卷七云：'所云是何等说道。以宋语录例之，乃所说成甚言语也。''底'字则出现较晚，在晋以后出现，如《子夜秋歌》：'寒衣尚未了，郎唤侬底为？'说'等'是'何等'之省，是有此可能的。

㉓ 参赵元任《台山语料》，《历史语言研究所集刊》二十三本（1951 年）p.39。

㉔ 吕叔湘《中国文法要略》中 p.248："文言里的反复问句在形式上也和单纯是否问句更加接近了，因为文言里不重复句子的一部分词语，只在句末加一'否'（古多作'不'）字，或'未'字，或'无'字。……'无'字就是白话里的'么'和'吗'的前身。这可用'吗'字的问元原是从反复问句化出来的。"案唐人常用"无"于句末表疑问。如：白居易《绣妇叹》："虽凭绣床都不绣，同床绣伴得知无？"王建《酬从侄再看诗本》："自看花样古，称得少年无？"

⑨⑤ 戴氏把否定词分为三种:1. 不定的否定词(négatif indéterminé)如"不";2. 规定的否定词(négatif déterminé),如"未";3. 打消的否定词(négatif privatif),如"无"。在白话中,用"没"或"没有"表示后两种。

⑨⑥ 戴氏原注引 Chavannes, Inscriptions et pièces de chancellerie de l'époque mongole, T'oung Pao, V(1940), texte no. XIII (1335 年编)。法高案:《通报》V, pp. 438 – 441, 1335 年《重编百丈清规圣旨》仅有译文,原文见《大正藏》四八卷 p.110,又见冯承钧《元代白话碑》p.56。文云:"更这的每有圣旨么道。做没体例句当呵,他每更不怕那。"此"没"字亦为打消的否定用法(相当于"无"而不相当于"未")。戴氏原注接着又谓在唐代《王梵志》(7 世纪?)王建(8—9 世纪,刘淇《助字辨略》所引)的诗中,用到打消的否定词"没"。

⑨⑦ 湖北有好些县否定词"没"也读 mei(阳平声)。参赵元任等《湖北方言调查报告》p.1524。

⑨⑧ 据北平杨希枚先生见告:在河北通州一带,有读 mu 的(音"模样"之"模")。傅孟真先生也说:"在我家乡〔聊城〕(山东西部)读'无'字如 wu,读'未'字如 wei,在说话里如 mu,'未'如 mei。犹未随明微二母之分,于古尚为接近。"(《傅孟真先生集》中编甲 p.27)这个 mu 如读阳平,可能是"无"的后身而保留重唇音的。

⑨⑨ 参王力《中国语法理论》上册(民国三十四年,1945)p.240,赵元任等《湖北方言调查报告》p.1524。

⑩⓪ 在一些保留入声的方言中,如上海、东台等处,否定词的"没"(入声)无疑的有一个入声的来源。在一些古入声次浊音变去声的方言中,如否定词 mu 读阳平,可能是"无"的后身(参注二)。但在一些古入声次浊音变阳平的方言中,如湖北的一些方言,否定词 mu(阳平)就不易判断它是否有入声的来源了。

⑩① 参拙著《中国语的词类》,pp.316,317。

⑩② 参王力《中国语法理论》下册 pp.183 – 195,"拟声法和绘影法"节。

⑩③ 参王力《中国现代语法》下册(1944 年)pp.220 – 230。王力《中国语法理论》下册 p.194 说:"赘语法最显明的例子是'糊涂'之衍为'糊里糊涂','胡说'之衍为'胡说霸道','乱'之衍为'乱七八遭'。赘语的部分正是最富于表现力的部分。这种语言事实在各地的方言里很不少,值得作详细的调查。譬如北平土话形容人的傻,叫做'傻不机机的';南方官话谓'郎当'曰'吊儿郎当'。吴语里的例子更多,例如'齷里齷齪'('脏')……等等。"案北平土话如"黑不溜秋的"(黑),"黄不拉叽的"(黄),"白不拉叽的"、"白不疵咧的"(白),"死叽憋咧的"(死皮癞脸),"松哩巴叽的"(松),"滑啦咕叽的"(滑)等(以上据北平杨希枚先生见告。又案所用汉字仅为注音之用,未必为通行的写法)。大抵第一音表本义,第二音为轻声,第三、四音为阴平声。

⑭ 赵元任《国语入门》Mandarin Primer（Harvard University Press，1938）p.41。
⑮ Charles F. Hocket, Peiping Morphophonemics, Language, Vol. 26, No. 1（1950），p.81。
⑯ 据《海宁王静安先生遗书》(1940 年商务石印本)册四三,页七六。
⑰ 先后按照明臧懋循《元曲选》,册数页数据 1918 年涵芬楼影印明刊本。关于下列材料,参经学文学研究室读《元曲选记》（三）,《东方学报》京都第十二本第一分（昭和十六年,1941）p.142;吉川幸次郎等《元曲选释》第一集（昭和二十六年,1951）第三册页二八《杀狗劝夫注》。
⑱ 金董解元《西厢》卷二《商调玉抱肚》："没留没乱,不言不语",亦属此类。
⑲ 《音释》："《彪音磋》";《字汇补》："巴牧切,音彪。"
⑳ 据北平杨希枚先生见告。所用汉字只取其音,与普通写法或有差异。
㉑ 有些今读 chi, ch'i, shi 的音,其声母由 k-, k'-, h 变来。
㉒ 章炳麟《新方言》卷一页三三同郝说。

汉语语法的变迁*

太田辰夫 著 李佳樑 译 吴福祥 校

引 言

概观汉语语法变迁的大势,可以看到随时代的发展,汉语的表达逐渐由简趋繁,走向精密、明确和丰富。文言的母体是古代汉语,白话是近代以来的,假如比较一下文言和白话的表现力,就不难发现后者远优于前者,只能用文言而不能用白话来表达的内容非常之少。与此同时,古代汉语在表义上有其繁琐、晦涩的一面,或许是淘汰抑或分析的结果,这些在白话里变得单纯、容易了。可见,汉语语法并非简单的"变",而是一步一步发展创新而来的。

语法的变化与时代同步,人们很早就开始了对它的关心和探索。然而,就文言和白话的不同点进行系统阐述的,直到晚近的《助语辞》(卢以纬,1592)方才起步。在这之后,从《言文一贯虚字用法》(周善培,1914)到《中国文法语文通释》(杨伯峻,1955年修订版),一系列专著相继问世。可是,这些著作大都停留在探讨文言和白话在词汇方面的差异,缺乏就语法特别是以语法史的眼光进行的考察。比方说,这些著作仅仅机械地给出诸如"甚=很""欲=要""何=甚麼"之类的对照,不关心"何"与"甚麼"在语法上有哪些差异,或者文言的疑问代词和白话的疑问代词有哪些语法上的不同这类问题。像这样的问题,只能由读者自己从例句中去归纳求解,可是给出的例句却又未必足以做出这

---

* [译者说明]本文原题"中国語法の発展",1956年3月成稿,发表于《神戸外大論叢》第7卷5号(1957年2月),后收入作者的论文集《中国語文論集(語学・元雜劇篇)》(汲古書院,1995年)。

样的归纳。出现这种情况,恐怕是由于"白话和文言的差异不过是在词汇上而已"这样的认识。句子的基本结构,例如谓语在宾语之前,带两个宾语时间接宾语前置于直接宾语这些现象,文言和白话是一致的。然而进到细部,就会发现两者大异其趣之处不在少数。另一方面,所谓的文言并不是经过规范的古代语言,它在很多地方受到写作时代的口语的影响。固然它并不直接反映当时的口语,但存在以口语为基础,硬译成文言的情况。如果认为这些就是文言,并将它同白话进行比较,那么由此得出二者在语法上相差无几这样的看法也就不足为奇了。

应该说,真正意义上的汉语语法史的研究,是从此后的王力、吕叔湘、周法高等学者开始的。不过目前进行的也只是就语法史的一部分的较为特殊的研究,尚未作出鸟瞰式的整体研究。本文将以古代汉语与现代汉语在语法上的差异为中心,从发展史的角度加以探讨。也就是说,我们要做的不是对各时代的语法进行平面式的描写,而是关注那些与现代汉语的语法直接相关,在古代汉语里又找不到的东西。现代汉语怎样跳出古代汉语的框架获得发展,又发展出哪些新的东西?本文的论述将侧重在这一方面。

〔语料〕在研究语言的历史时,语料的选择至关重要,它会对研究结果产生决定性的影响。本文选用语料时参考了《汉语语法论文集》(吕叔湘,1955)卷末的引书目录。只是由于该书成于战时,因此难免有不甚完备或对文本玩味不足的地方,令人抱憾。

〔用语〕本文使用的语法术语主要斟酌采用中国汉语学界通行的说法,只在万不得已的情况下才自创新的术语。另外,在叙述时优先考虑便利性和有效性,不拘体系。用朝代表示时代,"以前""以后"都包括起始点。唐和五代作为一个时间段,金包括在宋之内。清分为前期(到乾隆为止)和后期(自嘉庆起),单说"清代"时则包括前期和后期。

〔要点〕简单解说一下本文各节的内容。在白话里前缀和后缀,特别是后缀比较发达,因此在 I **前缀、后缀**里说明这一部分。II **重叠式**讨论王力所谓的叠字、叠词。尽管古代汉语里也有这个现象,但现代汉语呈现出更为发达的格局。然后探讨白话特有的句子结构:在 III **句子结构**这一部分,1 **判断句**以"是"为中心。2 **疑问句**考察白话特有的疑问形式——选择问,兼论古代汉语特有的倒装疑问句(宾语为疑问词的情况)。3 **处置式**讨论利用"把"和"将"等提前宾语的现象。4 **被动式**简要说明与文言不同的白话的被动表达。5 **比较式**围绕形容词的比较表达。6 **连锁式**讨论重复使用疑问词和数词构成的特殊的句子表达,这也是文言中所没有的。此后的Ⅳ**补语**跟句子结构也有关系,但因为分量较大所以独立出一节来,下分 8 个小类。1 **使成补语、结果补语**讨论《语法讲话》中的结果补语。动词性的称为使成补语,形容词性的称为结果补语。2 **趋向补语**在《文法要略》被视为动态,当作助动词的人也很多。3 **动态补语**部分讨论的是王力所说的情貌、吕叔湘所说的动相。"着""了"常被作为动词后缀,但出于便利在这一部分进行讨论。4 **动量补语**探讨白话里有关动作次数的表达。5 **可能补语**解说后置于动词的表示可能和不可能的成分。6 **非可能补语**部分讨论由"得"引出的,表示到达某一样态、结果的补语。7 是**伴有"个"的补语**。以上主要是动词的补语。8 **程度补语**以用于形容词的补语为主。以上那样从后缀到句子形式统统作为补语不见得合理,但此处不妨遵从中国的通说。以上 8 种补语在文言里是不存在的。这些补语是白话最大的特征,而促成它们形成的是前面提到的处置、被动和比较 3 个格式。后面接着在 Ⅴ **数量**部分论述数词和量词,在Ⅵ**代替、指示**部分以代词为中心。Ⅶ**否定**还涉及古代汉语特有的倒装否定式,在Ⅷ**语气**部分考察句末助词的功能及其来源。句末助词在文言里也有,但是因其重要所以特别提出来讨论。以上基本囊括了从发展史的立场来看的所有重要项目。

Ⅰ 前缀、后缀

1 前缀

A 阿

用于人名和亲属称呼等。自后汉至唐宋有所发展,但是在现代北京话中不再使用。

B 老

用于姓氏和亲属称呼等,也用于某些动物名。唐代以前开始少量出现。

C 打

动词的前缀"打"原本是"击打"的意思,但后来意义扩大,用于泛称一般的动作。"打水""打秋千"等在唐代已能见到。这样的动词"打"进一步形式化,可以像"打睡"那样,用在原本就是动词的成分之前。在五代也能找到这样的例子,不过到了宋代特别发达。在现代汉语里反而逐渐减少。"打"的北京音属于近代音系统,其苏州音属于中古音系统,两者都不存在破读,因此"打"不可能是假借字。

2 后缀

A 子

用于名词后。其中一部分自古有之。到了唐代,表示大的东西的名词后面也用"子"的例子很值得注意,此外还发展出将动词转化为名词的功能。宋代以后没有新的大发展。

B 头

名词后缀。其发展较"子"为晚。像"前头""木头"这样的用于方位词、(表示块状物的)名词后面的用法,自唐代起开始出现。"老实头"之类表人的用法形成于宋代以后,"看头儿"这样的表示价值的用法起于清代。

C 儿

发展晚于"子"。在唐代限用在表示动物的名词之后,不过其原义已开始逐渐消失。到了宋代,广泛用于名词之后。表示小称的用法起初较强,但随时代的发展似乎有所衰弱。有用在动词的重叠式之后的用法,如"坐一坐"(宋)>"坐一坐儿"(元)>"坐坐儿"(明)这一系列的变化,表明这种形式来源于动量补语。元明以后,"人人儿""个个儿""好好儿""慢慢儿"之类的名词、量词、形容词(副词)的重叠式后也可以附加上"儿"。词内的一部分发生变化,变成后缀"儿"的现象始于清代,例如"今儿""明儿"等,因在方言里"日"与"二"发音相同,结果变为"儿",从清初起可以找到这类现象。"这儿""那儿"等的"儿"则是由"里"变化形成的,是清代后期出现的变化。在现代汉语里,"儿"不是独立的音节,必须与前一音节合成一个音节发音,这个现象始于清初。

D 的

虽然"的"能否看作后缀尚存较多争议,但出于便利,在本文中一并加以讨论。

(a) 副词后缀:慢慢的走
(b) 体词后缀:我的　人的　红的　走的　走路的
(c) 定语用法:我的书　人的手　红的花　走的人　走路的人
(d) 说明性语气:昨天到的北京
(e) 句末助词用法:他不会打你的
(f) 方所:坐的这儿　跑的那儿
(g) 用于补语的"的"(详后)

自元代起写作"的",其来源可能是"地""底""得"。(a)副词后缀原本是"地",隋代以前非常稀少,唐宋时期多见。由土地、方所的意思发生转变,表示环境、状态,成为副词后缀。例如"暗地"(在阴暗的地方>偷偷地),虽然也可以说"暗中""暗里",但后两者的"里""中"没有发展成副词后缀。(b)和(c)古时写作"底"。(b)是古代汉语的"者",(c)相当于"之","底"更可能来源于"者"而非"之"。"者"在变为"底"以前,就已经表现出取代"之"的倾向。"底"在唐代仅见极少数特殊的用例,(b)(c)的用法是进入五代以后形成的。不过,诸如"我底书"这样的"人称代词+底+名词"则要到宋代才出现。(d)自元代起开始出现,元代时已写作"的",来源可能是"得",但尚不能确定。(e)可能在明代就已出现,但是清代的用例多见。不能说它是典型的句末助词,大概是从"底"的用法引申而来的。(f)是非常新的用法,大概是与"在"同义的 dāi(写作"待"或"呆")或"到"的音变。(g)用于补语的全是"得",但是元代以后也有写成"的"的。

E 虚词后缀　然、来、是、也、且、为、以、而、乎、于、在、其、经

用于副词和连词等虚词。尽管来源于文言,但在后世得到了很

大的发展。既有"虽然""已经""而且"这样的文言里已有的词,也有"纵然""业经""并且""本来"之类的文言里没有的说法。后一类多是模仿前一类形成的,然而即使是前一类,也只是在文字上跟文言一致而已,在白话里的意义、用法同文言都有所不同。"虽然"(文)="虽然如此"(白),"已经"(文)="已经经过"(白)。"而且"在文言里用于连接两个词,如"大而且黑",而在白话中则与"不但"呼应,连接两个分句。总之,文言里的两个词,到白话里由于后一个词发生后缀化,变成了一个词。后缀"来""然""是"发展于唐代。"然"自古就有,但用法不同。动词(也是系词)"为"比"是"更古老,可是其发生后缀化并不比"是"早。其他后缀须逐个分析,不能一概而论。

以下给出若干例子。

然	果然	虽然	既然	纵然
来	本来	后来	向来	近来
是	也是	还是	总是	可是
也	再也	倒也	却也	可也
且	而且	并且	权且	尚且
为	最为	尤为	较为	稍为(=稍微)
以	可以	足以	难以	能以
而	然而	反而	幸而	偶而
乎	几乎	似乎	及乎	断乎
于	至于	对于	关于	况于
在	实在	好在	现在	正在
其	尤其	极其	与其	如其
经	曾经	已经	业经	

Ⅱ 重 叠 式

古代就有同一个词重叠使用的形式,但是白话特别发达。不过并不是说只要叠用同一个字就是重叠式。同一个字的叠用包括(1)叠用后不改变语法功能的(如"哥哥"),(2)改变语法功能的(如"看看"),(3)单纯的一个词语的反复使用(如"来!来!")这三种情况,其中(2)

才是真正的重叠式。但是,这三者相互之间并不是没有联系的,而且有时不易互相区分。因此,我们以(2)为中心,间或涉及(1)和(3)。重叠式有以下5种类型。

1. AA 型　2. ABB 型　3. AABB 型　4. ABAB 型　5. A 里 AB 型

1 AA 型

A 名词

a 表示遍指,即"每""逐"的意思。如"人人""家家"。古代汉语和现代汉语基本一致。

b 层进。属于遍指用法的引申,可能是旧白话特有的用法。"日日"="一天又一天","步步"="一步接一步地"。见于唐代。层进在古时只有"日"和"日益"。在近代借用比较式,出现了"一天大似一天""一天比一天大"之类的用法,这是非常晚近的事。

c 亲属称谓。"哥哥""姐姐"之类的完全由一个词的重叠使用所构成的形式,称不上是重叠式。这是儿童用语固化到一般语言的结果。唐以前即已出现。

d 普通名词。在北京话里"星星""娃娃""蝈蝈""饽饽"这样的词不太多。它们都是一个词,不是重叠式。在别的官话地区(陕西、四川、云南等)非常发达,但是倾向于限用来指形体小的、零细的物件。古代可能就已出现,但在文献中不常见。

B 数词

表示遍指。古代有"一一""两两""三三""千千""万万"等用法,现代几乎不用。

C 量词

表示遍指。量词在古代汉语里很少,重叠使用的例子更为罕见。但是,由名词发展而来的量词很多,因此从现代汉语的立场来看,有一些用例可以看作是量词重叠的例子。进入唐五代以后,这样的例子大量出现。

还有名词和量词的重叠式前加上"一"的用法。如"一人人""一个个"等。这种格式也表示遍指,出现于唐代。现代汉语里多是"一个一个"这样重复使用数词的例子,而且限于某些特定的名词。

D 动词

a 古代汉语里有"重复貌"(王力),但并不多用。可是现代汉语里的"痒痒"这样的,也属于"重复貌"。像现代汉语所具有的"短时貌"(王力)则要到元代以后方才出现。

b 为强调而单纯的重复。可看作由 2 个单词句构成。例如"来!来!",如果不加停顿,就变成"来来!"。多用于命令,见于中古。现代汉语里也用于命令,但多数属于借用带有短时貌语气的委婉用法,不是本质上的命令。

E 形容词

同一个字叠用的形容词在古代汉语里非常多见,这些恐怕多数是模拟声音和样态的词,由于一个字不能单用,所以不能说是重叠式。例如,"翩翩、盈盈、巍巍、累累、喋喋、喃喃、津津、孜孜"。现代汉语那样的由普通的形容词重叠使用的现象,在古代虽也存在,但非常少,唐代时才有所增加。重复是为了强调,有很强的副词化倾向。

F 副词

纯粹的副词叠用(如"频频、略略")以外,也有由动词转化而来的(如"看看、往往"),但是更多的还是借用形容词。这在唐代以后特别多。

2 ABB 型

A 是形容词或形容词性的成分,BB 是它的修饰语。古时有若干用例,但增多是在唐五代,到元曲里特别多,有人统计出约 200 种。在清代也很多见,试在《红楼梦》和《儿女英雄传》中查检以"黑"开头的 ABB 型,能找到"黑洞洞、黑油油、黑漆漆、黑魆魆、黑鸦鸦、黑压压"等(最后两个可能是同一个词),用来表现细微的差异。

3 AABB 型

A 名词

表示遍指,唐代以前也有一些用例。如"子子孙孙、朝朝暮暮、年年岁岁"等。

B 数词

遍指不确定的数目。古代少见，自中古起有所发现。如"两两三三、三三五五、十十五五、千千万万"等。

C 动词

自古以来表示重复貌。"来来去去、打打闹闹"等。不过古代的用例当中，有些谈不上是明确的动词，这些在近代汉语里有所增加。

D 形容词、副词

如"冷冷清清、平平淡淡、明明白白"等。这类在古代也有少量，唐以后有所增加。

4 ABAB 型

这类形式是单纯的重复，其中很多在语法上不重要，不过以下两种应该引起注意。

A 数词

用"一"的格式。"一个一个、一天一天"等。这类大概出现在清代以后。

B 动词

如"打扫打扫"等。属短时貌，明代以后出现。

5 A 里 AB 型

如"糊里糊涂"，通过双音节形容词的特殊变形，表现憎恶感。这类用法只能回溯到清初，不过除北京话以外，清初的吴语里也有这一用法。现在也有将"里"写成"了"的。

Ⅲ 句 子 结 构

1 判断句

在白话中，判断句的主语和表语之间必须有系词"是"。虽然也有不用"是"的情况，但那些都是特殊的例外。古代汉语不用系词，直接在主语之后续上表语。副词则置于主语和表语之间，如"相国丞相皆秦官""此必长沙王计也",不存在副词的被修饰成分[1]。可是,古代汉语有些"是"的用法与系词十分相似。

富与贵,是人之所欲也。
知之为知之,不知为不知,是知也。

然而这些用例里的"是"只不过是指示代词,不是系词,由于主语比较复杂,用来复指主语,"是"只能认为是其前面部分的同位语。这是因为凡主语和表语之间用"是"的,主语都是短语或句子形式,单一的名词或代词充当主语时,从不用"是"。不过,当人们忘了是出于上面的原因才用"是"时,即使主语是单一的词,也用起"是"来了。"是"由此变成系词。《史记》已出现"是"作系词的若干用例,但大量使用则是在魏晋以后。"是"成为系词后,进一步发展出多种功能,其中重要的一项是表示原因。如"这完全是我不小心,把工作搞坏了"。表示原因的"是"自六朝起出现。从明代起出现了用"好是好……"先暂且应承下来,再行转折的用法,到元代为止,则是用古代汉语里的"则"(或"便"),说成"好则好"。委婉而在一开始就予以否定的"好是不好……"的用例非常少,且出现略晚,是自清代起的事情。

2 疑问句

白话的疑问句可分为是非问(用句末助词"吗")、特指问(用疑问词)和选择问三种,而文言只有是非问和特指问两种,没有真正的选择问。白话的选择问有以下几种格式。

a式 1　你吃饭呢,还是吃面呢?
　　 2　你吃饭吃面?
b式 1　你吃不吃?
　　 2　你吃饭不吃饭?

---

[1]　即"不存在被副词修饰的动词"。——译者注

3　你吃饭不吃？
4　你吃不吃饭？

古代汉语里有与 a 式 1 类似的说法。

求之与？抑与之与？（与=欤）
人生受命于天乎？将受命于户耶？

可是，a 式 1 所用的"呢、啊"之类句末助词不能构成是非问，与此相反，在古代汉语里，可用"乎、耶、欤"等能构成是非问的句末助词。因此，以上的例子实际上不过是由"抑、将"等连接起来的两个是非问的并列而已。所以，可以说选择问是白话里特有的格式。其中，a 式 2 在六朝已经有所发现，b 式 1 始于唐代，b 式 2 略晚，出现在五代，b 式 3 似乎在元代有少量出现。b 式 4 的出现时代不能确定，但较早的尺牍和法律文书中出现"有否困难、曾否知情"等误用，b 式 4 被认为是形成这种误用的原因，所以这个格式或许相当古老。

倒装疑问句

在古代汉语里，当疑问代词充当宾语时，要倒装到动词之前。如"吾谁欺？""客何好？"白话里没有这样的倒装，采用普通的语序。要确定究竟何时转变成白话这样的语序比较困难，这是因为古代汉语的疑问代词到中古已经改变。以古今一贯的"谁"为对象进行考察，会发现唐代采用的已是白话的普通语序。不过这种变化的时代上限似乎还可上溯。①

3　处置式

白话里有用"把、将"等将宾语提到动词之前的现象。这在文言里是没有的。"把"原本是握在手中的意思，"醉把茱萸仔细看"（杜甫诗）乍看之下很像是处置式，但其实还是本义。然而随着意义的扩大，尽管实际不能握于手中，也开始用起了"把"，于是"把"就单纯用来实现宾语提前的功能。用"把"的处置式形成于唐五代。此外，"将"从"持、取"的意思同样发展成处置式。其形成可能早于"把"的处置式。用"将"的处置式曾经使用得非常频繁,现代的使用有所减少。

由于处置式的出现,此前一直在宾语之前的动词跑到了句末,动词之后因此可以再添加上各种成分,使表达更为丰富。现在,使用处置式时不用光杆动词,有多种限制条件,而古时是可以单用动词的。另外,用"把、将"等表示材料、方法时,尽管形式上很像处置式,但并不是处置式〔1〕,这也出现在唐五代。在现代北京话里,有将"连"跟"把"一样用于处置式的现象。这大概是因为用"连"导出的强调结构里也存在宾语倒装,这一点跟处置式类似,由此产生了混同。然而强调结构采用"连……也(都)……"这样的呼应形式,而在处置式里,不用"也、都",只用"连"。这种强调形式出现在宋代。但是,宋代也多用"和",如"和梦也新来不做"。文言里没有与"连"相当的表达,说成"死且不避"等。

4 被动式

在被动的表达方面,古今的差异也很大。古代汉语和现代汉语里都有很多种表达被动的方式,这里讨论最重要的几种。

A 用"被"的被动式

"被"原来是动词,表示"覆盖、遭遇、蒙受"等意思。因此"被"后面所跟的名词限于抽象名词,如"被灾、被害、被伤、被迷"等,几乎没有跟普通名词的例子。古代汉语里的用法大致如此,不能说是真正的、严格意义上的被动。汉语的抽象名词多数也是动词或形容词,因此也有人主张汉语没有抽象名词,但是名词可以接受形容词性的修饰,由此"被"后面的名词也呈现出带修饰成分的倾向。如"被虎害",本来"虎"是"害"的修饰语,"害"是名词。像这样的说法在古代汉语里非常罕见,但随时代发展渐渐增多。实际上这个修饰成分是纯粹的体词,而另一方面,如前所述,被修饰成分的抽象名词属性并不强,所以产生了主客颠倒,原来的修饰成分变成了主语,而被修饰成分则变成了它的

---

〔1〕 "把"和"将"表示材料、方法的例子有"错把黄金买词赋"(崔道融诗)、"巧将衣障口,能用被遮身"(《游仙窟》)等。——译者注

谓语。这就是用"被"的被动式的起源。换言之,古代汉语里固然可以用"被"单纯表达被动,但是"被谁",即实施动作的一方是不表达的。而在白话里,"被"可以用来表达施事者。这样的被动式在唐代以前就已经成形了,能认定为白话的用例也不在少数。

最近"被……所……"这个被动式非常流行。有人认为,这是与古代汉语里最普遍使用的被动式"为……所……"相混淆后产生的误用。不过这在唐代以后的历代文献里都有所见,也不存在不自然的地方。因为"被"后所跟的"所……"是名词性短语,正适合置于动词"被"之后。另外,现代汉语里用"被"的,往往表达的是对动作承受者不利的事情或坏事,而在古时没有这样的限制。这应该纯粹只是因为"被"的语义发生了变化。

B 用"叫、让"的被动式

现代汉语中"叫、让"都既可以表示使役,也可以表示被动,但这是白话独有的,古代汉语里并非如此。"叫"古时写作"教",从命令的意义转变为使役。唐代起也写作"交","叫"在元代不多,明以后才有所增加。只是最近又出现了使用"教"字的趋势。"让"的意思是谦让、劝荐的意思,到明代为止尚未完全变为使役,进入清代以后方才用于一般的使役。这样的使役用于被动时,有些在意义上不易区分。例如,不可使人看到→不可做出被人看到的事情→不可被人看到。即使是由别处发出的针对说话人的行为,只要说话人承认对此负有责任,就会产生使役的意味,如果不承认责任,则成为被动。使役和被动的差异不在客观事实,而在主观判断。所以,用"叫、让"的被动用例,特别在时代上,不可能晚于使役的用例,而且尽管事实上很少,存在一些"叫、让"表示被动早于表示使役的例子。不过,在古代汉语里没有这样的兼用。

在白话里,动词后还可以续上其他成分(补语等)。这在古代汉语里是没有的,是白话的方便之处。例如"被人推作少年人"(白居易诗),可见尽管用"被"的被动式才形成不久,就已超出了文言的表现力。此外,随时代的发展,还促成了诸如"被他打了个落花流水"那样的补语的发展。

5 比较式

表示比较的有以下两种格式。

　a 式　　A+形容词+于+B　（古代汉语）
　b 式　　A+比+B+形容词　（现代汉语）

现代汉语式的说法在唐代就有所见，但可能视为比拟类似乎更为妥当，不能说是完全的比较式。现代汉语式的真正形成是在元代，它不同于古代汉语，形容词跑到了句末，导致形容词后面还可以续上各种词语（补语），由此表示程度。古代汉语里是单纯的比较，好像不能表示带有程度的比较（没有类似"A 稍大于 B"这样的用副词修饰形容词的现象）。

古代汉语式（a 式）在唐代以后由"似、如"等取代"于"而得以存续。显而易见"似、如"是表示类似关系的，但它们转为表示比较。进入元代后，如"更强似我"（比我更强），可以用副词"更"表示程度。这属于在古代汉语式的表达上增加新的要素，可是几乎没有得到发展。不过，在形式上跟比较式相类似、而意义上完全不同的表示层进的格式当中，古代汉语式的"一天大似一天"这样的说法直到清代前期还在使用，见不到现代汉语式的"一天比一天大"。

6 连锁式

连锁式有以下两种类型，两者都是对同一词语的反复，这两个词语之间保持函数对应关系。

　A 式　（数　词）　有一句说一句。
　B 式　（疑问词）　谁先到谁买票。

古代汉语没有 A 式和 B 式。与 A 式类似的表达是"一日不作百日不食""让礼一寸得礼一尺"等，这在古时就能见到，但是并不是同一词语的反复。到了唐代，出现了"一日不作一日不食"这样的标准的连锁式。与 B 式类似的表达有古时的"有此父斯有此子"等,在唐代有"阿娘有罪阿娘当"这样的说法。这些在意义上已经是连锁式了,但是用的不是疑问词。但是,大概正因为疑问词一般也可以表示不定的事物,所以才能取代这样的名词和代名词用在连锁式里。使用疑问词的始于宋代。

Ⅳ 补　　语

1 使成补语、结果补语

王力所谓的使成式是同时表达动作行为及其结果的短语,而《语法讲话》将动词后面附加的部分称为结果补语。不过,附加部分里有不及物动词(如"打倒、拉倒、推倒")和形容词(如"写好、打扫干净")。这里将前者称为使成补语,后者称为结果补语。

A 使成补语

现代汉语动词的及物与不及物的区分相当清晰,可是古代汉语里几乎没有这样的区别,兼有及物和不及物用法的动词很多。比如,"倒"可以用作不及物,但是在"倒之"里就是及物用法。当有必要表达"倒"的原因或方法时,可说成"推而倒之"等。因此,古代汉语没有产生使成补语的必要。然而随时代发展,那些兼有及物和不及物两种用法的动词倾向于固定为不及物动词。于是就有必要发展出使成补语,来继承古代汉语中及物的那部分功能。站在现代汉语的立场来看,与使成补语类似的表达在相当古老的时代就已经出现。例如《尚书》中所见的"扑灭"。这个例子之所以感觉像使成补语,其实是因为在现代汉语里"灭"的不及物性很强的缘故。"灭"在古代汉语里是完全可以用作及物动词的,所以这个例子应该看成是并列型的复合动词,而非使成补语。这就是确定使成补语的形成时期的一个困难,但不管怎么说,使成补语的形成不会晚于唐代(除此以外,还有别的方法:选择古代汉语里不兼具及物和不及物两种用法的动词,调查这些动词的复合形式。即如"—杀"和"—死","杀"是古今一贯的及物动词,而"死"则是古今一贯的不及物动词,因此无关时代,前者构成的只能是并列型复合动词,后者构成的才是使成补语,由此可以调查"一死"的形成时期。采用这一方法得出的结论也是唐代已经形成使成补语)。

B 结果补语

在古代汉语里,可以直接将形容词用如使役动词。如"大之、洁之"。随时代发展,这样的用法愈来愈少,作为替代,开始用结果补语。结果补语的形成晚于使成补语,其发达是在宋代以后。

2 趋向补语

(a) 单一型　一起　一进　一出　一上　一下　一回　一过　一开　一住　一来　一去

(b) 复合型　(到"一过"为止的)上述7种后续"一来""一去"

趋向补语是并列型复合动词的后一语素虚化后的结果,在发生学上跟使成补语关系密切,有时无法区别。单一型趋向补语在唐代趋于发达。但是,其中"一进"较晚,要到元代以后。到宋代为止,"一进"说成"一入"。另外,"一回"在古代也说成"一转",这可能是受方言的影响。

复合型趋向补语在唐代已经出现,但其发达则是宋代以后的事。最近也能见到不少复合化的"一开"的例子(一开来,一开去)。

3 动态(aspect)补语

动态补语是动词虚化后的结果,多数来源于趋向补语,因此有难以同趋向补语区分的情况。

—着　表示"进行貌"(王力)或"方事相"(吕叔湘)的"着"在古代也写作"著",用于"执著、爱著、恋著、贪著"等心理性的动作,表示"附着、不可分"的意思。另外,如"抱著车中、悬著床前"等,直接续上表示方所的名词,用如"于、在"的例子在隋代以前已出现。这种用法发展起来,并广泛用于一般动词,形成现代汉语里的动态用法,则应该在唐代。进一步发展变化,表示假定乃至条件的用例(如"看着好吃,吃着不好吃")也在唐代有所发现。

—了　表示"完成貌"(王力)或"既事相"(吕叔湘)的"了"在魏晋以后用来表示"终了、完了"的意思,进入唐代以后,动词后的用法开始增多,引人注目。不过在唐代,带宾语时"了"置于宾语之后,还可以带副词(如:吃饭已了)。因此,"了"在唐代应该还是动词。它成为动态补语、出现"吃了饭"这样的用例在唐代十分少见,到宋代才多起来。

一起来　宋代已经出现了趋向补语"一起来"作为动态的表达手段,表示"开始貌"(王力)或"起事相"(吕叔湘)。不过当时单用"一起"表示开始更为普遍。"一起来"进一步用来表示假定乃至条件的用法在宋代没有发现,宋代以前用"一来"表达这个意思。

一下去　表示"继续貌"(王)或"继事相"(吕)的"一下去"的这一用法出现得更晚,而且用例也不多,应该是明代以后的事。元代以前单用"一去"或"一将去"来表示这个意思。

一来一去　表示"反复相"(吕)。原本像在"飞来飞去"中那样附着在表示移动的动词上,后来形成了诸如"想来想去"那样的真正表示反复态的用法。它的形成在唐代以后。古代汉语里的反复相(王力称之为"重复貌")是用动词的重叠形式来表达的。

一上来　表示接近于某种状态的完成。除动词以外,还可以附着在形容词性的成分上,元明起渐渐开始使用。

一过　在唐代成为趋向补语,在宋代成为表示完成的动态补语。不过同"了"的意义稍有区别,"做完……"的意义较强。在现代汉语里被认为是表示经历的,但在古代汉语中这样的情况比较少。

一得　结果的持续。如"记得、认得"那样用于心理动词。"记"和"认"分别表示用头脑和眼睛当场进行记忆的动作。表示这一结果是持续的,是"记得、认得"。这不是可能补语的 A 式,不能用"记不得"之类的来否定(如果说成"记不得",那么就是"不可记忆"的意思),其否定是"不记得"。这种用法在唐代形成,大约来源于"得"本义表示非自主有意的获得。"记得"是非自主有意的,而"记着"是自主有意的,两者的这种差别也植根于此。

4　动量补语

古代汉语表达动作的次数时,不使用动量词等,而是将数词直接置于动词之前。现代汉语里有 3 种格式,表达趋于细化。

A 式　（使用动量词）　打一下　看一回
B 式　（以器具、身体的一部分等为动量词）　打一槌　看一眼
C 式　（重复动词）　打一打　看一看

其中,A 式中可以用任何数词,而 B 式没有这样自由,C 式仅限于用"一"。这样的动量补语的形成过程比较复杂,简单地说,应该是对古代汉语的"学三年"这类表达时段的格式的类推。A 式很古老,从汉代起就已出现,但就所用的动量词来看,也有一些是汉代之后很久才出现的。B 式在唐代也已经形成,C 式稍晚,宋代起出现。在古代汉语里,限于"一"的次数的表达转化为连词性的用法在现代汉语中得到保留,如"一看就明白"。

现代汉语的短时貌(王力)使用动词的重叠式,这是 C 式中的数词"一"省略后形成的,自明代起开始出现。跟古代汉语的重复貌完全无关。

5　可能补语

现代汉语的可能补语有以下三种格式。

	肯定	否定(不可能)
A 式	吃得	吃不得
B 式	吃得了	吃不了
C 式	写得好	写不好

三种格式都用"得",A 式"得"后没有其他成分,B 式在"得"后伴有动词性的成分,C 式伴有形容词性的成分。

可能补语和非可能补语都用"得","得"在古代汉语里是非自主动词,意为"获得"。在中古时代出现了相当于现代汉语的"听见、看见"的用法,但这是基于其非自主性的引申。此外,出现在动词之前的用法也是自古就有的,这时是助动词,表示可能。正式的文言里没有"得"后置于动词的用法,在古代汉语里也属罕见。不过,"得"可用于"捕得、追得"等带有获得义的词语,由此转为表示可能的 A 式肯定格式。

A式肯定式的广泛使用是在唐代。A式否定式来源于前置的助动词后接重复的动词,而这个动词被省略的用法。如表达"行不得",即想去却不能去,"行亦不得行"的意思。所以"不得"成为A式否定式的时间早于"得"成为A式肯定式,在带宾语的情况下,古时的语序也与A式肯定式不同。即"得"直接在动词之后、宾语之前,而"不得"与动词隔开,在宾语之后出现,这是古代的用法。"不得"在带宾语的情况下也直接用在动词之后的现象是宋代出现的。因此,可能补语"得"和"不得"在发生学上并不对应。

B式在现代呈现出像"吃得了—吃不了"这样的对应,这种对应形成的时代应该也比较古老。可是在发生学上,应该说"吃不了"是"吃了"的否定式,没有与"吃得了"所对应的否定。"吃了"的意思是吃完,"吃不了"是它的否定,意思是吃而未完。带宾语时说成"吃饭了""吃饭不了"。这一用法在唐五代有若干用例。可是到了宋代,出现了"吃了饭"这样的用法,否定随之也说成"吃不了饭",由此形成了同现代汉语一致的格局。但是有些例子里的"吃不了"不能明确断定其表达不可能的意义(不过这在现代汉语里也是如此)。与"吃得了"对应的否定式不是"吃不了",这表明"吃得了"的"得"与"吃得"的"得"不是同一个东西:"吃得"的"得"表示可能;而"吃得了"的"得"表示的是结果,应该与非可能补语B式的"得"有关——它在带宾语时,不采取像"吃饭得了"这样的语序,自古说成"吃得饭了",由此也可以做出上述推测。"吃得了"之所以起初没有与之对应的否定式,恐怕是因为用"得"来表达到达某一结果的格式(非可能补语B式)没有否定形式。

C式的发达比B式更晚。其肯定式与非可能补语A式(肯定)相同。文字形式相同却能这样一分为二,是因为在现代汉语里这二者有语音上的区别。而文献上出现的用例原则上只能根据上下文加以区别,有不少情况都无法断定究竟属于哪一种。不过无论是哪一种,这个形式在唐五代时期不多见,宋代以后才发达起来。C式否定式在宋代已经出现,不过不丰富,其发达似乎更晚。

6 非可能补语

非可能补语有3个特征。(1)肯定式和否定式都用"得"。(2)

"得"后可以有停顿。(3) 不表示可能、不可能。通过以上特点可以将它同可能补语、程度补语区别开来。有人认为非可能补语的"得"原本是"到","到"轻声化后才用"得",但我们没有找到这样的事实,"得"从一开始就被使用。

	肯定	否定	
A式	写得好	写得不好	(样态)
B式	气得发抖		
	说得大家都笑起来		(到达某种结果)
C式	热得发狂		
	静得一根针掉在地下都听得见		(程度、比喻)

　　A式以形容词或形容词性的短语为补语,其肯定形式与可能补语C式肯定式是相同的,因此有时二者的区分仅凭文字很难做出。但是,如果使用副词,如"写得极好",那么就不可能是可能补语C式了。另外,否定形式也跟可能补语C式的不同。A式在唐代少见,宋代以后开始增多,带宾语时置于"得"和形容词之间。例如"写得字好"。不过随着时代的发展,"得"同形容词不可分离的倾向趋强。而"写得好字"中形容词(好)很像宾语的修饰语,因此容易产生歧义。于是就出现了"写字写得好"这样的使用动词两次的格式。由此,就既有"写得一笔好字"这样的表达,又出现了将"好"明确固定为修饰语、"得"表示可能的表达(这是可能补语A式肯定式的一种)。

　　B式在动词之后用"得",然后再续上动词性的短语或小句,唐代起开始出现。表示到达或引发某一结果。结果本身固然可以包含否定的概念,但不能将到达也一并否定。例如:吓得魂不着体。这个"得"和可能补语B式肯定式(吃得了)的"得"有关,之所以"吃得不了"不能说,是因为〔到达了吃的结果尚未完成的状态〕实际上就是没到达的意思。

　　C式在形容词后加上"得",然后再加上动词性短语或小句。很多表达程度、比喻,但也有带结果性的语气的例子。这种类型是模仿B式产生的,非常新,清代只见少量用例。

7 伴有"个"的补语

现代汉语里伴有"个"的补语有 4 种格式。

A 式　形容词　　　　说个明白
B 式　否定+动词　　　骂个不休
C 式　成语等　　　　杀个鸡犬不留
D 式　"得个"并用　　打得个片瓦不留

现代汉语里的这样的"个"在古代多用"一个"。A、B、C 三格式在元代都已成形,其中 A 式大概是最古老的。用"得个"可能是同非可能补语的混淆形式,明代起有所发现。

8 程度补语

附在形容词和心理动词等之后,表示其程度,很多属于或正在变为附属语。另外其中一部分是随着现代汉语式的比较式(b 式)的发达而出现的。

A 附属语

（a）也用于比较式的

—得多　元代起就已出现,但在清代的标准语里很少见。从非可能补语 A 式发展而来。

—多了　清代起出现。

—多着呢　元代已有"—多着哩",清代以后变为现在的形式。

—些　"些"表示不定数目的用法从唐代起就可看到,但语源不明。可用于动词宾语以后,由于形容词也可以充当谓语,所以又出现了用在形容词后的用法。就这样发展出了程度补语的用法,在元代以前也有若干用例。

—点儿　成为程度补语的过程与"—些"相同。形成时代应该在清代后期以后("—些"和"—点儿"作为附属语尤其特殊性,可以将它们归入数词)。

（b）不用于比较式的

——得很 "很"在元代写作"哏",其后写成"狠",再后来才用"很"字。

——得慌 表示生理性的痛苦之甚,在语源上是一种结果,意为"因为……而慌乱"。由于两个音节都念成轻声,所以也有人将其作为后缀。有一种误解认为"——得很"讹变成"——得慌"。在明代,"——得慌"的用例比"——得很"多。

——了去了 不单纯表示程度,也有时间意义〔1〕。明代起出现。

——不过 原本表示"不能忍受"的意思。是可能补语 B 式(否定),如"疼不过"。后来出现了"最好不过"这样的用法。主要是在清代。

——极了 清代起开始出现。并不是"——极"先出现然后才有"——极了",省去"了"的形式可能是拟古。

B 独立语

都出现在"得"之后,类似于非可能补语 C 式,虚语素化、定型化的倾向很强,而且较非可能补语 C 式更为古老。但它们尚未成为附属语。"了不得、要不得"见于明代。"要命、厉(利)害、不得了"等用作程度补语的,其时代上限还不清楚。

V 数 量

1 序数

古代汉语不区别基数和序数。因此"三月"可能是三个月,也可能是第三个月的意思。可是到了白话,基数和序数严格区分:基数用于名词时必须伴有量词,不用量词时表示序数(或其他),如"三月"和"三个月"。此外,还有一些表达序数的手段。

A 第 "第"原本是表示次第、顺序的意思的名词。古代汉语里用如"章第一",与现代汉语的"他排大"属于同一种句型,"第一"是句子

---

〔1〕 指随着时间的过去而程度加深,如:"你们这些过路人太多了去了,一天没有一百,也有八十个来讨钱"(《正音撮要》)。——译者注

形式的谓语。而到白话中变为"第一章",成为名词的修饰语,这可能跟量词的形成有关。"第"的这一用法较古老,当在后汉。

B 头　第一的意思。唐代起可以找到用例。

C 大　限于亲属称谓。似乎是自古就有的。

2 基数

A 零

现代汉语里用"零",以区别诸如"一百五 = 150,一百零五 = 105,一千零五 = 1005"。"零"原先并不表示正数和负数之间的唯一的数,而是零头、多余之类的意思,元代开始才用来表示 0。现代汉语里"一百五"表示 150,这跟古代汉语里"丈五"表示一丈五尺很类似,因此可以认为是受了后者的影响。不过古代的"一百五"是 105,还不清楚它是怎么变成现代汉语里的 150 的。另外,宋代没有"零",用"单"。

B 二和两

"两"在古代汉语里一般用于只有 2 个或 2 个组成一对的事物,而在白话里跟"二"完全同义,只是使用的场合不一样。其规则是,在伴有量词的计数时用"两",在表达数量和序数时用"二",不过即使是伴有量词的计数,在 12、20、200 等情况下也准照数量,用"二"。"两"较"二"为新,口语色彩较浓(比较"二千"和"两千","二位"和"两位"等)。量词前用"两"很早就已出现,唐代也有很多这样的用例。

C 概数

概数的表达有多种方法,其中可以连用两个数字来表达。古代汉语里用这种方法的,有"一二、二三、……、八九"8 种(其他还有如"百千"之类不同位数连用的说法,这里略去),较小的数在前面,并且跟大数的差仅限于一。白话里不一定小数在前(如"三二、三两"),差也不限于一(如"三五、五七""五三、七五")。另外,"一半"古时是二分之一的意思,在现代汉语里当伴有量词等时,是概数〔1〕。以上

---

〔1〕 用例有"却料着还有一半天耐头"(《红楼梦》第 98 回)、"不知轻重,露个一半句"(《儿女英雄传》第 16 回)等。——译者注

这些都是中古以降到近代出现的，其中也有现代汉语里已经不用的说法。

D 俩，仨

这两个是数词和量词"个"的功能相组合而成的产物，从 1 到 9 以及"几"都有这样的用法，可是有相应文字的只有"俩"和"仨"。这种用法的出现是从清初开始的，"仨"这个字非常之新。一说"俩"是"两个"的合音，但尚不能断定。

3 量词

A 名量词

在古代汉语里，计数时不必用量词，在名词前直接加数词即可。名词后面出现光杆数词的情况也有，不过这时的数词充当谓语。量词或名词的量词用法有以下 3 种格式。

```
A 式    名+数+名      乱臣十人
B 式    名+数+量      车一两（两＝辆）
C 式    数+量／名+名  一车薪（计量）
                     一辆车（计数）
```

A 式中"数词+名词"充当谓语，是古代汉语里就有的格式，还有"人十人"这样的前后两个名词相同的例子。B 式也是古代汉语特有的表达，在现代汉语里仅用于记账等情况，计量、计数都可用。C 式在古代汉语里只有计量的用法，如"一尺布、一杯水、一抔土"，将度量衡单位、名词或动词用作量词。现代汉语也是如此。古代汉语不用 C 式来计数，用 C 式计数是现代汉语的特征。这可能是因为在计量时有 B、C 两套格式可以使用，所以计数时也产生了两套格式，即：

```
B 式              C 式
布一尺            一尺布  （计量）
车一两（两＝辆）  一两车（两＝辆）（计数）
```

像这样用 C 式来计数的例子在魏晋以后蓬勃出现,到唐代更是显著增加。一般说的量词即指此。

如上所述,量词成为必须,不过古代汉语式的、不用量词而在名词前直接加上数词的用法并没有消失,序数(例如:三月,二哥)和表示种类的表达(如:五金,四百四病〔1〕)等作为熟语得到保留。此外还产生了临时的动量词用于动量补语 B 式这样的新用途。

形态性是量词的另一个特征。量词不只是单纯表示单位的东西,它还描绘事物的形态。如"一卷书,一本书,一部书,一套书"。还有"一架桥"和"一座桥","一条手巾"和"一块手巾"等。这种倾向进一步成为类别性,可以像"一只表"和"一张表"、"一口钟"和"一座钟"甚至"一句话"和"一幅画"这样来区别同音词。

量词的大量产生一方面反映出针对事物形态的表达趋于丰富,但另一方面由于其过于繁杂,有时甚至不尽合理。起初任何量词的本义都是很清楚的,可是随时代发展,本义变得不明,用途也发生了变化。例如"朵"现代用于"花",可它的意义已经谈不上明确了。古时除了"花"以外,还可以用于"山、云、烟"等。此外,事物的形态会因地因时发生变化,对形态的感知方式也可能不同。也就是说,即使在同一个时代,也会在方言之间出现大的差异,这反而带来不便。因此最近出现了用"个"来统一的倾向。

B 动量词

动量词多数是由动词的虚化而来的。"下""回"在唐代以前就已出现,"次"在宋代以后。有关用法在动量补语的部分已有解说。

---

〔1〕 "四百四病"为佛教用语,字面意思为"四百零四种疾病",是人类疾病的总称。据传人体由地、水、火、风四大元素(四大)构成。四大不调,便分别生出一百零一种病,故有四百零四病。——译者注

Ⅵ 代替、指示

1 人称代词

白话的人称代词有第三人称,有复数形式,有包括式和排除式的区别,还有尊称。这些都是古代汉语没有的东西。

A 第三人称

在古代汉语里,该用第三人称的地方大部分都用名词或省略。虽然有用"彼、其、之"等,但这些原来是指示代词,只能认为是借用作第三人称。相反,白话里有纯粹的第三人称代词。现代汉语里的"他"就是这样的代词,原来写作"它",是"蛇"的古字。《说文》里这样解说:

"它",虫也。从虫而长,象冤曲垂尾形。

可能是因为太古时代蛇害很严重,因此"它"转而指出现异变的事态或困难的事情,"无它"意思是没有异状。据说,这进一步转变为其他的事、其他的东西,甚至其他的人,最后获得"那个人"的意思,成为第三人称。确切用作第三人称的例子到唐代才出现,唐代之前的例子里的"它"都在变成第三人称的前一阶段停下脚步。古白话里也用"伊"和"渠"。"伊"原本是指示代词,专作定语用于名词前,之后成为独立语,转变为人称代词。"渠"是"其"成为独立语后转变而成的,"伊"和"渠"都是隋代以前就有的。

B 复数形式

古代汉语的代词没有单复数的区别。虽然可用"辈、曹、侪、等",但是这些词不仅用得少,年代久远,名词的色彩也很强烈。

众所周知,现代汉语用"们",而在宋代用"懑、门"等,元代用"每",明代以后"们"才多起来。"一门之人"是其语源。表示口语中的虚词时,除加上口旁外,还会借用非常用汉字。"门"好像并不比"懑"出现得早,或许是因为上述理由,"懑"很早就开始使用了。在唐代,还见到极少数的"弭"和"伟",可能跟元代的"每"有关。
C 你、咱、喒、俺、您、怹

这些是白话中常用的人称代词,可以按以下顺序排列:

唐	宋	元	明
自家	>咱	咱每>喒	喒
我	我懣>俺		
你	你懣>您		

"尔"是古体字"爾"的简字,"你"在"尔"上加上了人旁,保留了"爾"的古音。"你"在隋代以前好像就已出现,但是用例非常少。唐代用得很多。

"您"是"你懣"或"你门"的缩略,因此是复数形式,可是也有用作单数的例子,在元代更有"您每"。不能认为元代的"您"是敬称。明代使用变少,到清代几乎不用。可是到了清末突然作为敬称重新出现。

"怹"是清末以后由"您"类推形成的,基本没有得到普及。

"咱"是唐代的"自家"(自己的意思,也作第一人称)的缩略。其后再加上"懑"的"咱懑"再经缩略,就产生了"喒"。现在所用的文字写成"咱",但实际发音发成"喒"的情况很多见。此外据说"咱"在有些方言里用作单数,在其他一些方言里用作复数,"俺"也有同样情况。

包括式成形于宋代。宋代的包括式是"自家懑",不过"自家"也可用作包括式。元代的人称代词比较复杂,很难得出明确的结论。清代的标准语跟现代汉语很接近,"咱们"与"我们"对应,不用"咱""俺""您"等,趋于单纯。这一倾向可以回溯到明代的方言。

2 指示代词

A 这、那、哪

"这"的来源不太清楚。唐代起开始使用,也写作"者"。宋代也用

"遮"。"那"可能是从南北朝时期常用的指示代词"爾"发展而来的。"这""那"在唐代都用于名词和量词等之前,到宋代成为独立语。"这些""那些"也是在宋代形成的。

"那"还有疑问(选择)的用法,现代多写作"哪"。表疑问的"那"在五代时期已经出现,但其发达晚于表远称的"那",严格说来与"这"及"那"(远称)不对应。它的来源不清,同南北朝时期所用的疑问副词"那"的关系也不明确。

B 词尾"一麽"

以下说明不限于代词,还包括带指示功能的词(也称指示词)接上"一麽"的情况。

甚麽　这一写法出现在宋代以后,其前身在唐代就已出现。在唐代文献中写作"是物、是没、是勿"等,都是同音字。在语源上,"是"表示疑问,"没、勿"应该是物体的意思。这个"是物"缩略成"甚",在唐代进一步出现"甚物、甚没"等。其后"物"等受到轻音化的影响入声韵尾变得不明显了,于是就用"摩"字,另外 p 入声念成 m 韵尾导致开始用"什"字。五代可以看到"什摩"和"甚摩"。到宋代,"摩"又写成"麽"。

怎麽　在唐五代可见到"作勿、作没、作摩"等词语,还有再加上"生"然后缩略成"怎"(怎生)的,五代起开始使用。"怎"后加上"麽"形成"怎么"的时间是在宋代,但由于占据优势的是"怎生",所以使用不多。明代时略有增加,到清代才增多起来。

这麽、那麽　即"这、那"后加上"懣"或"们"所形成的表达。"这懣、那懣"在宋代似乎是一种代词,此后"这们、那们"也出现了,但它们都修饰名词。进一步成为副词,写成"这么、那么",最晚应该不会晚于明代。只是在清代还有极少数写成"这们"的。"那麽"作连词的用法好像在清代还没有发现。

哪麽　表示疑问的"那麽"现在多写作"哪麽"。这是类推"这麽""那麽"的产物,清代后期起所能见到的用例非常少。此外,在询问方向时,跟介词(也称副动词)连用,跟"怎麽"一样,也具有询问状态、方法的用法。

"多麽"是疑问副词"多"在元代起转为感叹,并在此基础上加上后缀"麽"的结果。清代后期起开始使用。

C 多少、多喒、多会儿

"多少"古时是两个词,表示"是多还是少"的意思,用于选择问。它成为一个词,形成"有多少""多少人"这样的用法,是在唐代。

形成途径相同的还有"早晚",本是询问大概何时的疑问词,到元代转义为单纯表示"大约的时刻、时候"的意思。于是有"这早晚""那早晚"等词语,相应的疑问方式是"多早晚"。这个形式再经缩略,变成"多喒",也是从元代开始得到使用的。

"这会儿""那会儿"是进入清代以后出现的,相应的疑问形式是"多会儿",清代后期起可以见到。

Ⅶ 否　　定

1 禁止

古代汉语里带有否定意义的词有"无、莫、勿、亡、罔、毋、靡、不、弗、非、匪、未、微、盍"等,非常之多。这些当中固然有一部分的差异只不过是时代或地理上的,但是功能迥异的也很多,非常复杂。将这些同现代汉语进行比较,会发现,第一,尽管有数量如此庞大的否定词,但带禁止意义的词并没有从一般的否定词中分离出来。现代汉语有"别""甭",古白话有"莫""休"等专用于禁止,不用于其他否定的词。古代汉语里没有与之相当的词。"勿""毋"等并不只用于禁止,原本就是一般的否定。在现代汉语里,除禁止外,一般的否定词只有"不"和"没"两个,单纯得多了。

2 现代汉语的否定副词

不　古代汉语里也非常常用,在白话中与"是"相连,取代了"非"。"不是"以外,在古代有"非是",大致在同一时期出现,难以断定孰先孰后。不过古代的"非是"在文献中更多见,这或许是因为"是"在成为系词后仍然残留有指示代词的用法,而用作系词时仍然回避使用"不"。

没　原本是"陷没""埋没"的意思,在唐代多用来表示"无"。大概是在元代成为"没有",这应该是从到宋代为止的"无有"变化而来的。"没""没有"在元代都不用来否定动词,能否定动词是明代以后的事情。"没"〔mei〕的〔i〕与入声韵尾〔t〕没有关系,而是在"没有"得到普遍使用后,受到"有"〔iu〕的〔i〕的影响而形成的。

别　明代起出现,但多用是在清代。一说是"不要"的缩略形式,但这是错误的,恐怕是从"另外"的意思转而表达委婉的禁止。例如"别说"(在别的场合说,在其他时间说→目前不要说。)

甭　显然是"不用"的缩略形式,非常新。

不必　古代汉语的"不必"相当于现代汉语的"未必"。"不必"像现代汉语里那样表达委婉的禁止,是从唐代以后开始的。

3　倒装否定式

在宾语是代词(如"告我")的情况下,要否定时,古代汉语一般要将宾语倒装到动词之前(即"不我告")。我们也能看到一些不倒装的用例,但这些都不是继承文言特点的正式表达。不过白话里没有这样的倒装,肯定和否定一致,采用同一个语序。很难确定是什么时候开始不再进行这种倒装的。有证据表明唐初时已不再倒装,但实际上可能还可以往前追溯很长时间。

Ⅷ　语　气

表示语气的有(1)语调,(2)副词,(3)句末助词这几个途径。通过语调来表达语气,可能的范围很广,但往往不够明确。利用副词和句末助词表达的语气种类不同,但也有共通的情况,如副词"可"和句末助词"吗"都可以表示疑问,"偏""麽"表示不平、不满,而"也许""大概""吧"都表示推测。

句末助词可分为甲、乙两类。

甲类　吗、呢、哪、吧、罢了、啊、哇、呀
乙类　呢、了、来着

甲类的位置在全句的末尾,是对句子整体添加的疑问、推测以及其他各种非叙实性的语气。乙类里包含两种功能。其一跟甲类相同,另一种表达叙实性的语气,这时其后还可以再加上非叙实的句末助词。产生叙实语气的理由是,乙类句末助词并不对全句起作用,而是直接作用于谓语动词的。在这一点上,它跟时间副词有相似的地方,通过时间副词可以对语气加以说明。如"我坐着""他吃了饭"等不带句末助词的句子,它们并没有把事实作为实在的事件进行明确的叙述。加上乙类句末助词,变成"我坐着呢""他吃了饭了"之后,就明确成为对实在的事实进行的叙述(即叙实)了。这样的功能是甲类句末助词所没有的,"吃饭吧""吃了饭吧"里的叙实语气是不明确的,像"吃饭呢吧""吃了饭了吧"这样使用乙类句末助词的,才是明确的、就实在的事实进行的叙述。当有两个句末助词连用时,前一个必然是乙类,后一个多数情况下是甲类,但由于乙类也有非叙实的用法,所以有时也用乙类。

目前能见到一些关于现代汉语句末助词的语源的讨论,但是大部分都是同古文进行比较作些论述,缺乏实证。特别是对古典中所见到的片言只语从自己的现代汉语的语感作出的解释,不足采信。回溯时代追寻变迁的踪迹,现代汉语句末助词的来源大多只能追溯到唐代,可以追溯到隋代以前的很少。

1 甲类句末助词

A 疑问——吗、呢、哪

吗 用于是非问。古时将"不""否"等否定词置于句末构成疑问句的情况比较少,但到了唐代"无"有了这样的用法,逐渐写成"磨""摩",宋代起用"麽",清代开始用"吗"。

呢 用于省略形式的承前疑问。如"这个呢?"其来源是五代所见的"聻",元代起写作"呢"。"聻"语源不明。此外"聻"也用于表示疑惑。

呢、哪 在现代汉语里用于特指问和选择问,不用于是非问。因此不是纯粹的疑问,而是一种疑惑的语气。古时写作"那",唐代以前也能见到,但以是非问的用例居多。不过它所表达的语气不纯然是疑问,因此或许可以将其作为现代汉语的"呢、哪"的来源加以考虑。另外在五代和宋代,"覃"也有同样的用法。

B 命令——着、吧、啵

着　自古就有,但在现代汉语里用得较少。

吧　古时写作"罷"。在宋代没有可信的用例,元代起开始使用。语源上起源于"……这样就完结了,这样就行了",因此有命令和裁量两个方面。进入清代,同表示推测的副词并用,结果不用副词也能单独表示推测了。"吧"这个字到清代为止没有出现过。

啵　元代就已有"波",大抵跟"罷"是同一个东西。清代写成"啵"。

C 轻视——罢了

元代起开始使用。在语源上跟表示命令、裁量的"罷"关系密切。

D 感叹

以"啊"为基干,根据前一音节的种类,有"呀""哇""哪"等变体。

啊　古时写作"阿",但只能追溯到元代。另一方面,宋代有从"後"发展出来的"呵",用作表示假设的句末助词,这个"呵"的用法很快扩大,不限用于假设。接着可能因为"呵"的音节起始位置上的辅音弱化,发展出了"阿"。写作"啊"大致是在清代。

呀　"呀"自元代起就可看到,同一时期有跟"呀"相似的"也"(不属乙类)。它后来似乎合并进了"呀"。

哪　表示感叹的"哪"的前身"那"自元代起可以看到。用"哪"这个字是从清代开始的。

哇　清代后期起出现。

E 列举——了、啦

在语源上跟"了"没有关系,是由"哩"派生出来的。清代多用"咧",现代用"了"。这是因为"了"的发音变为了〔lə〕。

2 乙类句末助词

在乙类的叙实用法里,"呢"和"了"表示现在(不是说话时,而是话语中所设定的当时。无论过去、现在还是未来,是主观可变动的现在),"来着"表示过去。乙类句末助词的非叙实用法是叙实用法退化的结果,有时很难找出两者的明显差别。

  呢 用作叙实功能时,表示动作的存在和不变,带有时间副词"还""正在"等的意义。来源于"里""裏"等方位词,唐代起开始出现,总之是从指示位于某个方所的动作、状态的存在而发展起来的用法。宋代以后写作"哩",到清代时变为"呢"这可能跟 l 发成 n 这种方言的影响有关(北京音的"弄""脊梁"也是如此〔1〕)。叙实功能弱化后的结果是表示精警(王力所谓的夸张),强调存在,并唤起对方的注意。

  了 作为叙实用法时,表示变化或动作状态的实现。即时间副词"已然""已经"等表示的语气。如"吃了饭了"这样使用两次"了"时,后一个"了"是明确的句末助词,"吃饭了"这样的不是紧跟在动词之后的"了"也被认为是句末助词,但尚存一些疑问。这是因为这个形式在古时表示的是完成(参看动态补语)。"吃了饭了"这样的说法形成于明代,因此"了"最终成为句末助词应该也是在明代。此前由古代汉语的"矣"变化而来的"也"(这个"也"属于乙类)占据上风,"了"没有作为句末助词得到发展。另外自古还有"羅"(囉)这个句末助词,它也被包括进了"了"(啦),但详细情形尚不清楚。在"太好了"这样的表达里,"了"已经没有任何时间意义了,只是单纯的感叹,这是非叙实用法。句末助词"了"不再发成〔liau〕,而向〔lə〕接近的时间不会太早,当是 19 世纪以后的事。

  来着 只用于北方话。古时是"来",在语源上有"(实施某一动作行为)后来到这个地方"的意思,由此变为表示过去(一段时期的持续)。与时间副词"曾经"相当。成为"来着"是在清代。此外还有一些用例可以看成单纯的回忆。

---

  〔1〕 "弄堂"的"弄"(lòng)在北京话里读作 nòng,"脊梁"的"梁"(liang)俗读作 niang。——译者注

附　句末助词的来源

唐五代	宋金	元	明	清	现代	叙实功能	非叙实功能
无;摩,磨 那 聻 着;者	麼 呢	麼 那 呢 者	麼 呢 着	麼、吗 呢 呢 着	吗 哪、呢 呢 着		疑问 疑惑 承前问 命令
		罢,波	罢	罢、啵 吧	吧、啵		命令、裁量 推测
		罢了	罢了	罢了	罢了		轻视
	後;呵	呵 阿 呀,嗄 也	呵 阿 呀	啊 呀 哇	啊 呀 哇		感叹
里,裏	裏,哩	那 哩	那 哩 了	哪 呢 哩,咧 了,咧	哪 呢 了,啦	存在(不变)	精警 列举
羅 来	囉 来	囉 来	囉 来	囉 来着	了,啦 来着	已然(变化) 曾然(过去)	感叹 回忆

注释

① 古代汉语的倒装疑问句转向白话式语序的时代可能是后汉。参见拙作《中国语史通考》(p.28)"2.5 代词的倒装"。

从 SVO 到 SOV 语序变化的解释*

李　讷　安珊迪　著　完　权　译　吴福祥　校

0. 引　言

如果一种语言自由发展而不受到任何外来的干扰，那么，其语序变化的方向可能是怎样的呢？尽管这个重要的问题依然是个尚需深入调查的课题，但最近已有一些研究做出了尝试（如 Lehmann 1973, Vennemann 1973）。本文的目的是：(a) 从汉语句法的历史发展中提出一些经验事实，以证明汉语官话方言语序变化的方向曾经是从 SVO 到 SOV；(b) 显示语序变化的基本路径是复杂句分化成若干具有新语序的简单句，而不是句子成分在简单句环境中的直接重组 (reorganization)；(c) 得出这样的结论：理论上存在的方向、路径或者语序的变化是灵活多样的，有待于通过细致的经验性调查来发现。

1. 汉语官话从 SVO 到 SOV 的变化

汉语中从 SVO 到 SOV 的变化是一个缓慢的过程，开始于两千年以前。下面将概述我们的发现，以证明这种演变：

(A) 上古汉语[①]⇒现代汉语

---

*　原文题为 An Explanation of Word Order Change SVO→SOV, 1974 年发表于 Foundations of Language 的第 12 卷, 201-214 页。两位作者的英文名是 Charles N. Li 和 Sandra A. Thompson, 工作于加州大学圣巴巴拉和洛杉矶分校。原文后附录有用汉字书写的汉语用例。译文中略去此附录，并在文中直接使用汉字例句，删除原文的汉语拼音例句和例句的英语翻译。——译者

S+V+PP　　S+PP+V

其中 PP=前置词+名词短语。

(1) 出于幽谷　（《孟子》,公元前 4 世纪晚期）
(2) 从幽谷出来　（现代汉语）

现代汉语仍有 S+V+PP 实例。然而,这些格式只出现在特别的限制条件之中,比如单音节动词和缺少复杂形态结构的动词。下面的句子表明了这一限制:

(3) 张三睡在床上。
(4) a. *张三睡觉在床上。
　　 b. 张三在床上睡觉。

例(4a)错而例(3)正确的唯一理由显然就是动词"睡觉"的多音节性。

上古汉语的动词绝大多数是单音节的。然而,现代汉语则变成多音节和具有复杂形态的动词占优势地位,特别是有各种各样的动词复合词。因此,现代汉语中的 S+V+PP 结构显然是其早先阶段的遗迹。

（B）把字句的出现:这是始于晚唐(公元 9 世纪)的一个过程。把字句的激增与对已有的 SVO 句式的排挤依然是现代汉语官话中语序改变的一个至关重要的过程。在唐代以前,"把"是一个动词,意思是"持,握",在连动式中比在单句中更为常见。例句(5)和(6)表现这一用法:

(5) 禹亲把天之瑞令,以征有苗。(《墨子》,公元前 5 世纪)
(6) 诗句无人识,应须把剑看。(唐诗)

在现代汉语官话中,"把"变成一个用作宾格标记的小词(particle)。例如:

(7) 张三把李四批评了。

值得注意的是,在现代汉语中当动词是多音节时,把字句已经变成优势形式。我们此前已经提及,很多现在的 SVO 句使用单音节动词,比如"打""骂""爱"等等。不过,即使这些剩下的 SVO 句现在也面临着 SOV 式这一交替形式的竞争。如:

(8) 我打张三了。
(9) 我把张三打了。

另一方面,如果动词是多音节的复杂形式或者有修饰语,通常就优先使用把字句,并常常是仅有的可接受形式。如:

(10) a. 他们把张三从头到尾地检讨了两小时。
　　 b. *他们从头到尾地检讨了张三两小时。

(C) 被字句的出现:战国末期(公元前 3 世纪)出现的一个过程。上古汉语被动式的结构是:
　　　NP　　　V　　　前置词　　　NP
　　（受事）　　　　　　　　　（施事）
这和现代英语被动形式完全相同。如:

(11) 劳力者治于人　(《孟子》,公元前 4 世纪)

被字句提供给被动句一个新的具有 SOV 语序的形式。
　　　NP　　　被　　　NP　　　V
　　（受事）　　　　（施事）
其中,"被"是一个施事格标记。如:

(12) 张三被李四批评了。

跟把字句的情况一样,"被"在上古汉语中原来也是一个动词,意思是"接受"。下面的句子例示了"被"在上古汉语中的动词用法。

(13) 薄者被毁丑　(《墨子》,公元前 5 世纪)

尽管被字句的出现相对较早,但它在演变成现在的形式之前至少经过了一个中间阶段。在汉代(公元前 206 年至公元 220 年),当"被"的功能开始成为小词时,被字句并不带有施事。例如:

(14) 忠而被谤　(《史记》,公元前 1 世纪)

现代汉语意义上的"被"的最早用例可见于公元 4 至 5 世纪的文献(参看王力 1958)。不过,直到 19 世纪末至 20 世纪初,被字句才成为一种通用句式。它的使用在现代汉语官话中激增,许多汉语语言学家已观察到这一现象。

(D) 复合词,后置词和动词后缀的出现,所有这些都是 SOV 语言的特点。

现代汉语官话的显著特点之一,就是具有丰富的形态复合词,比如述补复合词、主谓复合词、并列复合词等等。结果,出现了大量的所谓不自由语素,它们不以自由状态出现在比复合词更高层的单位中。复合词的发展跨越了两千五百年的时期。在早期上古汉语(公元前 10 至 11 世纪)里复合词很少。在晚期上古汉语(3 至 4 世纪)的文献里,Dobson 发现复合词与单纯词或自由词的比例决不高于 3%(参看 Dobson 1959:6)。这一比例在汉代的文献中显然提高了。在现代汉语里,复合构词已经成为能产的过程,吸引学者对此做出在共时研究中生成语法的描写(参看 Li 1971;Thompson 1973)。这一现象代表了当前汉语黏着性发展的趋势,黏着性也是 OV 语言的特征。另一方面,早期上古汉语具有屈折形态音位的证据早有报道(参看 T'sou 1972)。这一从屈折形态走向黏着形态的发展表明了从 SVO 到 SOV 的语序变化(参看 Lehmann 1972)。

现代汉语中的后置词是从上古汉语的名词成分发展而来。像体标记一样,它们在话语中的音调是轻声(neutral),这表明其后缀地位。后置词的例子有:上,里,下,外。

(15) 我在床上睡觉。
(16) 我在房间里运动。

体标记产生于汉代〔1〕,它们是:完整体(perfective aspect)标记"了",不定过去体(indefinite past aspect)标记"过",持续体(durative aspect)标记"着",所有这些在官话口语里的运用都很有规律。

(17) 我把张三骂了二十分钟。

(E) "动-宾"结构向"前置词-宾语-动词"结构的普遍转变。例如,例(18)是较为古老的结构,现在已经被例(19)所替代,不再使用了。

(18) 出房子
(19) 从房子出来

注意例(18)中的"动-宾"结构,动词是单音节的;而例(19)是"前置词-宾语-动词"结构,其中的动词是一个复合动词。正如(D)所表述的,该例再次表明形态和句法之间的平行发展。当句法上的语序向 SOV 转变时,形态也同时采取了 SOV 的特征。反之,当形态上发展出 SOV 的特征时,句法上的语序也会开始转向 SOV。对某个表达式而言,"动-宾"结构和"前置词-宾语-动词"结构都可以存在,表明在旧有的 SVO 语序和欲取而代之的新语序 SOV 之间存在一种竞争的局面。例如:

(20) 你去哪儿?
(21) 你到哪儿去?

根据 Greenberg 和 Lehmann 所观察到的与 SVO 和 SOV 语序相关

---

〔1〕 此处原文是 Han,但疑应为 Tang(唐)之误。——译者

的不同句法属性,上述证据表明,汉语语序已逐渐从SVO转变成SOV。这一演变显然尚未完成,因为现代汉语官话仍在某些结构中允许SVO语序。这样的SVO句仍然可以由业已存在或即将出现的SOV句替换。

值得注意的是,汉语特别适用于进行语序演变原则和方向的研究,因为在20世纪以前汉文化一直在亚洲占据压倒性优势。这样的文化优势排除了任何可能的对汉语语序发展的外部影响。汉语语序中任何演变都一定源于内部因素。

2. 语序变化的解释

如果上述汉语中的证据能正确地显示语序上发生了从SVO到SOV的变化,那么到底是什么导致了如此变化呢?我们的调查使得我们提出如下两个原因来解释汉语语序变化的性质和方向。

(i) 即使是当语序还是严格的SVO的时候,上古汉语即已拥有大量的SOV特征。因此,上古汉语中名词短语的结构完全具有SOV语言的特征:关系小句总是先于核心名词,领属语(genitive)总是前置于名词,形容词和其他修饰语总是出现在被修饰语之前。下面的例子取自于一些最古老的铭文和公文,这些公元前10和11世纪的例子表现出以上特点:

(22) 关系小句:
   敷前人受命   (大诰)
(23) 领属语:
   乃祖南公旂   (大盂鼎)
(24) 修饰语:
   a. 小国   (多士)
   b. 时夏   (多士)
   c. 兹酒   (酒诰)

上古汉语的另一个OV特征涉及是非问标记的位置(Greenberg 1966; Lehmann 1973)。它出现在句子的结尾或者在动词之后,而不是在动词之前。

(25) 管仲俭乎？（《论语》）

汉语从上古时期就已经具有这一 OV 语序的特征。在现代汉语里，关系小句、领属语和修饰语仍然领先于核心名词，而是非问标记也像在上古汉语里一样依然位于动词之后。

(26) 关系小句：
　　 张三喜欢的孩子
(27) 领属语和修饰语：
　　 a. 张三的孩子
　　 b. 那个小孩子

重要的是，这些 SOV 特征出现在上古 SVO 阶段的名词短语中。而以往研究显示，名词短语正是语言中早期句法顺序的储藏室（参看 Givón 1971 中的讨论）。

上古汉语中存在的这些 OV 特征，极有可能为 SVO 语序向 SOV 语序演变提供了推动力。换句话说，我们主张，OV 属性的出现可能具有一种催化作用，引导这个语言向 OV 语序转变。

如果 OV 特征的存在被视为一种导致 VO 转向 OV 的因素，那么我们就很想知道：是什么首先把这些 OV 特征带到上古汉语中来的呢？基于一些证据，有一个关于其来源的推测是可能的，即前上古汉语（公元前 12 世纪以前）就是一种 SOV 语言。这样，在上古汉语时期（公元前 3 到 10 世纪）前上古汉语已经变成 SVO 语言。不过，在 SVO 阶段充分成熟之前，也就是，在所有 SOV 特征被 VO 特征替代之前，该语言就已经走上了另一条路径，又转回到 SOV 类型。支持这一推断的一个重要的证据就是，当宾语是代词时上古汉语保留了 SOV 语序。上古汉语中，在由疑问代词充当宾语的结构中 SOV 语序是必需的，而在由其他代词充当宾语的结构中 SOV 语序则是可选的。下面的例子来自公元前 5 世纪[1]时的文献，例示了这一点：

---

〔1〕 原文作"5 世纪"，有误，当作"公元前 5 世纪"。——译者

（28）吾谁欺？欺天乎？（《论语》）
（29）民献有十夫予翼　（《书经》）
（30）故天欺我　　　　（《书经》）

请注意，在例（28）里代词宾语位于动词之前，而在例（29）里代词宾语则位居动词之后；这两个例子来自同一个文本。

当所有其他结构里都是严格的 SVO 语序，而同时却出现这样的 SOV 句，唯一合理的解释是，它们是该语言早先 SOV 阶段的遗迹。因此，如果我们推断前上古汉语曾经是一种 SOV 语言是正确的，那么，汉语已经在过去的四千或五千年里经历了下面这种循环演变。

前上古　　上古　　现代
SOV　→　SVO　→　SOV

既然在汉语重新开始渐渐趋向于 SOV 之前 SVO 阶段从未充分成熟，那么逻辑上的一个重要推论是，第一步变化 SOV→SVO 一定遵循着一条至少部分不同于第二步变化 SVO→SOV 的演变路径。否则，SVO 阶段可能会在语序开始再次改变前发展出更多的 SVO 特征来。这一事实支持我们所持的论点：语序演变会有各种各样的路径，沿着这些路径有可能发生的语序变化至少会部分不同。

（ii）有一个更重要且更直接的因素可以解释 SVO 到 SOV 的变化，就是 SVO 语言中的动词有可能发展成一个格标记，并由此导致 SVO 复杂句被分化成简单的 SOV 句。汉语中把字句和被字句的发展就是这种演变过程的实例。在现代汉语的 S+PP+V 结构里，位于宾语名词之前的前置词也是从动词发展而来。这类前置词现在的功能是格标记（参看 Li and Thompson 即出）。因此，从我们对汉语语序变化的研究中可以得出一个重要的结果：语序演变不一定始于简单句环境。

语言学文献中有个未曾明示的说法：当一个语言开始发生语序变化时，不管深层的原因可能是什么，变化都显示为简单句内句子成分（主语、谓语、宾语）的直接重组。然而，并没有什么经验证据支持这一假说。倒是有充分的证据表明，同一语言中简单句具有大量的竞争语序，比如在古代英语、现代汉语和现代德语里，SOV 和 SVO 结构都同时存在。这些证据并不表明某一种语序的简单句是从另一种语序的简单句衍生而来。简单句中句子成分的直接重组作为一种语序演变的机制被认为是一种突然的、创伤性(traumatic)的句法变化。这就没有给渐变留下任何空间,而渐变才是所有主要句法变化的典型特征。换言之,我们不能在不考虑某个语言的形态发生了什么改变的情况下,就想当然地将该语言的使用者对一个简单句的动词所作的移位操作视为该语言语序演变的历史过程。就像汉语事实所证实的那样,我们可以非常合理地假设,由于形态或词汇演变,一个具有新语序的简单句是从复杂句衍生而来的。具有新语序的这些句子和具有旧语序的句子并存,并最终取代后者。这样,在上古汉语的例子中,SVO 语序的简单句依然是 SVO,而某些复杂句变成了具有 SOV 语序的简单句。

S V O V→S 格标记小词 O V[②]

然后,具有新的 SOV 语序的句子渐渐地代替了现存的 SVO 句式,推动语言从 SVO 发展到 SOV。这可以解释为什么 SVO 句在当代的汉语中依然存在。它们正处于被正在逐步登场的 SOV 句排挤的阶段。[③]这种语序演变也可以解释为什么在一个从 SVO 语言发展而来的 SOV 语言中的格标记是在名词前而不是在名词后。这是因为:(i) 格标记来源于动词;(ii) 在 SVO 结构中,构成直接成分的是 VO 而不是 SV。正因为如此,现代汉语中前置词性质的格标记与后置词共存并不奇怪,而后置词的独立出现表明上古汉语的 SVO 语序正逐渐向 SOV 演变。

尽管汉语语序演变的个案例证了一种特殊的语序变化路径,但我们主张,从复杂句中衍生出具有新语序的简单句是所有各种可能发生语序演变的路径之中的一个必不可少的部分。这种衍生的具体性质可能会不一样。在汉语这一个案中,主要是复杂句中某个动词变为格标记的词汇演变,以及产生了形态上复杂的动词。另一个可能性也许是复杂句中的某个动词演变为助动词。不管哪种情况,通过简单句的直接重组衍生出新语序句都是极不可能的,而且似乎也是得不到经验证据支持的。

3. 一种对立的观点

Vennemann(1973)提出下面这一图式来预测语序演变的方向:[④]

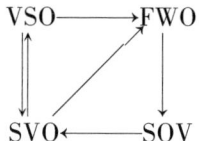

其中 FWO 代表"自由语序"。⑤ 该图式不允许出现 SVO 向 SOV 的发展方向,并且也没有解释为什么不可能。我们已经提出的经验事实表明,汉语中已经出现了从 SVO 到 SOV 的现象。在出现这种情况的时候,值得注意的是,汉语是第一种已报道的语言中经历了这样一种语序变化的。Lehmann(1973)报道了一个可能是从 VO 到 OV 的例子——南亚语系东南亚语族的蒙达语(Munda)。然而,蒙达语中的 OV 语序是从达罗毗图诸语言中借来的,并不是内部发展出来的。

由于 Vennemann 提出的观点和我们所摆出的事实相悖,所以我们需要一个简明的解释。他的整个论证和结论基于以下三个前提:(a) "避免歧义原则";(b) Greenberg(1966)所收集的语序共性;(c) 一个未明言的假设,即语序变化是由拉平(leveling)或新形态词缀的创新所导致的简单句内成分(主语、动词、宾语)直接重组的结果。

我们已经相当透彻地论证了此说缺乏经验证据,而且简单句中成分直接重组也是不可能的。毫无疑问,在某些个案中,比如英语,拉平或形态词缀的创新在语序演变中起到了作用(换句话说,形成了一部分路径)。然而,我们的结论是,语序演变的直接过程经历了一个复杂句的形式变化的过程。

根据 Vennemann,"避免歧义原则"的意思是"一个句法的普遍原则,指的是语言不能忍受系统性的句法歧义"。他继续说,"当这种情况(句法歧义)出现时,该结构就被规避或者发生演变;歧义因而得以消失。"但当语法组织真的不会顽固地偏爱歧义时,"语言不会忍受句法歧义"这种过强的断言就值得怀疑了。句法学和语义学的研究者都十分清楚的一个事实是,结构同形异义(homonymity)现象以及由此导致的句法歧义在任何语言的大量句子中都可以见到。原因是显而易见的:尽管歧义本身可能会阻碍交际,但在实际表达中,这也由语言作为信息载体的羡余性和环境中的其他知觉线索所补偿。而且,句法和语义上的歧义也承担了一种文学、幽默以及语言的其他艺术用法的基本功能。难以想象，一种语言假若规避、改变或抛弃所有的歧义结构，那将是怎样的乏味！

注意到 Vennemann 的基本前提是如此不充分之后，我们就会毫不惊讶于他提出的观点不允许从 SVO 到 SOV 的变化了。我们有充分的理由说，Vennemann 的文章是尝试解释语序演变的原因和方向的最早的和最主要的文章之一，尽管他的主张站不住脚，但这也激发了对有关语序演变问题做进一步的探究。

4. 结语

汉语从 SVO 到 SOV 演变的个案不仅显示语序演变的一个新方向，而且还是一个语序演变发生的新路径。在研究语序变化时，不应忽视存在着不同的可能路径的重要性。不能认识到这样的一个经验事实，就会导致错误的预测以及过度概括，比如 Vennemann 的主张就不允许出现从 SVO 到 SOV、从 SOV 到 FWO、或从 FWO 到 OSV 的演变。[⑥]总而言之，我们可以看到，对语序演变方向的研究才刚刚开始，要做全面彻底的概括还为时尚早，还会有别的方向和路径有待发现。假若希望通过研究来获得一些重要的成果，那么这类研究必须基于从多个语系仔细搜集而来的经验事实，包括印欧语系之外的语言的经验事实。

注释

① "上古汉语"这一术语用于指从公元前 11 世纪到公元前 4 世纪这段时期。在本文这是一个方便而适当的术语，因为历史事实表明，从 SVO 到 SOV 的变化最早开始于公元前 2 世纪，并且在现代汉语中仍然尚未完成。本文后面的附录中有象形汉字版本的上古汉语用例。我们感谢 Richard Te-lee Ch'i 抄录这些例子。

② 在 SVO 阶段，这种形式的复杂句的深层结构具有的形式是：[NPV(VP)(NPV(NP))s]s。在这里，母句(matrix sentence)的主语和宾语可以分别和嵌套句(embedded sentence)的主语和宾语共指。

③ 可以很容易指出汉语中 SVO 结构正渐渐为 SOV 结构所替代。比如 17 世纪，在《水浒传》的最后版本写定时，把字句已经存在了。然而，我们可以在其中发现下面这个句式：

(i) 王婆收拾房里干净了。
(i)句在当代汉语里是不可接受的,已经被 SOV 把字句代替了。
　　(ii) 王婆把房里收拾干净了。
④ 参看 Vennemann（1973）的 Explanation in Syntax。
⑤ 当一种语言中的语序不用于表达基本语法关系时,语序就被认为是*自由*的,比如梵语。不过,自由语序的语言可能会有一种句法上占优势的语序。这样的语言也可以使用语序传达某种语义功能,比如话题化。
⑥ 事实上,Vennemann 并没有提出一个解释,解释为什么 SOV 不会变化成 FWO,或者 FWO 不会变化成 VSO 或 SVO。实际上,从 SOV 到 FWO 的变化可能比 Vennemann 所预测的从 SVO 到 FWO 和从 VSO 到 FWO 的变化更为自然。原因显而易见,我们知道成熟的 SOV 语言发达的格系统,而 SVO 语言通常缺乏格系统。由于 FWO 语言必须依赖于形态而不是语序来表达语法信息,而有发达的格系统的 SOV 语言比 SVO 或 VSO 语言更适于转变为 FWO 语言。

参 考 文 献

王力　1958　《汉语史稿》（第二卷）,北京:科学出版社。
周法高　1962　《中国古代语法》,《历史语言研究所集刊》第 39 分,台北:"中研院"。

Bever,T. G. and Langendoen, D. T.: 1972,'The Interaction of Speech Perception and Grammatical Structure in the Evolution of Language'. in Stockwell and Macaulay. pp. 32 – 95.
Chao, Y. R.:1966,*A Grammar of Spoken Chinese*, University of California Press.
Dobson, W. A. C. H.: 1959, *Late Archaic Chinese*, University of Toronto Press.
Dobson, W. A. C. H.: 1962, *Early Archaic Chinese*, University of Toronto Press.
Givón, T.: 1971,'Historical Syntax and Synchronic Morphology: An Archaeologist's Field Trip', Papers from Chicago Linguistic Society Meeting, No.7.

Greenberg, Joseph R.: 1966, 'Some Universals of Grammar with Particular Reference to the Order of Meaningful Constituents', in Universals of Language, 2nd edition (ed. by Joseph H. Greenberg), MIT Press, pp. 73 - 113.

Lehmann, W. P.: 1973, 'A Structural Principle of Language and Its Implications' language 49, 47 - 66.

Li. Charles N.: 1971, *Semantics and the Structure of Compounds in Chinese*, Ph.D. dissertation, University of California, Berkeley.

Li, Charles N. and Thompson, Sandra A.: 1973, 'Co-Verbs in Mandarin Chinese: Verbs or Prepositions?', presented at the 6th International Conference on Sino-Tibetan Language and Linguistic Studies. October, 1973.

Staal, J. P.: 1967, *Word Order in Sanskrit and Universal Grammar*, D. Reidel Publishing Company, Dordrecht-Holland.

Stockwell, Robert P. and Macaulay, Ronald K. S. (eds.): 1972. *Linguistic Change and Generative Theory*: Essays from the UCLA Conference on Historical Linguistics in the Perspective of Transformational Theory, Indiana University Press.

Thompson, Sandra A.: 1973, 'Resultative Verb Compounds in Mandarin Chinese: a Case for lexical Rules', *Language* 49, 361 - 319.

T'sou, Benjamin K.: 1972, 'From Morphology to Syntax: Developments in Chinese Causative', paper presented to the 5th International Conference on Sino-Tibetan Language and Linguistic Studies, October, 1972.

Vennemann, Theo: 1973. 'Explanation in Syntax', to appear in Syntax and Semantics, Volume 2. edited by John Kimball, Seminar Press.

古汉语句法演变中的韵律制约*

冯胜利　著　崔四行　译　王丽娟　校

1. 引　言

近二十年来,汉语历史句法演变研究主要着眼于语序变化,尤其是汉语是否由 SOV 语转变为 SVO 语,如 Tai(1973)、Li and Thompson(1974)、Mei(1979)、Huang(1978)、Light(1979)、Travis(1984)、Sun and Givon(1985)以及 Li(1990)等。本文考察了远古汉语(1000 B.C.之前)到上古汉语(500 B.C.—100 A.D.)的语序演变,认为远古汉语是 SOV 语言,上古汉语演变为 SVO 语言。而且 SOV 到 SVO 的转变是由汉语历史上韵律结构的演变引发的。我们的假设是:韵律制约句法的输出形式,并滤除那些不合韵律的句子。

本文结构如下:第二部分介绍早期上古汉语两种 SOV 语序的相关背景,包括否定句([Neg Pro V])中的代词作宾语和疑问句([wh V])中的疑问代词作宾语。第三部分指出不仅这两种 SOV 结构在句法上存在差异,而且他们与现代的 SOV 结构也不尽相同。根据俞敏(1981)的残余说(Remnant Hypothesis),本文认为远古汉语是 SOV 型语言,上古汉语疑问句和否定句中保留的 SOV 语序可以为我们提供证据。第四部分指出 SOV 到 SVO 的语序演变使得重音由动词前移到动词后,由此可以解释一些与韵律有关的句法现象。最后一部分是结语。

---

* 本文发表于 Journal of East Asian Linguistics,1996 年第 4 期 323 – 371 页;题为:"Prosodically Constrained Syntactic Changes in Early Archaic Chinese."

2. 背　景

早期上古汉语的基本语序是 SVO，这一点已为很多学者所证实（Dobson 1959，周法高 1962，王力 1980 等）。然而与 SVO 式基本语序相比，存在两种所谓动宾倒置的 SOV 结构：(1) 否定句中的代词宾语前置（如[Neg Pro V]）；(2) 疑问句中的特指疑问代词作宾语前置（如[wh V]）。马建忠(1898)已明确区分了这两类现象：

"止词后乎外动字者，常也。惟外动字加弗辞，或起词为'莫''无'诸泛指代字，其止词为代字者，皆先动字。"（《马氏文通》，实字卷之四）

"询问代字凡在宾次，必先其所宾，其不先者仅矣。此不易之例也。"（《马氏文通》，实字卷之二）

根据马建忠的归纳，王力(1980)、周法高(1962)、俞敏(1981)、史存直(1986)和魏培泉(1990)等学者已调查总结了动宾倒置现象出现的条件。尽管对倒置现象的解释不尽相同，但大多数历史语言学家达成这样一种共识：

(i) 两种 SOV 语序的出现条件：

a) 否定句中包含代词宾语时宾语必位于动词之前；

b) 特指疑问代词作宾语必位于动词之前。

(ii) 汉代以前，特指疑问代词作宾语必须置于动词之前，汉代以后开始出现特指疑问代词后置的情况。例如：

(1) 汉代以前(206B.C.前)

　　a. 予何言？《书·益稷》

　　b. 人而无止，不死何俟？《诗·相鼠》

　　c. 吾谁欺？欺天乎？《论语·子罕》

(2) 汉代以后(206B.C.后)

　　a. ……是独遵何哉？《论衡·祸虚》

　　b. 武帝问："言何？"《汉书·酷吏传》

（iii）汉代以前，尽管否定句中代词宾语通常前置，但反例并不罕见：

（3）动词前
    a. 无我怨。《书·多士》
    b. 未之有也。《论语·学而》
（4）动词后
    a. 尔不许我，我乃屏壁与珪。《书·金縢》
    b. 有事而不告我。《左·襄十八》

（iv）除了否定句以外，代词很少置于动词之前，名词短语就更少出现在动词之前，只有几个反例如下：

（5）a. 民献有十夫予翼。《书·大诰》
    b. 为天子之诸御，不爪剪，不穿耳。《庄子·德充符》
    c. 谚所谓室于怒，市于色者。《左·昭十九》

（5b）中位于动词之前的宾语并不是严格意义上的代词，（5c）表明 SOV 语序并不限于 VP 结构，它也会出现在 PP 结构中。

（v）魏晋（公元237年）以后，（1）、（3）所示的两种 SOV 结构完全消失，且否定句先于疑问句消失。早期文献告诉我们：[Neg Pro V]结构的消失始于汉代以前，而[wh V]结构汉代以后才开始消失。

（vi）虽然[Neg Pro V]和[wh V]结构在现代汉语中完全消失，但宾语前置于动词的现象仍然存在：

（6）a. 他什么都吃。
    b. 他饭也不吃，水也不喝。

（6a）显示疑问代词可置于动词前，（6b）表明动词的宾语也可以前置。

面对上面的事实，我们所要回答的问题是：首先，为什么 SVO 语言允许这两种 SOV 结构存在？其次，究竟是特指疑问代词和否定代词移位到动词之前还是句子的底层结构本来如此？若是移位，移位的句法动因是什么？若是基础生成，什么句法原则允许这样生成？再次，为什么这两种 SOV 结构后来在该语言中消失？第四，为什么 [Neg Pro V] 结构的消失早于 [wh V]？最后，上古汉语和现代汉语中的 SOV 结构有什么区别？

前两个问题的提出是因为管辖理论指出，语言的语序取决于中心语-补述语参数（head-complement parameter）的方向。如果是中心语前置（head-initial），那么就不可能是中心语后置（head-final）。一种语言不是中心语前置就是后置，非特殊情况下这两种语序不能同时存在。因此，下面（7）中的两种形式不能在同一种语言的底层短语结构中共存：①

(7) a. …V O
　　 b. …O V

(8) a. I definitely love him.
　　 b. I definitely him hate.

然而上古汉语中 OV 和 VO 两种语序都是合法的，这就要求要么修改参数理论，要么以参数理论所允许的方式来诠释这一现象。

本文首先论证上古汉语中的这两种动宾倒置现象属于不同的句法结构，且现代汉语中的宾语前置与这两种结构在句法上也有很大的差异。上古汉语两种动宾倒置结构间的差异以及古今动宾倒置结构间的差异要求句法分析上采取不同的处理方式。其次，本文认为俞敏（1981）提出的残余说是解释上古汉语中存在动宾倒置现象的最好答案。文章最后指出：为回答上面提出的所有问题，我们必须考虑韵律的因素。

3. 上古汉语两种不同的 OV 结构

传统的汉语语法研究将上述两种 SOV 结构看作是动宾倒置中的

同一种现象。尽管已有研究发现,[wh V]结构中的疑问代词和动词之间不能插入任何成分(洪成玉、廖祖桂 1980,徐福汀 1980),但却没有指出特指疑问代词和充当宾语的代词究竟出现在什么句法位置上。本文认为,尽管两种 OV 结构的宾语都位于动词之前,但它们占据不同的句法位置。否定句中的代词宾语位于 VP 之外,而特指疑问代词作宾语只能处于 VP 之内。也就是说,在(9)中,X 是否定句代词宾语的标准位置,而 Y 是特指疑问句中疑问代词的位置:

(9)

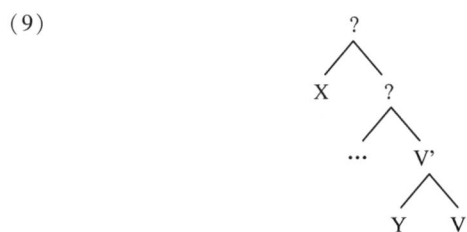

需要注意的是,如果句子的谓语只包含两个成分,即动词和代词宾语或动词和疑问代词宾语(线性序列为[X V]或[Y V]),那么我们无法区分处于动词前的 X 和 Y 所占据的位置。因为 X 和 Y 都是动词的宾语,而宾语都处在动词之前,因此 X 和 Y 的句法位置无法区别。为区分 X 和 Y 的不同句法位置,我们必须考虑两个因素:X 和 Y 的句法分布;X 和 Y 与其他句法成分共现时的句法分布。X 和 Y 句法位置存在差异的最好例证是 VP 内副词的位置。如下所示,副词常出现在[X V]之间,却很少出现在[Y V]之间。

3.1 否定句中代词宾语的句法位置

我们先来看一下[Neg Pro V]结构。根据先秦时期(200B.C.)的历史文献,至少有四种可能的句法结构:[Neg Pro V],[Neg Pro Adv V],[弗 V],[Neg Adv Pro V],如(10)所示:

(10) 类型一:[Neg Pro V]
    a. 无我怨。《书·多士》

b. 若不吾胜。《庄子·齐物论》

c. 不我活兮。《诗·击鼓》

类型二：[Neg Pro Adv V]

a. 越予冲人,不卬自恤②。《尚书·大诰》

b. 我未之前闻也。《礼记·檀弓上》

c. 莫之能御也。《孟子·梁惠王》

d. 未之敢忘。《左·僖28》

e. 福轻乎羽,莫之知载;福重乎地,莫之知避。《庄子·人间世》

类型三：[弗 V]

a. 虽有佳肴,弗食不知其味也。《礼记·学记》

类型四：[Neg Adv Pro V]

a. 自古及今,未尝之有也。《墨子·节葬下》

b. ……而未始吾非也③。《庄子·徐无鬼》

类型一中的代词出现在动词和否定成分之间。类型二中,动词和代词之间可插入副词,产生[Neg Pro Adv V]的表层语序。类型三中,代词(一般是"之")和否定成分("不")在语音上合并,形成合音形式"弗"(参看丁声树1993)。类型四中副词出现在否定成分和代词之间,产生表层语序[Neg Adv Pro V]。

类型一属于最简单的结构[Neg Pro V],这里没有足够的语法信息告诉我们代词是在 VP 之内还是 VP 之外。类型二则有充分的证据证明前置的代词宾语必定处于 VP 核心之外。根据 X′理论,补述语(X)在底层结构中必须是其中心语(Y)的姐妹节点。图示如下：

(11) a.
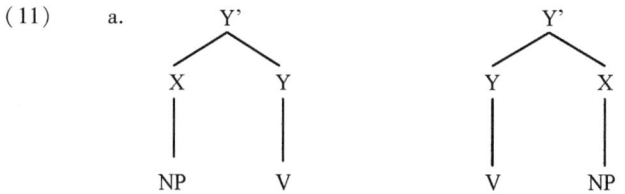

因为宾语是动词的域内论元,它必须处在为动词所直接支配的位

置。根据 X′理论和管辖理论中关于格位指派的邻接性条件,宾语必须占据紧靠动词的位置。中心语前置语言中 VP 的底层结构必然如(11b)所示,中心语后置语言则如(11a)所示。倘若如此,如果宾语不是中心语的姐妹节点,那么,这种结构必定不是基础生成(base-generated)的结构,而是句法运作的结果。因为上古汉语是 SVO 语言,因此(11b)很好地表达了它的底层结构;而且如类型二所示,前置的补足语(代词宾语)和 VP 中心语之间可以插入副词,由此我们可以推论:类型二是表层的派生结构。如(12)所示:

(12)

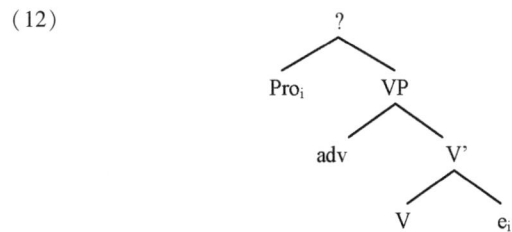

在这个结构中,代词宾语被上移到高于 V'中心语的位置,从而致使动词的姐妹节点为空。

下面讨论类型三。曾有学者认为"弗"是"不+之"的合音形式(参看丁声树 1993)。这样分析主要是基于"弗"后面只能出现省略宾语的及物动词,而"不"后只能跟带宾语的及物动词。从语义上看,带"弗"的句子中省略的宾语应当是"之"。如果说否定句中的代词宾语出现在动词之前,那么,"弗"必定是"不之"的合音。在主张"合音说"的学者当中 Huang(1988)认为根据[Neg Pro V]的线性序列可知,导致合音的是"之"的前附而非后附。

英语中同样存在 want+to>wanna 这样的前附式合音,但(13a)和(13b)形成了对立:

(13) a. I want+to(wanna) win the prize.

b. I want+to (* wanna) flagellate oneself in public to become standard practice in this monastery.

假如我们认为(13a)中省略的 to 在句法上与前面的动词黏合,那么我们就可以解释为什么(13b)中的 to 不能贴附——因为这里没有前附的归宿。问题是说话者何以知道线性序列[want to V]中的 to 什么时候应当与 want 发生句法贴附。正如 Aoun and Lightfoot(1984)和 Lightfoot(1991)指出, to 只在某些语境中发生贴附,对这一现象的解释取决于 to 的句法支配关系。换言之,只有被管辖的位置可以发生贴附。根据管辖理论,④ Aoun and Lightfoot(1984,46f)认为假如我们把 to 看作句中的屈折成分,(13b)中的 want 并不管辖 to。

(13b) want [[[[[PRO to flagellate...]$_S$]$_{S'}$]$_{NP}$ to become stand practice]$_S$]$_{S'}$

在这个例子当中,因为支配 to 的最大投射不同时支配 want,所以 to 不能贴附(也就是说,处于较高位置的 S' 和 NP 支配处于较低位置的从句),与之相反,(13a)中的 want 则管辖 to:

(13a) want[Comp [NP to$_{Infl}$ VP]$_S$]$_{S'}$

(13a) 中的 to 可以贴附,因为这里没有既统辖 Infl 又统辖 want 的最大投射。这种区别说明只有当 to 为 want 所管辖时它才能贴附到 want 之上。

假如以上关于英语前接词的分析正确且能反映普遍语法规则的话,那么,上古汉语中的否定成分在黏合环境中必然被分析为代词"之"的管辖者,而在典型的[中心语-补述语]结构中,代词宾语并未受到动词的管辖。假如这些也是正确的话,很自然可以推出动词前的代词宾语必然在动词辖域之外,即 V' 之外。反言之,它应当在否定词辖域之内。根据 Aoun(1985)的分析,贴附位置一般是非论元位置(A' 位置),结构如下:

(14)

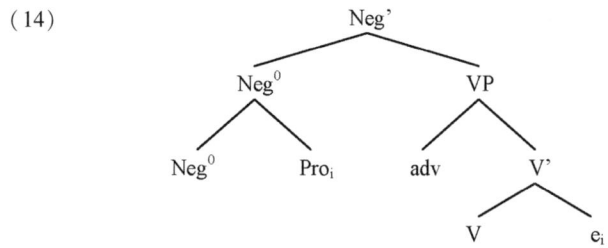

代词宾语在这个结构中与 Neg^0 结合,因此,类型三中的句子能够为代词宾语置于 VP 之外提供更多的证据。

显然,(14)的分析可以涵盖上述类型一、二、三,类型四因为代词与否定词没有邻接而略显复杂。因此本文认为副词"尝""始"分别与"未"组合成一个复杂中心语[未尝]$_{Neg}$、[未始]$_{Neg}$(相当于英语中源于 not-ever 的派生形式 never)[5]。那么,代词贴附在复杂中心语上,形成如下结构:

(15)

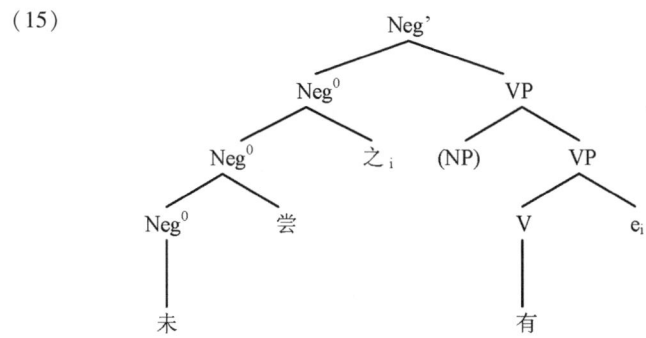

这样分析的证据在于,目前为止我们看到类型四的[Neg Adv Pro V]句都是由复杂核心[Neg+Adv]构成的[6]。若将类型四分析为复杂中心语,我们便可得知上古汉语中的代词宾语成系统地移到动词左边且贴附在 Neg' 中心语之上。

3.2 特指疑问句中宾语的句法位置

下面我们考察特指疑问句的宾语。正如很多语言学家所指出的那样,特指疑问句宾语和动词之间不能插入任何成分,例如:

(16) "疑问代词作动词或介词的宾语,总是紧置于动词或介词之前。这是一个规律性的现象。"(洪成玉　廖祖桂 1980)

"这些宾语虽前置,但它紧靠动词之前,没有拆开的。"(徐福汀 1980)

根据古汉语的邻接性条件及 SVO 语序,特指疑问句宾语的表层位置如下所示:

(17)
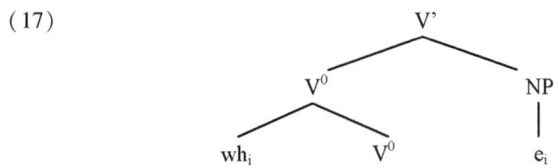

特指疑问句宾语移到 V^0 的左边,成为动词复合结构的一部分。移动的动因将在 4.3.1 中介绍。显然在这种结构下,移动的疑问代词宾语永远不可能与动词分离[⑦]。

很多书面材料可以证明特指疑问代词和动词具有不可分离性。考察《尚书》《论语》《孟子》《左传》《史记》等古典文献时,我们发现特指疑问句的宾语总是出现在动词前的位置上,如:

(18) a. 圣王有百,吾孰法焉?《荀子・非相》
　　 b. 寡人有子,未知其谁立焉。《左・闵二》

我们没有发现诸如(19)这样的例子:

(19) a. ＊汝何独知?
　　 b. ＊汝何知在?

有趣的是,"何"可以出现在如(19a)所示的位置,但这里的"何"大多充当附加语。这是因为"何"具有分析为补足语("什么""哪儿"等)或附加语("为什么""怎么"等)的歧义性。当疑问代词"何"与主要动词之间插入副词时,"何"必须理解为"为什么"或"怎么",而不是"什么"或"哪儿"。例如:

(20) a. 吾独何好焉?《左・昭十五》
　　 b. 何独弗欲?《左・襄二十八》

上面两例有着相同的副词"独",而(20a)中的"何"只能理解为"什么",(20b)中只能理解为"为什么"(参看何乐士1988)。这种限制进一步证实我们的假设:疑问代词必须与 V^0 邻接。充当修饰语的特指疑问代词如"为什么""怎么"在底层结构中可置于 VP 之外,因此不需要和动词相邻。

另一个例证来自汉语史上后来出现的词汇复合结构,如(21)所示:

(21) a. 何以知其然?《韩非子·备内十七》
　　　b. 女儿何以对这个大海龟如此感兴趣?(张抗抗《海龟》)

(21a)是一个典型的例子,表层结构"何以"理论上说来源于(17)中的句法运作。现代汉语里"何以"是一个独立的复合结构,意为"为什么",如(21b)所示。现代汉语中还有其他的类似复合结构如"何在"("哪儿"),"何为"("什么意思"),"何如"("怎么样")等[⑧]。正如 Huang(1984),Feng(1994)等很多学者所指出的那样,复合词是由短语固化形成的。因为"何以"已经成为复合词,"何""以"两个成分必须先形成一个最小短语。疑问代词宾语的句法移位导致复合词形成的事实表明,特指疑问代词移入的位置与动词构成一个直接成分。这样,疑问代词宾语就无法和动词分离,从而为疑问词和动词的固化以及形成复合词提供了必要条件(参看 Feng(1995))。

总而言之,所谓的动宾倒置之间的内部差异实际上是句法差异。上古汉语代词宾语的附加移位出现在 Neg' 之下,而特指疑问代词作宾语必须移位到 V' 之下。我们将在第四部分看到,这种句法差异将成系统地表现在语言的句法和韵律演变中。

3.3 古今宾语倒置

因为上古汉语的典型语序是 SVO,王力(1980)、俞敏(1981)等语言学家对一些例外的 SOV 结构作出了解释。他们认为这些 SOV 结构是远古汉语 SOV 到上古汉语 SVO 语序演变的残留。本文采用"残余说"是因为裘锡圭(1979)指出:商代甲骨文(公元前14—公元前11世纪)和西周金文(约公元前11世纪)中出现的代词"是"都出现在动词前,并不要求否定的语境。例如:

(22) a. 子孙是保。《陈逆簠》
　　 b. 是用寿老。《毛公鼎》

其次,上古汉语早期还有倒置的 NP-P 结构:

(23) 野于饮食。《墨子·非乐上》

基于上述事实,我认为"残余说"能够较好地解释这批 SOV 现象,因此也就得出远古汉语是 SOV 语言的结论。
　　然而,古代汉语和现代汉语都有动宾倒置现象,它们是相同的吗?当然,古今汉语中有一些倒置是相同的,例如("AC"代表上古汉语,"MnC"代表现代汉语):

(24) a. AC:其子而食之,且谁不食?《韩非子·说林上》
　　　　 MnC:请你告诉我,我们**哪儿**不可以去?
　　 b. AC:将何能保?《左·文十五》
　　　　 MnC:在你看来,我们**谁/什么样的人**可以保护呢?

(24a)显示,古今汉语的特指疑问代词都能出现在否定词"不"之前;(24b)说明古今汉语的特指疑问代词都可以直接放在助动词之前,但请看(25):

(25) AC:a. 吾谁欺?《论语·子罕》
　　　 MnC:a. *我**谁**欺骗?
　　　　　　 b. *请你告诉我,我们**哪儿**去?
　　　　　　 c. *在你看来,我们**谁**保护呢?

(25)表明[wh V]结构只存在于古代汉语中,现代汉语中没有。鉴于(24)和(25)的对立,本文认为这是两种不同的句法结构,否则我们无法解释为什么(25)中的句子在古代汉语中可以成立而现代汉语却不能接受。(24)和(25)的结构差异在于移位后是否在(最低的)VP 辖域之内:如果如(24)所示疑问词前置在 VP 辖域之外,那么古今汉语中都是成立的;如果如(25)所示它前移到 V'之下,则只能在古代汉语中成立。问题是为什么现代汉语中的特指疑问词只能出现在 VP 之外而非 VP 之内,以及古代汉语的疑问代词是如何移到 V'下的动词之前的。事实上,宾语前置到 VP 之外的位置在现代(以及古代)汉语中是一种常见的句法操作。例如,宾语的主题化(即移位到 VP 之前)在汉语史上是很普遍的(参看6(b))。然而,现代汉语 V'之下绝不允许这种主题化。因此,(25)中的句子必然是由一种区别于(24)的独立的句法运作生成的。我们将在文章第四部分看到,古汉语中(25)的生成是韵律促发的结果。这种运作以及否定句中的代词宾语前置在现代汉语中都消失了。如果这两种运作在现代汉语中完全丢失了的话,那么从句法上来说,(24)中给出现代汉语 SOV 结构与(25)中上古汉语的结构是完全不同的。

  本文同意"残余说"并认为远古汉语是 SOV 语言。然而,在上古汉语中,尽管 OV 是 SOV 语言的残留形式,然而,早期上古汉语的 SVO 系统必将阻止这种残留形式保留其 OV 底层结构。"残余说"就这点而言是对的,即 OV 曾是一种底层语序,因此早期上古汉语的 OV 语序反映了远古汉语的早期语法。然而,当语言的底层语序从 SOV 变为 SVO 时,残留的 OV 结构需要在新的 SVO 语言系统里重新分析⑨。也就是说,为了保留旧的 OV 结构,该语言必须提供一种为新的 SVO 语法所允许的解释,旧的 OV 形式必定被认为是新语法中新的句法运作的结果。因此,尽管上古汉语中存在 OV 结构,它们却并非底层结构。由此可知,所有的 [Neg Pro V] 和 [wh V] 结构都是由底层的 SVO 结构派生的。

  基于上述分析可以得出,当语序发生变化,该语言有两种选择:一、新形式取代旧形式;二、保留旧形式但提供一种新的分析方法。这可以从罗曼语的历史发展中得到跨语言的证据。众所周知,拉丁语是 SOV 语言,而从拉丁语发展而来的法语是 SVO 语言。然而我们发现现代法语中的代词宾语可以出现在动词之前。意大利语、西班牙语亦是如此。显然,现代罗曼语中的前置宾语是 SOV 到 SVO 演变的残留,而且现代语言中的 OV 语序必须在 SVO 语言系统中得到重新分析。与罗曼语言相似,上古汉语中残留的[Neg Pro V]形式为远古汉语是 SOV 语言提供了(间接)证据。然而,我们并不会因为现代法语保留了某些 OV 结构就说它是 SOV 语言,古汉语同样如此,残留的 OV 形式不会导致我们将这种语言的底层结构归为 SOV。这也表明,只要该语言系统能够提供一种新的分析,[Neg Pro V]形式就可以存在。因为[Neg Pro V]曾合音为"弗"("不+之"),新的语言系统不能简单地把"弗"置于动词之后:[弗 V]>*[V 弗],因此必须寻求对[弗 V]和[Neg Pro V]的重新分析。因此,[Neg Pro V]的贴附移位过程是为了保留原有语序而重新分析的结果。同理,正如我们下面将看到的那样,[wh V]通过焦点移位也保留了下来。最终,[Neg Pro V]和[wh V]都通过 SVO 系统所允许的移位得到了解释。

4. 句法演变和重音转化

由上可知,除了"残余说"提供的证据之外,动词前疑问宾语的存在以及代词宾语向否定成分的贴附式移位都可以为远古汉语是 SOV 语这一假设提供独立证据。倘若如此,动词前的宾语便是早期语言的残留。然而,"残余说"没有解释:为什么语言从 SOV 演变为 SVO 时只有[Neg Pro V]和[wh V]两种结构保留下来?什么句法运作允许它们和正常的 SVO 语序共存。而且正如文献所示,这一假设也没有回答为什么宾语后置的先后顺序如下(">"代表"早于"):

(26) 名词短语>代名词>否定代词>特指疑问代词

很显然,"残余说"没有回答决定演变顺序的因素,但是先变和后变必定是有原因的。这里,本文提出关于[Neg Pro V]和[wh V]的两种不同的句法运作,并指出是韵律决定着宾语后置的演变顺序。

4.1 语序变化和重音转化

首先,本文将采用 Liberman 和 Prince(1977)提出的"核心重音原则"(Nuclear Stress Rule,简称 NSR),并指出这一原则可以作为 SVO 语言重音指派的普遍原则。

(27) 核心重音原则(Liberman and Prince(1977))
对于[$_c$ A B$_c$]结构而言:
如果 C 是短语范畴,则 B 重。

比较 SVO 语和 SOV 语,我们可以总结出一条更具普遍性的原则(上述成分在此置于箭头右边,代表重音指派的目标):

(28) 普通重音原则(Normal Stress Principle,简称 NSP)
VP→{v,YP}

根据补述语-中心语方向参数在不同语言中的不同取值,上述公式将为 SVO 语和 SOV 语生成合法的韵律结构,如下所示(可参看 Duanmu(1991)和 Cinque(1993)):

(29) 中心语前置　VP→v XP（英语、汉语）
　　 中心语后置　VP→XP v（德语、日语）

显而易见,根据普通重音原则,如果远古汉语是 SOV 语言,普通重音落在动词左边。若汉语从 SOV 语言演变为 SVO 语言,重音也会从动词左边移到动词右边。因此,SOV 语到 SVO 语的句法演变过程伴随着重音的演变。

如果承认语序演变伴随着重音位置的转移,名词短语和代词在演变中呈现不同情况就不足为怪了:代词在韵律上比名词要轻。

4.2 代词宾语

4.2.1 来自轻读代词的例证

下面的合音现象说明代词在古汉语中属于韵律轻读成分。

（30）于是>焉
　　　之乎>诸
　　　不之>弗

上古汉语"焉"是介词与代词的合音、"诸"是"之乎"的合音，这一点已为学界普遍接受（Kennedy 1940，王力 1980 等）。除此之外，正如前文所述，"弗"是"不之"的合音。从语音上来说，"是""之"为了和其他成分黏合，它们必须经过语音简化。因此，与现代汉语一样，合音结构中的代词在上古汉语中必须是韵律轻读成分。

（31）心乎**爱**矣　《诗·小雅·隰桑》
　　　遐不**谓**矣
　　　心中**藏**之
　　　何日**忘**之

前两句的重音在"爱"和"谓"上⑩，后两句的重音在"藏"和"忘"上。可见重音并不落在语气词"矣"和代词"之"上。这表明代词和语气词一样是轻读成分，因此在诗歌中不能承担重音（故意押"之"者例外）。

4.2.2 代词宾语后置的演变顺序

假如上古汉语中的代词是轻读成分，那么，汉语从 SOV 转变到 SVO 时代词的后置就要比名词短语晚一些。这是因为，与代词相比，只有名词短语可以在非对比句中承担重音。假如重音移到动词右边，名词短语（而非代词）会出现在动词之后以满足韵律要求。换言之，韵律结构的"右重"原则要求携带重音者出现在新的重音位置上。因为名词短语（而非代词）是重音携带者，因此在韵律促发之下所有充当宾语的名词短语都置于动词之后，而代词与这一句法演变无关。这就解释了在早期上古汉语中，为什么名词短语移到动词右边，而代词仍保留在动词之前。

然而为什么否定句中的代词宾语后置晚于肯定句呢？贴附运作可以解释这一现象：代词宾语通过贴附式移位与否定成分黏合，如下所示

('cl'代表贴附位置):

(32)

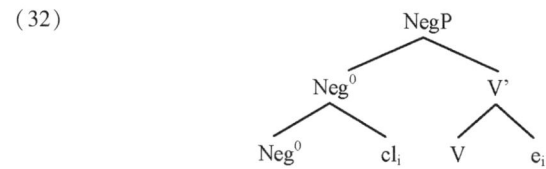

在 SVO 演变发生之前,否定句中的代词宾语贴附移位(clitic movement)是一种常见的句法运作。这样一来,否定句中代词宾语的后置晚于肯定句也就合情合理了。

4.3 充当宾语的特指疑问代词

现在我们来看疑问代词宾语。这里要讨论的问题是特指疑问代词为什么移到动词左边,为什么疑问代词在动词之前的时间长于代词宾语([wh V]结构一直保留到汉代)。对于第一个问题,我认为动词前的疑问代词宾语源于焦点移位[11]。而正如我下面将要提及的那样,动词前特指疑问词保留时间长于代词宾语归因于[wh V]本身的韵律结构。

4.3.1 特指疑问词——焦点

Rochemont(1986)认为,焦点可以细分为以下四个范畴:以"仅仅""甚至"等为标记的词汇焦点(lexical focus);像"是**约翰**喜欢语言学"这样的结构焦点(structural focal construction)(粗体字代表焦点重音);广域焦点(wide scope focus)如(33b)所示:

(33) a: 怎么回事?
　　　b: 约翰给了他一本书。

最后是狭域焦点(narrow scope focus),如(34)和(35)所示:

(34) a: 谁买了那本书?
　　　b: **教授**买了那本书。
(35) a: 教授给了谁那本书?

b：教授把那本书给了**玛丽**。

Rochemont(1986)、Ladd(1980)认为问答句的焦点不同于其他焦点结构。正如 Rochemont(1986)指出的那样：问句中的特指疑问词经常充当焦点，因此答句中与疑问词对应的成分自然也就成为焦点。例如：

(36) a：你喜欢谁？
　　a'：我喜欢**张三**。
　　b：谁喜欢他？
　　b'：**张三**喜欢他。

问答句中焦点的性质不同于其他焦点类型，尤其不同于一般陈述句中的广域焦点。

如果说问答句是一种特殊的焦点结构，那么根据话语分析疑问代词宾语的左移可以看作是一种焦点移位，如下所示：

(37)
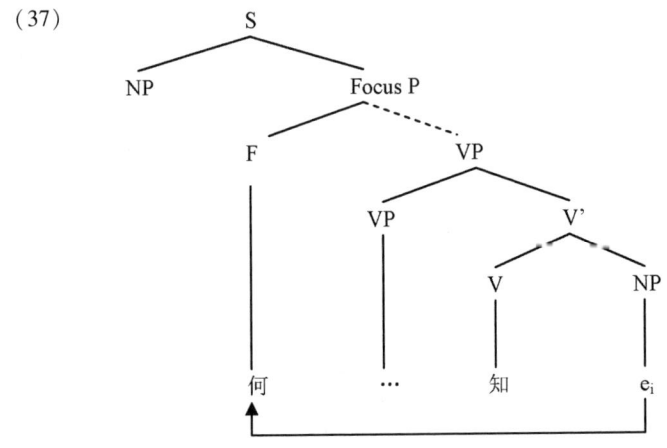

Focus P 位于 VP 左侧、代表焦点位置上的焦点短语，疑问词为实现焦点功能而移到那个位置上。

4.3.2 特指疑问词——附着性成分

如上所示,特指疑问词绝不能与动词分离。为了从结构上看清它的句法性质,本文提出疑问词宾语必须在 V' 之下与 V 相连。

(38)

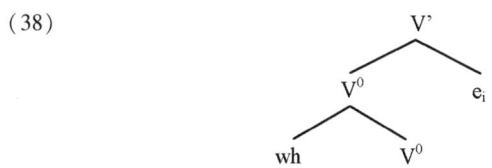

正如前面假定的那样,如果 [wh V] 是焦点移位功能促发的结果,且如例 3.2 所证实的那样疑问代词宾语必须出现在 V' 内部,那么,关于疑问代词宾语句法运作的自然结论应当是:疑问代词宾语首先移动到 VP 之上的焦点位置,然后贴附在动词之上,如下所示:

(39)

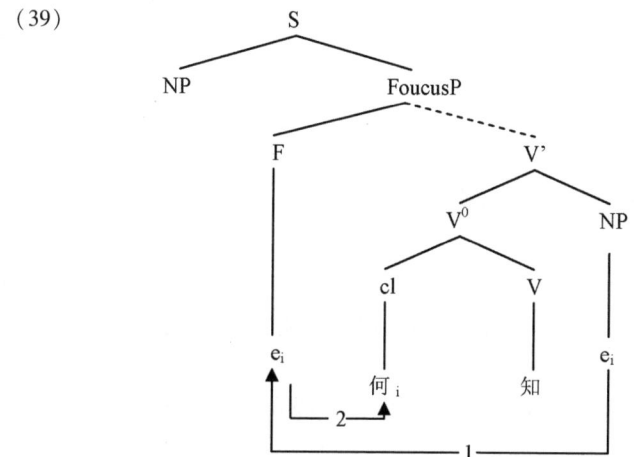

V^0 之下疑问代词宾语位置可分析为附着位,[wh V] 组成一个[附着语+V]的复杂动词。倘若如此,假如 VP 包含不止一个动词(如 [Aux V]$_{VP}$、[Neg V]$_{VP}$、[Neg Aux V]$_{VP}$ 等),那么就不可能发生疑问词和动词的贴附。只有当 VP 是单个动词时才会发生疑问词的贴附。[12]虽然移位必须具备独立的动因,但句法上没有理由阻止这种贴附移位。

事实上,疑问词之所以要贴附在动词之上,可能有两种原因。首先,正如4.2.4中所示,古代汉语中的疑问词是韵律上的轻读成分。其次,韵律上的音步构成要求两个单音节组合为一个双音节单位(同样参看4.2.4)。换言之,因为古汉语疑问词和动词均为单音节,当疑问词与动词邻接时便被迫在句末形成一个双音节音步。而且,由于疑问词是轻读成分,动词在韵律上占据较重的位置(句子中最右边的成分),因此疑问词在音步内部贴附到韵律核心上也是很自然的。既然如此,贴附就是不可避免的,因为在同一个重音范域之内,轻读成分总是贴附在凸现成分之上。因此,即使充当宾语的疑问词通过焦点移位移到VP上面的焦点位置,它们仍然必须贴附到动词之上,组成一个"贴附成分+动词"的复杂形式。

如果是这样的话,[wh V]的不可分割性便是韵律促发的疑问词宾语向动词贴附的结果。这样分析意味着:假如没有韵律的促发作用(如单音节疑问词宾语和单音节动词邻接),贴附就没有动因。如果没有贴附移位,疑问宾语则仍处于VP之外的焦点位置。事实正是如此,例证如下:[13]

(40) a. 且谁不食?《韩非子·说林上》
  b. 将何能保?《左传·文公十五年》

因为否定词或助动词能够与动词构成一个独立音步,所以不会要求疑问词向动词贴附。因此,疑问宾语可贴附到别的成分上。正如3.3论证的那样,(40)中的[wh Aux/Neg V]与[wh V]的结构完全不同。根据(39)所示结构图和注释(12),以及疑问宾语向动词贴附的韵律动因,[wh Aux/Neg V]与[wh V]的区别可以表述如下:古代汉语中这两种结构都源于焦点移位。所有的疑问宾语都移到VP左边的焦点位置上。如果否定词或助动词阻止了疑问宾语向动词的贴附,那么就会出现(40)那样的例句。反之,如果疑问宾语和动词邻接,则一定会发生贴附,产生[wh V]结构。据此,[wh Aux/Neg V]与[wh V]的区别归于韵律因素:即贴附与否一决于韵律,同时也说明[wh V]结构在古汉语中是非法的,现代汉语中亦是如此。古汉语中所谓的[wh V]结构实际上是疑问宾语向动词贴附后形成的复杂结构。

这种分析进而说明,尽管疑问词是焦点成分,但焦点成分并不一定就承载重音。在像英语这样的语言中,疑问焦点并不承担重音,如:

(41) What do you KNOW?

疑问词'what'并不携带疑问焦点重音。英语中的例子为古汉语中的非重音疑问词分析提供了证据。值得注意的是,疑问词不携带重音,焦点重音落在动词上,如(41)所示。古汉语中的特指疑问句可能也是如此。古代汉语中疑问词虽然是焦点成分,但作为轻读成分它们并不携带重音。因此跟英语一样,古汉语这种结构的重音并非落在疑问代词上,而是由动词承担。然而,单音节形式(这里指单音节动词)本身不能实现重音[参看冯(1995)],因此疑问词并入动词,这样焦点凸显可以在[Clitic+V]的复杂结构(如形成双音节单位的[wh V])上得到实现。这也说明疑问词向动词的贴附源于动词实现焦点重音的需求。

然而,为什么汉代以后以至于现代汉语不再允许这种贴附?原因可能是:语序由[wh V]变为[V wh]以后疑问词重读,而贴附不适用于重读成分。也就是说,正如英语那样,语序由[wh V]变为[V wh]之前疑问词轻读[参看(41)],而跟现代汉语一样,次序改变以后疑问词成为重读成分[参看(36)]。双音节疑问词仅见于[wh V]向[V wh]转变的过程中,这足以说明疑问词的韵律性质发生了变化(参看4.4.3):即只有在变化完成之后才出现韵律上较重的疑问成分。而且,在新结构[V wh]中,为了满足(28)中所述的核心重音原则,疑问词必须承担重音。从(36)也可看出:现代汉语中的疑问宾语无论音节单双往往都承担重音。[⑬]如果一种语言中的疑问词变为(词汇性)重读成分,那么就不会发生贴附了。如果[wh V]结构中不再允许疑问宾语贴附到动词之上,那么[wh V]结构就是非法的,因为语言中不允许生成[wh V]这样的表层结构。如果是这样的话,贴附消失后,疑问词宾语必须置于VP之外。因此,动词前的否定词或助动词应运而生,正如我们在汉语普通话中看到的那样:

(42) a. *告诉我,我们哪儿去?
　　 b. 告诉我,我们到底哪儿不能去?
　　 c. 告诉我,我们究竟哪些地方可以去?

在(42a)中,句末 VP 由[wh V]结构组成,因此必然不合法。在(42b-c)中,因为疑问词宾语置于最低的 VP 之外,因此它们都合乎语法。

4.3.3 焦点移位的语法证据

关于疑问词宾语的左向焦点移位分析,可以从其他焦点移位中相似的句法运作如双音式贴附中找到证据,如下所示:

(43) a. 惟余马首是瞻。《左传·襄公十四年》
　　 b. 将惟命是听。《左传·昭公十二年》

上述句子都是 SOV 结构的残留形式,过去一直被看作是结构焦点句式。我们应当根据双音式贴附分析这些句子的结构,如下所示:

(44)

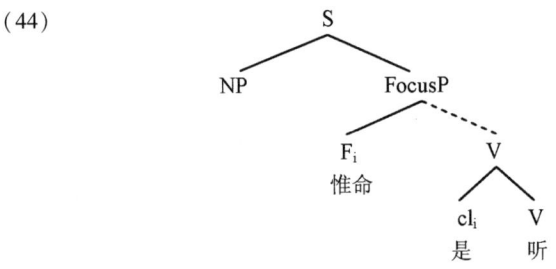

注意,这两个成分同指且出现在动词左边。这两个同指成分给句法分析带来了巨大的困难:"余马首"和"是"占据两个句法位置,但同时充当动词的补足语。⑮我认为同西班牙语一样,"两个位置充当同一补足语"的特殊情况可以通过双音式贴附来解释。⑯也就是说,"余马首"占据焦点位置而"是"贴附在动词上。显然,正是双音式贴附运作允许代词"是"与名词短语"余马首"同指,且代词和名词短语同时充当动词的补述语。除此之外,焦点位置使得名词短语"余马首"合法出现在动词左边。如果分析正确的话,(44)中的结构便为我们的假设提供了有力的证据,即动词左边一定存在焦点位置,同时也印证了我们之前的假设,即动词前弱读宾语(如代词)一定会与动词发生贴附。(44)的分析与其他语言中双音式贴附的解释也是一致的,否则代词宾语"是"就没有相应的句法位置。

下面的疑问焦点移位将为我们的分析提供更多证据:

(45) 宋何罪之有?《墨子·公输》

这里,疑问短语"何罪"仍然占据焦点位置,因为重读形式(如双音节疑问短语"何罪")不能与动词发生贴附。相反,弱读形式"之"贴附到动词之上以填补动词左边的韵律上较轻的位置。⑰(45)和(44)的结构是平行的,且(45)表明疑问焦点移位也可导致双音式贴附结构。

根据上述分析,我们自然可以假设:像轻读的代词这样的单音节疑问宾语,如(44)所示同样可以贴附到动词之上,因为存在一个合法的贴附位置。现在只有一个问题仍需回答,即疑问词是否属于轻读形式。下一小节我们将讨论这个问题。

4.3.4 疑问词是轻读形式的韵律证据

古汉语中有很多证据证明疑问词属于韵律上的轻读形式。首先,如上所述,根据 NSP(复述如下),SOV 语的韵律重心在动词左边,而 SVO 语在动词右边:

(28) 普通重音原则(NSP)
  VP→{v,YP}

如果该语言从 SOV 语转变为 SVO 语重建后的句子的韵律重心必然落在动词右边。既然早期上古汉语源于远古汉语的 SOV 语言,句中的韵律较重位置必然也会转移到动词右边。因此,如果句子以动词结尾,那么它必须承担韵律重心,同时疑问词必须处于韵律上较轻的位置。

其次,假如语言遵循右重的韵律原则,则句末的[wh V]成分必须处于[轻 重]关系之中。反之,如果[wh V]形式在动词左边确实属于韵律较轻成分的话,那么在 SVO 的新韵律要求下 OV 语序也可以存在。下面的例子表明出现在动词左边的疑问词的确是轻读成分。

(46)

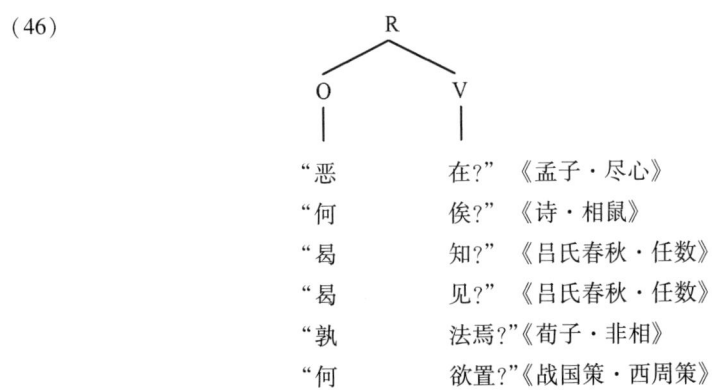

"恶　　　在?"《孟子·尽心》
"何　　　俟?"《诗·相鼠》
"曷　　　知?"《吕氏春秋·任数》
"曷　　　见?"《吕氏春秋·任数》
"孰　　　法焉?"《荀子·非相》
"何　　　欲置?"《战国策·西周策》

这些例子说明在[wh V]结构中的疑问词往往是单音节形式,而动词可单可双(如最后一例的"助动词+动词")。换言之,疑问词(或疑问短语)的音节形式不能长于动词[如下(47)所示]。这一事实说明这里的疑问词在韵律上轻于动词。因此,这符合 SVO 语言新的韵律要求,即重音必须落在句末。

这一假设可以通过分析下例得到印证:

(47) *宋何罪有?

(47)显示,古汉语中不存在[wh N]宾语("何罪")带单音节动词("有")这样的结构,除非(i)动词与其他成分组成如(48a)所示的[wh N Pro V]结构;或者(ii)如(48b)所示动词包含双音节短语。否则[wh N]必须出现在动词右边,形成如(48c)所示的[V[wh N]]句型。例如:

(48) a. [wh N Pro V]
    宋何罪之有?《墨子·公输》
    b. [wh N Aux/Neg V]⑱

何事能治?《国语·晋语一》
何城不克?《左传·僖公四年》
c. [V wh N]
有何旧怨?《国语晋语·韦昭注》

可见,早期文献中或以代词"之"填补韵律上的薄弱位置,抑或助动词与动词共现而形成双音节动词单位,再或将疑问成分置于动词右边(后汉以后)。韵律结构＊[何罪有]的非法性表明较重的韵律形式绝不允许出现在动词左边。也就是说,出现在动词左边的都是韵律上较弱的成分。正因为上古汉语中只有单音疑问词可置于动词左边,因此它们都应当视为韵律较弱成分。

再次,如(48c)所示,在疑问词后置的早期阶段,(相比单音疑问词而言)较重的疑问宾语首先出现在动词后的位置上。正如魏培泉(1990)指出的那样,这种现象出现在汉代早期,如下(49)所示:

(49) 今欲返国,由何道也?《康僧会152:6》

根据魏培泉(1990),先秦时期(公元前200年左右)"由"是动词,意为"跟随""走""去",尤指"道路上的移动"。因此,我们可以说"何由"就是"走哪条路","由何道"从语义上来说是冗余的。问题是为什么出现在动词之后时,"何"要添加一个羡余成分组成"何道"?因为"何道"是双音节(韵律)较重形式,因此它最适合置于动词之后。双音节疑问短语出现在动词右边还说明上古汉语中的单音节疑问词是韵律上的较弱形式(上古汉语中所有的疑问词都是单音节形式)。因此,在[wh V]到[V wh]语序历史演变的初期,疑问词还不出现在动词右边韵律较重的位置上。据此,我们得到下列对比结构:

(50) a.   b.

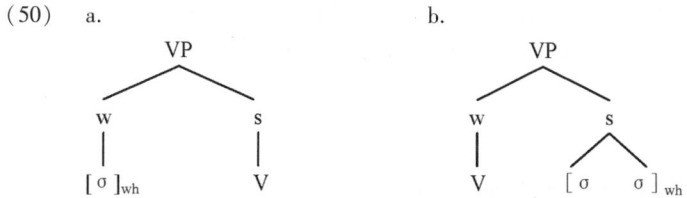

动词右边的位置是韵律较重位置,而动词左边是较轻位置。单音节疑问词仍然留在动词左边,演变早期只允许双音节形式移到动词右边。

第四,关于上古汉语中"盍"为"何不"之合音已经达成共识。例如:

(51) 盍各言尔志?《论语·公冶长》

从语音上来说,疑问词"何"和否定词"不"在合音之前必须经历语音简化过程。显然,疑问词"何"以合音形式出现的事实有力支持了我们关于上古汉语中疑问词为韵律较弱成分的假设。

最后,汉末以后发展的"何物"等双音节疑问词也证明上古汉语的疑问词是韵律较轻形式(参看 4.4.3)。换言之,只有当语言的主要语序从[wh V]转变为[V wh]之后,才出现韵律上较重的疑问词。这也说明在语序从[wh V]转变为[V wh]以前,语言中没有韵律较强的疑问形式。

根据上述论证,可以得知上古汉语中所有的疑问词都是韵律较弱形式。倘若事实如此,疑问词与动词的贴附也就不足为奇了。

4.3.5 [wh V]结构的稳定性

根据上述韵律分析可以得知,为什么在 SOV 到 SVO 的语序演变过程中[wh V]比[Neg Pro V]结构更稳定。我们已经看到,上古汉语疑问词都是单音节形式,汉代之前都没有韵律较重(双音节)的疑问形式。如(46)所示,上古汉语中疑问宾语与动词的合并往往导致双音节单位出现。程湘清(1982,1985),魏培泉(1990),Feng(1994)也指出,春秋末期(约公元前 500 年)双音节开始出现并发挥重要作用,汉代(公元前 206 年)双音节音步正式形成。据此,双音节的[wh V]组合在新的韵律系统下会被分析为一个典型的韵律词。例(21)为这一分析提供了证据,这里复述如(52):

(52) a. 何以知其然?《韩非子·备内 17》

b.（汝）何为为我擒?《史记·淮阴侯列传》

"何以""何为"最初都是(通过焦点移位)由两个词组成的短语,但在(52)中(通过习语化,参看 Feng1995)它们被用作双音节单位[19]。如果说单音节疑问形式是韵律较轻成分,而如(53)所示音步建立规则(FFR)的韵律要求使得[wh V]结构总是双音节单位充当,那么这些疑问词为了形成一个独立音步必然向动词贴附,进而导致韵律词[20]的形成以及[wh V]复合结构的产生,如(21b)所示:

(53) 汉语中的音步构成规则(Foot Formation Rule,简称 FFR)

一个标准音步必须至少由两个音节组成。

假如[wh V]被重新分析为韵律词,那么新的韵律形态系统就会保护这一结构的稳定性。这种分析也说明,只有当语言中新的韵律因素发挥了作用(即双音节疑问词),[wh V]向[V wh]的语序演变才会发生。我们将在 4.4.3 中论及这一点。倘若事实如此,我们不但可以解释为什么[wh V]结构比[Neg-Pro V]结构更稳定,而且还可以预测[wh V]向[V wh]的语序演变是出于韵律的要求。

4.4 事实推论及理论启示

除上面提到的韵律分析之外,我们还发现其他与韵律有关的句法现象。如下所述,这样的理论不但可以解释[wh V]到[V wh]的语序演变,而且可以说明一些相关的其他句法现象。

4.4.1 *[[wh N] V]的非法性

根据上述理论,(47)中的 *[[wh N] V]结构的非法性在于不合韵律结构。然而如(39)所示,我们会问为什么双音节疑问短语不能处于焦点位置。也就是说,为什么没有贴附的 *[[wh N] V]结构是非法的?

(54)

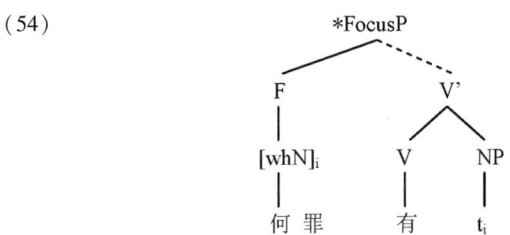

如4.3.2所示,疑问形式不携带重音,疑问焦点重音必须落在动词上。据此,下列结构中的单音节词"有"的韵律分量较轻而无法实现疑问焦点的凸显,因此(47)中的结构无法存在(无关节点从略):

(55)

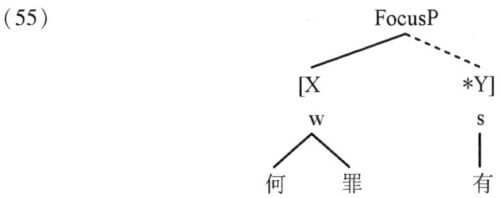

也就是说,在[X Y]$_{VP}$的重音范围内,X 包含一个分枝节点而 Y 只包含一个非分枝节点。据 Zec & Inkelas(1990:373),分枝结构属于韵律较重成分,因此 X 必定重于 Y,结果即 Y 无法实现句末重音。

为什么重音不能从 Y 节点移到 X 上呢? 原因在于 SOV 到 SVO 的语序演变要求重音必须落在句末。如果我们考察一下远古汉语 SOV 和上古汉语 SVO 两种语序下中心语和补述语、中心语和附加语两种句法结构,其变化主要就在于 OV 向 VO 的转变。远古汉语[S Adv O (Adv) V]和上古汉语[S Adv V O]中主语和副词的位置都是一致的,因此,OV 结构(如[wh V])在早期上古汉语中必须合乎新的韵律要求,因为左重的[O V]结构是 SOV 语言的典型韵律系统。所以,SVO 语中的[O V]结构是基础生成还是派生并不重要:SVO 语根本不允许左重型的[O V]语序。这也许就是古代汉语以及现代汉语中严格限制 VO 和 OV 结构必须右重的原因所在。

据上所述,"何由"一定是合法形式。因为"何由"在最后的(VO

结构)短语中形成一个独立音步,句末重音可以指派给右端成分"由",如(56)所示:

(56)
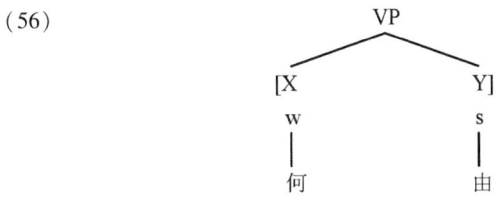

(57)中的"有何罪"也是合法的,因为"何罪"是最后一个(名词)短语,这两个词形成一个独立音步且重音落在最右端的成分上,由此满足了(28)中提及的核心重音原则:

(57)
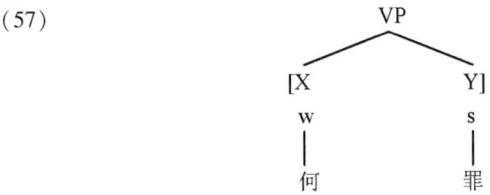

同理,(46)中最后一例"何欲置"也是合法的,因为句末重音落在由助动词"欲"和动词"置"组成的双音节音步的最后一个成分上,如(58)所示:

(58)
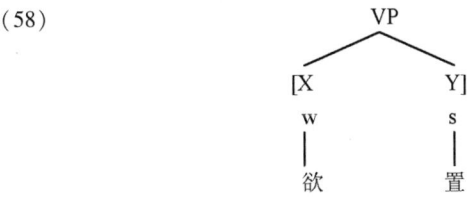

根据语境,韵律上较轻的疑问词"何"既可以贴附在动词性音步之上组成一个三音节的超音步"何欲置",也可以向前贴附。所有上述例子表明,只要最后一个音步(动词中心语)是右重的,句子就是合法的。

据此,我们可以推测:(48b)中的"何事能治"和"何城不克"一定也是合法的,因为[Aux V]和[Neg V]都如同(58)中的"欲置"一样分别形成了音步,而且双音节短语"何事""何城"形成了独立音步。如上所示,这几例都是合法的,与我们的推论完全一致。

4.4.2 [wh N Pro V]和[wei N Pro V]结构

接下来我们讨论为什么(43)、(45)中的结构是合法的,这里重述为(59a-b)。

(59) a. 将惟命是听。《左传·昭公十二年》
　　 b. 宋何罪之有?《墨子·公输》

因为代词与动词贴附,"之有""是听"分别形成句末的贴附性动词复合结构,且"何罪""惟命"分别与代词"之""是"同指,因此句子合法。可见,"之有""是听"分别在一个音步里满足了重音的实现。结果如(60)所示:

(60)

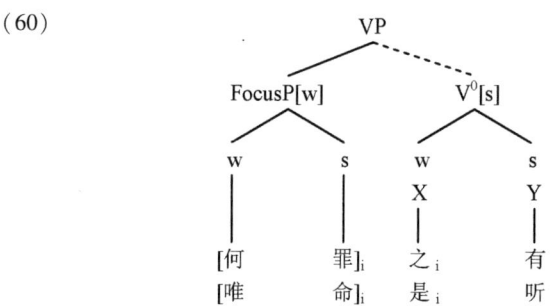

因为重音可以在动词上得以实现("之有"中的"有"和"是听"中的"听"),这两种结构都是合法的。

根据上述理论,(60)中的代词"之"是一个音步填充成分,用以使句末重音落在动词之上。因此,如果动词由一个双音节单位组成,就没有必要使用"之"。然而,我们发现了"之"与双音节动词共现的例子,如(61)所示:[21]

（61）a. 何俗之不可变？《战国策·赵策》
　　　b. 其何土之能得？《左传·庄公三十一年》

（61a）中，否定词、助动词与动词邻接，形成三音节音步；（61b）中，助动词与主要动词组成双音节音步，然而"之"仍然存在。这两例中"之"的作用是什么？本文认为，尽管所有的[wh N Pro… V]句型都存在双音贴附现象，但"之"在[wh N Pro V]和[wh N Pro Neg/Aux V]两种结构中的作用是不同的。在[wh N Pro V]结构中，"之"作为音步凑足者，其首要职责是填充韵律较弱位置（如[__ V]）以帮助动词实现重音。这就是[wh N Pro V]结构中"之"和"是"必须存在的原因，如（55）、（60）中的对比例证所示。而在[wh N 之 Neg/Aux V]结构中，[__ V]的位置由其他成分填充，因此"之"只发挥停顿填充的作用㉒。这是因为（61）中的疑问短语因否定词和助动词而被迫置于VP之外，而且疑问短语和VP之间可以有停顿。众所周知，汉语中VP和其左边成分之间可以有停顿。因此，在[wh N]$_{NP}$和[Neg Aux V]$_{VP}$之间，"之"发挥填充词的作用。又因为不同句法环境、不同语速下的停顿既可以被填充又可以空缺，所以如果"之"在[wh Neg/Aux V]结构中具有可选择性，那么这一分析就可以得到证明。正如我们将在（61）和（48b）的对比中所见，上古汉语中的语言事实的确如此，如（62）所示：

（62）a. 何事[__]能治？《国语·晋语一》
　　　b. 其何土之能得？《左传·庄公三十一年》

根据代词"之"作为音步填充词和停顿填充词两种不同的韵律功能，上述理论从句法上预测了"之"在不同句法环境下的必要性和选择性用法。

正如我们找不到*[[何罪]有]这种结构一样，*[[惟命]听]也是非法的。对这两个结构非法性的预测将进一步证明上述分析的正确性。㉓请注意，无论句法上还是语义上，如果"何有"是合法的，"何罪有"就没有理由不合法。两者之间唯一的区别是韵律结构。

4.4.3 双音节疑问词的发展

由上可知,双音节疑问词不能出现在动词左边,而且光杆动词出现在双音节疑问短语左边属于非法的韵律结构。也就是说,双音节形式只能出现在下述三种结构中:

(63) ⅰ.[wh N Pro V]
　　 ⅱ.[wh N Neg/Aux V]
　　 ⅲ.[V wh N]

然而随着语序由 SOV 演变为 SVO,以及重音从动词左边转移到动词右边,双音节疑问短语也倾向于出现在动词右边,例如:

(64) 有何旧怨?《国语晋语·韦昭注》

正如魏培泉(1990)指出的那样,直到汉代单音节疑问词仍然保留在动词之前,当疑问宾语开始出现在动词之后时,双音节疑问形式便大量出现。这一点可以从(49)中看到,这里重述如(65):

(65) 今欲返国,由何道也?《康僧会 152:6》

该例表明,当单音节疑问词("何")出现在动词右边时,为了增强单音节较轻形式的韵律重量,必须使用一个语义冗余成分("道"),这进一步说明,在[wh V]结构向[V wh]转变的过程中,新的重音位置要求较重形式。据此分析,我们提出[wh V]结构向[V wh]的转变是处于动词后要求较重疑问形式即双音节形式的促发。

那么像[wh N]这样的双音节形式是如何促发[wh V]演变为[V wh]的?根据 Feng(1994b)提出的韵律构词规则,这里重述为(66),以及关于韵律词的概念[McCarthy and Prince(1993),Feng(1995)],我们认为,如果下列结构中的每个节点(X 和 Y)都只包含一个音节,那么(66)形成一个韵律词。

(66) 韵律构词规则[Feng(1994)]

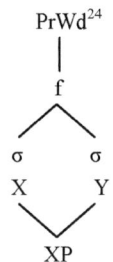

当韵律词在语言中被反复使用,X 和 Y 这两个成分将固化并形成一个固化韵律词,进而很容易词汇化(lexicalization)为一个复合词。如(66)所示,一旦(53)中的音步建立规则完全形成,那么,汉代的双音节[wh N]短语就自动被重新分析为韵律词,然后固化甚至进一步词汇化。

因为双音节疑问短语属于韵律较重成分,因此它们在 SVO 韵律系统中倾向于出现在动词之后,这就意味着双音节疑问短语在动词之后演变为双音节疑问词。[25]如果动词后词汇化为疑问复合词的双音节疑问习语(如"何物")越来越多,那么就会出现与旧规则相互竞争的新规则(亦即单音节疑问词移位到动词左边,双音节疑问词留在动词之后)。换言之,当双音节疑问短语在动词右边实现为韵律词且词化为复合词,前置疑问词的旧规则就与新规则相互冲突。这是因为(i)双音节疑问词在新的韵律结构中得以强化(即双音化要求固化疑问词以及复合词的出现);(ii) SVO 在当时属于新语序,新旧规则之间的冲突最终以新系统下的新规则取代旧规则而告终。

简言之,汉语韵律结构要求动词之后出现双音节疑问形式,音步建立规则将这些双音节形式重新分析为韵律词,此时关于疑问宾语的新规则得以建立并且最终取代了旧的移位规则。双音节疑问词来源于双音节疑问短语的事实证明了这一分析的正确性,而且这种发展仅见于汉代,也就是双音节音步建立规则的形成时期[Feng(1994)]。

正如吕叔湘(1985)所述,双音节形式"何物"源于[wh N]短语,意

思是"什么东西";而魏晋时期(公元237年)它作为一个独立的词使用,指"什么"。如(67)所示:

(67) a. 是卿何物?(《世说新语·言语》)
　　 b. 所牧何物?(《世说新语·轻诋》)

其他双音节疑问词同样可见于魏晋及其后的文献,如(68)所示[参看吕叔湘(1985),魏培泉(1990)]:

(68) a.

古代汉语	魏晋时期
500B.C	200A.D
谁	阿谁
何	何等
那	那里
何	何以

　　 b. 一旦缓急语阿谁?(《晋书114·苻坚载记》)
　　 c. 余生何等来?(王羲之《友君书记》)

　　这些例子表明汉代出现了双音节音步规则促发的新型疑问词。就语义而言,这些双音节疑问词与对应的单音疑问词完全一致。事实是,双音节音步正式形成于汉代,而[wh V]向[V wh]的语序演变也始于这一时期,这些演变顺序为我们的分析提供了有力的证据。

　　随着演变的推进,单音节疑问词可以在动词之后自由出现(正如现代汉语中一样承担词汇重音),而动词后可出现单音节疑问形式的事实证明[wh V]向[V wh]的语序演变已经完成。因此,[wh V]向[V wh]的语序演变应当是古代汉语语序演变进程结束的典型标志。

5. 结　　语

　　文章首先提出上古汉语的[Neg Pro V]结构与[Wh V]结构有着句

法上的本质区别;其次,代词宾语的贴附移位以及疑问宾语的焦点移位证明远古汉语是 SOV 语言。在语序由 SOV 向 SVO 演变的过程中,仍然保留了诸如[Wh V]、[Neg Pro V]以及其他 OV 形式等早期结构的残留成分。[26]

如果语序已经由 SOV 转变为 SVO,那么根据 NSP,普通重音也应当由动词之前转为动词之后,亦即句法演变促发重音转换,因此韵律取决于句法。然而,一旦韵律结构已经建立,它便会制约句法。因此,(i) SOV 现象的保留以及(ii)它们的消失次序(亦即(i)名词短语首先后置,其次是代词宾语,否定句中的代词最后变化;(ii)直到汉代才出现[wh V]向[V wh]的演变都是由韵律控制的。由双音节疑问词的出现而引发的[wh V]向[V wh]的语序演变更清楚地说明了韵律制约句法的历史演变。

根据上述分析还可以得知,具有某种焦点语用功能的结构可能并不直接受语序演变的影响。这也是古汉语中疑问词和代词同为韵律较轻成分,但[wh V]结构演变晚于[Pro V]结构的原因所在。事实上,一些焦点结构(如(43)[惟 N 是 V])保留了很长时间。然而,决定某一结构是变化还是保留的关键因素在于韵律。果真如此的话,本文的研究便为我们观察语言中典型语序与异常语序的共现提供了一个视角,而且也支持了 Adams(1987)关于韵律在解决语序演变方式问题中的重要作用的假设。可见,我们需要建立一个能够恰当表述韵律结构以及它与句法交互作用的当代语法理论,这向句法无视韵律的传统句法理论提出了挑战。同时,本文展示了韵律如何与句法双向交互作用:句法决定韵律(重音转换),而韵律制约句法(wh-V 向 V-wh 的演变)。最后,大量事实证明历时研究可以为语法理论提供独特视角。

注释

① 语言中的中心语方向参数(the head directional parameter)可以在不同范畴层面上设定。譬如英语采用中心语前置的补述语规则(head-initial complement rule)和中心语后置的特定规则(head-final specified rule)(参黄正德 1992)。
② 第一个人称代词"卬"不是句子的主语,因为上古汉语中主语从不出现在否定词

"不"之后。

③ 尽管吾(写作"鱼")在甲骨文(公元前 14 世纪到公元前 11 世纪的兽骨文字)中是严格的主语代词,但在上古汉语中可以用作主格、所有格或宾格[参看杨伯峻、何乐士(1992:94)]。

④ Lightfoot 的定义是:如果两个成分共享所有的最大投射,则二者构成管辖关系(government relation)。形式化定义如下(1991,27):

a(X^0,或者核心)支配 b,如果:
(i) 支配(dominate) a 的所有最大投射同时支配 b,
(ii) a 或者为支配 b 的所有最大投射所支配,或者为支配 b 的最大投射的所有最大投射所支配。

⑤ 非常感谢匿名审稿人指出古汉语中的"未始"只以固定形式出现。在此,尽管"未尝"没有固化,本文仍将"未尝"和"未始"都看作一种复杂中心语:

未之尝言。《庄子·徐无鬼》

"未尝"与"未始"的区别在于,副词"始"和否定词"未"的重新分析是强制性的,而"尝"是选择性的。这就可以解释(10)(类型四)以及上述(i)中"尝"和"始"的不同句法表现。问题是为什么"尝"与否定词的重新分析是可选择的而不是强制的,这一点目前还没有很好的答案。

⑥ 可能[Neg+Adv]复杂词是由一条更为普遍的原则促发而成,即否定词必须与一个词项成分(X^0 element)相结合[如黄正德(1988)提出的 P 原则]。如果是这样的话,[Neg+Adv]复杂词可能不仅仅是由"尝"等副词促发而成,也有可能是其他直接后附成分作用形成更具普遍性的[Neg+X^0]复杂词,如助动词构成的[Neg+Aux]等。如下例:

(i) 天下莫敢之危。《吕氏春秋·分职》

否定词与助动词邻接,代词宾语出现在助动词和主要动词之间。我认为这是 P 原则所能预测的例型,因此上面例子的分析是:助动词与否定词合并构成复杂中心语,然后代词宾语贴附在[Neg Aux]这个复杂结构上。古汉语中的助动词如"遑""忍"与否定词的固定搭配用法,为这一分析提供了证据。例如:

(ii) 不忍见其死。《孟子·梁惠王上》
(iii) 不遑启处。《国语·晋语四》

现代汉语中源于[Neg+Aux]复合结构的合音形式为否定词和助动词的密切关系提供了更多的证据:

(iv) 不要=别   不用=甭

⑦ 感谢匿名审稿人指出,特殊疑问词和动词不可分割的说法存在反例:

(i) 且谁不食?《韩非子·说林上》

(ⅱ) 有谁敢言?《左·成3》

(i)中[wh V]被否定成分隔开,(ⅱ)中被助动词分开。然而,正如我们将在3.3中看到的那样,[wh V]结构在现代汉语中完全消失,而[wh Neg V]、[wh Aux V]结构依然存在。这表明[wh V]和[wh Neg/Aux V]是两种不同的结构。倘若如此,(i)和(ⅱ)中的例子就不能认为是[wh V]不可分割的反例。

⑧ 这并不必然意味着现代汉语中的[wh V]复合词在古汉语中也是复合词。相反,它们是被重新分析为韵律词的双音节短语(参照下说)。作为一个韵律词,"何以"(《韩非子》)和"以何"(《史记》)都是合法的,正如《韩非子》中也存在"图书"和"书图"一样。然而,只有"何以"("为什么")后来固化为复合词,"图书"也是如此。

⑨ 这一点与我的早期观点有所不同(冯胜利1994)。

⑩ 古汉语中,"爱"和"谓"均属灰部字。

⑪ 徐杰、李英哲(1993)也指出古汉语[wh V]结构是一种焦点式移位。这里我采用该文的基本假设并在下文中加以详细分析。

⑫ 我们暂时假定古汉语VP的基本结构如下(或是树形嫁接语法(Tree Adjoining Grammar)中的初始树形图,参考Kroch 1989):

(i)

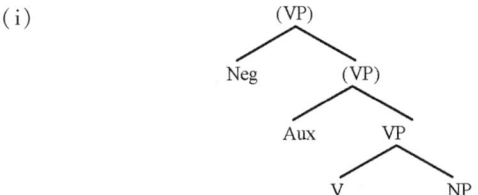

加括号的节点是可选择的,与顶端VP连接的任何范畴都可以看作是处于VP外围的修饰语。因为焦点移位是VP基本结构中宾语的移位,因此与其他附加成分(如副词)相比,FocusP具有与VP外围连接的优先权。因此我们得到:

(ⅱ)

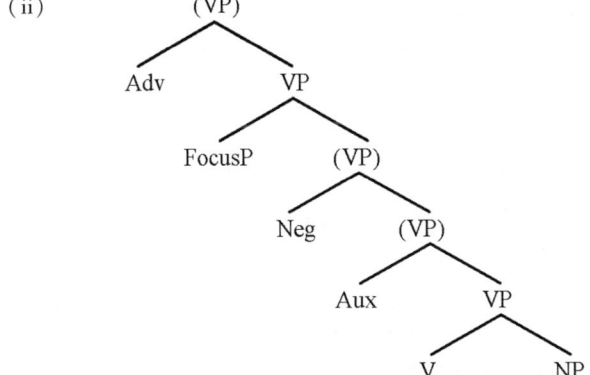

正如我们下面看到的那样,(ⅱ)将会生成所有合法的句子。

⑬ 感谢匿名审稿人提供这些例子。

⑭ 当疑问宾语被用作非限定性代词[参看赵元任(1968:652-657)],它们不承担重音。例如[引自 Chao(1968)]:
(ⅰ) 咱们走错了路,得问问**谁**才行。
(ⅱ) 我想吃点儿**什么**。

⑮ 注意,早期材料中的这类句子极其普遍,随后越来越少但今天依然存在。

⑯ 例如:

Lo$_i$ lei'　　　el preiodico$_i$
it read.I.pst the newspaper
'I read the newspaper.'

⑰ 若没有轻读形式"之","何罪"将与动词邻接,那样就会违反[__ V]结构的轻读要求而生成非法的韵律结构,如4.4.1所示。

⑱ 感谢匿名审稿人提供这类例子。

⑲ 双音节形式既可以是词,也可以是习语,但无论如何分析都不会影响本文的结论。然而,我们有必要指出固化与词化的不同:词汇化短语必须严格遵守词汇完整性假设,但固化短语没有这种要求。

⑳ 在最新的韵律构词理论[参 McCarthy 和 Prince(1993)及其参考文献]中,任何一个韵律词(PrWd)都必须至少包含一个音步。根据音步二分枝原则,每个音步必须是双韵素或双音节。根据[Chen(1979),Shih(1986),Feng(1994)]汉语以音节为基本单位的假设,汉语中的韵律词必须包含至少两个音节。因此,如 Feng(1994)所述,如果汉代开始形成双音节音步,则古汉语中的双音节组合在韵律构词系统中很容易被分析为韵律词。

㉑ 感谢匿名评审人指出这一问题。

㉒ "之"充当停顿填充词的其他例子如下所示:
(ⅰ) 子曰:"吾斯之未能信。"《论语·公冶长》
代词"斯"是话题化的宾语,"之"是 VP 和话题化宾语"斯"之间的停顿填充词。有关古汉语话题和述题之间的语法停顿,请参 Feng(1993)。

㉓ 需要注意的是,古汉语中存在"何罪之有""唯命是听"这样的平行性合法结构。然而,我们找不到"何有""命听"这样的平行性合法结构。这是因为疑问词是韵律较轻形式,名词短语却不是。因此,焦点移位后只有疑问词可以贴附到动词之上,形成[wh V]结构。

㉔ (53)所示的双音节音步的建立促发了语言中双音节短语的形成,而双音节短语又会如(66)所示被分析为韵律词,进而形成固化的韵律词,甚至最终词化为复

合词。

㉕ 当然,并不是所有的双音节疑问词都是由动词之后的位置发展而来的。
㉖ 这里存在两个问题:(1)促发参数设置演变(如 SOV 向 SVO 的演变)的因素是什么?(2)上古汉语中的疑问宾语何时被重新分析为移位的结果?这些问题需要另文讨论,这里暂不赘述。

参 考 文 献

程湘清　1982　先秦双音词研究,程湘清主编《先秦汉语研究》,济南:山东教育出版社。

程湘清　1985　论衡复音词研究,程湘清主编《两汉汉语研究》,济南:山东教育出版社。

丁声树　1993　释否定词"弗"、"不",《庆祝蔡元培先生六十五岁论文集》,"中研院",台北,967-996 页。

冯胜利　1994　论上古汉语的重音转移与宾语后置,《语言研究》第 1 期,79-93 页。

何乐士　1988　左传中的"何"字,张之强 许嘉璐主编《古汉语论集》第二辑,长沙:湖南教育出版社。

洪成玉、廖祖桂　1980　句末的"为"应该是语气词,《中国语文》第 5 期。

吕叔湘　1985　《近代汉语指代词》,上海:学林出版社。

马建忠　1898　《马氏文通》,北京:商务印书馆。

裘锡圭　1979　谈谈古文字资料对古汉语研究的重要性,《中国语文》第 6 期,437-442 页。

史存直　1986　《汉语语法史纲要》,上海:华东师范大学出版社。

王力　1980　《汉语史稿》,北京:中华书局。

魏培泉　1990　汉魏六朝指代词研究,台湾大学博士论文。

徐福汀　1980　"何以……为"试析,《中国语文》第 5 期,386-387 页。

徐杰、李英哲　1993　焦点和两个非线性语法范畴:否定,疑问,《中国语文》第 2 期,81-92 页。

杨伯峻、何乐士　1992　《古汉语语法及其发展》,北京:语文出版社。

俞敏　1989　1981　倒句探源,《俞敏语言学论文集》,哈尔滨:黑龙江人民出版社,288–294;始刊于《语言研究》1981年第1期。

周法高　1962　《中国古代语法·构词篇》,台湾历史语言研究所。

Adams Kendon（1987）Simultaneous Speaking and Signing in Warlpiri Sign Language Users, Multilingua, 6:25–68.

Aoun, Joseph（1985）The Logical Structure of Anaphoric Relations, MIT Press, Cambridge.

Aoun, Joseph and David W. Lightfoot（1984）"Government and Contraction," Linguistic Inquiry 15, 465–473.

Chao, Yuen-Ren（1968）A Grammar of Spoken Chinese, University of California Press, Berkeley.

Chen, Matthew Y.（1979）"Metrial Structure: Evidence from Chinese Poetry," Linguistics Inquiry 10, 371–420.

Chou, Fa-kao（1962）A Historical Grammar of Ancient Chinese, Part II: Morphology, The Institute of History and Philology, Academia Sinica. Special Publications No. 39, Taipei.

Cinque, Guglielmo（1993）"A Null Theory of Phrase and Compound Stress," Linguistic Inquiry 24, 239–297.

Dobson, W. A. C. H.（1959）Late Archaic Chinese, University of Toronto Press, Toronto.

Duanmu, San（1991）A Formal Study of Syllable, Tone, Stress and Domain in Chinese Languages, PhD Dissertation, MIT.

Feng, Shengli（1993）"The Copula in Classical Chinese Declarative Sentences," Journal of Chinese Linguistics 21, 277–311.

Feng, Shengli（1994）"Prosodic Structure and Compound Words in Classical Chinese," to appear in J. Packard (ed.), Word Formation in Chinese. Mouton de Gruyter, Berlin.

Feng, Shengli（1995）Prosodic Structure and Prosodically Constrained Syntax in Chinese, PhD Dissertation, University of Pennsylvania.

Huang, S.-F.（1978）"Historical Change of Prepositions and Emergence of SOV Order," Journal of Chinese Linguistics 6, 212-242.

Huang, C.-T. James (1982) Logical Relations in Chinese and the Theory of Grammar, PhD Dissertation, MIT.

Huang, C.-T. James (1984) "Phrase Structure, Lexical Integrity, and Chinese Compounds," Journal of the Chinese Language Teachers Association 19, 53-78.

Huang, C.-T. James (1988) "'Wo pao de kuai' and Chinese Phrase Structure," Language 64, 274-311.

Huang, C.-T. James (1992) "More on Mandarin Word Order and The X'-Theory," invited paper presented at the First International Conference on Chinese Linguistics, National University of Singapore.

Kennedy, Deorge A (1940) "A Study of the Particle yen," Journal of the American Oriental Society 60, 193-207.

Kroch, Anthony (1989) "Asymmetries in Long Distance Extraction in a TAG Grammar," in M. Baltin and A. Kroch (eds.), Alternative Conceptions of Phrase Structure, University of Chicago Press, Chicago.

Ladd, D. Robert, Jr. (1980) The Structure of Intonational Meaning, Inidana University Press, Bloomington.

Li, Charles N. and Sandra A. Thompson (1974) "An Explanation of Word Order Change SVO>SOV," Foundation of Language 12, 201-214.

Li, Yen-Hui, Audrey (1990) Order and Constituency in Mandarin Chinese, Kluwer Academic Publishers, Dordrecht.

Liberman, Mark and Alan Prince (1977) "On Stress and Linguistic Rhythm," Linguistics Inquiry 8, 249-336.

Light, Timothy (1979) "Word Order and Word Order Change in Mandarin Chinese," Journal of Chinese Linguisitics 7, 149-179.

Lightfoot, David (1991) How to Set Parameters: Arguments from Language Change, MIT Press, Cambridge.

McCarthy, John and Alan Prince (1991) "Prosodic Minimality," lecture presented at Conference on the Organization of Phonology, University of Illinois, Urbana-Champaign.

McCarthy, John and Alan Prince (1993) Prosodic Morphology Ⅰ, ms., University of Massachusetts and Rutgers University.

Mei, Kuang (1979) "Is Modern Chinese Really a SOV Language?", in T. Tang, F. Tsao, and I. Li (eds.), Papers from the 1979 Asian and Pacific Conference on Linguistics and Language Teaching, Student Books Co., Taipei, pp. 273–497.

Rochemont, Michael (1986) Focus in Generative Grammar, John Benjamins, Amsterdam.

Shih, Chi-lin (1986) The Prosodic Domain of Tone Sandhi in Chinese, PhD Dissertation, University of California, San Diego.

Sun, Chao-Fen and Talmy Givon (1985) "On the So-Called SOV Word Order in Mandarin Chinese: A Quantified Text Study and Its Implications," Language 61, 329–351.

Tai, H.-Y. James (1973) "Chinese as a SOV language," in Papers from the Ninth Regional Meeting, Chicago Linguistics Society, Chicago, Illinois, pp. 659–671.

Travis, Lisa (1984) Parameters and Effects of Word Order Variation, PhD Dissertation, MIT.

Zec, Draga and Sharon Inkelas (1990) "Prosodically Constrained Syntax," in S. Inkelas and D. Zec (eds.) The Phonology-Syntax Connection, University of Chicago Press, Chicago. pp. 365–378.

上古汉语的语序^{*}

贝罗贝 著 徐 丹 译

0. 引　　言

20世纪70年代以来,人们对汉语的语序及语序演变问题展开了辩论。讨论主要是围绕着 Li 和 Thompson(1974)提出的假设进行的,他们认为古汉语是 SOV 语序的语言,后来变为 SVO 语言,然后又转变为 SOV 语言,而且这一阶段还未结束,即 a) SOV >SVO; b) SVO >SOV。

假设的阶段 b)受到学者们的批评,尤其是一些学者(Light 1979, Sun & Givón 1985)试图从共时平面证明汉语是并且一直是 SVO 语言, OV 语序是一种有标记[+对比]语序。但没有学者对假设的阶段 a) 即 SOV>SVO 提出挑战,这是因为在某些条件下,古汉语(上古前期公元前16—公元前11世纪,上古后期公元前5—公元前2世纪)可以有 SOV 语序,因此上古汉语是 SOV 语序的语言是可能的。

这样就可以假设原始汉语应该是 SOV 语序,所以原始汉藏语言也是如此,因为几乎所有的藏缅语言(目前知道的反例只有克伦语和白语)的语序都是动词处于句尾。请参见张清常(1989)、La Polla (1990)、Sun (1991)和 梅祖麟 (1997)。

Peyraube(1994)提出远古时期(甲骨文时期,公元前14—公元前11世纪,即汉语最早的有文献可稽的时期)的汉语通常的语序是 SVO,

---

* 本文初稿是1995年9月8—10日于西班牙 Victoria-Gasteiz 召开的第一届语言类型学学会研讨会上的发言。笔者进行了修改和扩充。本项研究得到 National Science Foundation Grant SBR－9421410 的资助。

而且比后来的阶段(上古前期或后期)更为突出。所以,认为在甲骨文前更早的阶段,基本语序是 SOV 纯属蠡测,缺乏事实根据。

本文将证明,在上古汉语前期及后期这一阶段,有可靠的证据表明,较之 SOV 语序,SVO 语序是更基本的语序。我们这里的基本语序是指占优势的语序。我们同意 Greenberg(1966)的说法,他认为"很多语言都有几种不同的语序,但只有一种是占优势的语序"。

大家一般都承认 SVO 语言有前置词而 SOV 语言有后置词[①],本文将用下列表达方式加以区分:1. VO 与 OV;2. 前置词+O 与 O+后置词。

1. VO 与 OV

许多欧洲语言都需要有显性的主语。汉语不同于这些语言,似乎在句法上没有这条限制[②],因此用 VO 与 OV 比用 SVO 与 SOV 的说法更恰当。

当宾语是一个词汇成分时,上古汉语的基本语序无疑是 VO[③]。请看下面的例子:

(1) 君必失国。(《左传·襄公十三年》)
(2) 孟子见梁惠王。(《孟子·梁惠王上》)

在很少的例子里有名词处于动词前的,但这些例子都不是典型的例子,并且 OV 语序是有[+对比意义]的,如:

(3) 王祭不共。(《左传·僖公四年》)

然而,古汉语里确实有 OV 语序的句子,这些句子不见于现代汉语:a) 当宾语是疑问代词时,b) 当宾语由指示代词"是"承担时,c) 当宾语在否定句里由代词承担时,d) 宾语是一个名词或名词词组,它处于前置于动词的标记(一般是"是"或"之")前面。

我们将依次讨论这四种情况,一些学者就是根据这些现象作出古汉语是 OV 语序这一结论的。

1.1 宾语是疑问代词

在上古汉语后期(典型古汉语的阶段),疑问代词在所有类型的疑问句里无例外地前置于动词。请看几个例子:

(4) 吾谁欺?欺天乎?(《论语·子罕》)
(5) 孔子奚取焉?(《孟子·滕文公下》)
(6) 客何好?(《战国策·齐策》)

这条规则似乎很严格。疑问句里代词可以后置于动词仅始于中古汉语前期(公元前 1 世纪—公元 1 世纪)。

然而,上古汉语早期是不同的。根据管燮初(1981)的研究,青铜器铭文(从公元前 11 世纪开始)里,未发现疑问代词前置于动词的。前置于动词的句式在《书经》(约公元前 8 世纪)及《诗经》(公元前 11—公元前 6 世纪)的后几部分也见得到,如:

(7) 子何言?(《尚书·益稷》)
(8) 终南何有?(《诗经·终南》)

此外,在上古汉语后期[④]也可以见到反例:

(9) 子夏云何?(《论语·子张》)

因此我们可以下结论说,疑问代词前置于动词可能不是更古老的涉及所有宾语的 OV 语序的遗迹。如果是这样,那我们应该找得到语言里更古老的阶段有疑问代词前置的现象,很显然,情况并非如此。

1.2 宾语是指示代词"是"

指示代词"是"与上述的疑问代词情况不同。裘锡圭(1979)和梅祖麟(1997)指出,指示代词"是"在早期上古汉语里几乎总是前置于动词(铭文总是如此)。但在晚期上古汉语里,指示代词"是"主要见于动词后了(如《论语》和《左传》)。请看两个"是"前置的例子:

(10) 子孙是保。(《铭文·陈逆簠》)
(11) 子子孙孙是尚。(《陈公子甗》)

1.3 宾语在否定句中是代词

在陈述句中除个别反例⑤,作宾语的代词如果不是疑问代词或指示代词"是",一般都处于动词后面。但是人们认为这些代词在否定句里通常是前置的:

(12) 我未之见也。(《论语·里仁》)
(13) 不吾知也。(《论语·先进》)

这些代词也开始向动词后移动,但这只出现于上古汉语后期或中古汉语前期⑥。在中古汉语前期,在否定句里很少见到前置于动词的宾语代词。根据何乐士(1992)的研究,《世说新语》(约公元440年)里有1017个否定句。其中17个用了代词宾语,然而只有一个前置于动词。

当句子是否定句时,宾语代词需要前置,这条限制比起疑问句里代词前置的限制要松得多。在上古汉语早期和晚期,例外都相当多,请看几个例子:

(14) 吾不知之矣。(《论语·泰伯》)
(15) 有事而不告我。(《左传·襄公十八年》)

事实上,在某些古汉语文献里反例如此之多,因此很难断言有这种语序限制。周光午(1979)关于先秦(公元前221年之前)文献里代词宾语在否定句中位置的讨论未提供任何普遍规律。动词前或动词后均有代词宾语。

根据何乐士(交谈时提到)的研究,《左传》里 79 例否定句有代词宾语。其中 50 例处于动词后面(否定词+V+O),只有 29 例处于动词前面(否定词+O+V)。

唐钰明(1994)举了不少例子,其中两种形式(即前置于动词和后置于动词的句子)在同一个语境中并存,甚至在同一个句子里出现,意义没有区别。他给出了如下的统计:在西周时期(公元前 1066—公元前 771 年),前置的宾语代词是 87 个,后置的 39 个;在春秋(公元前 770—公元前 476 年)战国(公元前 475—公元前 221 年)时期,前置的宾语代词有 100 个,而后置的有 82 个;到战国后期,前置的有 264 个而后置的有 433 个(比例已经倒了过来)。

上述的统计表明上古汉语早期比后期可能有更多的前置代词,但是语序很自由,看不出二者中哪一个语序代表更基本的语序。

1.4 宾语是名词或名词词组,后面有前置于动词的标记(通常是"是"或"之")

这一句式"名词+标记+动词"首先见于西周(公元前 1066—公元前 771)铭文,但数量很少。在这个时期的铭文中只见到一个孤例(前置的标记是"于"),在《诗经》最古老的部分《周颂》(公元前 11 世纪或公元前 10 世纪的作品)无任何例子。西周后期、东周前期(公元前 770—公元前 256),这个句式开始普遍。其标记由不同的词担任:"是""之",还有"来""斯""厥""云"。春秋时期(公元前 770—公元前 476),"是"通过词汇统一化的过程变为最常见的标记,在战国时期(公元前 475—公元前 221),"之"通过单纯的词汇替代过程取代了"是"。请看有前置标记"是、之"的例子:

(16) 四方是维。(《诗经·小雅·节南山》)
(17) 今吴是惧。(《左传·昭公二十三年》)
(18) 曾由与求之问。(《论语·先进》)
(19) 故败是求。(《左传·僖公十五年》)

殷国光(1985)根据部分上古前期和后期的文献给出了"是""之"

及其他标记的统计数据：

《铭文》(公元前 8—公元前 6 世纪)："是"11；"之"0
《诗经》的《鲁颂》和《商颂》(约公元前 8 世纪)："是"15；"之"0
《诗经》(全书)(公元前 10—公元前 6 世纪)："是"40；"之"17；其他标记 16
《尚书》(公元前 8 世纪)："是"2；"之"7；其他标记 3
《左传》和《国语》(公元前 5—公元前 4 世纪)："是"97；"之"225
《论语》《孟子》《庄子》《墨子》《荀子》(公元前 5—公元前 3 世纪)：是 13(其中 10 个是引用诗经和书经)；"之"196

这些数字显示，"之"很明显逐步取代了"是"。

这种有前置于动词的宾语标记的句型确实是 OV 语序。在上古汉语以前及上古汉语早期，这种句式还不存在。这种句式在中古汉语前期就消失了。其来源尚不清楚，很可能前置标记"是"来自指示代词"是"并经过了语法化过程，用它强调前置的宾语。"O+是+V"语序的句子其实是有标记的句子[7]。正如 Pulleyblank(1960)指出的，"《左传》中'是'的主要功能是提示宾语，其前移是为了话题化或突出对比"。

2. 前置词还是后置词？

上古汉语里，介词词组一般由前置词+名词(宾语)组成：

(20) 子之不能受燕于子哙。(《孟子·公孙丑下》)

这种介词词组可处于动词后(如例 20)或动词前：

(21) 故以羊易之也。(《孟子·梁惠王上》)

在上古汉语两个常用介词"于"和"以"里，"于"是个比较严格后置于动词的介词[8]而"以"更常是前置于动词[9]。总体来讲，后置于动词的比前置于动词的多见，也许是因为"于"运用更广泛，前置于动词的"以"的限制没有后置于动词的"于"那么严格⑩。

语序问题中更有趣的是,在某些情况下介词可以出现在名词宾语的后面,这种介词叫作"后置词"⑪。有些学者(孙朝奋1991,梅祖麟1997)假设这些后置词是古老的正常语序的遗迹,汉语有可能是具有后置词的语言。

他们认为后置词的存在(这是 OV 语言的特征)可以为语言更古老的阶段重构 OV 语序。这种方法实际上是值得商榷的。大多数历时语言研究者的共识是,不能由于一个语言里存在与某一个语序相关的特征,而该语言整体来讲表现出另一种语序,就判定这一特征是更古老阶段的遗留。请看几个后置词的例子:

(22) 室于怒市于色。(《左传·昭公十九年》)
(23) 是以政平。(《左传·昭公二十年》)
(24) 何以利吾国。(《孟子·梁惠王上》)
(25) 旌以招大夫。(《左传·昭公二十年》)

然而,我想强调的是,这类例子不像人们相信的那样普遍。首先,"于"很少像(22)那样用作后置词,因为"于"在动词前很少见。介词和宾语的换位限于动词前的介词词组,即主要限于用"以"的介词词组。其次,如果我们排除宾语是疑问代词的情况(如例24)或指示代词"是"(如例23)⑫,那我们很难找到像例(25)那样,一个名词词组作宾语时,后接后置词。无疑,像(25)那样的例子是很特殊的例子。

当宾语是疑问代词或是指代词"是"时,"宾语+介词"作为汉语里的前置词(有的学者称之为副动词),自然遵循规则把这些代词前置于动宾词组(即 OV 语序)的动词前面。前置词历时上来源于动词,而且至今都具有动词的特征。

孙朝奋(1991)给出的"名词词组+以"的比例是根据《孟子》的一章(14%的"以"字句)和《左传》的一章(19%)统计的,他统计的比例相当高,他的统计里肯定包括了所有的疑问代词和指代词"是",他提供的例句几乎全部是"是"或疑问代词。

可以下结论说,上古汉语里的后置词是很少的。这些后置词只限于某些场合,如前置的宾语是疑问代词或指代词"是"。

3. 讨　论

现在我想简单地讨论一下上古汉语这四种所谓的 OV 语序。1.3 节否定句里的代词宾语,1.4 节带前置标记的名词短语,第 2 节的后置词,这三种情况都无法使上古汉语是 OV 语序的理论成立。

我已经说过,对于 1.3 节中的例子,与其说 OV 语序是基本语序不如说语序是自由的。统计数据表明,否定句里后置于动词的代词和前置于动词的代词一样常见。

在 1.4 节的例子里,名词宾语和后面的动词之间需要一个标记,这种句子是有标记的句子(强调宾语),因此不能反映自然的、无标记的语序。由于基本语序一般都出现在无标记句中,被强调的成分前移这种情况应当被排除。

再看最后一种情况(第二节),当宾语后面有后置词时,这时的宾语几乎只限于疑问代词或指代词"是",这种情况最好合并到 1.1 和 1.2 节,因为在上古汉语里,介词表现得犹如动词。

现在只剩下两种情况了,宾语是疑问代词(1.1),宾语是指代词"是"。这两种情况可以看作 OV 语序的真正迹象,尽管后来这两种现象按照相反的方向发生了演变:上古汉语早期未见到前置于动词的疑问代词,但在上古汉语后期数量大增;上古汉语早期有许多前置于动词的"是",而到上古汉语后期数量越来越少。

至于这两种剩下的有疑难的问题,我首先要再次求助于统计数字。我们已经知道,铭文(共 2767 个 VO 或 OV 语序的句子)[13]里的宾语,名词占 88.56%,代词只有 3.3%。在上古早期的其他文献中,以及上古汉语后期的所有文献中,代词作宾语的比例肯定要比这个数字高,但从未超过全部 VO 或 OV 句子的 15%,而名词作宾语多于 70%。由于所有 OV 的语序只见于使用疑问代词和唯一的指代词"是"的句子中,我们可以得出结论,认为 OV 语序太个别了。理想的基本语序应该是一个语言里最常出现的语序。

当然有人会说,前置于动词的代词是遗迹,是存古。我们知道遗迹或存古对许多学者来说可能是唯一的、最有用的应用于句法重建的证据。这就是梅耶的名言,我们通过例外进行重建(因为在有规律的系统中,遗迹的表现形式是例外)。

然而,确认前置代词是遗迹确实是有问题的。如上所述,它们相反可能是创新。

最后,我想强调的是,在许多语言里,代词的位置与名词不同。"大家都知道非强调成分,如附着的代词,在跨语言的材料里经常趋于使用特殊的句法规则,而其句法关系是不严谨的,甚至极不严谨。所以应当重视有真正名词的句子而忽略有代词的句子。"(Comrie1989:89)。这就是为什么人们通常认为,由名词充当主语和宾语的陈述句里的语序是基本语序(不是疑问句,也不是命令句)。

4. 结　　论

本文的分析表明,没有必要认为 OV 语序是古汉语的普遍语序。鉴于这点,我们的结论是:汉语从上古汉语到中古汉语、现代汉语以至当代汉语都是 SVO 语言。

注释

① Greenberg(1966)语言普遍定律 4 提出:"正常的 SOV 语序的语言,在绝大多数场合可能有后置词。"有趣的是,几乎所有藏缅语族的语言(这些语言都是 SOV 语序)都有后置词。请参见 Delancey(1987)。
② 这也适合现代汉语和古汉语。如何乐士(1981)发现,《左传》(公元前 5 世纪)里,268 个句子有主语,435 个没有主语。
③ 这点适合上古汉语前期及后期。管燮初(1981)对铭文作了如下统计:在 2258 个动词谓语句,即 91% 的动词谓语句中,72% 是及物动词+名词宾语,其他的或是不及物动词,或是动词前/后有代词作宾语。
④ 如动词是"云"时,"何"一般出现在动词后面,请参见王笑湘(1987:75)。另一个造成反例的动词是"爱",请参见杨树达(1955)和周法高(1963:99 – 131)。
⑤ 请见张清常(1989)举的反例。
⑥ 根据 Feng Li[冯胜利](1994),这些代词比疑问代词后移得早。

⑦ 敖镜浩(1983)假设的最初情形应该是对的。他发现上古汉语早期,"O+是+V"和"V+是+O"两个句式互换且意义不变。人们认为第二种句式(宾语在动词后)是通常的、无标记的语序。"O+是+V"是从"V+是+O"衍生出来的,这儿的"是"是个指示代词。这个语序变化是由于强调引起的。所以前置的句型在口语里普遍开来,指示代词"是"在有标记的句子中强调宾语,语法化为一个前置标记。

⑧ 根据孙朝奋(1991)的统计,《左传·隐公》动词后面的"于+介词短语"有41个,动词前面一个没有,在《孟子·梁惠王上》中,同一个句型动词后有39个,动词前有一个。何乐士(1982)的统计是,在《左传》里,动词前230个"于+介词短语",动词后有1554个。

⑨ 孙朝奋的统计数字是,《左传》里动词后的"以"只有10%,《孟子》里是14%。何乐士(1982)的统计是,《左传》里动词前的"以"是826个,动词后则有225个。

⑩ 根据何乐士(1982)的统计,《左传》里有1784个"于",1051个"以"。所以孙朝奋(1991)说最常用的介词是"以"可能不确切。关于动词前和动词后"以"的区别,请看鲁国尧(1982)和Hsueh(1995)的文章。后者认为,动词后的"以+介词短语"更有强调意味。

⑪ 请见注释1关于后置词和SOV语言的相关性。

⑫ 对于这两种情况,我们看到宾语一般是前置的。同样,宾语前置于后置词,而不是前置词。但有例外,尤其是当代词是"何",前置词是"于"时:一般我们能见到"于何"而不是"何于"。请看王笑湘(1987:75)。

⑬ 管燮初(1981:88)。

参 考 文 献

敖镜浩　1985　略论先秦时期"O/是/V"句式的演变,《中国语文》第5期,355–359。

冯利[冯胜利]　1994　论上古汉语的重音转移与宾语后置(将发表于《语言研究》)。

管燮初　1981　《西周金文语法研究》,北京:商务印书馆。

何乐士　1982　《左传》的单句和复句初探,程湘清主编《先秦汉语研究》,济南:山东教育出版社,143–271。

何乐士　1992　从《史记》和《世说新语》的比较看《世说新语》的语法特点,程湘清主编《魏晋南北朝汉语研究》,济南:山东教育出版社,

86–239。

鲁国尧　1982　《孟子》"以羊易之""易之以羊"两种结构类型的对比研究，程湘清主编《先秦汉语研究》，济南：山东教育出版社，272–290。

梅祖麟　1997　汉语七个类型特征的来源，《中国境内语言暨语言学》4，81–103。

裘锡圭　1979　谈谈古文字资料对古汉语研究的重要性，《中国语文》第6期，437–442+458。

唐钰明　1994　古汉语语法研究中的变换问题，《第一届国际先秦汉语语法研讨会论文集》，长沙：岳麓书社，202–222。

王笑湘　1987　《文言语法》，北京：中国人民大学出版社。

杨伯峻　1982　古汉语中之罕见语法现象，《中国语文》第6期，401–409。

杨树达　1955　《高等国文法》，上海：商务印书馆［第一版发表于1920年］。

殷国光　1985　先秦汉语带语法标记的宾语前置句式初探，《语言研究》第2期，162–171。

张清常　1989　上古汉语的SOV语序及定语后置，《语言教学与研究》第1期。

周法高　1963　《中国语文论丛》，台北：正中书局。

周光午　1959　先秦否定代词宾语位置问题，《语法论集》（三），中国语文杂志社，128–192。

Comrie, B. 1989. *Language Universals and Linguistics Typology*. Oxford: Blackwell.

Delancey, S. 1987. The Sino-Tibetan Languages. In: B. Comrie (ed), *The World Major Languages*. London & Sydney: Crom Helm.

Greenberg, J. H. 1966. Some Universals of Grammar. In: J. Greenberg (eds), *Universals of Language*. 2nd ed., 73–113.

Hsueh, F. F.-S. 1995. Verb complement in Classical Chinese and its implications as revealed by the particle *yi*.［斯坦福汉语历史句法研讨

会上的发言]

Lapolla, R.-J. 1990. *Grammatical Relations in Chinese: Synchronic and Diachronic Considerations*. 博士论文。Berkeley: University of California.

Li, C.-N. & Thompson, S.-A. 1974. An Explanation of Word Order Change: SVO>SOV. *Foundation of Languages*, 12, 201–214.

Light, T. 1979. Word Order and Word Order Change in Mandarin. *Journal of Chinese Linguistics*, 7(2), 149–180.

Peyraube, A. 1994. On Word Order and Word Order Change in Pre-Archaic Chinese. 第四届中国境内语言暨语言学国际研讨会上的发言。台北:"中研院"。

Pulleyblank, E.-G. 1960. Studies in Early Chinese Grammar, Part I. *Asia Major*, 8, 36–37.

Sun, C.F. 1991. The Adposition *yi* and Word Order in Classical Chinese. *Journal of Chinese Lingusitics*, 19(2), 202–219.

Sun, C.F. & Givón, T. 1985. On the so-called SOV Order in Mandarin Chinese: A Quantified Study and its Implications. *Language*, 61(2), 329–351.

上古汉语中"于"和"在"作介词的用法*

Redouane DJAMOURI(罗端)和 Waltraud PAUL(包华莉)著
罗　端　包华莉　译

1. 引　言

　　本文认为在商代甲骨文中,"于(於)"和"在"都有介词用法,这与一般人所接受的看法不同。我们将提供一系列标准来区分动词和介词,显示"于(於)"和"在"引介的介词词组(PP)在句法上是与 NP 配对,而不是与 VP 配对。特别值得注意的是,作论元的 PP 与 NP 都位于动词之后,除非它们被焦点化:这时它们必须出现在动词之前、主语之后。而作附加语的 PP 与 NP,可以出现于动词前,也可以出现于动词后。目前人们假设 PP 起先在汉语中只占据一个特定的位置,进而可以移到其他位置。PP 在商代甲骨文既可以出现于动词前,也可以出现在动词后,这一事实削弱了这一假设。我们认为:PP 分布的历时变化,可归结为制约论元与附加语位置的限制起了变化。还有一点比较重要的是,商代甲骨文作论元的 PP 同作论元的 NP 一样出现于动词之后(除非焦点化),进一步可证明当时的语序是 SVO(这与 Li & Thompson 1974 的看法相反)。

　　文章结构如下:2.1 节显示"于(於)"字介词词组和"在"字介词词组都可以出现于动词前与动词后两个位置。这个事实非常重要,因为

---

　　* 本文原以 Les syntagmes prépositionnels en *yu* et *zai* en chinois archaïque(《上古汉语"于"和"在"作介词的用法》)为题发表在 *Cahiers de Linguistique-Asie Orientale*(《东亚语言学报》)26(2): 221–248 (1997)。此次翻译作了润色,并酌量加进了后来所见的相关研究成果。我们在此感谢吴福祥、李明所提供的宝贵意见。

许多学者(比如沈培 1990、Peyraube1996)认为 PP 最初只出现于动词后,后来才可以移位到动词之前。2.2 节提供大量证据说明"在"的介词地位。"在"字 PP 不仅可以表示空间方所,同时可以表示时间和抽象方所;"在"字 PP 也可以在双宾语句中指接受者。这都与"在"的动词性不协调。而且,"于(於)"和"在"都不允许介词悬空(preposition stranding),这是它们作介词的另一个证据。2.3 节详细讨论为什么把"于(於)"分析为动词的观点(Serruys 1980、郭锡良 1997 等人持此看法)站不住脚。第 3 节介绍制约 PP 分布的限制。作附加语的 PP 可以自由地出现在动词前或动词后,而作论元的 PP 只出现于动词后,除非它们是焦点,这时它们必须出现于主语后、动词前。3.2 节说明同样的限制在西周时期也存在。3.3 节概述这种限制在后来所发生的变化:论元仍然只居于动词后,但附加语只能出现于动词前。第 4 节讨论本文提出的新看法可利于对上古汉语句法作通盘性的理解。特别是:作论元的 PP 与作论元的 NP 配对,因为它们都出现于动词之后;这一事实进一步证明 SVO 是汉语从商代以来的基本语序。

2. 商朝甲骨文中"于"和"在"的介词地位

2.1 "于"和"在"介词词组的分布

研究甲骨文的专家都认为商代已经有介词,不过对于介词的具体数量和用法有不同的意见。[①]管燮初(1953)、陈梦家(1956)、Kryukov(1980)、沈培(1992)、张玉金(1994)等人都认为"于"和"在"在甲骨文中都用作介词;其他人像 Serruys(1981)、魏培泉(1993)、Peyraube(1994)和 Pulleyblank(1995)则认为"在"作介词出现于较晚的时期(然而各家对出现的时期有不同看法),他们认为在早期文献中"于"是主要的,或者是唯一的方位介词。[②]

我们首先要证明在商代甲骨文中"在"已经具有介词的地位[③],并和"于"介词词组的分布作比较。以下例句(1)至(4)表现了"于"和"在"在商朝甲骨文中位于动词前和动词后的情况。
甲) 介词词组"于+名"在动词后面作位格的例句

(1) 我[ᵥᵨ呼[ₛØ[ᵥᵨ往[ᵨᵨ于西]]]](合集10050)
我们叫人到西边去。④

乙）介词词组"于+名"在动词前面作位格的例句

(2) 王[ᵥᵨ[ᵨᵨ于龚]师](合集7352反)
王在龚地建立军营。

丙）介词词组"在+名"在动词后面作位格的例句

(3) 王[ᴀᵤₓᵨ其[ᵥᵨ飨[ᵨᵨ在厅]]](合集31672)
王将会在厅堂里进行飨宴。

丁）介词词组"在+名"在动词前面作位格的例句

(4a) 王[ᵥᵨ[ᵨᵨ在[ₙᵨ兹大示]]侑](合集816反)
王在这个大庙里献祭。
(4b) 王[ᵥᵨ[ᵨᵨ在[ₙᵨ师褱]]卜](合集24284)
王在褱军营里占卜。
(4c) [ₛ[ᵨᵨ在㫃][ₛ王其先遘捍]](英593)
王将会在㫃地先遇到抵御。

仅就"于"和"在"在商朝甲骨文中介词词组出现在动词前或动词后的情况来看，它们分布的频率如下：⑤

表1　商朝甲骨文中"于"和"在"在句子中的分布

	位于动词前	位于动词后
"于"介词词组	(451) 14.2%	(2717) 85.8%
"在"介词词组	(378) 76.5%	(116) 23.5%

由表中可以看出,"于"和"在"介词词组既可以出现在动词前也可以出现在动词后,这就否定了一般所认为的古汉语中介词组只出现在一种位置上(即动词后面)的看法。由数字上来看,"于"介词词组主要出现在动词后面,而"在"介词词组主要出现在动词前面。不过这并不能说明什么。我们下面要证明介词词组的位置是由它作为动词论元与否来决定的。

2.2 "在"是一个介词

在商朝甲骨文中"在"其实和"于"一样,具有介词的地位。我们现在提出有关的论据。

2.2.1 甲骨文中所表现的"不允许介词悬空"

第一点,据观察,"在"和"于"一样都带宾语,而它们在句子中和宾语所组成的词组都跟某一个谓词相连。⑥

在甲骨文中,见不到"在 Ø"或"于 Ø"的情况。这正是介词的用法特性,不只是汉语如此,在许多其他的语言中亦然,这就是所谓的"不允许介词悬空"(ban on preposition stranding⑦)。这种特性,跟及物动词有明显的差异。及物动词都可以省略宾语而成立。这个现象可由例(5)至例(7)观察到。在这些例句中,动词所需要的名词宾语或介词词组宾语都可以省略。

(5a) 王[$_{VP}$伐[$_{NP}$土方]](合集 6354)
　　　王征伐土方国。
(5b) 王[$_{VP}$勿伐[$_{NP}$Ø]](合集 7586)
　　　王不应该征伐。
(6a) 王[$_{VP}$往[$_{NP}$宫]]不雨(合集 33161)
　　　如果王去宫地,则不下雨。
(6b) 王[$_{VP}$往[$_{PP}$于敦]](合集 7942)
　　　王到敦去。
(6c) 王[$_{AUXP}$其[$_{VP}$往]](合集 24491)
　　　王将会去。⑧

2.2.2 "于"和"在"作介词引介空间、时间或抽象位格

第二点可以证明"在"和"于"一样具有介词地位的是:在不少的例句中,它们两个不但用于引介空间位格,并且也用于引介抽象位格和时间位格。

在这种例句中,"在"和"于"不能解为有方位意义的动词(如"处在"或"往于")。一个方位动词必须具有一个处所作为宾语。一个介词可以以各种名词作宾语(表空间、时间或抽象位格的名词)。这就与郭锡良(1997)的看法相左。他认为"于"作为引介空间位格以外的名词是在公元前 11 世纪以后才出现的。在下面两个例句中,"于"和"在"引介了抽象位格。

(8) 婦妌[vp魯[pp于黍年]](合集 10123)
  妌妇人(将会)富于黍子庄稼。
(9) 子商[AUXP亡[vp絶[pp在禍]]](合集 2940)
  子商这个人不会有终绝于不幸(的下场)。

在商朝甲骨文中,"亡"总是主要动词(义为"没有");所以例(9)只能解为"子商这个人不会有终绝于不幸(的下场)"。"亡绝"不能理解为一个副词性的词组(﹡不断地处于不幸)。

例(10)至(14)介词"于"和"在"用于表时间;在这种例句中,"于"和"在"不可能视之为动词了("﹡处于丁酉那天")。

(10) 王[vp[pp于丁酉]步](英 2435)
  王在丁酉那天步行。
(11) 王[vp往[pp于夕]](合集 27861)
  王在傍晚去。
(12) [s來歲大邑受禾][sØ[vp[pp在六月]卜]](合集 33241)
  明年大邑将会受嘉榖,在六月占卜。
(13) 王[vp[pp在十二月][vp[pp在𢀳]卜]](合集 24237)
  王在十二月在𢀳地占卜。

例（13）是"在"作介词的理想例句；在主要动词"卜"的前面，有两个"在+名词"的附加词组：首先是"在+处所"附加于动词词组，接着又有"在+时间"。其实，几个不同的词组附加于动词来修饰是一个普遍的现象。在例（13）不能把"在"理解为动词。假如视之为动词，就无法说明例中三个动词词组在句法上的关系。

(14) [ₛØ[_AUXP 其[_VP 品祠]][_PP 于[ₛ 王出]]]（合集 23713）
（我们）在王出兵的时候将要进行品、祠两个祭祀。

上例的重要性在于，"于"用于引进一个小句"王出"，因此把"于王出"理解成处所位格不妥。

2.2.3 "于"和"在"作介词引介双宾动词的间接宾语（与事）

第三点可以证明"在"和"于"一样具有介词地位的是："于"和"在"作为介词引介双宾动词的与格。它们在此不能被视为动词，何况"于/在+名"这个词组可以出现在动词和直接宾语（受格）之间：V[于/在 NP]NP[见例(15a)]。

下例是刻在同一片甲骨上的两个对贞，其中之一用"于"的介词词组表达双宾动词"侑"（=奉给）的与事，而另一句在相同情况下则用的是"在"介词词组。

(15a) [ₛØ[_AUXP 其[_VP 侑[_PP 于父庚][_NP 羌]]]]（怀 1374）
（我们）将会奉献羌人给父庚。
(15b) [ₛØ[_AUXP 其[_VP 侑[_PP 在父庚]]]]（同上）
（我们）将会奉献给父庚。

下例中的两句也反映同样的现象，这两条贞辞分别用"在"和"于"的介词词组来表达双宾动词"告"的与事者。

(16a) [ₛØ[_AUXP 其[_VP 告[_PP 于父丁]]]]（屯 499）
（我们）将会给父丁祭告。

(16b) [s∅[AUXP其[VP告[PP在毓祖丁]]]]（合集27320）
（我们）将会给后祖丁祭告。

"在"的介词词组用来表达双宾动词的与格这种用法看来似乎不寻常,和后来在文言文或现代汉语中只用于引介位格的情形有异。我们目前尚无法确定这种表与格的用法是什么时候消失的。

2.3 把"于"看成动词的问题

虽然大部分学者都同意早在殷墟甲骨文中"于"就已经具有介词的地位,但仍有些学者试图把它看成是由动词虚化而产生的。[⑨]Serruys(1980)甚至把甲骨文中某些情况下的"于"解释成一个行动动词。我们认为这是由于解读上的讹误所致。在这类误读的例子中,有以下例句：

(20) 王于龏师（合集 7352 反）（同例(2)）
"The king shall go to the Kung camp."（Serruys 的译文,相当于"王将会赴龏地的军营。"）

Serruys 的译文不妥当,因为"龏师"不能解释成一个名词组。[⑩]"某地的军营"或"某地的城市"在甲骨文中一律以同位结构表达,如例(21a)"师+地名",或(21b)"邑+地名"。[⑪]

(21a) 师裳（"裳地的军营。"）
(21b) 大邑商（"商的都城。"）

其实例(20)中的"师"也可以看作动词（"建立军营"之意）,我们知道在甲骨文中以"师"为动词的例句并不罕见。我们在此不详述。依照这种看法,例(20)就应该比照(22)的语法分析来看：

(22) 王[VP[PP于龏][V师]]
王在龏地建立军营。

我们还要指出的是,在上述学者所提到的古文献以"于"作动词的少数例子中,其实"于"字都可以当成介词来看。学者释"于"为动词时,经常引《诗经》中的以下例句:

(23) 黄鸟于飞(《诗经·周南·葛覃》)
(24) 之子于归(《诗经·周南·桃夭》)

这两个句子中,"于"字解释成"往"的看法最早见于东汉的著述。[12] Pulleyblank(1986)根据东汉时的见解,把前一句译成"The yellow birds go flying",后一句译成"This young lady goes going home"。

依我们看,"于"在这里不是动词而是介词。而且,"飞"与"归"这两个动词,在此都名词化了。[13]因此,"于飞""于归"当理解成抽象位格:等于"在飞翔中""在回程中"。支持这个观点的另一项理由是"黄鸟于飞""之子于归"皆非完整的句子,而只构成全句的前半段。句子的主要动词其实都在下半段:

(25) 黃鳥[vp[pp于飛][vp集[pp于灌木]]]
　　 黄鸟在飞翔中,聚集在丛树上。
(26) 之子[vp[pp于歸][vp宜[np其室家]]]
　　 这个女子在出嫁中,会与她婆家好好相合。

认识到"于"和"在"在最早的文献中只作介词的现象,不但对甲骨文的分析有帮助,而且也有助于对汉语历史语法作更深入的理解。因为这个原因,认为汉语介词皆从动词虚化而来的看法是不正确的。

3. "于"和"在"介词词组在分布上所受的限制

3.1 在商朝甲骨文中的分布限制

前面提到,"于"和"在"介词词组可以出现在动词前也可以出现在动词后。这种现象使哪一个是介词词组的基本位置,哪一个是次要位置,无法确定。⑭

我们的观点是,介词词组的位置决定于它和动词的关系,要看介词词组本身是动词论元与否。换句话说,要看介词词组是动词在语义上内部所包含的参与成分,还是句子的附带成分。⑮

甲骨文中的动词"侑"是"献祭""奉献"的意思。它是一个包含施事、与事和受事三个论元的词汇单位。⑯据我们的观察,甲骨文中作论元的介词词组出现在动词后面。若不先考虑介词词组的论元或非论元地位,我们就难以确定介词词组的位置。

以例(27)来看,空间介词词组"于西"是动词"往"的论元,因此它只能出现在动词后面。而例(28)中的空间介词词组"在兹大示"是一个附加成分;作为非论元,这个介词词组就不必然出现在动词后面,而依此例所示它就出现在动词前面。例(29)的"于唐土"既然是一个表处所的附带成分,那么它就无所谓出现在动词的前面或后面,因为非论元介词词组在分布上可以有较大的弹性。例(29)表现的是出现在动词后的情形。

(27) 我呼往于西(合集 10050,同例(1))
    我们叫人到西边去。
(28) 王在兹大示侑(合集 816 反,同例(4a))
    王在这个大庙里献祭。
(29) 作大邑于唐土(英 1105 反)
    在唐地修筑大城市。

然而论元介词词组有时也出现在动词前面。不过这是在介词词组作焦点的情况下才有的现象。因此,我们必须重新说明论元分布的总体状况:论元介词词组除了作焦点,一概出现于动词后。作焦点时一定出现在动词前、主语后。由例(30a)和(30b)的比较,可以看出动词前的论元介词词组确实有焦点化的情形。

(30a) 王侑岁于祖乙(合集 3213)

　　　　王给祖乙奉献岁祭。
（30b）于父丁侑岁（同上）
　　　　给父丁奉献岁祭。

　　以上两例是同一片甲骨上的两条对贞。前一句是简单的陈述句，双宾动词"侑"的两个宾语论元，受事"岁"和与事"于祖乙"都在动词后。⑰后一句中，与事介词词组"于父丁"做焦点，出现在动词前。

　　第二条贞辞卜问的不是要不要"侑岁"或者实行另一种行为，而卜问的是该向谁行"侑岁"，是否该向"父丁"而不向"祖乙"侑岁。从例（30b）可以看出动词词组所表达的预设和由论元介词词组构成的焦点两者之间有着明显的分界。⑱

　　我们观察到，介词词组在分布上所受的限制在于它具有论元地位与否：论元介词词组一律出现在动词后，只有在焦点化的情况下才出现在动词前。至于非论元介词词组在分布上就比较自由，可以出现在动词前或动词后。应该注意的是，以上所述限制也适用于名词词组；论元名词词组一律出现在动词后，只有在焦点化的情况下才出现在动词前。由于篇幅限制，我们无法在此详细讨论。⑲

　　在表时间的介词词组上，我们发现它多出现在动词前。这种分布明显表现了论元与非论元的基本对立。不论是表达时刻还是时段的时间介词词组，都应视为比较典型的非论元成分。

　　我们的这个观点和沈培（1992）的看法不同。沈培认为时间介词词组的演变有异于其他介词词组。他的看法是介词词组在商朝早期甲骨文中都出现在动词后，随后只有时间介词词组移到动词前面。但是他对此没有进一步的说明。

　　沈培立论的出发点，也就是早期甲骨文中介词词组都出现在动词后的断言，与资料所示不符。假如仅考虑"于"的介词词组，出现在动词前的情况在早期甲骨文中已占7.3%。但如果加入"在"的介词词组一并考虑，出现在动词前的比率就更高，那么沈培的观点就更难成立了（见下页表）。

　　沈培没有意识到时间介词词组基本上和非论元相符。依我们看，论元与非论元的区分是唯一合理而有解释性的观点。

下表所示是商朝甲骨文中"于"和"在"的介词词组出现在动词前和动词后的频率比较。[20]

表2　甲骨文中"于"和"在"的介词词组的分布

	动词前	动词后
"于"介词词组	（451） 14.2%	（2717） 85.8%
"在"介词词组	（378） 76.5%	（116） 23.5%

3.2 西周金文、《尚书》和《诗经》中介词词组分布的限制

我们下面要谈的是，论元介词词组在分布上的条件及非论元介词词组在分布上的弹性，是否仍反映在商朝以后的文献，如西周金文、《尚书》和《诗经》中。[21]

下表是我们对《尚书》和《诗经》中"于"和"在"介词词组位置分布的统计数字。

表3　《尚书》和《诗经》里"于"介词词组的分布

位于动词前		位于动词后
论元	非论元	
12	21	860

表4　《尚书》和《诗经》里"在"介词词组的分布

位于动词前		位于动词后
论元	非论元	
0	36	89

"于"介词词组在大部分的情况下处于动词后，且仍旧表达位格（空间，抽象，时间）或与事。和商朝甲骨文相比（见表1），"于"的介

词词组出现在动词前的情况亦大减。这并不违背我们先前对甲骨文中分布限制的看法,因为,除了焦点的情况,论元介词词组一律出现在动词后面。《尚书》和《诗经》中计有 893 处"于"介词词组,其中出现在动词前面的论元介词词组只有 12 处,而且皆作为焦点,如以下两例所示:

(31) 尔所弗勖,其于尔躬有戮。(《尚书·牧誓》)
(32) 人无于水监,当于民监。(《尚书·酒诰》)

商朝甲骨文中的介词"在",仍旧经常出现在西周金文、《尚书》和《诗经》当中。"在"介词词组也依旧表达空间位格[例(33)]、时间位格[例(34)]、抽象位格[例(35)]。

(33) 王出在应门之内。(《尚书·酒诰》)
(34) 昔在中叶,有震且业。(《诗经·长发》)
(35) 尔克敬典在德,时乃罔不变。(《尚书·君陈》)

从西周金文起,出现了新的处所动词"在",用为"处于""位于"或"居于"。如下两例所示:

(36) 庚申王在阑,王各,宰椃从。(宰椃角)
　　　庚申那天,王在阑地;王抵达(大厅),宰相椃跟着(他)。
(37) 惟八月,辰在甲申。(令彝)
　　　(当时)是八月,日子在甲申。

若根据我们的标准计数,《尚书》中共有 67 处介词"在"和 53 处动词"在",《诗经》中有 58 处介词"在"和 99 处动词"在"。"在"的介词词组可出现在动词前或动词后。

3.3 后期的发展

在我们看来,论元介词词组出现于动词后的限制,在汉语发展的整个过程中是一个稳定的基本现象。我们可以借此了解"于"和"在"介词词组的分布及它在不同阶段中的演变。我们试在此简单地勾勒一个后期发展的轮廓。

从战国到汉代这个阶段的文献资料相当丰富,我们根据其他学者的统计进行分析。我们主要引用了何乐士(1985)对《左传》和《史记》的研究。下表仅示出"于"和"在"介词词组在动词前和动词后的分布统计。这些统计数字显然并未考虑各介词词组是否作为论元的情形。

表5 《左传》与《史记》里"于"和"在"介词词组的分布

	《左传》		《史记》(卷八)	
	位于动词前	位于动词后	位于动词前	位于动词后
"于"介词词组	230	2976	105	417
"在"介词词组	20	17	0	2

从上表看来,《史记》中的介词"在"已几近消失。但这项统计只涉及《史记》的第八卷。就《史记》全书来看,何乐士共寻得44处介词"在",其中15处出现在动词前面,29处在动词后。[②]

在此我们可以注意到,从《左传》到《史记》出现在动词前的介词词组的比例显著提高。《左传》里出现在动词前和出现在动词后的"于"介词词组在比例上是1:13,而在《史记》中比例转化为1:4。

要是以我们所提出的分布限制来检视上述的比例数字,就可以观察到非论元的"于"介词词组逐渐局限于动词前的位置。

下两例分别表现了用"在"和"于"构成动词前非论元介词词组的情况:

(38) [$_S$[$_{PP}$在周易][$_S$女惑男、风落山谓之蛊]](《左传·昭公元年》)

(39) [$_S$赵衰、咎犯[$_{VP}$乃[$_{PP}$于桑下][$_{VP}$谋行]]]](《史记·晋世家》)

至于引进论元介词词组的"在"和"于",则必须出现在动词后[见例(40)(41)];只有在作焦点的情况下才处于动词前。

(40) [$_S$ 常有流星[$_{VP}$ 经[$_{PP}$ 于祠坛上]]]。(《史记·乐书》)
(41) [$_S$ 狐突之子毛及偃[$_{VP}$ 从[$_{NP}$ 重耳][$_{PP}$ 在秦]]]。(《左传·僖公二十三年》)

何乐士曾意识到《史记》里各种介词多处于动词前。[23]如果我们将"于"和"在"的分布现象跟何乐士的观察一并考虑就可以得到以下结论:自从东汉时期开始,动词前成为非论元介词词组的位置。

4. 结　论

本文指出:在中国最早的文献甲骨文中,"于"和"在"是介词而不是动词,这与当今学术界的一般看法不同。动词"在"出现于较晚的西周时代,但介词"在"并没有因此而消失。由于这个缘故,我们就不能认定"于"和"在"是由动词语法化而产生的。而且据我们的观察,介词词组在分布上的演变不能由动词后到动词前的移位来解释。

同时,本文指出"于"和"在"介词词组向来有动词前和动词后两个位置。在汉语发展的过程中,介词词组的分布一直受到同一种限制的支配:论元介词词组除非在作焦点时才出现在动词前,否则一律出现在动词后面。至于非论元介词词组,它们在早期文献甲骨文中出现在动词前和动词后。不过在后期文献中,非论元介词词组出现在动词前的趋势随时代而有异。介词词组在分布上的变化并不是持续的规律变化。因此不能把介词词组分布的变化当成线型演变。其实,尽管在汉代以后介词词组分布的走向有加强的趋势,但它也并不是规律的线型变化。在现代汉语中,这个趋势就形成了一个强制式的规范。所有非论元介词词组一律只能出现在动词前面而决不能出现在动词后面。

注释

① 对于商代甲骨文,管燮初(1953:48-49)认为有以下介词:"于、毋、曰、及、之、

从、乎、惠、在、自、至于、隹、不";陈梦家(1956:121-125)仅以"自、至于、于、在、从"为介词;Kryukov(1980:55)列举了"在、至、及、自、于";沈培(1992:126)认为有"于、自、在、从、由、自……至(于)、自…… 于";张玉金(1994:14-22)提到"必、在、从、至、至于、于、暨、及、戢、既、由、若、率、终、用、先、后、自、卒"。对于公元前11世纪至公元前7世纪的汉语,Dobson(1960:60-62)区分"虚词性"的"于"和"实词性"的"自、由、在、至于、在"。他的观点是:"虚词性的'于'不区分方位的类型:既不区分动词表现的趋近或背离两种方向(动作流向),也不区分以说话人为参照点的趋近或背离两种方向。为了表示后一种区分,可以用显示这种区分的实词性的'自'等代替虚词性的'于'。……实词性的'自'等可以转换到介词的位置上。"

② Serruys(1981)说:"甲骨文'在'的意义和功能是实义动词性的,应该与介词'于'的功能严格区分开来。"

③ 通过刻辞和铭文,很容易追溯"在"的字形演变。商代刻辞"在"作✝形;周代铭文没多大改变,或作✚,或与"土"合文作⚱。然后,后一种形式取得优势,一直延续到现在:𠂎(战国)、在(汉代)。

④ 现代汉语的译文可以使我们的分析对读者而言更清晰,因而是必要的。出于同样的考虑,我们用带语法标注的括号对句子作了简单的句法分析。

⑤ 这个表格包括了"于"和"在"作介词的所有用法:三种位格的用法(空间、时间、抽象方位),以及标示双宾语中接受者的用法。具体参看下面 2.2 节。数据统计据岛邦男(1971)的索引。我们一共得到 25000 多条未残缺的句子(实为 26094 条),这些材料足以满足句法分析的需要,允许我们区分出句子中的不同成分。

⑥ 甲骨文的情况与现代汉语大不相同。在现代汉语中,"在"可作介词,也可作动词。动词"在"可以单独作谓语,可以被否定,可以没有补足语(参看(i))。相反的,介词"在"不能作谓语,这一点在"在"接一个时间 NP 时最明显,因为这时,没有与动词"在"混淆的可能(参看(ii))。介词"在"也不能被否定,该现象在介词词组附加于 VP 时会看不清楚(参看(iii)),但当介词词组在话题位置时、也就是在 VP 之外时能看清楚(参看(iv))。最后,介词"在"要求带宾语,宾语有时是语境带出的(参看(v)):

(i) 我刚才去了一趟,他没在。(吕叔湘 1980/2000:230)
(ii) *他在 1996 年。
(iii) 他[不[在上海[学法文]]],他学汉语。
(iv) (*不)在上海他不学法文,他学汉语。
(v) 我刚才去了一趟,他 [$_{vP}$[$_{PP}$在 *(办公室)][$_{vP}$还有事]]。

详细讨论参看 Djamouri & Paul（2006）。
⑦ Huang（1982：499）用下面的例子说明"不允许介词悬空"：
　（i）＊张三$_i$［$_S$ 我［$_{PP}$ 跟 t$_i$］不熟］。
　（ii）＊［$_{NP}$［$_{IP}$ 我［$_{PP}$ 跟 t$_i$］不熟的］那个人］［Huang 1982：499；（109a-b）］。
⑧ 像例（7）显示的一样，"往"既可以带 PP 作补足语，也可以带 NP 补足语，还有一些其他的动词，比如"诺"（义为"应许，同意"）也是如此：
　（i）帝诺王（合集 323）（帝赞成王。）
　（ii）祖丁惟循诺于王（合集 1854）（这次巡视，祖丁会赞成王。）
　（iii）祖乙诺（合集 1637）（祖乙（将会）赞成。）
一个动词既可以带 NP 作补足语，也可以带 PP 作补足语，何乐士（1985）已揭示晚期的上古汉语同样存在这种现象。
⑨ 关于"于"由动词虚化为介词的看法，见郭锡良（1997，2005）和梅祖麟（2004）。
⑩ 郭锡良（1997，例 10）犯了同样的解读错误。
⑪ 同样，"祖乙""妇妌"之类不是"被限定语-限定语"结构，而是"称呼词-名字"的同位语结构。
⑫ 尤其是郑玄（127—200）的注。
⑬ 这里的"归"后没有表地点的补足语，显示它已经名词化。当它作谓语时，它可以后跟表地点的 NP 或 PP 补足语，如"归（于）国"。动词的名词化并不奇怪，从甲骨刻辞始就有大量例子（参看 Djamouri 1988）。
⑭ 这也就排除了另一种常见的观点：连动式的 V$_2$ 虚化成介词后，移位到动词之前。对这种观点的扼要描述参见 Peyraube（1996，2000）。
⑮ 魏培泉（1993）过分使用了论元这一术语，他用它指动作涉及的角色（等于一般所说的论元），也指外围的环境角色。不清楚他是否把 PP 也算入论元。他所说的论元在数目上可以是不确定的。事实上，他用来解释其所说的论元分布的基本限制是"量"：首先，论元（除开施事）在商代甲骨文可以出现在动词后，然后，动词后位置所出现的论元数目越来越少，直至只有一个，其他成分要出现于动词前。
⑯ 如以下两例所示，与事者可由名词组或介词词组的形式来表现。
　（i）［$_S$Ø［$_{VP}$ 侑［$_{NP}$ 祖乙］［$_{NP}$ 三宰］］］］（合集 01610）
　（ii）［$_S$Ø［$_{VP}$ 侑［$_{PP}$ 于祖乙］［$_{NP}$ 三宰］］］］（合集 01512）
⑰ 双宾语动词的两个论元出现在动词后，这一事实与商代甲骨文是 SVO 语序一致。
⑱ 应该强调的是：焦点化这个概念不能与有标记/无标记混同起来［这与 Peyraube（2000）不同］。焦点化一个成分暗示一个精确的语义（因而否定焦点化的成分

并不属于对于预设的否定)。
⑲ 至于进一步探讨关于商朝甲骨文中的焦点结构,参见 Djamouri(1988,2001)。
⑳ 数据统计据岛邦男(1971)的索引。我们一共得到25000多条未残缺的句子(实为26094条),这些材料足以满足句法分析的需要,允许我们区分出句子中的不同成分。
㉑ 注意从春秋时期开始,"于"也写作"於"。
㉒ 此据何乐士与 Alain Peyraube 的私人通信(参看 Peyraube 1994)。此外,不排除大量介词"在"被分析为了动词这种可能。
㉓ 据何乐士(1985:61),在《左传》中,40.2%的 PP 位于动词前,59.8%位于动词后;这个比例与《史记》正相反,后者 PP 在动词前和动词后分别为 75.3% 和 24.7%。

参 考 文 献

陈梦家　1956　《殷墟卜辞综述》,北京:科学出版社。
管燮初　1953　《殷墟甲骨刻辞的语法研究》,北京:中国科学院。
郭锡良　1997　介词"于"的起源和发展,《中国语文》2:131-138。
郭锡良　2005　汉语介词"于"起源于汉藏语说商榷,《中国语文》4:341-345。
何乐士　1985　《左传》《史记》介宾短语位置的比较,《语言研究》1(8):57-65。
梅祖麟　2004　介词"于"在甲骨文和汉藏语里的起源,《中国语文》4:323-332。
沈培　1990　殷墟甲骨卜辞介词结构语序研究,缀玉编《北京大学中文系研究生论文选编》576-595,北京:北京大学出版社。
——1992　《殷墟甲骨卜辞语序研究》,台北:文津出版社。
师兵　2003　也论介词「于」的起源和发展,《中国语文》4:343-347。
魏培泉　1993　古汉语介词"於"的演变略,《"中研院"历史语言研究所集刊》62(4):717-786。
俞光中　1987　"V 在 NL"的分析及其来源献疑,《语言研究》3(24):14-18。
张玉金　1994　《甲骨文虚词辞典》,北京:中华书局。

——2001 《甲骨文语法学》,上海:学林出版社。

Djamouri, Redouane 1988 Etude des formes syntaxiques dans les écrits oraculaires gravés sur os et carapaces de tortue. Thèse de l'Ecole des Hautes Etudes en Sciences Sociales. Paris.

——1992 Un emploi particulier de *you* 又/虫（有）en chinois archaïque. *Cahiers de Linguistique-Asie Orientale* 21(2):231 – 291.

——1995 Prépositions *yu* et *zai* en chinois haut-archaïque. Paper presented at the Dixièmes Journées de Linguistique d'Asie Orientale, 16 – 17 may, CRLAO, EHESS, Paris.

Dobson, W. A. C. H. 1960 *Early Archaic Chinese*. Toronto: University of Toronto Press.

Kryukov, M. V. 1980 *The Language of Yin Inscriptions*. Moscou: Nauka Publishing House.

Peyraube, Alain 1994 On the History of Chinese Locative Prepositions. 《中国境内语言暨语言学》2:361 – 387.

——1996 Recent Issues in Chinese Historical Syntax. Huang C.- T. James, Li Y.- H. Audrey (eds.). *New Horizons in Chinese Linguistics*, 161 – 214. Dordrecht: Kluwer.

——2000 On moving constituents in Chinese Historical Syntax,"中研院"第三届国际汉学会议, June 29 – July 1.

Pulleyblank, Edwin G. 1986 The Locative Particles YÜ 于, YÜ 於, and 乎. *Journal of the American Oriental Society* 106(1):1 – 12.

——1995 *Outline of Classical Chinese Grammar*. Vancouver: University of British Columbia Press.

Serruys, P.L.M. 1981 Towards a Grammar of Shang Bone Inscriptions, 台北"中研院"语言文字组编《"中研院"国际汉学会议论文集》, 313 – 364.

先秦汉语的"之"*

余霭芹 著　王丽玲 译　吴福祥 校

0. 引　言

  本文有两个目标①:考察"之"②——古汉语中最常用的"虚"词③之一,如果不是最常用的虚词的话——在几种主要先秦文献中的主要功能,并从较以往更为普遍的视角将其作为一个指示词(a deictic word)来研究。在实施前一研究目标的过程中,我们深感需要采用一以贯之的方法来对每一种文献中的该功能词进行穷尽性和逐个的考察,以便比较不同的用法。如果存在不同的用法,则跨文本考察并追溯各种功能可能的历史发展。先秦汉语横跨一千余年,因此立刻从不同文献中选取用例不仅会造成错觉,认为所研究的"虚"词在不同文本中功能相似,而且在历时层面上可能掩盖其功能演变的可能的过程。假如我们承认,在许多情形下甚至在同一种文献中都可能存在语料的异质性,那么我们在调查和分析每一种文献中所谓的"虚"词的功能时必须更加谨慎,以免混杂材料的例子混淆了局面。这样且只有这样,我们才能在所有的空间和时间变量上达到对其确切功能的全面理解。为实现第二个目标,我们打算历时地调查"之"的功能,并对其演变过程作出某种假设:从一个"实"词④——指示动词(a deictic verb)——到指示代词(a demonstrative),到人称指示词(a

---

  * 译者说明:本文原标题为 Zhi in Pre-Qin Chinese,载 T'oung Pao(《通报》)1998,(4-5):239-292。原文引例基本上未加标点,译文根据需要对部分例句加了标点。此外,参考文献中有个别条目遗漏了出版社、出版地等内容,译文作了补充。

personal deictic)再到定语标记(an attributive marker),后者是语法化的结果⑤。我们也充分注意到,在历史句法学中没有真正的历时分析,因为不仅某些文本的断代仍构成严重的问题,而且由于不同文本可能体现了时代及方言区域的差异,这些文本之间的源流关系(lineage)无法确立。同其他语言的比较是有益的,尽管作为证据来说不是决定性的。但是,我们希望,我们对一千多年范围内"之"的研究有助于对指示范畴(the deictic categories)的演变过程的总体理解。

书写符号"之"代表的语言形式可以追溯到公元前14世纪汉语最早的书写记录。尽管关于商代甲骨文(Shang bone inscriptions)(公元前14世纪中叶至公元前11世纪中叶)中"之"的确切功能存在分歧,这些功能大体上可以分为两大类:动词性的(verbal)和指示代词(demonstrative)/代名词性(pronominal)的,二者都与指示用法(deictic usage)有关。《汉语大字典》认为,到先秦末期(至公元前222年),"之"的功能之数量已经增至十多种⑥。本文不打算讨论"之"的所有功能,而是聚焦于我们所希望证明的其主要的指示功能(deictic functions):由于该功能在商代甲骨文、金文(the bronze inscription)、《尚书》《诗经》以及《左传》等文献中都有所反映,我们将考察"之"不同功能之间的相互关系及可能的衍生关系,以期对其可能的历史发展作出简明的解释。

1. 商代甲骨文中的"之"

商代甲骨文本质上是神谕的,遵守占卜的某些既定程式,将之作为历史语法研究的最早的材料自然有其限制性。尽管它在内容上包含了有关农业生活、战争、渔猎、建筑、进贡、教育、生育、疾病、祭祀、星象(例如日食)、历书等广泛的问题,但其为各种活动寻求预兆这一有限的目的以及这类铭文必然的缺陷使之不能完全代表当时的语言。但是,即使存在这种限制,我们仍能收集到有关"之"的最早功能的有价值的资料。

陈梦家已将"之"的这些早期功能描述为两大类⑦:指示代词

(demonstrative pronoun)和指示形容词(demonstrative adjective)*。"之"是见于卜辞(oracular inscriptions)(及西周金文)的三个指示代词之一,另外两个指示代词为"兹"和"止"。"之"指称人和方所,可与"止"相替换,而"兹"与"此"相同,可以归入近指代词(the proximal demonstrative pronoun)(相当于"这")一类当中。不过,陈梦家并未明确指出"之"是远指代词(the distal demonstrative pronoun)(相当于"那")。同样,他在将"之"描述为指称事物的两个指示形容词之一(另一个为"兹")时,并没有把它与远指形容词(distal demonstrative adjective)联系起来,尽管他将"兹"解释为"此"。不过他确实将与时间词共现的语境中的"之"同现代汉语的远指形容词"那"进行比较。因为,"之"加上一个时间词时表示过去时间(past time),而"兹"加上一个时间词表示现在时间(present time)。因此,"之日"表示"过去的那一天",而"兹月"表示"这个月"。并且,在描述时间附接语(temporal adjuncts)时,他认为位于一个表示大于十二个小时跨度的时间名词(例如"祀""岁""旬""月""日""夕")前的"之"和"昔"表示过去时间,而"今"和"兹"表示现在时间,"羽""来""生"则表示将来时间[8]。

关于"之"的功能的上述两种解释大体上为学者所接受,尽管Serruys认为"之"是一个近指词(a proximal deictic)而非远指词(a distal deictic),并且认为将"之"解释为一个"相当于'这'的指代词"(a demonstrative pronoun "this")[9]不能涵盖卜辞中出现的所有"之"的用法。他还主张"之"的基本义是"往,到……去"("to go"),这种解释符合商代文献中的所有用例。并且,他解释道,该意义更符合"之"的图形表征(graphic representation)"⸺",即表示"止"在"一"上,也即"一只脚在地面上"。按照这种解释,"之夕"表示"到晚上"("by the evening"),大概是来源于"到夜晚去"("going to evening")。有些例子确实说明"之"表示"往,到……去"义而不具有任何指代性指称(demonstrative reference),例如在"王乍邑帝若我从之唐"(义为

---

* demonstrative adjective,作者随文翻译为"指词",这里译为"指示形容词"。

"如果王赞成,帝同意,我们(我们的人)将跟随去唐")[10]句中。另一方面,不可否认,"之"的绝大多数用例表明,将它解释为一个指示代词是非常可取的。请注意,Serruys 的许多例子表示"紧接着或紧随某一日期之后"(immediately or closely following dates)(就我们调查的部分而言,在《殷墟文字丙编》总共 64 例中,我们统计得 14 例"之"位于时间词之前的用例[11]),他认为:"很可能其相当于'这(this)'的代名词用法是来源于该项用法,并且它可能已经只表示'这(this)'的意思。"

指示代词来源于位移动词(a motion verb)的可能性是可能的并且合理的,尽管有关"之"的这种假设尚未被学者广泛接受[12]。我们引用一个语言发展的例子来说明这一衍生过程的合理性。

在对新几内亚 Tok Pisin 语(New Guinea Tok Pisin)这种使用于美拉尼西亚的皮钦语的句法结构与演变的研究中,Sankoff 和 Brown[13]指出,该语言目前使用的后置的指示词(deictic)或指示代词(demonstrative)来源于一个处所副词 ia,ia 在词源上又来源于英语的 here,而 here 的早期语源是在 20 世纪 50 年代拼写为 hia 的形式。到 20 世纪 70 年代,ia 很少用作一个处所副词。尽管仍保留了一些处所副词功能的痕迹,它作为指示代词的用法大量存在。Sankoff 和 Brown 敏锐地指出,Tok Pisin 语中这种从一个处所副词到一个指示代词的用法扩展并非孤例,而是为许多语言所共有。例如,非标准英语中的 this here man 和标准法语中的 celui-ci 及 celui-là 说明"这两种用法之间密切的语义相似性",尽管对其衍生方向有不同的假设。实际上,在现代汉语中,同一个指示性成分(deictic elements)"这"和"那"被用来构成指示代词、处所副词("这儿"或"这里","那儿"或"那里")以及"这样""那样""这么""那么"等整个一组其他指示词(deictic word)。

假如符号"之"描绘了"一只脚在地面上",它能极好地表达"这里""从这里""离开这里""朝向那里"等意思。"之"的意思可能包括"往,到……去",它本身是一个指示动词(a deictic verb),这种说法决不能认为是牵强的。我们认为"之"本质上是一个全能指示词(an all-inclusive deictic word),包含了动词、指示代词(demonstrative)、人称(回指)和副词(程度、方式)等几个层面的指示意义(deictic meanings)。在这些指示意义中哪一项是"之"的语源意义(root)？有两种可能：动词或指示代词。该符号本身表示动词性意义，但这不一定支持指示代词衍生自动词性指示词(verbal deictic)的可能性，因为符号通常表示相对具体的意义。另一方面，指示词与功能词相似，往往由相对具体的意义向相对抽象的意义演化。例如，时间指示词(temporal deictic)用法来源于空间指示词(spatial deictic)用法，这一点是跨语言普遍正确的[14]。因此，认为"之"的指示代词用法来源于其动词性用法(后者具有空间含意)而非相反方向，这是相对合理的。并且，就频率而言，"之"的动词性用法在甲骨文卜辞时期(oracle bone period)或更有可能在此之前似已到达高峰。尽管卜辞中绝大多数"之"的例子解释为指示代词或动词性的指示词都说得通(如 Serruys 解释的那样)，但也有一些例子必须明确地解释为动词性的指示词，或者这种"动词性"的解释更通顺。对《殷墟文字丙编》中的 64 例"之"的用例进行统计[15]，找到至少 8 个例子[16]（接近 14%）（上文已引用 1 例），我们认为这些例子很难解释为指示代词，例如：

辛巳卜宾贞其曰之；贞不曰之。[193(1;2)]

这里的"之"不可能看作一个代名词，因为在同一片龟甲的反面刻着"奠来十(194)"（"[从]奠送来十个[龟]"）这样的文字，这表明，可能在(193)这次占卜后，有人被派往奠这个地方，可能是以龟为贡品，结果送了十个龟[17]。下列一例中，"之"出现于"其"之后：

贞不其之。[330(4)]

这里的"之"也不可能是一个代名词，因为"其"一般被认为是该时期的一个情态标记(a modal marker)，其后的成分一般为动词[18]。在后代的文献中"之"用作动词的比率从未超出商代甲骨文中的相应比率。尽管我们仍缺乏"之"主要用作动词的早期阶段或者它开始用作指示代词的过渡阶段的证据，但正如我们在下面几节将看到的那样，在此后的文本中"之"的动词性用法相对少见,这使我们有理由认为,这种动词性用法不仅在这些随后的文本中,甚至可能在现存最早的卜辞中就已处于衰退之中。[19]

指示动词"之"可能是指示代词"之"的语源,这一假说可能会遇到系动词个案中的一个反例,即系动词通常被认为是来源于指示代词"是"[20]。但我们应注意的一个事实是,系动词在汉语所有动词中是最"中性"的:它只不过起着一个联系项(connector)或"代动词"(pro-verb)[21]*的作用,与一个"虚"词没有多大差别。因此,这看起来更像一个语法化的个案,同时也是一个从指示词向非指示词(non-deictic word)的转变[22]。无论如何,我们将在第6节回到"之"功能的历史衍生过程的讨论。

一个几乎确定的事实是,在卜辞中,"之"的所谓领属/定语用法(possessive/attributive usage)尚不能证实。尽管刘兴隆在其《字典》(1993)中确实引用了1例这样的用法:"在一月之乙酉肜于祖乙。"("在一月的乙酉日,为祖先乙举行肜祀"),但此例中的"之"并非一定得这样解释,因为此例同样可以理解为表示"在一月那乙酉日……"。

总之,卜辞中"之"的功能主要是指示性的(deictic),可以归纳为一个简明的公式[23]:

之(NP)

其中 NP 代表名词短语。该公式既包括指示动词功能,也包括指示代词(当其后没有 NP 时)或指示形容词(当其后有 NP 时)功能。并且,当"之"用作指示代词时(《殷墟文字丙编》中大约50%"之"的用例可以这样解释,但不排除与动词性意义可能存在交叉),它主要充当宾

---

* 关于代动词(pro-verb),《新编英汉语言学词典》(戴炜华,上海外语教育出版社2007)定义为"可用于替代一个完整的动词短语的动词形式,如英语中 do 的各种形式都可用作代动词。"又如《韦氏大词典》指出,"代动词是动词 do 的一种形式,用于避免动词重复,如'act as I do'中的 do 一词"。

语。例如:"辛卯卜宾贞沚戛启巴王勿隹之从[276(5)]"('在辛卯日占卜,宾预测:当沚戛打开巴国,王不应该跟从他。')。当"之"用作指示形容词时,NP 通常是一个表示时间词或日期的简单名词[《殷墟文字丙编》中共出现 64 例"之"的用例,其中有 14 例(将近 22%)如此]。例如:"之夕月有食(060)"("那一晚月亮有月食")。"之"很少出现在一个 NP 之前,尽管如下可能是一个不确定的例子:"贞祝挈之疾齿鼎龙[012(8)]"("占卜:如果祭祀时司礼仪的人拿走(贡品),那颗坏牙的疼痛将缓解,并且好转"),其中"之疾齿"可以理解为"那颗坏牙"[24]。

2. 金文中的"之"

现存的金文横跨从商周时代到春秋战国时代共一千多年的时间(公元前 14 世纪至公元前 3 世纪)。我们使用的铭文选自周何等(1995)《青铜器铭文检索》,该书中出现的"之"的用例主要出自战国时期(公元前 475 年—公元前 221 年)[25]。下文引例除特别说明外,都出自该时期。

由于空间有限,加之这些金文主要用来记录制造刻有这些文字的物件的场景,因此难以判断"之"的某些用法不出现是属于当时的特点还是由上述限制所致,在这一点上金文与甲骨文的情况类似,并且实际上甚于后者。只有通过与同时期文献的比较,我们才能进行某些定性研究。但是,通过与我们在甲骨文发现的材料进行比较发现,金文中存在一些值得重视的差异。"之"的代名词用法约占所有用例的 25+%(总共 1178 例中有 290—294 例)[26]。在这些例子中,"之"最常见的用法是在"永宾用之"("永远珍惜和使用它")这类表达形式中充当宾语代词(an object pronoun),这与金文的性质十分吻合。我们也发现了一些"之"充当间接宾语的例子,例如"商之台兵执车马(齐侯壶)"["用兵器、俘虏和用于(驾驭)战车的马来奖励他"]。

金文中没有"之"用作动词的例子。"之"在时间词前面作指代词的用法在甲骨文中相当常见,但在金文中几乎没有用例。不过,我们在一尊西周前期的青铜器"麦尊"上发现一例:"之日王以侯内于寝。"("那一天王率领诸侯进入殿后的寝宫")[27]。此外还有两例,其中一例出自西周后期的"多友鼎"㉘:"甲申之辰搏于龏。"("在甲申日的那个早晨(X)在龏地格斗。")另一例出自一尊战国时期的青铜器"兹太子鼎":"隹九月之初吉丁亥。"("是在丁亥年九月的那第一天。")这两例与甲骨文中调查到的格式即"之 NP"不完全一致,而是进入了一种下文将要讨论的新格式。铭文"其于之朝夕监(史話簋一、二)"("打算在那天早晨和晚上检阅")似与甲骨文中的格式一致;但此例也作另一种理解,即,把"之"看作一个代名词,换言之,此条铭文可能表示"对于它,打算在早晨和晚上检查"的意义。

"之"的绝大多数用例出现在未见于卜辞的新格式中,也即出现于两个名词(N)或名词短语(NP)之间(总共 1180 例"之"的用例中,这类用例有 822 例,占总数的将近 70%),以及(少数)出现于一个动词短语(VP)和一个名词(N)之间。部分用例如下:

N 之 N:余毕公之孙(邵钟二至十四)㉙
　　　其万年无用之疆(__汤吊盘)㉚
N 之 NP:须弔生之食鼎(须弔生鼎)
　　　子賏之用戈(子賏戈)㉛
　　　羊子之造戈(羊子之造戈)
NP 之 NP:吴季子之子逞之永用剑(吴季子之子剑)
　　　宋公差之所造不阳族戈(宋公差戈)㉜

"VP 之 N"形式有 12-14 例(正好占总数的 1% 左右),都出自战国时期。例如:

VP 之 N:取它人之善鼎(取它人鼎)
　　　万年子孙永用之享(番君白䵣盘)

这些例子可以说明"之"充当所谓的领属/定语标记(a possessive/attributive marker)的流行用法,这类用法在先秦文献中非常常见。但在这些例中,仍然可以把"之"理解为指示代词。换言之,它们具有"N+[之 N]""N+[之 NP]""NP+[之 NP]""VP+[之 N]"等结构,并且,即使整个短语是一个"修饰语+核心语"结构,也没有令人信服的证据表明"之"在这些结构中一定用作领属/定语标记。

很可能在当时一个"修饰语+核心语"结构不需要任何标记来标注;换言之,这类结构以零形式标记(a zero marker)来标注。当修饰语为单字词(monographic)时显然如此,如上文所引的"善鼎""食鼎""用戈""造戈"等例子;但是也有短语不带任何标记直接修饰名词的例子,同样如上文所引的"永用剑""所造不阳族戈"等例子。同类的带零形式标记的"修饰语+核心语"结构形式也见于《尚书》,尽管并不常见,例如"王命予来承保乃祖受命民(洛诰)*"["王命令我承当起责任,保卫那些你的祖先受命(要保护)的人民"]中,"乃祖受命"直接修饰"民"。

实际上,这类现象在一些现代方言的某些修饰语结构中仍能观察到。例如,Mullie(1942)提到,在北方汉语口语中,"人这个头"指"人的头",他甚至将之同法语口语中的表达形式(*de*)*l' homme cette tête* 以及佛兰芒语(Flemish)口语中的 *de mensch zijn hoofd* 进行比较③。在某些现代闽南语(Southern Min)和粤语方言中,如果核心语包含一个指示代词的话,整个修饰语小句可以不带任何定语标记出现于核心语名词之前,因此,"著红衫[ko³⁵](="那")个细民仔㉞"["穿红衣服那个小孩"=穿红衣服(的)那个小孩子]这类结构在广东话(Cantonese)中完全能接受,尽管在标准普通话中定语标记"的"必须出现。在古汉语中,修饰关系是无标记的,仅凭语序来表示,正如今天仍能从上述南方方言中观察到的那样(例如,"[ko³⁵]个细民仔著红衫"意为"那个小孩穿一件红衣服")。我们对上述用例中"之"的分析正体现了这一句法规则。

但也有例外的情形说明"之"正开始向领属/定语标记功能发展。当它出现于"用"或"造"之类的形式之前时,很难将其用法归为指示词。或许另一种可选的处理办法是,将如下这类例子中的"之"解释为

---

* 据《十三经注疏》中的《尚书正义》(北京大学出版社,1999)及王世舜《尚书译注》(四川人民出版社,1982),此句当为"王命予来承保乃文祖受命民",原文引文漏一"文"字。

指示代词充当动词"用"和"造"的宾语㉟:

　　N 之 V:蔡公子果之用。(蔡公子果之用戈一)
　　　　　滕侯耆之造。(滕侯耆之造戈一)

尽管"之"的这种居于动词前的语序有时也见于先秦汉语,但这类语序一般见于疑问句或否定句或是带标记"惟"的句子。一个更好的解释是,认为"之"用作新的功能即领属/定语标记,对此下文第 3 节将加以讨论并列举更多用例。

"N 之 VP"的用例总共有 28 例(约占总数的 2%),全部出自战国时期。例如:

　　诒死罪之有若。(中山王礜鼎)㊱
　　民之所敬。(王子午鼎)㊲ *

这些例子中的"之"很难将解释为一个前置的指代词(a preposed demonstrative)或指示词。因为这类结构在随后的一个时期中趋于普遍,下文第 3 节将对此进行讨论。

总结我们到目前为止的讨论,金文中的"之"继续用作一个指示代词,但不再用作动词,并且其位于时间词之前的指示词用法急剧下降,实际上几乎消失。最明显的是,它出现于一种新结构中,该结构可概括为"[X][之Y]",其中 X 和 Y 为 NP 或 VP(不常见)。除了当"Y=VP"的情形之外,"之"仍然是一个指示词。"之"的功能可概括为如下公式:

　　(NP,VP)之(NP,VP)

当"之"的后面没有任何成分时,它是一个代名词;当它后面有 NP 时,它用作指示代词。当它后面有 VP 时,我们发现很难将它再看作一个指示词,在下面的几节中将作进一步的讨论。请注意,上述公式中的

---

　　* 原文注 37 误将"王子午鼎"写作"王子五鼎"。

VP 在西周时期并未出现,而是出现于战国时期。

表 1 归纳了我们所调查的金文中的"之"的用例:

表 1 金文中"之"的用例[38]

	用例数量	之 NP	代名词	NP 之 NP	VP 之 N	N 之 VP	不确定例
殷周 %	2 0.2-			2			
西周前期 %	3 0.3-	1		2			
西周后期 %	12 1			12			
春秋战国 %	1159 98+	0-2	289-293	811	12-14	29	14
秦 %	2 0.2-		1	1			
总数 %	1178 100	1-3 0.2-	290-294 25-	828 70	12-14 1+	29 2.5	14 1.2-

3. 先秦文献中的"之"

要对"之"的功能的历史作出全面、深入的分析,前提是需要对"之"在所有现存先秦文献中的用例进行考察,其所需时间远远超出本文所能付出的。因此,我们将从《尚书》《诗经》和《左传》开始,将年代限制在"之"被充分确立为领属/定语标记的时间,其余问题留待日后研究。

3.1 《尚书》中的"之"

尽管《尚书》具有异质性,并且其各部分的断代具有不确定性(从商代到战国时期,从大约公元前 14 世纪中叶到公元前 256 年不等),但它为调查"之"的各种功能提供了重要的语料。我们这里使用《十三经注疏》中的版本（中华书局，1979），以及陈舜政（1970）、顾颉刚（1982）*和王世舜（1982）所用的版本。在《今文尚书》中出现的约230例"之"的用例中，除了2例表示特殊意义"和"以外[39]，大约有60例（26%）用作指代词，131例（57%）见于"NP之NP"结构[40]，10例（4+%）见于"VP之NP"结构，27例（12-%）见于"NP之VP"结构[41]**，并且无一例用作动词，或是在见于商代卜辞的"之+NP"框架中用作指示形容词——实际上，这类用法只在《古文尚书·泰誓》中找到1例："侵于之疆（210544）"（"侵入那片疆域"）。下表按篇目列出了《今文尚书》中"之"的四种用法。

表2 《尚书》中"之"的用例[42]

章　节	代名词	NP之NP	VP之NP	NP之VP	连　词
尧典	1	1			
皋陶谟	9	3			
禹贡		2			
甘誓		3			
汤誓	1	1			
盘庚	3	6	2	10	
西伯戡黎				1	
微子	1	1			

---

* 原文此处及"参考文献"中误将"顾颉刚"写作"顾诘刚"。

** 原文此处有注释（注释41，请参看），直译如下："对于这里的'NP之VP'以及'NP之VP'结构。（here and for NP之VP），……"据论文正文意思推敲，该注释中"here and for NP之VP"一句可能存在笔误，理由是：注释41是对此段论文中所示的格式中的VP进行界定，就此处讨论的三种格式而言，只有"VP之NP"和"NP之VP"二者包含"VP"。因此，译者将注释41译为"对于'VP之NP'以及'NP之VP'结构，……"。

续 表

章 节	代名词	NP 之 NP	VP 之 NP	NP 之 VP	连 词
牧誓		6			
洪范	5	7		5	
金滕	4	6	1	3	
康诰		4			
酒诰	2	3	1		
召诰		4			
洛诰		2			
多士		1			
无逸	3	14		3	
君奭		1	1		
多方	7	14			
立政	5	7	3		2
顾命	1	16	1	1	
吕刑	9	19	1	2	
费誓	1	1			
秦誓	8	9		2	
总数 %	60 26+	131 57-	10 4+	27 12-	2 0.09-

"之"作指示代词的比率的下降(26%)与第2节调查得出的趋势是一致的——金文中这类用法呈现约25%的比率。不过,我们对《尚书》的统计是基于如下处理的:将绝大多数"惟 NP 之 V"用例中的"之"看作一个复指代词(resumptive pronoun),将其中的"惟"看作一个强调标记(a marker for emphasis),它要求宾语置于动词之前并且标注以复指代词"之"㊸。这类用法的"之"有3例。除此之外,"之"的用法

与商代的完全一样,即作直接宾语或间接宾语。例如:

我乃劓殄灭之。(盘庚 161037)
汝则锡之福。(洪范 240397)

和金文中一样,《尚书》中的"之"主要出现于两个 NP 之间(见于表 2 的"NP 之 NP"框架中),到目前为止我们已将这种形式分析为"[X][之 Y]"。当 X 和 Y 都是具体名词短语的情形下,该公式有效。例如:

敕天之命。(皋陶谟 040536)
绍复先王之大业。(盘庚 160108)
遂迩西土之人。(牧誓 220034)
以旦代某之身。(金縢 260096)

X 为 VP 的情形约有 10 例,也即,X 既非 NP 也非单一动词(表 2 中的"VP 之 NP"),在该情况下仍然可以将"之"解释为指示性(deictic)功能:

邦伯师长百执事之人。(盘庚 161220)
无疆之恤。(君奭 360595)
羞刑暴德之人。(立政 390198)
则亦有熊罴之士不二心之臣保乂王家。(顾命 430180)

但请注意,这类 X 为 VP 的例子不见于时间相对早的、被学者们称作《虞书》《夏书》的篇目中。在《尚书》的各篇中,只有《盘庚》出现了两个例子。"VP 之 NP"相对少见得多,并且,回顾我们将单一动词和动词并列形式(coordinated V's)排除在 VP 之外而归入 NP 的分析法,很可能该结构的形成时间晚于"NP 之 NP"。这与金文中调查到的用法是一致的——金文中,仅在西周之后呈现 12-14 例这类用例。

我们也已经看到,当碰到"之"后出现"用"或"造"这类形式的情况时,对"[X][之 Y]"的上述分析并不有效,因为"用""造"这类形式可以看作名词性成分但不是具体名词。我们在《尚书》中发现了越来越多的这类位于"之"后的名词性成分，这类结构中的"之"不能解释为一个前置的宾语代词（可能除了"……之用"的情况之外）。例如：

今予惟恭行天之罚。（甘誓 070045）
邦之臧。（盘庚 160533）
告汝德之说于罚之行。（康诰 290783）
王其德之用祈天永命。（召诰 320604）
五刑之疑有赦。（吕刑 470571）

因此，我们必须假定，这里的"之"已经获得了一种新的功能——用作一个定语标记。

在金文中，我们看到了"之"置身其中的另一新模式即"N 之 VP"的兴起。在《今文尚书》中，我们已经找到 27 例"NP 之 VP"，分布于《盘庚》《西伯戡黎》《洪范》《金縢》《无逸》《顾命》《吕刑》及《秦誓》等各篇的文本中。其中《盘庚》包含了 10 个例子，因而被一些学者（如范文澜）看作商代资料的残留，除此之外，绝大多数例子来自被学者们断代为春秋至战国时期的诸文本，例如，《洪范》被大多数学者看作战国时期作品，它提供了 5 个此类用例。《盘庚》中的用例，其中包括不见于其他各篇的以"若"为标记的比较小句 3 例、含关系代词（relative pronoun）"攸"的用例 2 例，以及含否定式 VP 的用例 2 例：

若颠木之有由蘖。（160091）
若火之燎于原。（160387）
若射之有志。（160488）
无或敢伏小人之攸箴。（160138）
汝不忧朕心之攸困。（160720）*
听予一人之作猷。（160515）
乃话民之弗率。（160591）
谋人之保居。（161249）

---

　　* "忧（憂）"，原文引例中误作"优（優）"。

邦之不臧,惟予一人有佚罚。(160539)
予念我先神后之劳尔先。(160833)

《吕刑》中的两例包括含否定式 VP 的一处用例:"皇帝哀矜庶之不辜(470133)",另一处用例为:"群后之逮在下(470162)"。《西伯戡黎》被一些学者认为是东周时期作品,该文本中见有 1 例:"殷之即丧(190117)"。《洪范》的断代存在争议,从周代末期至战国时期看法不一,该文本中见有 5 例,如:

人之有能有为。(240416)
臣之有作福作威玉食。(240624)
月之从星。(240993)

《顾命》(《康王之诰》,可能是一篇东周的作品)中见有 1 例:"绥尔先公之臣服于先王(430232)"。《秦誓》(该文本的年代被认为是春秋时期)中见有 2 例,系同一用例在不同语境中出现了两次:

人之有技,若己有之。(500159)
人之有技,冒疾以恶之。(500198)

《无逸》(可能是春秋战国末期作品)中见有 3 例,系相同的结构形式出现了三次:

肆中宗之享国七十有五年。(350101)
肆高宗之享国五十有九年。(350160)
肆祖甲之享国三十有三年。(350204)

《金縢》(另一个有争议的文本,可能是战国中期的作品)中见有 3 例:

无坠天之降宝命。(260157)
尔之许我。(260177)
我之弗辟。(260290)

上述所有"NP 之 VP"结构中的"之"都不能再解释为一个指示标记(a deictic marker)。那么,它的功能是什么呢?

在回答这个问题之前,我们想要指出,可以认为"之"出现于"NP 之 VP"结构中的用法晚于出现在"NP 之 NP"结构中的用法,因为前者不见于早期的金文。也正是"之"在该结构中的出现证实其功能已经超出(extend beyond)一个指示性标记的功能。《盘庚》被许多学者看作商代文献,该文本提供了多达 10 个此类用例,这一事实使我们对其断代产生怀疑。上文所引 27 例的绝大多数用例中,"N 之 VP"在句子中充当主语、话题或宾语,包括凭借"惟"实现的前置宾语(a fronted object)用法。只是在《盘庚》中,有 3 例是在分类式句子(classificatory type of sentence)中用作位于"若"之后的名词性谓语(predicative nominals)。相比之下,我们在《古文尚书》总共 8 例中发现了 5 例这类用例,该书一般被认为是伪先秦作品(a non-authentic pre-Qin work):

懔乎若朽索之驭六马。(五子之歌 080125)
若苗之有莠。(仲虺之诰 110122)
若粟之有秕。(同上 110127)
惟我文考若日月之照临。(泰誓 210790)
无若尔考之违王命。(蔡仲之命 370134)

在回答上一节末提出的问题之前,我们将调查更多的文献。《尚书》中"之"的功能概括如下[44]:

$$\begin{Bmatrix} 之 \\ \{NP,VP\} 之 \{NP,VP\} \end{Bmatrix}$$

该公式与概括金文"之"用法的公式的不同之处在于,该公式中的"之"或用作代名词,或与一个位于其前及其后的 NP 或 VP 同现。此外,除了其后带一个 VP 的情形之外,"之"仍是一个指示词。

3.2 《诗经》中的"之"

根据毛亨的研究,《诗经》的断代并非没有争议。我们将采用通行的假说⑮,认为其从公元前 11 世纪,至公元前 6 世纪,时间跨度超过五百年。传统上《诗经》分为三部分:《风》(song),或关于十五个不同地区的《国风》(第 1 至 160 篇);《雅》(court poetry),包括周宣王和周幽王前后的《小雅》(第 161 至 234 篇)和出自周代不寻常的三百年的《大雅》(第 235 至 265 篇);以及《颂》(songs of praise),包括对周王的颂歌《周颂》(第 266 至 296 篇),其中大多数写于公元前 1098-1027 年,对鲁王和朝廷的颂歌《鲁颂》(第 297 至 300 篇),写于公元前 7 世纪中叶前后,以及对商王的颂歌《商颂》(第 301 至 305 篇),其创作时间可能与《鲁颂》大致相同⑯。本文的研究借助于《十三经注疏》中的《毛诗正义》版本,以及董同龢(1960)、屈万里(1974)、金启华(1986)使用的版本,此外还有日本东亚研究会的修订本《毛诗引得》。

同《尚书》相比,《诗经》中的"之"涵盖了更为广泛的功能,既出现于早期的动词性框架又出现于早期的指示词框架,并发展到较新的、下文将要分析的"NP 之 VP"框架。这可能是由于《诗经》涵盖了相对更广的地理范围和作者范围造成的。也可能是由于《尚书》各部分的断代还有许多待改进之处所致。此外,我们不应排除如下可能性,即《尚书》反映的语言和《诗经》反映的语言二者之间存在地区差异。

《诗经》中有一些用法是到目前为止调查的资料中未见到的:其一是"之"位于副词"孔"(义为"非常")和一个状态动词之间的用法;另一项用法涉及能出现在"之"后面的 VP 结构,后者可归入"NP 之 VP"之下,但在这里我们把它描述为"NP 之 AA"(其中 AA 表示某一状态动词的重叠形式)。"N 之 V/VP 矣"框架归入"NP 之 NP/VP (矣)"可能比较合适,这里出于下文将要论述的理由,像处理"NP 之 AA"框架一样将它单独列出来。我们先将《诗经》中"之"的用法概括为表格 3。

表 3 《诗经》中"之"的用法之归纳[47]

诗篇	动词	指示形容词	代名词	NP之NP	VP之NP	NP之VP	NP之AA	孔之V	NP之V矣	"之"的数量
周南		5	200	6			4		6	
召南		6	16	16			2			
邶风		7	18	16		4			4	
鄘风	3	4	17	20		5	4			
卫风	1	3	7	16		1	1		4	
王风		3	1	12	6	1			2	
郑风		3	13	28		6				
齐风			13	9	1					
魏风		3	10	7		1			4	
唐风		2	4	30						
秦风			10	8						
陈风			4	21			1			
桧风		2				3	3			
曹风		3	2	2					3	
豳风		3	1	12		1		3		
次类总数（%）	4 0.9-	44 10-	136 30-	203 44+	7 1.5	22 5-	15 3+	3 0.7-	23 5	457 100)
小雅（%）	2 0.7-	24 8-	134 45-	85 29-		23 8-	2 0.7-	8 3-	18 6	296 100)
大雅（%）	1 0.6-	2 1	67 37-	74 40+	1 0.6-	26 14+	5 3-	2 1	5 3-	183 100)
周颂			29	20			2			51

续 表

诗篇	动词	指示形容词	代名词	NP之NP	VP之NP	NP之VP	NP之AA	孔之V	NP之V矣	"之"的数量
(%)			57-	40-			4-			100)
鲁颂			3	17						20
(%)			15	85						100)
商颂				9						9
(%)				100						100)
总数	7	70	369	408	8	71	24	13	46	1016
%	0.7-	7-	36+	40	0.8-	7-	2+	1+	4.5	100

(括号内的数字表示在《国风》《小雅》《大雅》《周颂》《鲁颂》及《商颂》中各类用法所占的比率)

《诗经》中大约有1016例"之"的用例[48],几乎比《尚书》中的用例多4.5倍。由于我们这里研究的是韵文,"之"的用法可能并不完全反映当时语言中的实际用法。此外,不同学者对于疑难诗句的解释必然存在差异。例如,《大雅》第257篇(《桑柔》)中的"既之阴女"句("我已经去保护你"),其中的"之",郑玄解释为"往,到……去",马瑞辰解释为第三人称单数代词,陈奂解释为"是",也即指示代词[49]。我们采用第一种解释,因为它同下一句诗中的"来"意义上相平行:"反予来赫"("相反,(你)来威胁我")。至于有学者如萧海波和萧海峰(1982)提出的"之"在诗句里充当衬字(filler)的情形,在本文中按词语的字面意义看作是受结构形式的支配。例如,萧海波和萧海峰(1982)曾引用出自《齐风》第100篇(《东方未明》)的"颠之倒之"句("把它颠倒过来把它翻倒"),(大概还有下一节里"倒之颠之"句"把它翻倒把它颠倒过来")其中的"之"在本文中直接被看作一个代名词。因此,应谨慎地看待表3呈现的内容,并且应该将它看作只是对"之"各种功能的频率与比率的一个粗略的表示。

就不同篇目而言,尽管《国风》包含了一半多的诗篇(160 篇),但它们只占全部诗句的 38%,因为该部分的诗歌通常比《雅》中的诗歌短小,后者仅包含 105 篇诗却占了《诗经》近一半的篇幅,《颂》包含 40 篇诗,约占全部诗句的 12%。

就"之"的可称为最古老的用法也即动词用法来说,《国风》中有 4 例,其中 3 例出自《鄘风》,该作品出自今山东中西部地区,1 例出自《卫风》,该作品出自今河南北部地区;《雅》中有 3 例,其中 2 例(系相同的例子)出自《小雅》,1 例出自《大雅》。从《诗经》各部分的文本来看,《风》中"之"的动词用法的比率最高。从整体来看,这类动词用法在《诗经》"之"的各种用法中是最不常见的,大约仅占"之"的用例总数的 0.7%。例如:

之死矢靡慝。(第 45 篇,鄘风·柏舟)
之子之远。(第 229 篇,小雅·白华)

另一个出自《魏风》的例子可能是合格的:"谁之永号(第 113 篇,《硕鼠》)"("谁去不停地叹息?"或"谁的不停歇的叹息?"),此句中的"之"可以看作一个动词[50],尽管我们将它分析为与"NP 之 VP"格式一致。

"之"的指示形容词用法,不见于《尚书》,罕见于金文(0.2-%),在《诗经》中也不常见,但其比率高于金文的相应比率,占了将近 7%。这类"之+N"用法中的"之"有不少例子——总计 70 例(《国风》中有 44 例,《小雅》中有 24 例,《大雅》中有 2 例,《颂》中无用例),这明显不同于我们在《尚书》中调查到的情况。《诗》的各部分中,比率最高的仍是《国风》(10-%)。这类用法的一个用例"之子于归"("那个少女到她家去"),在《诗经》中出现了 15 次。"之子"这一流行的表达形式在指示代词用法中似乎占主导地位,在《风》的不同语境中出现了 25 次,在《小雅》中出现了 9 次。其他例子包括:

展如之人兮。(第 47 篇,鄘风·君子偕老)
载寝之床。(第 189 篇,小雅·斯干)

同《尚书》相比,《诗经》中"之"用作代名词(在宾语位置)的频率高得多,计369例,达36+%。就《诗经》各部分或次类的比率而言,《周颂》中这类用法占据的比率最高,达57-%,其次是《小雅》,占45+%。作为一个指示代词,"之"在动词后充当直接宾语或间接宾语,或是在一个含有"莫"的否定表达式中充当动词前宾语(但并非所有这类否定式表达中都会将"之"前置)。作直接宾语的用例如:

求之不得。(第1篇,周南·关雎)
阴雨膏之。(第153篇,曹风·下泉)
曷饮食之。(第123篇,唐风·有杕之杜)*
维王其崇之。(第269篇,周颂·烈文)

作间接宾语的用例如:

或肆之筵。(第246篇,大雅·行苇)**
锡之山川。(第300篇,鲁颂·閟宫)

带否定形式的用例如:

莫之敢指。(第51篇,鄘风·蝃蝀)
宁莫之知。(第197篇,小雅·小弁)
爱莫助之。(第260篇,大雅·烝民)

　　不过,从《诗经》整体来看,"之"在"NP 之 NP"框架中出现的比率最高(计407例),该框架分析为"NP[之 NP]",其中"之"起指示词的作用,与《尚书》及金文中的情况相一致,尽管频率相对低一些,占40%。《风》里的相应比率略高一些,达44%(计202例),体现了《风》中"之"的最常见的用法。例如:

---

* 原文将"杜"字误作"社"。
** 原文引例未注明该句所出的《大雅·行苇》在《诗经》中的篇目次序,译者作了补充。

唐棣之华。(第24篇,召南·何彼秾矣)
二之日栗烈。(第154篇,豳风·七月)

如上文所述,我们将"NP 之 V"和"V 之 NP"这类例子也包括在该框架之下,因为这两者都可以分析为"X[之 Y]":

百夫之防。(第131篇,秦风·黄鸟)
如日之升。(第166篇,小雅·天保)
何天之休。(第304篇,商颂·长发)
流离之子。(第37篇,邶风·旄丘)
死丧之威。(第164篇,小雅·常棣)

另一个极端是,《诗经》中"之"在"VP 之 NP"框架中出现的比率最低(0.8%),该框架分析为"[VP][之 NP]",其中"之"可以解释为指示词,与金文及《尚书》中的情况相一致。在排除了单一动词、动词重叠形式及动词并列形式(参注释40)之后,8例中剩下3例。其中1例见于《齐风》(该作品出自今山东临淄地区),有两个例句的6次用例见于《王风》(该作品出自今河南洛阳地区):

我生之初……我生之后。(第70篇,王风·兔爰)
月出之光。(第96篇,齐风·鸡鸣)

另外1例出自《大雅》:"天作之合。(第236篇,《大明》)"("上天创造的结合"或"上天(为)他创造一个结合")这里将该例分析为"VP 之 NP",但其中的"之"同样可以看作充当间接宾语的指示代词。

《诗》中"NP 之 VP"格式的出现比率仅为7-%,介于金文中的相应比率(2.5%)和《尚书》中的相应比率(12-%)之间。显然,关于该格式,除了《颂》中无用例以外(但在《诗经》各部分中,《颂》的篇幅是最小的),《风》中的比率最低,为4.6%,与《尚书》的情况差异最大。实际上,就该格式而言,宫廷诗歌《大雅》有26例(14.21%),与《尚书》似乎

最为接近。例如:

天之降罔(第264篇,大雅·瞻卬)
民今之无禄。(第192篇,小雅·正月)
日之方中。(第38篇,邶风·简兮)

如上一节所提到的,该格式中的"之"不再起指示词作用。关于其新功能,将在第6节中讨论。

"之"出现于副词"孔"和状态动词之间的用法可能为《诗经》所独有,因为它不见于《尚书》《左传》《庄子》或其他的同时期文献。《诗经》中共有13例,其中《风》中有3例(各例全部出自《豳风》,该作品出自今陕西中西部,彬县北部,被认为在西周前期左右即已创作完成,是《风》中年代最早的),《雅》中有10例(《小雅》中有8例,《大雅》中有2例)。可以认为,这类用法主要见于这一时期的宫廷诗文体中。例如:

亦孔之丑。(第193篇,小雅·十月)
亦孔之哀。(第195篇,小雅·小旻)
亦孔之将。(第157篇,豳风·破斧)
亦孔之厚矣。(第252篇,大雅·卷阿)

副词"亦"总是出现于该格式。十分奇怪的是,现代汉语普通话及其他方言如粤语中保留着"之"的这一用法,与"非常"连用,而"非常"与"孔"("极其"义)同义,例如"天气非常之(地)热"(普通话具有添加"地"来标记副词的可选性[51],粤语则不具有这种可选性)。该格式中的"之"的功能仍为指示性的,但更像是(程度)副词而非指示代词,表示"如此,这样,那么"意义。有趣的是,英语的远指代词(the distal demonstrative)"that"同样用作程度指示词(a degree deictic):*he was that bloated*, *she wasn't that old*.("他是那么浮肿,她不是那么老。")[52]

"X之Y"格式中另有一种独特的用法,其中Y为一个重叠的状态动词、不及物动词或拟声词。这类用例共有24例,其中绝大多数(15例)出自《风》,此外《雅》中有7例(《大雅》有5例,《小雅》有2例),

《颂·周颂》中有2例。例如：

氓之蚩蚩。（第58篇,卫风·氓）
泌之洋洋。（第138篇,陈风·衡门）
夭之沃沃。（第148篇,桧风·隰有苌楚）
积之栗栗。（第291篇,周颂·良耜）
筑之登登。（第237篇,大雅·绵）
椓之橐橐。（第189篇,小雅·斯干）

这里的"之",其作用与上文讨论的情况相似:是一个指示性方式副词(a deictic adverb of manner),相当于现代汉语普通话的"那样"。

尽管乍一看"NP之V矣"和"NP之V"的差别似乎仅在于句末语气词(final modal particle)"矣"出现与否,但后一格式中的"之"可解释为指示代词而前一格式中的"之"则不行。我们先来调查一些例子。这类带"矣"的格式总计48例[53],其中略多于一半的例子(25例)出自《国风》,略少于一半的例子出自《雅》(《小雅》中有18例,《大雅》中有5例)。这些例子中有大量的重复。其中,"心之忧矣"出现了26次。这些例子分为两类:一类是其中V为状态动词:

汉之广矣。（第9篇,周南·汉广）
颜之厚矣。（第198篇,小雅·巧言）
心之忧矣。（第109篇,魏风·园有桃）

另一类是其中V为不及物动词:

日之夕矣。（第66篇,王风·君子之役）
瓶之罄矣。（第202篇,小雅·蓼莪）
池之竭矣。（第265篇,大雅·召旻）

如果将"NP之V"看作"NP之NP",那么必须将"之"看作一个定语标记,则"矣"修饰一个名词性谓语。不过,这种处理会使得"矣"的用法非常特殊,因为它通常是与一个动词性谓语同现,或者与通常由一个数词短语或时间词构成的名词性谓语同现[54]。此外,这种分析法难以与"矣"的"表示状态改变"的意义取得一致,除非有人认为这是当时诗歌语言的一项特殊用法。如果不求助于某种特殊分析法来处理这类独特用法,我们可以采用别的办法来分析所讨论的这种形式,这样还能与"之"的常见的指示功能及"矣"的常见功能保持一致。对于上述第一类,"之"的功能可以描述为一个指示性程度副词(a deictic adverb of degree),类似于现代汉语普通话的"那么"。对于第二类,可以理解为一个指示动词(a deictic verb)。上述两类中,"矣"的作用都只是与一个动词性谓语同现。

《国风》中"之"的功能类型(在所有用例中的比率大于50%)相对于《雅》或《颂》更为普遍,即,用作动词、指示形容词、用于"NP 之 AA"和"NP 之 V 矣"框架;从这一点来判断,我们不仅能得出《国风》反映了"之"的相对古老的用法这一结论,还可以说明它们包含了更大时间跨度的类型,或更具有口语化的特点,或者能同时说明这两点。

总结本节的讨论,我们认为《诗经》中"之"的各种用法,除"NP 之 VP"框架中的"之"以外,都可以归结为其指示功能,概括如下:

(NP,VP)之(NP,VP)

这与用来概括金文中"之"用法的公式完全相同。

3.3 《左传》中的"之"

《左传》是又一部在断代上存在争议的文献,学者们对此争论不休。我们暂采用杨伯峻的观点,认为它创作于公元前403至公元前389年[55]*。关于《左传》,我们主要借助于杨伯峻(1993)所用的版本以及《左传逐字索引》。何乐士(1989)已对《左传》的"之"作了穷尽性的研究。何文与本文在分析重点和方法上不同,何文更关注"之"的句法功能的多样性,本文则更多地涉及在更广泛的背景下"之"指示功能的历史发展——因此我们相信这里提出我们的观点是有利于进行比

---

* 参见杨伯峻(1993),原文注释(注释55)中误作"杨(1990)"。

较的。

《左传》中的"之"表现出大量的功能类型,几乎涵盖了《诗经》中除"孔之 V"和"NP 之 V 矣"格式之外的所有类型。该书中还有一种不见于上文调查的文献的新格式,即"NP 之 PP(PP＝介词短语)"。表 4 概括了《左传》中"之"的用法。

表 4　《左传》中"之"的用法之归纳[56]

公	Yrs	PP	动词	指示形容词	代名词	NP之NP	VP之NP	NP之VP	NP之VP也	NP之AA	NP之PP
1°隐	11	12			100	71		8	5		
184/%					54+	39−		4+	3−		
2°桓	18	13			101	52	1	3	9		
166/%					61−	31+	0.6	2−	5+		
3°庄	32	15	1		128	68	1	7	2		
207/%			0.48		62−	33−	0.5−	3+	1−		
4°闵	2	3.3	2		55	26		9	3		
95/%			2.1		58−	27+		9+	3+		
5°僖	33	36	2		368	224	1	35	22	1	
653/%			0.3		56+	34+	0.15	5+	3+	0.15	
6°文	18	22			225	147	1	9	15		
397/%					57−	37	0.25	2+	4−		
7°宣	18	20	1		219	143		14	13		
390/%			0.26		56+	36+		3.6	3+		
8°成	18	29	2		292	249	1	18	19		2
583/%			0.34		50	43−	0.2−	3	3+		0.3+
前8＝2675			8	0	1488	980	5	103	88	1	2

续表

公	Yrs	PP	动词	指示形容词	代名词	NP之NP	VP之NP	NP之VP	NP之VP也	NP之AA	NP之PP
%100			0.3		56-	37-	0.2-	4-	3+	0.04-	0.075
9°襄 1613/%	31	67	4 0.25	1 0.06	882 55-	595 37-	6 0.4-	58 4-	36 2+		2 0.1+
10°昭 1846/%	32	76	4 0.22		1020 55+	702 38	4 0.2+	62 3+	53 3-	1 0.05+	
11°定 365/%	15	16	4		220 60+	127 35-		8 2+	10 3-		
12°哀 666/%	27	29	1 0.15		407 61+	221 33+	5 0.75	10 1.5	22 3+		
后4= 4461 %100			9 0.2	1 0.02	2529 57-	1645 37-	15 0.3+	138 3	121 3-	1 0.02+	2 0.045
总数= 7138 %100			17 0.24	1 0.01	4017 56+	2625 37-	20 0.3-	241 3+	209 3-	2 0.03-	4 0.06-

(Yrs=统治时间;PP=文本的大致页数㊾,每一"公"下面的百分比是指该"公"范围内"之"的用例)

绝大多数例子中,"之"用作指示代词。总共7138例用例中,一半多(4017例,56+%)为复指语(anaphoric)。在这一点上,《左传》更像卜辞而非金文、《尚书》或《诗经》。在这方面,对应于前八公和后四公的文本在比率上似乎没什么差异,除了对应于成公的文本的比率最低(50%)之外,变化范围在50%中至60%出头之间。何乐士(1989a)引用了大量的各次类的例子,可供参阅。本文在处理上与何文的主要不同之处只有一点:我们并不局限于"之"常见的作直接宾语或间接宾语(在疑问式或否定式 VP 中位于动词之前)或复指代词(a resumptive pronoun)的功能,如下各例所示:

与之盟而赦之。(庄 14/2)
枕之股而哭之。(僖 28/5)
大叔懿子止而饮之酒。(哀 11/6)
其若之何。(桓 2/2)
未之敢忘。(僖 28/3)

我们把可以称为"假位"代词("dummy" pronouns)[58]的情形以及其他学者看作"衬字"(filler)(如杨伯峻、徐提(1985))或句末语气词(如何乐士(1989a))的情形也包括在内,如下列童谣所示:

鸲之鹆之,公出辱之。(昭 25/4)

常用短语"X 之谓"中的"之"也包括在复指代词之内:

其此之谓也。(定 4/3)

使用频率位居其次的是"NP 之 NP"框架(按上文的界定)中的"之",计 2625 例(37-%)[59]。同样,对应于前八公和后四公的文本之间没有明显差异。但是请注意,有关成公的文本,其中代名词用法的"之"的比率在各部分文本中是最低的,但其中用于该框架的"之"的比率却是最高的(43-%)。部分用例如:

大隧之中。(隐 1/4)
文公之入也无卫。(文 7/4)
会朝之言必闻于表著之位。(昭 11/6)

上述两种用法共占 93%,其余用法充其量是边缘性的。我们发现"之"的动词用法共 17 例(0.24%),其中 8 例出自前八公,9 例出自后四公。

例如：

不如之梁……乃之梁。(僖 6/1)
之明日而亡；之莫而卒。(成 5/1;17/8)
蔡公子燮欲以蔡之晋；之公。(襄 20/4;23/3)
孔姬使之焉。(哀 15/5)
何之；及辛有之二子董之晋；不如早之晋。(昭 7/3;15/7;25/8)

其中有 7 例用于占卜中，如：

遇观之否。(庄 22/1)
遇大有之乾。(闵 2/4)
其在《周易》丰之离。(宣 6/6)

这些用例中的"之"被认为具有"变成，成为"意义，我们将之归入动词功能。

"之"的指示形容词用法只有 1 例："郑人醢之三人也。(襄 15/4)"("郑国人把这三个人剁成肉酱")

"NP 之 AA"框架也接近消亡，仅发现两例。其中一例出自童谣"鹑之贲贲(僖 5/8)"("鹑火星那么耀眼")，另一例出自祭公谋父(周公之孙)创作的一首诗"祈招之愔愔(昭 12/11)"("祈招安详和悦")，这说明它们可能反映了早期的用法。

"VP 之 NP"格式不太普遍，仅 20 个例子(0.3-%)，其中有 15 例出自后四公：《襄公》中有 6 例，《哀公》中有 5 例，《昭公》中有 4 例。而在前八公中，我们只在《桓公》《庄公》《僖公》《文公》和《成公》中各找到 1 例。这些例子中，绝大多数例中的 VP 不是很复杂，由一个动词加宾语、否定式动词或由副词修饰的动词组成：

以逞无疆之欲。(成 2/4)
吾子置食之间三叹。(昭 28/4)
不协之故。(僖 28/5)
请免死之邑。(襄 27/6)

绵绵生之瓜。(哀 17/5)

但值得注意的是,在对应于最后一公的文本中,用例相对长和复杂。如下的双重用例中,"之"之前含有并列连用的 VP（conjoined VP）:

于是乎有朝聘而终、以尸将事之礼,又有朝聘而遭丧之礼。(哀 15/2)

由此可见,似乎在《左传》创作的末期,"VP 之 NP"形式已更为流行,发展更为充分。

不过,我们将主要关注"NP 之 VP"形式中的"之"（计 450 例）,该用法到此时已高度发展,尽管其出现的比率仍然不高(6+%)。比较各"公"的历史,可以发现前八公的比率高于后四公。除了《庄公》的比率最低(4+%)这一例外,前八公中其他各公各占 6-% 或以上,其中《闵公》的比率最高,达 13-%;而后四公所占的比率在 5-% 至 6+% 之间不等。该格式的一个显著用法是 VP 之后出现"也",这一用法不见于《尚书》,而且也不可能期望它在韵文体的《诗经》中具有较大的数量[60]。这类含"也"的格式的使用频率(209 例,3-%)仅略低于不含"也"的相同格式(241 例,3+%)。在各"公"之中,前八公中的三公(《桓公》《文公》和《成公》)及后四公中的二公(《定公》和《哀公》)偏爱含"也"的格式,其中《桓公》中的比率最高(5+%)。另一方面,《闵公》中不含"也"的相同格式的比率最高(9+%)。"也"也用作话题标记:

异哉君之名子也。(桓 2/8)
君子以齐人之杀哀姜也为已甚矣。(僖 1/7)
二子之不欲战也宜。(哀 11/1)

或用作确认"事实"（matter-of-fact）的句末语气词:

如鹰鹯之逐鸟雀也。(文 18/7)
此公侯之所以扞城其民也。(成 12/4)

不论带"也"与否,该格式中的 VP 可以非常复杂,通常是连动式或并列结构。部分用例如:

寡人之使吾子处此。(隐 11/3)
宜君王之欲杀女而立职也。(文 1/7)
无日不讨军实而申儆之于胜之不可保、纣之百克而卒无后。(宣 12/2)
行父惧晋之不远犹而失诸侯也。(成 8/1)
寡君敢拜齐君之安我先君之宗祧也。(襄 26/7)
女忘君之为孺子牛而折其齿乎?(哀 6/6)

此外还出现了"S(S 表示主语)之 VP"格式:"……民生之不易,祸致之无日,戒惧之不可以怠。(宣 12/2)"

并且,我们第一次找到"之"出现于"NP 之 PP(PP 为介词短语)"格式中的用例,前八公和后四公中各有 2 例:

中行伯之於晋也,其位在三;……孙子之於卫也,位为上卿。(成 3/7)
鲁之於晋也,职贡不乏;礼之於政,如热之有濯也。(襄 29/11;31/10)

上述各例中,整个结构位于话题或主语位置。

总之,《左传》提供了仅 1 例"之"的指示形容词用法,少量动词用法,大量指示代词用法或出现在"[X][之 Y](X 和 Y 都是 NP)"框架中的用法,大量出现于"NP 之 VP(也)"框架中的用法(452 例),此外,出现于"NP 之 NP"新框架中的用法刚刚兴起。上述各类用法概括如下:

(NP,VP)之(NP,VP,PP)

其中除了"NP 之 VP"和"NP 之 PP"两种情形之外,上述各种情况中的"之"都被看作指示功能。我们发现前八公和后四公在"之"的用法上的唯一差别是,前者中"VP 之 NP"格式的使用频率和复杂性更高,该格式到此时尚未充分发展。探索该形式在随后的文本中接下来的发展将是很有意义的。

4. "之"是名词化标记吗?

除了上引各种文献的例子,还有大量其他文献中见于"NP 之 VP"框架的"之"的用例:

天乎!予之无罪也。(礼记·檀弓)
何许子之不惮烦?(孟ⅢA.4)⑩
今夫弈之为数,小数也。(孟ⅥA.9)

"之"位于主语和谓语之间的用例在先秦时期极为常见。关于该位置的"之"的作用,向来有多种解释,从助词(如杨伯峻 1982)、语气词(如宋祚胤 1964)或介词(如黎锦熙 1957,王力 1958)到连词(如杨树达 1984)或副词性连词(何乐士 1989b),不一而足。各家一致的看法是,"之"的作用是将一个句子转变为一个短语——按王力(1984)(后来并入其《汉语语法史》第 16 章)的描述大概是一个 NP。Pulleyblank (1987)和朱德熙(1983)则明确将"之"描述为一个名词化标记。王力(1984)对用"之"来实现名词化的大多数类型的句子作了详细的解释,如下所示:

1) 在带"犹""若""如"或"异"的判断句(a copular sentence)中充当主语和名词谓语(predicative nominal)。例:

彼人之才性相县也,岂若跛鳖之与六骥足哉?(荀子·修身 8)
夫子求之也,其诸异乎人之求之与?(论 1.10)

2) 充当判断句的主语。例:

喜怒哀乐之未发谓之中。(礼·中庸)

3) 充当描写句的主语。例:

天下之无道也久矣。(论 3.24)

4) 充当叙述句的主语。例：

禄之去公室五世矣。(论 16.3)

5) 充当关系短语(relational phrase)。例：

人之生也,与忧俱生。(庄子·至乐 1)

6) 充当判断句的名词谓语。例：

民望之,若大旱之望云霓也。(孟ⅠB.11)

7) 充当叙述句的宾语。例：

不若以非马喻马之非马也。(庄子·齐物论 4)

王力(1984)未列举的其他用法如下：
   8) 充当介词的宾语。例：

古者圣王为大川广谷之不可济,於是利为舟楫。(墨子·节用中)
秦主之不问者,何也? 以大梁之未亡也。(战·魏 4)

总之,用"之"来实现名词化的句子可以出现于一个 NP 所能出现的所有位置上。

不过,说"之"是一个句子名词化标记(a sentence nominalizer)并不是很准确,因为它不仅出现于句子的主语和谓语之间,还出现于主语和介词短语之间,而后者并不构成一个句子,如我们在《左传》中所见,并且这类例子同样见于其他文献,例如：

君子之於禽兽也,见其生,不忍见其死。(孟 1A.7)

由于先秦汉语中除了"於"(它不用如主要动词)以外没有真正的介词,我们应该考虑一下"之"与一个由"於"字开头的介词短语共现的情形,我们将这类情形暂称为"名词化的'於'词组"。

这类"名词化的'於'词组"的出现频率低于名词化的句子形式(the nominalized sentence type),但据刘淑学(1992)的研究,也并不罕见。该格式在刘文调查的五种文献中的出现频率如下(刘淑学 1992:223):

	论语	孟子	韩非子	荀子	墨子
数量/用例 (总数=119)	4	38	22	45	10

"名词化的'於'词组"的分布模式与上举名词化的句子并不完全平行,它在各类句子中充当主语:

寡人之於国也,尽心焉耳矣。(孟ⅠA.3)
麒麟之於走兽,凤凰之于飞鸟……类也。(孟子ⅡA.2)

但它很少充当宾语,除了在"犹""如"或"若"充当动词的句子中作名词谓语:

礼之於正国家也,如权衡之於轻重也,如绳墨之於曲直也。(荀子·大略43)

刘文将上述分布情况概括如下(前引文献,P226):

判断句		"犹"等充当动词的句子		其他形式	
主语	谓语	主语	宾语	主语	宾语
15	2	15	16	70	1

能用"之"来名词化的"於"词组只限于那些表达对待关系

(relationship of treatment)的,而不包括那些表达施事、目标、方所等的"於"词组。

如果我们想要将"之"描述为一个名词化标记,那就必须包括两种情形,即,"之"出现于任何句子(包括感叹句)的主语和谓语之间,以及"之"出现于主语和"於"词组之间。如果我们将两种情形都包括在内,似乎没有任何一般性和原则性的方式来描述什么样的形式用"之"来实现名词化。这就给将"之"看作一个名词化标记设置了障碍。另一种办法是,当"之"出现于主语和谓语之间,我们可以将它看作名词化标记,而当它出现于主语和"於"词组之间时,则将它看作不同的标记。如此一来,人们可能会感到困惑,"之"到底有多少种功能?所有这些不同的功能是否需要作不同的处理?但如果那样的话,"之"作为"X 之於 Y"格式中的一个语法标记,其性质到底是什么呢?然而,在"X 之 Y"构型中(其中的"之"被看作一个名词化标记)存在一个同义的平行结构"XY",在"X 之於 Y"构型中却不存在对应的平行结构"X 於 Y"。

并且,那些主张"之"为名词化标记的学者通常认为,由于"之"唯一的功能是将"XY"转变为名词性成分,因此每一个"X 之 Y"格式用例都存在一个同义的平行结构"XY",这一看法真的总是成立吗?我们认为并非如此,因为"XY"有时候是歧义的,其含义必须通过"X 之 Y"的两种不同的加括分析法(bracketing)来解释。何乐士(1989b)第一个注意到"XY"和"X 之 Y"之间的语义差异,为说明这一点,她列举了如下一对极有说服力的例子:

以敝邑之为盟主。
以敝邑为盟主。

前一句的结构为"以[敝邑之为盟主](V[宾语])";后一句的结构可能与前一句相同,也可能为连动式"以[敝邑]为[盟主](V1[宾语1]V2[宾语2])",后一种分析法我们认为可能与"X 之以敝邑为盟主"有关。我们在《左传》中找到了类似的例子,其中"之"的隐现不仅仅是一个短语相对于一个基本同义的句子的问题,而且可能对应于语义上的根本差异。如下带"之"的用例中：

君子以齐人之杀哀姜也为已甚矣。(僖 1/7)

"以齐人之杀哀姜也"意为"认为齐国人的杀哀姜(regard the killing of Aijiang by the Qi People)"。现在,如果"之"不出现,"以齐人杀哀姜也"也可以表示"用齐国人来杀哀姜",后者可能与"X 之以齐人杀哀姜也"有关。如下为另两例带"之"的用例,如果其中不含"之"则可能具有不同的意思：

黄人恃诸侯之睦于齐也。(僖 12/2)

该句意为"黄国人依靠诸侯与齐国关系和睦(这一事实)",同一句子假如不含"之"则可能具有交替性意义"……依靠诸侯来[使黄国人]与齐国建立和睦的关系",后者可能与"黄人之恃诸侯睦于齐也"有关。同样地：

为吾子之将行也。(僖 33/1)

此句理解为"由于我们的大夫们的即将离开(because of the imminent departure of our officials)"。但如果不含"之",也可以解读为"为了我们的大夫们,将要离开",后者可能与"X 之为吾子将行也"有关。

总之,将"之"看作一个名词化标记不能解释所有相关的情形,因而不能解决问题。

5. "之"充当定语标记

当"之"出现于两个名词或两个 NP 之间时,总是被描述为一个领属助词或标记。换言之,在"NP1 之 NP2"结构中,"之"表示 NP1 和 NP2 之间的领属关系(genitive relationship)。先秦文献中这类例子很丰富。如下是《孟子》中的例子：

N1 之 N2：寡人之身（ⅠA.5）；
　　　　仲尼之徒（ⅠA.7）；
　　　　古之人与民偕乐（ⅠA.2）
NP 之 N：万乘之国……千乘之家（ⅠA.1）；
　　　　天下之民（ⅠA.3）
N 之 NP：夫仁，天之尊爵也，人之安宅也。（ⅡA.7）
NP1 之 NP2：此四者，天下之穷民而无告者。（ⅠB.5）

"之"作为修饰语标记（modifying marker），出现于核心语名词之前，这也是普遍被认同的。例如：

VP 之 N：杀其麋鹿者如杀人之罪。（孟ⅠB.2）；
　　　　推恶恶之心。（孟ⅡA.9）
V 之 N：申之以孝悌之义。（孟ⅠA.3）

实际上，所谓的领属关系只不过是一个 N 或 NP 通过定语标记"之"来修饰另一个 N 或 NP 的另一个实例。因此，上述两种情况可以描述为一个以 NP（包括 N）为核心语、以 NP（包括 N）或 VP（包括 V）为修饰语并且以"之"为定语标记的向心结构或修饰语结构（an endocentric or modifying constructions）。但根据我们的分析，如第 2 节已指出的，这些情形都可以归入"之"的指示词功能。

"之"作为定语标记的真正的实例见于这样的情形：它位于充当核心语的动词 V 或动词短语 VP 之前。在先秦汉语中，V 或 VP 充当一个定语结构式（attributive construction）的核心语是非常自然的。《孟子》中的例子包括：

天下固畏齐之疆也。（ⅠB.11）
不诛，则疾视其长上之死而不救。（ⅠB.12）
若是，则弟子之惑滋甚！（ⅡA.1）

同样，如下结构可看作以一个否定式 VP 为中心语：

然则一羽之不举,为不用力焉;舆薪之不见,为不用明焉;百姓之不见保,为不用恩焉……故王之不王,不为也,非不能也。(孟ⅠA.7)

现在来看下面的句子:

故北方之畏昭奚恤也,其实畏王之甲兵也,犹百兽之畏虎也。(战·楚)

这句话里有三个带标记"之"的结构。第二个结构一般理解为带一个以名词"甲兵"为核心语、名词"王"为修饰语的 NP。第一个和第三个结构已经被看作带一个用"之"来名词化的句子;实际上它们也可以看作带一个以 VP 为核心语、N(名词)为修饰语的 NP,也即,"北方之畏昭奚恤"和"百兽之畏虎也"分别是一个 NP,二者分别以"畏昭奚恤"和"畏虎"为核心语,并分别以"北方"和"百兽"为修饰语。

回到上文我们提到的带"於"词组的例子,像"君子之於禽兽也"这类用例只不过是以一个 PP(介词短语)为核心语⁶²。

将"之"分析为只是一个定语标记,具有为所有相关实例提供统一解释的优点。实际上,吕叔湘(1942:85)指出了大致相同的原则:"句子化为词组还有一个方式……就是把谓语做端语,把主语改做加语";但他并未清楚明确地解释其观点,也未将带"於"词组的情形包括在内。

6. 从指示标记(deictic)到定语标记(attributive)

像"之"这样一个起初为指示词的标记,是如何获得定语标记的功能的? 回顾一下,我们对充当指示词的"之"的分析是在"[X][之Y]"框架中进行的,其中的 X 在卜辞中为零形式,但在金文和其他先秦文献中为 N、NP 或 VP,并且,当 Y 为 N 或 NP 时,将"之"理解为定语标记只不过是将该框架重新分析为"[X][之][Y]",其中 X 的结构相同而 Y 现在可能包括 VP 或 PP,其中的"之"已经语法化了。

指示词用作定语标记并非为先秦汉语所独有,事实上在其他语言中也相当普遍。例如,英语的远指词(the distal deictic) that 用作关系小句标记(a relative clause marker),德语的定指冠词(definite article) das

的变体形式 dass 也是如此。最耐人寻味且具有启发性的是第一节提到的对新几内亚 Tok Pisin 语的讨论,在该语言中,后置的指示词或指示代词 ia 进一步用作关系小句化(和分裂句)的标记。这两种用法的共同之处是焦点化功能(focusing function)。Sankoff & Brown 已经成功地证明,指示词 ia 在复杂句中扩展的"加括"用法("bracketing"use)是其焦点化功能的合乎逻辑的自然结果。他们构拟了三个历史发展阶段:(1)起初的'处所副词'ia;(2)演化为后置指示词或指示代词用法;并且(3)进一步演化为一般的"加括"用法,包括话题-说明结构、关系小句化和分裂句。⑬更有意思的是由这同一位作者指出的事实,即,在新几内亚和美拉尼西亚岛(island Melanesian)地区的许多南岛语言中发现惊人的相似。他们引用了 Buang 语[一种使用于莱城(Lae)南部莫罗贝(Morobe)地区的南岛语]的例子,在该语言中"指示助词(the deictic particle) ken 用作处所副词……用作后置的指示代词……并且用作关系小句标记。"据报道,类似情形见于诸多美拉尼西亚岛语言,例如 Iai、Nguna、Tasiko、Uripiv 和 Tangoa 等语言。

先秦汉语中的相似现象几乎是显而易见的。我们可以构拟如下各阶段:(1)起初的图画文字意义(the graphic meaning)"这里,从这里,离开这里",体现在"往,到……去"("to go")义指示动词中;(2)作为指示形容词(以及程度副词)的指示功能;(3)作为代名词的指示和回指功能;(4)语法化为定语标记。尽管在阶段(1)至阶段(3)存在"之"的各种指示功能,但在阶段(4)"之"业已语法化,已失去指示意义。从最早的书写记录卜辞到金文以及本文调查的三种文献,尽管上述前两个阶段例示的"之"的功能处于逐渐衰弱之中,但后两个阶段例示的"之"的功能正值顶峰,或者在整个先秦时期到达顶峰。将"之"分析为一般性指示词(a general deictic word)这种处理办法,可以对先秦不同文献中出现的看似不同类型的"之"的用例,尤其是《诗经》中"孔之V""NP 之 AA"(指示副词)或"NP 之 V 矣"(指示动词或副词)这类框架中相对罕见的"之"的功能作出一致的解释。

我们认为,"之"的代名词功能来源于其指示形容词功能,这不仅是因为后一用法在卜辞时期之后看似处于消亡之中(请注意它在本文调查的所有文献中呈低比率)而前一用法在整个先秦时期非常活跃,而且是因为这种派生关系的可能性同样见于其他语言。印欧语在早期缺乏第三人称代词的独立形式。Brugmann(1895)认为,印欧语中的第三人称代词是具有实词功能的指示代词或具有回指用法的指示词[64]。众所周知,罗曼语系里,指示代词发展为代名词,法语 il "他,它"来源于拉丁语 ille "那(已知)"仅为其中的一个例子。拉丁语本身除了一个第三人称反身代词之外,并没有第三人称的人称代词形式,而是在该位置上使用远指代词 is "那"。类似地,在希腊语或梵语中,是指示代词承担了回指代词(anaphoric pronoun)功能。

Brugmann 甚至提出,表示"我"和"你"的代名词,可能曾经是指示代词,至少部分如此。他将希腊语的第一人称单数属格的人称代词同梵语的 ama-h "此处的这一个"联系起来,并将梵语的第二人称单数与格/属格的人称代词(te)、希腊语的第二人称单数与格的人称代词(toi)和拉丁语的第二人称与格单数的人称代词(tibi)同希腊语定指冠词的阳性单数受格形式(ton)和梵语的 tam(一般性指代词的阳性单数受格形式)联系起来。Karl Bühler[65]也曾提到,拉丁语第一人称单数主格的人称代词 ego 和近指词 hic "这,这个"的阳性单数主格形式之间具有可能的共同来源。回指语(the anaphoric)来源于指示代词,这一点在被 Greenberg(1990)称为欧亚语(Eurasiatic)的语言[66]中也得到证实,在这些语言中,一个普通第三人称单数代名词 i~e 来源于近指代词。在这一点上,尽管未提出关于衍生关系的假说,但 Sapir(1930)注意到在南部派尤特语(Southern Paiute)中,指示代词起第三人称人称代词的作用:a-nga("那"+第三人称、单数、有生)="那个人,他",i-nga("这"+第三人称、单数、有生)="这个人,他",a-ri("那"+第三人称、单数、无生)="那个,它"。

尽管没有关于指示动词和指示代词或代名词之间的关联的例子,但 Bühler 已经提出处所指示词(place deictic)和人称指示词(personal deictic)之间有意思的关联,即,亚美尼亚语(Armenian)中形式为 ter-s ["贵处这儿(the lord here)"或"我"]的"这里"和"我"之间的紧密关系。Greenberg(1990)也指出,构拟的印欧语指示代词的词根 *i(两个词根中的一个)保留在许多副词中:拉丁语 i-bi "这里"、梵语 i-ha "这里"等等;并且类似地,欧亚语的 *i 通常保留在带近指功能的副词

(adverbs with proximal deixis)中,例如 Sagai 语(属突厥语族)i-da "这里",朝鲜语 i "这,这个"和 i-mi "现在",日语 i-ma "现在"等等。并且,空间语法语素(spatial grams)(指称空间和方所的词语)可能来源于名词或动词,尽管在世界语言中后一种衍生关系不太普遍。例如,在帕帕格语(Papago,属 Atzec-Tanoan)、提格雷语(Tigre,亚非语系)及六种非洲语言里,表示"前边"的空间语法形式来源于具有"前进、行进、面朝、领先"意义的动词,而帕帕格语和提格雷语里表示"后边"的空间语法形式则来源于具有"处于最后、尾随其后、落后"意义的动词。另一相关事实是,儿童语言在习得空间词语和表达形式(spatial term and expressions)的过程中,表示"朝……位移"的语境中使用的词语的习得早于指称静态方所(static locations)的词语。㊗历史演变和语言习得之间的关联在文献中已多次被提及,在此无需论证。因此,认为"之"的动词性意义先于其他用法是同一现象的另一个方面。

至于指示代词语法化为功能词的证据,上文已经提及,这里不再重复。

我们还要记住,古汉语中的定语结构式和名词化结构同现代汉语中的相应结构非常不一样。古汉语起初没有定语标记;当"之"获得定语标记功能之时,已经有一个独立的名词化标记"者"了。㊾不论我们如何分析"之"和"者",这两个标记词之间通常存在分工。我们已经在别处论证过,这是古代汉语和现代汉语(实际上还有中古汉语)之间的一个重要句法差异,在类型学上前者接近侗台语(Kam-Tai)、苗瑶语(Miao-Yao)和印欧语,而后者接近藏缅语(Tibeto-Burman)和阿尔泰语㊿。毫不奇怪的是,尽管定语结构式的核心语在现代汉语中限于 NP 形式,但在古代汉语中可以是 VP 或 PP,同样,如果我们在其他汉藏语言中找不到类似现象,也不应该感到困惑,因为汉藏语系中没有任何一种语言具有像汉语一样长的时间跨度的历史文献。藏语现存最早的文献其年代不早于公元 8 世纪。假如没有早于该时间的汉语书面材料,并因此而没有古代汉语模式以供模仿,我们还能推测中古汉语的"底"和"地"或现代汉语的"的"和"这"与此时业已消失的"之"之间具有可能的关联吗?

附录 《诗经》中"之"的用例

诗篇	动词	指示形容词	代名词	NP之NP	VP之NP	NP之VP	NP之AA	孔之V	NP之V矣
周南 001			7	1					
#002			1	2					
#004			6						
#006		3					3		
#007							1		
#008			6						
#009		2							6
#011				3					
（次类总数）		5	20	6			4		6
召南 012		3	6						
#013			2	3			2		
#015			4	1					
#018				3					
#019				3					
#20			2						
#022		3							
#023			2						
#024				6					
（次类总数）		6	16	16			2		
邶风 026			2	1					1

续表

诗篇	动词	指示形容词	代名词	NP之NP	VP之NP	NP之VP	NP之AA	孔之V	NP之V矣
#027									2
#028		3	3	1					
#029		3							
#031			1	2					
#032				1					
#033						1			1
#035			6						
#036				2					
#037		1		2					
#038				2		1			
#039			1			1			
#040			6						
#042				1		1			
#043			1	4					
(次类总数)		7	18	16		4			4
邶风 045	2								
#046			3	3					
#047		3	1	5		2			
#048				9					
#049						2	4		
#050			2			1			
#051		1	1						

先秦汉语的"之" 255

续 表

诗篇	动词	指示形容词	代名词	NP之NP	VP之NP	NP之VP	NP之AA	孔之V	NP之V矣
#053			9	3					
#054	1		1						
(次类总数)	3	4	17	20		5	4		
卫风 056				3					
#057				4					
#058			1	3		1	1		1
#059			1	2					
#060				2					
#061			2						
#062	1			2					
#063		3							3
#064			3						
(次类总数)	1	3	7	16		1	1		4
王风 065				3					
#066			1						2
#068		3		3					
#069				1		1			
#070					6				
#071				3					
#074				2					
(次类总数)		3	1	12	6	1			2
郑风 075				9					

续表

诗篇	动词	指示形容词	代名词	NP之NP	VP之NP	NP之VP	NP之AA	孔之V	NP之V矣
#076			3	2		2			
#080	3			1		1			
#081				2					
#082			8			3			
#086				2					
#087				2					
#088				2					
#089				2					
#092				4					
#095			2	2					
（次类总数）	3		13	28		6			
齐风 096				1	1				
#097				6					
#098			3						
#099				2					
100				6					
101				4					
（次类总数）			13	9	1				
魏风 107			3						
108		3							
109			4	2					4
111				2					

续 表

诗篇	动词	指示形容词	代名词	NP之NP	VP之NP	NP之VP	NP之AA	孔之V	NP之V矣
112			3	3					
113						1			
(次类总数)		3	10	7		1			4
唐风 116				3					
117		2		2					
119				4					
120				2					
122				2					
123			4	2					
124				6					
125				9					
(次类总数)		2	4	30					
秦风 126				1					
127			1	1					
128			1	1					
129			6	2					
131				3					
134			2						
(次类总数)			10	8					
陈风 136				4					
137				4					
138				5			1		

续 表

诗篇	动词	指示形容词	代名词	NP之NP	VP之NP	NP之VP	NP之AA	孔之V	NP之V矣
139				3					
140				2					
141			3						
145			1	3					
（次类总数）			4	21			1		
桧风 148						3	3		
149		2							
（次类总数）		2				3	3		
曹风 150				2					3
151		3							
153			2						
（次类总数）		3	2	2					3
豳风 154				9					
155				1		1			
156		1	1	1					
157									3
158		1							
159		1		1					
（次类总数）		3	1	12		1			3
次类总数	4	44	136	203	7	22	15	3	23
小雅 161				4		1			
164				4					

先秦汉语的"之"

续　表

诗篇	动词	指示形容词	代名词	NP之NP	VP之NP	NP之VP	NP之AA	孔之V	NP之V矣
165			2		1				
166				4	1			1	2
167				3					
168			1						
169				2					
171				2					
172				3					
175				9					
177			1	2					
178				2					
179		2							
180				2		1			
181		2							
182				1					
183			1	1					1
184		2		2					
185				2		1			
186			4						
187				3					
188				2					
189		6	1	2			2		
190			2						

续表

诗篇	动词	指示形容词	代名词	NP之NP	VP之NP	NP之VP	NP之AA	孔之V	NP之V矣
191				2					
192			5	6		5		2	1
193			1	3				3	
195						2		2	
196			3			1			
197			8	2		2			5
198			6	2		2			1
199			1	2		2			
200			1	1					
202			2	2					1
203			1	6					
204				1					
205				2					
207				4					3
209				2					
210				4	2				
211				4					
212				1					
214			3	8					
215			2	2					
216				9					
218				1					

续 表

诗篇	动词	指示形容词	代名词	NP之NP	VP之NP	NP之VP	NP之AA	孔之V	NP之V矣
220			2	2		2			
222			10	2					
223						1			2
224			3	1					
225			4						
226		3							
227			4						
228			2						
229	2	4	1						
230			18			1			
231			12						
232					2				
233				2					1
234				1					
次类总数	2	24	134	85	2	23	2	8	18
大雅 235				5		3			
236			1	4	1				
237						1	3		
238			5						
240			3						
241			9	7					
242			4						

续 表

诗篇	动词	指示形容词	代名词	NP之NP	VP之NP	NP之VP	NP之AA	孔之V	NP之V矣
243				5					
244			2	2					
245			9	2			2		
246			2						
247				1					
249		2	2	1		1			
250			6	2					
251				1		2			
252				2				1	
254				6		8			
255				3					
256			8	10		1			
257	1					4		1	
258				1					
259			1	5					
260			9	2		1			
261			5	3					
262				1					
263				4					
264			4	1		5			3
265				3					2
次类总数	1	2	67	74	1	26	5	2	5

续　表

诗篇	动词	指示形容词	代名词	NP之NP	VP之NP	NP之VP	NP之AA	孔之V	NP之V矣
周颂 266				1					
267			2	3					
268				2					
269			5						
270			3	1					
271			2						
272			3	2					
273			3						
276				1					
280				1					
283			1						
284			3						
285			1						
287			1						
288			2						
290				2					
291				1			2		
292				1					
293			1	1					
294			1						
295			1	1					
296				3					

续 表

诗篇	动词	指示形容词	代名词	NP之NP	VP之NP	NP之VP	NP之AA	孔之V	NP之V矣
次类总数			29	20			2		
鲁颂297				4					
299				1					
300			3	12					
次类总数			3	17					
商颂301				1					
302				1					
303				1					
304				2					
305				4					
次类总数				9					
总数	7	70	369	408	8	71	24	13	46
1016									

注释

① 本文初稿来源于我在1993年春季的历史句法学讲课笔记中《名词化》一章的部分内容。初稿经改写在1995年3月17—18日斯坦福召开的汉语句法史会议上提交,此后修改为现在这篇论文,在此过程中,非常感谢高岛谦一(Takashima)教授在确立卜辞和金文为语料以及阐述观点、纠正错误等方面提供的帮助。与蒲立本(Pulleyblank, E.)、贝罗贝(Peyraube, A.)、Harbsmeier, C.、何乐士诸位教授以及斯坦福大学其他同事的讨论使我受益良多。尤其感谢何乐士教授对我的会议论文的详细点评,她指出了几处疏漏并提出修改建议。感谢本文的匿名审稿人以及本杂志的合作编辑 Pierre-Étienne Will 教授就文章的内容及体例提出

① 的各种建议。文章的一切问题概由作者本人负责。
② 某一汉字初次出现时以现代标准普通话的罗马字拼音系统形式表示（举例时除外），但出于排版原因不标注声调。
③ "虚"词（"empty" words）一般解释为具体词汇意义空泛的功能词。
④ "实"词（"full" words）一般解释为具有词汇意义的词语。
⑤ 我们采用 Meillet(1912)对语法化的定义，即从早期的词汇形式到语法形式（功能词、词缀等）的演变过程。
⑥ 在该词典中（卷1,第43-44页），"之"的意义和功能包括：(1) 往,到……去；(2) 至,直到；(3) 为,是；(4) 有；(5) 用；(6) 出；(7) 代词；(8) 副词：已经,则,就；(9) 连词；(10) 介词：关于,至于；用,以,凭；(11) 助词；(12) 通"诸"；(13) 通"志"；(14) 姓。
⑦ 参见陈梦家(1956:97-98,113-115)。
⑧ 同前,第92页。
⑨ 参见 Serruys(1981:354-355;1985:225-227)。
⑩ 我们采用 Serruys 的释义。参见 Serruys(1985:226)。
⑪ 参见高岛谦一(Takashima)(1985:5-7)。
⑫ 高岛谦一(Takashima)（私人通信）已指出 Nivison 也持这一观点。徐中舒(1989)引用《尔雅》对"之"的解释"往也"（"to go"），将它看作"之"的本义（the earliest meaning）。
⑬ 参见 Sankoff & Brown(1976)，尤其是其中第638-639、662-664页。
⑭ 例如,参见 Svorou(1994)，尤其是其中第3章。
⑮ 参见高岛谦一(Takashima)(1985:5-7)。
⑯ 这8例之中,其中1例"之"位于处所词之前,其余各例中"之"一律出现于句末。后一类用法中,有5例"之"位于动词"曰"之后（但据高岛谦一,该用法具有宗教特点）。
⑰ 释义由高岛谦一(Takashima)（私人通信）提供。
⑱ 参见高岛谦一(Takashima)(1994)。高岛谦一还指出《小屯南地甲骨》（中国社会科学院考古研究所编,1980年）中"之"用作动词的一个明显的例子："……弜(=勿)之兹用(1093)"（"……不要去。这个（占卜的裂缝）被使用"）。出现在否定词后面的成分通常为动词。
⑲ Von der Gabelentz(1881:178)认为动词性概念衍生自指代词（demonstrative-pronominal）概念似乎更为自然,但他未说明理由,只是说明了"*hier*, *da*, *dort*"表示的概念与方所存在及位移概念非常一致。此外,他也没有解释为什么"指代词"等同于方所存在。实际上,我们的假定更接近于他关于方所与位移动词之

间关系的观点,因为我们认为,"之"的动词意义来源于其图形表征,后者可以解释为"从这里"。

⑳ 参见王力(1937)。

㉑ 参见 A.Yue(-Hashimoto)(余蔼芹)(1969)。

㉒ "是"残留的指示性用法可以由用在另一个动词前、表示强调的重读的"是"观察到。

㉓ 我们按照传统的办法,在公式中用括号表示可选成分。当括号内有一项以上的成分时,表示在诸项之间的选择,如下文第2节末的公式所示。

㉔ Serruys(1985)对该例有不同的解释,将"之"看作一个动词,这句话义为"如果祭祀时司礼仪的人拿走(贡品)离去,对于这颗坏牙,可以认为已缓解了疼痛,因而会好转"。但是,高岛谦一(Takashima)(私人通信)认为此例中的"之"是一个人称代词,指称司礼仪者带走的贡品。他将此例翻译为:"预测:(如果)祭祀时司礼仪的人带上它们(指狗和羊),那颗病齿一定会好转"。他还认为"挈"的后面总是出现宾语。我们的释义基于"挈"的宾语可能被省略这种可能性,正如Serruys 假定的那样。由于我们没有对"挈"的所有用例进行调查,因此无法对高岛谦一(Takashima)的观点提出质疑。

㉕ 金文的断代依据白川静(Shirakawa)(1962–84)、Hayashi(1989)及高岛谦一(Takashima)(私人通信)。

㉖ 数据中的变量是由对用法的可能的可选性解释造成的。例如,像《曾白䍘旅古一、二》中"天赐之福"这样的铭文可解释为"上天赐予他福分",其中"之"用作代词,或解释为"上天赐予那种福分",其中"之"用作指代词。

㉗ 据郭沫若、容庚及吴其昌,麦尊的年代大约为周康王时期(公元前 1078—公元前 1053 年),但唐兰把它归为昭王时期(公元前 1052—公元前 1002 年)。参见白川静(Shirakawa)(1962:628)。

㉘ 据高岛谦一(Takashima),多友鼎的年代大约为宣王时期。

㉙ 据 Hayashi(1989),邾钟的年代为公元前 575 年前后。

㉚ 按照周何等(1995)的体例,"__"表示难以辨认的文字。

㉛ 据白川静(Shirakawa)(1964),子贝戈的年代为公元前 452—公元前 405 年前后或公元前 514—公元前 496 年前后。

㉜ 据白川静(Shirakawa)(1964),宋公差戈的年代为公元前 531—公元前 517 年前后。

㉝ 参见 Mullie(1942:193)。

㉞ 对于无法与任何符号/文字相联系的方言形式,用方括号括入,以宽式音标转写。

㉟ 陈邦怀(1964)提到,"之造"在春秋战国时期的兵器铭文上出现了13次,他认为该组合形式与"所造"相同。但是很难解释为什么"之"可以替代"所"。

㊱ 据高岛谦一(Takashima)(私人通信),中山王䁥鼎的年代为公元前310年前后。

㊲ 王子午鼎的年代在公元前552年之前,在公元前552年楚国的王子午去世。

㊳ 总共有1180例"之"的用例,其中有2例见于专有名词,因而被排除在表1之外。将该时期大致划分为殷周时期(从殷代至周康王,公元前1400—公元前1053 BC)、西周前期(从康王至懿王,公元前1078—公元前910)、西周后期(从孝王至幽王,公元前909—公元前771)及春秋战国时期(公元前770—公元前222),系采用白川静(Shirakawa)(1964)的分法。在白川静的体系中,康王与两个时期相交接。出于各种原因,如,"之"单独使用,或出现在它后面的某些文字难以辨认,或出现在它前面的某些文字缺失,使得有14例我们无法确定其中"之"的功能。

㊴ 如王世舜(1982)、杨伯峻 & 何乐士(1992)等认为,在《立政》中出现两次的同一表达形式"惟有司之牧夫"('正是那些官吏和监督人'),即是此类用例。我们认为"之"的这一意义来源于其动词意义"往,到……去",这一动词意义在当时已经语法化为介词"到"("to")或"从……到"("from…to")。"有司之牧夫"只是表示"从那些官吏到那些监督人"的意思。

㊵ 对于这里的"NP 之 NP"以及"VP 之 NP"结构,其中的 NP 包括以单一动词(V)和动词并列形式(coordinated V's)为核心语名词的情形。在诸如"VP 之 NP"这类公式中,将单一动词和动词并列形式这类情形看作名词化了的形式较为合适,尽管也可以认为这类成分是充当主语或宾语的动词形式,因为没有将动词与名词区分开来的形态标记。在本文中,我们采用前一种分析方法,而不对"名词"与"动词"进行严格的概念界定,因为后者已超出本文的研究范围。并且,我们关注的是观察在"NP 之 NP""VP 之 NP"及"NP 之 VP"框架中"之"的指示功能如何受限制。出于这一目标,正如下文我们将看到的,"之"后面出现什么成分才是重要的。对于"之"后面的成分为单一名词、名词短语(NP)、单一动词或动词并列形式的情形,大多数情况下还是可以理解为一个指示词,而当"之"后的成分为由副词、宾语等修饰核心语动词的动词短语(VP)时,则很难将"之"理解为一个指示词。

㊶ 对于这里的"VP 之 NP"以及"NP 之 VP"结构,其中的 VP 排除单一动词和动词并列形式的情形,这两类形式我们已归入 NP。参见注释40。

㊷ 我们的统计基于对文本中"之"的用例的实际计算;出于比较以及下文段落中引例之便,我们采用了顾颉刚(1982)的数据。毋庸多言,不同的解释会给我们的统计造成不同的分析和数据。如下这个例子可以说明这一点:《多方》中的"罔

丕惟进之恭”一句,既可将“之”分析为代词(据陈舜政(1970),这种分析似为Karlgren的解释),句义为“不把他们引向恭敬”;也可以将“进之恭”理解为出现于“NP 之 NP”框架中,句义为“没有人不(获取)进贡的财物”。我们采用后一种解释来进行统计。

㊸ 将这类构型中的“之”不看作代词而看作领属/定语标记(a possessive/attributive marker)似乎同样是合理的。另一方面,由于它与带“是”的相似构型之间的平行性,将它理解为一个复指代词更为可取。

㊹ 公式中的括号表示从成排列举的成分中选择其一。

㊺ 如王力(1990)所述。

㊻ 年代的确定依照金启华(1986)。

㊼ 详见附录。

㊽ 据萧海波 & 萧海峰(1982),“之”在《诗经》中出现了1039例。我们认为数据的差异不会影响下文将要描述的整体情况。

㊾ 参见董同龢(1960:945)。

㊿ 这是郑玄的解释。

(51) 参见吕叔湘(1984:181)。

(52) 用例选自《新简明牛津英语词典》(*the New Shorter Oxford English Dictionary*)(1993)。

(53) 如下2例不属于此处讨论的这种格式:“遇人之艰难矣,遇人之不淑矣。(第69篇,王风·中谷有蓷)”因为“人之艰难”与“人之不淑”分别分析为“NP 之 NP”与“NP 之 VP”。

(54) 就这一点而言,唯一合格的例子是上文列举的“日之夕矣”(第66篇,王风·君子于役),其中“夕”是一个时间词。

(55) 参见杨伯峻(1993:41)。

(56) 我们的用例总数与何乐士(1989a)的数据不同,何文提供的数据是7156例。但是何文包括了“之”的所有用例,而我们已经排除了人物专名、来自《诗经》或《尚书》的引文以及文学作品的标题。专名和地名反映了更为古老的用法——前一种形式被排除是因为其结构通常难以分析,而后一种形式被包括在内是因为它们是地方性的,并且很容易进入“NP 之 NP”构式。显然,来自其他作品的引文应排除在统计之外。唯一的例外是来自孔子(Confucius)的引语,因为他是同时代的人并且可能已经被该时期不同的人引用[例如,“知之难也(襄23/8)”也见于《论语》(*Analects*)]。文学标题也不包括在内,如《诗经》中的“辔之柔矣”。造成数据差异的另一因素是人为的失误。尽管我们将这些例子统计了两遍,但数量之庞大很难达到统计中的精确。至于各次类,在下面的讨论中显然并不总是与何乐士(1989a,b)提出的相一致。

㊗ 对文本页数的统计以《春秋左传逐字索引》为基础,我们从"传"中减去了"经"中的句子。

㊘ "假位"("dummy")是从它们既无词汇意义也无语法意义的意义上而言。在下列例子中,它们只是用于补足韵律上所需的音节数量。

㊙ "皇父之二子死焉(文11/5)"例,在这里按其表面意义分析为"NP之NP",而不是可能更确凿的解释即将"之"理解为"和"(杨伯峻1993)。

㊀ 我们在《诗经》中统计得9例,各例一律出自《鄘风》:其中3例出自第46篇《墙有茨》,5例出自第47篇《君子偕老》,1例出自第51篇《蝃蝀》。

㊁ 此例中的"之"实际上可解释为一个指示副词(a deictic adverb),句义为"为什么许子这么不怕麻烦?"。

㊂ 有时,当"之"与由"与"字打头的介词短语共现,似乎没有什么特别的功能。例如:"献子之与此五人者友也。(孟 V B.3)"《孟子》中这类用法仅1例,但在随后的使用中用例更多。例如,《史记》中"夫破人之与破于人也……岂可同日而论哉(苏秦)";或"夫秦卒与山东之卒,犹孟贲之与怯夫(张仪)"。后两例中的"之"似乎多余。

㊃ 参见 Sankoff & Brown,第663页。

㊄ 参见第2卷第2部分第306页。

㊅ 参见 Bühler(1934),转引自 Jarvella & Klein(1982)。

㊆ 印欧语、乌拉尔语、尤卡吉尔语(Yukaghir)、阿尔泰语(突厥语、蒙古语、通古斯语)、阿伊努语(Ainu)、朝鲜语、日语、吉利亚克语(Gilyak)、楚克坦语(Chukotian)和爱斯基摩阿留语(Eskimo-Aleut)被称作欧亚语。参见 Greenberg(1990:123)。

㊇ 参见 Svorou(1994),第4.3节。

㊈ 但名词化标记"者"在《尚书》中未出现。

㊉ 参见 Yue(-Hashimoto)(余蔼芹)(1993:227)。

参 考 文 献

陈邦怀　1964　《金文丛考》三则,北京:文物出版社,2,49。

陈初生　1992　《金文常用字典》,高雄:复文图书出版社。

陈梦家　1956　殷墟卜辞综述,《考古学专刊甲种第二号》,北京:科学出版社。

陈舜政　1970　《高本汉书经注释》,台北:中华书局。
董同龢　1960　《高本汉诗经注释》,台北:中华书局。
方述鑫、林小安、常正光、彭裕商　1993　《甲骨金文字典》,成都:巴蜀书社。
顾颉刚编　1982　《尚书通检》,北京:书目文献出版社。
管燮初　1981　《西周金文语法研究》,北京:商务印书馆。
郭沫若　1957　《两周金文辞大系考释》(增订本),北京:科学出版社。
郭锡良　1980　汉语第三人称代词的起源和发展,《语言学论丛》第6辑,北京:商务印书馆。
哈佛-燕京学社　1938　《春秋经传引得》,北平:燕京大学出版社。
何乐士　1989a　《〈左传〉的"之"》,《左传虚词研究》,北京:商务印书馆,48-65。
——1989b　《左传》的[主·"之"·谓]式,《左传虚词研究》,北京:商务印书馆,66-77。
日本东亚研究会　1962　诗经引得,《哈佛-燕京学社引得编纂处增刊之9》。
金启华　1986　《诗经全译》,香港&南京:中华&江苏古籍出版社。
黎锦熙　1957　《比较文法》(校订本),北京:科学出版社。
刘殿爵、陈方正编　1995　《左传逐字索引》,香港:商务印书馆。
刘淑学　1992　古汉语"体词+之+于……"格式的调查,《语言学论丛》第17辑,222-234。
刘兴隆　1993　《新编甲骨文字典》,北京:国际文化出版社。
吕叔湘　1942　《中国文法要略》,北京:商务印书馆。
——1943　论"底""地"之辨兼及"底"字的由来,《汉语语法论文集》,北京:科学出版社,51-58。
——1984　《现代汉语八百词》,香港:商务印书馆。
屈万里　1974　《诗经释义》,台北:华冈出版部。
容庚　1959　《增订三版金文编》,北京:科学出版社。
宋作胤　1964　论古代汉语主语和谓语之间的"之"字,《中国语文》4,295-300。
唐钰明　1988　古文字资料的语法研究述评,《中山大学学报(哲社版)》(广州),4.57-64。

王世舜　1982　《尚书译注》,成都:四川人民出版社。

王洪君　1987　汉语表自指的名词化标记"之"的消失,《语言学论丛》第14辑,158-196。

王力　1937　中国文法中的系词,《清华大学学报》12-1.1-67。

——1958　《汉语史稿(中册)》,北京:科学出版社。

——1984　"之""其"构成的名词性词组,《语言研究》2.1-9。

——1989　《汉语语法史》,北京:商务印书馆。

——1990　《古代汉语(修订本)》(第1、2册),北京:中华书局。

萧海波、萧海峰　1982　《诗经》"之"字用法初探,《武汉大学学报(人文科学版)》1982-4.72-77,68。

徐中舒编　1989　《甲骨文字典》,成都:四川辞书出版社。

杨伯峻　1982　《古汉语虚词》,北京:中华书局。

——1993　《春秋左传注(修订本)》(4册),北京:中华书局。

——& 何乐士　1992　《古汉语语法及其发展》,北京:语文出版社。

——& 徐提编　1985　《春秋左传词典》,北京:中华书局。

杨树达　1984　《高等国文法(新版)》,北京:商务印书馆。

中国科学院考古研究所编　1965　甲骨文编,《考古学专刊乙种第十四号》,北京:中华书局。

周法高　1956　"之""厥""其"用法之演变,《学术集刊(台湾)》4.4.1-7。

——1972　《中国古代语法》"中研院"历史语言研究所专刊之39。

——编　1975　《金文诂林》第八册卷六,香港中文大学。

——编　1982　《金文诂林补》第三册卷五、六,"中研院"历史语言研究所专刊之77。

周何等编　1995　青铜器铭文检索6卷,台北:文史哲出版社。

朱德熙　1983　自指和转指,《方言》1.16-31。

Buck, Carl D. 1933. *Comparative Grammar of Greek and Latin*. University of Chicago Press.

Bühler, Karl. 1982. The deictic field of language and deictic words. In

Speech, Place, and Action(R. J. Jarvella & W. Klein eds., John Wiley & Sons Ltd.),9 – 30.

Gabelentz, von der, Georg. 1881. *Chinesische Grammatik*. Leipzig: T. O. Weigel.

Greenberg.Joseph. 1990. Relative pronouns and P.I.E. word order type in the context of the Eurasiatic hypothesis. In *Language Typology* 1987: *Systematic Balance in Language* (W.P. Lehmann ed., John Benjamins Publishing Co.),123 – 138.

Hayashi, Minao 林巳奈夫　1989　*In Cho jidai seidôki no kenkyû* 殷周时代青铜器の研究.4vols. Tokyo:Yoshikawa Kobundo.

Jarvella,Robert & Wolfgang Klein. 1982. *Speech, Place, and Action(Studies in Deixis and Related Topics)*. John Wiley & Sons Ltd.

Meillet, A. 1912. *Linguistique historique et linguistique générale*. Paris: Champion.

Ônishi, Katsuya 大西克也　1994　《秦汉以前古汉语语法中的"主之谓"结构及其历时演变》⑳,《第一届国际先秦汉语语法研讨会论文集》(高思曼、何乐士编,岳麓出版社),16 – 32。

Mullie,Jos.1942.Le mot-particule 之 tche. *T'oung Pao* XXXⅥ- 3 – 5.5.

Ôta,Tatsuo 太田辰夫.1958. *Chûgokugo rekishi bumpô* 中国语历史文法. Tokyo:Konan Shoin.

Peyraube, Alain. 1988. Syntactic change in Chinese: on grammaticalization. *Bulletin of the Institute of History and Philology*, Academia Sinica Lix – 3.617 – 652.

Pulleyblank,E.G. 1987.Some notes on embedding constructions in classical Chinese. In *Wang Li Memorial Volumes* (Chinese Language Society of Hong Kong ed., Joint publishing Co.),359 – 376.

——1995. *Outline of Classical Chinese Grammar*. Vancouver:UBC Press.

Sankoff,G.& P.Brown.1976.The origins of syntax in discourse, *Language* 52 – 53.631 – 666.

Sapir, Edward.1930.Southern Paiute: a Shoshonean language. *Proceedings of the American Academy of Arts and Sciences*. 65.1 – 296.

Serruys, Paul O.-M.1981.Toward a grammar of the language of the Shang bone inscriptions. 载"中研院"国际汉语会议论文集,313-364.

Shirakawa, Shizuka 白川静 1962-84. Kimbun tsûshaku 金文通释, Kobe: Hakutsuru Bijutsukan.神户:百鹤美术馆。

——1985.Notes on the grammar of the oracular inscriptions of Shang. In *Contributions to Sino-Tibetan Studies*(eds. J. McCoy & T.Light, Leiden: E.J.Brill),203-237.

Svorou, Soteria. 1994. *The Grammar of Space*. Amsterdam/Philadelphia: John Benjamins Publishing Company.

Takashima, Ken'ichi 高岛谦一 1985 殷墟文字丙编通检,"中研院"历史语言研究所。

——高岛谦一 1994. The modal and aspectual particle *qi* in Shang Chinese.《第一届国际先秦汉语语法研讨会论文集》(高思曼、何乐士编,岳麓出版社),479-565.

Yue(-Hashimoto), Anne 余蔼芹. 1969. The verb "to be" in modern Chinese. In *The Verb "Be" and Its Synonyms* (John W.M.Verhaar ed., D.Reidel publishing Co.),72-111.

——1993. *Comparative Chinese Dialectal Grammar*. Handbook for Investigators.《汉语方言比较语法调查手册》École des Hautes Études en Sciences Sociales, Centre de Recherches Linguistiques sur I'Asie Orientale, Paris.

说中古汉语的使成结构*

魏培泉 著

一、前　言

1.1 研究范围

中古汉语是指东汉魏晋南北朝时期流行的语言,时间大约相当于西元 1 世纪到 6 世纪。① 这个时期流行几个"使成结构"(causative construction),② 因为过去汉语历史语法学者研究上的偏重,使得这些结构的分布与其互动关系还没得到应有的注意。本文的主要目的是描述我们对中古汉语使成结构所作的考察结果,包括我们对使成述补结构产生的时代与机制的看法。

使成结构就意义上可以表示如下:

〔〔NP1 的某种行为作用于 NP2〕造成〔NP2 进入某种状态〕〕
NP1 在上式的论元结构中的角色为"肇始者"(causer),NP2 则为"受事"(包括"客体"(theme)和狭义的"受事"(patient))。③

我们考察了中古汉语和上古汉语的文献,④ 发现在中古汉语文献

---

* 本文初稿发表于 1998 年 6 月 22 日至 24 日于巴黎举办的"第三届国际古汉语语法会议"。与初稿相较,本稿只修订了些字句以及更动了几个例句,内容事实上并无变动。因此尽管在上述会议中也有几篇论文是讨论使成式或动补式的,因修订时无所参照,故参考书目仍维持初稿原旧,不将这些作品补入。"中研院"语言学研究所筹备处的同仁及两位审查人于本文亦曾有所赐教,特此志谢。

中,这些使成结构通常是出现在性质较通俗化的语料中,如《释名》《齐民要术》以及佛经和古籍的注释中,⑤其中有的文献还十分常见,因此应可相信是当时流行的句型。在上古汉语文献中,可见的例子较少,而且主要是出现于医书中。

1.2 中古汉语的几种使成结构

以"使动词"(causative verb)为述语的句构在上古汉语相当常见。这种结构也可算是使成结构的一种,⑥在中古汉语也还使用。如:

NP1+V+NP2⑦

1. 有一丈夫出现于世,取是三千大千佛土,满其中尘,取破碎之,一一诸尘,各各碎之。(西晋竺法护《文殊师利佛土严净经》899 页上)

因为本文主要是要描述比较能代表中古汉语的使成句式,所以本文一般提到使成结构就只是针对以下诸型说的。

中古汉语的使成结构有如下诸型:⑧

(甲) (NP1)+V1V2+(NP2)

甲式中 NP2 的出现与否在该式的演变上是具有关键性地位的,因此本文以 NP2 的有无再区别为二型:

(甲一) (NP1)+V1V2+NP2

2. 或有恶风,吹散其体。(吴支谦《菩萨本缘经》62 页中)

(甲二) (NP1)+V1V2

3. 即持薪火,于只桓门间煮熟。(后秦弗若多罗共罗什《十诵律》187 页上)

(乙) (NP1)+V1+NP2+V2

4. 今当打汝前两齿折。(元魏慧觉《贤愚经》429 页上)

(丙) (NP1)+使(令)+(NP2)+V

5. 魔即自欲挽此尸却,如似蚊子,欲移须弥,不能令动。(西晋安法钦《阿育王传》119 页上)

(丁) (NP1)+V1+(NP2)+使(令)+(NP3)+V2(本式 NP3 常因和 NP2 同指

而省）
6. 发,拨也,拨使开也。(《释名·释言语》)
7. 煮米令熟。(《伤寒论·辨少阴病脉并治》)

以现代汉语的动词性衡之,以上诸式中的 V1 为及物动词,V2 为不及物动词(但在中古汉语,甲一式的 V2 却未必只是不及物动词,而可能是作格动词)。⑨不论从语义上或语法的结构上来看,这些结构和近、现代汉语的使成复式动词都存有紧密的关系。⑩

甲式自王力(1958)以来就叫作使成式,乙式梅祖麟(1991)称作隔开式。本文甲式所以又特别区分为甲一式、甲二式,是因为甲二式虽然在表面上看起来只比甲一式少了个宾语,实则和乙式也脱不了关系。以下为了叙述的方便,在不需要区别时,我们也以甲式来包括甲一式、甲二式。丙、丁式是过去学者所忽略的。丙式的 NP2 虽可以出现,但因研究上的着重,本文的丙式通常是指 NP2 是隐含的,也就是 NP2 是零形式的。丁式中的 NP3 通常和 NP2 同指,在这种情形之下,NP3 采用代词"之"或零形式都可以,只是以零形式为较常见。NP2 也常采用零形式,此时就成为 V1、使(令)、V2 等三个动词并在一起的连动形式。

我们相信这些结构在近、现代汉语使成述补结构的发展上扮演了相当重要的角色。本文将对中古汉语的这些结构进行历时的和共时的描述,说明它们之间的关系;本文也要在这个基础上,更进一步勾画出各个结构在使成述补结构发展史上所占有的地位以及它和整个语言结构的互动关系,并对使成述补结构的演变原因提出一些解释。

二、甲 式 概 述

甲式的句型为"(NP1)+V1V2+(NP2)",就现代汉语而言,V2 为不及物动词。甲一式的句型为"(NP1)+V1V2+NP2",甲二式的句型为"(NP1)+V1V2",一般在讨论上并不区别此二者,以下将证明这种分别是有必要的。不过以下在不需要区别时,仍以甲式来涵盖二式。

2.1 前人研究简介

因为甲式是现代汉语现有且常用的,所以过去在讨论使成结构时主要就集中在此式的产生与演变上。以下就简单地介绍过去的一些主要意见,以便于后文的敷陈。⑪

　　王力(1958)是首先使用使成式这个术语来称呼本文的甲式的,并指出使成式"从形式上说,是外动词带着形容词,或者是外动词带着内动词;从意义上说,是把行为及其结果在一个动词性仂语中表示出来"。他认为此式在汉代已经产生,逐渐扩展于南北朝。只是对于上古汉语该式中的动词语素词性怎么决定,⑫该文还缺乏一个判准。

　　太田辰夫(1958)以为上古汉语不及物动词作使动词比较自由,因此即使上古汉语早已有"扑灭"这种例子,也还应算是并列的。他认为使成述补式起于唐代。他同时提出一个检验方法,就是拿作为使成式V2 的"杀"开始转用"死"的时代作为判准。在隋以前,只有"V 杀"可接宾语,直到唐代"V 死"才可用来替换"V 杀"。如:

8. 项梁已击杀之。(《史记·李斯列传》)
9. 主人欲打死之。(〈广古今五行记〉,《太平广记》卷九一)⑬

　　志村良治(1984)对述补式产生的时代意见大抵同太田辰夫,不同的是他还认为使成式是由"V 而 V 之"省"而"而合并成的。

　　除了根据传世文献,其他还有根据出土资料而判定先秦已有使成式的。如王瑛(1982)根据秦简,张显成(1994)根据秦汉简帛等。这些研究虽给使成式增加了一些例子,只是都并未进行结构的分析,以及提出认定的标准。

　　梅祖麟(1991)认为上古汉语使成式原为并列式,是两个及物动词的并列。但是至少在刘宋时代(5 世纪)就已转成"及物动词+不及物动词"的述补式了。证据之一为吴语只用"V 杀"的述补式,其中的"杀"应为不及物动词。中古汉语文献上也有"V 杀",如:

10. 白杨多悲风,萧萧愁杀人。(《古诗十九首》)
11. 童男娶寡妇,壮女笑杀人。(〈紫骝马歌辞〉,《乐府诗集》)

另外如下之例也可以证明当时已有述补式:⑭

12. 即便以觜啄雌鸽杀。(萧齐求那毗地《百喻经》557 页中）

他认为当时隔开式的 V2 是不及物动词,此例结构既然相同,所以"杀"也当作不及物动词"死"讲,由此也可以确定"杀"被同化的下限,同时也可以断定其时应该已有非隔开的述补式。

此文又提出,甲式由并列转换为述补结构有四项因素:
(1) 清浊别义的衰落:先秦以清浊声母来区别自、他动的构词法到中古趋于衰亡,如原有二读的"败"转剩一读。
(2) 使动式的衰落。
(3) "隔开式"动补结构的产生:南北朝的甲式受隔开式的感染变成动补结构。
(4) "动+形"式复合词的产生:"长大""缩小""减少"这些不带宾语的"动+形"复合词,对"减轻""填满""射伤""攻下"等汉代的并列结构会起感染作用,使后者变成动补结构。

Huang（1995）认为,一直到汉代,甲式的中心语是在 V2,是偏正式（以下我们称作"状述式"⑮）；在中古汉语时中心语才由 V2 转到 V1,才变作述补式。

李讷、石毓智（1997：86—87）认为使成式在魏晋南北朝还只有隔开式。他们推断导致隔开式转为使成述补式的原因和过程为:（一）所有隔开式同时也可以不带宾语,长久以后造成两个动词合成一个单位；（二）一旦视为一个单位,就可以在其后加上宾语。

以上这些意见的是非在以下逐节讨论后可以看得明白些,这里暂不作讨论。

2.2 中古汉语甲式概况与历史渊源

2.2.1 上古汉语甲式的结构问题

就上古汉语甲式的内部结构而言,我们看到各种可能都被提了出来,也就是有并列式、述补式、状述式等不同的观点。我们究竟应该接受哪个主张呢？在上节引介的作品中,部分学者（特别是主张先秦就有使成式的)虽然使用使成式或动补复合词的术语,但对该式的中心语当如何决定实际上殊不介怀,只凭表面上及物动词后接不及物动词来立论,而且还是以现代汉语的语感为准。这些我们大可不必考虑,我们应该考虑的是上述学者所提出的判准或理由的有效性,以及是否有其他可能的判准。

要决定上古汉语甲式中心语的位置的确有其困难,除了判准难觅以外,我们的语感较差也是个重要因素。⑯

上古汉语及中古汉语的甲式到底是并列式还是偏正式呢?如果是偏正式,那么是状述式,还是述补式呢?⑰

支持甲式为并列式一个可能的理由是甲式两个动词有共同的论元;另一个可能的理由是有人认为甲式是从上古汉语的"V 而 V 之"式省"而"而成,⑱而其中的"而"有的学者视为并列连词。如果"而"相当 and,且上述假设为真,那么这倒是可以接受的说法。不过"而"的性质究竟是否这样还不能确定。另外一个比较严格的并列式评判方法是该式的两个动词语素可以颠倒。显然使成式并不能适用这样的判准,最主要是因为一般的连动式的两个动词间总是有时间先后的关系,无法对调。⑲如果以此来决定甲式究竟是否为并列式,标准恐怕太严格了点。另外一个判准是并列式的语法表现应和其成分相同。因此如果一个结构的语法限制与其成素不同,那么该结构便不应称作并列式。不过语法表现或限制是否相同也是有宽严之别,是否词性和搭配关系都一致才叫作并列恐怕也是见仁见智的。其实依据传统对并列与偏正的定义,我们很难决定古代汉语的一个连动式是并列式还是偏正式。比较过去所用的办法,我们认为如下的判准是比较可以采用的:如果合并的动词的主、宾语指称相同,则当归作并列式。依据这个判准,当动词合并后宾语的选择只决定于原来两个动词中之一时,就不应是并列式而是偏正式。至于偏正式的中心语如何决定,最简单的测试法是看哪个成分可以删除而句子仍然成立。附加语是属于可以删除而不影响句子合法度的部分,所以当这两个动词删除其中的任一个,留下来的动词如果仍能搭配原有的宾语则可以定为中心语,可以删除 V1 的是状述式,可以删除 V2 的是述补式。以下我们就按这个方法来判断甲式是并列式还是偏正式。

根据上述原则,我们可以对过去关于甲式结构的主张再作检讨。

上古汉语有些动词比较常用作甲一式的 V2,如"破""起""去"等。"破"比较常见于史籍,如"攻破""击破""袭破"等;"去"常见于出土文献,如"浚去""除去""移去""扬去""洒去""挠去""置去"等。例如:

13. 孰析,沃以水,水清,止;浚去汁,洎以酸浆□。(马王堆汉墓帛书《五十二病方》)
14. 干,复傅之,而以汤洒去药,已矣。(马王堆汉墓帛书《五十二病方》)

这些可用作 V2 的动词,其实也可以独自用作使动词(也就是作格动词的及物用法)。含有这种 V2 的甲一式等如及物动词加及物动词,则可否带宾语也可能决定于 V2,因此无法证明中心语是 V1,也还不足以支持甲一式是述补结构。

"干"看起来像不及物动词,在上古汉语出土文献中也可看到一些例子,也有看来像是作为甲式的 V2 的,如"涂(塗)干""暴(曝)干""熨干"等。[20] 其中如"暴(曝)干"还有接宾语的例子。如:

15. ……取莓茎,暴(曝)干之。(马王堆汉墓帛书《五十二病方》)

但是在当时,"干"也还可作使动词。例如:

16. 即出而干之,令尽其干,即冶,(马王堆汉墓帛书《养生方》)

因此即使"干"用作甲一式的 V2,仍不能证明甲一式是述补式。

上古汉语甲式中的 V2 如果不是本就有及物用法的,则无论用在甲式或独自用为述语,一般都不接宾语。换句话说,这种动词只能用在甲二式,而不能用在甲一式。"熟"即是这种动词。例如:

17. 取大叔(菽)一斗,熬孰(熟),(马王堆汉墓帛书《五十二病方》)

18. 以南(男)潼(童)弱(溺)一斗半并□,煮熟,□米一升入中,挠,以傅之。(马王堆汉墓帛书《五十二病方》)

大体而言,上古汉语可作甲一式的 V2 的动词,同时也可以作使动词用,而真正的不及物动词并不能作甲一式的 V2 而只能作甲二式的 V2。这一点对甲式为述补式的主张是一项很不利的证据。

以下的证据不利于并列说,其中一个证据对述补说也不利。

第一个证据是 V1 和 V2 不见得论元皆相同。如:[21]

19. 石乞、壶黡攻子路,击断子路之缨。(《史记·田敬仲完世家》)
20. 斗折脊项骨,可(何)论？(睡虎地秦墓竹简《法律答问》)

"击断子路之缨"应非"(NPi)击子路之缨"和"(NPi)断子路之缨"的并列,比较合理的解释应为"击子路"造成"子路之缨断",两个动词宾语不同,不应视为在主、宾语相同下的合并。[22]同样的,"斗折脊项骨"也不是"(NPi)斗脊项骨"和"(NPi)折脊项骨"的合并。如果二例分析作状述式,宾语是由 V2 决定的,则上述困难就消失了。[23]

第二个证据是有些动词能用作甲二式的 V2,却不能用作甲一式的 V2,可是有时候把这种甲二式的 V1 和 V2 位置对调,却又可以带宾语了。例如:

21. 以弱(溺)孰(熟)煮一牡鼠,以气熨。(马王堆汉墓帛书《五十二病方》)
22. 取石大如卷(拳)二七,孰(熟)燔之,(马王堆汉墓帛书《五十二病方》)

这种颠倒式可以带宾语,应当是第二个动词是及物动词的缘故。甲二式和颠倒式虽然所重不同,前者重在结果,后者重在方式或过程,但所获结果终是相同。[24]帛书中这种形式的替换,应该和这互倒的二式语法限制不同有所关连。如果甲式是并列式,则有两个困难需要克服:其一,如何解释这二式意义的不同;其二,如何解释这二式语法限制之不同。由上可知,甲二式和其颠倒式是由第二个动词来决定是否可带宾语,因此甲式也不大可能是并列式或述补式。

根据上述意见,上古汉语的甲式是状述式的可能性比较大。其他可以支持这个观点的证据可参考第三节。

上古汉语"V 走"的结构是比较难确定的,其用法有可能对本文的主张构成考验。我们在史书可以看到一些"击走""袭走""破走"的例子。如:㉕

23. 既归,西击走月氏,南并楼烦、白羊河南王。(《史记·匈奴列传》)《汉书·匈奴传》同。
24. 入汉中,还定三秦。陈余击走常山王张耳,耳归汉。(《史记·张丞相列传》)《汉书·张苍传》同。
25. 使李牧、司马尚御之。李牧数破走秦军,杀秦将桓齮。(《战国策·赵策四》)
26. 汉王亦引兵北军成皋。项羽已破走彭越,闻汉王复军成皋。(《史记·高祖本纪》)《汉书》的《高帝纪》《陈胜项籍传》也有"羽已破走彭越"句。
27. 唯田单用即墨破走骑劫,遂存齐社稷。(《史记·太史公自序》)

"V 走"初看来是主、宾语都同指的两个及物动词的合并,不过事实并没有这么单纯。其一,V 和"走"先后相续时宾语不一定要相同。如:

28. 后七年,秦破杀赵将扈辄于武遂,斩首十万。赵乃以李牧为大将军,击秦军于宜安,大破秦军,走秦将桓齮。封李牧为武安君。(《史记·廉颇蔺相如列传》)

以此为准,上面所举的"项羽已破走彭越"也不无可能是"项羽已破__i,走彭越 j"。

其二,"V 走"的主语所指一般都是明确的,可是"走"独用为使动词时却很难确指主语是什么。上古汉语常见无主语的"走 NP",例如:㉖

29. 捕首虏数千,畜数十万,走白羊、楼烦王。(《史记·卫将军骠骑列传》)《汉书·卫青霍去病传》同。
30. 秦败魏于华,走芒卯而围大梁。……此非兵力之精,非计之工也,天幸为多矣。今又走芒卯,入北地,以攻大梁,是以天幸自为常也。(《战国策·魏策三》)《史记·穰侯列传》作"走芒卯,入北宅","地"作"宅"。

此时如"走芒卯"中的主语位置很难确定是否可以放入一个致使的有生名词,其中"走"也未必要分析作使动。如果不能填入一个有生名词,那么在"V走"中的 V 和"走"可能并无相同的主语,因此说"V走"是并列式或者状述式都有些困难。不过在上古汉语语料中,"走"独用为述语时前面是有可能填入一个有生名词的。例如:㉗

31. 如人君出入不时,走狗试马,驰骋不反宫室。(《春秋繁露·五行顺逆》)
32. 郑强之走张仪于秦,曰仪之使者,必之楚矣。(《战国策·韩策一》)
33. 故蠹啄剖梁柱,蚊虻走牛羊,此之谓也。(《淮南子·人间训》)
《说苑·谈丛》作"蠹蠍仆柱梁,蚊虻走牛羊"。

这个证据或许可以勉强对付上举的困难。

其三,"V走"比独自作为述语的"走"更能套入主语、宾语俱现的框架中。如果试着把"V走"的 V 去掉,结果是句子有时不大能成立。上举"项王破走彭越"的正确解释当为〔〔项王破彭越〕致使〔彭越走〕〕。在"项王破走彭越"中,假如中心语为"走",那么"项王走彭越"应可成立,可是"项王走彭越"解作"项王走到彭越那儿"的可能性还比较大些(而"项王破彭越"却不成问题)。"西击走月氏"若改成"西走月氏"就与原意大相径庭,"月氏"解释为终点是比较好的。"田单用即墨破走骑劫"的"破"若削去成"田单用即墨走骑劫"也不大自然。但是如上述,"走"之前是可填入一个有生名词的,因此"V走"去掉 V 而倾向异解或者对合法度有所影响可能也只是假象。

上面的例子不见得可以作为我们主张的反证,因为还不能证明是否真正影响到合法度。但如果以此足以证明"V走"和"走"事实上语法表现不同,那对甲式的结构分析有何影响呢?如果"V走"是并列,和单用 V 的语法何以表现不同呢?如果"V走"是状述式,V 是"走"的状语,加上状语不应影响中心语的论元数目。如果不能回答这些问题,那么述补说倒是比较好的选择。

我们是否还有其他的办法来解释"V走"和"走"的这种不一致呢？一个可能的解释是"V走"和一般的甲式不同，就当作一般的连动式带过。另一个可能的解释是视"V走"和"走"是两类动词。其中"V走"是由V和"走"合并为一词，论元的隐现在动词结合后由二语素共同决定。

2.2.2 中古汉语甲式的结构问题

对于中古汉语甲式的结构问题，此处只单就甲式的内部结构来立论，在第三节至第五节中，再继续讨论甲式与其他使成结构间的关系。

2.2.2.1 关于中古汉语"杀"和"死"用于定年的问题

太田辰夫（1958）和梅祖麟（1991）对述补式的定年都颇得力于"杀"和"死"的替换，因此要探讨甲式的结构问题，第一步就得先检讨这个证据的有效性。

太田先生以"V死"取代"V杀"的时间来判断甲式重新分析为述补式的时间，但这个证据仍有其不足之处。首先，"V杀"使用的历史相当长，一直到近代都还有不少例子（如明清小说），这表示"V杀"不必定要用"V死"来替代，所以当"V死"开始出现之时，可能使成述补式已经流行很久了。其次，"杀""死"原有不同的语义，上古汉语"杀NP"和"死NP"的语义原本也不完全相同。"杀NP"一定表示施事者对行为有意志上的操控，使动的"死NP"却未必有此内涵，"死NP"可以只是间接的致使死亡而已。既然有此差异，"死"的替换"杀"就不具必然性。

至于梅祖麟（1991）以"杀"的中性化来说明甲式的重新分析也不是没有问题的。如上述，直至明清，"V杀"仍一直流行着，这个"杀"未必要分析作不及物动词。[23]"杀"独用时一直是及物动词，而"死"却一直独用为不及物动词，为何"V杀"的"杀"一定会受乙式影响而分析作不及物动词呢？吴语"杀"也还独用为及物动词，"死"也独用为不及物动词，我们怎知道吴语中"V杀"的"杀"就是分析作不及物动词呢？此外中古汉语的"愁杀""笑杀"的"愁""笑"还很难说就是中心语，因为不能把"壮女笑杀人""萧萧愁杀人"中的"杀"删去而成句。"愁杀"

"笑杀"之所以可接宾语,如果不是因为动词合并而改变论元数目,就是因为"杀"为中心语。

2.2.2.2 甲式带宾语的条件

我们以现代汉语的及物性为准,挑出了能作甲式的 V2 的几个不及物动词或作格动词,以之考察在中古汉语时这几个动词用于甲式的情况。我们发现甲式能否带宾语,随着 V2 的词性而有诸多不等的情况。通常越能作使动词用的,㉙越能用于甲一式中;反之,则越不能用于甲一式。

这些动词能否用在甲式,其分布如何,我们的考察结果如下。

有些动词单独作使动词和用作甲一式的 V2 都常见(能用作甲一式的 V2 通常也能用作甲二式的 V2)。在上古汉语中已经常用作甲一式之 V2 的"去""走"等姑置不论,在中古汉语之时可以兼用作使动词及甲一式的 V2 之动词也不算少。如"破""坏""折""伤""裂""没""落""倒""毁""起"等都是。㉚上举这几个动词在中古汉语文献中见诸甲一式的至少就有如下的形式:"打破""吹破""决破""披破""斫破""除破""摧破""劈破""攻破""讨破""剖破""射破""屠破""掘破""斩破""牵破""焚破""踏破""烧破""击破""擘破""刳破""搦破""枨破""啄破""割破""啮破""打坏""污坏""吹坏""刺坏""穿坏""挽坏""钩坏""摘坏""捆坏""摧坏""践坏""踏坏""踢坏""烧坏""触坏""飘坏""漂坏""啮坏""决坏""斫坏""牵坏""发坏""撤坏""铸坏""震坏""打折""拗折""挫折""吹折""投折""摧折""冲折""枨折""击折""桡折""挠折""驱折""打伤""截伤""啮伤""搯伤""射伤""挫伤""欧伤""击伤""挽裂""屠裂""除裂""捆裂""劈裂""牴裂""抽裂""割裂""磔裂""打没""漂没""飘没""攻没""掩没""割没""截没""盗没""打落""吹落""剪落""飘落""剃落""割落""斫倒""摧倒""伐倒""吹倒""刺倒""排倒""打毁""烧毁""焚毁""穿毁""撤毁""发起""立起""扶起""锄起"等。㉛

以下略举几个甲一式的例句:

34. 悉令彻泽,正月地释,驱羊<u>踏破地皮</u>。(《齐民要术·种葵》)

35. 屋栋摧折,<u>打破水瓮</u>,㹀牛绝靷,四向驰走。(后秦鸠摩罗什《大庄严论经》280 页中)
36. 譬如健夫<u>打破恶狗鼻</u>,于汝等意云何?(后秦弗若多罗共罗什《十诵律》258 页上)
37. 自拔发毛,拗折<u>打破身诸璎珞</u>。(隋阇那崛多《佛本行集经》733 页上)
38. 臣等今日当以五兵戟牟剑,奋击此贼,足如暴风,<u>吹破雨云</u>。(吴支谦《菩萨本缘经》55 页中)
39. 时有二人欲至他国,傍载至于中流,值遇恶风<u>吹破船舫</u>。(后秦鸠摩罗什《众经杂撰譬喻》533 页上)
40. 若伐此树,多所伤害,莫<u>斫破此树</u>。(后秦鸠摩罗什《大庄严论经》345 页上、中)
41. 彼有铁狗,<u>啮破其腹</u>,破已食之。(元魏菩提流支《正法念处经》61 页上)
42. 相率上剑,树枝下垂,<u>刺坏身体</u>,毒痛难计。(后秦竺佛念《出曜经》640 页下)
43. 出外令人<u>打坏天祠</u>,令平如地。(元魏慧觉《贤愚经》425 页中)
44. 候师垂至,<u>挽裂衣裳</u>。(元魏慧觉《贤愚经》423 页下)
45. 盛夏之时,雷电迅疾,<u>击折树木</u>,坏败室屋,(《论衡·雷虚》)
46. "……我不能缘树。我今宁可<u>斫倒此树</u>耶?"即便斫倒。(东晋僧伽提婆《中阿含经》775 页上)
47. 怨家<u>扶起荆</u>,曰:(吴谢承《后汉书》)
48. 恶鞭如注火,用<u>烧毁我身</u>。(后秦鸠摩罗什《大庄严论经》324 页上)
49. 蜀贼以桔槔<u>打没㑹二十余艘</u>,人皆没水(晋何法盛《晋中兴书》,《九家旧晋书辑本》)。又《晋书·陶侃传》作"贼以桔槔打没官军船舰"。
50. 石牛在青石磧上,忽鸣唤,声闻四十里。虎遣人<u>打落两耳及尾</u>,(《宋书·五行志四》)。又《晋书·五行志下》作"季龙遣人打落两耳及尾"。

有些动词虽能单独作使动词和用作甲一式的 V2,但都很有限制,然而这一类动词通常都可用作甲二式的 V2。这类动词例如"干""烂""焦(燋)""净",其用作甲一式的 V2 仅见"暴(曝)干"㉜"烧焦(燋)""洗净""烧烂"等。㉝例如:

51. 干饭,饭而<u>暴干</u>之也。(《释名·释饮食》)
52. 洗一切垢,譬如火<u>烧焦一切</u>。(西晋竺法护《佛说无言童子经》530 页中)

53. 洗净众尘,若如清水。(西晋竺法护《大宝积经密迹金刚力士会》77页下)
54. 若捉火即烧烂皮肉,筋骨消尽。(后秦佛陀耶舍共竺佛念《四分律》1010页下)
55. 宁吞热铁丸,烧烂五藏,从下而出。(后秦佛陀耶舍共竺佛念《四分律》1011页上)

在中古汉语的文献中,这些可作甲一式 V2 的动词可以独自带接宾语,但很可能是承袭文言的句法。例如:㉞

56. 《南方记》曰:"石南树,野生。……人采之,取核,干其皮,……"(《齐民要术·五谷果蓏菜茹非中国物产者》)
57. 忿怒成仇,转争胜负,悭富焦心,不肯施与。(东汉支娄迦谶《佛说无量清净平等觉经》296页上)
58. 长老先自净身。(后秦佛陀耶舍共竺佛念《四分律》1014页上)
59. 身火煮之,体水烂之。(西晋竺法护《修行道地经》199页上)

由于中古文献或多或少都含有文言成分,所以总令人怀疑这些动词的使动用法是否文言的固化。

"碎"与上述动词相类,也有甲一式,而可能的形式有限(如"打碎""弹碎")。例如:

60. 或现金刚齿(啮)毒蛇,落地打碎树枝条。(隋阇那崛多《佛本行集经》790页中)

"碎"也可独用为使动词(如例 1),但味道也似偏文言些。

根据上述,大体可以说:一个动词若本为作格动词,到中古汉语时其能否用作甲一式的 V2,大致和其使动用法的能产性是平行的。

中古汉语是否有真正的不及物动词用作甲一式的 V2 呢?这一点还不易确定。如下之例是个疑例:

61. 于是颂曰:所以有此火,唯烧热炊熟山岩诸石子,所积聚如是,各各所在

异。(西晋竺法护《修行道地经》207页中)

这个例子的"烧热炊熟"到底是"山岩诸石子"的述语还是定语还不能确定。"V熟""V热"的甲二式常见(如常见"煮熟"),但除了例61还有疑问之外,并未见到其他甲一式的例子。虽然中古汉语"熟""热"并非绝对没有使动用法,但应是对文言的模仿,所以可能是真正的不及物动词。如果该动词果能用于甲一式,则可分析为述补式,因为是否带宾语决定于V1。

中古汉语也有真正的不及物动词,它不能单独作使动词。部分这类动词有用作甲二式之V2的实例,但未见用作甲一式的V2的。这类动词如"细""冷""燥""赤"等。其甲二式的例子如:

62. 作饭,曝令<u>燥</u>。捣<u>细</u>,磨,(《齐民要术·飧饭》)
63. 净淘,弱炊再馏黍,摊<u>冷</u>。(《齐民要术·笨曲》)
64. 亦可以汤洗之,去痂,拭<u>燥</u>,以药汁涂之。(《齐民要术·养羊》)
65. 须臾不休息,斧斤皆烧<u>赤</u>。(东汉康孟详《佛说兴起行经》164页上)

中古汉语也还有些真正的不及物动词,不仅不能单独作使动词,甚至甲式的任何一种形式也是没有的。如"肥""薄""温""凉""白""泽""消"等。

总之,中古汉语的一个非及物动词能否用作甲一式的V2,和这个动词能否用作使动词是正相关的。越能用作使动词的,越能用作甲一式的V2;不能用作使动词的,则只能用作甲二式的V2。这也就是说,甲式能否带宾语,其实是决定于V2的及物性的。

2.2.2.3 甲式结构讨论

根据上面所陈述的事实,我们可以对中古汉语甲式的结构重作检讨。

如果甲式的V1和V2合视为一词,[35]那么要分析其结构,有可能采取两种不同的分析方式:其一是把甲一式、甲二式视为一个语法现象的两个面相,而把此二式合并在一起来处理;其二是把甲一式、甲二式当作各自独立的语法现象,而把此二式分开来处理。

以下先讨论甲一式、甲二式合并处理可能有的结果。

根据 2.2.2.2 节中所述的事实,真正的不及物动词顶多只能用作甲二式的 V2,而能用作使动词的才能用作甲一式的 V2。由此可见中古汉语 V2 的及物性和甲式能否带宾语毕竟是关系密切的,也由此可见甲式能否接 NP 大致决定于 V2,并非决定于 V1,或者由 V1 和 V2 共同决定。如果是这样,那么中古汉语甲式的中心语应是 V2 而不是 V1,也就是说中古汉语甲式仍为状述式,而不是并列式或述补式。

另一个并列式或述补式的反证是甲二式的颠倒式,也常见于中古汉语中。如 2.2.1 节中所指出的,上古汉语有些使成式只能是甲二式,但其颠倒式带宾语却不成问题。中古汉语也有同样的现象。如"拭燥"未见带宾语,但"燥拭"却可以。例如:

66. 又方:以汤净洗,<u>燥拭</u>之。嚼麻子涂之,以布帛裹。(《齐民要术·养牛马驴骡》)

"拭燥"和"燥拭"之所以有这种分别,是因为前者的第二个动词是不及物动词,而后者的第二个动词是及物动词。甲二式不能带宾语既然是由 V2 决定,则 V2 分析作中心语当是合理的。

上面说中古汉语甲式一般宜分析作状述式,但是我们也看到有一些甲一式的例子似乎有述补式的嫌疑。这些例子大致可分作如下两种状况:

第一种状况是"干""烂""焦(燋)""净"等作为甲一式的 V2 时未必一定要分析为状述式。这类动词虽叫用作甲一式的 V2,也可独自用作使动词,但是我们怀疑其使动用法在当时可能并不具有能产性。如果这类动词的使动用法只是模仿古代的句法,并不反映当时的语言实际,那么这类动词实际上就应为不及物动词。一般来说,甲一式既然大多为中古汉语的新生物,应该颇能反映当时的语言实际。如果上举诸动词已为不及物动词,同时又能用作甲一式的 V2,那么中古汉语的甲一式至少有一部分应该就已经是述补式了。如果此言为实,那么这种述补式的发展有些像词汇扩散,是逐渐扩张的,也就是说即使 V2 同样都是不及物动词,其能搭配宾语也是有时间先后的。如"薄""赤"

"肥"等在当时就不能用作甲一式的 V2。

第二种状况是中古汉语有些颇能用作甲一式之 V2 的动词,虽也可独用作使动词,但在搭配宾语上有语义上的限制,这种搭配宾语的限制有时比其用作甲一式的 V2 时还要严。如果把甲一式的 V1 去掉,有时候是不大自然的,但 V1 独自接宾语却好像没有问题。如在 2.2.2.2 节的例子有"踏破地皮""斫倒此树",如果光说"(NP)踏地皮""(NP)斫此树"应无问题,但我们怀疑是否能说"(NP)破地皮""(NP)倒此树"(相对于此的,说"(NP)破腹""(NP)倒头"却似乎很平常),这种例子看起来 V1 才像是中心语。㊱

如上述,同样的动词,用作甲一式的 V2 和独用作使动词,在搭配宾语上出现不平衡的情况。既然中古汉语的某些作格动词在用作使动词上趋于局限化,因此甲一式是否可带宾语有可能转由 V1 来决定,也就是说这样的甲一式有可能已转为述补式。㊲不过这个问题还可以有其他的解释,我们可以说这种现象其实只是一种语义上的选择限制,甲一式能带什么宾语是在两个动词合并后所造成的,无关乎词的语法功能或限制。就好像现代汉语"喝醉酒"可以,"喝醉水"不可以。又如在上古汉语和中古汉语中,"击破"和单用"破"所能搭配的宾语也不可能全同。只是中古汉语"V 破"所能搭配的宾语倒是比上古汉语的"V 破"要宽广,而上古汉语"V 破"的 V 似乎随时可以省略。

把甲一式、甲二式分别处理是否会有不同的结果呢? 甲二式如果仍视为词,那么无疑只能分析为状述式,因为 V2 决定其不能带宾语。至于甲一式的结构则不易决定,说它是并列式也可以,说它是偏正式也可以。这是因为 V2 一般为作格动词,所以 V1 和 V2 等于是两个及物动词的连用。既是如此,我们既可以说能搭配宾语是由两个动词语素共同决定;也可以说能搭配宾语是由两个动词语素之一决定,另一个动词语素则为附加语。把甲一式、甲二式分别处理固然对并列说比较有利,但是却缺乏全面性,总是不如把甲一式和甲二式合并分析来得一贯。

上述的现象若换另一个角度来看,我们对甲式结构的看法或许要随之转易。譬如可以把甲二式视为动词组连用或者是复句。这样分析有如下的理由:首先,甲二式的 V1 和 V2 间是可能停顿的;其次,有的甲二式的 V1 和 V2 间可以插入副词。如：

67. 炊临熟,不知釜处。(《风俗通义·世间多有精物妖怪百端》)
68. 执箭或持刀,射杀野鼍死,剥皮煮欲熟,遣我取水添。(隋阇那崛多《佛本行集经》708 页中)
69. 其妇不信,何忽如是？鼍煮已熟,云何能走？(隋阇那崛多《佛本行集经》708 页上、中)

从以上的证据看来,甲二式是当视为连用的动词组或者复句。但在文献中也有反证,甲二式有时看来是难以分离的。试比较如下之例：

70. 讫,蒸熟,下著节中,更蒸之。(《齐民要术·飧饭》)
71. 宜肉下,更蒸,蒸熟,擘,椮在下。(《齐民要术·蒸焦》)
72. 合和,蒸,蒸熟,更以油五升,就气上洒之。(《齐民要术·素食》)

"蒸熟"的"蒸"和"熟"是否同一句有时并不好决定,在《齐民要术》的现代标点本中,有时候逗点会直接放在其间,也就是编者把它视为两句。但例 71、72 的"蒸熟"前面复叠一个"蒸"字,"蒸熟"的"蒸"和"熟"就应视为同属一句。

三、乙 式 概 述

3.1 中古汉语乙式的分布情形

乙式的形式为"(NP1)+V1+NP2+V2",其中 V1 为及物动词, V2 为不及物动词。

中古汉语的乙式有的可以有相应的甲一式,有的却只有甲二式与其相应。如以下的乙式例只有甲二式之例与其相应(即"摩热""煮熟"都没有带宾之例)。

73. 皮劳者,侠脊摩之热而已。(《齐民要术·养牛马驴骡》)
74. 比丘煮粥熟顷,日时已过。(后秦佛陀耶舍共竺佛念《四分律》662 页下)

75. 以水一斗二升,先煮小麦熟,去滓,内诸药。(《金匮要略·肺痿肺痈咳嗽上气病脉证治》)

有的乙式可以在文献中找到相应的甲一式。如以下是乙式和甲一式的对比例:

76. 于盆中和之,擘破饭块,以曲拌之,必令均调。(《齐民要术·作酢法》)
77. 炊为再馏,摊令冷,细擘曲破,勿令有块子。(《齐民要术·作酢法》)

以下的几个乙式例也都有甲一式与其相应:

78. 求得金已,即便拔出,因拔出时,复生极苦,拔金出已,薄疮缠裹。(东晋僧伽提婆《中阿含经》443 页上)
79. 诸比丘行出入时,脚蹈地坏。(后秦弗若多罗共罗什《十诵律》278 页下)
80. 六群比丘以浮石揩身毛落。(后秦弗若多罗共罗什《十诵律》350 页中)
81. 剥皮去后,身肉赤裸,血出流离,难可看觑。(元魏慧觉《贤愚经》367 页上)
82. 大名梨昌妇扶头起,以水洒面,久乃得醒。(后秦弗若多罗共罗什《十诵律》271 页中)
83. 去时不语其主,令火烧他舍尽。(后秦佛陀耶舍共竺佛念《四分律》753 页下)⑧
84. 夫主见妇已爱着此瓶,即打瓶破,臭秽流溢,蛆虫现出。(后秦竺佛念《出曜经》699 页下)
85. 犹见其影,复打瓨破。(后秦鸠摩罗什《大庄严论经》346 页上)
86. 寻伤左臂,复打头破,所乞饭食尽捐在地。(后秦竺佛念《出曜经》631 页上)
87. 太子之手,执于剑已,一下斫七多罗树断,……是时色界净居诸天,即便化作大猛威风,吹彼树倒。(隋阇那崛多《佛本行集经》711 页中)
88. 拨火开,痛逼火,回转急灸。(《齐民要术·灸法》)

有些动词用作甲一式和乙式的 V2 两可,但有些乙式的 V2 并无相应的甲一式,却有相应的甲二式。因此部分的甲二式如果要安插受事,就得安插在 V1 和 V2 之间。换句话说,这种甲二式虽然和甲一式有相当的形似,实则和乙式脱不了关系,这一点在上古汉语中更是清楚(说见下),此所以我们会根据宾语的有无把甲式区别为甲一式和甲二式。根据上述,甲二式其实有部分是对应于省宾的甲一式,也有部分是对应于省宾的乙式的。

乙式在实际上可能仍是复句,只是有时紧缩如一句罢了。有时 V2 之前到底是否有停顿颇难决定。如例89"熟"的前面是否该有逗号可能是见仁见智的。

89. 若作一石豉,<u>炊一石豆</u>,<u>熟</u>,取生茅卧之。(《齐民要术·作豉法》)

乙式是介乎复句和单句间的模糊地带,多少可从如下的例子中看出一些端倪来。

90. 手执大杖以<u>打我头</u>,<u>头破血流</u>。(东晋僧伽提婆《中阿含经》745 页上)
91. 见我头上无有发毛,谓为是石,以梨<u>打我头破</u>乃尔。(萧齐求那毗地《百喻经》543 页中)
92. 便来<u>啮父头破</u>大唤,儿即起看,头破寻死。(后秦弗若多罗共罗什《十诵律》10 页上)

例90"以打我头,头破血流"因音节关系而重复一"头"字,如若不然,"头"大可省说而使得形式上和乙式相类;例91"以梨打我头破乃尔"可断句为"以梨打我,头破乃尔",若不断句则其中的"打我头破"形式与乙式相当;例92"便来啮父头破大唤"也可断句为"便来啮父,头破大唤",可是其中的"啮父头破"形式也和乙式相类。此外,如例89,和典型的乙式间的不同只是 V2 和其前的词组间有一个停顿,但这种地方是否当有停顿往往只是见仁见智的。根据这些现象,我们认为乙式可算是复句的紧缩。

此外,乙式可以插入副词,也是乙式可以分析为复句或动词组连用的证据。

93. 卿恒怀怨望,乃云<u>炊饭已熟</u>,合甑与人邪?(《南齐书·萧谌传》)

如果乙式可分析为复句,而甲式却不是复句,那么要说乙式可能对甲式造成重新分析时,就不能不把这句法上的差异考虑进来。

乙式既然只有部分可以替换为甲一式,且和 V2 的词性相关,可见甲式和乙式能使用什么 V2 自有其大致的规律。我们甚至可以说,在甲一式中的 V2 大抵为及物动词(更确切的说是使动词),而在乙式中的 V2 仍然是不及物动词。因此有乙式未必会有与之对应的甲一式。二者之间有语言类化关系的这个说法能否成立还有待于其他的证据来支持。

乙式和甲式还有一点不同,即 V2 是可以使用双音节的。如:

94. 饧,洋也。<u>煮米消烂洋洋然也</u>。(《释名·释饮食》)

这种乙式也是没有对应的甲一式的。

3.2 上古汉语的乙式

乙式之例早在上古汉语时就已经有了。如:[39]

95. 又射之,死。(《左传·昭公二十一年》)
96. 一,露疽:燔饭焦,冶,以久膏和傅。(马王堆汉墓帛书《五十二病方》)
97. 三【汎】<u>煮之,孰(熟)</u>,浚取其汁,(马王堆汉墓帛书《五十二病方》)
98. 即以爇膏财足以煎之。<u>煎之潰(沸)</u>,即以布足(捉)之,(马王堆汉墓帛书《五十二病方》)

在上古汉语的文献中,如果我们见到没有搭配宾语的"煮熟",又如果想把这个宾语补上,那么这个宾语可能的安插位置应在"煮"和"熟"之间。当时可以看到"煮 NP 熟"之例(如"煮之熟"),却见不到"煮熟 NP"之例。上古汉语也只有真正的作格动词才允许用作甲一式的 V2,如果 V2 只是不及物动词则不可。因此上古汉语有些甲二式乍看为省宾的甲一式,实则不然,如果要插入一个宾语,当插在 V1 和 V2 之间。这也就是说,上古汉语的甲二式,实则和甲一式无关,顶多只能算是乙式的紧缩。由此看来,甲二式的结构和甲一式并不相侔,也很难以甲二式或乙式来论证甲一式是述补式还是并列式。

3.3 小结

根据上述,我们有以下几点看法:

一、甲二式可分作二类,一种对应于甲一式,一种对应于乙式(这里所谓的对应,是说二式的 V1 和 V2 都用相同的动词)。甲二式在上古汉语已有一些例子(但当时主要是对应于乙式),在中古汉语则相当流行。该式因为不带受事宾语,我们不能仅由此形式而推断其结构如何。无论如何,我们可以凭着动词的词性来判断 V2 在甲式及乙式中可能的分布。

二、上古汉语的乙式比中古汉语少见得多,但无论如何,上古汉语是早已有乙式了(如"射之死"),如果乙式对甲式重新分析为述补式是扮演重要的角色,就不容易解释何以在上古汉语中乙式不会促使甲式分析为述补式。

三、因为乙式在上古汉语已有,而甲式分析为述补式不早于中古,则甲式的重新分析并不在乙式初兴起之时。因此若说乙式可能造成中古甲式分析为述补式,顶多只能说是乙式的流行有以致之,不能说乙式在初兴起之时即引起甲式重新分析。

四、丙式概述

4.1 中古汉语概况

丙式的形式为"(NP1)+使(令)+(NP2)+V",其中的 V 为状态不及物动词。丙式的 NP2 经常因复指而省,形成"(NP1)+使(令)+V"的语音形式。⁴⁰这个结构在中古时代相当流行,⁴¹其功能和上古汉语的使动词颇有重叠之处。此时有不少单音节的不及物动词或作格动词可以充当"使(令)+V"中的 V,如"裂""灭""安""大""小""足""明""温""凉""热""干""鲜""腥""平""正""完""满""好""误""露""藏""生""死""惊""止""住""动""歇""反""出""去""起""遍""成"

"毕""尽"等。以下略示数例：

99. 人所能为,诛以禁之,不能使止。(王充《论衡·非韩》)
100. 上六味,以水一斗,煮取三升,分温三服,一日令尽。(《金匮要略·妇人产后病脉证治》)
101. 若其人脉浮紧,发热汗不出者,不可与之也,常须识此,勿令误也。(《伤寒论·辨太阳病脉并治》)
102. 乃善人骨肉肢节,各保令完全。父母所生,当令完,勿有刑伤。(《太平经·为父母不易诀》)
103. 无营、茅,稻秆亦得。用厚泥封,勿令裂;裂复上泥。(《齐民要术·作豚奥糟苞》)
104. 唯须缓火,以匕徐徐搅之,勿令住。煮令极熟,刚渌得所,然后出之。(《齐民要术·醴酪》)
105. 日中曝,欲得使干,然后内之。(《齐民要术·造神曲并酒》)
106. 若碗子奠,去蕺节,料理接奠,各在一边,令满。(《齐民要术·作菹藏生菜法》)
107. 告女父曰："好令安静,慎莫使惊,七日当愈,平复如故。"(东汉安世高《佛说柰女耆婆经》903 页中)
108. 我此头上,有此宝珠,不能使去,今者乞食,为人蚩笑。(吴支谦《撰集百缘经》237 页下)
109. 如母抱育爱于赤子,游行海中,劝化不逮,皆欲使安,衣食充备,不令饥寒。(西晋竺法护《生经》96 页中)
110. 欲使如来从三昧觉,不能使起。(西晋竺法护《贤劫经》11 页上)
111. 从内外空至有无空,亦不令大,亦不使小;三十七品佛十八法,亦不令大,亦不令小;至道及佛法,亦不令大,亦不令小。(西晋无罗叉《放光般若经》62 页上)
112. 若食不足,佛力令足。(后秦弗若多罗共罗什《十诵律》100 页下)
113. 不调者能使调,不正者能使正。(后秦竺佛念《出曜经》712 页中)
114. 欲令塔大,无多宝物,那得使成。(元魏慧觉《贤愚经》424 页下)

以上"使(令)+V"中的 V 大部分在上古汉语都有使动用法,也都可以以"之"为宾语。

丙式有如下之特色：

中古汉语"使(令)+V"中的 V 也有在上古汉语原为不能用作使动词的不及物动词。就这一点而言,"使(令)+V"的适用范围是比上古汉语的使动词宽的。如:

115. 燋不可复令腥,熟不可复令鲜。鲜腥犹少壮,燋熟犹衰老也。(王充《论衡·道虚》)
116. 热时能令凉,寒时能令温。(后秦鸠摩罗什《摩诃般若波罗蜜经》291页下)

有时为了音节的调配,"令"和"使"重叠使用。如:

117. 稍稍举移,悉令使尽。(西晋竺法护《佛说宝网经》79 页下)
118. 既不自利又不利人,尽当求灭,不令使生。(后秦竺佛念《出曜经》661 页上)

中古汉语"使(令)+V"中的 V 有时是并列双音节动词。如"周遍""中止""中断""乏少""断绝""乏匮""清净""安隐""和安""具足""怖惧""明了""降伏""缺减""放逸""除灭""空乏""干燥""移转""充足""充溢""饱足""饱满""满足""荒没""和解""发泄""残坏"等。例如:

119. 践,残也。使残坏也。(《释名·释姿容》)
120. 大神言:"令敕天官神给姓名,勿令空乏。"(《太平经·大功益年书出岁月戒》)
121. 是善男子于珍宝中,多有起因缘,至使中断。(东汉支娄迦谶《道行般若经》446 页上)
122. 文殊师利为王及宫中臣下诸人说法已,各令安隐,便从坐起,与诸菩萨比丘僧俱而出宫。(东汉支娄迦谶《阿阇世王经》402 页下)
123. 不具足者,令使具足。(后秦竺佛念《出曜经》727 页下)

中古汉语的丙式有时是采用较完整的"使(令)+NP+V"的形式,例如:

124. 如能起行,杖短,<u>能使之长乎</u>?（王充《论衡·问孔》）
125. 是故小师强怒喜狂说,反<u>令使天地道伤</u>。（《太平经·国不可胜数诀》）
126. 利帝利力士念曰:"此人数欺我,既不报我,又侵我分,我今日当<u>使其消</u>。"（东汉康孟详《佛说兴起行经》167 页下）
127. 阿难,有喜者不应思<u>令我止</u>。（东晋僧伽提婆《中阿含经》485 页中）

这种句式看来像是取代使动的"V+NP"的,但不能证明当时"使(令)+NP+V"的 V 一定只是不及物动词,因为有的动词仍然保持作格用法。

我们不能因为"使(令)+V"的产生而说这些动词的使动用法已经消失。在上古汉语比较常用作使动的,在此时也还一样可以搭配宾语,因此并非所有的作格动词在此时一下子全部消失使动用法。如"大""小"的使动用法应大致失去（暂不考虑熟语的情形,如现代汉语的"大""小"虽是不及物动词,但也可以有"也不会大了我,也不会小了你"这种句子）,而"灭""动"的使动用法应还保留。事实上"使(令)+V"的流行,与其说是因为使动式的衰微,还不如说是由于代词"之"的衰微所致。㊷代词"之"此时并非绝然不用,其能持续使用受文言的影响很大。中古汉语的作格动词可以很容易和一般名词搭配为使动式,可是中古汉语"之"因为衰微而为零形式所取代,在这种情况下,要达到同样的功能最直接的方式是使用"使(令)+V"式。㊸以下的例子可以让这种替换显得更明白一点。㊹

128. 五百弟子及诸事者助而<u>灭之</u>,了不可灭,……佛言:"欲<u>使灭</u>乎?"曰:"实欲<u>使灭</u>。"佛言:"火可当灭。"应声即灭。（东汉昙果共康孟详《中本起经》151 页上、中）
129. 梵志怖惧,咒水<u>灭之</u>,尽其神力,不能<u>使灭</u>,怪而舍走。（西晋法炬共法立《法句譬喻经》604 页下）
130. 尔时魔王闻是语已,欲<u>去死尸</u>,虽尽神力,不能<u>使去</u>。（后秦鸠摩罗什《大庄严论经》307 页下）

例 128、例 129 的"灭之"和"使灭"前后相应。在上古汉语"灭之"应隐含有"灭"的结果。但是此二例中的"灭之"后即接"了不可灭""不能使灭",显然"灭之"已不含有"灭"结果,这里的"灭"已可视为非使动的及物动词了。⑮其次,此二例中用"使灭",一方面是此时"使灭"在某个程度上和"灭之"有所交替;另一方面可能是此时的"使灭"和上古汉语的"灭之"相当,而"灭之"反倒和上古汉语的"灭之"不相当。例130中的第一个"去"接宾语,第二个"去"应有个复指"死尸"的宾语,但因"之"已非适当的复指代词,因而改用"使去"。

"大""小"此时已无使动用法,且又无"之"可支撑,所以上举例中用"令大""令小"有双重的理由。

中古汉语也有一些新生或继承上古汉语的双音节作格动词(主要为并列式),由此可见使用甲式或者"使 V"式并不完全是因为作格动词的衰微所致。这种双音节作格动词并不少,如"崩倒""颠倒""破坏""坏破""破裂""破碎""碎破""坏碎""破灭""破伤""破散"等。以下举几个双音节作格动词用作使动词的例子:

131. 犹如恶风<u>崩倒</u>大树。(吴支谦《菩萨本缘经》56 页上)
132. 懊恼嗔恚,杀诸道人,<u>破坏</u>塔寺。(西晋安法钦《阿育王传》128 页上)
133. 便于道中,卒遇暴风,<u>破碎</u>其船,众人唤救,无所归依。(元魏慧觉《贤愚经》422 页中)

这种作格动词也可用"使(令)+V"式,看来也和零宾语的更为普遍有关。例如:

134. 天地坏时,拔须弥山,两两相搏,皆<u>令破坏</u>。(西晋竺法护《修行道地经》207 页下)

由以上的证据看,中古汉语的"使(令)+V"是有条件的取代上古汉语的使动词。最主要是因为作格动词需要搭配宾语才能作使动词,但上古汉语的"之"到中古时既衰微,又无替代的复指代词,因此就采用"使(令)+V"来表达。在另一方面,如果上古汉语的使动词并非接"之"而是一般的 NP,在中古汉语之时既可维持使用"V+NP"式,又可以使用"使(令)+NP+V"来替代。

4.2 丙式的历史渊源

丙式在上古汉语也有例子。如：

135. 危者<u>使平</u>,易者<u>使倾</u>,其道甚大。(《周易·系辞传下》)
136. 夏书曰:"戒之用休,董之用威,劝之以九歌,勿<u>使坏</u>。"(《左传·文公7年》)
137. 善臧(藏)筒中,勿<u>令歇</u>。(马王堆汉墓帛书《杂疗方》)
138. 祭祀则祝之曰:"必勿<u>使反</u>(返)。"(马王堆汉墓帛书《战国纵横家书》)又《战国策·赵策四》《史记·赵世家》也同作"必勿使反"。
139. 弱者<u>使之强</u>,短者<u>使长</u>,贫者使多量(粮)。(马王堆汉墓帛书《十问》)

上古汉语这种"使(令)+V"式和"使(令)+NP+V"也是相关的。后者如：

140. 举直错诸枉,能<u>使枉者直</u>。(《论语·颜渊》)

在上古汉语中,"使(令)+NP+V"中的 NP 若是复指或虚指,可以不需要用代词"其"或"之"而采用零形式,就造成"使(令)+V"式。不过在上古汉语中,"使(令)+V"式毕竟不多见,其因和当时常用使动式有关。

既然上古已有丙式,那么我们免不了要面对如下的问题:上古汉语的丙式和使动式的关系如何,有何区别？中古汉语的丙式和上古汉语使动式的关系如何,功能是否完全重叠？丙式在上古汉语和中古汉语的功能或分布有何不同？"使(令)+V"如何造成相当使动式的语义？

中古汉语、上古汉语的"使(令)+V"和上古汉语的使动"V+NP"的功能无疑有所重叠,都表示造成受事者达到一个状态,但也有差别。上古汉语的"使(令)+V"的主语通常只是肇始者,并不蕴含有意志的操控。例如：

141. 见屡之粟积，义积之，勿令败。（睡虎地秦墓竹简《秦律十八种》）
142. 其入之其弗亟而令败者，令以其未败直（值）赏之。（睡虎地秦墓竹简《秦律十八种》）

上古汉语使动式的主语多半为施事，也就是对动作有意志的操控。使动式的主语也可以只是肇始者，只是例子较少。例如：

143. 天下神器，不可为。为者败之，执者失之。（《老子》64章）"为者败之，执者失之"马王堆帛书《老子》甲本作"为之者败之，执者失之"，乙本作"为之者败之，执之者失之"；郭店简本《老子》甲本作"为之者败之，执之者远之"。

上古汉语"使（令）+V"不一定代表意志的操控，但到了中古汉语时，它的用法有时跟主语为施事的使动式很相像。这个变化可能是因为使动式到了中古汉语有使用上的限制而为丙式所取代。

上古汉语和中古汉语的丙式在分布上还有一些不同。在上古汉语中"使（令）+V"中的V常用在否定句（以禁诫为主），而中古汉语的丙式则没有这种偏重的现象。上古汉语这种表示禁诫的用法或许和丙式功用的转变不无相关。禁诫意含听话者可以自我操控行为之所向，或许丙式的主语逐渐转成以施事者为主正是由这种禁诫用法过渡来的。除此之外，因为中古汉语双音节词的扩展，中古汉语"使（令）V"的V也常使用双音节词。

丙式构成的条件为何呢？我们可以从上古汉语的"使（令）"字句中的子句动词加以推敲。上古汉语的"使（令）"字句可大别为两类：一种是"使（令）"是受主语控制的，一种是不受主语控制的。"使（令）"字句可依"使（令）"所包孕的子句动词是动作动词还是状态动词作区分，动词类别和"使（令）"字句的用法是相关的。子句动词为动作动词时"使（令）"往往是受主语控制的，子句动词为状态动词时"使（令）"往往是不受主语控制的。前者可称作使役句；后者的子句动词如果是不及物动词则为使成句，也就是本文的丙式。㊻

先秦"使（令）"不一定含有使成作用可以从如下之例看出来：㊼

144. a. 若使吴王知之,若何?(《左传·哀公20年》)
    b. 亦使知之,若何?(《左传·僖公24年》)
145. a. 子展使印段往。(《左传·襄公29年》)
    b. 公使往。(《左传·襄公26年》)

例 145 为使役句,主语甲可使令乙进行某种行为,却未必有相应的结果;例 144 有使成作用,和丙式不同的是如例 144 的这种句子的子句动词为及物动词。[48]

作为使成结构的条件有二:一个是有一个肇始者,一个是造成受事进入某种状态。"使(令)"能符合这两个条件的就能形成使成结构。丙式就是在这样的条件下产生的。

五、丁 式 概 述

5.1 中古汉语的使用概况

丁式的结构为"(NP1)+V1+(NP2)+使(令)+(NP3)+V2",其中 NP3 几乎都因复指 NP2 而省略。如果 NP2 又复指前面已说过的名词,则 NP2 以用零形式为多,也可用"之"来代换。以下就 NP 的出现与否各略举数例,并说明其分布情形。

"(NP1)+V1+NP2+使(令)+NP3+V2"的例子十分罕见。NP3 可以和 NP2 同指或不同指。如例 146 的"之"和"丝"同指,例 147 的"皮"和"莲子头"不同指。

146. 夫决水使之东西,犹染丝令之青赤也。(王充《论衡·本性》)
147. 八月、九月中,收莲子坚黑者,于瓦上磨莲子头,令皮薄。(《齐民要术·养鱼》)

"(NP1)+V1+NP2+使(令)+V2"是 NP3 因与 NP2 同指而省。其中 NP2 还可分为两种,一种是非代词(如例 148－153),一种是复指的代词(如例 154－158)。

148. 谓饰墙使白之蜃也。(《周礼·地官掌蜃》"共白盛之蜃"郑玄注)
149. 脍会也。细切肉令散,分其赤白异切之已,乃会合和之也。(《释名·释饮食》)
150. 写器令空。(《左传·昭公4年》"牛弗进,则置虚命彻"杜预注)
151. 打尊者音头令破,血流污面。(东晋僧伽提婆《中阿含经》622页上)同一作品又有"击尊者音头破,血流污面。"(622页上)
152. 贮汁于盆中,搦黍令破,泻着瓮中,(《齐民要术·造神曲并酒》)
153. 八月初,踏其苗令死。(《齐民要术·种蘘荷芹苣》)
154. 汝当以王法开辟四方之国,言有叛戾者皆征之使服。(《诗经·江汉》"式辟四方"郑笺)
155. 捣之如粉,以牛胆和之,煮之令燥。(《抱朴子·黄白》)
156. 合煮之使烂。(《齐民要术·法酒》)
157. 气馏好熟,乃下,挥之令冷,手按令碎。(《齐民要术·作豉法》)
158. 取彼罪人,嚼之令破,碎末如砂,然后食之。(元魏菩提流支《正法念处经》57页中)

"(NP1)+V1+使(令)+V2"最常见,和"(NP1)+V1+之+使(令)+V2"的功能看来没有什么分别,只是更为紧凑罢了。例如:

159. 粟米饭两石,挥令冷如人体,投之,杷搅,(《齐民要术·作酢法》)
160. 七日许,搦令破,漉去滓。(《齐民要术·笨曲并酒》)
161. 有草拔令去,勿使荒没。(《齐民要术·种槐柳楸梓梧柞》)
162. "……汝扶令起将来。"妇即去扶起将来入舍。(后秦弗若多罗共罗什《十诵律》131页下)
163. 死人未坏,不应打令坏。(后秦佛陀耶舍共竺佛念《四分律》850页上)

"(NP1)+V1+使(令)+NP3+V2"也很罕见,NP2在此式中并不出现,通常也和NP3不同指。如:

164. 以水七升,煮令米熟,去滓,温服七合,(《金匮要略·呕吐哕下利病脉证治》)
165. 上二味,煮令盐消,分三服,当吐出食,便差。(《金匮要略·果实菜谷禁忌并治》)

以上二例中"煮"的宾语 NP2 是零形式,所指涉的事物虽内含"米"或"盐",但"米""盐"都只是 NP2 所指涉的一部分。

丁式其实本为复句,且和丙式关系密切。我们可以看出丁式是在丙式前再加上动词组,这个动词组所指涉的事件是造成"(NP3)+V2"发生的成因。当丁式的 NP2、NP3 都隐去而使得 V1、"使(令)"、V2 聚合在一起时,就没有明显的停顿,成为一个紧缩的句子。丁式中的"使(令)"的语义颇近于所谓的"致使"(CAUSE)的义素。不过这一点还可质疑,如我们也看到一些不足以用"致使"义素来涵盖的情况(参见 5.3 节)。

5.2 丁式的历史渊源

丁式在上古汉语已有。例如:

166. (摩)两手,令指热,以循(揗)两目,(张家山汉墓竹简《引书》)
167. 燔所穿地,令之干,而置艾其中,(马王堆汉墓帛书《五十二病方》)
168. 先善以水洒,而炙蛇膏令消,傅。(马王堆汉墓帛书《五十二病方》)
169. 熬蚕种令黄,靡(磨)取蚕种冶,(马王堆汉墓帛书《五十二病方》)
170. 恐力不能……养之使强,哀盈使张。(银雀山汉墓竹简《六韬》)
171. 即以椎薄段之,令泽,(马王堆汉墓帛书《养生方》)
172. ……捣而煮之,令沸,(马王堆汉墓帛书《五十二病方》)
173. 取荞孰(熟)干实, (熬)令焦黑,(马王堆汉墓帛书《五十二病方》)
174. 冶药以和膏,炊令沸,涂牛领良。(疏勒河流域出土汉简 503;敦煌汉简 TH2034)

有一点值得注意,"V 之使(令)V"和上古汉语"V 而 V 之"的"之"在位置上有所不同。此外,从例 171、172 可以看到上古丁式也具有复句的性质。

5.3 兼语动词搭配"使(令)"

传统所谓的兼语动词也就是一个带一个名词宾语和一个小句的双宾动词,如"命""劝""助""请"等。中古汉语这种动词后常用"使(令)",形式上和丁式相同,但兼语动词后的 V2 仍然是动作动词,而且

不一定会因为有了"使(令)"就有一个相应的结果,显示"使(令)"并非单纯的"致使"。[49]例如:

175. 命主人使之升。(《仪礼·士丧礼》"君升主人,主人西楹东北面"郑玄注)
176. 延之,命使登。(《周礼·大宗伯》"王命诸侯则侯"郑玄注)
177. 知太子冤,故遣令去。(《左传·昭公二十年》"未至而使遣之"杜预注)
178. 召令还。(《左传·哀公十七年》"皇瑗奔晋,召之"杜预注)
179. 更命之令坐。(《左传·昭公二十八年》"既食使坐"杜预注)
180. 劝赵孟使纂禹功也。(《左传·昭公元年》"子盍亦远绩禹功而大庇民乎"杜预注)
181. 请使无死。(《左传·襄公三年》"敢以为请"杜预注)
182. 戒使无曳言。(《左传·哀公六年》"戒之遂行"杜预注)
183. 深见其幼而颖悟,劝令出家。(梁慧皎《高僧传》350 页下)
184. 即牵曳令出。(后秦佛陀耶舍共竺佛念《四分律》718 页下)
185. 驱令使起。(元魏菩提流支《正法念处经》48 页下)
186. 速往至彼优陀夷边,欲驱令出,(隋阇那崛多《佛本行集经》894 页中)
187. 见秽草庵,嗔忿不净,驱遣令出。是时彼患摩那婆身被驱出。(隋阇那崛多《佛本行集经》841 页上)

以上的例子看起来"使(令)"之有无似乎不影响语义。
　　以下是使用上比较特殊的例子:

188. 于时仙人,扶接摩纳,使之令坐,将诣自所顿处,劝之安心。(西晋竺法护《生经》89 页下)
189. 如来分坐,而与令坐。(西晋安法钦《阿育王传》104 页中)
190. 听使还。(《左传·哀公十一年》"卫庄公复之"杜预注)
191. 若能如是者,听令出家。(后秦佛陀耶舍共竺佛念《四分律》811 页上)

例 188 "使""令"前后相应,颇为复沓。例 189 的双宾动词"与"(义为"给予")在一个宾语为动词的情况下插入一个"令",和带两个名词组的双宾动词有不同的表现。例 190、191 以"听"为主要动词,可能和"听"在这里语义的转化有关。"听"有一义面为"听让",和使令动词有其义合之处。

就异时的比较来说,以上这些例子中的"使(令)"所在的位置对应于先秦兼语式的兼语"之"或"其"。这种替换的产生看样子有可能和上古汉语复指代词"之"的衰微有关["使(令)"和"之""其"功能不相同,因此即使取代其位子,也不可能是因为功能相同的缘故]。不过我们认为,"之"的衰微未必是这种新句式产生的主要原因,因为上古汉语的零形式兼语本就是常见的。最主要的原因可能在于兼语式和丁式在形式上很相近,于是造成兼语式受丁式句影响而产生类同的变化。

5.4 丁式的后续发展

丁式到了唐初的注疏中仍然使用,不知是沿袭还是当时还在流行。例如:

192. 谓胡下近本增使广,……谓于胡上近本增之使广。(《周礼·冶氏》"是故倨句外博"郑注"广其本以除四病而便用也"贾公彦疏)
193. 二者谓之忖肺忖,切之使断。(《仪礼·士冠礼》"离肺实于鼎"贾公彦疏)
194. 犹椓使破坏然。(《诗经·正月》"天夭是椓"郑笺"又复椓破之"孔颖达疏)
195. 招魂之后,用角柶柱亡人之齿令开。(《礼记·檀弓上》"复楔齿……"孔颖达疏)
196. 故使小臣以楔柱张尸齿令开也。(《礼记·丧大记》"小臣楔齿用角柶"孔颖达疏)
197. 抠,拭也,用生时浴衣拭尸肉令燥也。(《礼记·丧大记》"抠用浴衣"孔颖达疏)
198. 则煮肉令熟。(《礼记·祭义》"爓祭祭腥而退"孔颖达疏)

在唐、宋之时,又出现了新形式的丁式,不同点是动词"使(令)"改换为"交"或"教"。[50]唐代所见主要是"交"字。例如:

199. 若是乱宫之子,其无情之火烧手交烂。(《悉达太子修道因缘》,《敦煌变文集新书》)

200. 处处<u>提拔交出离</u>。(〈父母恩重经讲经文(一)〉,《敦煌变文集新书》)

"教"在功能上继承"使(令)","令""教"并用的例子也是一证。如：

201. 如来引接<u>令教出</u>。(〈维摩诘经讲经文(一)〉,《敦煌变文集新书》)

宋代似不再流行用"交"字,《朱子语类》的丁式常用"教"而不用"交"。宋代丁式与甲式功能的异同可由此书推其大略(二式功能的异同参见第六节)。以下为其对照之例：

202. a. 恁地横论,却不与他剖说<u>打教破</u>,却和他都自被包裹在里。(《朱子语类·陈君举》)
　　b. 而今须是要<u>打破</u>那黑底虚静,换做个白底虚静。(《朱子语类·训门人八》)
203. a. 学者做工夫,消磨旧习,几时便<u>去教尽</u>！须是只管磨礲,教十分净洁。(《朱子语类·大学三》)
　　b. 但以善恶及君子小人而论,则圣人直是要消尽了恶,<u>去尽</u>了小人,盖亦抑阴进阳之义。(《朱子语类·易六》)

宋代丁式的宾语倒是常放在"教"后,和在"使(令)"字式中常见的位置有别。例如：

204. 不与他争,<u>放教他宽</u>,教他水散漫,(《朱子语类·理气下》)
205. 只要<u>提教他醒</u>,便是操,不是块然自守。(《朱子语类·孟子九》)
206. 须就源头<u>看教</u>大底道理透,阔开基,广开址。(《朱子语类·学二》)

六、讨　　论

6.1 诸式的对比及分布

在以上诸式中,丙式和其他诸式有较大的差异。丙式和其他诸式的主要差别是丙式内部的事件表述只重其果而略去因的一面,而其他诸式内部的事件则是因果两面俱陈的。就此点言,丙式和甲、乙、丁式有根本上的不同。甲、乙、丁式既然有其近似之处,那么这几个句式的功能究竟是否有所差异呢?

使成结构甲式、乙式、丁式在语义上大致相当,但却有这么多不同的形式,因此令人怀疑是不是方言的问题。但仅就《齐民要术》一书而言,甲式、乙式、丁式可以共现(甲二式的颠倒式也互见其中),所以不应当只是方言的问题。例如:

207. 雌黄治书法:先于青硬石上,水磨雌黄令熟;曝干,更于瓷碗中研令极熟;曝干,又于瓷碗中研令极熟。乃融好胶清,和于铁杵臼中,熟捣。(《齐民要术·杂说第三十》)
208. 河东染御黄法:碓捣地黄根令熟,灰汁和之,搅令匀,搦取汁,别器盛,更捣滓,使极熟,又以灰汁和之,如薄粥,泻入不渝釜中,煮生绢,数回转使匀,举看有盛水袋子,便是绢熟。抒出,着盆中,寻绎舒张。少时,挼出,净振去滓。晒极干。以别绢滤白淳汁,和热抒出。更就盆染之,急舒展令匀。汁冷,挼出,曝干,则成矣。(《齐民要术·杂说第三十》)
209. 旦起,……日西,淘米四斗,使净,即浸。……薄摊,令极冷。于黍饭初熟时浸曲。向晓昧旦日未出时,下酿,以手搦破块,仰置勿盖。日西更淘三斗米浸,炊还令四更中稍熟,摊极冷,日未出前酘之,亦搦块破,明日便熟,押出之。(《齐民要术·笨曲并酒》)
210. 辛成苦酒法:……曲一斤,烧令黄,捶破,着瓮底。(《齐民要术·作酢法》)
211. 粳米枣糒法:炊饭熟烂,曝令干,细筛。用枣蒸熟,迮取膏,溲糒。(《齐民要术·飧饭》)

如上各例中各式的替换是遵守什么规律呢?其中甲式与其颠倒式的异同我们在第二节中已有所区辨,这里不再重复。甲式和乙式最大的差别在于受事宾语的位置,其中部分的甲二式有可能是乙式省宾的结果。这点在第三节也已经说过,也无庸再论。目前还需要进一步探讨的还有丁式和甲式、丁式和乙式间的关系。在甲、乙、丁式三式中,丁式在成分与语序的安排上和乙式最像,若省掉 NP2,也只是多了一个"使(令)";丁式的"使(令)"前后如果都不带 NP,那么和甲二式也只差这一个"使(令)"字。以下我们先比较丁式和乙式的异同,接着再比较丁式和甲式的异同。

表面上看乙式和丁式最大的差异就在"使(令)"的有无,所以我们应先来推敲一下这个"使(令)"的性质。

丁式最常用于非叙事的文献中,特别常见于技术手册或说明书的这类文体中,如《齐民要术》。由于是非叙事的,所以丁式表述的主要是非经实现的事件。[51]那么丁式是否真是以非叙事的场合为使用条件呢?显然这不能涵盖所有的情况,因为在佛经的叙事文体中也用丁式,也有表达已实现的事件的,只是实例并不多。因此也有可能丁式原以用于非经实现的事件为主,而后扩展到表达已实现的事件;或者反之。无论如何,丁式常用于非经实现的事件是个事实,后来丁式的"使(令)"在唐、宋时有"交""教"接替,现代闽南语有"ho"("与")接替,也都还是以表述非实现的事件为主。这一点多少也可以从《齐民要术》中使用的丁式看出一些端倪来。虽然丁式可以和甲式、乙式前后交替使用(甲式较多,因为乙式本就较少见),但是可以用甲式的场合,不一定就可以用丁式去替代。此外,在叙事文体中,甲式确实比丁式来得常见。丁式的功用有所不同,可能是因为和甲、乙式比较起来,多了个"使(令)",导致在句法和语义上都成为"标显的"(marked),结果造成丁式逐渐用在较特定的场合(至于为什么"使(令)"会造成这样的结果,也许还别有条件,目前暂时不予处理)。然而从另一面来看,丁式和他式的分别也不见得清楚,即使在同一文献中共现时也是如此,有时其替换看起来像是修辞或韵律上的理由,而看不出其区别的条件。因此丁式的功能可能和他式有所重叠,也有所不重叠。

使用丁式的部分理由可能是在韵律上,丁式的 V2 用单音节的比乙式还多,往往丁式的 V2 可使用单音节的场合,乙式的 V2 却倾向用双音节。原因是"使(令)"可以搭配 V2 成双音节,"使(令)"具有音节调配的作用。但这韵律条件的限制对丁式而言并非绝对,所以在"使(令)"之后的 V2 双音节的也不算少。如:

212. 以淳浓灰汁<u>煮之,令烂熟</u>,(《齐民要术・饼法》)
213. <u>煮令泛烂</u>如胶漆,(《金匮要略・疟病脉证并治》)

丁式还有一个乙式不及的地方,那就是它有一个连系句子的记号——"使(令)",使得两个动词组间的关系明白地表达出来,乙式两个动词组间的语气接续是松弛的,且关系是意合的,接受讯息者得自己设法去推敲其关系。

上面说丁式的"使(令)"前后如果都不带 NP,那么和甲二式间就只差这一个"使(令)"。如同丁式之于乙式,丁式有了"使(令)",也使得它比甲式容许更复杂丰富的表达,如 V2 可用双音节,前面可以加修饰语等,这对甲式来说都是限制。例如:

214. 安甑中,<u>蒸令极熟</u>。(《齐民要术·蒸缹法》)
215. 取极肥子鹅一头,净治,<u>煮令半熟</u>。(《齐民要术·炙法》)
216. 四破,<u>蒸令小熟</u>。(《齐民要术·蒸缹法》)
217. 就甑中和之,仍复<u>蒸</u>,<u>令极烂熟</u>。(《齐民要术·作脺奥糟苞》)

甲式中 V1 和 V2 中间能够这样插入副词的极罕见。如:

218. 瓠羹:下油水中<u>煮极熟</u>——瓠体横切。(《齐民要术·素食》)
219. 弗之如常炙鱼法,微火<u>炙半熟</u>。(《齐民要术·炙法》)

丁式的这个优点开启后来动词组补语之路(如唐、宋代的"教(交)"、现代北方话的"得"、闽南语的"与"等都可带动词组补语)。在甲式未充分发展之前,丁式可以用来取代使动式,或许甲式在丰富化的过程中也有借鉴于丁式之处,然而甲式又因其简约的优点又反过来取代丁式,这可能也是造成后来丁式限用在标显场合的理由。

甲式和丁式间还有一点不同,甲式的行为与结果是直接而紧凑的,丁式的 V1 和 V2 之间则未必然,V1 对 V2 的影响有可能是非立即或非直接的。如:㉒

220. 即预煎汤,<u>停之令冷</u>。(《齐民要术·法酒》)
221. 夜炊粟米饭,即<u>摊之令冷</u>。(《齐民要术·笨曲》)

由于有这样的限制,因此丁式中的两个 V 在现代汉语中有时并不能合并为述补式。

6.2 甲式重新分析的原因再检讨

根据上述,我们虽然一方面觉得中古汉语的甲式是否已重新分析为述补式证据上仍有所不足,但另一方面对于梅祖麟(1991)判定甲式开始重新分析的时间在中古,我们仍然倾向于同意(只是认为这种变化仍然只是处于酝酿中的状态)。尽管如此,由于本文所发掘的事实与认知与前贤有若干出入,我们觉得甲式重新分析为述补式的因素还可以重作检讨。以下我们先检讨前人的解释,[53]稍后再提出我们的看法。

李讷、石毓智(1997:86—87)说甲式在魏晋南北朝还只有隔开式,隔开式可以不带宾语而合成一个单位,长久以后这个合并式就可以带宾语了。事实上在当时甲一式和乙式同处已颇有一段时间(V2 能用在甲一式还是乙式与其词性有依赖关系,说参第三节),由于推论的出发点与历史事实不符,因此由此导出的解释就不具说服力。

梅祖麟(1991)对甲式重新分析的研究,是目前最具系统的,不过我们还可以再来检讨一下他所举的四项因素:1. 清浊别义的衰落;2. 使动式的衰落;3. "隔开式"动补结构的产生;4. "动+形"式复合词的产生。

首先,我们应先排除第四个因素,因为当时所谓的"动+形"式复合词究竟是否述补式仍是个问题,而且即使是述补式,其如何形成仍有待进一步的研究。

第一项因素对甲式的转变影响恐怕很有限。怎么说呢? 上古汉语有些单音节的使动词虽可以用清浊或四声来与其基式相区别,但在实际上仍须依赖句法。如"甲败乙"是"乙"失败,而"甲败"一定是甲失败,不会理解为"甲 i 败 j"(即甲打败某一个对象,只是这个对象不具语音形式)。这也就是说,作为使动用法的一个动词后头一般得有一个具语音形式的宾语才行,也就是不能有零宾语。[54]因此我们可以说,无论使动词与其基式是否有形态的区别,其主要的区别还是依赖句法的。此外上古汉语单音节使动词和其基式间没有形态的变化可能也有不少,但上古汉语的甲式也没有因此转为述补式。再说在中古汉语中这些动词就算清浊对比消失,也无碍于其作使动词用。

第三项至少要先修改一下,如把"产生"改成"流行",因为隔开式上古早已有了,甲式成为述补式却至少要到中古才有可能。至于隔开式对于甲式的重新分析究竟有无影响还有待检讨。

前文已说过,乙式可对应于甲一式或甲二式。我们所以说乙式对应于甲二式,部分是因为有的甲二式并不能后接宾语,要补入一个宾语只能置入 V1 和 V2 之间而构成乙式。因甲二式有所不足而使用乙式,这个理由十分充足,但甲一式何以也有对应的乙式呢?甲一式和对应的乙式并存这个现象最少可以有两个解释:其一是当时人们虽然一方面认为甲一式的 V2 应是不及物动词,而另一方面总还不能完全接受把甲一式分析为述补式(即 V1 为中心语,V2 为不及物动词作补语)。因为当时甲式仍以状述式为主,因此有时就用乙式来替换,乙式的 V2 正是不及物动词。其二是当时作格动词仍然普遍,人们认为作为甲一式的 V2 应是作格动词的使动用法,和乙式中 V2 的非使动用法词性有别。假如第二个解释可以接受,那么乙式对甲一式的重新分析并没有直接的影响。如果是第一个解释可以成立,那么乙式对甲一式的重新分析也不一定扮演关键的角色,因为使用乙式是人们对甲一式的结构或甲一式中 V2 的词性的认定有了转变所致。如果这个看法为是,则使用乙式是甲一式重新分析所造成的果而非甲一式重新分析的原因。

最后再来检讨梅先生所提的第二项因素。在讨论之前,我们再看一下上古汉语的使动词在中古汉语衰微的相关事实。有些上古的单音节使动词虽持续使用到中古汉语,但也可以看出已经是有所衰微了,以下是与此相关的现象:

(1) 使动词已不大能搭配代词"之",有的动词在搭配名词上也有固定化的倾向。
(2) 动词趋于双音节化(有音韵及语义上的理由),原先的单音节使动词在某些环境下必须改弦更张,以适应新环境。

上古汉语的使动词在中古汉语既面临新的限制,那么在适应新的语法结构时是怎么因应的呢?我们认为是透过如下的手段:

其一：使动词搭配及物动词，构成甲式（至于甲式是何种结构此时是无关紧要的）。[55]

其二：原来的使动词用作乙式、丁式的 V2，或者丙式的 V，以不及物动词身份出现。

其三：使动词互相搭配构成新的并列双音节使动词。

根据上述事实来研判，上古汉语使动词的衰微对甲式重新分析为述补式的影响应该也不是那么直接。怎么说呢？因为即使是中古的使动式已衰微，也大可改用乙式、丙式、丁式来替代，或者其他的方式。再说中古甲式凡是可带宾语的，其 V2 也几乎都可以独立用作使动词，可以不必分析为不及物动词。此外，当时也有不少新兴的双音节使动词，可见得使动式并非真正的衰微。我们或许可以说单音节使动词趋于式微，但还不能说使动式已衰落。使动式的衰微对甲式的重新分析即使有影响，但应该也不至于造成甲式立即且全面地完成这个重新分析的过程。

在第二节中，我们指出甲式原本可能是状述式，中古汉语仍然大致维持这个结构，只是有迹象显示已有转向述补式的倾向了，到了近代汉语才真正全面地转为述补式。以下就对甲式的中心语由 V2 转换到 V1 的可能因素提出我们的看法。

我们以为使动式在中古的衰落和甲一式的重新分析还是有相当的关系，只不过它是有一个渐变的过程。

上古汉语的不及物动词能否用作使动词程度本就不等，所以可以推想作格动词到了中古汉语之时，其使动用法的表现或发展可能也不是都一致的。究诸中古汉语的实际，使动用法果然是随着不同的动词而有不同的表现。通常上古汉语较常用作使动的动词，到了中古汉语时，无论是独用还是与 V1 相结合都较易于搭配宾语；上古汉语较少用作使动的动词或者中古汉语新起的不及物动词无论是独用还是与 V1 相结合都比较不能搭配宾语。在上古汉语较少用为使动词的动词，往往到了中古汉语也较容易失去使动用法，结果就成为单纯的不及物动词。[56]此外也还有一些动词虽然保持使动用法，但因中古代词"之"的衰微，使得其使动用法受到了局限（如"破"）。与此同时，中古双音节词增多，使得作格动词也常用作甲式的 V2，同时用作甲式 V1 的及物动词也多样化起来。甲一式的重新分析应该就是在使动式的转变与甲式的繁化交相作用下逐渐形成的。如果中古双音节动词不是常以及物动词作 V1,则使成式便无以将中心语转到 V1;如果不是有部分使动词在 V2 位置转为不及物动词,则使成式也无从转为述补式。

甲一式的重新分析有可能是从“干”“烂”“焦”“净”这类动词开始的。这一类动词在中古时作为使动词相当有限制,多少已呈固化,这一类动词也不大用作甲一式的 V2,所以它差不多可以列入不及物动词中。它用作甲一式的 V2 时可能是在它的及物性较强的时候,可是随着及物性的转弱,其所在的甲一式就很容易被分析为述补式了。

中古还有一类动词如“破”“坏”“折”“断”等,至少可用作甲式或乙、丁式的 V2。这种动词在上古本是作格动词,作为不及物动词和使动词都是常见的。这些动词的使动用法在中古汉语限制越来越大,搭配宾语限制增多,其及物性因而大为减弱,而被理解为不及物用法才是它的主要功能(也就是说虽仍有使动用法而用途颇受局限),所以也常用作乙、丁式的 V2,这同时又增长了这种动词在不及物用法方面的势力。再者,甲一式的 V1 虽然原本是 V2 的附加语,但却是及物动词,相对于 V2 地位的不稳定,它逐渐成为宾语论元的决定者。甲一式可能就在作格动词的这种不确定状态中逐渐被分析为述补式。因此甲一式的重新分析可能是因为部分作格动词本身词性的转变。原先 V2 用于甲一式和 V2 独用时在宾语的搭配上有所差别是决定于语义的选择限制,但久而久之,就成了语法上的差异了。(57)

在中古汉语时,不及物动词可用作甲二式的 V2,但不能带宾语。有些上古的不及物动词本就不大用作使动词,随着“之”的衰微,就可能只有不及物用法了,即使搭配 V1 而成甲式,也仍然不能带宾语。那么这些不及物动词何时才可作为甲一式的 V2 呢?我们认为要等到原本作为甲一式的 V2 都不再分析为使动词而全面分析为不及物动词以后,其他的不及物动词才可能有所类比而用作甲一式的 V2。

我们可以推想从中古汉语到近代汉语,甲式重新分析为述补式经过如下的过程:

一、独用的作格动词有部分逐渐倾向为不及物动词,而这些动词原本也用作甲一式的 V2(来自上古的使动用法),为了使这些 V2 的及物性与其独用时趋于一致,V2 也开始分析为不及物动词。由于甲一式的 V1 是及物动词,既然有些 V2 分析为不及物动词,结果有些甲一式就分析为述补式了。

二、由局部到全面,既有的甲一式都分析为述补式。

三、甲一式一旦都分析为述补式,甲二式受到类化,跟着也都分析为述补式了,同时也可以如甲一式那样接受宾语了。

述补式的全面扩展可能仍有待其他的机制来推动,因为中古汉语虽然可能已经有述补式,但是显然仍不流行,至多也还只是处于萌芽的阶段。

七、结　　论

本文描述中古汉语的四种使成结构,分别简称为甲式、乙式、丙式、丁式。在中古时代,随着语言结构的变化,上古汉语的使动式已呈现偏枯的情况,与此相对的,这四种句式却进入较为发达的状态中,由于这四种句式的语义内涵与使动式有相当的对应,因此可说在某种程度上取代了上古汉语的使动式。本文试图去勾勒这四式的特点,我们也尝试去厘清这四式的分布情况及其彼此间的关系,并推敲这四式是在怎样的情况下替换使动式的。我们认为这四式的分布多少离不开语音、语义/语用的因素,而其取代使动式则和代词"之"的衰微有关。文中也对传统所谓的使成式(即本文的甲式)的演变提出作者的意见。作者同意该式是由状述式重新分析为述补式的,而且这个转变在中古可能已经萌芽,不过作者认为在中古时代使成式仍是以状述式为主。使成式当时能否带宾语和该式的第二个动词有关,而且情况随着不同动词的及物性而异。至于使成式重新分析为述补式,可能就是在使动式的转变与使成式的繁化交相作用下而逐渐形成的。

注释

① 本文的汉语分期是分作上古汉语、中古汉语、近代汉语等三期。上古汉语指先

秦到西汉的语言,近代汉语是指唐代到明清时代的语言。中古汉语指东汉魏晋南北朝,这个时期也许还可以延伸到初唐,也就是七世纪,但那时的资料不足,所以并不容易做明确的判断。

② 传统上,"使成式"是用来称呼本文的使成结构中的甲式(分类参下文),而且常常只指其中的动词部分。本文的使成结构名义上易和使成式混淆,但实际上范围比使成式还要大。

③ 动词有哪些语义角色,以及在使成结构中这些语义角色因动词合并而发生的角色归并过程如何等问题,都不是很容易回答的。本文以"受事"包括客体和狭义的受事,一方面是可以简化描述,另一方面是在使成结构的处理上并不需要有所区别。至于本文的"肇始者"其实也是可以包括"施事"(agent)的,其主要的区别在于后者为[+control],而前者并不含有这个征性,也就是说在结果产生前施事对行为的发生是自主的操控的,而肇始者并不蕴含有所操控。

④ 本文的研究参考了笔者所参与制作的"中研院古汉语文献语料库"。

⑤ 在中古汉语各类文献中,佛经算是比较接近当代语言的语料,其中各式的实例所见也不少。《释名》相传为东汉刘熙所作,虽然对于实际的作者和著作年代还有不同的意见,但是归作中古汉语的文献总是不会错的。此书篇幅并不大,但其所使用的使成结构丁式的实例比重算是相当大的。《齐民要术》为北魏贾思勰所作,但此书中引用了不少过去的文献,因此里头可能杂有不同时期的语言(可能还有极小的部分为唐人掺入)。在佛经以外的作品中,此书是使成结构诸式使用最多的古籍。在古籍的注释中,使成结构的例子是零散出现的。因为属于注解的性质,在考察各式的语境时总有些限制。除了中古时期的注解,唐初的注疏中也仍不乏其例,只是在当时这些句式是否还是能产的结构,则还有待更进一步的研究。

⑥ "使动词"所在的句子也可以算作一种"使成结构",过去也叫作"使动式"。既然过去已把使动式和使成式分别开来,且为了便于说明,本文就把它区别开来。上古汉语的使动词可以大别为二:其一为与基式同音的;其一为与基式同源异音的(基式意即未经使动化的不及物动词),主要是以声母的清浊和韵母的四声来区别。前者部分学者也称作"作格动词"(ergative verb),在这种情况下使动词就是作格动词的使成用法。当使动词和原型不同音时,理当分为二词,但以下行文时仍视为一词,也合称作作格动词,一方面是叙述比较方便,一方面也另有语法上的理由(详见6.2节)。

⑦ 在中古汉语时一个动词是否使动词应视当时的使用状况而定,不能以上古汉语的用法律之。使动词在上古汉语很常见。如例1为基式,例2为使动词:

    1. 吴师败。(《左传·定公五年》)

2. 郑人大败戎师。(《左传·隐公九年》)
⑧ 就使成结构的传统意义而言,把甲式或乙式称作使成结构或许嫌宽了些。不过王力(1958)把甲式称作"使成式"(causative form),Li & Thompson(1981)把甲式称为"复合使成动词"(compound causative),把乙式称作"使成连动结构"(causative serial verb construction),都是把甲式和乙式视为使成结构。
⑨ 本文不及物动词包括动作不及物动词和性质或状态不及物动词(后者就相当于形容词)。
⑩ 现代汉语的"使成复式动词"在形式上相当本文的甲式。其实现代汉语的甲式是否全数为词,还是只有部分为词,仍是一个有待解决的问题。现代有些甲式无疑是词,得在词汇中处理。如"打开门"不等于"打门,门开"。这些得在词汇中处理的,其V1或者是文言的固化,或者是犹如 light verb 的作用(如"打")。其余的甲式可能在句法中处理即可。基于这个原因,我们也把使成复式动词称作"使成述补结构"。只不过在中古汉语中,和现代汉语使成述补结构形式相同的甲式未必就是述补结构。
⑪ 为求一致,以下引述时所用的术语原则上仍以本文所用为依归。有些学者的使成式或动补式其实是就动词的两个语素的语义关系来说的,也就是无论V1和V2的词性或彼此的结构关系为何,只要V1的动作造成V2的结果就算,因此严格地讲,不如称作"动结式"还好些。当V1和V2具有语义上的因果关系,而其词性或彼此的结构关系不加辨明的时候,本文就以动结式名之。以现代汉语动词语素的及物性关系,可以把动结式分成如下数类:
(1) 及物动词+及物动词:打胜。
(2) 及物动词+不及物动词:打死(动词的两个语素主语所指不同)。
喝醉(动词的两个语素主语所指相同)。
(3) 不及物动词+不及物动词:饿死、站累(部分为作格动词)。
(4) 不及物动词+及物动词:战胜。
以上诸项中,只有像(2)中的"打死"这一类才相当本文的甲式及王力所谓的"使成式"。本文所谓的动结式和使成式都不预设该结构的中心语之位置,因此动结式也不一定是述补结构。现代汉语的甲式几乎都是述补结构,罕有例外。至于其他的动结式是否述补结构则不一定。(3)有部分动词为作格动词,该式的使动用法所增加的论元不能从该式的动词语素中推出,因此这一类似乎得在词汇中指定为作格动词。中古汉语的各动结式的中心语位置为何当然需要另外的研究,其中(3)是否有使动用法也有待进一步的研究。
⑫ 任何连动组合如果不能确定是词还是词组,那么理论上构成这个结构的分子就不应称为动词而应称为动词语素。不过为了行文的简便,有时只是称作

⑬《太平广记》引刘宋刘义庆《幽明录》有"是邻家老黄狗,乃打死之"一例,其中"死"在《古小说钩沉》作"杀",因此太田并不认为这样的例子可以算数。
⑭ 这种例子其实罕见。以下为笔者所见的另一个例子。
　　　即打野干杀,二兽还和合。(后秦佛陀耶舍共竺佛念《四分律》636 页下)
⑮ 本文的偏正式包括述补式和状述式。
⑯ 这并不是说在现代汉语就没有问题了。汉语动词无"时"(tense)的形态,因此一个连动式就不是很好说哪个动词才是主要动词。
⑰ 现代汉语述(动)补结构的补语可分为结果补语、趋向补语、程度补语、动相补语、可能补语等数种。本文研究虽限于带结果补语的述补结构,不过在中古汉语之时部分趋向动词的表现也颇类乎所谓的结果补语,因此本文的研究也包括了几个作补语的趋向动词。有的补语其实并不涉及和述语间的论元异同关系,而只是对动词有所补充(特别是程度补语和动相补语),这种述补结构就不在本文的研究范围中。现代汉语"吃完饭"的"完"有可能是动相补语或结果补语(后者意含饭已完尽,前者则否);中古汉语"V 尽"的"尽"主要是结果补语而非动相补语,因此也包括在我们的研究中。至于"V 已""V 讫"的"已""讫"无论分析作谓语或补语,都和 V 的宾语之状态不直接相关,因此不在本文的讨论范围中。
⑱ "V 而 V 之"的例子如:
　　1. 匠人斲而小之。(《孟子·梁惠王下》)
如果甲式是由"V 而 V 之"省"而"而产生的说法成立,那么只要"而"可省,"V 小之"应该就可以成立了,且"V 死之"也应该可以成立了。试读下面的例子:
　　2. 崔子之徒以戈斲公而死之。(《韩非子·奸劫弑臣》)
既然"斲而小之"相当"斲 NP 而小之",没有理由当时不能有"斲而死之",而"斲而死之"进一步省"而"就是"斲死之"了。只是"V 死之"的产生并不早于五世纪,而以甲一式取代"V 而 V 之"的时期却应更早于此。因此甲一式是由"V 而 V 之"省"而"而产生的说法就不大能解释何以"V 死之"的出现会那么晚。
⑲ 汉语无论古今双字组的语序常和声调有关,但甲式的语序则无关乎声调。
⑳ 在上古汉语和中古汉语常见"阴干",这个"阴"大概不算动词。
㉑ 梅祖麟(1991:126)引此二例,认为当时这种结构仍然是并列结构。
㉒ 这种例子是否可作为述补说的反证仍可存疑。以现代汉语的"打断"为例(它看来和"击断"同类),在打击的目标和因此遭致折断的事物有不同的指涉时,我们似乎还不能断言"打断"不是述补结构。

㉓ 这个例子另有其他的问题，"斗"可能不是典型的及物动词。如果算的话，对述补说也是一项不利的证据。

㉔ 我们无意说所有甲二式的 V1、V2 都可做这样的颠倒，有许多情况颠倒后会有很大的语义差别。

㉕ 也有连续三个动词的，看来比较可以支持并列说。如：

其后燕有贤将秦开，为质于胡，胡甚信之。归而<u>袭破走</u>东胡，东胡却千余里。(《史记·匈奴列传》)

㉖ 这种例子似乎又可分成两种情形：一种为所致使的外力可从上文中指认出来，另一种则是所致使的外力难以实指为何。如下之例可能是后者的例子：

必相率而降，犹如阪上<u>走丸</u>也。(《汉书·蒯通传》)

这种例子很像现代汉语的存现句。上举的"走芒卯"则两种情况似乎都可能。

㉗ 控制动物行走的"走 NP"在上古常见而且早出，如《诗经·绵》有"古公亶父，来朝走马"。

㉘ 前文已指出，甲式可否带宾语决定于 V2 的及物性。中古"V 杀"带宾语，"V 死"不带宾语，情况与此相类。到了六朝晚期，我们还可以看到"V 杀"和"V 死"有所区别，其中"V 杀"的"杀"应当仍是中心语。如：

1. 有为生天故，以大火<u>烧杀</u>其母；又复有人，高山险岸，推母令堕。如是<u>杀</u>母。……又复有人，<u>饿杀</u>其母，……或有<u>饿杀</u>；或在山上，险处<u>推杀</u>；或<u>火烧杀</u>；或<u>水中杀</u>。为得天故。彼人爱天，而<u>杀</u>自母。有以嗔心毒等<u>杀</u>；有轻心故，心因缘故，心自在故，是故<u>杀</u>母。如是<u>杀</u>父。以三毒过故如是<u>杀</u>。(元魏菩提流支《正法念处经》74 页中)
2. 八十种风，<u>吹杀</u>彼虫。谓八十种虫，八十风<u>杀</u>。何等八十？ 一名毛虫，毛过风<u>杀</u>；……彼恶业故，作大力风，遍<u>吹</u>其身，此如是等八十种风，<u>杀</u>八十种虫，如相应<u>杀</u>，如颠倒<u>杀</u>。(同上，75 页下)
3. 四千世中常被<u>烧死</u>。(同上，84 页上)
4. 若火<u>烧身</u>，若自<u>饿死</u>。(同上，318 页下)

以上诸例出自同书。例 1、例 2 的"烧杀""饿杀""推杀""吹杀"或是带宾语或是可带宾语。这些"V 杀"的中心语应在"杀"，理由是"V 杀"和"杀"前后交替，且"如是杀"的"如是"也可以视为取代"V 杀"的 V。例 3、例 4 的"烧死""饿死"并不接宾语。例 3 的"被烧死"虽是"被"字句，但六朝"被"后的连续动词不能像今天一样视为复合动词，这里的"被烧"和"死"应分成两个成分。六朝还有其他的"被 V 死"的例子，也应该作同样的分析。关于"被 V 死"的分析，可参看魏培泉(1994：315 注 47)。

㉙ 中古汉语甲一式的 V2 独用时功能不见得等同上古汉语，即使在上古汉语时是

作格动词的,到中古时也可能只是不及物动词,因此中古汉语一个动词是否为作格动词当以当时的使用情况来决定,当时有的作格动词的使动用法也还有可能演变到只局限于相当狭窄的场合。

㉚ 以下的一个例子可以用来说明有的动词的使动用法未见衰微:

先啄其脉,饮血令尽,次食其肉,次<u>破</u>其骨,次饮其髓,次<u>断</u>其筋,次<u>断</u>其脉,……次破其心,既<u>破</u>心已,而饮其汁,次<u>破</u>其肺,……次<u>散</u>其脉,次以焰钳<u>破</u>其颔下,而拔其舌,(元魏菩提流支《正法念处经》61页上)

㉛ 如果 V1、V2 都是作格动词,那么二者是同时进行的还是时间上有先后有时很难确定。V1 和 V2 如果不好确定是否有时间先后,我们就暂时排除不计。中古汉语同一形式也可能有不同的解释,如"焚毁""摇落"在现代汉语总是视为述补式,但在中古汉语中可以看到如"焚卢毁帐""摇树落叶"的例子,其中"焚"和"毁"、"摇"和"落"之间就不一定是因果相承的。

㉜ 在上古汉语和中古汉语中,"暴(曝)干"都只见搭配"之"的例子,同时"干"也都可以作使动词(如"干之")。

㉝ "净洗""焦烧"看来比"洗净""烧焦"常见。"净 V"很常见,且接宾语没有问题。例如:

彼应<u>净洗</u>手,与清净比丘过食。(后秦佛陀耶舍共竺佛念《四分律》904页下)

"净""焦"罕用作甲一式的 V2,又常用作颠倒式的 V1,大概与其不大能用作使动词有关(论见下)。另外我们也见到"烂煮""烂蒸"的例子,却没有相应的"煮烂""蒸烂"。

㉞ "烂"在现代汉语是纯粹的不及物动词,但在中古时多少还含有火烧使烂的意思,因此用法也和现代汉语不尽相同。

㉟ 把甲一式中的两个动词语素合视为一词问题并不大(可以是在词汇中的词,或者是在句法层次才合成的词),但把甲二式的两个动词语素都合视为一词就成了问题,部分甲二式有可能应视为两个动词组的连动式,理由详下。

㊱ 上古和中古的史书中常见的"击破"的"破"即使脱去"击"好似也无影响,这是因为"V 破"本是状述式。上古的"V 破"并没有中古这么多样化,中古"V 破"形式的趋于丰富影响到"V 破"的宾语也跟着丰富起来。

㊲ 上古汉语的甲式或并列式在中古汉语或唐初有时被拆分成丁式,但这不能作为上古汉语该式就是偏正式的理由,因为不同时代可以有不同的分析。例如:

1. 其犹可<u>扑</u>之使<u>灭</u>。(《尚书·盘庚上》"其犹可扑灭"孔颖达疏)
2. 漉出汁中苏、豉,<u>澄</u>令<u>清</u>。(《齐民要术·脏腤煎消法》)

"澄清"在上古汉语可能是无时间先后的并列,可能因为中古汉语对"澄"字的词性给予重新的解释,因此不再视为并列式。

㊳ 中古汉语的"尽"在语义上可以限定甲一式或乙式的宾语。它和"已""讫""毕""竟"不同,后者主要为表示"体貌"(aspect),在中古汉语中只能用作乙式的V2,不能作为甲一式的V2。

㊴ 例95的"射之"和"死"间、例97的"煮之"和"熟"间应有个明显的停顿,因此并非一句。我们之所以举这种例子,其实也是想把乙式的句界问题呈现出来。把这样的问题存诸心中,这样我们在依据乙式来论证的时候,可以随时考虑到可能有的弊病。此外,如"射之,死"这种例子在上古汉语也不经见,主要是因为汉语零主语如果没有其他手段辅助,则一般以复指前句的主语为原则,可是此例"死"的零主语和"射之"不同指(这同时也就是言谈上主题的转易)。

㊵ V为状态动词,这一点和上古汉语使动式也含有一个结果状态是一致的。作格动词的原型有的可归入性质动词。我们这里只说状态动词,一方面是因为性质动词和状态动词的区分有时候并不是很清楚,可以归并为一类;另一方面丙式的V和甲、乙、丁式的V2即使原可归入性质动词,但在这些句式中都具有〔+状态〕的征性。

㊶ 大体而言,佛经较常用"令",其他古籍较常用"使"。

㊷ 关于中古汉语代词"之"的衰微情况可参看魏培泉(1990:56-67)。

㊸ 甲二式在某种程度上可以弥补代词"之"衰微所造成的缺口,因为甲二式的V1是及物动词,因此不管是对应于甲一式还是乙式,它都隐含了一个宾语。

㊹ 魏培泉(1990:64-66)已指出中古汉语的丙式、丁式有替换上古汉语使动式的现象。

㊺ "之"所搭配的动词在此时似有局限于真正及物动词的倾向,因此"灭之"的"灭"已可分析为及物动词,不一定要再说是使动词,而所有搭配"之"的动词也可以一律视为及物动词。在中古汉语动词的归类上,像"灭"这种动词在词汇中可记载为具有及物动词和不及物动词两种词性。唐代有一个很有意思的注解。如:

  1. 又正定甲乙之日……及制度、衣服各有等差,当正之使正。(《礼记·王制》"命典礼考时、月,定日,同律、礼、乐、制度、衣服,正之"孔颖达疏)

V1和V2都使用"正",好像没什么道理,但如果把前一个"正"解为不含结果的及物动词而后一个"正"解为不及物动词,似乎也就可以说得通了。

㊻ 也就是说"使(令)"字句属于哪一类往往可由子句的动词决定。

㊼ 例144、145两例借自李佐丰(1989)。

㊽ "使(令)"的这两种区别就有点像相当现代的"派"和"使(得)"之别。"派"是积极操控的,但未必有相应的结果。例如:

1. 我派他出去。

2. 张三来，使(得)李四离开。

3. 他使(得)李四受伤。

㊾ 这也就是说即使加了“使(令)”，语义内涵仍然和现代汉语一样。因此可以预测这种句型和现代汉语如下的句子也应该有一致的合法度。

1. 我劝他走。(但他不肯。)

2. * 我劝他死。

3. 我劝他消失。(但他不肯。)

㊿ “交”应是“教”的俗写。“教”有平、去二读，《广韵》“交”和平声的“教”同音。在 4.2 节中指出“使(令)”可转成非主语控制的动词，“教(交)”看来也有平行的演变(如下例)。这个动词发展至此，语义就很接近“使(令)”了，因此发展出丁式也就不足为奇了。

无事风声彻他耳，交人气满自填心。(唐张鷟《游仙窟》)

(51) “实现”与否可能涉及真假的概念，而语言上是否区别真假以及对真假如何区别可能随语言而异。有的语言的“情态”(modality)或“时”(tense)和逻辑上的“真值”(truth value)关系密切；有的语言的“真实”(realis)和真假值关系不大，真实与否可能随该语言使用者对真假的认知而有差别，或者眼见为实，或者耳闻为实，或者虚拟世界亦可视为真实。我们这里的“实现”无疑和真假值无涉，但和所谓“真实”的关系如何还有待进一步的研究。至于丁式的“使(令)”实际上在什么情态或环境下使用，可以化约为什么语义，也还有待进一步的界定。从丙、丁式中的“使(令)”前后的否定词常用“无”“毋”“勿”“莫”之类而罕见为“不”看来，当时“使(令)”句和“祈使”语气多少有些关连。

(52) 不用“使(令)”的句式偶然也有如同丁式这样的用法。如：

炊还令四更中稍熟，摊极冷，日未出前酘之。(《齐民要术·笨曲》)

(53) 笔者同意 Huang (1995)使成式是由偏正式转为述补式的说法，但因为该文是会议稿，作者对解释并不甚了然，暂置不论。

(54) 在某些特定环境下宾语虽省略也可以推导出来(如句中有否定词、助动词之类)，就不在此限。

(55) 如果上古的使动词在中古已成为真正的不及物动词，就只能作为甲二式的 V2 而不能作为甲一式的 V2。

(56) 其实这种转变在上古汉语就已经开始了，情意动词作使动词在先秦就可以看到一个趋降之势。

(57) 这样的变化目前可确定的时间是在近代汉语。

参 考 文 献

王力　1958　《汉语史稿》,北京:科学出版社。
　　　1989　《汉语语法史》,北京:商务印书馆。
王瑛　1982　云梦秦墓竹简所见某些语法现象,《语言研究》1:130-134。
太田辰夫　1958　《中国语历史文法》,1985年朋友书店再版。
北京语言学院语言教学研究所　1992　《现代汉语补语研究资料》,北京:北京语言学院出版社。
何乐士　1992　《史记》语法特点研究,《两汉汉语研究》,济南:山东教育出版社。
李平　1987　《世说新语》和《百喻经》中的述补结构,《语言学论丛》14:129-157。
李佐丰　1983　先秦汉语的自动词及其使动用法,《语言学论丛》10:117-144。
　　　1989　《左传》的"使字句",《语文研究》2:29-34。
　　　1994　《文言实词》,北京:语文出版社。
　　　1996　古代汉语教学中的使动与活用,《中国语文》2:151-154。
李志兵　1990　汉语使成式的形成,《古汉语研究》3:57-58,85。
李讷、石毓智　1997　论汉语体标记诞生的机制,《中国语文》2:82-96。
李临定　1980　述补格句式,《中国语文》2:93-102。
志村良治　1984　使成复合动词の成立过程,《中国中世语法史研究》,东京:三冬社。
余志鸿　1984　论古汉语补语的移位,《语言研究》1:104-113。
余健萍　1957　使成式的起源和发展,《语法论集》2,北京:中华书局。
宋绍年　1994　汉语结果补语式的起源再探讨,《古汉语研究》2:42-45。
周迟明　1958　汉语的使动性复式动词,《汉语论丛》1:75-226。
祝敏彻　1958　先秦两汉时期的动词补语,《语言学论丛》2:17-30。

1981 从《史记》《汉书》《论衡》看复音词的构词法,《语言学论丛》8: 142-156。

张伯江 1991 关于动趋式带宾语的几种语序,《中国语文》3: 183-191。

张显成 1994 从简帛文献看使成式的形成,《古汉语研究》1: 7-10。

梅祖麟 1981 现代汉语完成貌句式和词尾的来源,《语言研究》1: 65-77。

1991 从汉代的"动、杀""动、死"来看述补结构的发展——兼论中古汉语时期的起词的施受关系的中立化,《语言学论丛》16: 112-136。

连金发 1997 台湾闽南语的趋向补语——方言类型和历史的研究,《中国境内语言暨语言学》4: 379-404。

汤廷池 1992 汉语述补式复合动词的结构、功能与起源,《汉语词法句法四集》,台北:台湾学生书局。

杨伯峻、何乐士 1992 古汉语语法及其发展,北京:语文出版社。

潘允中 1980 汉语述补结构的发展,《中国语文》1: 53-60。

1982 汉语语法史概要,郑州:中州书画社。

潘悟云 1991 上古汉语使动词的屈折形式,《温州师院学报·哲社版》2: 48-57。

魏培泉 1990 汉魏六朝称代词研究,台湾大学博士论文。

1994 古汉语被动式的发展与演变机制,《中国境内语言暨语言学》2: 293-319。

1997 论古代汉语中几种处置式在发展中的分与合,《中国境内语言暨语言学》4: 555-594。

魏丽君 1996 也谈动趋式的产生,《古汉语研究》4: 43-44。

Cheng, L. L.-S. 1997 "Resultative compounds and lexical relational structures," *Chinese Languages and Linguistics* 3: 167-197.

Cheng, L. L.-S. and C.-T. J. Huang 1994 "On the argument structure of resultative compounds," in Mathew Chen and Ovid T.-L. Tzeng (eds), *In Honor of William S.-Y. Wang*. Taipei: Pyramid Press.

Cheng, L. L.-S., C.-T. J. Huang, Y.-H. A. Li, and C.-C. J. Tang 1997 "Causative compounds across Chinese dialects: A study of Cantonese, Mandarin and Taiwanese," *Chinese Languages and Linguistics* 4: 199–224.

Huang, James C.-T. 1995 "Historical syntax meets phrase structure theory: Two notes on the development of verb-complement constructions," Paper presented at ICCL 4 / NACCL 7.

Huang, Shuan-fan 1974 "Mandarin causatives," *Journal of Chinese Linguistics* 2: 354–369.

Li, Charles N. and Sandra A. Thompson 1981 *Mandarin Chinese: A Functional Reference Grammar*. Berkeley and Los Angeles: University of California Press.

Lin, Fu-wen 1990 *The Verb-Complement (V-R) Compounds in Mandarin*. M.A. Thesis. National Tsing Hua Univ., Taiwan.

Li, Yafei 1990 "On V-V compounds in Chinese," *Natural Language and Linguistics Theory* 8: 177–207.

1993 "Structural heads and aspectuality," *Language* 69: 480–504.

Mcdonald, Edward 1994 "Completive verb compounds in modern Chinese: A new look at an old problem," *Journal of Chinese Linguistics* 22.2: 317–362.

Tang, Ting-chi 1992 "The syntax and semantics of resultative complements in Chinese: A comparative study of Mandarin and Southern Min," in *Studies on Chinese Morphology and Syntax* 4: 165–204.

---

* 本文原载于《历史语言研究所集刊》第七十一本第四分，2000年。

现代汉语小词"了"的来源*①

武　果　著　张　定　译　吴福祥　校

现代汉语小词"了"(记作"了"(le))与完整体(perfective)动词后缀"了"(记作"-了"(-le))是否具有相同的来源,存在争议。本文认为,"完毕"义的"了"(记作"了"(liao))是"了"(le)和"-了"(-le)的共同来源。小词"了"(le)的本质是表"起始"(inchoativity),本文将通过历史文献追溯其语法化的路径。"了"(liao)的起始用法见于10世纪(晚唐)以后,到了13世纪(宋代后期)它发展出类似于它在当代用作小词的一些功能。"了"(le)和"-了"(-le)在18世纪(清)已经获得充分的发展,在《重刊老乞大》(1795)中,它们的发音仍然是[liau],这与其语源词汇动词"了"(liao)相同(Kim 1998)。另一方面,赵元任(Chao 1968)认为是"了"(le)的来源的"来",与现代的"来着"具有相似的功能,表示相对于参照时间而言的近过去时(recent past)及情状的非持续性。"来"作为过去经历标记(past experience marker)的用法在山西和陕西的一些北方方言里仍然存在,不过在这些方言里,现代汉语小词"了"(le)的同源词明显与后缀"-了"(-le)而非"来"的同源词相关。大约在18世纪"来"开始从文献中消失(张泰源1986),原因可能是太田辰夫(1987)所观察到的在这一时期出现了"来着",而非孙朝奋(Sun 1996)所说的"了"(le)取代了"来"。最后,本文将讨论词源形式"了"(liao)与"-了"(-le)、"了"(le)之间的语义联系以及"了"(le)表完成体的具体语言特征(Li, Thompson & Thompson 1982)。

*　译者说明:本文原载《中文教师协会》(*Journal of the Chinese Language Teachers Association*, February 2000, Volume 35:1, pp.29 - 60),原文标题为The Origin of Mandarin Particle LE。

1. 引　言

现代汉语小词"了"(le)与完整体后缀"-了"(-le)是否同源,两者是否具有相同的功能,学界尚有争议。王力(1947)、刘勋宁(1985)、曹广顺(1987)、Huang & Davis (1989)、Shi (1990)、刘坚等(1992)以及梅祖麟(1994)等学者认为,两个"了"的语源都是"完毕"义的词汇动词"了"(liao),而赵元任(Chao 1968:246)则认为小词"了"(le)可能是"来"的弱化形式,这一假说得到梅祖麟(1981)、Anderson (1982)及孙朝奋(Sun 1996)等学者的赞同。根据赵元任的假设,孙朝奋(Sun 1996:99-101)进一步声称:"'来'在12到18世纪之间似乎经历了音位缩减(phonological reduction),这种语音演变的结果是出现了现代汉语的'了$_2$'[即"了"(le)——作者按]"。支持孙朝奋观点的一个强有力的证据是,"-了"(-le)和"了"(le)在"V-了O了"中的频繁共现与完成体标记(perfect marker)"来"的消失正好都发生在18世纪。此外,持共同来源观的学者中,有些学者(Huang & Davis 1989, Shi 1990)进一步指出,实际上只有一个"了",就是说,尽管"了"(le)和"-了"(-le)在句中的位置不同,但它们都具有同样的功能;而另一些学者(王力1947,吕叔湘1991,朱德熙1984,刘勋宁1985,曹广顺1989[1],刘坚等1992以及梅祖麟1994)则维持完整体后缀"-了"(-le)和小词"了"(le)之间的区分。本文主要着手解决第一个争议,认为两个"了"具有相同的来源。

本文认为,"了"(le)和"-了"(-le)均由动词"了"(liao)演变而来,文章安排如下。第2节讨论小词"了"(le)的发展,认为小词"了"的本质功能是表"起始",10世纪以来文献中"了"(liao)表起始义的出现与发展表明,小词"了"(le)的现代用法是从"了"(liao)的早期用法独立发展而来的,与"来"的用法无关。第3节关注"来"的功能,追溯"来"在文献中的各种用法,认为"来"的主要功能是表

---

[1] 译者说明:原文为1989,疑为1987。

过去经历,这与"来着"的现代用法非常相似(He 1998)。保留了"来"旧有用法的几个方言的证据显示,"来"和"了"(le)之间的功能存在差异。第4节将显示"完整"(perfectivity)和"起始"在语义上如何跟"完毕"义词汇动词"了"(liao)相关,本节还讨论小词"了"(le)表完成体的具体语言特征。

2. 小词"了"(le)的发展

2.1 "了"(le)的本质

"了"(le)的现代用法被描写为表"起始"[②](Chao 1968, Chan 1980)、"新情况的出现"(朱德熙 1984)、"事态出现了变化"(吕叔湘 1991)、"当前相关的状态"(Li, Thompson & Thompson 1982)。这些描述的共同之处是,"了"(le)总是与静态的情状相关,且该情状是某种新的情状,也就是由该情状或说话人感知中的某种情状中某种变化所导致的结果;换言之,该情状与之前有所不同。不难看出,"了"(le)的所有用法都涉及说话人所感知的某种静态情状的开始(inception)和持续。根据定义,如果没有外力强加,一个静态的情状将会持续下去(Comrie 1976:49),"了"(le)的本质功能是表达"起始"。总之,"了"(le)表示某种静态的情状,或者表示某个参照时间(一般是说话时刻)前就已存在并持续到该时间的某个事件所导致的状态。下面例(1)是具有不同解读的歧义句,其中"了"(le)的各种用法都可以用"起始"来解释[1]:

(1) 吃饭了
    a. 吃饭的时间到了。
    b. (某人)开始吃饭了。
    c. (之前不能或拒绝吃饭的某人)开始吃饭。

---

[1] 译者说明:为了行文简洁,在确保理解顺畅的前提下,整篇译文中省去了原文各例句下的英文注解及翻译,特殊情况将单独处理。

d.(某人)已经吃了饭了。

(1)中"了"(le)所表示的情状分别是:(a)现在正是吃饭的时候(不是之前),(b)某人开始吃(特定的一餐饭),(c)某人开始吃饭(惯常的),(d)某人已经吃了饭。所有这些情状都被理解为"起始"义,即它们在说话时刻之前就已开始并持续到说话时刻,而且与说话时的情状相关。正是在这个意义上,小词"了"(le)表达的是 Li, Thompson & Thompson(1982)所说的"完成"义。

文献里"V-了 O 了"中两个"了"的共现被看作是衡量"了"(le)形成的最后阶段的一个手段。"V-了 O 了"的出现无疑显示"了"(le)的成熟,但表明现代汉语小词"了"(le)发展的开端的却正是句末位置上"了"(le)表"起始"用法的出现(另一个小词"也"可有可无)。因此,"了"(le)的来源应该追溯到"了"早期如同"V-了 O 了"中"了"(le)的功能的出现。下面尝试追溯中古和近代汉语文献中"了"(liao)"起始"用法的出现。

2.2 "起始"义"了"的出现

世界语言里,"完毕"义动词是与完成体和完整体相关的语法语素(grams)或语法标记最常见的词汇来源(Bybee 等 1994)。汉语里"完毕"义动词"了"见于东汉(25—220 年)末期(潘维桂、杨天戈 1980:15),魏晋南北朝(220—581 年)前后,"了"与"竟、讫、已、毕"等其他"完毕"义动词一样,开始出现在 V(O)之后构成"V+O+完成动词(completive)"结构,表情状的完成。此后,"了"逐渐取代其他具有相同功能的动词,到了唐代(618—907 年)晚期成为最常用的完成动词。随后"V(O)了(liao)"结构出现了(曹广顺 1987:11,刘坚等 1992:111-2)。汉代(公元前 206—公元前 220 年〔1〕)之后开始出现的"V+O+完成动词"有两个限制。首先,"完毕"义的"竟、讫、已、毕、了"通常出现在小句末(clause-final)位置,但不出现在句末

―――――――――

〔1〕 译者说明:原文为"公元 25—公元 220",疑误为东汉,当为"公元前 206—公元前 220 年"。

(sentence-final)位置(曹广顺 1987：10,刘坚 1992：112)。其次,完成动词前出现的通常是一个事件或非静态的情状,是可以完成的,因为这些完成动词仍然保留了"完毕"或"完成"义。这种结构常用于某个事件序列(event sequence),如下面的魏晋文献所示：

(2) a. (张季鹰)作数曲竟,抚琴曰……(《世说新语·伤逝》402)
　　b. 俱乞食讫,还至世尊所。(《增壹》Ⅱ,665 上)
　　c. 其人食已,呕吐于地。(《太子须大挐》Ⅲ,424 上)
　　d. 王饮酒毕,因得自解去。(《世说新语·方正》218)
　　e. 想催驱写取了,慎不可过淹留。(王献之·杂帖)

　　第一种限制考察较多,但第二种限制关注很少,可能是因为太明显了。不过,"了"(liao)和静态谓词之间的互动对于起始义"了"(liao)的发展来说是本质的[③],再加上句末位置,最终导致小词"了"(le)的产生。下面集中论述静态情状中"了"(liao)的起始义。

　　"了"(liao)语法化缓慢过程的第一个阶段(唐代,618—907 年),前述两种限制开始变得宽松："了"(liao)开始出现在静态情状及句末位置。在 Shi (1989：102)的"10 世纪白话文献(《变文》,作者按)里'了'(liao)在时间小句和主句中的分布[1]"表中,他指出,"'了'(liao)用于主句共 18 例……,其中 6 例用于陈述状态。"换言之,陈述状态的"了"(liao)占整个"了"(liao)用于主句的 33%。下例中,"了"(liao)分别用在形容词、状态动词以及情态动词短语(modal and verb combinations)之后,都表示静态的情状。

形容词
(3) a. 直待女男安康了,阿娘方始不忧愁。(变文 91)
　　b. 长者身心欢喜了,持其宝盖诣如来。(变文 829)

---

[1] 译者说明：原文为"distribution of *liao* in temporal and main clauses in 10th-century vernacular texts tribution of *liao* in temporal and main clauses in 10th-century vernacular texts",疑"tribution of *liao* in temporal and main clauses in 10th-century vernacular texts"为衍文,译文删之。

状态动词
(4) 便道:"我会佛法了也。"(《传灯录》卷22)
情态
(5) 男女长成,须为婚姻了。(变文686)
否定情态动词加静态动词
(6) 上来第一,说不会重德了也。(变文692)

在这些例子里,"了"(liao)明显不表示状态的完毕或完成,而是指状态的实现或开始。例(3)中,"了"(liao)用在形容词之后,表示"安康"和"欢喜"的状态,该状态没有自然的终结点,是无界的(Li & Thompson 1981:185),当然也就不能完毕。在这种情状下,能完毕或完成的是进入相关的状态。因此完毕的并不是"安康"或"欢喜","安康了""欢喜了"实际上表示由先前不安康或不欢喜的状态开始变成相关的安康或欢喜的状态。例(4)中,"了"(liao)与状态动词"会"共现,"我会佛法了也"表示跟先前状态"我不会佛法"相对的当前状态的开始。

例(5)和(6)尤其支持本文关于"了"(liao)在静态情状里表起始的观点,因为"了"(liao)在(5)中与情态动词共现,在(6)中与否定词共现。众所周知,"完毕"义的完成动词或完整体的"了"(liao)一般与情态动词或"不"所否定的动词不相容,因为它们通常都与无界的情状相联系。如果(5)和(6)中的"了"(liao)既不是完成动词"了"(liao),也不是完整体的"-了"(-le),那它是什么?实际上,(5)中的"了"(liao)指情态动词"须"所表示的事态的出现:与先前的状态"还不是他们结婚的时候"相对,"现在是他们结婚的时候了"。例(6)中,"了"(liao)表示状态"人们不知道如何重德"的开始,其含义是人们以前知道——某种状态的出现是该情状中某种变化所导致的结果——小词"也"进一步断言这种事态已经发生。这正是现代"了"(le)的用法。虽然我并不声称"了"(le)到唐代已经充分发展,但"了"(liao)与现代完整体"-了"(-le)相似的用法到唐代也已经出现(刘坚等1992:114)。但是,这种用法频率不高,难以证实它是动词后缀,而一般的看法是,完整体"-了"(-le)直到几百年后的宋代才获得充分发展。不过,"了"(liao)早在唐代就出现类似现代"了"(le)的用法,这确实表明"了"(le)应该直接从"了"(liao)独立发展而来,并非吸收了小词"来"的功能。

上面这些例子显示,早在唐代,"了"(liao)至少在静态情状中已经丧失了表"完毕"的词汇义并获得起始的功能。应该注意的是,"了"(liao)这种起始义的出现与"了"(liao)开始语法化为动词后缀"了"(-le)的漫长过程大约同时。除了出现在静态情状,"了"(liao)在同一时期还开始与"也"一起出现在句末位置。例如:

(7) a. 与诸上座说破了也。(《传灯录》卷 25)
    b. 已被冷眼人觑破了。(《传灯录》卷 16)

"了"(liao)两种制约的宽松使得"了"既可出现于静态情状,又可出现于句末位置。例如,(7a)中,"了"表示"说"所导致的"破"的状态的开始,小词"也"再次证实该状态的出现。现代汉语对应的句子会出现完成体标记"了"(le),而不是完整体标记"-了"(-le)。(7b)中,"了"(liao)单独充当"了也"的功能,表完成④。

(8) 问:"一树还开花也无?"师曰:"开来久矣。"僧曰:"未审还结子也无?"师曰:"昨夜遭霜了。"(《传灯录》卷 13)

例(8)中,由于两个问句是平行的,且第一个答句表完成,"了"(le)应该表达的是完成而不是完整。所表达的并非是否将树遭受昨夜之霜作为一个整体,而是霜对树的影响或者树遭霜后的状态与问句相关。实际上,正如潘维桂、杨天戈(1980:27)所观察到的,(8)中的"了"(liao)已经非常类似现代的小词"了"(le)。

现代"了"(le)的一种重要用法是表达"将然体"(prospective aspect),即"某种状态与后续的情状相关,例如某人正处在将要做某事的状态"(Comrie 1976:64),这种用法常用来测试"-了"(-le)和"了"(le)。对(9)做这种理解比做完整体理解(意思可能是"我们已经在……相见")更为自然。为了取得这种解释,我们可能要将"到"重新

解释为"在"⑤:

(9) 雪峰谓众曰:"诸上座到望江亭上与上座相见了;到乌石岭与上座相见了;到僧堂前与上座相见了。"(《传灯录》卷19)

《传灯录》之前的文献中"了"(le)的这种用法,我们尚未见到任何报道。不过,在上面这些例子的语境中,这种解释是可能的,因为这种情况下的"了"(le)与其他例中的"了"(le)确实具有相同的功能:表示某个静态情状之后的起始性。正是"将要相见……"这个状态的开始给予句子一种将来的解读,并非"了"(liao)具有表将来时这一不同的用法。

2.3 起始义"了"的发展

上面的这些例子表明,大约10世纪前后"-了"(-le)充分发展之前,"了"(le)的一些基本用法就已经出现。那么,"了"(liao)是如何发展为小词"了"(le)的? 梅祖麟(1994:74)提出三个阶段:

(10) 阶段1(晚唐五代)
吃饭了便去　　　吃饭了也　　　门开也
VO 了, VP$_2$　　VO 了也　　　VP 也

阶段2(宋元)
吃了饭便去　　　吃了饭也　　　门开也
V 了 O, VP$_2$　　V 了 O 也　　　VP 也

阶段3(元末以后)
吃了饭就去　　　吃了$_1$饭了$_2$　　门开了$_2$
V 了 O, VP$_2$　　V 了$_1$O 了$_2$〔1〕　VP 了$_2$

根据梅祖麟的观点,第一阶段"了"(liao)跟在 O 后出现在小句末

---

〔1〕 译者说明:原文为"V 了$_1$O 了",疑后面的"了"应为"了$_2$"。

位置,接着在第二阶段"了"(liao)(动相补语)语法化为完整体后缀,到了第三阶段"也"被"了"(liao)取代,两个"了"(liao)都弱化为[.lə]。(10)对"了"发展的描写表明完整体"了"(-le)如何从"了"(liao)发展而来,但并未充分阐明小词"了"(le)如何出现。根据(10),有人可能很容易草草得出结论,认为"也"前的"了"(liao)是"-了"(-le),同时又不清楚"了"(le)从何而来。正是在(10)这种模式的基础上,孙朝奋(Sun 1996:97)认为,"也"前的"了"(liao)实际上是完整体后缀,不是小词,并且他遵循赵元任(Chao 1968)的观点,认为小词"了"(le)来自弱化的"来"(Sun 1996:100)。胡明扬(1991:302)发现《西游记》里也存在类似的模式,在此基础上,他认为,"了"(le)是在小句末"也"的用法消失后从完整体"-了"(-le)发展而来。

我们认为,"-了"(-le)和"了"(le)都从第一阶段的"V了也"发展而来,这在(10)中没有显示。在这一模式里,"了"(liao)既包含完整体又包含起始体标记的成分,因为它在语法化为完成体和完整体语法语素的最初阶段主要是一个完成动词(Bybee 1994:54–76)。"了"(liao)的完整体成分是将导致当前状态的事件看作一个整体,"了"(liao)的起始体成分表示该状态的出现,聚焦于该状态的当前存在。动态的情状将激活"了"的完整体意义,而静态的情状将引发同一个"了"的起始体解释。在"V了也"模式里,"了"直接跟在动词之后、"也"之前,这是处在过渡阶段的"了"朝两个方向发展的理想环境。正是在这种环境下,"了"才能形成"动词-了"复合式,为"了"出现在V和O之间变成一个完整体后缀创造了必要的条件(Li & Shi 1996:90)。也正是在这种环境下,"了"才能确立其句末位置,并导致"了"取代"也"或与"也"合并。一旦"了"用于这种模式的时间足够长久,可以与动词构成一种复合式,O就能够加在其后构成"V-了O也"模式。"了"的完整体成分由此发展为完整体后缀。这种发展过程很明显,因为它涉及"了"位置的变化。不太明显的是"了"(le)的发展,它并不涉及位置的变化。句末位置的"了"内含完整体和起始体的意义,因此,"了"(le)的确切证据(hard evidence)将排除任何可能的完整体义。不过,我们确实有这样的证据。正如2.2节所指出的,例(5)和(6)中的"了(也)"只能被解释为起始义,为了方便,重复如下：

(5) 男女长成,须为婚姻了。(变文 686)
(6) 上来第一,说不会重德了也。(变文 692)

换言之,早在晚唐"-了"(-le)充分发展之前,"了"(le)的一些基本用法就已经出现。北宋时期,"了"的小词功能进一步增强,如例(4)、(7)和(8)所示,为了方便,重复如下。例(4)中,"了"明显是个小词,不可能出现在 V 和 O 之间。例(7)中,由于"了"前的动补复合式聚焦于结果——某种静态的情状,因此"了"根本上表起始,本质上是一个小词。一旦这种复合式带上宾语,句子就很可能采取"VO 了(也)"模式,而不大可能是"V 了 O 也"模式。例(8)中,如果句中出现的是完整体"-了"(-le)而不是小词"了"(le),那么这个句子就与语境不符。

(4) 便道:"我会佛法了也。"(《传灯录》卷 22)
(7) a. 与诸上座说破了也。(《传灯录》卷 25)
    b. 已被冷眼人觑破了。(《传灯录》卷 16)
(8) 问:"一树还开花也无?"师曰:"开来久矣。";僧曰:"未审还结子也无?"
    师曰:"昨夜遭霜了。"(《传灯录》卷 13)

到了南宋(1127—1279)的《朱子语类》,"了"已经用于现代"了"出现的各种语境,可以出现在结果补语、形容词、"是"字谓语、数词谓语及代词谓语之后,还可以出现在否定句("不 V(O) 了(le)")、条件句的主句及表将来情状中某些变化的句子里。也正是在这段时期,"V-了 O 了"出现了(曹广顺 1987:13),这标志着"了"(le)发展的完成。

此外,宋代(960—1279)初期,完整体后缀就开始占据 V 和 O 之间的位置,从而产生"V-了 O 也"模式⑥。不过,这种情况只在带一个宾语的及物句中发生。对于大多数包含不及物动词和形容词的句子来说,"V-了 O 也"模式完全无关。在这些句子里,"了"仍然处在

"也"前的句末位置,它充当完成体标记的功能进一步加强。当出现在句末位置的表起始义的"了"自然扩展为断言新情况的发生时,"了"的功能就与"也"在表情况变化上相一致[7]。新的语法语素"了"就逐渐取代了"也"或在北方某些地区与"也"合并了。这一过程持续了好几百年,而且跨越"了"的所有模式,包括"V-了 O(了)也"。

Kim(1998)对《翻译老乞大》中"了""来"和"也"这些语言符号的考察支持了对"了"(le)发展的这种解释。Kim借助朝鲜语译本及语音转写(phonetic transcriptions),清楚地展现了《翻译老乞大》(大约公元1510年)中"了""来"和"也"这些语言符号的分布和语义。在Kim的材料中,"-了"(-le)和"了"(le)的频繁出现表明这两个语法语素在16世纪已经得到充分发展。其中小词"了"(le)大量出现在"V了"模式,这里的V要么是不及物动词(或带有话题化宾语的及物动词),要么是形容词。这种模式显然来自"V 了也"。在这种模式里,虽然所有的"了"都具有小词的功能,但其中有些可以被解释为完整体"-了"(-le)和小词"了"(le)的结合(Chao 1968,王力 1947,吕叔湘 1991,朱德熙 1984,Li & Thompson 1981)——这是对"了"发展为两个语法语素的历史继承。同时,Kim的材料还揭示,那个时候,"也"、"了也"和"了"(le)在句末位置是共存的,这正是转变时期的特征。本节中的下例除了另有注明的,其他都来自Kim(1998),包括最初编号、翻译和/或注解:

A. V 了-V 也

大量具有相同语义内容的句子都用"了"(le)或"也"标记,例如:

80. 今日晚了(1.47a)
154. 临晚也(2.23a)
86. 明星高了(1.58a)
152. 参儿高也(1.57b)
102. 日头落了(2.39a)
139. 这早晚日头落也(1.49a)
101. 如今辞别了(2.37a)

142. 我如今去也(2.56a)

B. V 了-V 了也

同样,同一模式的有些句子用"了"(le)或"了也"标记:

66. 驼驮都打了(1.59a)
165. 驼驮都打了也(1.46a)
68. 这缎子也买了(2.30a)
169. 这缎子买了也(2.28a)
99. 比及吃了时我也了了(1.22b)⑧
166. 比及到那里寻了店时,那两个到来了也(1.66b)

C. "V-了 O 了"-"V-了 O 也/了也"

最后,有些带完整体"-了"(-le)的句子用"了"(le)或"也"标记:

59. 这店里都闭了门子了,怕有什么人入来(1.33b)
60. 我写了一个契了(2.16a)
59. 他也吃了饭也(1.45b)
60. 吃了酒也(1.64b)

虽然在 Kim 的材料里没有发现"V-了 O 了也"模式的例证,但这种模式确实出现在《西厢记》里(曹广顺 1987:14):

(11) 莺莺已与了别人了也。(西厢记·五)
(12) 眼见得受了招安了也。(西厢记·五)

所有这些例子为我们展现了一幅明代(1368-1644)早期从"也"转变到"了"(le)或"了也"的生动画面,尽管"-了"(-le)和"了"(le)都已经充分发展,但其中这三个语法语素在类似的语境里仍可互换使用。不过,"-了"(-le)和"了"(le)在数量上的绝对优势表明这种转变正在到达最后阶段,并且"也"即将消失。在《重刊老乞大》(1795)中,除了一例"V-了 O 也",由于"了也"的序列变成"了"(le),所有前面出现的

"也"都被"了"(le)取代或消失。

但需要指出的是,"了"(le)并没有取代"也"的所有用法,因为它们的功能并不完全重合。上古汉语里,"也"的功能是断言存在的情状(判断),而"矣"的功能则是断言变化的情状(起始)。中古汉语里,"也"取代了"矣"的功能,同时用于存在的情状和变化的情状(曹广顺1987:14),"矣"随之不再使用。另一方面,"了"(le)只用于变化的情状(起始)。"了"(le)不可能在前一种用法上取代"也",除非该判断本身可以理解为由某种认知过程所导致的某种新的心理状态,即说话人将该情状判断为某种新出现的而非业已可得的情状。例如,在《翻译老乞大》的四例中,"也"用作一个判断标记(Kim 1998),如果用的是"了"(le)而非"也",这些句子将具有不同的解读。于是,(161)可能指"那么这就是新罗参",表示在某种情状里,说话人正在检查一组不同的参,或者在检查了其外表之后得出关于这个参是什么身份的结论[9]。同样,(162)显示在某种语境里,价钱一直在变化,该固定的价钱是某种可能由砍价导致的新情状,而(163)的解释可能是"我们现在将不能到达",暗指这是该情状的一种新的实现。至于(160),我找不到将其解释为"了"(le)的合适语境。"也"断言某种不涉及变化的情状的功能在现代汉语中被系词"是"及"是……的"结构取代了,而这并不是"了"(le)的功能。

160. 也是他的命也(2.42b)
161. 这参是新罗参也(2.56b)
162. 这价钱一定也(2.57b)
163. 到不得也(1.46b)

非常清楚的是,唐代(618—907)晚期至明代(1368—1644),"也""了也"和"了"(le)并存,充当起始体标记,一直到后两者逐渐取代"也"。但是,可能是受到地方方言的影响,这一过程所导致的结果及整个过程所历经的时间似乎在不同的方言区存在差异。例如,在许多北方方言里,现代汉语"了"(le)的同源词的音值是"了"(liao)和"也"序列的缩减形式(刘勋宁1985),而在其他地区,现代汉语"了"(le)的对应形式是一个弱化的"了"(liao)。另一方面,产生于南方方言区的资料显示,"也"几乎在宋代(960—1279)晚期就已经消失了(曹广顺1987:14),但在元明时期的资料中却频繁出现,原因可能是这些资料与南方方言区所使用的语言关系更为密切。

直到 19 世纪"-了"(-le)和"了"(le)都得到充分发展并取代了"也"和"来",词汇动词"了"语法化为"了"(le)和"-了"(-le)才走到最后一步——[liau]语音缩减为[.lə]。这种看法有两项证据。最新的证据来自 Kim(1998)。根据他的观点,《重刊老乞大》(1795)中兼表完整体后缀"-了"(-le)和完成体"了"(le)的语言符号"了"的音值是[liau],这就意味着至少到 18 世纪末"了"(liao)还没有发生语音缩减。尽管存在这一证据,有人也许仍然会问:朝鲜的汉语教科书中一个词的音值是代表该汉字的读音,还是代表该词在语境里的实际发音?而太田辰夫(1958)的考察结果绝对清楚地显示,19 世纪早期,(至少有些)"了"(le)的发音确实跟词汇动词"了"(liao)的发音相同,即[liau]。太田辰夫(1958:317)发现,写于清朝(1644—1911)后期的《儿女英雄传》里,句子小词"啊"直接跟随小词"了"(le)或词汇动词"了"(liao)时,都写作"哇"。唯一可能的原因是"了"(le)和"了"(liao)的最后一个音素是[u],这表明那时出现的这种"了"(le)发音跟词汇动词"了"(liao)一样,仍然是[liau]。根据这一观察,太田辰夫提出,"了"从[liau]到[.lə]的语音缩减直到公元 1880 年之后才完成。太田辰夫的证据又反过来再次证实 Kim 的观点:该词在朝鲜的汉语教科书里的音值并非代表这个汉字,而是代表语境中的发音。迄今为止,这两项证据最直接地挑战了那种认为小词"了"(le)源于 12 至 18 世纪词汇动词"来"的语音缩减的观点(Sun 1996:101),并令人信服地表明两个"了"确实具有相同的来源。

2.4 来自汕头方言的证据

"了"(le)来自"了"(liao)不仅得到 10 世纪以来文献中起始体"了"的使用以及上述"了"随后演变为"了"(le)这些事实的支持,还有来自一些活的方言的证据,这些方言里同时存在"了"(liao)的旧有用法以及"了"(le)的现代用法。例如,从汕头方言的共时层面可以看出"了"(liao)的历时演变。汕头方言里,符号"了"[liau]保留了"了"

(liao)在中古和近代汉语的各种用法,同时仍然与现代汉语"了"(le)和"-了"(-le)具有相同的功能。它具有七种不同的用法(施其生 1996：43),这里只讨论其中的四种:了a、了b、了c 和了d。

了 a:词汇动词

"了a"是个"完毕"义动词,这与南北朝(420–581)的动词"了"(liao)相似,但强调的是有关物质的消耗而非过程的结束,例如：

(13) a. 戏还未了,且未开门。(戏还没完呢,先别开门)[⑩]
　　 b. 钱使了未?(钱花完了没有?)[⑪]

了 b:完成动词

"了b"是个表"先时性"(anteriority)的完成动词,类似于唐代(618—907)"了"(liao)的用法,即在构成上类似于完整体"-了"(-le)。

(14) 睇出电影了,四点正来觑车站还不慢。(看它一场电影,四点钟再到车站去也不迟)

了 c:完整体

"了c"是现代完整体动词后缀"-了"(-le),例如：

(15) 学了半年还领无块驾驶证。(学了半年还领不上个驾驶证)

了 d:完成体

"了d"是现代小词"了"(le),例如：

(16) a. 拢食了饭了。(都吃了饭了)
　　 b. 伊人家人搬走有两三年了。(他们一家搬走了两三年了)
　　 c. 水爱滚了。(水快开了)

需要指出的是,汕头方言里"了"的所有不同用法都具有相同的发音[liau]，只是不同语境中声调不同。根据它们在语义和语音(声调及声调变化)上的密切联系和分布，施其生(1996：47)将完整体"了c"和小词"了d"都追溯到完成动词"了b"，然后又追溯到"了a"的共同来源——中古汉语中动词"了"(liao)的同源词。如果施其生的观点正确，那么汕头方言里"了"的七种共时用法实际上展现了从中古汉语的动词"了"(liao)到现代小词"了"(le)的历时发展路径。

3. "来"的功能

根据刘坚等(1992：122)，"来"在中古汉语后期开始充当表过去经历的小词功能。它在唐、宋、元、明时期(618—1644)广泛使用并在明代之后逐渐消失。"来"的这种用法与"了"(le)不同。俞光中(1985)列举了元明时期(1279—1644)白话文献中"来"的四种功能：表过去经历(来1)、过去某种情状的变化(来2)、目的(来3)以及特定的人际和篇章义(来4)。"来3"和"来4"跟"了"(le)的用法明显不重合，但"来1"和"来2"的某些用法有时被解释为完成体标记(Sun 1996：99)，因此被认为与"了"(le)具有相同的功能。但是，后文将指出，完成体在汉语和英语里的表达方式不同。尽管我们可以将"来"称作完成体标记，但"来"和"了"(le)的用法之间仍然存在明显的区别，同时，"来"和"过"之间也存在明显的区别。

3.1 "来"和"了"(le)的区别

"来"和"了"(le)功能上的一个主要区别是，"来"表示说话时刻有关情状的非持续性并聚焦于过去的特定行为，而"了"(le)则表示某种情状所导致的状态的持续并聚焦于结果。例如，(17)对应于现代汉语的"是……的"结构而非"了"(le)字句，如句首的"元来"及施事上的"是"标记所示。(17)的功能是对某个预设事件所涉入的施事加以确认(Wu 1998：211，李讷、安珊笛、张伯江 1998：94〔1〕，并非断言事件

---

〔1〕 译者说明：原文为"Li & Zhang 1998：94"，疑漏"安珊笛"，译文补上。

本身或将其作为一种新的情状加以呈现。

(17) 原来是你这贼人和朱令史谋坏我兄弟来。(《小孙屠》19 出)

表情状的非持续性也是《翻译老乞大》(1510)中"来"的特征。Kim(1998)报道了这本朝鲜的汉语教科书中"来"的两种用法。一是跟现代汉语"吧"的用法一样,表征求同意(Li & Thompson 1981),共计 28 例。这种用法与上述俞光中所说的"来3"重合,这里不予关注。绝大多数"来"具有另一种用法:表示"某个事件发生在过去,并持续到不久前的某一段时间"。有些这种用法的"来"与表过去时间的表达形式同现。换言之,与"了"(le)不同的是,"来"所标记的情状并不是正好持续到现在。正如太田辰夫(1987:362)所指出的,"小词'来'来源于词汇动词'来',表示做了前面某事之后回到现在的场景,因此强调过去的经历"。

在那些保留了"来"的旧有用法并同时具有现代汉语"了"(le)的对应形式的方言里,"来"和"了"(le)功能上的这种差异尤其明显。下面将引用太原、梅县和长沙方言的一些例子。与山西和陕西的许多方言一样,太原方言保留了"来"在元明时期(1279—1644)盛行的所有四种用法。太原方言中与"了"(le)对应的是"咧"(参看刘勋宁 1985)。用法上是表示情状本身还是表示该情状所导致的状态持续到说话时刻,这两个小词始终存在差异,例如:

(18) a. 他来来。(他现在不在这里)
　　　b. 他来咧。(他仍在这里)
(19) a. 那件衣服我洗来,洗不干净。
　　　b. 那件衣服我洗咧。(现在干净了)

梅县方言(一种客家方言)里"来"和"了"(le)之间也有类似的差异,该方言也保留了"来"在元明时期的所有四种用法(林立芳 1997)。梅县方言的"来"[loi^{22}]可以表示久远的过去及不久的过去,可带疑问小词"吗",还能与某些动词后缀及结果补语共现。客家人的祖先是唐代(618–907)和宋代(960–1279)从北方移到南方的,因此有理由相信梅县方言的"来"保留了唐宋时期"来"的用法。另一方面,梅县方言中"了"(le)的对应形式是"欸"[ε^{31}],标记完成体。在下面这些例子里,如果"欸"取代"来",两者之间的差异正如太原方言里"来"和"唡"之间的差异:"来"表过去某种情状的非持续性,而"欸"表该情状持续到说话时刻。

(20) a. 发大水来。(大水结束了)[12]
     b. 发大水欸。(大水仍持续)
(21) a. 阿公后生时节就过番来。(爷爷年轻的时候曾去过海外)
     b. 阿公后生时节就过番欸。(仍在海外)

在太原和梅县方言里,"来"都可与"去"同现,表示涉及某种位移的过去经历,例如:

(22) a. 老二去看电影来。(老二曾经去看电影)(太原)
     b. 阿二古去看电影来。(老二曾经去看电影)(梅县)
     c. 老二看电影去来。(老二曾经去看电影)(太原)

如(22a)和(22c)所示,太原方言中"去"和"来"的结合有两种模式:"去 VP 来"和"VP 去来"。"去来"的这种用法与"来"颇为相似。长沙方言里,"去来"似乎已经完全语法化为一个表过去经历的小词,类似太原和梅县方言的"来"。它清楚地表明该情状是过去的、非持续的,聚焦于有关行为而非结果或该情状所导致的状态(伍云姬1996:213)。长沙方言中与现代汉语"了"(le)对应的是"咖哒","去来"和"咖哒"之间的区别跟太原方言中"来"和"唡"、梅县方言中"来"和"欸"之间的区别平行[13],例如:

(23) a. 他来咖哒。(他仍在这儿)
     b. 他来去来\来着。(但已不在这儿)
(24) a. 他病咖哒。(他仍在生病)
     b. 他病去来\来着。

(25) a. 那件衣服我洗咖哒。
　　 b. 那件衣服我洗去来\来着,洗不干净。

汉语南北三种方言中"来"和"了"对应形式的用法显示,"来"聚焦于特定的过去情状及其导致的状态的非持续性,"来"与"了"(le)明显不同,倒是与现代"来着"在功能上非常接近。

3.2 "来"和"过"的区别

"来"和"过"虽然都表示过去情状的非持续性,但两者功能不同。小词"来"只表特定的过去情状,因此排除了通指的对象(generic reference)和反复的行为,而"过"与非特定的情状有关,排除了特定的所指对象,可以与"一次""几次"等动量成分同现,如(26)、(27)和(28)所示。

(26) a. 这种苹果我吃过。
　　 b. *这种苹果我吃来\去来\来着。
(27) a. 这个苹果我吃来\去来\来着。
　　 b. *这个苹果我吃过。
(28) a. 这本书我看过两遍。
　　 b. *这本书我看两遍来\去来\来着。
(29) a. 你看什么书来\去来\来着?
　　 b. 你看过什么书?

例(29)中,虽然"过"和"来"都可以接受,但是两个问句的意思大不相同。对(29a)的回答可能是某人在现在之前的某个特定时间所读的某本特定的书,而对(29b)的回答可能包括某人曾经读过的所有书。因此,"过"更接近于 Comrie(1976)所说的经历完成体标记,"来"则不是。

3.3 小结

元明时期(1279—1644),与当前讨论相关的小词"来"的基本功能是表过去经历。不过,这种功能与完成体"了"(le)或经历完成体"过"

不同。如南北一些方言中"来"的现存用法所示,"来"指某个特定的过去情状,表示该情状的非持续性,但不表与说话时刻相关的该情状的结果。而"了"(le)表示到参照时刻(一般是说话时刻)为止,某种情状所导致的状态的开始和持续。此外,"来"与"过"也不同。作为一个表经历的完成体标记,"过"用于非特指的情状,而"来"只表某种特指的情状。"来"的使用有两个必要条件:某种特指的过去情状和该情状的非持续性,这两个条件正是现代汉语"来着"所出现的语境。"来"跟"了"(le)、"过"在功能和表过去经历的用法上有所不同,但它与现代汉语的"来着"确实非常接近。

4. "了"(liao)、"了"(le)和"-了"(-le)之间的语义关系

对世界语言里表时-体的语法语素的跨语言类型研究也为两个"了"具有共同的来源提供强有力的证据。正如 Bybee 等(1994:85)所指出的,大量历史比较的证据表明,"普通过去时和完整体从共同的词汇来源发展而来,中间经历了一个表'先时性'的阶段"。这一历时的语法化路径是从完成动词或结果补语(resultative)到先时体(anterior,在 Bybee 等的术语中是完成体标记),再从先时体到完整体或普通过去时。完成动词"了"(le)(马希文1982)、完成体"了"(le)和完整体"-了"(-le)在现代汉语的共存,一方面显示汉语在时体上的具体语言特征,另一方面也显示它与世界语言语法化的普遍过程相一致。如果处在语法化不同阶段的这些语法语素在大量语言里都具有相同的词汇来源,那么,我们就可以预料同样的情况也适合于汉语。

尽管完整和起始是表面上不同的表"体"的术语,但两者在语义上都与"完毕"义动词"了"相关,这取决于它们所属的情状。如果该情状是有界的,即具有自然的终结点,"了"就聚焦于该情状的动态方面并将这种变化标记为一个整体,因此标记完整性。如果该情状是无界的,即没有自然的终结点,"了"就聚焦于状态的实现,或者该情状中某种变化所导致的某种状态的开始,因此标记起始性。与情状的本质有关

的"完整"和"起始"之间的关联是语言里的一种常见特征。例如Comrie（1976：19-20）发现：

"在许多区分完整体和非完整体形式的语言里，一些动词（尤其是某些静态动词）的完整体形式实际上可以用来表示某种情状的开始（开始义(ingressive meaning)）……

……较之事件（包括进入状态），状态不大可能由完整体形式来描述，因此，用静态动词的完整体形式表示进入适当状态的事件，应该具有某种功能上的价值，因为在别的方面这些动词的完整体形式可能没有什么价值。这种说法或许有些见地，但这种解释目前只是推测性的。"

从功能的角度看，我相信Comrie那时的"推测性"解释是颇有根据的。不过，就汉语而言，在静态情况里开始利用(exploit)这种功能价值的正是这个半语法化的(semi-grammaticalised)的完成动词"了"(liao)，亦即表起始完整性的标记(incipient perfectivity marker)。

Bybee等（1994：54-76）还对先时体（她们术语中的完成体）用于静态谓词时如何出现起始义作出了解释。根据她们的观点，先时体有两个来源："表作为过去某种行为的结果而存在"的结果补语和表彻底做完某事的完成动词。完成动词的来源是诸如词汇动词finish（"完毕"）这类动态动词。在发展的早期阶段，完成动词典型地用于动态动词，而结果补语则用于状态变化的动词。随着结果补语或完成动词沿着其语法化路径发展为完成体并进一步发展为完整体，它们需要泛化以便与所有语义类型的动词共现。当它们与静态谓词互相作用时，有两种可能的情况：来自"完毕"的完成动词发展出完整性(completeness)和完全性(totality)的意义，并且"随着时间的推移，带完成动词的句子的力量逐渐减弱，最终产生一个表当前状态的普通标记"；而来自结果补语的先时体"将静态谓词的体变成起始体，也就是使静态谓词表状态改变"。根据Bybee等人的观点，造成这种差异的原因是，来自结果补语的先时体与已经发生的某个行为联系更为紧密，而这又与当前状态相关，因此"具有动态的解释——表状态的开始或变成"。

近代汉语里,"完毕"义动词"了"(liao)确实可以充当完成动词。但是,与静态谓词互相作用时,它似乎就发展出 Bybee 所描述的起始义和当前义。这一方面可能是由词汇动词来源"了"(liao)所致,另一方面也可能是因为汉语动词系统和句法中不可或缺的结果成分尤其容易成为焦点。早在秦汉时期(公元前221—公元220),汉语就已经发展出"V(O)+补语"的结构。"V(O)+动相补语"结构出现在魏晋南北朝时期(220—581),宋代(960—1279)前后变成"V+动相补语(O)"结构(Li & Shi 1997:86—87)。这一结构在汉语里是各种结果动词复合式(resultative verb compound, RVC)的来源(Li & Thompson 1981:54),而汉语里的补语吸引焦点。尤其聚焦于结果成分使汉语的动词跟英语的动词在 Vendler 的四分上区分开来。Tai(1984:294—295)在考察了汉语的动词和时间后指出:

……汉语跟时间概念有关的动词有三类,分别是状态、活动和结果……结果的时间图示没有持续的时态,并且,从结果而非行为的角度来看,它具有跟某个事件的终结点对应的明确的瞬时……因此,汉语的结果动词复合式包含两个部分,第一个表示某个预设的活动,第二个表断言的结果。

虽然 Tai 考察的是现代汉语北方话(Modern Mandarin),但实际上这也适合汉语(Chinese),因为动补结构在汉语里产生。还应指出的是,"了"(liao)的语法化与汉语里"动词结果补语"(verb resultative complement)结构的发展及汉语结果动词复合式的形成相一致。换言之,"了"(liao)的语法化实际上是该过程的一部分。当"了"(liao)用于静态谓词,它正处在结果补语所出现的位置。如果汉语的结果动词一般都聚焦于结果,完成动词"了"(liao)的意义在结果中实现就比较自然了。不过,由于状态通常不能导致任何结果,它只能被解释为某种已经发生的行为所导致的结果。就像在许多其他语言中来自结果补语的先时体里一样,在静态谓词和"了"(liao)的结合体中,这将发展出一种起始的解读——状态的出现或起始义。

现代"了"(le)表现时相关的状态(Li, Thompson & Thompson 1982)正是源自这种起始功能。我们知道,某种状态一旦出现,就会持续下去,除非发生什么事情改变了该状态。由于"了"(le)处在句末位置,不可能再有介入成分,因此,"了"(le)标记的状态是到说话时刻为止为现时的,因此与特定的交际情景相关。换言之,通过在句末位置表某种状态的开始,"了"(le)有力地断言该状态在说话时刻或某个参照时刻是现时存在的。说话人选择用"了"(le)表某个事态在某个不断变化的世界中正在出现,这一事实反映了说话人在那个时刻的交际意图,也暗示了所说的事态与当时情状之间的相关性。

按照这种分析,可以对英语的完成体和汉语"了"(le)所表达的完成体作出区分。英语的完成体是从现在观察过去,而汉语的"了"(le)则是从过去延续到现在。体结构上的这种根本差异可以解释两种语言中完成体的不同表现。首先,由于汉语"了"(le)完成体始于过去的某种情状,因此与表过去时间的成分相容,并且持续到现在的是该情状所导致的状态。其次,Comrie(1975:56)曾指出英语的完成体有四类:1)结果完成体,2)经历完成体,3)持续情状完成体,4)最近过去完成体。汉语"了"完成体与英语中的结果、持续情状和最近过去三类完成体重合,但不与经历完成体重合。其中的原因在于汉语完成体的结构。不难看出,三类重合的完成体都涉及延续到说话时刻或参照时刻的某种状态,因此与"了"(le)相容。但是,与经历完成体相关的是来自先前情状的某种经历,而非先前情状所直接导致的状态。实际上,为了证实使用汉语经历完成体标记的合理性,任何这种状态及先前情状都必须是非持续的。例如,句子"we have had problems."(我们有过一些问题。)在做经历完成体解读时,其含义是我们现在没有问题了。这个英语完成体句的意义在汉语里不能用完成体标记"了"(le)来表达。汉语大约在"了"(liao)语法化为"了"(le)的同时,不得不发展出一个独立的经历完成体标记"过",其原因可能正在于此。

"了"(le)的功能还有一点很有意思,就是"了"(le)既表完成体,又表将然体[1]。这在英语里似不可能,英语里,这两种体互为镜像(mirror images),前者指向过去,后者指向将来。但如前所述,汉语里的体结构是不同的。完成体和将然体都表当前出现的某种状态是该情

---

[1] 译者说明:原文为 properfective aspcet,根据前后文,疑为 prospective。

状中某种变化所导致的结果,差异在于事态本身。如果该状态只是先前某个事件的结果,"了"(le)就标记完成体;如果该状态还引发某个将来的事件,"了"(le)就标记将然体。在这两种体中,"了"(le)的功能确实相同:表某个事态的开始。例如:

(30) a. 电影已经开演了。
     b. 电影要开演了。

(30a)表示"电影已经开演"的开始,而(30b)表示"电影要开演"的开始。此外,"由先前某种活动引发"义引申的"来"的意义,理论上可以与过去经历或完成体相容,但不能与将然体相容。"来"带将来义的那些例子主要标记建议及征求同意。这是秦朝(公元前221—公元前206)以来"来"的旧有用法,与"了"(le)无关。

5. 结　　论

综上所述,"了"(le)的本质是表起始性。唐代(618—907)晚期,当句末位置上的词汇动词"了"(liao)开始在形容词、情态词及否定词所表达的静态情状里充当补语时,这种功能产生了。这种功能开始出现之初,"了"(liao)与"也"共现,而"也"对该事态的出现予以确认。但是,某种状态的起始自然也断言该状态的存在,因此,这种用法的"了"(liao)逐渐取代"也"或在某些北方地区与"也"合并,并在宋明之间(960—1644)充分发展为用于现代汉语的"了"(le)。有足够的证据表明,从[liau]到[.lə]的语音缩减——这也是认为"了"(le)来源于"来"的核心证据——实际上直到19世纪晚期"来"作为一个小词在汉语里消失之后才发生。

另一方面,"来"的主要功能是表过去经历而非当前结果。"了"(le)表某种先前情状所导致的某种状态的当前持续,而"来"则表过去情状的非持续性。"来"和"了"(le)的不同功能还可以从北方(山西和陕西)及南方(梅县和长沙)方言中现代汉语"了"(le)的对应形式跟"来"之间的类似区别得到证实,这些方言中"来"的旧有用法仍然存在。"来"表过去经历的用法来源于其"to come"的基本义,即"由先前某种活动引发",与经历标记"过"相比,这可以很好地对"来"用于特定的过去情状作出解释。即使"来"能像"了"(le)一样标记完成体,我们仍然要解释为什么"来"还可以表将然体。实际上,唐元之间(618—1368),"来"的反义词"去"既用作完成体标记,又用作将然体标记,用法同现代的"了"(le)。刘坚等(1992:135)认为,"了"(le)的出现是"去"衰退的原因。如果此言非虚,很难想象是弱化的"来"取代了与之对立的"去"。"来"虽与"了"(le)不同,但在功能上与现代的"来着"很相似。"来着"在18世纪开始出现时,它与"来"的功能正好相同,表过去经历:编于18世纪末的新版《老乞大谚解》中,大多数"来"都被"来着"取代(刘坚等1992:137)。如果"来"根本上是表过去经历的标记,而"来着"出现之时与"来"的功能相同,那么,小词"来"从18世纪以来的文献中消失的原因似乎有可能就是具有相似功能的"来着"的出现,而非"来"语音缩减为[.lə]。

"了"(le)来源于"了"(liao)的假说不仅得到汕头等一些活方言中"了"各种用法历时发展的共时呈现的证实,还得到跨语言类型研究的支持。很多语言里"完毕"义词汇动词是完成体和完整体语法语素的来源,其语法化遵循"完成动词>先时体(完成体)>完整体"的一般路径(Bybee等1994)。语义上,完整性和起始性都与"完毕"义动词"了"(liao)的基本义相关。可以说,如果某种情状可以完成,即是有界的,"了"(liao)就表完整性;如果某种情况不能完成,即是无界的,"了"(liao)就表起始性。许多语言里静态动词的完整体形式也表开始,这个事实为"-了"(-le)、"了"(le)跟"了"(liao)之间的语义和功能的联系提供支持。"-了"(-le)和"了"(le)的基本功能具有相同的来源,这种解释不仅有助于解决本文开始就提到的关于两个"了"的第一个争议:它们是否具有相同的来源;还阐明了第二个争议:两个"了"是否具有相同的功能。根据上面的讨论,我们对此所持的观点很清楚:两个"了"根本上是同一个来源,而两者功能不同的原因在于它们处在不同的位置以及由各自的位置所决定的不同的功能范域(functional scope)。不过,第二个问题我们将留待另文详细讨论。

注释

① 本文的初稿曾于1998年6月28日在斯坦福大学举行的 IACL-7 和 NACCL-10 联合讨论会上宣读。感谢与会代表的批评。特别感谢 Marinus van den Berg, Shi Shuangyuan 和 Sue Wiles 为本文的定稿所提供的批评、建议和帮助。还要感谢匿名审稿人,他的批评为本文增色不少。所剩错谬概由作者个人负责。

② 赵元任(Chao 1968)列举了"了"(le)的六种用法。这些用法大多数都归结为"起始"。参看 Chan(1980)对"起始"的讨论。

③ Cheung(1977:61-3)注意到"了"(liao)和静态谓词之间的互动。考察了《变文》中完成动词带静态谓词的一些用法之后,他指出,"'了'(liao)用于状态动词时,描述的是由先前的某个事件所导致的状态",于是"现在强调的是某种持续的状态"。按照他的观点,这些例子"显示了从完成动词到真正完整体标记的语义演变",例中的"了"(liao)就变成一个完整体标记。但是,强调先前某个事件造成某种持续的状态并非完整性的核心意义,而是起始性的核心意义,因为完整性将情状看做一个整体(Comrie 1976)或作为一个整体看待(Li & Thompson 1981)。实际上,Cheung 所说的"了"(liao)用于静态情状可以解释为标记起始性。此外,在有些情况下,如下面的例(5)和(6),"了"(liao)并不能解释为标记完整性。有些语言里完整体形式确实可以跟在静态谓词之后表起始性,但在另一些语言里,完整体标记不能用于静态的情状。在完整体可以用于静态谓词的语言里,起始义是由静态情状中某个充分发展的完整体标记促动的。由于《变文》时期"了"(liao)作为完整体标记尚未充分发展,"了"(liao)的起始用法应该直接从完成动词"了"(liao)发展而来,完成动词"了"(liao)又语法化为"了"(le)和"-了"(-le)。参看第4节的讨论。

④ 参看 Li & Thompson(1981)和(1982)对术语"完成体"和"完整体"的讨论。

⑤ 感谢 Bai Ji'an 使我注意到这点。

⑥ 鉴于"了也"在这个时期已经获得"了"(le)的一些功能,这一位置变化也可能导致"V-了O了也"模式。这两种模式可能并存了一段时间,直到最终它们都变成"V-了O了"。不过,由于可利用的宋代汉语的白话材料主要来自南方方言区,我找不到证据来证实这个假说。据我所知,"V-了O了也"的最早例证来自元代(1279-1368)的《西厢记》(译者按:原文此处括号内有一符号,不甚清楚,疑为"Ⅱ")。

⑦ 根据曹广顺(1987:14),"也"在上古汉语中用于静态的情状,魏晋(220—439)之后开始用于情况改变。

⑧《老乞大》(刘坚、蒋绍愚 1995:265—266)的语境显示,这句的翻译也有可能是

"当你吃完了的时候,我也将做好饭了"。
⑨ 参看 Wu(待刊)对小词"了"(le)表示主观变化的讨论。
⑩ 本例的翻译不排除不同语境中其他可能的解释。
⑪ 本例的翻译不排除不同语境中其他可能的解释。
⑫ (20)(21)和(22b)的汉语例子来自林立芳(1997:44-45),而英语注解和翻译为作者补充。
⑬ 本节中长沙方言的例子来自伍云姬(1996);英语注解和翻译为作者补充。

参 考 文 献

曹广顺 1987 语气词"了"源流浅说,《语文研究》第 2 期:10-15。

胡明扬 1991 《西游记》的助词,《语言学论文选》,北京:人民大学出版社,294-313。

李讷、安珊笛、张伯江 1998 从话语角度论证语气词"的",《中国语文》第 2 期,93-102。

李讷、石毓智 1997 论汉语体标记诞生的机制,《中国语文》第 2 期,83-96。

林立芳 1997 梅县方言的"来",《语文研究》第 2 期,43-47。

刘坚、江蓝生、白维国、曹广顺 1992 《近代汉语虚词研究》,北京:语文出版社。

刘坚、蒋绍愚 主编 1995 《近代汉语语法资料汇编》(元代明代卷),北京:商务印书馆。

刘勋宁 1985 现代汉语句尾"了"的来源,《方言》,第 2 期,128-133。

吕叔湘 主编 1991 《现代汉语八百词》,北京:商务印书馆。

马希文 1982 关于动词"了"的弱化形式/·lou/,《中国语言学报》第 1 期,1-14。

梅祖麟 1981 明代宁波话的"来"字和现代汉语的"了"字,《方言》第 1 期,66。

梅祖麟 1981 现代汉语完成貌句式和词尾的来源,《语言研究》第 1 期,65-77。

梅祖麟 1994 唐代、宋代共同语的语法和现代方言的语法,《中国境内语言暨语言学》第 2 期，61 - 97。

太田辰夫 1958《中国语历史文法》，蒋绍愚、徐昌华译，北京：北京大学出版社（1987）。

潘维桂、杨天戈 1980《敦煌变文集》和《景德传灯录》中"了"字的用法，《语言论集》第 1 期，22 - 28。

施其生 1996 汕头方言的"了"及其语源关系，《语文研究》第 3 期，43 - 47。

俞光中 1985 元明白话里的助词"来"，《中国语文》第 4 期，289 - 291。

王力 1947《中国语法理论》，上海：商务印书馆。

伍云姬 主编 1996《湖南方言的动态助词》，长沙：湖南师范大学出版社。

张泰源 1986 "了"字完成式的语意演变研究，台湾大学硕士学位论文。

朱德熙 1984《语法讲义》，北京：商务印书馆。

Anderson, Lloyd. 1982. The 'perfect' as a universal and as a language-particular category. In Hopper, Paul J. (ed.) *Tense and aspect: between semantics & pragmatics*. Amsterdam: John Benjamins. 227 - 264.

Bybee, Joan, Revere Perkins and William Pagliuca. 1994. *The evolution of grammar: tense, aspect, and modality in the languages of the world*. Chicago: The University of Chicago Press.

Chan, Marjorie, K.M. 1980. Temporal reference in Mandarin Chinese: an analytical-semantic approach to the study of the morphemes *LE*, *ZAI*, *ZHE* and *NE*. JCLTA 15: 33 - 79.

Chao, Yuenren. 1968. *A grammar of spoken Chinese*. Berkeley: University of California Press.

Cheung, Samuel Hung-nin. 1977. Perfective particles in Bian-wen language. JCL. 5: 55 - 74.

Comrie, Bernard. 1976. *Aspect*. London: Cambridge University Press.

He, Baozhang. 1998. A synchronic account of *laizhe*. JCLTA 33.1: 99 - 114.

Hopper, Paul J. (ed.) 1982. *Tense and aspect: between semantics &*

pragmatics. Amsterdam: John Benjamins.

Huang, Lillian M. & Philip W. Davis. 1989. An aspectual system in Mandarin Chinese. *JCL*. 17.1: 128 – 165.

Kim, Kwangjo. 1998. On the usage of the linguistic signs *LE*, *LAI*, *YE* in the *Ponyok Nogoltae*. Paper presented at the IACL-7 and NACCL-10, Stanford University.

Li, Charles N. & Sandra A. Thompson. 1981. *Mandarin Chineses: A functional reference grammar*. Berkeley: University of California Press.

Shi, Z. Q. 1989. The grammaticalization of the particle *LE* in Mandarin Chinese. *Language Variation and Change*. 1: 99 – 114.

———.1990. Decomposition of perfectivity and inchoativity and the meaning of the particle *LE* in Mandarin Chinese. *JCL* 18.1: 95 – 123.

Sun, Chao fen. 1996. *Word-Order Change and Grammaticalization in the History of Chinese*. Stanford: Stanford University Press.

Tai, James. 1984. Verbs and times in Chinese: Vendler's four categories. In Testen, D et al (ed.) *Papers from the parasession on lexical semantics*. Chicago Linguistic society. 287 – 296.

Wu, Guo. 1998. *Information Structure in Chinese*. Beijing: Peking University Press.

———. (forthcoming) A new approach to an old problem: on Chinese discourse LE. In van der Meij, D. (ed.) *New Aspects in Asian Studies*. Kegan Paul International.

几个闽语虚词在文献上和
方言中出现的年代*

梅祖麟 著

1. 导　　言

最近几年我跟朋友之间有这样的对话。

客：近来在做什么研究？
主：在研究方言语法史,尤其是方言虚词史。
客：什么时候才有比较完整的方言记录？
主：明代。比方说,记录吴语的有冯梦龙的《山歌》,记录闽南话的有《荔镜记》,西班牙传教士在菲律宾转写的闽南话《基督教教义》(*Doctrina Christiana*),都是明代的作品。
客：更早的方言记录可真没有了吗？
主：方言实词词汇的记录当然还有更早的,如扬雄《方言》以及《尔雅》《方言》的郭璞注。但是方言虚词的资料不多,方言语法结构的资料更是凤毛麟角。
客：那么你做的方言语法史研究,最早可以早到什么年代？
主：有些闽语虚词的来源可以追溯到五代、六朝,甚至于汉代。吴语的虚词"仔(著)",大致可以追溯到六朝。

＊ 本文原载何大安主编《南北是非:汉语方言的差异与变化——第三届国际汉学会议论文集》,"中研院"语言学研究所,2002 年。

话说到这里,客摆出顾左右而言他的姿态。他心里怎样想我是知道的:"你这个人简直是挂羊头卖狗肉。刚说比较完整的闽语的记录,最早能早到明代。转过身来又说有些闽语虚语的来源可以追到五代、六朝、汉代。难道你没有资料就能做研究?真是大言不惭,跟你这种人说话都是废气。"

这样的对话发生了几回以后,我觉得有替自己辩白的必要。我想借第三届汉学会议的机会来说明,我是挂羊头卖羊肉的。下面就要举例说明,并分析虚词来源的资料的性质。

第一,有些虚词本来是通语,后来在其他方言里不流行了,只保存在闽语里,于是变成闽语特有的方言虚词。如《世说》"坐著膝前"的方位介词,台湾闽南话说 ti^6;"月既不解饮"(李白诗)的助动词"解"(胡买切,晓也),台湾话 ue^6。

第二,有些虚词很早就是闽地的特殊语词,碰巧在文献上记录下来了。如闽语人称代词复数词尾用"侬","汝侬"(你们)出现于《祖堂集》(952年序)。闽语小称词尾用"囝",台湾话 a^3。唐代顾况说:"囝音蹇,闽俗呼子为囝。"

以上推断虚词的年代,是靠文献上的记载。比方说,助动词"解"字最早的出处是南朝,如"晋明帝解占冢宅"(《世说·术解》),"即唤木匠而问言:解作彼家端正舍不?"(南齐,求那毗地译《百喻经》,《大正藏》卷四,544中)。据此,台湾话助动词"解 ue^6"(会)的来源可以追溯到南朝。

除了利用文献的著作年代以外,还有一种方法可以用来推断虚词进入闽地的年代。闽语有三个时间层次,分别属于秦汉、南朝、晚唐(罗杰瑞1979)。因此:

第三,利用音韵层次的信息可以推断"坐著膝前"的"著","若夥"(多,多少)的"夥"是秦汉时期进入闽地的,第三人称代词"伊"字是南朝从吴地传入闽地的。

2. 从通语变来的闽语虚词："著"和"解"

2.1 方位介词"著"字

"他坐在椅子上"这句话，台湾话说"伊坐 ti⁶ 椅囝顶"。ti⁶ 的本字是"著"。"著"是个知系声母鱼语御韵的字，这类的字还有在台湾话里变成 ti 音，如"箸"ti⁶、"猪"ti¹。

方位介词"著"字的用例，有些出现于东吴南朝的文献，例如：

其身坐著殿上。(吴，康僧会译《六度集经》，《大正藏》Ⅲ，6 下)｜畏王制令，藏著瓶中。(刘宋，求那跋陀罗译《过去现在因果经》Ⅲ，621 下)｜长文尚小，载著车中……文若亦小，坐著膝前。(《世说·德行》)

以上是江东地区写成的文献。还有一些用例出现于北方写成的文献，例如：

若持枯草及煣牛屎，积著其上，手触足蹈，无所能烧而不成熟。(西晋，竺法护译《修行道地经》，《大正藏》XV，194 中)｜譬如大官捕诸飞鸟，皆剪其翅，闭著笼中。(同上，XV，199 上)｜作其百段，掷著江中。(《敦煌变文集》，〈伍子胥变文〉)｜坐著我众蕃之上。(同上，〈李陵变文〉)｜知远把瓦忾内羹饭都泼著洪信面上。(《刘知远诸宫调》)

竺法护世居敦煌，他的译场主要设在长安、洛阳。众所皆知，晚唐五代的敦煌变文以及金代的《刘知远诸宫调》都是在北方写成。

方位介词"著"的用例既然出现于南北两地的文献，我们认为它曾经是通语的虚词。

后来，方位介词"著"在晚唐五代的北方话里被"在"替代，如"似顽石安在水中"(《敦煌变文集》，〈庐山远公话〉)，"抛在一边"(同上)；在上海、苏州等吴方言里被 1a⁷ 替代，如"坐 1a⁷ 伊面"(坐在那边)，1A⁷

是促化的"来"字(郑张尚芳 1995:179)。这样,原来是通语的方位介词"著"字的流行地区逐渐缩小,终于变成闽语特有的方言虚词。

2.2 助动词"解(胡买切)"

漳腔台湾话的助动词 ue⁶(泉腔 e⁴),意思是"能、会",来源是"解",《广韵》上声蟹韵:"解,胡买切,晓也"(罗杰瑞 1989:337)。

助动词"解"的用例,南朝已经出现,如:

晋明帝解占冢宅,闻郭璞为人葬,帝微服往看。(《世说·术解》)|即唤木匠而问,言曰:解作彼家端正舍不?(南齐,求那毗地译《百喻经》,《大正藏》Ⅳ,544 中)|风生解刺浪,水深能捉船。(萧纲《棹歌行》)

唐代北方诗人的诗里也有用例:

月既不解饮,影徒随我身。(李白《月下独酌》)|世人解听不解赏,长飙风中自来往。(李颀《听安万善吹觱篥歌》)|入春解作千般语,拂曙能先百鸟鸣。(王维《听百舌鸟》)|隐士休歌紫芝曲,词人解撰河清颂。(杜甫《洗兵马》)

可见助动词"解"字在盛唐以前是通语。

从晚唐五代开始,助动词"解"在北方话里被"会"字替代,例如:

石门云"更会作什么?"(《祖堂集》2.140)|除是法师会飞,方能到彼。(《大唐三藏取经诗话》,第十五)|白虎精闻语,心生忿怒。被猴行者化一团大石,在肚内渐渐会大。(同上,第六)|天地会坏否?(《朱子语类》4)

助动词"会"散播到吴语(苏州 uE⁵)、客家(梅县 voi⁵)、粤语(广州 wui⁴)等大方言(《汉语方言词汇》473),以致助动词"解"变成了闽语特有的方言虚词。

3. 从闽地或江东的方言词变来的虚词

3.1 人称代词复数词尾-n

台湾话的人称代词,单数和复数差一个-n词尾:

	第一人称	第二人称	第三人称
单数	我 gua^3	汝 li^3	伊 i^1
复数	阮 guan^3	恁 lin^3	個 in^1

闽语有个表示"人"的"侬"字。"侬"字失落了韵母,就变成-n尾。下面是陈章太、李如龙(1991:114-115)的资料:

	我们	你们	他们
福鼎	我侬 uɛ^{3}nɛŋ^2	汝侬 ni^{3}nɛŋ^2	伊侬 i^{1}nɛŋ^2
龙岩	我侬 gua^{3}laŋ^2	汝侬 li^{3}laŋ^2	伊侬 i^{1}laŋ^2

福鼎是闽东方言。龙岩是闽南方言。跟台湾话比较,可知台湾话的复数词尾-n来自"侬"字的声母＊n-。

"汝侬"出现于《祖堂集》3.108.13:

> 又述示学偈曰:
> 瞎眼善解通,聋耳却获功。
> 一体归无性,六处本来同。
> 我今齐举唱,方便示汝侬。
> 祖传佛祖印,继续老胡宗。

太田辰夫先生《祖堂集口语语汇索引》(京都,1962,油印本)"汝侬"条下注"侬,原误浓"。"汝侬"的意思是"你们"。这首偈的作者是睡龙和尚,《祖堂集》3.106:

> 睡龙和尚嗣雪峰,在泉州。师号道溥,姓郑,福唐县人也。出家于宝林院,依年具戒,便参见雪峰,密契玄关,更无它住。

福唐县在今福建福清县东南。雪峰义存禅师(822—908)是9世纪的人,《祖堂集》序作于952年。书中只有"汝侬",仅一见,没有"我侬""伊侬",但我们有理由相信三身代词的复数词尾都用"侬"字。"汝侬"反映九、十世纪的闽语,可能是这个语词最早的记录。

指"人"的"侬"字出现于南朝乐府:

> 赫赫盛阳月,无侬不握扇。(〈夏歌〉,《乐府诗集》卷44,页7右)|忆我怀中侬,单情何时双?(梁包明月〈前溪歌〉,45.5右)|诈我不出门,冥就他侬宿。(《读曲歌》,46.6右)

据上所述,"侬"(人)是南朝江东地区的方言词,也就是说,长江以北没有这个语词。再参照《祖堂集》的"汝侬",可知九、十世纪的闽地已经把"侬"字用作人称代词复数词尾。"侬"字的 *n-声母,就是台湾话人称代词复数词尾-n的来源。

3.2 表示小称的名词词尾 a³(～儿,～子)

台湾话的小称词尾 a³,厦门话的 a³,来源是"囝"。例如北京话的"小刀儿",福州话说"刀 iaŋ³(<kiaŋ³)",潮州话说"刀 kiã³",厦门、漳州、台湾说"刀 a³",泉州话说"刀 kã³"。女婿泉州叫"囝婿 kã³sai⁵",潮州叫"囝婿 kiã³sai⁵",泉州、潮州的词尾 kã³、kiã³ 和本方言"囝婿"的"囝"同音。

《全唐诗》顾况诗〈上古之什补亡训传十三章〉有〈囝〉一章,自注:"囝音蹇,闽俗呼子为囝"。《集韵》狝韵九件切亦曰:"闽人呼儿曰囝"。再往上推,这个语词 *kian³ 借自南亚语(Norman and Mei 1976, Norman 1991:335–336),原因是"囝"在上古、中古汉语找不到语源,南亚语系却有不少同源词,例如越南语 con,高棉语 koun,孟语 kon,卡西语 khu:n,意思都是"孩子、子女"。

综上所述,*kian³(孩子、子女)这个语词在顾况诗自注:"闽俗呼子为团"这句话以前已经在长江以南的地区流行,汉化以后变成闽人呼儿的词语,写作"团",然后变成小称词尾。

小称词尾"~子"在魏晋南北朝兴起,"~儿"尾兴起在唐代以后。我们猜想闽地用"团"为小称词尾是受了"~子"尾、"~儿"尾的影响。因此闽地"~团"尾的兴起当在南北朝以后。

4. 用音韵层次来给虚词断代

4.1 闽南话方位介词"著 ti^6"

罗杰瑞(1981:37)给"书、鼠、锯、箸"这四个鱼韵字列了比较闽语字表。本文又添上"猪、著在、汝、鱼、许那"这几个鱼韵字。

(1)

	书	鼠	锯	箸	猪	著在	汝	鱼	许那
福安 i/øi	$tsøi^1$	$tshi^3$	$køi^5$	$tøi^6$	$tøi^1$	—	ni^3	—	—
福州 y/øi	tsy^1	$tshy^3$	$køi^5$	$tøi^6$	ty^1	($tyɔ^{78}$)	ny^3	$ŋy^2$	(xi^3)
厦门 i,u	tsu^1	$tshu^3$	ku^5	ti^6	ti^1	ti^6	li^3	hi^2	hi^3
揭阳 ɯ	$tsɯ^1$	$tshɯ^3$	$kɯ^5$	$tɯ^6$	$tɯ^1$	(to^6)	$lɯ^3$	$hɯ^2$	$hɯ^3$
建瓯 y	sy^1	$tshy^3$	ky^5	ty^6	—	—	—	ny^5	—
建阳 y	sy^1	$tshy^3$	ky^5	ty^6	—	—	—	ny^2	—
永安 y	$šy^1$	$tšhy^3$	ky^5	ty^5	—	—	—	$ŋy^2$	—
将乐 y	$šy^1$	$tšhy^3$	ky^5	thy^6	—	—	—	—	—

建瓯、建阳、永安、将乐指猪用"豨"不用"猪",第二人称用"你"不用"汝",远指词建瓯、建阳用[u^7],永安用[$uɒ^3$],本字都不是"许"(罗杰瑞1991:350;陈章太、李如龙1991:89,93,94),所以"猪""汝""许那"下面建瓯等四个方言点缺项。放在圆括弧里的项目,音韵演变不合上列表里显示的规律,只是参考性质。

上面的表说明,厦门话"箸、猪、著在、汝、许那、鱼"等语词属于同一个时间层次,所列八个方言的语词也都属于这个层次。

这里就出了个问题。按照2.1节的论证,方位介词"著"字属于南朝层次。"箸、猪、汝、鱼"等鱼韵字在闽语里的音韵演变规律跟"著_在"字相同,也应该属于南朝层次。我们知道秦始皇、汉武帝时代已经有汉人迁入闽地。这些汉人管猪、筷子、鱼、老鼠、锯子叫什么?第二人称代、远指词用什么语词?

罗杰瑞(1981:48)另外又列了个鱼韵的比较字表。

(2)		梳	疏	初	芛	箸	猪	著_在	
福安	œ	sœ^1	sœ^1	tshœ^1	tœ^6	tøi^6	tøi^1	—	i/øi
福州	ø	sø^1	sø^1	tshø^1	tø^6	tøi^6	ty^1	(tyɔ^{78})	y/øi
厦门	ue	sue^1	sue^1	tshue^1	tue^6	ti^6	ti^1	ti^6	i,u
揭阳	o	—	so^1	tsho^1	—	tɯ^6	tɯ^1	(to^6)	ɯ
建瓯	u,y	su^1	su^1	tshu^1	ty^4	ty^6	—	—	y
建阳	o	so^1	so^1	tho^1	—	ty^6	—	—	y
永安	au	sau^1	sau^1	tshau^1	tau^4	ty^5	—	—	y
将乐	u,y	šu^1	šu^1	tšhu^1	thy^9	thy^6	—	—	y

"梳、疏、初、芛"是罗氏表里原有的字,我们又在旁边加上"箸、猪、著_在"这三个字,以资比较。

"著""芛"都是澄母鱼语御韵的字,《切韵》声母相同,韵母相同,只是声调有别,"芛"字上声,"箸"字去声。它们的韵母在闽语里演变规律不同,说明"梳、疏、初、芛"属于一个时间层次,"书、鼠、锯、箸"等字属于另一个时间层次。现在的问题是孰先孰后。

有三个理由可以说明"梳、疏、初、芛"所代表的时间层次较晚,绝对年代在南朝;"书、鼠、锯、箸"所代表的层次较早,在秦汉时代已经传入闽地。

第一,"书、鼠、锯、箸、汝、鱼"都是最常用的基本词汇,"梳、疏、初、芛"不都是基本词汇。一般的情形是前者比后者早。比方说昔韵字里,厦门话的"尺"[tshio^{27}]比"夕"[sia^{78}]、"锡"[sia^{27}]、"益"[ia^{27}]、"亦"[ia^{78}]、"赤"[tshia^{27}]早。一个字如果有几个意义,一般是基本义比引申义早,例如厦门话"席囝"的"席"[tsio^{78}]比"筵席"的"席"[sia^{78}]早(参看罗杰瑞1979)。

第二,《切韵》和非闽语方言用擦音的地方,闽语往往用塞擦音。这是闽语特征之一,产生年代在《切韵》以前(参看罗杰瑞 1991：343 - 344)。"鼠""书"都是书母字,书母《切韵》音ŝ-。"鼠"字闽语八个方言点声母都作 tsh-或 tŝh-。"书"字闽东作 ts-,闽西作 s-;闽西的 s-可能是受了非闽语方言的影响(罗杰瑞 1991：344)。这两个字的塞擦音说明"鼠""书"进入闽语的年代是秦汉。

第三,南朝浙东盛产麻布、葛布。刘淑芬(1992：217)指出"山阴的葛布,诸暨、剡县的麻布,都是其中的精品",而苎麻和葛分别是制造麻布、葛布的原料。南宋编纂的《嘉泰会稽志》(总页 6487)："葛之细者,旧出葛山(原注：属会稽)",又："苎之精者,本出苎罗山(原注：属诸暨)"。浙西新安郡(治所在浙江淳安以西的始新)也是苎麻产地。《梁书》卷五十三(良吏传)：伏暅为太守,"郡多苎麻,家人乃至无以为绳,其厉志如此"。

刘淑芬(1992：206 - 207)曾经按照《宋书》《隋书》所记载浙东、福建的总户数做过一个比较表,今摘录其中的一部分：

(3)   浙东总户数   福建总户数
     刘宋   90,519 户   5,884 户
     隋(大业五年)   53,582 户   12,420 户

浙东地区是指西晋会稽、东阳、新安、临海四郡;临海在刘宋分为临海、永嘉两郡。新安在隋代分为新安、遂安两郡。福建地区是指西晋的建安、晋安两郡。上面的表显示从刘宋到隋代,浙东总户数减少 40%,福建总户数增加一倍有余。至于其原因,刘淑芬(1992：209)说过：

> 梁朝末年,部分浙东沿海居民移往福建和广东,是大业五年浙东著籍户口数较刘宋锐减的原因。早在东晋时,就有浙东人民迁居广东,但这仅是少数避役百姓。浙东人民真正大批移民福建、广东,始于梁末。一因侯景之乱(548 - 552),战事扩及三吴、会稽,……二则伴随着侯景乱事而来的浙东大饥荒,以会稽郡最为严重,死者十之七、八,存活者多逃往福建。陈文帝曾下诏书,允许梁末迁到福建的晋安、建安、义安诸郡的人还归本乡,但还归乡土者恐怕也很有限。隋代福建户数比刘宋时显著地增加。而这些避难移往福

建、广东的人,多沿海道,这也可以解释此时濒海的会稽、临海二郡著籍户口的锐减。

浙东盛产苎麻和梁末浙东移民潮这两件事合起来说明,南朝的浙东移民给福建带来了苎麻,也带来了"苎"字。相反地,秦汉时代的移民已带来了"箸"字。这就是为什么这两个字在闽语里韵母演变不同。

据此,闽南话方位介词[ti⁶]字的传入年代是秦汉。

于是,我们的论证陷入自相矛盾的困境。按照音韵的尺度,方位介词"著ti⁶"进入闽语的年代是秦汉,按照文献的标准,年代是南朝。因此,我们需要审查表示"在"义的"著"字的用例。

下面引的东汉翻译佛经出于两位译者,安世高公元148年抵洛阳,译经时期在150年到170年左右。支娄迦谶的译经时期在170年到190年左右。

(4)"著"用作主要动词,意思是"在"。
(4甲)八十种虫生身中,二种发根生,三种著头,一种著脑,三种在额,二种著眼根,二种著耳根,二种著鼻根,二种著口门,二种在齿,二种在齿根,一种在舌,一种著舌根;一种著口中上颚,一种在咽,二种在膝下,二种著臂根,二种在手,二种著肘,二种著脾,一种著乳根,一种著脊根……如是八十种虫著身中,日夜食身……。(安世高译《道地经》,《大正藏》XV 234下—235上)
(4乙)问第三止。何以故,止在鼻头。报用数息相随,止观还净。皆从鼻出入。意习故处为易识。以是故著鼻头也。(安世高译《大安般守意经》XV 166下)

例(4甲)"著"和"在"互文见意,"著"的意思就是"在"。例(4乙)问句说"何以故,止在鼻头",答句说"以是故著鼻头","著"和"在"也是互文见意。

闽南话的[ti⁶],福州话的[tyɔ²⁸],意思是"在",本字是"著",都可以用作主要动词。

(5甲)闽南话　伊[ti⁶]台北。(他在台北)

(5 乙) 福州话　伊[tyɔ²⁸]福州。（他在福州）

此外东汉译经中的"著"字还有两种用法：

(6) V+N+著+处所词

(6 甲) 心譬如怨家掷人著恶道中，无有期也。（支娄迦谶译《遗日摩尼宝经》Ⅻ 194 上）。

(6 乙) 其二儿则答言：亦无华香，当何以供之？其一儿则脱著身白珠著手中，使报谓二儿：是犹可以供佛智者。（支娄迦谶译《阿阇世王经》ⅩⅤ 394 下）

(7) V+著+处所词

(7 甲) 譬如有黠人，拖张海边故坏船补治之，以推著水中，持财物置其中。（支娄迦谶译《道行般若经》Ⅷ 452 上）

(7 乙) 至笃罟数数轻易及挞捶闭著牢狱。（支娄迦谶译《遗日摩尼宝经》Ⅻ 189 下）

(6)、(7)这两种"著"字的用法在魏晋南北朝的文献中也有：

(8) V+N+著+处所词

(8 甲) 辄含饭著两颊边，还吐与二儿。（《世说·德行》）

(8 乙) 埋玉树著土中。（《世说·伤逝》）

(9) V+著+处所词

(9 甲) 皆剪其翅，闭著笼中。（西晋，竺法护译《修行道地经》ⅩⅤ 194 中）

(9 乙) 文若亦小，坐著膝前。（《世说·德行》）

综上所述，可得两个结论。（一）"在"义"著"字在东汉的演变大概是：

- (a) 著+N（"著"用作主要动词）
- (b) V+N+著+处所词
- (c) V+著+处所词

(二)(a)、(c)两种用法闽南话都有：

	闽南话	东汉译经
(a)	伊 ti^6 台北。	八十种虫著身中。(XV 235 上)
(b)	坐 ti^6 椅囝顶。	闭著牢狱。(XII 189 下)

因此，从音韵演变和文献出处两方面来看，闽南话的"著$_在$ ti^6"字都是在秦汉时代传入闽地的。

4.2 闽南话第三人称代词 i^1

第三人称代词闽东一般用"伊"，如福州、福安、厦门、揭阳 i^1；闽西一般用"渠"，如建瓯 ky^4、永安 ηy^1、将乐 ky^3。现在要讨论的是闽东方言"伊"字的时间层次。

"伊"字是影母脂韵。罗杰瑞《福建政和话的支脂之三韵》(1988)收录闽方言脂旨至韵比较字表，今转录若干。

(10) 闽语脂旨至韵比较字表

		福安	福州	厦门	揭阳	建瓯	建阳	政和
	*i	ei	i, ei	i	i	i	i, oi	i
1.	伊	ei^1	i^1	i^1	i^1	—	—	—
2.	姨	ei^2	i^2	i^2	i^2	i^3	i^9	i^2
3.	眥	sei^2	si^2	tsi^2	[tsi^2]	tsi^5	$tsoi^2$	tsi^2
4.	四	sei^5	sei^5	si^5	si^5	si^5	soi^5	si^5
5.	尸	sei^1	si^1	oi^1	si^1	$tshi^1$	tsi^1	—
	*əi	ai	ai	ai	ai	i	i	i
6.	屎	sai^3	sai^3	sai^3	sai^3	si^3	si^3	si^3
7.	师	sai^1	sai^1	sai^1	sai^1	—	—	—
8.	指$_手$	[$tsai^3$]	$tsai^3$	$ts\tilde{a}i^3$	$tsai^3$	i^3	i^3	i^3

"尸""屎"都是书(审$_三$)母脂韵的字。两相比较可见两个层次音韵演变不同。

"伊、姨、眥、四、尸"在共同闽语的韵母可以拟作 *i (参看罗杰瑞

1981：37）。脂韵开口中古音正是*i。可见"伊、姨"等字属于南朝层次。"屎、师、指"都是来自脂部的脂韵字。脂部三等的音值是上古-jid，西汉到魏晋-bei，南北朝-bɛid（丁邦新 1975：240）。从音值的观点来看，"屎、师、指"的*-əi 可以来自西汉到魏晋之间的任何一个阶段。但是我们认为闽语白读中较早的层次来自秦汉时期，所以暂且把"屎、师、指"的年代订在秦汉。

"伊"在先秦是个指示词，如"所谓伊人，在水一方"（《诗经·秦风·蒹葭》），西汉还是如此用法"伊年暮春，将瘗后土，礼灵祇"（《汉书·扬雄传·河东赋》），作为第三身代词出现于《世说新语》，如"羊邓是世婚，江家我顾伊，庚家伊顾我"（〈方正〉），"勿学汝兄，汝兄自不如伊"（〈品藻〉）（参看吕叔湘 1984：17；江蓝生 1988：247），也出现于其他南朝作品：

〔刘夫人唤诸女与周生语〕一人应曰："下仙未敢与高人语。"刘曰："高下未必可定，伊犹沉滞尘喧，共启悟之耳，何高之有！"（梁陶弘景《周氏冥通记》，《津逮秘书》本，3.5）

综上所述，"伊"字进入闽语的年代，按照音韵的标准是南朝，按照文献出处的标准也是南朝。这个例跟方位介词"著 ti^6"不同。方位介词"著"我们长久以来以为用文献的标准应该订在南朝（梅祖麟 1989；梅祖麟、杨秀芳 1995），是经过一番折腾才弄清楚时代当是秦汉。

4.3 闽语"若夥"的"夥"

台湾话询问程度、数量用 $dzua^6$ 或 lua^6，俗写作"偌"，意思相当于北京话"多么高？"的"多么"，"多高？"的"多"。例如"偌悬？"就是"多高？"，"偌重？"就是"有多么重？"。"偌"也可以用于陈述句，指某种程度，"有偌长就牵偌远"。下面打算说明（i）$dzua^6$、lua^6 是"若夥"的合音词，（ii）按照音韵的标准，"若夥"的"夥"是秦汉时代进入闽语的。

罗杰瑞(1983:204)说明上古歌部字在闽语里的演变:

*uai	箩	麻	我	破	大	夥
福安	lo^2	mo^2	ŋo^3	pho^5	to^6	o^6
福州	lai^2	muai^2	ŋuai^3	phuai^5	tuai^6	uai^6
厦门	lua^2	muã^2	gua^3	phua^5	tua^6	ua^6
建瓯	suɛ^5	muɛ^5	uɛ^4	phuɛ^5	tuɛ^6	—
永安	suo^2	muo^2	ŋuo^1	phuo^5	—	—

这类在共同闽语的韵母可以拟作*uai(罗杰瑞1981:50)。歌部在先秦、西汉的音值是*-ai(<*-a1)或*-al。到了东汉,*-ai 的*-i 尾失落,就变成*-a(丁邦新1975:239)。由此可见共同闽语*-uai 韵的字属于东汉以前的时间层次——因为东汉以后歌部的字就没有*-ai、*-uai 这样的韵母。

《方言》"凡物盛多谓之寇,齐宋之郊,楚魏之际曰夥"。《广韵》"夥,胡果切,楚人云多也"。"夥"是歌部字,中古匣母果韵,匣母在闽语里往往变成零声母。闽方言表示"多""多少"的语词有些含有"夥"字(罗杰瑞1983:204):

福安　ni^{78}o^6(多少,how many? how much?)"若夥"
福州　nio^{78}uai^6"若夥"
厦门　bo^{2}ua^6(不多,少许)"毛夥"
邵武　uai^3(多)"夥"

上面厦门话"毛夥"的"毛",是借用"饥者毛食"(《后汉书·冯衍传》)的"毛"字。这个"毛"字意思是"无",是"无有"的合音词(罗杰瑞1995:32)。

厦门、漳州、泉州俗写的"偌"都是"若夥"的合音词:

	厦门	漳州	泉州
若夥	*lio^{78}ua^6	*dzio^{78}ua^6	*lio^{78}ua^4
(多__?)	lua^6	dzua^6	lua^4

"若"字日母。日母漳州话 dz-音,所以漳腔台湾话"偌"字音 dzua^6。厦门、泉州日母 l-音,所以泉腔台湾话"偌"字音 lua^6。

文献记载中没有"若夥"这个语词。"若夥"的构词结构和"几多"相似。"几多"最早出现于南北朝隋代:

(11)几多
(11甲)复令悲此曲,红颜余几多?(《庾子山集》40)
(11乙)仁须几多金银珍宝,随意所须,从我索之。(隋,阇那崛多译《佛本行集经》,《大正藏》190:829下)

我们猜想"若夥"是受了"几多"的影响而产生的。果真如此,"若夥"在闽语里的产生时期当在隋代以后。至于"若夥"变成合音词的年代,目前一无所知,可能明代的闽语资料里面有用例。另外有件事是很清楚的:无论是福安、福州"若夥"的"夥"字(o^6、uai^6),还是厦门 lua^6、漳州 dzua^6 的后半截-ua^6,它们所反映的都是秦汉时代歌部"夥"字的 *-uai 韵。

5. 余 论 和 结 论

第二节用"著""解"这两个例子来说明,有些闽语的虚词,本来是通语,因此在文献有较早的、比较完整的记录下来了。所以虽然比较完整的闽语的记录,只能追溯到明代,我们还是有足够的文献资料来研究这些词的历史,最早可以早到南朝,甚至于到秦汉。第三节用"汝侬"、小称词尾"囝"来说明,有些闽语虚词的来源,至晚在唐代已是方言词,正巧有文献把它们记录下来了。因此这些虚词的历史,不因资料的缺乏而被限制在明代或明代以后。可惜"汝侬""囝"字这类的资料极少。

第四节所讨论的问题其实是本文的核心部分。

人用两只眼睛去看,可以判断距离。一只眼睛瞎了,或者遮住了,只用一只眼睛去看,开车一定会撞车,打网球保管接不着球。同样的,用文献和音韵两个角度去看,才能超越文献资料的限制,才能把虚词或虚词来源进入闽地的时代订得更准。

举例而言，4.1节说明闽语的"汝"字属于秦汉层次，4.3节说明闽语的"我"字属于秦汉层次，4.2节《世说》"江家我顾伊，庾家伊顾我"等例说明闽语"伊"字属于南朝时代。这倒跟我们一般语法史的知识相符合：先秦第一人称主要用"吾、我"，第二人称主要用"汝、尔"，根本没有第三身代词——"其"是所有格代词，"之"是宾格代词。因此"渠、他、伊"等在现代方言中流行的第三身代词都是晚起的。不过有人可以质问："你所引的'伊人'(《诗经》)，'伊年'(《汉书》)都是北方写成的文献。秦汉时期根本没有闽地语言的记载。焉知当时闽地没有第三人称代词'伊'字？"我们可以理直气壮地回答，按照4.2节的(10)闽语脂旨至韵比较字表，闽语脂旨至韵有两套音韵演变，分别属于两个时间层次。"伊"字属于较晚的、南朝的那个层次。由此可知现在在闽语里流行的"伊"字是南朝时代进入闽语，并不是上古或秦汉时代遗留下来的。

上面的讨论还留下若干尚待解答的问题：(1)表示"人"意的"侬"字什么时候进入闽语？(2) 4.1节"梳、疏、初、苎"这四个字都是庄系知系声母，同层次其他声母的鱼语御韵字在闽语里怎样演变？这两个问题因为闽语的时间层次分析做得不到家，目前还不能回答。还有(3)闽南话远指词"许"（厦门 hi^3，揭阳 hɯ^3），按照音韵标准，应该属秦汉时代，但是"如许"和"许那"字单用，可靠的用例似乎没有比《后汉书》、南朝乐府更早的，令人费解。

最后讨论一下，(1)汉语语法史的范围，(2)有什么资料可以利用，(3)为什么要用比较方法。

我们现在常见的近代汉语语法史——也就是用《敦煌变文集》《祖堂集》《朱子语类》等书写成的语法史——其实是早期官话的语法史。所谓上古汉语语法史、中古汉语语法史，也是某个时期的北方方言的语法史。原因很简单，南北朝以前，中国的政治文化中心一直在北方，所以《孟子》《战国策》《史记》、东汉南北朝译经所反映的是一种以北方方言为基础的通语。

但是理想的汉语语法史不应该只是北方方言的语法史。我们希望能有闽语语法史、粤语语法史、吴语语法史等等。这里就出现本文一开始就提到的问题。

众所皆知,汉语史的资料是用方块字写。三千年连续不断的文字记载虽然让我们自傲,但也有先天不足之处。(i)方块字写的资料所包含的音韵信息太少,(ii)用方块字记录的方言语料,最早的不会早过明代。在这种情形下,想研究方言语法史就有巧妇难为无米之炊的感觉。

目前最大一宗没有充分利用的资料是各大方言的方言调查报告。尤其是闽语,在董同龢先生(1959)、罗杰瑞(1979,1981)、杨秀芳(1983)倡导下,闽语的时间层次分析已经有了相当不错的基础。换句话说,汉藏比较可以告诉我们甲骨文以前汉语的状况,比较闽语研究也可以告诉我们《荔镜记》、*Doctrina Christiana* 以前闽地语言状况。本文的目的之一是想把闽语时间层次研究和闽语虚词史研究联系起来。疏漏错误之处在所难免,敬希海内外方家不吝指教。

参 考 文 献

丁邦新(Ting, Pang-hsin) 1975 *Chinese Phonology of the Wei-Chin Period*. Institute of History and Philology, Academia Sinica, Special Publications No.65. Taipei: Institute of History and Philology, Academia Sinica.

王育德 1969 福建语における"著"の语法について,《中国语学》192(1969):1-5。

太田辰夫 1962 《祖堂集口语语汇索引》,京都,油印本。

太田辰夫 1987 《中国语历史文法》(蒋绍愚、徐昌华译),北京:北京大学出版社。

北京大学中国语言学系语言学教研室编 1995 《汉语方言词汇》(第二版),北京:语文出版社。

江蓝生 1988 《魏晋南北朝小说词语汇释》,北京:语文出版社。

吕叔湘 1984 《近代汉语指代词》,上海:学林出版社。

施宿 1980 《嘉泰会稽志》,宋元地方志丛书之十,台北:大化书局。

梅祖麟 1989 汉语方言里"著"字三种用法的来源,《中国语言学报》3:193-216。

梅祖麟 1997 台湾闽南语几个常用虚词的来源,《训诂论丛》第三辑,21-42,台北:中国训诂学会出版,文史哲出版社发行。

梅祖麟、杨秀芳 1995 几个闽语语法成分的时间层次,《"中研院"历史语言研究所集刊》66.1:1-21。

陈章太、李如龙 1991 《闽语研究》,北京:语文出版社。

董同龢 1959 四个闽南方言,《"中研院"历史语言研究所集刊》30.2:729-1042。

杨秀芳 1983 闽南语文白系统的研究,台湾大学博士论文。

杨秀芳 1992 从历史语法的观点论闽南语"著"及持续貌,《汉学研究》10.1:349-394。

蔡俊明 1991 《潮州方言词汇》,香港:香港中文大学吴多泰中国语文研究中心。

刘淑芬 1992 《六朝的城市和社会》。台北:台湾学生书局。

郑张尚芳 1995 方言中舒声促化现象,《中国语言学报》5:172-183。

罗杰瑞(Norman,Jerry) 1979 Chronological strata in the Min dialects,《方言》1979.4:268-274。梅祖麟译闽语词汇的时代层次,《大陆杂志》88.2(1994):1-4。

罗杰瑞(Norman,Jerry) 1981 The Proto-Min finals,《"中研院"国际汉学会议论文集》语言文字组,35-74。台北:"中研院"。

罗杰瑞(Norman,Jerry) 1983 Some ancient Chinese dialect words in the Min dialects,《方言》3:202-211。

罗杰瑞(Norman,Jerry) 1988 福建政和话的支脂之三韵,《中国语文》1:40-43。

罗杰瑞(Norman,Jerry) 1989 What is a Kejia dialect?,《"中研院"第二届国际汉学会议论文集》语言与文字组,323-344。台北:"中研院"。

罗杰瑞(Norman,Jerry) 1991 The Min dialects in historical perspective. Languages and Dialects of China, ed. by William S-Y. Wang, 325-360. Berkeley:Journal of Chinese Linguistics.

罗杰瑞(Norman,Jerry) 1995 建阳方言否定词探源,《方言》1:

31 -32。

Norman, Jerry   1991   *Chinese*. Cambridge and New York: Cambridge University Press.

Norman, Jerry, and Tsu-Lin Mei   1976   Austroasiatics in ancient South China: Some lexical evidence. *Monumenta Serica* 32: 274 - 301.

Van der Loon, P   1966 - 1967   The Manila incunabula and early Hokkien studies, Part Ⅰ & Ⅱ. *Asia Major*, New Series 12.1(1966): 1 - 43, 13.1 - 2(1967): 95 - 186.

Doctrina christiana: *Primer libro impreso en Filipinas*. Manila: Imprenta de la Real y Pontificia Universidad de Santo Tomás de Manila, 1951.

江淮官话中的句法变化:地理分布如何揭示扩散的历史*

张 敏 著 孙志阳 译 吴福祥 校

1. 前 言

1.1 王士元(Wang,1978)指出:"多样性是变化的基本因素"。本文有两个目的:一是描写江淮官话方言(Southeastern Mandarin dialects)①中性问句(也就是"V-not-V"问句②)系统中所包含的这种多样性;二是表明在江淮官话中,共时变异如何揭示句法变化的历史。

江淮官话与其他汉语方言相比,其中性问句的形式和地理分布的模式更加多样性,表现在以下几个方面:(1)汉语方言中主要有四种"V-not-V"问句格式,也就是"VP-neg-V""V-neg-VP""VP-neg"和"ADV-VP",而江淮官话就有其中的三种。使情况更为复杂的是,虽然有人认为这些格式相互排斥(朱德熙,1985),但实际在许多江淮官话方言中存在并存现象。(2)"ADV-VP"型也有多种形式并且可以追溯到不同的来源,江淮官话中存在"ADV-VP"型的以下变体:"可-VP"、"还-VP"(两者都有多种语音形式)"看-VP""阿-VP"和"得-VP",目前我们仍不能详细了解这些格式的历史。此外,江淮官话中还有可能存

---

* 本项研究(the Project of Comparative Chinese Dialectal Grammar)得到美国NEH资助,本文也基于结项报告之一改写而成。在此致谢余霭芹教授对研究的重要指导和帮助,当然,所有舛误由本人负责。

本文原文题目为 Syntactic Change in Southeastern Mandarin: How Does Geographical Distribution Reveal a History of Diffusion? 收于《语言变化与汉语方言——李方桂先生纪念论文集》,"中研院"语言学研究所筹备处,2000。——译者

在目前为止仍未发现的其他变体。(3) 江淮官话中,不同的中性问句格式可以并存,并存也有多种模式,估计至少有 23 种不同的组合方式。(4) 根据余霭芹(Yue-Hashimoto, 1991)的句法层化理论(the theory of syntactic stratification),在某一方言中并存的格式似可归于不同的层次,然而,辨析东南方言中的层次却相当困难。在许多例子里,共时平面上的语言层次,虽然通常可以通过使用频率来分别,却不反映历时的层化过程,而本文正是希望能够发掘出这个层化过程。

江淮官话中性问句的多样性,要求我们对这些方言进行一个全面彻底的调查,而对其多样性的更深入的了解毫无疑问也会推动我们进一步理解句法变化。通过探寻隐藏在这些复杂现象背后的规律性,我们也离最终目的更近了一步,就是更深入地了解汉语方言语法。

1.2 正如本文题目所示,本文关注的主要是江淮官话的中性问句(江淮官话又称下江官话),江淮官话包括的方言范围有安徽省中部、长江以北的江苏省和长江以南的南京、镇江地区(Norman 1988)。我们研究的焦点主要集中在江苏省的江淮官话区,安徽省内的江淮官话只偶尔提及。这样做主要有两个原因:一是我们有更详尽的江苏省的方言资料,二是江苏省的方言比安徽省更有代表性。考虑到江苏江淮官话方言与省内其他方言群紧密的历史联系和深入的相互影响,本文也讨论一些江淮官话周围的北方官话和北部地区的吴语。涉及的北方官话方言包括徐州、铜山、丰县、沛县、邳县、睢县、宿迁等等,这些方言都位于江苏省的最北部。北部地区的吴语包括丹阳、金坛、武进、张家港、常州等等,位于无锡以北以西,大多数在南京和镇江周围。其他的北部吴语如上海方言和苏州方言等与江淮官话没有太大关系,本文不予考虑。

1.3 本文所用的方言资料由作者于 1990—1991 年期间的田野调查中搜集而成,其中大部分来自江苏和安徽的两次调查。第一次是 1990 年 3 月,包括了 7 个地区(县和城市);而第二次调查(于 1990 年 12 月到 1991 年 2 月期间由 NEH 资助)包括了江苏省的 35 个地区和安徽省的 5 个地区。另外,还有一部分资料来自居住在北京的、母语是江淮官话的被调查人。调查中所用的句子主要来自余霭芹教授为中性问句所设计的调查问卷,调查以个人采访形式完成。研究结果也在余霭芹(Yue-Hashimoto,1993)中修订后并合入其中一章。

1.4 首先对江淮官话方言的各种中性问句格式按顺序做一个概述。按照朱德熙(1990)和余霭芹(Yue-Hashimoto,1991)(有少量修改),本文把江淮官话中性问句的格式分为两大类:"A-not-A"和"ADV-VP"。"A-not-A"包含两个在类型上有区别意义的次类:"V(P)-neg-VP"(如"吃饭不吃饭""吃不吃饭")和"VP-neg"(如"吃饭不")。"ADV-VP"在江淮官话和邻近地区方言中有3个主要的变体:"ADV_K-VP"(如"可去"),ADV有一个软腭的塞音声母(velar stop initial);"ADV_H-VP"(如"还去"),ADV有一个喉擦音声母(guttural fricative initial);以及"ADV_0-VP"(如"阿去"),ADV是零声母。这几个变体在类型上是否有区别意义不容易看清楚,可是既然这些变体有不同的来源,把它们加以区分也许可以帮助我们追溯相关格式的扩散历史。以上分类图示如下[③]:

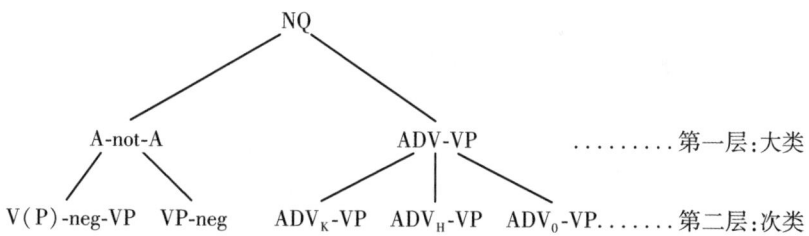

虽然有的江淮官话方言只有其中的一种格式,但更多的方言有两种或者两种以上的格式并存。可以说,并存是江淮官话方言的常态而不是例外。此外,在许多方言中并存多种模式(文章末尾的表格列出所调查的108个方言点以及它们所使用的中性问句格式)。使用一种以上格式的方言,对其使用的相对频率(或优先度的不同)也加以注明[④]。表1概括了中性问句在江苏和安徽方言中并存的状况,它表明被调查方言中只有38%没有并存现象,而大部分方言(62%)使用两种或更多的格式。

表1

一个方言中使用的格式数量	方言的数量(就方言点来说)	百分比
单一格式	41	38.0%
两种格式	37	34.3%
三种格式	24	22.2%
四种格式	6	5.5%
总数	108	100%

这些格式在108个方言中有多种分布模式,总体上可以分成4大类和23小类。

[1] 单一格式型,包括4小类:
　　[1a] 只使用"V-neg-VP",如涟水;
　　[1b] 只使用"VP-neg",如丹阳(司徒固村);
　　[1c] 只使用"ADV_K-VP",如高淳(顾陇);
　　[1d] 只使用"ADV_0-VP",如武进(三河口)。
[2] 两种格式型,包括7小类:
　　[2a] "V-neg-VP"和"VP-neg",如徐州;
　　[2b] "V-neg-VP"和"ADV_H-VP",如宝应;
　　[2c] "V-neg-VP"和"ADV_K-VP",如江浦(石桥);
　　[2d] "V-neg-VP"和"ADV_0-VP",如溧水(乌山);
　　[2e] "VP-neg"和"ADV_K-VP",如镇江;
　　[2f] "ADV_K-VP"和"ADV_H-VP",如高邮(张叶沟);
　　[2g] "ADV_K-VP"和"ADV_0-VP",如泰州。
[3] 三种格式型,包括9小类:
　　[3a] "V-neg-VP""ADV_0-VP""ADV_H-VP",如盱眙(东乡);
　　[3b] "V-neg-VP""ADV_K-VP""ADV_0-VP",如仪征(谢集);
　　[3c] "V-neg-VP""ADV_K-VP""ADV_H-VP",如江浦(星甸);
　　[3d] "V-neg-VP""VP-neg""ADV_H-VP",如句容(华阳);

[3e] "V-neg-VP""VP-neg""ADV_K-VP",如金坛(直溪);

[3f] "V-neg-VP""ADV_H-VP""ADV_O-VP",如武进(焦溪);

[3g] "VP-neg""ADV_K-VP""ADV_H-VP",如高淳(固城);

[3h] "VP-neg""ADV_K-VP""ADV_O-VP",如丹阳(辛丰);

[3i] "ADV_K-VP""ADV_H-VP""ADV_O-VP",如高邮(临泽)。

[4] 四种格式型,包括3小类:

[4a] "V-neg-VP""VP-neg""ADV_K-VP""ADV_H-VP",如宿迁(市区);

[4b] "V-neg-VP""VP-neg""ADV_O-VP""ADV_H-VP",如句容(东昌小衣庄);

[4c] "V-neg-VP""ADV_K-VP""ADV_H-VP""ADV_O-VP",如盱眙(眙城)。

如果考虑到优先度的问题,每一小类还可以进一步加以区分,例如,高邮(县城)和兴化(邵阳)都属于类型[3i],但是前者中的优先格式"ADV_K-VP"在后者中优先度却是最小。如果把所有因素都考虑在内,似乎可以说每一方言点都可以以它为代表作为一类。

为便于讨论,本文中使用以下特别术语:

A)"X"单一型方言指只使用"X"式的方言,如果"X"代表第二层的次类,(如"VP-neg"),那么"X"单一型表示这一方言除了使用"X"式外,不再使用其他的中性问句格式。如果"X"代表第一层的大类,如"A-not-A",那么"A-not-A"单一型表示这一方言不使用任何"ADV-VP"式,并可以有一种以上的"A-not-A"次类。

B)"X"优势型方言所指的方言使用一种以上的中性问句格式,但是偏爱其中一种占优势地位的格式。如上所述,"X"在这里可以指第一层的大类,或是第二层的次类。

C)"X"型方言指的是一种方言使用"X"式,"X"可以指第一层的大类,或是第二层的次类。

1.5 本文正文包括四个部分。第一部分讨论各种"A-not-A"式,并着重介绍它们的分布模式;第二部分讨论"ADV-VP"式,包括对各种

"ADV-VP"一般特征的详细描述以及它们的地理分布模式;第三部分试图揭示江淮官话以及吴方言中各种"A-not-A"式的共时分布模式所蕴含的历史意义,这里也讨论一些相关的理论问题;最后一部分说明地理分布如何揭示句法扩散的历史,以及并存层次间的互动如何产生一个扭曲的系统。[1]

2. "A-not-A"式及其分布

2.1 概述

和湖北、四川省的西南官话一样(张敏,1990;Zhang,1992b),江苏和安徽省的江淮官话中也只有"A-not-A"中的两个次类,就是"V(P)-neg-VP"和"VP-neg"。另外一个广泛存在于北方官话中的次类"VP-neg-V"(如"吃饭不吃")在江淮官话中并不存在。"V(P)-neg-VP"和"VP-neg"在江苏省的分布非常有规律:"VP-neg"分布在江苏省的西北部和长江的南面,而"V-neg-VP"分布在中部的广大地区,这些分布地区的边界非常清楚,可以很容易地画出一条整齐的同言线来区别它们。在这两个地区的腹地,同时使用"V(P)-neg-VP"和"VP-neg"的方言非常少,实际上这样的方言只存在于边界附近,可以看作是两种类型的方言相互影响的结果。根据以上观察,我们可以把江苏的方言按照地区分成三组:北部、中部和南部。

2.2 江苏北部"VP-neg"占优势的地区

在长江以北,"VP-neg"的分布限于江苏省的西北角,更准确地说,"VP-neg"流行的地区位于连云港以西,淮阴以北。这个地区的方言可以分成两组:A组中,"VP-neg"是方言中唯一的"A-not-A"格式;而B组中的方言同时使用"V(P)-neg-VP"和"VP-neg"两种格式。表2列

---

[1] 译者注:文章提到最后附录有方言调查中所使用的问句表和不同的中性问句在江苏省的四个地理分布地图,但实际并未收录,译文对涉及分布地图的文字都做了删除。

出每组的方言并且给出例子。

表2

方言	例子	
	未完成体问句	完成体问句
A 铜山、丰县、沛县、邳县、新沂（炮车）、睢宁（市区）、睢宁（古邳）、睢宁（姚集）	(1a) 下午去洗澡不？（邳县） (2a) 这里能抽烟不？（新沂炮车） (3a) 你有钱不？（睢宁市区） (4a) 好看不？（睢宁古邳） (5a) 够不？（睢宁魏集）	(1b) 你听懂了[mã]？（邳县） (2b) 饭做好了[mɛ]？（新沂炮车） (3b) 你吃过了[mA]？（睢宁市区） (4b) 他昨天来了[maŋ]？（睢宁古邳） (5b) 你买票了[mA]？（睢宁魏集）
B 徐州、新沂（新安）、新沂（港头）、宿迁（市区）、东海（大葛沟）、东海（瓦基）	(6a) 我穿这件大衣派不？（徐州） (7a) 你能不能来一趟？（徐州） (8a) 抽烟不？（新沂新安） (9a) 抽不抽烟？（新沂新安） (10a) 你能干了不？（宿迁市区） (11a) 你上不上淮阴啊？（宿迁市区） (12a) 他的事情你知道？（东海瓦基） (13a) 你知不知道？（东海瓦基）	(6b) 你上北京去过[mɐŋ]？（徐州） (7b) 你看没看完这本书？（徐州） (8b) 吃饭[mɐŋ]？（新沂新安） (9b) 吃没吃饭？（新沂新安） (10b) 他病好[mɛ]？（宿迁市区） (11b) 上没上淮阴？（宿迁市区） (12b) 吃过饭不？（东海瓦基） (13b) 吃没吃过饭？（东海瓦基）

2.3 江苏中部"V-neg-VP"点优势的地区

2.3.1 除了前面提到的江苏北部方言和只使用"ADV-VP"的泰如片江淮官话外,所有其他长江以北的江淮官话和长江以南的南京地区都是"V-neg-VP"型方言。这个地区的大部分方言未完成体和完成体问句中都只使用"V-neg-VP"这个唯一的"A-not-A"格式。换句话说,在这个地区的大部分方言里,从来不用"VP-neg"式。我们调查的这个地区的 28 个方言点中,有 23 个是这种类型,我们称之为 A 类;另外 5 个方言点是另外一种类型,我们称为 B 类,它们只用"V-neg-VP"作为唯一的未完成体"A-not-A"问句,但是完成体问句同时使用"V-neg-VP"和"VP-neg"两类。表 3 列出了这些方言及例子。

表 3

方言	例子	
	未完成体问句	完成体问句
A 连云港、灌云、灌南、赣榆、沭阳(茆圩)、涟水、淮阴、淮安、泗阳(郑楼)、金湖、黎城、洪泽(岔河)、盱眙(东乡)、盱眙(城)、宝应(泛水)、宝应(县城)、盐城、扬州、仪征(城区)、仪征(谢集)、南京、江浦(石桥)、江宁(窑头)、溧水(乌山)	(14a) 下晚去不去洗澡啊?(连云港) (15a) 舒不舒服?(沭阳茆圩) (16a) 你有没得空?(淮安) (17a) 他欢不欢宁?(泗阳郑楼) (18a) 你吃不吃荼叶蛋?(盱眙东乡) (19a) 这种花好看不好看啊?(宝应) (20a) 你有得不得钱?(仪征城区) (21a) 要不要辣油?(南京) (22a) 到不到街上去啊?(溧水乌山)	(14b) 他昨天来没来?(连云港) (15b) 他毕没毕业?(涟水) (16b) 你到没到上海去过?(淮安) (17b) 你玩没玩够?(洪泽岔河) (18b) 到北京去没去讨啊?(金湖) (19b) 你吃没吃过茶叶蛋啊?(宝应) (20b) 听没有听懂啊?(仪征城区) (21b) 昨儿个点没点成歌啊?(南京) (22b) 你们家养没养鸡啊?(江浦石桥)

续 表

方言	例 子	
	未完成体问句	完成体问句
B 沭阳(县城)、泗阳(县城)、泗阳(爱园)、泗阳(王集)、泗洪(青阳)	(23a) 你有没的书?(沭阳县城) (24a) 上不上街?(泗阳县城)	(23b) 吃没吃过?(沭阳县城) (23c) 吃过没的?(沭阳县城) (24b) 作业做没做完?(泗阳爱园) (24c) 作业做完没?(泗阳爱园)

2.3.2 正如王士元(Wang,1967)指出的,"V-neg-VP"是由完整的"VP-neg-VP"式经过删减而来。有意思的是,这种删减在上述大部分的方言中影响到最左边的成分,导致产生"V-neg-VP"格式,甚至肯定部分的双音动词或形容词的第二个音节也可以被删除,形成了词分裂式"A-not-AB",如"舒不舒服"。然而,有几个方言删除并没有这么极端,尤其是在老年人中。比如尽管在宝应方言中无论老年人和年轻人都完全不接受词分裂式"A-not-AB",但是对老年人来说,完整式"VP-neg-VP"相比派生式"V-neg-VP",要具有更大的优先度,他们认为像"你有工夫不得工夫啊?"和"你到过北京没到过北京啊?"这样的句子,要比"下午去不去洗澡?"和"你到没到过北京"自然得多,使用也频繁得多,而后者是年轻人优先使用的格式。这一事实更进一步明确了大家通常所接受的观点,就是"V-neg-VP"的前身是完整式"VP-neg-VP"。它也表明了目前江淮官话中流行的"V-neg-VP"可能时间并不长。

2.3.3 值得注意的是,表4中所列的方言,"V-neg-VP"可以被紧缩成"V.VP",如例(25)到(40)。

表 4

方　　言	例　　子
沭阳(县城)、泗阳(县城)、泗阳(爱园)、泗阳(王集)、泗阳(郑楼)、涟水(朱码)、洪泽(岔河)、淮阴	(25) 这个东西好好看？(涟水) (26) 你哥哥有有儿子？(涟水) (27) 他是是上海人？(泗阳县城) (28) 你走走啊？(泗阳王集) (29) 能能爬上去？(泗阳爱园) (30) 他有有你胖啊？(泗阳爱园) (31) 你上上学？(沭阳县城) (32) 你吃吃饭啊？(淮阴)
泗阳(郑楼)	(33) 这个菜好—吃啊？ (34) 你今天有—空啊？ (35) 他是—本地人啊？ (36) 我不晓得他有—。
洪泽、淮阴	(37) 没没上学哪？(淮阴) (38) 没没睡啊？(洪泽) (39) 没没喝酒啊？(淮阴) (40) 没没起来啊？(洪泽)

在大多数方言中紧缩的过程非常简单，仅仅是删除否定词(例 25－32)。在泗阳(郑楼)方言中，紧缩可以更进一步，否定词删除后，两个相同的音节可以融合成一个长的单音节，在这个单音节中，元音总是被拉长，整个音节的长度相当于两个音节，如表 4 中的例(33)－(36)(这些例子中的"—"代表时间的延长)。

一般来说，完成体的"V-neg-VP"式没有紧缩式，因为上述方言中否定词通常还表示时体特征(比较"吃不吃饭"和"吃没吃饭")，删除否定词不可避免地会导致歧义。然而，如例(37)－(40)所示，洪泽和淮阴方言发展出一个特殊的方式来紧缩完成体"V-neg-VP"，这种"没没VP"紧缩式看起来相当特别并且不合逻辑，因此隐含于其中的生成机制值得我们注意。由于大多数方言都没有这种紧缩的完成式，我们可以设想"没没 VP"晚于未完成"V.VP"式出现,我们还可以设想未完成"V.VP"形成的动力是省力或是简洁,毕竟,"V.VP"比"V-neg-VP"少一个音节。然而,由于"没没 VP"和"V-neg-VP"的音节数量是一样的,似乎这一格式形成的动因并不是省力,而是要在未完成式和完成式中达到一种平行的状态。实际上,"没没 VP"是模仿未完成"V.VP"式。

"V.VP"式有两个特点:(1)"V-neg-VP"中的某一成分失去;(2)VP 的第一个音节重复。下面说明"V 没 VP"如何模仿"V.VP"而变成"没没 VP"的。首先,"V-neg-VP"中的某个成分必须丢掉,否则紧缩式就不会产生。前面提到过删去"没"会导致歧义,所以这一选择不可行。那么接下来就只有两个选择:或者删除左边的 V,也就是肯定项,或者删除右边的否定项。任何发生在右边 VP 的删除都会违反"V-neg-VP"型方言的一条基本规则,就是删除只能发生在左边的 VP,通常是最左边的成分。在这条原则的作用下,唯一可能的删除成分是左边的 V。但是这样得到的格式"没 VP"会导致"A-neg-A"问句和 VP 的否定句之间的混淆,为避免混淆并达到与未完成"V.VP"式之间的平行,"没 VP"模仿"V.VP"的重复形式也重复第一个音节"没",这样就产生了"没没 VP"。

如果上述分析成立的话,这种格式就不是那么特别了。适用于这个地区正常的"V-neg-VP"一般规则在这里同样也起作用。

2.4 江苏南部"VP-neg"占优势的地区

2.4.1 除了南京及其周围地区(这一地区在类型上属于江苏中部),"VP-neg"是长江以南方言中占优势地位的"A-not-A"格式。通过比较,长江以南的"VP-neg"型方言可以分为两组:A 组的特点是"VP-neg"是唯一的"A-not-A"格式;而 B 组中的方言有"VP-neg"和"V-neg-VP"两种格式并存,但前者更占优势地位;这一地区中,一些"ADV-VP"优势型方言也并存有"V-neg-VP"式(不是"VP-neg"),这些方言归入 C 组。虽然在江苏"V-neg-VP"侵入越来越多的"VP-neg"型和"ADV-VP"型方言,可以假定为普通话和其他"V-neg-VP"型方言的影响,但是省内长江以南的地区没有一个"V-neg-VP"单一型方言。"V-neg-VP"式只是在一些"VP-neg"优势型和"ADV-VP"优势型方言中作为次要的格式而存在。表5列出了A组到C组的方言，A组和B组方言中的"VP-neg"式例子分别列在[Ⅰ]到[Ⅳ]排（例41-62），B组和C组方言中的"V-neg-VP"式例子分别列在B和C排。

2.4.2 在"VP-neg"型方言中，可以进一步分成3个小组：一组方言中的否定词的声母是唇齿音（dental-labial），这也是吴方言的特点（见Ⅰ排中的例子）；一组方言中的否定词的声母是双唇音，这也是官话的特点（见Ⅱ和Ⅲ排）；还有一组非常特别，这两种声母作为自由变体而被同时使用（见Ⅳ排）。

在大多数的吴方言中（见例41-45），未完成体"VP-neg"式中的否定词一般是[f-/v-]（勿）的形式，而完成体"VP-neg"式中的否定词或者是"勿曾"，或者是相应的融合形式。有的方言中的完成体"VP-neg"式也可以是"勿"的形式，而使用动词词缀来做时体标志。江淮官话方言的未完成式问句中，否定词一般是[p-]的形式，而在完成式问句里，或者与未完成式相同，或者是[m-]的形式，如例(46)-(49)。

在镇江附近的方言里，未完成体问句中否定词使用[p-]的形式，这很正常。但是，在完成体问句里，否定词是一些非常奇怪的形式，如例(50)-(56)所示，这一组的奇特之处在于这些形式与否定副词看起来都很不同。这些"VP-neg"式给人的第一印象是是非问句（particle questions），而不是中性问句（"A-not-A"questions）。然而，根据以上观察，我们有理由相信这些特别的"VP-neg"式实际上仍是中性问句：(1) 如余蔼芹(1988)指出，反复问句最重要的特点是说话人没有任何的先设，在这个意义上，反复问句可以被称作中性问句。与之相比，绝大多数是非问句有先设。根据我的被调查者，例(50b)-(56b)中发言人没有暗示任何先设。(2) 一个典型的是非问句通常允许否定式，如"你不去吗？"(Yue-Hsahimoto, 1993)，例(50b)-(56b)并不能被转换成否定式。(3) 含有这样一个否定词的"VP-neg"式只能表示完成体问句，因此，它跟毫无疑问是中性问句的未完成体"VP-neg"式正好配成一对。后面我们将对这种问句的来源有一个详细的解释。

另一个值得我们关注的现象是一些位于南京和镇江南部的方言，它们使用的"VP-neg"式同时具有吴语和官话的特点，例(57)-(62)表明在丹阳、句容、溧水和金坛地区的一些方言点的"VP-neg"问句中，否定词的[f-/v-]和[p-]两种形式可以互换，后面我们将再讨论这个现象。

表5

方言		例 子	
		未完成体问句	完成体问句
A	I	(41a) 你个西瓜甜[væ]？（丹阳蒋墅） (42a) 下昼去洗浴去[væ]？（丹阳珥陵） (43a) 他走则快佬勿？（宜兴） (44a) 来[vəʔ zæ]？（常州） (45a) 做得好勿？（张家港）	(41b) 他昨头来[vəŋ]？（丹阳蒋墅） (42b) 你格作业做完[fən]？（丹阳珥陵） (43b) 你做过工人[vəŋ]？（宜兴） (44b) 白相[vəŋ]？（常州） (45b) 格本书看过勿？（张家港）
镇江、丹徒（辛丰、宝埝）、金坛（指前）、句容（袁巷、陈武、东昌西岗、东昌小衣庄）、溧水（柘塘）、丹阳（市区,司徒固村、司徒黄庄、蒋墅,皇塘、珥陵）、金坛（直溪）、张家港、常州	II	(46a) 你吃得下去[pa]？（金坛直溪） (47a) 你吃茶叶蛋[pA/pɔ]？（句容袁巷） (48a) 你晓得[pɔ]？（句容华阳） (49a) 有钱[pɐ]？（句容东昌西岗）	(46b) 你昨日来[ma]？（金坛直溪） (47b) 天黑[mæ̃]？（句容袁巷） (48b) 你到过南京[mɔ]？（句容华阳） (49b) 你家养鸡了[pɐ]？（东昌西岗）
	III	(50a) 你说是[pɔ]？（镇江） (51a) 你西瓜甜[pa]？（丹阳司徒固村） (52a) 会打牌[pɔ]？（句容东昌小衣庄） (53a) 有钱[pɔ/pɐ]？（句容陈武黄岗）	(50b) 饭煮好[sɔ]？（镇江） (51b) 昨日来些(=[ɕi])？（固村） (52b) 从前你家养鸡[xa]？（小衣庄） (53b) 他昨日来[səʔ]？（陈武黄岗）

续 表

方　言		例　子	
		未完成体问句	完成体问句
A	镇江、丹徒（辛丰、宝埝）、金坛（指前）、句容（袁巷、陈武、东昌西岗、东昌小衣庄）、溧水（柘塘）、丹阳（市区，司徒固村、司徒黄庄、蒋墅、皇塘、珥陵）、金坛（直溪）、张家港、常州	Ⅲ	(54a) 你认得[pɔ]？（丹徒辛丰） (55a) 晓得[pɔ]？（句容陈武） (56a) 明朝来[pæ]？（丹阳司徒黄庄）	(54b) 天黑了[sɐ/sɔ]？（辛丰） (55b) 昨日个来[sa/xə/xɔ]？（陈武） (56b) 你吃过羊肉[çĩ]？（黄庄）
	Ⅳ	(57) [kɛ]个裙子漂亮[fə]/[pɔ]？（句容陈武陈塘） (58) 你明朝来[fəʔ]？/西瓜甜[pɔ]？（陈武戴庄） (59a) 好[fæʔ][sæ]？/你去[pæ]？（丹阳市区） (60a) 外头有人[mæ]？（丹阳市区） (61a) 下午去洗浴[fɑʔ]/[pɑ]？（溧水柘塘） (62a) 你明朝来[fɑʔ]/[vɑ]？（金坛指前）	(59b) 你家里养鸡曾（[tɕən]）？（丹阳市区） (61b) 他昨日来[fən]/[ma]？（柘塘） (62b) 昨日里来[mɑ]？（金坛指前）
B	丹徒（宝埝）、金坛（指前）、句容（陈武、东昌小衣庄、东昌西岗）、丹阳（市区、珥陵、司徒黄庄）		(63a) 格条裙子好看勿好看？（金坛指前） (64a) 认则勿认则？（丹徒宝埝） (65a) 台得娘有勿有茶杯？（丹阳珥陵） (66a) 牛肉吃勿吃？（陈武戴庄） (67a) 你要勿要来？（丹阳市区）	(65b) 你家家里养[fən]养鸡？（珥陵）

续　表

方　言	例　子	
	未完成体问句	完成体问句
B 丹徒（宝埝）、金坛（指前）、句容（陈武、东昌小衣庄、东昌西岗）、丹阳（市区、珥陵、司徒黄庄）	(68a) 吃不吃茶叶蛋？（丹阳司徒黄庄） (69a) 去不去洗澡？（句容陈武戴庄）	(68b) 天黑勿曾黑？（丹阳市区） (69b) 昨日来没来啊？（句容东昌）
C 溧水（乌山）、武进（焦溪）、江浦(星甸)	(70a) 放不放心？（溧水乌山） (71a) 洗冷浴去啊勿去？（武进焦溪） (72a) 明个来不来？（江浦星甸）	(70b) 你带没带钱啊？（溧水乌山） (71b) 昨晚头来[fən]来？（武进焦溪） (72b) 养没养鸡？（江浦星甸）

3. "ADV-VP"式及其分布

3.1 概述

江淮官话中的"ADV-VP"式最奇特之处是它的疑问标志 ADV 在不同的方言里呈现许多不同的语音形式。前面 1.4 节中已经提到，ADV 的变体可以分为三类：ADV_K 有一个软腭音声母，ADV_H 有一个喉擦音声母，ADV_0 有一个零声母。表 6 列出了在江苏发现的所有 36 种语音形式：

表 6

类　型	字	语音形式
ADV_K	可	[kəʔ]，[kʊʔ]，[kʻəʔ]，[kiʔ]，[koʔ]，[təʔ]，[kʻə]，[kʻɤɯ]，[kɯ]，[ko]，[kʻo]，[kʊɯ]，[kəʊ]，[kʊ]，[ki]，[kʻan]，[kʻæ̃]
ADV_H	还	[haʔ]，[xaʔ]，[həʔ]，[xɑʔ]，[xoʔ]，[xəʔ]，[xɐʔ]，[xɛ]，[xɐɛ]，[xaɛ]，[xA]，[xa]，[xo]
ADV_0	阿	[aʔ]，[ɐʔ]，[əʔ]，[iʔ]，[A]，[ɑ]

我们发现"A-not-A"单一型方言(也就是不使用"ADV-VP"的方言)，其分布集中在江苏的最北和最南部。在北部，可以区别出两个非"ADV-VP"地区，这也正是秦朝时徐州地区的边界，除了睢宁和宿迁，这个地区的其他部分都不使用"ADV-VP"。另一个是邻近的起自江苏山东边界，延伸到盐城以北、大运河以东的这一地区。在南部，也有两个非"ADV-VP"地区，一个是常州地区和它的西面、南面的邻近地区，包括溧阳和宜兴，还有丹阳和金坛的部分地区；另外一个是大上海地区，包括上海市和几乎周围所有的县以及所豁的县。除了这些地区外，"ADV-VP"散布于省内剩下的其他地区。

"ADV-VP"单一型方言包括一些泰如片江淮官话，它们位于大运河以东、盐城和宝应以南的附近地区。苏州、无锡和常熟的一些吴方言实际上也是"ADV-VP"单一型方言。而其他的"ADV-VP"型方言都有一个或两个"A-not-A"式并存。

3.2 "ADV_K-VP"式

3.2.1 在"ADV-VP"的三个变体中，"ADV_K-VP"是分布最广的，它有以下的分布特点：(1)在江苏北部，从洪泽湖北，一直延伸到泰如片北部边界的广大地区，只有属于北方官话的睢宁和宿迁方言发现有"ADV_K-VP"式，这个地区的其他方言都不使用"ADV_K-VP"。(2)在泰如片方言中，"ADV$_K$-VP"或者占优势地位、或者是唯一的中性问句格式。(3)在江苏的吴语北部地区，"ADV$_K$-VP"只在与江淮官话邻接的一些方言中发现，这说明"ADV$_K$-VP"相对于吴语更是江淮官话的特点。

至于 ADV$_K$ 的语源，我们有理由相信表6中列出的所有变体都与字形"可"代表的语素有关系，它最早出现在唐代的口语文献中，今天还被广泛使用。在一些江苏方言中，ADV$_K$ 与"可"的字音同音，如扬州[k'ɯ]$_{(上声)}$，睢宁和宿迁[k'ə]$_{(上声)}$。在其他方言中，ADV$_K$ 与"可"的单字音有所不同，例如，靖江(斜桥)方言发音是[kʊɯ]$_{(上声)}$，而"可"是[k'ʊɯ]$_{(上声)}$，只有送气不送气的区别。镇江的 ADV$_K$ 发音是[k'ə]$_{(去声)}$，而"可"是[k'ə]$_{(上声)}$，唯一的区别是声调的不同。

我们很自然就想到 ADV 作为一个最经常使用的功能词，语音上也易于发生变化。在其他的"ADV$_K$-VP"型方言中，ADV$_K$ 是一个喉塞尾的入声，如果我们把它跟上声的"可"联系起来，表面上看有些奇怪，但是联想到许多江苏方言中，韵律词的非重词音节容易喉音化，ADV$_K$ 的这种变化也就是可能的了。例如，在沭阳和淮阴方言中，"可"在许多词(如"可是""可以")中的口语音都是有喉塞尾的入声(沭阳[k'əʔ]，淮阴[k'oʔ]，因此，把形式各异的 ADV$_K$ 与"可"联系起来也并不是没有什么道理。对 ADV$_K$ 来源的详细讨论可以参考张敏(1990)，下面我们把江苏的"ADV$_K$-VP"型方言分为四组并分别加以讨论。

3.2.2 北部官话中的"ADV$_K$-VP"

在江苏，"ADV$_K$-VP"型方言最北的地区就是睢宁和宿迁，然而，这一地区的"ADV$_K$-VP"型方言中没有一个只使用"ADV$_K$-VP"式，一些方言点，例如宿迁(市区、蔡集)和睢宁(姚集、王集、李集)，"ADV$_K$-VP"是最常见的疑问格式，而"VP-neg"或者"ADV$_H$-VP"按照频率排在第二位。其他的一些方言点，如睢宁(县城、古邳、梁集、庆安)，"ADV$_K$-VP"式就不如"VP-neg"及/或"ADV$_H$-VP"那么常见。例子见下面表7。

表 7

方　　言	"ADV_K-VP"的例子
宿迁(市区、蔡集)、睢宁(姚集、王集、李集)	(73) 这样办可管?(宿迁市区) (74) 这可是人造棉的?(宿迁蔡集) (75) 你可是学生?(睢宁姚集) (76) 你可喝水?(睢宁王集) (77) 你可吃过了?(睢宁李集) (78) 可敢来?(睢宁李集)
睢宁(县城、古邳、梁集、庆安)	(79) 他昨天可来了?(睢宁古邳) (80) 可看过?(睢宁县城) (81) 可想去?(睢宁梁集) (82) 可管抽烟?(睢宁庆安)

3.2.3 泰如片的"ADV_K-VP"

泰如片指的是盐城和宝应以南,大运河以西,长江以北的邻近地区的方言。在这个江淮官话的下属方言区内,所有的方言都是"ADV-VP"单一型方言,并且大部分地区以"ADV_K-VP"为优势格式,一些方言也使用不同的"ADV-VP"格式,如兴化和泰兴的"ADV_H-VP",兴化、泰州和泰县的"ADV_0-VP"格式。如:

表 8

例　　子	
未完成体问句	完成体问句
(83a) 下午[kaũ][kəʔ]去游水啊?(泰州) (84a) 这朵花[ko]香?(东台) (85a) 你[kɤɯ]有得空啊?(泰兴县城) (86a) 他对人[kɤɯ]客气啊?(泰兴宣堡) (87a) [kəʔ]吃羊肉?(兴化县城) (88a) [kʊ]去上学?(大丰南台) (89a) 他[kʊ]欢喜?(南通市)	(83b) 昨朝个/格曾去?(泰州) (84b) [kəʔ]曾吃饱?(泰兴) (85b) 个曾做好了?(泰兴县城) (86b) 你果吃给了?(兴化) (87b) 昨朝子果来了?(兴化) (88b) 天个曾黑[nia]?(大丰) (89b) 过曾养鸡子?(南通市)

泰州方言中 ADV_K 可以有两个选择：一个阴去调 [kəʊ]，另一个是有喉塞尾的阳入调 [kəʔ]。50 岁以上的人更倾于使用前者，而后者在年轻一代中更流行，这表明 ADV_K 的喉塞化可能只是最近的演变。另外，在同一方言中，有一个特别的完成体"ADV_K-VP"紧缩形式，并且只在老年人当中使用。紧缩的步骤似乎按以下顺序进行：(1) 疑问标志 ADV 脱落；(2)"曾"的声调从阳平变为上声。例如：

(90) 昨朝 [kəʊ^{33}] [tsən^{45}] 去啊？——→昨朝 [tsən^{213}] 去啊？
(91) 天 [kəʊ^{33}] [tsən^{45}] 黑给？——→天 [tsən^{213}] 黑给？

在这个紧缩式中，"曾"的上声调从哪里来的呢？一个可能的解释是来自前面的疑问标志 ADV_K，过去曾经是上声，但在某个历史阶段已经变为去声。这表明这种情况并不是紧缩，而是融合。如果这个解释正确的话，对 ADV_K 来源于"可"的假设又有了新的证据。

3.2.4 其他东南方言中的"ADV_K-VP"式

除了泰如片外，其他江淮官话方言中只有江都（邵伯）是"ADV_K-VP"单一型方言。例如：

(92) 堂屋头 [kɣɯ] 暖啊？
(93) 他昨个子 [kɣɯ] 来的啊？
(94) 个听懂了 [nia]？
(95) 你个是本地人？

在其他方言中，"ADV_K-VP"或者与一个到两个其他的"ADV-VP"变体并存，或者与"A-not-A"并存，甚至与这两者都并存。需要注意以下几点：(1) 使用两种或更多的"ADV-VP"，而不使用"A-not-A"的方言，限于高邮、江都和（皖）无为这几个县。所有其他的非泰如片的"ADV-VP"型方言都存在"A-not-A"式。(2) 除了镇江、丹徒（辛丰）和一些安徽省（如怀宁）这些"ADV_K-VP"与"VP-neg"并存的方言外，非泰如片"ADV_K-VP"型方言总是与"V-neg-VP"并存，而不是"VP-neg"。

下面这些允许并存形式的"ADV_K-VP"型方言中,更偏好使用"ADV_K-VP",如:

(96) 你[kʻæ̃]吃烟哪?(高邮张叶沟)
(97) 他看是上海人啊?(高邮张叶沟)
(98) 你[kʻan]是有钱啊?(高邮张叶沟)
(99) 苹果看酸哪?(高邮三垛)
(100) 你[kɣɯ]是本地人?(江都武坚)
(101) 你[kə?]搞着?(皖无为黄姑)
(102) 牛肉你[ki?]吃啊?(江浦星甸)
(103) 你[kə?]来[tʂɑ]?(皖怀宁)
(104) [kʻɣɯ]打票啊?(扬州)
(105) 可曾吃饭?(扬州)
(106) 天[kə?]黑[nan]?(仪征)
(107) 你[kə?]吃下去啊?(仪征)
(108) 你[ki?]会打牌?(江浦石桥)
(109) 你家[ki?]养鸡的?(江浦石桥)
(110) 给我点点钱[kʻə?]着?(皖宁国)
(111) 渠昨日[kʻə?]来了?(皖宁国)
(112) 晚茶时候[ki?]去洗澡?(六合新集)
(113) [ki?]吃过羊肉的?(六合新集)

高邮方言中 ADV_K 的读音非常奇怪,是个有鼻音尾或鼻化元音的去声字,我们倾向于看作是"可"的音变形式,它可能经历了一个鼻化的过程,正如许多其他方言的喉化过程一样。

扬州方言中,"ADV_K-VP"和"V-neg-VP"的使用频率一样,但是,在扬州的附近地区,尤其是农村,前者明显多过后者。在江都(邵伯),这个离扬州只有十几里的小镇,"ADV_K-VP"是唯一的中性问句格式。从这里我们可以推断,在扬州地区"ADV_K-VP"式要比"V-neg-VP"式历史更悠久。

下面的方言中,"ADV_K-VP"就不是受偏好的格式,例子有:

(114) 梅个你[kʻəʔ]来啊？（盱眙眙城）
(115) [kʻəʔ]养鸡的啊？（盱眙）
(116) 明个[kʻan]来啊？（高邮界首）
(117) 作业看做好了？（高邮界首）
(118) [kʻəʔ]吃羊肉？（兴化县城）
(119) 你[kəʔ]晓得？（江宁窑头）
(120) 可酸啊？（镇江）
(121) [kʻəʔ]吃茶叶蛋？（丹徒辛丰）
(122) 他[kəʔ]肯来？（皖当涂县城）
(123) 小家伙[kəʔ]学的琴？（当涂县城）
(124) [kəʔ]去划水？（当涂新市）
(125) 天[kəʔ]黑啊[lia]？（当涂湖阳）

在以上这些方言中，如盱眙（眙城）、高邮（界首）、兴化（县城）、江宁（窑头）、丹徒（辛丰）和当涂（县城），更偏好使用"ADV_0-VP"或"ADV_H-VP"（在这些方言中两种格式实际上是自由变体）。镇江方言是唯一的例外：它从不使用"ADV_0-VP"或"ADV_H-VP"，而是更偏好"VP-neg"。基于以上事实，我们可以得出下面这条规律：如果某个江淮官话方言使用"ADV_K-VP"，或者"ADV_H-VP"和"ADV_0-VP"，并且使用一个以上的"A-not-A"格式，第一选择总是前两者之间的一个，而不是"A-not-A"。这个规律告诉我们江淮官话方言如果同时使用"ADV-VP"和"A-not-A"，本土的格式应该是"ADV-VP"，而不是"A-not-A"。

3.2.5 吴方言中的"ADV_K-VP"

前面我们提到过，使用"ADV_K-VP"的吴语方言都是紧邻江淮官话方言地区。例如，启东和靖江都位于长江以北，被非"A-not-A"地区的泰如片方言所包围；江阴和张家港都位于长江南岸，与说江淮官话的靖江和南通地区隔江相望；丹阳和金坛同样与说江淮官话的镇江、丹徒和句容相邻；而高淳与江淮官话流行的安徽省接壤。除此之外，再没有其他的吴语方言使用"ADV_K-VP"式。下面是吴方言中的"ADV_K-VP"例子：

（126）这朵花[kʊɯ]香？（靖江斜桥）
（127）昨夜子他[kəŋ]来啊？（靖江斜桥）
（128）[kəʔ]去划水？（高淳淳溪）
（129）你明朝[kəʔ]白相去？（高淳顾陇）
（130）他昨朝[təŋ]来啊？（丹阳新桥）
（131）可好吃烟？（丹阳皇塘）
（132）你果去过？（启东吕四）
（133）你[kəʔ]吃水？（张家港）
（134）你格吃茶叶蛋？（高淳固城）
（135）台子高里[təʔ]有茶杯啊？（丹阳界牌）

在这些方言中，高淳（淳溪、顾陇）、启东、靖江和丹阳都只有"ADV_K-VP"这一个中性问句格式，而丹阳（皇塘）和张家港方言同时存在"VP-neg"式，其中丹阳（皇塘）方言更偏好"ADV_K-VP"，而张家港则更偏好"VP-neg"。张家港和高淳（固城）还使用"ADV_H-VP"和"ADV_0-VP"。

丹阳（界牌、新桥）方言中，ADV_K的读音值得注意。初看上去，疑问副词[təʔ]（在完成式中的[təŋ]是[təʔ]和"曾"的融合形式）好像很奇特，与ADV_K或"可"并没有关系，但是这个方言中有一种零星的音变，就是龈音（alveolar）声母代替了中古的软腭音声母，例如"去"（溪母字）在邻近地区读音是[k'i]，而在丹阳（界牌、新桥）中是[t'i]。因此，我们有理由认为疑问标志[təʔ]来源于[kəʔ]，在语源上也可以追溯到"可"。实际上，[kəʔ]在丹阳（界牌）中是作为[təʔ]的变体而存在的，只不过使用频率要低于后者。

在高淳方言中，ADV_K有两种形式：在非完成体问句中是[kəʔ]，而在完成体问句中是[keɪ]，例如：

（136a）你[kəʔ]上街？（淳溪）
（136b）你昨日[keɪ^{55}]上街了？（淳溪）
（137a）北京你[kəʔ]去？（顾陇）
（137b）北京你[keɪ^{55}]去过？（顾陇）

虽然[kʌʔ]/[keɪ]看起来像是屈折变化，但是我们更相信完成体疑问标志[keɪ]是[kəʔ]和体标记"有"的融合。这个假设有内部和外部两方面的证据。(1) 从语音上来看,[kəʔ]和"有"[y⁵⁵]融合成[keɪ⁵⁵]并不是不可能。[keɪ⁵⁵]的声母与[kəʔ]相同,声调与"有"相同。因为"有"是零声母,如果经常出现在另一个字的后面,非常容易附着在前一个音节上,与它的元音部分融合。这个过程很可能是这样:(i) 首先,通过脱落第一个音节的喉塞尾,两个音节合并成一个单音节;(ii) 两个元音合并,并且采用第二个音节的声调;(iii) 由于非圆唇的央元音[ə]与圆唇的后高元音[y]不相容,发生顺向同化(progressive assimilation)作用,第二个元音的圆唇特征[+rounded]变成了[-rounded],产生了复元音[əɪ]。这一过程可以概括为[kʌʔ]+[y⁵⁵]→[kəy⁵⁵]→[keɪ⁵⁵]。(2) 虽然高淳方言的中性问句不使用"有"作体标记,紧邻的北方吴语方言溧水却正是使用"ADV-有-VP"作为完成体中性问句。例如:

(138) 你昨朝晚上阿有吃半夜餐?
(139) 你阿有去过北京?

这为[keɪ⁵⁵]来源于 ADV 和"有"融合的假设提供了间接证据。

3.3 "ADV$_H$-VP"式

3.3.1 "ADV$_K$-VP"式的资料比较丰富,对它的讨论也很多。与之不同,到目前为止,方言学家对"ADV$_H$-VP"却还不是很清楚(杨亦鸣,1989;张敏,1990)。虽然对它的了解很缺乏,我们并不能认识其全貌,但目前所能得到的资料表明,这种格式对于许多江淮官话中的中性问句而言,有非常重要的地位。

"ADV$_H$-VP"式有以下几个值得注意的特点:(1) 与"ADV$_K$-VP"分布在华中和华南的大片区域这一情况不同,"ADV$_H$-VP"只存在于江苏和安徽;(2)"ADV$_H$-VP"是江淮官话非常重要的特点,绝大多数使用这一格式的方言都是江淮官话,在 39 个已知的"ADV$_H$-VP"型方言中,有 34 个是江淮官话,3 个北方官话和 2 个吴语;(3) 没有"ADV$_H$-VP"单一型方言,换句话说,任何方言都不把"ADV$_H$-VP"作为唯一的中性问句格式。

3.3.2 "ADV$_H$-VP"的地理分布

"ADV$_H$-VP"主要分布在江苏和安徽两省的大运河和长江沿岸,实际上可以说绝大多数的"ADV$_H$-VP"型方言只位于岸边,但也有些位于距离不到三十里的内陆。

最北部的"ADV$_H$-VP"型方言是睢宁方言——位于大运河西面、长江北面的一个北方官话,从睢宁开始,"ADV$_H$-VP"式向南延伸,经过宿迁、淮阴、淮安、宝应、高邮、江都和扬州地区,所有以上地区都有运河流经。"ADV$_H$-VP"也在一些运河流经地区的邻近地区存在,如泗洪、盱眙、洪泽和兴化。

大运河在扬州穿越长江后继续向南,经过丹阳、常州、无锡和苏州这些吴语地区,最后到达浙江杭州。然而,"ADV$_H$-VP"并没有跟随长江以南的运河河道,而是在交汇点向西逆长江而上,经过江苏、安徽的边界到达安徽的内部,"ADV$_H$-VP"型方言坐落于长江两岸,如六合、江浦、南京、句容、江宁、高淳、丹徒、含山、无为和芜湖。这种地理分布所蕴含的意义将在下文讨论。

3.3.3 ADV$_H$ 的语源

在大多数的"ADV$_H$-VP"型方言中,ADV$_H$ 与副词"还"和选择问句标记"还"同音:

ADV$_H$	副词和选择问句标记"还"
(140a) 他[xɛ]是你哥哥?(睢宁)	(140b) 我[xɛ]想吃一碗。(睢宁)
(141a) 你家里[xae]有菜地啊?(洪泽高良涧)	(141b) 我[xae]要来的。(洪泽高良涧)
(142a) 你[xa]去打划水去?(句容东昌)	(142b) 是你去[xa]是我去?(句容东昌)

这一事实可以让我们把 ADV$_H$ 溯源为"还",注意这两者的声调也相符:大多数方言 ADV$_H$ 是阳平,而"还"是个中古的匣母平声字。在其他的一

些方言中两者的联系不是这么清楚,如江宁(窑头)方言中,ADV$_H$ 和 "还"并不是完全同音,前者是一个喉塞尾的入声字,而后者是阳平:

(143a) 房子里[xaʔ]热啊?
(143b) 我[xa]想吃。

不过,我们的假设仍能成立,有证据表明[xaʔ]形式的 ADV$_H$ 可以追溯到一个喉化的"还"。在怀安方言中,"还"字读作[xa]$_{(阳平)}$(口语音)或是[xɛ](书面音);而疑问标记 ADV$_H$ 有三个变体:[xa]、[xɛ] 和[xəʔ]。虽然这三个变体可以互换,有喉塞尾的这个在自然的对话中更常见。这清楚地表明[xəʔ]是"还"的喉化结果。同时把"还"字和 ADV$_H$ 说成入声的方言也存在,如:

ADV$_H$	副词和选择问句标记"还"
(144a) 你到底[xaʔ]相信?(泗洪青阳)	(144b) 我[xaʔ]要去。(泗洪青阳)
(145a) 今天你[xəʔ]有工夫?(芜湖)	(145b) 是大的[xəʔ]是小的?(芜湖)
(146a) 下午[xaʔ]去划水?(当途县城)	(146b) 爹爹[xaʔ]没有回来。(当途县城)

把 ADV$_H$ 溯源为"还"还可以得到历史证据的支持,我们以前的研究表明"还"作为中性问句标记可以追溯到唐宋的许多口语文献(张敏, 1990)。例如:

(147)问言诸将:"还识此阵?"(《敦煌变文集》)
(148)汝还知大唐国内无禅师?(《祖堂集》)
(149)雁字一行来,还有边庭信?(柳永词)
(150)你还是娘生已否?(《临济录》)

虽然"还"在元明清的口语文本中还广泛用为选择问句的连接词,但是作为中性问句标记这一功能却消失了。但是,在一些南方作者的口语文本还能找到"还"作为中性问句标记的踪迹。这表明这一成分在一些很少被记录下来的南方方言中仍有可能被保留,"还"非常有可能在一些现代江淮官话中以 ADV_H 的形式流传下来。

需要指出并不是所有的 ADV_H 都可以追溯到"还",一些方言中 ADV_H 的读音与"还"有巨大的差异,ADV_H 可能是"可"的变体,下面是武进(焦溪)和无为(黄姑)中的例子:

ADV_H	副词和选择问句标记"还"
(151a) 你[həʔ]/[əʔ]有铜钱?(武进焦溪)	(151b) 要大格[uæ]是要小格?(武进焦溪)
(152a) 你[xoʔ]搞着?(无为黄姑)	(152b) 我[xɛ]要吃。(无为黄姑)

武进(焦溪)方言中的[həʔ]和"还[uæ]$_{阳平}$"完全不同,许多武进邻近的方言使用 ADV_K,如丹阳(界牌)、金坛(直溪)是[kəʔ],丹阳(后巷)是[k'əʔ],与[uæ]相比,武进方言中的[həʔ]与[kəʔ]/[k'əʔ]更相像。此外,武进(焦溪)方言中的[həʔ]有一个自由变体[əʔ]。武进东部的北部吴语张家港方言,[əʔ]有一个自由变体[kəʔ]。从语音上看,无论是[kəʔ]或[k'əʔ]脱落声母变成[əʔ],或是用一个同部位的擦音代替塞音而变成[həʔ],都很有可能。实际上,无为(黄姑)方言使我们清楚地认识到了 AKV_H 的语源,在这个方言里,AKV_H 的读音[xoʔ]同时也是[koʔ]和[k'oʔ]的自由变体,因此我们有理由认为无为(黄姑)方言中的三个变体有一个共同的来源:基本形应该是[k'oʔ],其他两个都是派生的。

3.3.4 作为并存格式的"ADV_H-VP"

前面我们已经讨论过,"ADV_H-VP"从来不在任何一个方言中用作唯一的中性问句格式,它总是与其他的中性问句格式并存,这体现出"ADV_H-VP"和其他格式之间的一个鲜明的对比。比如,铜山方言只使用"VP-neg",涟水方言只使用"V-neg-VP",南通方言只使用"ADV_K-VP",苏州方言只使用"ADV_0-VP"。"ADV_H-VP"式倾向于与"A-not-A"并存,在"VP-neg"式流行的地区,"ADV_H-VP"也常常存在,例如睢宁、宿迁和句容方言：

(153a) 你还去啊？（睢宁魏集）
(153b) 你去[pɔ]？（睢宁魏集）
(154a) 你还喝水？（宿迁市区）
(154b) 你喝水[pA]？（宿迁市区）
(155a) 你还去打划水去？（句容东昌）
(155b) 你去打划水去[pɔ]？（句容东昌）

在"V-neg-VP"占统治地位的地区，往往也能发现"ADV$_H$-VP"，如以下方言：淮阴、淮安、盱眙（东乡、县城）、泗洪、宝应、六合、兴化、南京、扬州、江浦（星甸）、江宁、当涂、含山、芜湖。

(156a) 你家养没养鸡啊？（淮安）
(156b) 你家还养鸡的啊？（淮安）
(157a) 你还是本地人[nɛ]？（泗洪）
(157b) 你是不是本地人？（泗洪）
(158a) 明儿个还来啊？（宝应）
(158b) 明儿个来不来？（宝应）
(159a) 房间里头还热啊？（六合新集）
(159b) 房间里头热不热？（六合新集）
(160a) 还要辣油？（南京）
(160b) 要不要辣油？（南京）
(161a) 他的事你还晓得？（当涂）
(161b) 他的事你晓不晓得？（当涂）

在下面的方言中，"ADV$_H$-VP"与"ADV$_K$-VP"并存：睢宁、宿迁、兴化（邵阳）、盱眙（县城）、高邮、六合、江浦（星甸）、当涂和无为。如：

(162) 他昨天[kʻə?]还来了？（睢宁古邳）
(163) 牛肉你[kʻə?]还吃啊？（兴化邵阳）
(164) 你的西瓜[kæ]还甜啊？（高邮界首）
(165) 你家[ki]还养鸡了？（江浦星甸）

(166) 你[kəʔ]还认得他？（无为汤家沟）

在下面的方言里，"ADV_H-VP"与"ADV_0-VP"可以互换：兴化（邵阳）、盱眙（东乡、县城）、江宁、南京、句容（东昌）、高淳（固城）、当涂（县城、采石）、含山（运槽）。我们相信这些方言中的"ADV_0-VP"只不过是"ADV_H-VP"的一个弱化形式，具体内容将在下一节讨论。

3.4 "ADV_0-VP"式

3.4.1 方言学者一般认为"ADV_0-VP"式只在一些江苏南部的一些吴方言流行，如苏州、无锡和上海等等。然而，我们的田野调查表明这个格式在许多江淮官话中也同样存在。进一步的观察表明这一格式可以至少分为两类：江淮官话型和吴语型。可以发现两类之间存在着一系列的不同：（1）在大多数情况下，江淮官话型中的"ADV_0-VP"是"ADV_H-VP"的一个自由变体，而吴语型不是；（2）江淮官话型的ADV_0常常与"还"字同音，而吴语型也不是这样；（3）江淮官话中不存在"ADV_0-VP"单一型方言，而吴语中有许多。

从地理分布上看，"ADV_0-VP"并没有表现出清楚的模式，然而，江淮官话型的"ADV_0-VP"大致与"ADV_H-VP"重合，这一点却很明显；而吴语型"ADV_0-VP"的分布主要集中在江苏省的东南角。

根据我们以前的研究，"ADV-VP"的三个变体中，相比于"ADV_0-VP"，"ADV_K-VP"和"ADV_H-VP"的历史要长得多，并有明确的文献记载（张敏，1990）。"ADV_K-VP"可以追溯到先秦时期，而"ADV_H-VP"不晚于唐代就开始出现于口语文献中了。与这两种格式相比，"ADV_0-VP"到明代才开始出现，可以在一本苏州民歌集《山歌》中看到这种格式。基于以上，很容易让人设想ADV_0可能是ADV_K或是ADV_H的一种变体，这个设想也得到许多有力的事实支持。在许多"ADV_K-VP"或"ADV_H-VP"型方言中，ADV_K或ADV_H的声母可以脱落，这说明这些方言中的ADV_0只不过是ADV_K或ADV_H的弱化形式。在那些没有$ADV_K/ADV_H/ADV_0$交替的方言中，这样的共时证据也为寻找ADV_0的来源提供了信息。

3.4.2 江淮官话型"ADV_0-VP"

江淮官话型"ADV_0-VP"指的是其中的 ADV_0 作为 ADV_H/ADV_0 自由变体之一而存在的格式,并且在语源上可以追溯到 ADV_H。下面这些方言可以证明这种格式的来源:南京、句容(东昌)、江宁(窑头、横溪)、高淳(固城)、盱眙(县城、东乡)、兴化(邵阳)、高邮(界首、临泽、县城)、含山(运槽)、当涂(县城、采石)。除了高淳(固城)这个被周围官话深入影响的北部吴语方言外,其他方言都是江淮官话。在这些方言中,"ADV_0-VP"作为并存格式与"ADV_H-VP"被共同使用。例子如下:

(167) 你阿/还晓得他叫什么名字啊?(南京)
(168) 他阿/还是你弟弟啊?(句容东昌)
(169) 你阿/还到北京去过的啊?(江宁横溪)
(170) 明朝阿/还到我家里来啊?(高淳固城)
(171) 牛肉你阿/还吃啊?(盱眙东乡)
(172) 他昨朝子阿/还来了?(兴化邵阳)
(173) 他阿/还是高邮人啊?(高邮临泽)
(174) 你阿/还吃五香蚕哪?(当涂采石)

进一步的观察表明这两种格式实际上是同一个。第一,严格地说 ADV_0 和 ADV_H 是自由变体,它们可以互相替换,没有任何意义、语体、偏好度等等的不同。同样地,它们明显属于同一语言层。第二,ADV_0 和 ADV_H 的读音只是声母不同,韵母和声调都相同,如下面例子:

南京:	[ɑ, ɑʔ]	——	[xɑ, xɑʔ]
当涂(县城):	[aʔ]	——	[xaʔ]
高邮(界首):	[ɑ]	——	[xɑ]
江宁(窑头):	[aʔ]	——	[xaʔ]

由于 ADV 在句子中总是占据一个非重读的位置,因此有弱化的倾向。一个非重读的音节像[xaʔ]脱落声母变成一个弱化的[aʔ],在语音上很有可能。第三,在一些江淮官话方言中,ADV_0/ADV_H 的语音形式很

像是"还"字的映射,这也帮助我们识别 ADV_0 和 ADV_H。前面我们提到过,ADV_H 常常与副词和连接词"还"同音,这里要补充的是,在许多"ADV_H-VP"和"ADV_0-VP"并存的江淮官话方言中,"还"也常常具有两种发音选择:一个有软腭音声母,另一个有零声母。ADV_H/ADV_0 和"还"的两种读音构成了有系统对应两对读音,下面是高邮和江宁方言中的例子:

高邮: ADV_H:[xɑ]　　= 还:[xɑ]
　　　ADV_0:[ɑ]　　 = 还:[ɑ]
江宁: ADV_H:[xaʔ]　= 还:[xa]
　　　ADV_0:[a]　　 = 还:[a]

"还"字有两种可选读音这一事实表明 ADV_0 和 ADV_H 也可能是同一个疑问副词的两种可选形式。第四,在一些方言中,ADV_0 有时可以"还原"成 ADV_H。我们在兴化(邵阳)、高邮(临泽)和其他一些地方调查时,经常发现当要求被调查人重复刚刚记录的一个"ADV_0-VP"问句时,被调查人往往无意识地从 ADV_0 变为 ADV_H,而且坚持第二次说的仍然是 ADV_0。我们也注意到,ADV_H 有时在更谨慎的说话中代替了 ADV_0,如果加快语速也会导致 ADV_H 变成 ADV_0。最后还有一点非常重要,同一个被调查人往往凭直觉就把 ADV_0 当作 ADV_H,比如,我们的一个当涂(县城)方言的被调查人,本身是一个方言学者,告诉我们[aʔ]仅仅是[xaʔ]的一个又音,就像[k'ə?]是[kəʔ]的一个又音一样。

　　以上所列的证据使我们相信在 ADV_0 和 ADV_H 并存的方言里,两者之间的差异实质上是共时的;换句话说,"ADV_0-VP"和"ADV_H-VP"两者之间在时间深度方面没有差别,不应当被看作是两种格式。然而,这不等于说"ADV_0-VP"从来不代表一个独立的层次,实际上,在一些使用"ADV_0-VP"而不使用"ADV_H-VP"的江淮官话方言中,例如当涂(博望、新市、湖阳)、溧水(乌山)和丹徒(辛丰、大港、大路),"ADV_0-VP"式毫无疑问有其独立的地位。举例如下:

（175a）你的西瓜阿甜哦？（当涂新市）
（175b）他昨日阿曾来啊？（丹徒辛丰）
（176a）台上阿有书啊？（当涂博望）
（176b）你阿曾听懂啦？（丹徒大港）
（177a）天阿黑啊[lia]？（当涂湖阳）
（177b）你阿有吃过羊肉？（溧水乌山）

ADV_0/ADV_H 的变体在以上方言中并不存在，因此，ADV_0 或者是与 ADV_H 无关的一个新格式的一部分，或者在语源上来自 ADV_H。考虑到以下事实，后者实际上更有可能：（1）所有这些方言或者靠近、或者被有 ADV_0/ADV_H 变体的方言所包围；（2）这些方言"阿"与副词和连接词"还"同音。

通过比较泗洪（青阳）、高邮（临泽）和溧水（乌山）方言，可以看出江淮官话型 ADV_0 是如何一步步从 ADV_H 发展来的：

Ⅰ．泗洪　（青阳）：你还去啊？
Ⅱ．高邮　（临泽）：你还/阿去啊？
Ⅲ．溧水　（乌山）：你阿去啊？

这三个方言代表了发展的三个阶段，起始阶段的代表是泗洪（青阳），只使用"ADV_H-VP"式；高邮（临泽）占据了中间阶段，原形 ADV_H 和新产生的弱化形 ADV_0 同时存在；溧水（乌山）代表了最后一个阶段，ADV_H 和 ADV_0 之间不再游移不定，后者完全代替了前者。

这些方言在不同阶段的分布模式如下：洪泽湖北面的所有相关方言代表了起始阶段，第二个阶段的大部分方言都分布在洪泽湖和长江之间的地区，最后一个阶段的方言只出现在长江以南。这样的分布模式说明南部地区的方言发展得最快，中部地区的相对来说慢一点，而北部的发展最慢。

3.4.3　吴语型"ADV_0-VP"

这种类型是指"ADV_0-VP"中的 ADV_0 不能追溯到"还"，它的名称已经说明这种格式主要流行于吴方言,特别是常州地区的东面。更准确一些,所有使用这一格式的方言都在苏州、无锡和上海地区范围内。这些方言有苏州、无锡、昆山(玉山、千灯)、吴江(梨里、盛泽)、常熟、宝山(罗店、霜草墩)、上海市区、张家港、江宁和武进(三河口、焦溪)。

实际上以上方言中的 ADV_0 的读音基本都是[aʔ]("阿"),只有张家港和江宁是例外,分别读作[əʔ]和[ɪʔ]。大部分方言中的完成体式是"阿曾",如苏州、昆山(千灯)、宝山(罗店)的[ã],常熟和武进的[əŋ],无锡的[ən]以及武进的"阿宁",例子见下:

(178) 该个朋友耐阿认得?(苏州)
(179) 下半天[ɪʔ]去洗冷浴?(武进三河口)
(180) 阿吃啥点心?(上海)
(181) 伊阿是学生?(宝山霜草墩)
(182) 伊阿宁来?(吴江盛泽)
(183) 他[ɪʔ]是学生则啦?(江宁)
(184) 阿曾吃饭?(昆山玉山)
(185) 他[ɪŋ]/[əŋ]来勒?(江宁)
(186) 渠阿晓得?(常熟)
(187) [əʔ]有格本书?(张家港)

在武进(焦溪)和张家港方言中,"ADV_0-VP"式分别与"VP-neg-VP"和"VP-neg"并存,在上海和宝山(霜草墩)方言中,"ADV_0-VP"同时与"VP-neg-VP"和"VP-neg"并存,而在所有其他的方言中,"ADV_0-VP"都是唯一的中性问句格式。

关于吴语型 ADV_0 的语源,虽然毫无疑问我们还缺少必要的证据来得出结论,但以下的事实使我们认为 ADV_0 来源于 ADV_K,而不是 ADV_H:(1)在所有上述方言中,"还"字的读音与 ADV_0 都完全不同,例如,苏州方言的"还"读作[fiɛ],而 ADV_0 读作[aʔ],这与江淮官话中的情况形成鲜明对比。(2)就像 ADV_H 和 ADV_0 在江淮官话里的互换,吴方言中也存在 ADV_K 和 ADV_0 之间的互换。在张家港,[kəʔ]和[əʔ]是自由变体,我们被告知当随意说话和加快语速时,[kəʔ]很可能变成[ə?],这表明这里的 ADV_0 是一个弱化的 ADV_K。(3)基于内部语音证据,我们可以把苏州方言中"可"的口语音重构为[ka?]。我们曾经讨论过张家港中的情况,可以想象处于非重读音节的[k'a?]脱落声母变成[a?](张敏,1990)。(4)前面我们提到过,吴语中没有"ADV_H-VP"单一型方言,同样,江淮官话中也没有"ADV_0-VP"单一型方言;与此相反,吴语中有许多"ADV_K-VP"单一型方言,也有许多"ADV_0-VP"单一型方言,这种平行性进一步表明 ADV_K 和吴语型 ADV_0 间可能有亲密的关系。

4. 如何给江淮官话中的中性问句分层: 一个"中观史"(mesohistorical)的观点

4.1 并存和层化

自从朱德熙(1985)提出汉语方言中两个主要的中性问句类型"ADV-VP"和"A-not-A"在分布上互相排斥后,许多反例被举了出来说明这不是事实。类型上有区别意义的中性问句格式的并存已经作为不同方言中广泛存在的现象而为人所知,然而,余蔼芹(Yue-Hashimoto,1991)对闽南语的研究可以使我们以句法层积理论来解释并存现象。根据这种理论,我们也可以更全面地理解东南方言中的复杂情况,并给出一个合理的解释。这样,朱先生的意见仍然可以得到支持。

首先应该进一步讨论一下没有并存现象的那些江苏方言,它们中的绝大多数可以归为以下四类:[5](1)位于远离政治/经济/文化中心的偏远地区的方言,如宁国;(2)由于交通不便等原因与外界联系不畅的地区的方言,如江苏北部的"ADV_K-VP"型方言——东台和大丰;(3)很少外来人员,内部相对比较同质的社群所使用的方言,如江苏西北"VP-neg"型的丰县和沛县方言;(4)在语言上过去有高度声望的,倾向于保守并抗拒外来影响的方言,如前苏州府地区的方言。总之,不允许并存的方言要比那些允许并存的方言内部要更加同质。

很明显,朱德熙(1985)提出的意见是根据对内部相对同质方言的观察,但是不能就此批评这个意见必然是倾向于索绪尔的语言同质观假设而忽视真实语言中的异质现象,与 Labov 观点相同的语言学家(比较 Weinreich 等,1958;Xu & Wang,1987)很可能提出这样的批评。朱先生(1987)曾经把研究水和研究语言做过一个类比,以说明他在这方面的立场。他说自然世界中并没有所谓"纯净水",我们所有的只能是"不纯的水",比如海水、雨水甚至肉汤。化学家研究海水,在着手研究真正的海水之前,可能首先从研究蒸馏水开始,蒸馏水当然是同质的。同样,当我们面对令人困惑的语言现象时,一个语言学家有充足的理由首先调查相对同质的例子,在发现一些规律之后,再进行更全面的调查。从这个角度看,研究同质现象而得出的观点,其重要性也就不言而喻了。

不用说,自然语言中不只有整齐的规律,就像海水中不只有 H_2O,一个动态的视点对我们理解实际的语言例子就非常重要。从这方面说,余蔼芹(Yue-Hashimoto,1991)对闽南话中句法层次的研究有了非常重要的突破,这一研究表明在一个方言中并存的不同格式应该归于历时或空间的不同层次。此外,并存系统应该被看作是语言接触或语言扩散的结果;而没有并存的系统,或者反映了未发生句法变化的方言,或者代表了潜在变化的起始阶段。当一个内部变化或由接触导致的变化终于开始后,不同的层次将出现,以调和有不同历史深度并互相竞争的格式。

余蔼芹成功地论证了闽南话中不同中性问句格式的层积过程,这一点鼓舞了我们尝试研究江淮官话中"V-not-V"的层积。我们当然希望我们的结论也能像闽南语中的一样整齐清楚,然而,我们很快就意识到达到这 点非常困难。当分别处理不同的方言时,我们本希望能把不同的并存格式划为不同的层次,可是在一个方言中,资料表明的只是不同格式使用时的偏好度和使用频率的差异。例如,我们知道在泗洪方言中的三个并存格式中,"ADV_H-VP"具有优先权;在六合(新集)方言中,"ADV_H-VP"没有像"ADV_K-VP"那样受偏好,但要强于"A-not-A"式;在扬州方言中,"ADV_H-VP"比其他两种格式——"ADV-VP"和"A-not-A"——不受偏好得多,实际上,它使用得非常少,很多当地人经常意识不到这种格式的存在。

必须承认,这样的区别也可以用于区分历史层次,但情况并不总是这样。一个方言中最受偏好的格式结果证明是一个最近的创新,这种现象绝不罕见:北京话中今天最流行的中性问句并不是本土的"VP-neg-V"式,而是外来的"V-neg-VP",这一格式在200年前的《红楼梦》中还不存在(张敏,1995)。江苏方言中,可以注意到即使是同一方言内部,某一格式的偏好度也有所变化。以句容和高邮方言为例:句容的古邳镇,"ADV_H-VP"在三种格式中使用最频繁,而在姚集这个距古邳镇仅仅几里的一个乡里,偏好的格式却是"ADV_K-VP","ADV_H-VP"是最不受偏好的。由于这两地方言没有任何其他重要的差异,我们没理由认为"ADV_H-VP"在一个地方是本土的,而在另外一个则不是。同样的情况在高邮方言中也可以看到,在这个方言的临泽,"ADV_H-VP"比"ADV_K-VP"更流行,而在张叶沟,"ADV_K-VP"比"ADV_H-VP"流行。

当我们试图以一个更开阔的观点为江淮官话中的层积历史寻求一个统一的解释时,发现自己面临的是一个非常困难的任务。这是因为就中性问句系统而言,江淮官话作为一类方言其内部要比闽南话更异质,这大概是由于江淮官话更容易受到外来的影响(例如北方官话和吴语)。闽南话中,绝大多数方言偏好"VP-neg";而江淮官话中,"ADV_K-VP""V-neg-Vp""ADV_H-VP"和"VP-neg"这四种格式都有可能受到偏好或被单独使用。这样,当我们试图从许多不同的并存格式中辨别出一个本土的格式——或者可以说是原始江淮官话,我们面对的是一个复杂的两难局面:无论把哪个格式看作是本土格式,都很难解释其他的格式。

虽然我们可以把后两个格式当作是受其他方言的影响而排除在外,仍然有两个格式可以看作是本土的。吴语中也存在同样的问题,我们很难把"ADV-VP"作为唯一的本土格式,虽然在某些吴语中它是唯一的中性问句格式,这是由于使用这一格式的方言只占吴语地区的很小一部分:在江苏省,有三个"府"(明清的行政区域)说吴语,而"ADV-VP"只在苏州府流行;浙江全省都说吴语,却没有一个"ADV-VP"型方言。同样我们也很难声称"VP-neg"是吴语唯一的格式,因为苏州及其附近地区决不使用这一格式。总体上,在20世纪初上海话的地位上升以前,苏州话曾经作为标准吴语拥有很高的声望。

这样,我们似乎无路可去,只能承认像江淮官话或吴语这样的方言群中有一种以上本土格式的可能性。初看上去,这样一种观点似乎很特别,它违反了我们先前的立场。但是如果考虑到中国方言形成和发展的历史,厘清一些目前为止已被承认的基本概念,我们将免于这一困境,江淮官话中的复杂情况也会清晰起来。在这里,起重要作用的概念就是时间尺度(time scales)(Wang 1978)。

4.2 时间尺度和本土格式

正如王士元(Wang, 1978; 1990)指出,在语言历时研究中有必要区分几个不同时间尺度上的变化。语言变化可以通过三种时间尺度来探索,就是微观史(microhistoric)、中观史和宏观史(macrohistoric),本文关注的是前两个。从中观史的角度来看,我们所能见到的只是竞争后的变化结果;而从微观史的角度来看,我们可以观察到正在进行的变化。按这种观点,我们也许可以解决江淮官话中性问句的分层问题。已经完成的竞争,留下的面貌不可避免地将被正在进行的变化所改变,有可能是部分,也有可能是全部。因此,我们只有按照不同的时间尺度分别考察,才有可能揭开其全貌。在本章的剩余部分,我们将从中观史的角度来看看江淮官话的形成过程如何呈现给我们一个相对清晰的轮廓。下一章我们将讨论正在进行中的由接触引发的演变。此外,我们也将讨论从中观史视角所得的观点如何不同于从微观史视角所得的。

首先,我们倾向于相信江淮官话有两种本土的中性问句格式,这意味着江淮官话甚至从它开始产生的时候起其内部就是异质的。为理解这一点,有必要改变我们对"同质性"(homogeneity)和"本土"概念的理解。既然每一种语言都是一个活生生的实体,处于延续不断的运动状态,就绝不会是完全同质的。这样,某一语言也许在某个方面是同质的,但在另一个方面却是异质的;也许在某个时间点是同质的,但在另外一个时间则是异质的。一个语言在它最初的阶段——也就是在经历内部变化或被外来影响之前——是同质的,这只是看起来合乎逻辑;同样,在这些变化现象发生后,同一语言会变得比较异质,这也只是看起来合理。然而,应该强调的是一个语言或方言有可能在它的起始阶段就表现出异质性,也就是说,有"天生异质性"的语言确实存在。

中国的方言学者通常认为江淮官话不应该看作是古代汉语的一个

独立的或者是直接的后代。它从一开始就是异质的;产生于北方汉语和吴语之间的相互影响,它的发展也始终伴随着这种相互影响。根据周振鹤和游汝杰(1986),可以清楚地看出东南方言的来源,在南北朝时期,吴语的北方边界大致与淮河重合,但是到南宋时期向南后退到长江。吴语后退所留下的空隙被中原方言填补,就是今天北方官话的前身。

对我们极为重要的是,这个空隙正好位于今天江淮官话流行的地区,这清楚地指明这一方言的双重来源。至于江淮官话什么时候开始成为一类独立的方言,我们很幸运有一条历史证据,展示了大概在唐朝时期扬州方言的一些面貌。根据丁锋(1985)的研究,《博雅音》是一本大致于隋朝晚期、唐朝早期由一个扬州本地人所写的韵书,其中反映了扬州方言的语音系统,包含了吴语和官话的特点。这表明在那时扬州方言已经有了特别的身份,它既不是吴语也不是北方官话,而是一个独立的新生方言,也就是早期的江淮官话。有历史证据显示,发生在公元800年左右的永嘉之乱,促成了大批移民从北方地区来到今天的江苏、安徽,这一事件可能促进甚至导致了江淮官话的形成。

历史文献材料说明所有三种主要的"V-not-V"问句——也就是"Vp-neg""Vp-neg-VP"和"ADV-VP"——都可以追溯到1000多年前。这三种格式第一次出现在文献中的时间与本文所关注的几个方言历史上的形成时间之间似乎有密切的一致性。最早出现在历史文献中的"A-not-A"式是"VP-neg",可以追溯到先秦时期(张敏,1990),而从古汉语中分离出来的最早的方言一般认为是吴语,另外古吴语中的一些古老特征一般也认为保存在现代的南部吴语,甚至闽语中。与北部吴语相比,这些方言相对来说未受北方影响的感染(周振鹤、游汝杰,1986)。有趣的是,历史最悠久的"VP-neg"也正好是南部吴语和闽语中最普通的格式。我们倾向于相信这种格式大概就是原始吴语(Proto-Wu)在相当早期的阶段从古汉语中继承而来的,从而我们也可以认为这就是原始吴语中性问句的本土格式。

下一个出现在历史文献中的格式是"ADV-VP",它首次出现于东汉,在南北朝时期流行。在东汉文献中,相应的ADV疑问格式更常用来在反诘问句中表达推测意义;因此,严格地说应该把它看作是中性问句标记的萌芽。到了南北朝时期,这个副词终于成长为一个真正的中性问句标记。"ADV-VP"式不仅出现在各种类型的口语文献中,如译经、短篇故事集和个人书信等,甚至出现在了正式的史书中,如《三国志》和《南齐书》。这表明那时"ADV-VP"也许在北方汉语或共同语中已经广为盛行了。

需要指出吴语在南北朝时期经历了第一次大规模北方汉语的入侵,更有趣的是,入侵的主要地区正好与现代"ADV_H-VP"流行的地区重合。当东晋建都于建康(今天的南京)时,北方的移民大部分定居在南京周围,这一地区的土著仍然说吴语,他们并没有分散到吴语的其他地区,如现在的浙江省。今天,南京是"ADV-VP"型地区的中心:"ADV-VP"的分布不超过南京以南50里,在其他方向也不超过200里。很有可能南北朝时北方的移民把"ADV-VP"式带入了北部吴语。

至于"VP-neg-VP"式,虽然它首次出现在秦墓竹简文中,简文使用的可能是一种古代西北方言(Zhu,1990),但它再次出现已是唐朝。根据张敏(1990)的统计,在《全唐诗》中,有超过40个作者在诗中使用了这种格式,而他们中的大部分都是北方人。这样,有足够理由认为"VP-neg-VP"式在唐朝就出现在标准的北方汉语中了。它在现代方言中的流行说明它可能是唐宋时代共同语语法的一部分(梅祖麟,1991),由于有证据表明江淮官话可能在唐代开始独立,事实上"VP-neg-VP"进入江淮官话与这个方言首次形成的时间相同,这可能并不是巧合。

总之,根据我们以上的描述,江淮官话和吴语可能有两个早期的中性问句格式;前者是"ADV-VP"和"VP-neg-VP",而后者是"VP-neg"和"ADV-VP"。我们先暂时不管江淮官话,集中讨论吴语,许多汉语方言学者认为现代吴语应该分成北方(江苏)型和南方(浙江)型(Chao,1967;Norman,1983)。根据Chao(1967)的观察,南方吴语在口语音和读书音之间差异更少,这表示南方吴语比受官话深入影响的北方吴语更纯正。

以我们的观点来看,尽管对北方吴语的影响从来没有停止,直到今天还在进行,但是两种吴语的区分可能是一个相当早期的现象,更准确点,这可能追溯到南北朝时期。永嘉之乱时,第一次大规模的移民流入江苏和安徽,在这之前,或许可以说吴语有非常高的内部同质性。我们推测在吴语分化之前,唯一的本土中性问句格式可能是"Vp-neg",东晋时随着北方移民同时进入吴语的有两方面的变化:一方面是造成了北方型和南方型的分歧,另一方面大概就是"ADV-VP"。江苏和安徽的吴语被深入影响,而浙江的吴语仍然保持原貌,两者开始分化。

实际上在同一时间,长江沿岸地区"ADV-VP"在大多数方言中代替了本土的"Vp-neg",由于"ADV-VP"的进入和北方吴语的形成同时发生,它也就成了北方吴语的一个重要特点,因此可以被看作是北方吴语的本土格式,即使它可能并不是原始吴语的本土格式。这样,由于来源和时间深度不同,在吴语中我们就有了两种本土格式,它们分属不同的层次:属于原始吴语,同时也属于南方吴语的"VP-neg"式;属于北方吴语,但不属于原始吴语和南方吴语的"ADV-VP"式。

回到江淮官话,我们发现它的两个本土格式也可以归于不同的层次。前面已经说过,江淮官话起源于北方汉语和吴语间的相互影响。更准确地说,江淮官话的形成表示两个语言层次的合并,也就是上面一层的官话和底层的北方吴语。吴语同时分化成北方和南方两种类型,北方吴语很可能又进一步分化成两种:一种以长江沿岸为中心,另一种以淮河沿岸为中心。我们可以分别把它们称之为长江型和淮河型。尽管这两种类型都受到北方的影响,但它们可能以不同的方式融入北方汉语的成分。

淮河型方言与北方汉语地区直接相邻,因此受到北方官话持续不断的入侵。而长江型与北方地区并不接壤,北方成分最可能的来源是移民的口语。可以想象"ADV-VP"只进入长江型而没有进入淮河型,只是由于淮河地区没有说"ADV-VP"的北方移民定居。随着时间流逝,北方吴语地区也逐渐缩小,到了隋唐时期,它已后退到长江以南的地区,把它以前的区域让给了新产生的江淮官话。

"ADV-VP"实际上是个"二手"格式,在长江型江淮官话中保留下来。"ADV-VP"在北方吴语和长江型江淮官话中扎根繁荣的时候,北方汉语又兴起了一种更新的中性问句格式——也就是"VP-neg-VP"。由于淮河型与北方官话一直以来都有直接接触,就把这种格式纳入到其系统中。"ADV-VP"和"Vp-neg-VP"这两种格式在江淮官话的起始阶段就已经存在,可以把它们看作是不同层次的本土格式。它们在现代江淮官话中的分布模式可以支持以上思路,大多数"ADV-VP"型方言都在长江沿岸或邻近地区;而"VP-neg-VP"型方言则以淮南平原为中心。更有说服力的是,所有的"ADV-VP"单一型方言都分布在前一地区,而"VP-neg-VP"单一型方言则分布在后一地区。

当然江淮官话中性问句的分布模式并不是每种情况都可以追溯到这样一个早期的阶段,许多情况可以归因为相对晚期的发展,尤其是那些不规则和不对称的。各种各样的变化,无论是内部的还是由接触引发的,持续不断地改变着分布的模式。例如,我们可以证明,长江沿岸许多"ADV-VP"型方言中并存的"VP-neg-VP"格式,是更晚阶段发生的语言扩散的结果,长江沿岸地区发现的以下规律可以清楚地表明这一点:"V-neg-VP"往往存在于大城市中,如在扬州方言中"VP-neg-VP"和"ADV-VP"像是自由变体,而在江都(邵伯)这个离扬州十几里的小镇,"ADV-VP"却是唯一的格式;南京方言中,"V-neg-VP"式的地位似乎已经超过了"ADV-VP",而南京隔江而对的江浦(星甸)镇,"V-neg-VP"却被认为是书面的格式而在本地人当中很少使用。

与此同时,"ADV-VP"式一直在进行北向的扩散,这可以在扬州以北的地区很清楚地观察到,有"ADV-VP"共存的其他类型的方言,主要分布在大运河沿岸。大运河曾经是中国东南部连接南北的最繁忙的高速通道,因此它可能推动了这种格式的扩散。总之,这些后来的发展使已经繁杂的局面变得更为复杂。

由于缺乏更有力的证据,以上所述仅仅是一种尝试性的思考。然而,它却为看似无法说明的复杂情况给出了一个合理的解释。即使本章中的这些详细说明可能最终被证明不准确,甚至全都错了,但我们认为支撑我们讨论的以下理念仍然有其价值:(1)一个方言中的并存格式在历史深度方面有所差别,因此这些格式能够而且应该被归于不同的语言层次;(2)同义格式的并存是语言相互影响的结果。

5. 接触和扩散:一个微观史的观点

在本章中我们将说明,江淮官话中性问句的地理分布如何揭示了语言接触和句法扩散的微观历史,而这种接触和扩散正持续不断地改变着历史事件所形成的局面。我们也将提供证据表明不同层次之间的互动如何产生了一个扭曲的中性问句系统，这个现象类似于 Wang & Lien（1993）所描述的语音变化中的"双向扩散"。

5.1 语言接触和"A-not-A"式的分布

5.1.1 考察"A-not-A"的分布模式，我们可以得出以下结论：在江淮官话，"V-neg-VP"是唯一的本土变体。江苏、安徽北部和江苏南部的"VP-neg"是分别受北方官话和吴语影响的结果。

前面曾提到过，"V-neg-VP"主要分布在江苏中部的广大地区，而"VP-neg"在北部和南部占有优势。可是进一步观察使我们确信后者并不是江淮官话的本土格式。实际上，江苏北部的"V-neg-VP"是北方官话（也称中原官话）的特点，而长江以南的这种格式则是反映了吴语的特征。

5.1.2 在江苏北部，流行"VP-neg"的方言主要限于以下地区：徐州、铜山、丰县、沛县、新沂、睢宁和宿迁。我们可以画一条同言线圈住这些方言，这条线叫作"VP-neg"线。使我们吃惊的是，这条线正好与许多其他的同言线重合，这些同言线按以下语音特征画出：（1）中古的清入和浊入字分别归入阴平和阳平；（2）中古的"醒"韵和"删"韵合并；（3）保留了中古"添"韵和"咸"韵的分辨；（4）齿擦音和塞擦音分成两组。许多北方官话也有这些特点，尤其是山东和河南的方言，但是江淮官话却绝对没有。因此，前面提到的七个地区的方言应该划到北方官话。根据张敏（1990），山东的腹地是典型的北方官话，与江苏北部距离很近，最流行的中性问句格式也是"VP-neg"。

江苏北部地区的情形明显与山东相同，因此，我们可以说"VP-neg"与江淮官话没有关系——至少在江苏北部是这样。毫无疑问，语言接触导致了"VP-neg"作为并存格式而存在于一些北方的江淮官话中，如东海。2.2 节中 B 组方言同时使用"V-neg-VP"和"VP-neg"两种完成体格式，这些方言中的情况都与语言接触有关。而在"V-neg-VP"占优势的地区中（2.3 节），只有沭阳、泗阳和泗洪这三个地区与江苏北部的"VP-neg"地区接壤，那里的方言也因此受到邻近的"VP-neg"

型方言的影响。

值得注意的是，江淮官话也对邻近的北方官话施加影响。江苏北部的大多数 B 组方言是"VP-neg"统治型的北方官话（见 2.2 节，表 2），它们也使用"V-neg-VP"作为并存格式。除了徐州是被"VP-neg"单一型方言所包围外，这个组的其他方言都位于前面所界定的"VP-neg"线的边界附近，换句话说，由于它们与"V-neg-VP"型方言相邻，所以"VP-neg"与"V-neg-VP"的并存应该就是感染的结果。宿迁和新沂两县之内的方言偏好"VP-neg"，而东海县的方言偏好"V-neg-VP"。这种偏好度在老年人中更加明显，这说明以前宿迁和新沂方言曾经是"VP-neg"单一型方言，而东海曾经是"V-neg-VP"单一型方言。

徐州的情况有些不同，虽然在日常对话中当地人更偏好"VP-neg"，但是对"V-neg-VP"的接受度实际上与"VP-neg"相同。此外，对"V-neg-VP"的接受程度明显高于宿迁和新沂。由于徐州不仅是江苏北部最大的城市，还是文化和交通中心，不难想象相对来说徐州方言更容易受江淮官话和普通话的影响，而在这两者中，"V-neg-VP"都是具有统治地位的"A-not-A"问句格式。

5.1.3 虽然"VP-neg"在江苏南部地区比"V-neg-VP"更有优势，但我们仍然有理由把江淮官话中的"VP-neg"归因于其他方言在某个早期阶段的影响——尤其是吴语方言。

观察"VP-neg"的分布，还会有这样的疑问：为什么长江以南的江淮官话使用"VP-neg"格式？还有，在长江以南的江淮官话中，为什么只有镇江附近的方言使用"VP-neg"，而南京地区就不使用？最合理的答案似乎就是前者更靠近吴语，因此更容易受到感染。

毫无疑问，在江苏的吴方言中，本土的"A-not-A"格式就是"VP-neg"，有理由假定吴语不断把它的特点输出到邻近的官话中，其中就包括"VP-neg"。以下几点可以支持这个假设：

（1）江淮官话从邻近的吴语中引入了许多特点，然而，这些引入的特点只是在句容、丹徒、镇江和丹阳的江淮官话存在，而这也正是使用"VP-neg"的地区。与之相比，这些引入的特点很少在非"VP-neg"型方言地区出现，如南京和扬州。下面举一些例子来说明它们是吴语影响的结果。

(a) 镇江方言中下面几个字的读音明显表明它们是吴语影响的结果：

牌	爹	特	常	辰	减	射	壶
[p'a]	[tia]	[tə]	[saŋ]	[sən]	[kɛ]	[sa]	[u]

(b) 在像句容（东昌）、句容（陈武,黄岗）、丹阳（司徒黄庄,司徒固城）、丹徒（大港）等等方言中,大多数中古汉语平声的浊塞音塞擦音读成不送气的清音。如下面例子：

句容（东昌）：长[tsaŋ],虫[tsoŋ]

句容（陈武）：奇[tɕi],排[pɛ],题[ti],柴[sɛ]

丹徒（大港）：头[tei],拳[tɕyõ],天[tĩ]

丹徒（新丰）：爬[pɔ],皮[pi]

这个特点,实际上是不送气的浊塞音、塞擦音的残留,它同样出现在吴语中,如丹阳（市区）和丹阳（珥陵）。(c) 在镇江周围的许多使用"VP-neg"的方言中,许多中古微母字,如"晚""蚊""问""忘""网"等,都发成[m-]音,这通常被认为是吴语的特点。(d) 一些江淮官话偶尔也会区分阴入和阳入,这也明显是吴语的影响,如在句容（袁巷）方言,"滴"的读音是[tɿʔ^{55}],而"笛"是[tɿʔ^{31}]。(e) 有相当数量的吴语特色词,同样也存在于邻近的江淮官话中,如"辰光"（句容、华阳）、"台子"（句容、陈武、丹阳、司徒）、"揩面"（司徒）、"落水"（句容、东昌）、"格=这个"（司徒）、"个=的"（东昌）、"阔""狭"（句容、陈武）。吴语向江淮官话输出了这么多的语音和词汇成分,很容易想象"VP-neg"也以这种方式输出。

（2）丹阳（市区）、溧水（柘塘）和句容（陈武）方言中的情况非常生动地说明吴语中的"VP-neg"式是如何渗透到江淮官话中的。前面第二章中提到过,吴语型的"VP-[f/v-]"和官话型的"VP-[p-]"可以在一个方言的不同点相邻而存,甚至并存于同一个点中。丹阳（市区）和溧水（柘塘）毫无疑问是吴语方言,很明显已经把官话中相应的否定词本土化了。与之相反,属于江淮官话的句容（陈武）方言从邻近的丹阳、金坛和溧水等吴语方言中既借入了吴语型"VP-neg",又借入了这个本土化了的"VP-neg"。句容（陈武）方言的一些地点,如陈武镇和赵庄,只借入了本土化的"VP-neg"格式,而戴庄和陈塘等其他地方则借入了两个,后面这种情况很可能反映了变化的中间阶段。

（3）前面第二章中描述过镇江地区附近的江淮官话所使用的一个特别的完成体"VP-neg"，可能是来自吴语中的"VP-neg"型问句"VP-曾"。而在镇江南面的一些吴语所使用的这个特别的完成体问句"VP-曾"，实际上是"VP-勿曾"的紧缩式，例如：

（188）他昨日来[sən]？（丹徒宝埝）
（189）你家养鸡[sə]？（丹徒宝埝）
（190）他格辰光来[tɕiŋ]？（丹阳市区）
（191）你吃[tsəʔ]饭[tɕiŋ]？（丹阳市区）

吴语型"VP-[sən]/[tɕiŋ]"和附近江淮官话中流行的"VP-[sa]/[sɔ]/[sɐ]/[çĩ]/[xɔ]/[xə]"格式之间的联系很容易发现，比较下面两组问答：前面是吴方言中的例子，而后者是来自附近的江淮官话：

丹阳市区：——他昨五头来[tɕiŋ]？
　　　　——勿[tɕiŋ]来。
丹阳司徒：——他昨日来[çĩ]？
　　　　——不曾来。

江淮官话中的这个格式明显是借自吴语。

（4）口语文献中的证据表明镇江地区的江淮官话早期不使用"VP-neg"。写于十九世纪的《老残游记》，其作者是丹徒本地人，这本小说反映了许多作者母语的特点，其中性问句有"ADV-VP""V-neg-VP"和"VP-neg-VP"这几种格式（最后一个大概是受当时官话的影响），却没有一个"VP-neg"的例子。这个事实说明这个地区的江淮官话方言使用"VP-neg"大概是一个相当后起的现象。

在长江以南的一些方言，我们还可以直接观察到吴语和江淮官话相互影响的情况。2.4.1节表5的Ⅳ排中，我们分别列出例子表明吴语和江淮官话中否定词的两种形式（[p-]和[f-]），可以作为自由变体用在"VP-neg"格式中。这明显是吴语和江淮官话语言接触和相互影响的结果，因为在这个地区这两个方言是相邻的。虽然学者们普遍认为上述方言中的大多数属于吴语，或至少起源于吴语，但是这么多非常明显的官话特点存在于这些方言的语音、词汇和句法系统中,如何在共时平面上划分这些方言一直困扰着方言学者们。

这里以丹阳和句容(陈武)方言为例。前者毫无疑问是一个吴方言,但是它已经官话化到了失去浊辅音的程度,而一般认为浊辅音的保存是吴语最基本的特点。此外,它还接受了一套肯定是官话的人称代词系统(也就是你、我、他),在这个地区的农村,如珥陵和皇塘,没有官话型"VP-neg",而在郊区已经借入了含有官话型否定词的"VP-neg"格式,也就是"VP-[pæ]"和"VP-[mæ]"。实际上,这种格式的结构框架与吴语中相应的格式"VP-[fæʔ]"和"VP-[tɕən]"是相同的,只是否定词来自官话。

句容(陈武)方言中的情况有些复杂,有的学者认为这个方言是江淮官话,在一些地点,如赵庄(黄岗)和陈武镇,只有官话型否定词;而在陈塘和戴庄,官话型和吴语型都存在。可是,应该注意在陈塘和戴庄,吴语方言特有的格式只用于未完成体格式中,完成体格式只有"VP-[sa]/[xə]/[xɔ]"一种,这种格式只存于镇江周围的官话里。由于陈武方言中所包含的官话成分要多于丹阳方言,目前还不清楚这种情况到底是官话影响了吴语,还是吴语影响了官话。

5.1.4 以下证据说明"V-neg-VP"并不是长江以南方言中的本土格式:(1)在这个地区的所有方言中,更普遍也更偏好的格式始终或者是"VP-neg",或者是"ADV-VP",甚至是这两个。许多被调查人告诉我们"V-neg-VP"式"听起来更时髦","很少被老一辈人使用"。(2)在许多方言中,"V-neg-VP"的应用非常有限,例如,在丹阳(司徒、黄庄)方言中,这种格式只用于未完成体问句,完成体问句必须用"VP-neg"式。虽然句容(华阳)方言中,包含单音动词的"V-neg-VP"可以说,但包含"V-O"双音节动词的听起来很不自然,有时甚至完全不可接受。这可以用下面几个例子说明:

(192)昨个去没去啊?
(193)房间里热不热?
(194)这个人你认不认得?

（195）去不去洗澡？

这个地区方言中使用的"V-neg-VP"式有几个可能的来源：（1）标准官话的影响；（2）与周围经常使用"V-neg-VP"的江淮官话接触的结果，也就是南京和扬州方言；（3）受上海话的感染，上海话过去曾经是纯粹的"VP-neg"方言，但是最近接受了官话和浙江省方言中的"V-neg-VP"式，上海话很可能再把这种中性问句格式再传到其他的吴方言中。

5.1.5 以上的证据可以得出这个结论：江淮官话中唯一本土的"A-not-A"格式是"V-neg-VP"。更准确地说，"V-neg-VP"是北部江淮官话中唯一的本土格式，北部江淮官话指的是江苏中部地区的方言。而分布在长江南北两岸的南部江淮官话中存在的"V-neg-VP"应该看作是受北部的影响。事实上，南部江淮官话中唯一的本土格式可能是"ADV-VP"，一些长江以南的江淮官话中正在流行的"VP-neg"可能是从邻近的吴语中借入的。

5.2 竞争性演变（competing changes）和层次之间的互动

某一方言多个格式的并存毫无疑问是语言接触和扩散的结果。张敏（Zhang, 1995）表明，在晋语、北京话和江淮官话中，中性问句的并存反映了开始时间不同、相互竞争的句法变化。一个方言中的中性问句系统，在发生任何变化之前，只使用一种格式。当由内部或外部原因导致的变化引入另一个新格式时，两种格式开始竞争。其中一种可能最后胜出，把另一种驱出这个方言，或者两种格式最终并存于这个方言中。如果还有变化发生，接下来的竞争更加激烈，这种竞争在包含三个格式的两种变化之间展开，通常会导致不规则和变异。

Hsieh（1989）和 Her（1991）借用了语音学中的"规则互动"（rule interaction）这个概念，把它应用到句法研究中。他们区别出两种类型的规则互动：互补和竞争。如果不同规则应用的范围没有交错，那么规则处于"互补"状态；而如果它们的范围相互交错或重合，那么就处于"竞争"状态。竞争的规则开始互相冲突，如果一个规则的运用排挤了另一个规则,规则间将形成"流血"局面;反之它们将形成"共谋"。

我们可以借用上面这个概念,并进一步把它们用于分析不同方言中性问句的句法演变。在这里,相互作用不是发生在规则之间,而是在不同的格式之间,或不同格式所代表的不同层次之间。两个或更多的并存的中性问句格式不可能处于"互补"的关系中,因为它们的应用范围互相重合。换句话说,它们总是处于竞争中。通常竞争的格式会互相冲突,有趣的是,我们有时也会观察到有时这些格式也会形成有"共谋"特点的关系。

通常一个方言使用一种中性问句格式时,这种格式会被同时用于完成体和未完成体中。如果这个方言同时使用另外一种问句格式(两种格式在竞争),我们会猜想两种并存的格式会按使用频率或文体风格的偏好(如书面和日常惯用等的不同程度)显示出种种不同,进而可以根据这些格式的不同特点把它归于不同的语言层次中去。可是,在宿迁(龙河),盱眙(水冲巷)和句容(华阳)方言中,虽然同时使用"ADV-VP"和"A-not-A",可是"ADV_H-VP"只能用于未完成体问句中,完成体问句必须用"A-not-A"来表达。这样,这些方言中的"ADV_H-VP"作为不完整的格式不能代表一个单独的语言层次。例如,在盱眙(水冲巷)的较老一代人中,唯一的未完成体中性问句是"ADV_H-VP",而唯一的完成体是"V-neg-VP",就形成了如下这种不平衡的格局:

未完成体	完成体
(196a)你还吃羊肉[ɛ]?	(196b)*你还吃过羊肉?
(197a)*你吃不吃羊肉[ɛ]?	(197b)你吃没吃过羊肉?

这两个并存的格式一定是来源于两个不同的语言层次,然而,由于按照体貌特点,这两者之间形成了功能上的差异,也就是说这两种格式实际上是处于互补的分布,因此从共时上看这两个层次看起来已经合并成了一个。与此相似,宿迁(龙河)的老年人可以用两种格式来表达未完成体疑问句——"ADV_H-VP"和"ADV_K-VP"(更偏好前者),但是表达

完成体疑问句却只有一种格式，就是"VP-neg"：

      未完成体   完成体

（198a）你还去看电影？   （198b）*你还看拉这个电影？
（199a）你可去看电影？   （199b）*你可看过这个电影？
（200a）*你去看电影不？   （200b）你看过这个电影[mae]？

在这个方言中"ADV-VP"（包括"ADV_H-VP"和"ADV_K-VP"）和"VP-neg"处于互补分布的关系中。

    从历时的角度来看，所有并存的格式，包括那些"不完整"的，一定有不同的时间深度，来自不同的层次。对上述不平衡现象的一个合理解释就是不同来源的两个并存格式之间的竞争导致了这种结果。我们可以设想某一方言在较早阶段只使用一种格式来表达中性问句。毫无疑问这种格式既可以有未完成体，也有完成体。我们把这种格式标为 A，未完成体和完成体分别标为 A1 和 A2。随着时间流逝，产生了一种新格式 B 并从邻近方言或某种权威方言中侵入进来。B 式开始与 A 式竞争，理论上竞争可以导致以下四种可能的结果：（1）其中一种彻底胜利，失败的一方最终消失或被排挤出这个方言。（2）其中一种只是部分胜利，失败者并没有被完全排挤出去，它作为并存形式保留在方言中，只是地位要低于胜利者。（3）二者不分胜负，也可以说都是胜利者，竞争没有改变这两种格式，它们以平等身份并存于方言中。（4）二者同样身份平等，但是可以说都是失败者，竞争的结果是每一格式都丧失了它一半的功能，并且呈现出互补的局面，比如如果 A 式丢掉了 A1，相应地 B 式就会丢掉 B2，而如果 A 式丢掉了 A2，那么 B 式就会丢掉 B1。以上四种可能性可以用下面的公式来表示：

    [1] {A1, A2} or {B1, B2}
    [2] {A1, A2}＞{B1, B2} or {B1, B2}＞{A1, A2}
    [3] {A1, A2}＝{B1, B2}
    [4] {A1, B2} or {B1, A2}

第一个公式代表了北京口语和云南的西南官话中的情况。北京话中本土的"V-not-V"疑问格式是"VP-neg-V"，在明代，"ADV-VP"随着洪武帝朱元璋和他的军队侵入了北京话，朱元璋是安徽人，那里正是"ADV-VP"流行的地区。但是，过了一段时间后，"ADV-VP"最终从北京话中消失了，在现代北京口语中，完全没有它的踪迹（张敏，1990）。因此，这个例子反映了{A1，A2}这种情况。与之相比，在西南官话中，本土格式应该是"A-not-A"，却采用了洪武帝的大军和从江苏、安徽的移民带来的"ADV-VP"式，云南方言完全放弃了它的本土格式（张敏，1990）。这个例子表明的是{B1，B2}这种情况。

　　第二个公式概况的情况是方言中两个或更多的并存格式有一些功能上的差异，如淮安、新沂（新安）、南京、丹徒（宝埝）、丹阳和其他的一些方言。第三个公式有一个很好的例子，就是汕头方言，两个并存格式"A-not-A"和"ADV-VP"是自由变体（Zhu，1990）。最后一个公式准确地表述了盱眙（水冲巷）、宿迁（龙河）和句容（淮阳）方言中的不对称的中性问句系统。

　　以上所描写的情况可以更好地用王士元和连金发（Wang & Lien，1993）提出的词汇扩散的修正理论来解释。根据这个理论，"除了语音的移借以外，词汇的移借也可以看到并存系统的互动。一个外来的成分完全本土化之后，就很可能失去外来的风味。就是说，方言或语言的区分变成功能的区别"。他们在那篇文章中有力地证明了不同层次的语音规律会互动。例如，在潮州闽南话中，两个并存的系统——文读层和白读层——会相互影响，结果是一种类型中文读的韵母渗入白读的调类范畴，而另一种类型中白读的韵母渗入文读的调类范畴，这种情况可以叫作"双向扩散"（bidirectional diffusion）。

　　有趣的是，本文的研究表明句法变化也表现出与语音变化相似的双向扩散。我们认为苏州方言中的"ADV-VP"实际上是借自于江淮官话，这一借入的格式与本土的"VP-neg"处于并存关系。在起始阶段（包括未完成体和完成体）并存，并没有相互影响。当开始互相影响后，两个层次也相互融合。结果，每一层次都输出一半格式到另一层次中，而保留另外一半。总之，令人兴奋的是，本文提供的证据说明双层扩散理论不仅能解释语音变化中的不规则现象，还可以解释句法变化中的不规则现象。

注释

① 本文中,一个"方言"(dialect)是指按地理划分的群体内部所使用的某一言语系统,在结构上与其他系统相似,同时又有所区别。使用这一方言的群体可以大到一个县,小到一个村庄,实际上,它也有可能仅仅包含一个村庄的一部分。此外,两个方言之间的差异也可能大到无法交流,或者小到一般人几乎感觉不到,很清楚,这种"方言"的概念比一般意义上的要宽。总之,本文所使用的"方言"可以指一个大方言区,也可以指某一"方言点"。

② "V-not-V"问句指的是汉语方言中与北京话"VP-neg-VP"疑问句型相对应的任何疑问形式,更准确地说,任何疑问句,只要满足以下条件,就可以看作是"V-not-V"问句:(1)在语义上,表达的疑问意义在先设上是中性的,也就是就疑问的表述来看,对其回答并没有任何预期;(2)在句法构造上,或者是一个动词词组(VP)的肯定式和否定式的并列形式——本文以"A-not-A"表示,或者是一个疑问副词附加于动词词组——本文以"ADV-VP"表示。"A-not-A"式可以进一步分为三个小类:"V-neg-VP""VP-neg-V"和"VP-neg"(参看 Yue-Hashimoto 1993)。

③ 我们在对"V-not-V"型进行分类时,并未考虑完成体格式,这样做的理由主要是这些完成式一般在类型上并不重要。

④ 在许多例子中,频率和优先度是基于被调查者自己的报告。虽然作者曾尽量修正调查结果(主要是通过直接观察和询问其他被调查者),还是有必要谨慎理解其中的度。

⑤ 前面三类之间有些重合。

参 考 文 献

丁锋　1985　博雅音研究,江西大学硕士论文。

黄继林　1989　略论扬州方言的历史演变,《扬州史志》。

梅祖麟　1991　唐代宋代共同语的语法和现代方言的语法, *Proceedings of the Second International Symposim on Chinese Language and Linguistics.* Taipei：Academia Sinica.

钱乃荣　1989　现代吴语中的是非问句和反复问句,《文字与文化丛书》,北京:光明日报出版社。

杨亦鸣　1989　睢宁话反复问句的类型,《徐州师范学院学报》4。

余蔼芹　1988　汉语方言语法的比较研究,《"中研院"历史语言研究所集刊》59:1。

张敏　1990　《汉语方言反复问句的类型学研究:共时分布及其历时蕴含》,北京大学博士论文。

周振鹤、游汝杰　1986　《方言与中国文化》,上海:上海人民出版社。

朱德熙　1985　汉语方言里的两种反复问句,《中国语文》1。

Her, One-Soon 1991 "Interaction of Syntactic Changes." *Proceedings of IsCLL II*. Taipei: Academia Sinica.

Hsieh, H.-I 1989 "History, Structure, and Competition." Paper presented at the 8th International Workshop on Chinese Linguistics, POLA. Berkeley: University of California, March 20 – 21.

Wang, William S.-Y 1967 "Conjoining and Deletion in Mandarin Syntax." *Monumenta Serica* 26.

——1969 "Competing Changes as a Cause of Residue." *Language* 45.

——1978 "The Three Scales of Diachrony." In *Linguistics in the Seventies: Directions and Prospects*. Edited by B. Kachru. N.p.: University of Illinois.

——"Theoretical Issues in Studying Chinese Dialects." *JCLTA* 35.1

——and Lien, Chin-fa 1993 "Bidirectional Diffusion in Sound Change."In *Historical Linguistics: Problems and Prospective*. Edited by Charles Jones. London: Longman.

Yue-Hashimoto, Anne 1991 "Stratification in Comparative Dialectal Grammar: a Case in Southern Min." *Journal of Chinese Linguistics* 19.2.

——1993a "The Lexicon in Syntactic Change: Lexical Diffusion in Chinese Syntax." *Journal of Chinese Linguistics* 21.2.

——1993b "Language Contact and Linguistic Change: Recent Development of the Southern Min Neutral Question Forms." Paper Presented at the 2nd International Conference on Chinese Linguistics, Paris, June 2, 3 – 25.

Zhu, Dexi 1990 "A Preliminary Survey of the Dialectal Distribution of the Interrogative Sentence Patterns V-neg-VO and VO-neg-V in Chinese." *Journal of Chinese Linguistics* 18.2.

Zhang, Min 1992a "An Investigation into the V-not-V Question Forms in Southeastern Mandarin." A final report submitted to the National Endowment for the Humanities for the Project of Comparative Chinese Dialectal Grammar. Seattle: University of Washington.

——1992b "A Survey of V-not-V Questions in Southwestern Mandarin." A final report submitted to the National Endowment for the Humanities for the Project of Comparative Chinese Dialectal Grammar. Seattle: University of Washington.

迎接一个考证学和语言学结合的汉语语法史研究新局面

梅 广 著

本届汉学会议大会分派给我的工作是针对"古代汉语语法的发展"小组的论文做一个综合性的讲评。我很感谢大会给我这个机会公开发表一些个人有关汉语历史语法研究的想法。严格说来，我在这个专业领域还根本称不上专家，但是由于个人的兴趣以及研究和教学的要求，这些年来我虽不以此为研究重心但也没有完全离开这个领域，对于汉语的发展也累积了一些看法。我一向认为要真正了解一个语言，它的历史层面是不能不顾到的。不是说共时研究得要建立在历时的基础上，而是共时研究也有观察的角度和视野的问题，有时必须把语言放在它的历史背景去看，才明白其究竟。[①]我相信一旦大家有此认识，语法史应当能吸引更广大的汉语语言学研究者的兴趣和关注。只是过去我对汉语发展的看法都限于在课堂上讨论，从没有正式发表过论文，很少有机会向这方面的学者专家讨教，知道的人也就不多。因此对我来说这是一个非常难得的机会。

我的语言学专长是汉语句法学，二十多年来，兴趣所及，也做了一些台湾南岛语的句法调查。最近十年研究重点又转到藏缅语的领域。句法问题是相通的，对任何一个语言结构的了解必然对别的语言结构有所启发，何况藏缅语和汉语还是同属一个语系的语言。由于藏缅语的启发，我对现代汉语句法的功能范畴有了更深的认识，进而对这套功能范畴——包含情态、动貌等——在历史上的演变也有了一个新的认识角度。因此我的句法研究方面虽广，倒不至于弄成一个大杂烩局面。反而我认为自己很幸运，因为对句法学家来说，比较句法(comparative syntax)其实是研究的基础，而我能够有这样好的机会同时接触到多种不同类型的语言，这样的研究境况是令人艳羡的。

作为一个中国语法学家,我觉得还享有一个其他语言传统所没有的优势,那就是我们的语言背后还有将近四千年从未中断过的文字记录跟它衔接,充分反映汉语语法每一个阶段的发展实况。所以我一直都希望能够使汉语历史语法如同藏缅语和南岛语一样成为我语法研究的一个专长领域。但是这有实际上的困难。历代典籍卷帙如此浩繁,要从里面找到我所要的语法史资料而加以利用,是专业语法史家的工作。从事历史语法研究的学者都是很专业的,因为他们必须在资料工作上投入非常多的时间和心力。这不是适合我的工作。我始终自认在这个研究领域中不是专家,因为我实在没有在资料上下过多少工夫。然而,只要这个资料获取的门槛能够降低,使汉语历史语法成为个人语法研究的一个环节的梦想是有可能实现的。

我们的世界正进入一个新的纪元,而在汉语史研究,特别是历史语法的研究上,随着资讯科技的广泛应用,我们也面对着一个研究的新局面。近年两岸学术界在推动古籍数位化的工作上都分别取得优异的成绩,而照这个数位典藏工作的开展进度看,不必等多久我们就能把所有文献资料储存在汉语资料库中,而且不断让新资料随时加入。试想这对研究将会提供多大的方便。过去研究汉语史由于没有完善的检索工具,对资料的掌握非常不容易,为了一个系词"是"出现的上限问题就可以讨论三四十年。如今,资料收集这个准备工作可以在几分钟内完成,而且可以保证做到没有遗漏的完整地步。过去做不到的,如针对某个用法做量的分析,现在则变成一桩轻而易举的事。不但如此,有了电脑的工具,研究者还可以设计自己的程式来向语料求证某种可能存在的结构关系。如果善于利用这个工具,那么对一个汉语史的研究者来说,找资料就如同探囊取物。事实上,具体的成果已经有了。在本讨论小组发表论文的魏培泉和刘承慧两位先生都参与"中研院"数位典藏工作,他们目前研究状况可说是进入旺盛阶段,从他们近年的研究成果也可以看到语料库的效应已开始发挥出来了(参考刘承慧1998)。

在汉语历史语言学这个领域中,历史语法研究算是规模最小,但也是最具特色的。其他学科,如声韵、文字和训诂,在台湾都有足够的人数可以成立学会,定期举办会议进行学术研讨和交流。唯独历史语法没有学会,因为从事这方面研究的人还太少,成不了气候。我想在台湾真正做历史语法的人,包括研究生在内,大概不会超过十个。大陆方面,人数自然会比较多,但是印象中可能也不是很多,起码固定的专业人数似乎不是很多。这情况的形成跟历史语法这学科不是一门中文系的核心课程有绝对关系。其他比较传统的语文学科向来都是中文系的必修课程,而历史语法不是。在台湾,开设历史语法课的中文系只占极少数,而且几乎都不是固定开设,因此历史语法这个专业在台湾可以说没有市场,自然就吸引不到很多人才。这样看来,未来若要推动历史语法研究,使它的发展势头到达所谓临界量(critical mass),如果没有大学中文系在课程方面的配合,恐怕就很难达到目的。

  历史语法研究虽然一直存在着人手不足的问题,不过整个说来,它却维持着很高的研究水平,这是我认为它有特色的地方。要维持这样一个研究水平是很不容易的,声韵学、训诂学这两个研究领域都还没有建立共同的学术标准,因此他们的研究人员虽多,水准却参差不齐。而历史语法之所以能够维持这样一个水平,我认为梅祖麟先生是最大的功臣。这三十多年来梅先生一直主导着整个汉语历史语法的研究,而且从来没有一刻放松过。从他早期研究上古汉语,后来研究中古汉语,一直到近年专注于唐宋共同语以及方言语法史,他在每一个领域都有特出的发现。特别是中古以后,他所考辨得到的语言事实往往都成为引领其他学者寻索的凭据。最近越来越多人对方言史,特别是闽语方言史发生兴趣,我相信这也多多少少受到梅先生的影响。对于这个研究领域,我感到略为不足的是,我们已经有了不少可靠的语言事实,只是还缺少能够把这些事实贯串起来的架构;就是说,我们还看不到这个森林大致的景象。语言是成体系的,语言的演变往往牵一发动全身,因此宏观和微观的探讨都同样重要。除了考订事实之外,似乎我们还需要在解释事实方面多做一点努力。这就是我认为语法学家可以做出贡献的地方,也就是我在题目上说的考证学和语言学结合的意思。

  现在我可以把写这篇评论文章的用意说得更清楚了。我无意在这里发表一篇历史语法的学术论文。我的目的不在此。我只希望借由我对汉语史研究的一点了解把这个领域介绍给中国语言学界,以鼓动更多语法学者参与历史语法的研究。我认为这个领域具有某些独特的研究价值,可以借由汉语的历史发展线索,提供给研究汉语语法特别是从事汉语语法理论建构的语言学家开阔的视野和适当而平衡的思考角度。汉语语法理论和历史语法应当相辅相成,合则两利,隔则两失。

那么宏观的语法史研究会是什么样子呢?简单的说,宏观的语法史研究认为同一时期的语法演变可以找到一些共同点或共同特色,甚至还可以找到大的共同趋势。这样的共同发展趋势,Sapir 在他的《语言》Language 一书中(第 7 章)称为"漂流(drift)"。②这里所谓"同一时期",必须稍加说明。如果要从语法演变中找共同点甚至共同趋势,则它的时间切面必不能太窄。正如水中的漂流物在同一时间内流向未必一致,历史较短的语法演变也未必能找出它的发展类型。一个共同趋势的形成是需要一个很长的历程的。因此这样的研究往往只有在具备丰富而长远的文献记录的条件下才有可能,而在这方面汉语的优势是无与伦比的。无论从事任何研究,我们都应当首先知道本身具有哪些优越条件以资利用。研究汉语而希望能对世界学术有所贡献,也应当知道本身的优势在哪里。然则宏观语法史研究的重要性就不言而喻了。

微观与宏观的研究同样不可偏废,然而从方法学的角度看,则宏观微观之间,虽无轻重的不同,但亦有先后之别。即使做微观研究,现象之间的关系仍不能不探讨。然而在一个演变过程中,我们发现 A、B 是有关联的两个现象,但是 A 现象和 B 现象究竟存在着什么关系,往往很难用事实去证明。这时就需要从发展趋势的宏观角度来做研判。举例说,上古汉语的动词常有自动(不及物)和使动两种用法,但没有形式上的区分,动词的自动或他动往往视动词后是否带宾语而得知。例如"去"是自动,"去之"则是使动,有"除去"的意思。代词"之"的出现使动词的词性得以确定,而这也是代词"之"的一项功能。到了中古时期,使动的用法衰落而使成复合结构(用动词"使"或"令"加自动动词表使成)流行起来。这种致使式(如"使去")不必靠代词宾语标示其及物性。事实上中古汉语也没有相当于"之"的代词宾语——这时候这个上古时期的代词已趋于没落。显然代词"之"的没落和致使式取代使动是密切关联的。但是到底哪个影响了哪个？是致使式的流行导致代词"之"的没落还是反过来：代词"之"的没落使得使动用法被淘汰？乍看之下，这好像是鸡生蛋还是蛋生鸡的问题。魏培泉(2000b)认为答案是后者——代词"之"的没落是导因，但他并没有提出确切明白的理由。然而从宏观的角度看，中古致使结构的发展正是本文要讨论的从上古到中古语法发展大趋势的一个最重要的指标，自然是它影响了代词"之"的使用，而不会是反过来。[③]

上古汉语之于中古汉语，大致上等于文言白话之分，彼此的差异是很大的。我在下面还要指出，这根本是两种不同类型的语言的差别。从上古到中古，汉语的发展是从一种类型的语言演变成另一种类型的语言。如果我这个类型转变的观点是对的话，这就完全符合宏观研究的基本假定，就是说，这样的发展必定有一个共同趋势，甚至还可能有一个中心的结构机制作为发展的主导，而不会是一种零碎散乱，没有关连，没有互动的发展。因此，虽然从秦汉历经六朝七八百年间汉语结构起了空前的变化，但这基本上都是反映着一个共同趋势的变。只要能掌握这个共同趋势，也就能看到一些个别的发展其实是互相关联的，也就更能摸清楚它们的来龙去脉。如果个别的发展能从一个共同发展趋势加以解释，这同时也保证了我们的宏观研究的成功。

使成结构的发展恐怕算是汉语史讨论最多的一个历史语法现象了，自从王力以后，数十年来，研究者络绎不断，累积的资料也很可观。最近刘承慧和魏培泉各有一篇研究这个题目的论文(《试论使成式的来源及其成因》(刘承慧 1999)，《说中古汉语的使成结构》(魏培泉 2000a))，对这个复杂问题做了更深入的探讨。刘文着眼于上古到中古汉语动补复合形式的发展，而魏文则对同时期各种并存的结构有更详尽的描述。动补复合是跟并列相对的主从结构。[④]主从结构的发展是汉语两千年来句法演变的主体，就是我上面说的共同发展趋势，所以我的讨论就从这两篇论文开始。为了简便，下面称刘文为《使成式》，称魏文为《使成结构》。

《使成式》一文的主要意思是说,从上古到中古,使成式的发展是有脉络可循的,它只构成中古具有因果意义关系的众多动补复合词的一部分,除了使成式,中古动补复合词还有四个来源,"有两种发源于东汉以前,另两种是东汉到南北朝间经由重新分析而产生的使成复合动词"。关于最后两种,刘文认为来自上古的"击破"和来自汉以后的"移动""澄清"原来都是并列结构,发展到后来,就被看成动补结构。我认为这个看法是正确的。这就好像"动摇""摇动"本来都是并列复词。早期白话并列复词有一特色,就是两个成分的次序是任意的,位置可以互调,"欢喜/喜欢""介绍/绍介""破坏/坏破""减损/损减"都是一样,这些形式到了后来才固定下来,或者成为共同语,或者成为方言词。但是在现代汉语中,"动摇"还是并列关系,"摇动"则成为动补关系。这是因为相对于"动"这个词,"摇"的语义比较丰富,它还含有表动作方式的语义成分。从中古以后,对于汉语的 AB 形式,只要能用动补加以分析的,就一律看做动补结构。跟这相反,上古汉语的 AB 形式,只要能从并列去解释的,就一律看做并列结构。为什么是这样?这就是我所说的语言类型的不同。⑤

历史上汉语句法的整个发展趋势就是从并列到主从。上古汉语是一种以并列为结构主体的语言;中古以降,汉语变成一种以主从为结构主体的语言。上古汉语发展出一个 semantically unmarked 的并列连词"而",很可以用来说明以并列为结构主体的语言的特质。这个在上古汉语极为常见的连词,在现在汉语居然没有一个跟它相当的字眼。现代汉语有"而且""但""但是""可是""才""就"等连词,意义各有所偏,而在上古汉语,这些连词所表达的各种语义都可以交由上下文决定,"而"只负责连接两个并列的子句或谓语。更值得注意的是"而"字出现的广泛环境。它不但用来连接两个并列结构,还能介于偏正两个成分之间,如:"古者十一而税""则天下之民皆引领而望之矣""尽心力而为之""遵海而南""旦旦而伐之"等。它还有一些特殊功能,如出现在主题结构中,表条件:"管仲而知礼,孰不知礼!""施诸己而不愿,亦勿施诸人",以及出现在宾语(或补语)的提升结构中,作为轻声垫字:"何事而不达?何为而不成?""诸侯之门而仁义存焉"等。

并列连词"而"出现在偏正两个成分之间,说明上古汉语这种以并列为主体结构的语言会把一些不是并列关系的结构也当做并列结构来处理。这正是这种类型的语言的一个特色。英语也属于这种类型的语言。英语连词 and 使用之泛滥跟古汉语的"而"不分上下。而英语有一种条件句更是以并列结构表达偏正关系。例如:"*One more can of beer and I'm leaving.*"意思是"*If you drink one more can of beer, I'm leaving.*"(要是你再喝一罐啤酒,我就走了。)英语这个有趣现象,很多年前就经 Peter Culicover (1970) 指出来过。后来他和 Ray Jackendoff (1997) 更以此为例从认知结构和语言结构之差异出发探讨与语法机制的认知(或概念 conceptual)基础相关的一些问题。所有语言都有并列和偏正(或主从)两种结构,但是有些语言喜欢用偏正结构表达,另外一些语言却喜欢用并列结构表达,这表现出不同的语言特性,也就是我在这里提出的语言的类型差异。句法中的 gapping 也是以并列为结构主体的语言的一个特色。所谓 gapping,指的是一种中心词的平行省略,例如英语"*John plays rackets and his wife Jane tennis.*"一句中,第二分句的动词因为跟第一分句的动词相同而省略,就是 gapping。⑥现代汉语不允许 gapping,因此不能说"*我打乒乓球,我哥哥网球。"但是这样的句子在上古汉语是存在的,例如《汉书·儒林传》"霸为博士,堪(为)译官令。"又《淮南子·说林》"为客治饭而自(治)藜藿。"甚至第一分句的动词也可省略,如见于《论语》的"躬自厚(责)而薄责于人。"上古汉语的 gapping 现象还不限于两个分句之间,若有多个分句相连,都可以做平行省略:"人伤尧以不慈之名,(伤)舜以卑父之号,(伤)禹以贪位之意,(伤)汤武以放弑之谋,(伤)五伯以侵夺之事。"(《吕氏春秋·举难》)⑦这样的句式现代汉语都不允许,古代汉语和现代汉语的句法结构其实有很大的差异。

回到连词"而"的用法上,虽然上古汉语"而"出现的环境是多样的,但是有一点严格的限制:"而"所连接的两个结构成分不能有管辖(government)关系。例如"齐人将筑薛"不能说成"*齐人将而筑薛",因为"将"是管辖动词组"筑薛"的中心语。这个严格的限制至迟到了

东汉明显开始发生了变化,如下面《论衡》的例子:

夫土虎不能而致风,土龙安能而致雨?

这个例子透露的信息是,到了东汉"而"已逐渐从一个具有句法类型标竿作用的并列连词变成一个只具有语音功能的轻声垫字。早期佛经文献也证实了这一点。最早从佛经看到这个现象的是 Zürcher,参看他的论文(1958)。

其实早在西汉,"而"字的使用已开始有不规则的情况发生了。《史记·伯夷叔齐列传》就出现了"扶而去之"这样奇怪的一句话。"扶去"是一个带趋向补语的动词组,按照前面提到的那个严格限制,这个结构是不允许插入"而"字的。显然在这里这个限制已开始有点松动了。这正是汉语发生转型变化的一个先兆。

如果上古汉语是一种以并列为主体结构的语言,那它的复合结构也应以并列为主。连动式不但如"击败""攻杀"是并列结构,即使如"击断""射中"也是并列结构。"击断"就是"击 pro 而断(NP)"的紧缩形式。连词"而"所连接的是两个动词组,不是两个动词,因此宾语可以不同。⑧只要第一个宾语是一个空代词 pro,在形式上也就能满足两个动词组合并的条件。

我认为就连"弑死""诛死"等带状态动词的复合词在上古也应是并列结构。刘承慧举出"弑死"就是"以弑死",是偏正结构,并引《汉书·五行志》"晋厉公诛四大夫,失众心,以弑死。"为证(《使成式》例句(52))。然而这里的"以"究竟是介词还是连词,都还是疑问。我认为"以"当做连词解释会更贴合文意。"以弑死"就是"因而被弑杀了"的意思。⑨介词"以"带动名词一般都是表原因,例如"以忧死""以谏死"。《史记》有"以诛灭""以诛亡"的说法(刘文引例(57)(56)),意思是"因为被诛杀而灭绝","因为被诛杀而失去爵邑","诛"和"灭""亡"分别指两件事。但是复合结构"弑死""诛死""僇死"的两个成分指的都是同一件事。就大多数情形来看,"V1 死"的 V1 是表达方式而不是表达原因。这一点下面的例子表现得最清楚:

公子十二人僇死咸阳市,十公主磔死于杜。《史记·李斯列传》(刘文例(41))

因此就大多数情形看来,"V1 死"是不能等同于"以 V1 死"的。

其次,"弑死"中的"弑"是动词也可以从后来这个词的用法看出来。这一类的复合结构后来都发展出"X 死 NP"的及物性质(参看太田辰夫 1958;梅祖麟 1991),可见这个 X 肯定是动词而不是名词,没有必要认为它原来是名词后来才变成动词。⑩上古汉语"弑死""诛死"是复合词,不过它们是比照词组的并列结构打造的。这些并列结构也有些共同语意性质,好比第一个成分往往表达行为方式。从"NPV 死"发展到"V 死 NP"经历一个从并列到主从的发展过程。

需要解释的是"弑死"这一类复合形式如何认定是并列结构? V1 V2 形成并列的一个必要条件是 V1、V2 的语义角色(theta roles)数量相同,而这一类复合结构似乎无法满足这个条件,因为上例的 V1"弑"显然有两个语义角色,而 V2"死"只有一个。要解决这个问题,我们必须对各类动词的性质有一些了解。有一种动词结构,句法上叫作中动结构(middle construction),虽然有及物的含义,却不能表达施事者角色。英语的 break 就有这种用法;例如:"*This handle breaks easily.*"我以前有一篇论文(Mei 1991)参考了 Hale and Keyser (1987)对中动结构所定的语义标准,认为汉语带状态或结果补语的动补结构都有 middle 的用法。"饭吃饱了"的"饭"占的是主语的位置;这个句子并没有一个空代词 pro 作为施事论元,否则"这顿饭吃得老王满头大汗"这个句子就违反了 Binding Condition C。古代"弑死""杀死"这种带状态动词的复合词也是一种中间结构,换句话说,V1 的"杀"或"弑"都没有施事论元,它和 V2 一样,只有一个语义角色,就是 theme(与事或历事)。⑪带有工具或方式的语意成分正是中动结构的一个特色。

相对于连动式的广泛使用,上古汉语动补(述补)结构颇不发达,而且也是直到秦汉以后才多起来的。出现最早的(《诗经》:"(日之夕矣,)牛羊下来。")恐怕是趋向补语,不过先秦时代还是很少见,到了《史记》,式样和数量才多起来。《史记》的趋向补语有动宾结构("(樊哙)奔入营"),这是西汉的新兴句式。

魏培泉(《使成结构》页817)指出战国以后的新兴结构"V走"(例如"击走""袭走""破走"等)其类型比较难确定。有没有可能这里的"走"也发展成一个趋向补语呢?我认为"V走"还是并列结构,不是述补结构。⑫正如魏文引的《史记》例子(例32,33),"走"作主要动词用本身就有使动用法,不过这个动词原来是一个所谓 unaccusative verb,是不及物的,但它的论元却出现在动词之后,构成所谓"无主语"形式,因此当它单独使用时往往不容易决定它的词性。不过,跟另一个动词连用时,后面带的名词组一定是宾语,因此它就是一个使动动词。这是可以根据古汉语结构原则决定的。⑬

补语结构还有表期间的:"天下归殷久矣""赵王侍酒至暮"。后者(至暮)也是一个动宾结构。有表状态或方式(manner)的:"田光坐定""公子执辔愈恭""公子遇臣厚"。有表程度的:"齐晋秦楚,其在成周微甚"。这些都是《史记》一书的例子,在上古汉语大概都只能算边缘结构,对整个句法体系起的作用不大,但却是后来发展的先驱。

上古汉语的兼语式似乎只能表目的,可归入使成一类;如:"予助苗长矣"(《孟子》);"汉果数挑楚军战"(《史记》)。表结果的结构,如《庄子·逍遥游》中的"(魏王贻我大瓠之种,)我树之成",恐怕还应算是并列的复合谓语(我树之而 pro 成)。真正表结果的兼语式要等到东汉以后才发展出来。详下文。

"而"字的使用率降低以及功能的改变而终至在口语中消失是汉语语法史上一个重要现象,它在上古汉语到中古汉语转型过程中除了作为一个标杆之外还起了什么积极作用没有,值得更精细的考察一下。我认为"而"字消失的句法意义是取消了谓语原有的并立结构关系,让谓语只能表现主从或偏正的非并立关系。其结果是所有并列关系的 VV 都不再是词组结构,而必须视为复合词。上古汉语的 VV,除非有个别的理由要当复合词处理外,一般都应视为词组结构,也就是复合谓语[$_{vP}$V]而[$_{vP}$V]的减缩。等到"而"不再是这样的连词时,就使得 VV 并列结构失去了得以成立的句法基础,于是并列关系的 VV 就只能被视为复合词,成为词汇档里的产物。⑭这形势自然使得谓语的发展没有其他途径可供选择,只有往动补结构的方向推进。这就促成使成及相关句式的加速发展。

使成式是造成上古汉语到中古汉语这个重大的转型的句法机制。在上古,表达致使意义的语句成分是使动词,使动词和意谓动词都是利用动词合并(verb incorporation)形成的。这种动词合并的手段现代汉语基本上是不用的。[15]因此,相对于现代汉语,上古汉语的使成句有两个选择:不用动词合并手段(使之富);用动词合并手段(富之)。而现代汉语只有前面那一种。同样,上古意谓式也有两种表面结构:不用动词合并的如"以其人为贤",用动词合并的如"贤其人"。动词合并是一种句法手段,"使之富"和"富之"表面形式虽然不同,其原始结构是一样的:

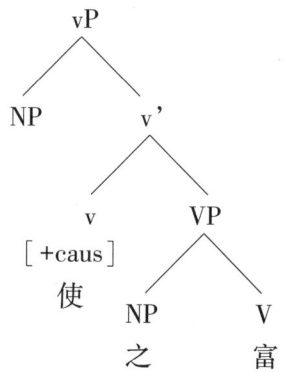

(以上结构是经过简化的。下同。)

使成式是由两个动词组 VP 组成的。上面的动词组以使成动词——一种轻动词 light verb——为中心成分;下面的动词组是个带一个论元的不及物结构,作为使成动词的补语。如果使成动词是一个零形式[16]——就是说,如果上面那个动词的位置只有表使成的征性[+caus]而没有一个语音形式——下面那个动词便要移上来占据使成动词的位置,通过这样一种合并方式把使成征性表现出来。

意谓式的情形稍微复杂一点。意谓结构含有两个轻动词:"以"和"为",而"为"又以一个小子句(small clause, sc)作为补语:

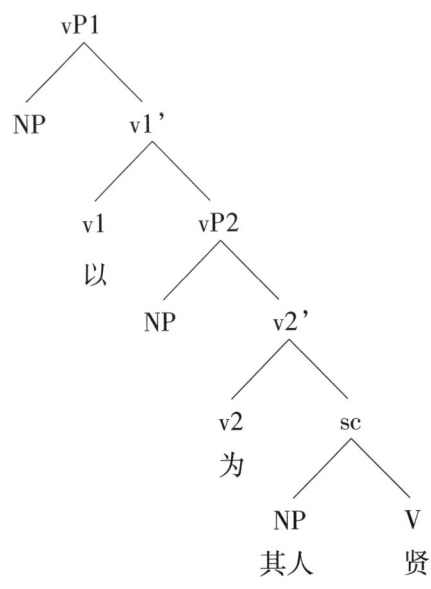

首先,小子句的主语"其人"必须移到轻动词"以"下面那个名词组空位,以便从"以"取得格位(轻动词"以"是个 case assigner;"为"不是)。这样便得到"以其人为贤"的形式。⑰设若两个轻动词都是零形式,那么除了小子句的主语要往上移之外,中心词"贤"也要一级级往上移,先到 V2 的位置,最后到 V1 的位置。这就造成"贤其人"的结构(意动词"贤"就是"以为贤"三个中心词的综合)。

动词合并在上古汉语用得很多。⑱这表示上古汉语的动词结构具有较多综合性(synthetic),而后来的结构则朝向分析性(analytic)方面发展,终于完全以使成式取代了使动动词。⑲分析性方面的发展导致词汇表达幅度的扩张。早期使成句能够出现在使成动词位置上的只有"使""令"等少数几个指令动词,颇缺少动作方式的表达。这情况到了《史记》已有改变。到了六朝的兼语式,动作方式的表达就更丰富多姿了。这个时期的资料可参考梅祖麟、刘承慧和魏培泉。

使成结构的发展必然导致使动词的式微,因为二者具有相同的结构基础。这是一个选择的问题。在同一结构基础上,如果多用综合手段构词,则分析手段必少用;反之,如果分析手段从次要角色变成主要角色,这一定表示综合手段已遭受扬弃。[20]与此相关的是单音词和复音词的消长。复音词的大量增加也是上古以后汉语发展的一个特色,它的走势和中古使成式的发达是步伐一致的。[21]

中古使成用法的发展还产生了另一种影响。使成式的发达以及使动词的式微使得一部分原来表并列关系的结构必须面临重新分析。首先是像"击走""袭走"这样的及物性结构。在上古时期,它的第二个成分具有使动性质。到了中古,使动用法告退,因此在上古经常作为第二个成分使用的"走""灭""败""伤"等两用动词也只能视为只有不及物一用了。经过这样重新分析,中古汉语的动补关系复合词的数量就骤然增加了不少。

我认为上古"击走""袭走"这样的并列复合谓语中古以后都变成了述补复合动词了。为什么要认定它们是复合动词而不是复合谓语?原因就是词组结构只能产生兼语式的"V NP C"(C 表补语)谓语形式而不能产生及物性述补复合"V C NP"的谓语形式。换句话说,在中古,"击走""袭走"已经不是"能产(productive)"的谓语形式,它们只是语言中本有的词汇而已。

魏培泉《使成结构》821 页指出,中古时期还是有一类动词,如"破""坏""折""伤""没""落"等可以单独用作使动词也可作为及物性复合形式的第二成分。这就是上文提到的并存现象。演变是渐进的,重新分析也不是一次完成的。在中古,"打破"还有可能是并列关系,只是愈到后来,它的主从性格愈强,述补结构的认同度愈高。

是不是中古时期具有述补性质的及物复合动词都是这样产生的呢?有没有一些新词不用使动词做第二成分而仍然具有及物的用法呢?如果构词可以独立于句法,这个可能性就不能排除。然而我认为即使有个别这样的例子存在,这种情况应该是不被容忍的。构词可以独立于句法,但不会往抵触句法的方向发展。这可以从"V 死"在中古一直不能取得及物身份一点得到证明。

相对于"击走""袭走","压死""烧死"虽然也是语言中本有的词汇,在中古却是能产的谓语形式。这种在上古属于并列结构的复合谓语到了中古也因使成式发达的影响需要进行重新分析,成为主从关系的述补结构,进一步还可以看成一种使成结构的复合谓语。在上古以并列为结构主体的类型压力下,"压死""烧死"只能视为中间结构;它不能带施事主语。但是放在以主从为结构主体的中古环境中,这个限制就完全没有必要。所以到了中古时期,"压死""烧死"是可以有施事主语的。这样它就跟后来产生的新述补形式如"拭燥""捣细"合流了。(参考《使成结构》824－825页)

作为复合谓语,"压死""烧死""拭燥"是特殊情况的兼语式。兼语式的谓语结构是"V NP C"。当居中的名词组移出谓语时,成为"NP V C",V、C 于是相连而形成"压死""烧死""拭燥"这样的不隔开结构。

东汉以后的兼语式,不但其上位动词(这时的上位动词已经不能算是轻动词了)表达力增强,其下位动词的表达范围也大大地拓宽了。它不但表达动作,也可以是一个状态动词,表达动作带来的结果,如《论衡》的"炙之燻""煮之熟"。它还具有后来早期白话的动相(或称状态补语,德语称为 Aktionsart)的语意功能,如"割股肉尽""剥皮去""拨火开"等(例引自刘承慧《使成式》,下同)。[22]它还可以是一个趋向动词,构成一种趋向补语,如:"捉妇女出""担死人来"。早期趋向补语只能跟运动动词连用,其功能有限,到了六朝,通过以趋向动词(也是一种运动动词)充当兼语式的下位动词,突破了这个限制,其上位动词就可以表达运动以外的其他动作。这是一个重要的创新。从此汉语的趋向结构便日益壮大,直到唐宋时期的白话阶段才发展完成。

中古汉语有兼语式"V NP C"结构,又有及物性动补"VC NP"结构,按照我们的看法,二者其实没有直接关系。兼语式是词组,是谓语结构;动补式是复合词,是词而不是词组。它们可以说是不同部门的产品,后者也未必按照兼语式的图样打造。[23]中古的 VC 结构有可以带后置宾语的,有不能带后置宾语的。前者是复合词;能带宾语是这些结构具有词的身份的明证。只有词(中心词)才具有分派格位的能力;词组没有。[24]后者其实是兼语式的特殊(不隔开)形式。

中古 VC 的 C 有三类。一类如"破""坏""折""伤"是使动词。这样构成的 VC 其实还是并列结构,如上述。这类动词即所谓 ergative verbs,兼具及物不及物用法,因此也能用于兼语式,充当第二动词。而愈到后来,兼语的用法也愈发达。另一类是没有使动用法的不及物动词(主要是状态动词)如"死""燥""冷""细"。这样构成的 VC 也是词组,是特殊(不隔开)形式的兼语式。这两类之外,见于文献资料的 C 还有一类动词虽兼有使动、兼语的用法,但不是同样活跃。这一类动词有"焦""净""烂""碎"等(《使成结构》823-824 页)。根据魏培泉的观察,这一类动词的使动用法似乎书面语的味道较浓,而兼语的用法(包括隔开和不隔开)则属口语。由此可见中古词性的倾向是及物向不及物靠拢而不是不及物向及物延伸。魏培泉还指出一个有趣现象:第三类动词在中古还发展出状语的用法。"净洗""焦烧"比"洗净""烧焦"更常见。这种状述结构其实颠倒了语意关系,所以到了后来都被淘汰出局,在现今汉语词汇中已然找不到。中古时期出现这样的结构,正表示"烧焦""洗净"的及物用法是有违语感的。

使动用法到了中古已成强弩之末,因此在上古没有使动用法的动词到了中古就一定没有使动用法。[25]这个限制很严格,上述第二类动词都不能带后置宾语就是这个原因。然而接下来的问题是:为什么到了后来"压死""煮熟"都成了及物呢?"压死""煮熟"转变为及物,造成的因素可能不止一个。[26]不过,促成这转变有一个基本条件,那就是这样的复合谓语必须能成功地转变成复合词。成了复合词以后,"压死""煮熟"于是跟"打破""踏坏"合流,才能比照后者这种述补结构发展及物的用法。

中古的兼语式可归纳为三大类别。第一大类表使令,第二大类表结果,也就是梅祖麟先生所称的隔开式,第三大类表趋向。中古以后,使令、趋向用法保留,而表结果的隔开式则趋于消失。我认为表结果状态的隔开式的废置不用使得"压死""煮熟"失去了句法结构的基础,是造成这些复合谓语转变为语词的根本原因。

刘承慧和魏培泉对于中古另一种使成结构"V1+使(令)+V2"都有很详细的文献讨论,有助于对这个问题的了解。我以前翻阅中古汉语资料时,在《齐民要术》看到"斩两头令齐""搅使调和"这种结构,心里觉得很迷惑:为什么这个令字结构要到这么晚才出现?现在知道这个用法在东汉时候已经流行了,那就一点不奇怪了。这个令字式显然是一个并列结构,用来表达结果,它的出现显然跟使成式的结果用法尚未发展成熟有关。直到后来它也一直和表结果的使成式并行,并没有被后者所取代。然而发展到后来，这个结构的 V2 也必须虚化成为一个补语，如《齐民要术》"有草，拔令去"的例子。这里的"去"就很像一个动相词，跟上文所引的"剥皮去"的"去"一样。顺着这趋势发展下去，这个令字式也慢慢地转为主从结构了。我认为这个令字式的转型成功就是它能够存活下去的原因。然而这经过是怎么样的呢？

刘承慧和魏培泉都没有探讨令字式跟中古以后发展的得字补语句的可能关系。我在这里做一点补充。得字补语的来源绝对不止一个。这个问题相当复杂，最近对这个问题的研究也多起来了，文献资料也更为详尽，我希望不久将来针对这个问题发表我的看法。得字补语兴起或令字式转型成功以后，具有同样功能的兼语式（隔开式）就没有存在的必要，以致被前者所取代，在大多数汉语方言中消失了。兼语式跟动补复合词的区隔不大，尤其是在主题句中，当那个兼语成分不出现在结构中时，它跟复合词几乎就分不出来。因此这个结构是很容易向复合词靠拢的。

我认为令字式跟得字补语句有密切关系。在得字补语句形成的过程中，它也把令字式包容在内。我从汉语方言里得到这点认识，主要的证据有两点。第一点是闽南语"困 ka 真饱"的 ka，我认为是"教"字。"教"跟"使""令"一样，也是一个指令动词。不过闽南语的 ka 已经没有致使的语意作用了，所以单独的看，还不是最好的证据。

第二点方言证据就是河南北部获嘉方言的 tɕiɔ，贺巍写定为"叫"，认为大致相当于北京话"得"字（贺 1989：67）。但不管"教"也好，"叫"也好，其来源都是指令动词。获嘉方言的叫字补语通常都加上"些儿"，带着催迫的语气，如：

你栽葱栽^D 叫快^D 些儿。[27]
这块儿布你染^D 叫深些儿。
你把门儿关^D 叫严些儿。

第一句话也可以不重复动词，形式更接近中古的令字式："你栽^D 葱叫快^D 些儿"。

以上是从宏观的角度勾勒上古至中古汉语句法发展的大致情形。

这个发展趋势,用简单的话说,是从并列到主从。从汉以后,主从结构以多种不同的形式表现出来,这里只讨论了使成式这一句法机制,没有对整个的发展做全盘的考察。而且这个发展趋势也不是到中古就停止。隋唐以后还有很多新兴的语法现象都可以视为顺着这趋势发展出来的。这里面的许多问题自然不是一篇文章所能涵盖得了;我在这里只能点到为止。

最后,我还想从宏观的角度针对汉语史分期的标准问题提出一点我的看法,作为本文的结束。

越来越多学者注意到东汉在汉语史分期的特殊地位。我认为这点共识正表示在汉语分期的问题上大家的看法渐趋一致。从各种迹象看来,本文所提出的汉语从并列类型发展为主从类型的语法演变正是以东汉时期为关键。若以这一时期为分水岭,则东汉以前可称为上古时期,东汉以后则为中古时期的开始。至于上古之前是不是还能分出一个具有同等类型意义的远古时期,就目前我们对原始汉语的认识而言,这个问题恐怕还很难有具体的答案。

中古以后汉语的发展可以显明地分出近古和现代两个时期。这也是学者共同的看法。比较有争论的是唐代在这个中古近古分期中的归属。这个问题在这里可以搁置不谈。近古时期的分期特色就是白话的产生。早期白话语法的确具有很多特色,跟中古时期的语言判然有别。不过,如从本文的宏观角度看,则这些新兴句法现象其实还是中古以后所形成的类型演变的延伸发展,其以主从结构为主体的句法特质并没有改变,反而更加显豁。因此白话这个名称的使用并非意味着这是一种新的语言,而只是说明当一种新的语言类型的发展趋于成熟时,使用者就会意识到这是一种新的语言,从而给它取一个新的名字。从中古到近古,汉语是依循着主从类型的大趋势发展的,因此中古时期可说是白话的萌芽和生长阶段,近古是白话的成熟阶段,而现代则是白话的冲击阶段。这是就有书写传统的汉语共同语而言。至于方言,它固然也是一个大趋势下的个别发展,但发展的迟速不同,受到的外在影响也有差异,因此各有特色,其面貌也呈现多样化。

有关历史上汉语的发展,学者一般都同意划分为上古、中古、近古和现代四个时期,不过从本文提出的宏观角度看,这四个时期并非同等并排。依照我们的看法,汉语的发展应首先大分为上古和中古以后两个时期。上古汉语以并列关系为句法的结构原则,中古以后则演变为以主从为句法的结构原则。东汉以后的一千八百年间可以说是这种以主从为句法主体结构的白话语言的发展时期。这个时期又可分为中古、近古和现代三个阶段。白话语言发展到近古已经完全成熟,进入二十世纪以后,受到西方语言的冲击,汉语显然又开始发生巨大变化。然而这变化会把汉语带到一个什么方向,是否会演变成另一个大趋势,由于我们都受到"不识庐山真面目,只缘身在此山中"的局限,目前是无法看出来的。

注释

① 具体的例子请参看注⑲。
② Drift 还有漂离(drifting away)的意思。Sapir 用这个比喻说明语言的分化。
③ 至于影响"之"的没落还有没有别的因素,则是另一问题。我们并不排除有此可能。
④ 主从关系是就结构而论,而不是根据语意决定。刘承慧认为动补复合的语义中心是在补语而不在动词(述语),这是正确的,但语意不能用来决定结构关系。从词的结构看,动补应当还是一种主从关系,它跟"活捉"那种偏正结构是不同的。
⑤ 英语有 blow dry 这样的说法,意思相当于中文的"吹干",但它一定要被看成并列结构而不是主从结构,亦即这两个成分是 V+V 而不是 V+Adj,因为英语是一种以并列为主体结构的语言。同样的语词组合到了泰语就会被解释为主从结构。泰语有"吹衣服干"这样的兼语式,中古汉语也发展出这样的兼语结构(见下文),有这样的结构就一定是以主从为结构主体的语言。
⑥ John Ross 最早注意到语言中 gapping 现象,见 Ross(1967)。关于这种平行省略,它的语法机制其实很复杂。学者虽然注意到世界语言中有的可以有 gapping,有的不能,但是对于 gapping 出现在句中的结构条件,还没有获得一个能够令人满意的结论。
⑦ 清华大学语言所研究生吴晓虹正在写硕士论文,探讨汉语的省略现象。这里有些例句是她提供给我的。从她收集的例句中还可发现上古汉语的 gapping 还不限于并列结构,例如下面的句子应当是有省略的:"视天下悦而归己,犹(视)草芥也。"(《孟子·离娄上》)

⑧ "而"字所连接的是两个词组而不是两个中心词(head)。虽然这一点认定是基于理论的考量,它的理论背景是 Richard Kayne 的句法的反对称原则,但用来解释"击断""射中"这种古汉语结构反而非常有利。Kayne 的理论认为在结构层次上只有(动)词组的并列 VP-coordination 而没有(动)词的并列 V-coordination。见 Kayne(1994),第 6 章。

⑨ 其他两个《汉书》的例子((51)(53))可能都有问题。(53)的"甲以诛死"解为甲因而被诛死(因为弑杀哥哥的缘故)似乎比较好。按(53)的引文是刘安上汉武帝书中的一句话。刘安根据传闻说南越现在成了没有首领的混乱局面。闽越王被他弟弟弑死,他的弟弟又因而被诛杀。事实上这是个误传。闽越王的弟弟杀了他哥哥后便率众归降,化解了一场战事。闽越王弟弟名余善,甲是某某的意思,顾炎武最先指出。(51)"又重以饿死"的"重以"是习惯用法,意思是"加上":又加上饿死的因素。

⑩ 前面说过,像"击断子路之缨"的"击断"就不是偏正结构而是并列结构。如果"弑死"从"以弑死"得来,那么"击断""射中"是不是也要分析成"以击断""以射中"呢?

⑪ 闽南语也没有 VC-NP(C 代表状态或结果补语),但这恐怕是基于格位的理由,跟中动结构无关。这个问题下面还会谈到。闽南语的 VC 恐怕实际上都是词组结构而不是复合动词。词组本身不能分派格位,因此不能有后置名词组宾语。宾语移前,或者作为主题,或者利用介词给予格位,都可以解决格位问题。

⑫ 也不能分析为偏正结构,特别是像"破走"这样的例子。

⑬ 魏文还举一例("大破秦军,走秦将桓齮。")说明 V 和"走"不一定带相同宾语。不过前面已经说过,相同宾语不是并列复合谓语的必要条件。复合的条件是必须能形成 VV 形式。如果前面的宾语是空代词 pro,就可以满足这条件。

⑭ 根据 Kayne 的理论(见前引),并列结构在词的层次是不存在的,因此落在词汇层次上的并列关系就纯粹是语意关系而非结构关系。语词的构造并非都有结构基础,上古汉语的偏正复合词如"生得"(活捉)恐怕也很难用词组结构表现出来。

⑮ 虽然也有学者,如黄正德,主张带得字补语的句子有一种是经由动词合并而产生的使成式。参见 Huang(1988)。

⑯ 因为是轻动词,所以可以有零形式。

⑰ 如果"以为"后面带的补语句不是小子句而是一个完全子句(full clause),就不会有移位情形发生。不过我认为"以为"是一个复合词,是在词汇档里制造的,不是"以"跟"为"连起来的词组(谓语)结构。

⑱ 动词合并也见于双宾语结构。"以璧授公子"含有轻动词"以",没有做动词合

并。而在"授公子璧"的结构中,则动词"授"经由移位到了"以"的位置。至于两个宾语次序的更动,问题比较复杂,可参看 Larson（1988）对英语双宾语结构的处理。

⑲ 朝向分析性发展是汉语句法的走向。从这个历史背景去看,我对目前用轻动词结构分别不同事件类型（event type）（假定结构的中心词是零形式轻动词,具有 do, be, become 等不同的语意征性）,然后利用并合方式产生不同类别的动词的做法持保留的态度。

⑳ 从用到完全不用经历了一个很长的过程。同样的,"而"字的功能萎缩也是渐进的。因此在一个时期中往往见到不同原则结构的并存。

㉑ 但从结构原则看,二者的发展并非一致。有趣的是,由于双音节性的要求,中古也产生很多并列关系的复合词,大大违反了以主从结构为主体的发展趋势。这种背道而驰的发展之所以可能,就是因为词语的构造可以独立于词组结构,它可以以语意为基础,不必以结构为基础。参看上文注 14。过去想从词组结构的基础上分析现代汉语词汇的种种努力在我看来恐怕都弄错了方向了。

㉒ "尽"在中古汉语还有充当动词补语（动相词?）的用法,如"吞尽""烧尽""学尽"等,参见刘文。

㉓ 除非有个别的理由（如引起论元变动的中动结构的情形）,就一般而言,我们无须假定复合词有句法基础（即所谓 L-syntax）。例如现代汉语"V 错"的复合词（"看错""说错"）就没有相对的谓语形式（"*看得错""*说得错"）。早期白话确有"看得错"这样的说法,但现代汉语的"V 错"复合词不是早期白话的残留,因为它是能产形式。

㉔ 现代汉语的动补结构有的是复合词,有的是词组。"打破"是词,"打累""吃饱"是词组,后二者一般情形下不接宾语（"*打累了球""*吃饱了馒头"）。"吃饱饭""喝醉酒"则是在词汇档里特别打造的形式,所以是一种例外。不过这条界线也不是固定在那里不移动的。据我所知,在中国大陆地区,"骑累了马"是可以说的,恐怕"吃饱了馒头"也可以接受（这点我没有查证）。如果真的是这样,那就表示在大陆这些述补结构都成了复合词。

㉕ 上古及物不及物两用的 ergative verbs 非常多,到了中古,这一类的动词已不再增加,而呈递减之势。现代汉语除"转"（三声四声二读）等几个残存的用法外基本上已没有 ergative verb。中古时期学者有清浊别义的讨论,可见对 ergative verb 形成的伴随现象,一般人已不甚了了。

㉖ 现代汉语述补结构可带后置宾语而闽语方言还不能,可见这问题不简单。

㉗ "叫"是轻声字,会引起前面动词的韵母音变。这个音变类型贺书称为 D 音变,用 ^{D} 标示。D 音变还见于其他地方,条件不详。

参 考 文 献

太田辰夫　1958　《中国语历史文法》,东京:江南书院。中译本:蒋绍愚、徐昌华译(1987),北京:北京大学出版社。

梅祖麟　1991　从汉代的"动、杀"、"动、死"来看述补结构的发展——兼论中古汉语时期的起词的施受关系的中立化,《语言学论丛》16:112-136。

贺巍　1989　《获嘉方言研究》,北京:商务印书馆。

刘承慧　1998　使成复合动词的复合与定型,邹嘉彦等编《汉语计量与计算研究》,139-163。香港:香港城市大学语言资讯研究中心。

刘承慧　1999　试论使成式的来源及其成因,《国学研究》6:349-386。

刘承慧　2000　古汉语动词的复合化与使成化,《汉学研究》18卷特刊——台湾语言学的创造力专号,231-260。

刘承慧　2001　动补得字结构的历史发展,《台大文史哲学报》54:95-134。

刘承慧　2003　古汉语实词的复合化,《古今通塞:汉语的历史与发展》(第三届国际汉学会议论文集语言组),107-139。台北:"中研院"语言学研究所筹备处。

魏培泉　2000a　说中古汉语的使成结构,《"中研院"历史语言研究所集刊》71.4:807-856。

魏培泉　2000b　东汉魏晋南北朝在语法史上的地位,《汉学研究》18卷特刊——台湾语言学的创造力专号,199-230。

魏培泉　2003　上古汉语到中古汉语语法的重要发展,《古今通塞:汉语的历史与发展》(第三届国际汉学会议论文集语言组),75-106。台北:"中研院"语言学研究所筹备处。

Culicover, P. 1970　One more can of beer. *Linguistic Inquiry* 1:366-369.

Culicover, P., and R. Jackendoff　1997　Semantic subordination despite syntactic coordination. *Linguistic Inquiry* 28: 195 – 217.

Hale, K., and S. J. Keyser 1987 On the syntax of argument structure. *Lexical Project Working Papers* 14. Cambridge: Center for Cognitive Science, MIT.

Huang, C.-T. J. （黄正德） 1988 *Wo pao de kuai* and Chinese phrase structure. *Language* 64: 274 – 311.

Kayne, R. 1994 *The Antisymmetry of Syntax*. Cambridge: MIT Press.

Larson, R. 1988 On the double object construction. *Linguistic Inquiry* 19: 335 – 391.

Mei, K. （梅广） 1991 Some tough nut to crack: Reflections on the resultative construction. "国科会"1990 – 1991 年度计划报告。

Ross, J. 1967 *Constraints on Variables in Syntax*. Cambridge: MIT dissertation.

Sapir, Ed. 1921 *Language: An Introduction to the Study of Speech*. New York: Harcourt, Brace and Company.

Zürcher, E. 1977 Late Han vernacular elements in the earliest Buddhist translations. *JCLTA* (*Journal of the Chinese Language Teaching Association*) 12.3: 177 – 203.

---

* 本文原载《古今通塞：汉语的历史与发展——第三届国际汉学会议论文集》，"中研院"语言学研究所，2003 年。

"施受同辞"刍议
——《史记》中的"中性动词"和"作格动词"*

大西克也 著

1. 施受同辞是指同一个动词兼有主动、被动两用,而往往不加任何标记的现象。就我所知,最早提出"施受同辞"这个概念的是杨树达《古书疑义举例续补》。杨先生说:"乃同一事也,一为主事,一为受事,且又同时连用,此宜有别白矣,而古人亦不加区别,读者往往以此迷惑。"他还举了一些例子,如:

(1) 春秋<u>伐者</u>为客,<u>伐者</u>为主。(《公羊传·庄公二十八年》)
(2) 大国之攻小国,<u>攻者</u>农夫不得耕,妇人不得织,以守为事,<u>攻人者</u>农夫亦不得耕,妇人不得织,以攻为事。(《墨子·耕柱》)
(3) 大国以下小国,则<u>取小国</u>;小国以下大国,则<u>取大国</u>;故<u>或下以取</u>,<u>或下而取</u>。(《老子》61章)

例(1)前一个"伐者"表示主动,后一个"伐者"表示被动。例(2)"攻者"即"见攻者"。例(3)"取小国"和"或下以取"是主动用。"取大国"和"或下而取"是被动用。杨氏举的这些例子给人这样一个印象:古汉语的及物动词似乎无条件地构成受事主语句,及物动词的宾语似乎可以无条件地省去。果真如此,简直等于没有语法,"施受同辞"这个说法实在让人迷惑。

古汉语资料中大量存在所谓无标记的受事主语句,一直受到大家的关注。但讨论的重点总在于它是否可算被动句[①],至于其产生机制

---

* 本文原载高岛谦一、蒋绍愚主编《意义与形式——古代汉语语法论文集》,Muenchen: Lincom Europa, 2004。

和条件没有受到足够的重视和深入研究,也没有一致的看法。《马氏文通》说:"外动词单用,先后无加,亦可转为受动"②。黎锦熙《比较文法》把这种句型叫作"反宾为主",谢质彬(1996:32)指出"反宾为主"的句法,古代汉语十分普遍。但他的主要目的力主"反宾为主"的句子是有结构特点的被动句。至于及物动词"反宾为主"有没有条件,是否所有的及物动词都可以反宾为主,谢先生没有说明。

有些学者对施受同辞产生的原因或条件提出了不同的看法。有人注意论元角色所起的作用,例如动词"食"可带施事、受事两个论元,但是施事有语义限制,需要由有生的词语充当。因此无生名词当受事,就可以提到主语的位置而构成受事主语句。例如:

(4) 师行而粮食,饥者弗食,劳者弗息。(《孟子·梁惠王下》)

针对这个例子,俞敏先生很幽默地说:"请放心。粮不吃人,所以乱不了。这种古语法叫施受同辞。"③魏培泉(1994:299)进一步指出,当受事主语是无生的名词组时,几乎不需要被动记号。不过,正如魏先生指出,古汉语有生名词也经常当受事主语,如:

(5) 田常徒用德,而简公弑;子罕徒用刑,而宋君劫。(《韩非子·二柄》)

只据论元角色,不能全面地解释施受同辞的产生条件。对这种例子,易孟醇(1989:106)说,它的谓语由不带宾语的及物动词担当,故它们表被动还比较明显。但这样说明,又得回到上面的提问,凡是不带宾语的及物动词,都可以无条件地构成受事主语句吗?

有的学者认为受事当主语,有特定的条件。李佐丰(1994:38 – 40)说:"及物动词可以带直接宾语④,其直接宾语不可以无条件地变换为主语。少数及物动词的直接宾语虽然可以变换为主语,但是一般总要加入某种条件,有时要加入'见''为''被''于'等词语,有时对偶、排比句及律令条文等也可以成为直接宾语变换为主语的条件。不过可以这样用的动词只是个别的。"如:

(6) 先令者杀,后令者斩。(《韩非子·饰邪》)

李先生似乎认为无标记的受事主语句是经过某种修辞手段来产生的。殷国光(1997：119)的看法有所不同，他指出《吕氏春秋》中少数受事宾语可以直接变换为主语，但这种变换受到很大的限制，它必须在充当述谓中心语的动词前后没有附加成分(如状语、补语)的条件下才可以实现。如：

(7) 管子死，<u>竖刁、易牙用</u>。(《吕氏春秋·慎大览·不广》)

最近姚振武(1999：43)对先秦受事主语句作了一番系统性的研究，他认为意念句(即无标记的受事主语句)是汉语受事主语句的最基本、最古老的一种类型，这种句子完全靠语义限制和语境限制确定被动关系。

讨论"施受同辞"的问题，我们不能不提到 Cikoski 先生的看法。Cikoski (1978A，B)给古汉语动词的分类提出了一个很独特的观点。他主张几乎所有的动词可分为中性动词(neutral verb)和作格动词(ergative verb)两个类型。这两种类型句型框架不同。他指出古汉语的一些动词无论带不带宾语，主语和谓语之间的施受关系并不受影响，其主语总是施事[5]，例如：

(8) 秦子梁子以公旗辟于下道。(《左传·庄公九年》)[6]
(9) 将焉辟之。(《左传·僖公九年》)

这样类型的动词他叫"中性动词(neutral verb)"。另一种动词带不带宾语就影响到主语的论元，不带宾语时其主语由施事(agent)充当，带宾语时主语由肇始者(causer)充当，而其宾语是施事[7]。例如：

(10) 曰：君免乎？曰：君免矣。(《左传·成公二年》)
(11) 若从君惠而免之。(《左传·僖三十三年》)

这种动词他叫"作格动词(ergative verb)"。作格动词(亦即非宾格动词)通常是指不及物动词底下的一个类，不及物动词和使役动词的交替是其句型特征。但他又明确指出如下的例子也是作格动词[8]。

(12) 今不封蔡,蔡不封矣。(《左传·昭公十三年》)

此例下半句一般认为是由及物动词构成的受事主语句,主语"蔡"是受事(patient),显然不是不及物动词和使役动词的交替。他把所谓及物句型和其受事主语句的交替也归入作格动词,因此作格动词的特点实际上着眼于无宾语句的主语和有宾语句的宾语之间的继承关系,它们的论元角色一致,就可归入作格动词。具体论元是什么,不是关键因素。这样一来,中性动词和作格动词的句型框架可以图解如下:

中性动词: X+V+Y   X+V
作格动词: X+V+Y   Y+V

据他的理论看,所谓受事主语句是只有作格动词才嵌入的结构特点,它既不是在特定的语言条件下产生的,也不是所有及物动词能构成的句型。

但是,在古汉语语料中中性动词和作格动词之分没有 Cikoski 想象的那么严格,这一点何莫邪(Harbsmeier 1980:138-139)对他的书评中早就指出过。例如 Cikoski 认为"伐"是中性动词,但何莫邪先生在《左传》中找到了如下的例子:

(13) 君伐,焉归?(《左传·昭公十年》)

此例显然是受事主语句。如果"伐"是真正的中性动词,不应该有这样的句子,因此他的分类是否成立是有待进一步验证的。何莫邪先生认为中性和作格之分恐怕不是严格对立的两个语法范畴而是倾向的问题。

薛凤生(Hsüeh 1994)指出,Cikoski 的研究虽然具有独创性,但是中性动词和作格动词的区别不容易辨认,而且归入这两类的动词的词目随着历史也会变动的。薛先生认为古汉语的主语和谓语之间的关系像现代汉语一样是主题(topic)和陈述(comment),而不是施事(actor)

和行为(action)。因此把受事提到主题的位置然后把主语省掉,就可以构成无标记的被动句,如:

(14) 彼窃钩者,(Subj.)诛。⑨

如果薛先生的看法成立,动词"诛"应该在"施事+诛"和"受事+诛"两个句型中都可出现,这实际上否定了中性、作格对立的句型框架。刘承慧(1999)同意薛先生的看法,进一步指出所谓概念被动(即无标记的受事主语句)都出现在议论段落⑩,认为概念被动是与结构规律关系密切的修辞形式,它并不属于固定的结构形式。

其实,Cikoski 提出来的这个分类对古汉语动词的研究具有很重要的意义。此后有的学者也从与此相同的角度出发,提出了一些重要的看法。吕叔湘(1987)根据古汉语动词"胜"和"败"讨论了汉语语法有两个不同的句型格局,吕先生的第一格局就是 Cikoski 的中性动词格局,第二格局就是作格动词格局。梅祖麟(1991:131-135)讨论汉语使成式的来源的时候,提出了一个很重要的看法,即"中古时期起词的施受关系的中立化"⑪。梅先生说现代汉语里主语和谓语的施受关系模棱两可,比方说"大猫压死了"可以理解为"大猫(把小猫)压死了",也可以理解为"大猫(被汽车)压死了"。但是,"V 死"在 5 世纪以前的施动方向非常明确,在汉代"射伤""击败"的起词是施事者,而"缩小""长大"的起词不是施事者,据此推论施受关系的中立化大概是从唐代才开始的。梅先生还举了施事后面用"能"和"可以",受事后面用"可",清浊别义的消失等 7 个现象讨论这个问题。梅先生在第 7 项里说:"'起词+他动词'的句式表示被动,中古以后省略'之'字比较自由",我以为这似是 Cikoski 所说的作格动词的特点。如果 Cikoski 的动词分类成立的话,主语和谓语之间的施受关系应该非常严格。但如上面所说,有些例子对 Cikoski 不利,薛凤生先生实际上否定了这种施受关系的明确性。古汉语主谓之间的施受关系经过如何机制实现,看来与古汉语动词的基本句型有密切关系,牵涉到其他很多语言现象,因而不能忽略,需要作仔细研究。

2. 本文就《史记》中的一些动词作抽样调查[12],考察其施受关系的表现。据此对其句型特点和施受关系实现的机制提出不成熟的看法,求教于大方之家。

本文采用的方法是:选择几个经常出现在"X+V+Y"(及物句型)的动词,然后检查它用在不带宾语的"Np1+V"句型时,其主语(Np1)指施事(X)还是受事(Y)有没有一定的倾向。

本文选择动词,也考虑了如下三个问题。第一,李佐丰先生所说的准自动词不作调查对象,如"败、定、立、伤、亡"等等。李佐丰(1994:32)说:"准自动词的宾语可以无条件地变换为主语。""Np1 败",Np1不管自败还是被人败,一定是失败的人,不可能是败别人的人。这些动词有人也叫作格动词,Np1 有指向受事的强烈倾向应该没有问题的[13]。第二,调查对象限于有生名词当受事的动词和例句。如上所述,古汉语无生名词当受事主语,比有生名词自由一些。看来两者不该相提并论。第三,为了回避构词法上的纠缠,调查对象暂时不包括有清浊别义的动词,如"败、折"等。其实,魏培泉(2000:848)指出,这些动词虽可以用清浊或四声别义来区别其使动用法,但在实际上仍须依赖句法。

古汉语的主语或显或隐。主语省略或隐藏时,可以依据上下文补出主语,但难免较大的随意性,有时甚至无法确定。例如:

(15)上问,对曰:"劾盗,郡守尉方逐捕,今尽得,不足忧。"(秦始皇 269)

此例"今尽得"可能有两解,一是"(郡守尉)今尽得"为施事主语句,一为"(盗)今尽得"为受事主语句。哪一个解释比较合适,我们无法据上下文判断。再如:

(16)久之,聂政母死。既已葬,除服,聂政曰:……(刺客 2523)

"既已葬"是"(聂政母)既已葬"(即受事主语句)还是"(聂政)既已葬"(即施事主语句)呢?因为古汉语的句子换主语时,未必说出新的主语,因此不能排除后者的解释。

但是,两可的例子暂时抛开,若从句中显现主语的句子看,《史记》

中的动词主谓之间的施受关系确实可以看到一定的倾向,下面分别介绍。

2.1 《史记》中有些动词不带宾语时,其主语大多数指向施事。这种类型的动词有"攻、击、征、捕、追、侵、犯、治(处治)、责、赦、召、送、迎、听(听从、允许)、置、妒、慕、畏、疑、笑(讥笑)、怨"等[14]。尤其是这些动词单独构成的比较简单的主谓结构中[15],主语几乎全都是施事,受事主语句则很难找到。统计数字请看表Ⅰ。

【表 Ⅰ】[16]

	攻	击	征	捕	追	侵	犯	治	责	赦	召
AV	9	12	3	3	5	3	5	3	2	3	4
PV	0	0	0	0	0	0	0	1	0	0	0

	送	迎	听	置	妒	慕	畏	疑	笑	怨	总计
AV	4	11	101	2	3	1	4	7	#[17]	16	201
PV	0	0	0	0	0	0	0	0	0	0	1

(17) 项庄拔剑起舞,项伯亦拔剑起舞,常以身翼蔽沛公,<u>庄不得击</u>。(项羽313)

(18) 浞野侯夜自出求水,<u>匈奴闲捕</u>,生得浞野侯。(匈奴2915)

(19) 平公元年,伐齐,齐灵公与战靡下,齐师败走。晏婴曰:"君亦毋勇,何不止战?"遂去。<u>晋追</u>,遂围临菑,尽烧屠其郭中。(晋世家1683)

(20) 于是上使使掩梁王,梁王不觉,捕梁王,囚之雒阳。<u>有司治</u>,反形已具,请论如法。(魏豹彭越2594)

(21) 楚贵人惊告朱公长男曰:"<u>王且赦</u>。"曰:"何以也?"曰:"每<u>王且赦</u>,常封三钱之府。昨暮王使使封之。"(越王句践1755)

(22) 孔子遂行,宿乎屯。<u>而师己送</u>,曰:"夫子则非罪。"(孔子1918)

(23) 乃伪游云梦,会诸侯于陈,<u>楚王信迎</u>,即因执之。(高祖382)

(24) 苏代又谓秦太后弟芈戎曰:"公叔伯婴恐秦楚之内蚔虮也,公何不为韩求质子于楚?<u>楚王听</u>,入质子于韩,则公叔伯婴知秦楚之不以蚔虮为事,必以韩合于秦楚。"(韩世家1875)

(25) 审食其从太公、吕后闲行,求汉王,反遇楚军。楚军遂与归,报项王,<u>项王常置军中</u>。(项羽 322)

(26) 幽公之时,<u>晋畏</u>,反朝韩、赵、魏之君。(晋世家 1686)

(27) 淮阴侯曰:"公之所居,天下精兵处也;而公,陛下之信幸臣也。人言公之畔,陛下必不信;再至,<u>陛下乃疑矣</u>;三至,必怒而自将。"(淮阴侯 2628)

(28) 陈涉少时,尝与人佣耕,辍耕之垄上,怅恨久之,曰:"苟富贵,无相忘。"<u>庸者笑而应</u>曰:"若为庸耕,何富贵也?"(陈涉 1949)

(29) 越围吴,<u>吴怨</u>。(六国年表 688)

这些动词上面没有显现主语,也经常可以补出施事主语。兹略举几个例子:

(30) 灵王曰:"昔诸侯远我而畏晋,今吾大城陈、蔡、不羹,赋皆千乘,诸侯畏我乎?"对曰:"<u>(诸侯)畏哉</u>!"(楚世家 1705)

(31) 群臣皆曰:"大王起微细,诛暴逆,平定四海,有功者辄裂地而封为王侯。大王不尊号,<u>(群臣)皆疑</u>不信。臣等以死守之。"(高祖 379)

由此可以确定,此类动词的基本句式框架为"X+V+Y"和"X+V"。本文暂且采用 Cikoski 的名称将此类叫"中性动词(neutral verb)"。

2.1.1 上面指出中性动词的句型格局是"X+V+Y"和"X+V",这并不意味着中性动词不能构成受事主语句。但此类动词用在受事主语句时,句子的结构往往较为复杂,有时用在对偶句,有时谓语动词不单一。单独的中性动词出现在受事主语句,似乎受很大的限制。这些事实说明此类动词不带宾语时,指向施事主语是其典型特征,指向受事主语是所处语境的影响。

2.1.2 谓语中两个以上的动词或动词组连用,并且它们的句型特性不同的时候,受到另一方动词的干扰,改变原来的句型特征,作受事主语句。例如:

(32) 淮南王见<u>建已征治</u>,恐国阴事且觉,……(淮南衡山 3089)

"治"本是中性动词,其主语应是施事。此例中"治"前面附加经常带受事主语的作格动词"征"(下详)。"治"用作受事主语句,大概是"征"字的影响⑱。类似的例子还有:

(33) 其后有人盗高庙坐前玉环,<u>捕得</u>,文帝怒,下廷尉治。(张释之冯唐 2755)
(34) 岂与世儒暗于大较,不权轻重,猥云德化,不当用兵,大至君辱失守,<u>小乃侵犯削弱</u>,遂执不移等哉!(律书 1241)

以上例句都可以补受事主语。例(33)中性动词"捕"跟作格动词"得"用在一起。例(34)"侵、犯"是中性动词连用,但"削弱"的主语经常是受事。

另一个情况是,中性动词附加在别的动词前面,表示后面动词的前提或方式:

(35) <u>王生</u>者,善为黄老言,处士也。尝<u>召</u>居廷中,(张释之冯唐 2756)

例(35)的主语"王生"是"召"的受事,同时也是"居"的施事。不管哪一种情况,动词的连用看来是施受关系中立化的一个途径。

2.1.3 中性动词的主语指向施事,这是有生论元的特点。如果无生名词当受事,此类动词也可以构成受事主语句。

(36) 当是时,丞相入奏事,坐语移日,<u>所言皆听</u>。(魏其武安 2844)
(37) 箕子曰:"为人臣<u>谏不听</u>而去,是彰君之恶而自说于民,吾不忍为也。"(宋世家 1609)

动词"听"的受事由"所言""谏"等无生名词担任,就可以成为受事主语句。

(38) 景帝即位,以错为内史。错常数请闲言事,辄听。(袁盎晁错 2746)

因为有生的受事不能当中性动词"听"的主语,所以此例句"辄听"应理解为"(晁错所言事)辄听"或"(景帝)辄听",不可能是"(晁错)辄听"。再举一些其他古籍中的例句:

(39) 今兄弟被侵必攻者廉也,知友被辱随仇者贞也,廉贞之行成,而君上之法犯矣。(《韩非子·五蠹》)
(40) (北郭子)求复者曰:"晏子,天下之贤者也,去则齐国必侵矣。必见国之侵也,不若先死。请以头托白晏子也。"(《吕氏春秋·季冬记·士节》)[19]
(41) "今大王令人执事于魏,以完其交,臣恐魏交之益疑也"(《战国策·魏策二》)

有些动词对施事和受事的语义要求各不相同。例如动词"治"的受事是罪犯或嫌疑犯。在论元的语义角色比较明确的情况下,有生名词也可以担任受事主语,如:

(42) 王使人上书告内史,内史治,言王不直。(淮南衡山 3095)

因前面有"王使人上书告内史",内史之为嫌疑犯很明确,有这样的语境,"内史"才能当受事主语。单独的"治"作受事主语句,例(42)是《史记》中唯一的例子。

动词"召"的语义要求是地位高的施事"召"地位低的受事[20]。因此两个论元的地位高低明确的情况下,有生的受事也可当主语:

(43) 上乃赦季布。当是时,诸公皆多季布能摧刚为柔,朱家亦以此名闻当世。季布召见,谢,上拜为郎中。(季布栾布 2730)

不带宾语的"召见"《史记》中有 8 例,其他 7 例均为施事主语句,可见例(43)也是特殊情况。

2.1.4 中性动词用在对偶句中,可以接受事主语。李佐丰

(1994)指出对偶是直接宾语变换为主语的条件,中性动词确实有这样的现象。

(44) 夫君不君则犯,臣不臣则诛,父不父则无道,子不子则不孝。(太史公 3298)

这种例子《史记》中不很常见,再举几个其他古籍的例子:

(45) 亲莫不欲其子之孝,而孝未必爱,故孝已疑,曾子悲。(《吕氏春秋·孝行览·必己》)
(46) 阿主之为,有过则主无以责之,则人主日侵而人臣日得。(《吕氏春秋·审分览·君守》)

2.1.5 中性动词前加某些词或进入某些结构,其施受关系受到改变。首先要举所谓有标记的被动结构。

(47) 故女无美恶,入宫见妒;士无贤不肖,入朝见嫉。(鲁仲连邹阳 2473)
(48) 清,寡妇也,能守其业,用财自卫,不见侵犯。(货殖 3260)

例(47)(48)如果去掉"见",说成"入宫妒""不侵犯",就变为施事主语句。可见"见"字对中性动词的施受关系起了强制性的作用。作格动词构成受事主语句,属于基本句式(下详)。反之,中性动词缺乏这个功能,加"见"是中性动词构成受事主语句的重要手段。

动词前加"可、足、难、易"等词,其主语往往为受事。中性动词加这些词,就变成受事主语句。

(49) 又谓诸大夫曰:"高昭子可畏,及未发,先之。"(齐太公 1506)
(50) 愚以为匈奴不可击也。(刘敬叔孙通 2718)

不带宾语的中性动词通常作主动用,"高昭子可畏""匈奴不可击也",如果去掉"可"字,就变为施事主语句了。《马氏文通》说:"'可''足'两字后动字概有受动之意。"有人不同意[21]。理由是有的"可"字句并不表示被动。但中性动词加上"可、足"等词后,其施受关系受到强制性的改变,这是不能忽略的事实。"可"等字虽然不能看作被动标记,但它们和受事主语句有密切的关系。这个事实究竟该如何解释,看来还有待研究。

2.2 《史记》中有一些动词不带宾语而且显现主语时,其主语大多数指向受事,与中性动词呈现鲜明对立。这个类型的动词有"斩、诛、戮(僇)、辱、伐、勯、执、拘、囚、系、得、征(召唤)、用、逐(放逐)、抱、葬、幸、爱、嬖"等。据我初步统计,由上举19个动词组成的比较简单的Np1+V结构中[22], Np1当受事的有138例,当施事的只有25例,受事主语的出现率超过80%,见表Ⅱ。

【表Ⅱ】[23]

	斩	诛	戮-僇	辱	伐	勯	执	拘	囚	系
AV	2	2	0	0	5	0	0	0	1	0
PV	8	14	3	15	7	1	1	2	7	7

	得	征	用	逐	抱	葬	幸	爱	嬖	总计
AV	3	0	9	0	0	1	0	2	0	25
PV	5	6	20	3	1	12	21	3	2	138

(51) 信入,吕后使武士缚信,斩之长乐钟室。信方斩,曰:"吾悔不用蒯通之计,(淮阴侯 2628)

(52) 而大农颜异诛。(平准书 1433)

(53) 对曰:"夫魏氏并邯郸,其于齐何利哉?且夫救赵而军其郊,是赵不伐而魏全也。(田敬仲完 1892)

(54) 城中人见齐诸降者尽勯,皆怒,坚守,唯恐见得。(田单 2454)

(55) 昔西伯拘羑里,演周易;(太史公 3290)

(56) 去疾,劫曰:"将相不辱。"自杀。斯卒囚,就五刑。(秦始皇 272)

(57) 武安吏皆为耳目,诸灌氏皆亡匿,夫系,遂不得告言武安阴事。(魏其 2850)

(58) 战,齐急,丑父恐<u>齐侯得</u>,乃易处,顷公为右,车绁于木而止。(齐太公 1497)

(59) <u>昌既征</u>,高后使使召赵王,赵王果来。(张丞相 2679)

(60) 田婴恐,张丑伪谓楚王曰:"……今王逐婴子,<u>婴子逐</u>,<u>盼子必用矣</u>。"(楚世家 1721)

(61) 乃说建成侯曰:"……臣闻:母爱者<u>子抱</u>,今戚夫人日夜待御,赵王如意常抱居前,(留侯 2045)

(62) <u>悼王既葬</u>,太子立,乃使令尹尽诛射吴起而并中王尸者。(孙子吴起 2168)

(63) <u>戚姬幸</u>,常从上之关东,日夜啼泣,欲立其子代太子。(吕太后 395)

(64) 季姬与季鲂侯通,言其情,鲁弗敢与,故齐伐鲁,竟迎季姬。<u>季姬嬖</u>,齐复归鲁侵地。(齐太公 1507)

此类动词前面没有显现主语,往往可以补出受事主语。

(65) 子比为王十余日,子晳不得立,<u>(子比、子晳)又俱诛</u>。(楚世家 1709)

(66) 今夫人事太子,<u>(夫人)甚爱</u>而无子。(吕不韦 2507)

(67) 宁公生十岁立,立十二年卒,<u>(宁公)葬西山</u>。(秦本纪 181)

此类动词不带宾语时构成受事主语句,这是其典型句型。本文暂且采用 Cikoski 的术语把此类动词称"作格动词(ergative verb)"。我认为作格动词构成受事主语句,是其原有的特性,它并不是对偶或其他修辞条件所产生,也不是靠语境决定施受关系的。换句话说,不带宾语的作格动词,作受事主语句属于常态,主动句则特殊情况。第一节里介绍有的先生认为及物动词的受事不能自由地转换为主语。但这是中性动词的特点,作格动词的受事可以自由地转换为主语,这是很值得注意的。殷国光(1997)指出《吕氏春秋》中少数受事宾语变换为主语,受到很大的限制,在谓语动词前后没有状语、补语等的条件下才实现。《史记》中作格动词作受事主语句,没有这个限制。带状语的有(51)(53)(54)(56)(59)(60)(62)等,带补语的有(55)(67)等例。

2.2.1 作格动词也可以用在施事主语句,但数量上没有受事主语句那么普遍,句型较为复杂的居多。这就说明此类动词用在施事主语句,不是它的典型句型。作格动词大体在如下几种条件下可以构成施事主语句。

2.2.2 作格动词在对偶句中可以构成单纯的施事主语句。

(68) 虙戏、神农教而不诛,<u>黄帝、尧、舜诛</u>而不怒。(赵世家1782)
(69) 威王初即位以来,不治,委政卿大夫,九年之闲,<u>诸侯并伐</u>,国人不治。(田敬仲完1888)

对偶句中作格动词构成施事主语句的例子,在《史记》中不是很常见,但其他古籍中不乏其例:

(70) 是以门人捐水而夷射诛,济阳自矫而二人罪,司马喜杀爰骞而季辛诛,郑袖言恶息而新人劓,费无忌教郤宛而<u>令尹诛</u>,陈需杀张寿而犀首走。故烧刍廥而中山罪,杀老儒而济阳赏也。(《韩非子·内储说下》)

例(70)"诛"字三见,前两个是受事主语句,后一个是施事主语句。

在2.1.4里指出中性动词也在对偶句中可以构成受事主语句,可见对偶句有时影响到动词的句型特点。

2.2.3 作格动词用在施事主语句,往往和中性动词或其他动宾结构连用,例如:

(71) 关东群盗并起,<u>秦发兵诛击</u>,所杀亡甚众,然犹不止。(秦始皇271)

此例作格动词的前后有动宾词组"发兵"和中性动词"击",都显示出"秦"是它们的共同施事。再如:

(72) 昌尝燕时入奏事,高帝方拥戚姬,昌还走,<u>高帝逐得</u>,骑周昌项,问曰:"我何如主也?"(张丞相2677)
(73) 重耳踰垣,<u>宦者逐</u>,<u>斩其衣袪</u>。(晋世家1656)

(74) 其舍人得罪于信,信囚,欲杀之。(淮阴侯 2628)
(75) 是时雁门尉史行徼,见寇,葆此亭,知汉兵谋,单于得,欲杀之,尉史乃告单于汉兵所居。(匈奴 2905)

例(72)和(73)的宾语"周昌项"和"其衣袪"不是前面的作格动词"逐得""逐"的论元,所以不能看作及物句型。其实"高帝逐得骑周昌项"可以理解为"高帝逐得周昌而骑其项","宦者逐斩其衣袪"可理解为"宦者逐重耳而斩其衣袪",前面作格动词的受事与后面的宾语部分重合,因而被省㉔。例(74)(75)作格动词"囚""得"出现于简单的施事主语句,但其后接着"欲V之","之"实际上也是前面作格动词的受事论元。后面所接的"欲法之"等成分十分关键,如果没有它,恐怕不能成为施事主语句。

如果谓语中的动词都是作格动词,其主语不可能是施事,仍然是受事,如:

(76) 少子名庆,母爱幸,寄常欲立之。(五宗 2101)
(77) 及绛侯免相之国,国人上书告以为反,征系清室,宗室诸公莫敢为言,唯袁盎明绛侯无罪。(袁盎晁错 2738)

作格动词前后有表示移动意义的动词,往往作施事主语句,如:

(78) 其弟余善乃与相、宗族谋曰:"王以擅发兵击南越,不请,故天子兵来诛。"(东越 2981)
(79) 单于留塞内月余乃去,汉逐出塞即还,不能有所杀。(匈奴 2901)

动词"伐"在这种上下文出现得实在很多,Cikoski 误认"伐"是中性动词,可能是这个原因。

(80) 桓公闻而怒,兴师往伐。(齐太公 1489)
(81) 鲁伐入阳关,晋伐到鄟陵。(六国年表 717)

但如上述,谓语动词由"伐"单独充当,主语多数是受事,因此把它归入作格动词比较合适。

作格动词前后有介词"以"字,其主语往往是施事。如:

(82)(申屠嘉)怒谓长史曰:"<u>吾当先斩以闻</u>,乃先请,为儿所卖,固误。"(袁盎晁错 2746)

(83) <u>太子母缪嬴</u>日夜抱太子以号泣于朝,……出朝,则<u>抱以适赵盾所</u>,顿首曰:(晋世家 1672)

(84) 霸曰:"自大将军出,未尝斩裨将。今建弃军,<u>可斩以明将军之威</u>。"(卫将军 2927)

"Np+Vp1+以+Vp2"这个句型表示施事主语用 Vp1 的手段或方式来进行 Vp2 所表示的动作,因此 Vp1、Vp2 一般都是从施事主语发出的动作。作格动词用在这个句型中,受到句型的影响,就主动化。例如(84)"可斩"前可以补施事主语"大将军"[25]。"以"前面的动词"斩"实际上表示施事"大将军"进行"明将军之威"的手段。

以下的例子是作格动词后面有"以"字短语表示施事进行行为时所使用的工具。

(85) 已而至纣之嬖妾二女,二女皆经自杀。<u>武王又射三发,击以剑,斩以玄钺</u>,县其头小白之旗。(周本纪 124)[26]

"以"字对作格动词的主动化所起的作用,杨伯峻、何乐士(1992:694-695)已有论及。两位先生举的例子是文章开头提到的例(3),也就是杨树达先生"施受同辞例"所举的例子,这里再提一次:

(86) 大国以下小国,则取小国;小国以下大国,则取大国;故<u>或下以取</u>,或下而取。(《老子》61 章)

杨、何先生说:"以"常连接动作行为及其目的,所在句常有较明显的主观色彩;"而"常连接动作行为及其结果,所在句常常客观地反映实际情况。因而"或下以取"表示大国用亲近去达到取得别国的目的,是主动句;"或下而取",表示小国因为亲近大国而招致被大国占取的结果,是被动句。我认为杨、何二位先生对"以"字的解释很正确。但是,上例的"取"字不表"占取、攻取"等义,而表示"联合、争取"等意思。表此义的"取"字在《史记》《战国策》等文献较常见,句型似属作格格局。

(87) 秦王闻若说,必若刺心然。则王何不使辩士以此若言说秦?<u>秦必取</u>,齐必伐矣。夫<u>取</u>秦,厚交也;伐齐,正利也。(苏秦 2271)

不带宾语的"取"指向受事主语,"或下而取"大意是"有的谦恭自下而被(别国)争取"。但"或下以取"的"取"字前面加"以"而主动化,表示"有的谦恭自下来争取(别国)"。例(86)前半的"小国以下大国,则取大国",马王堆帛书甲本作:"小邦以下大邦,则取于大邦","取"后有介词"于"。帛书本句意很明确,"取于大邦"是"小国被大国争取",是被动句。《老子》此句本无施受同辞的问题,今本脱落一"于"字,引起后代学者的大议论。

2.2.4 作格动词前面加"欲""能"等助动词,就主动化,可以不带宾语。

(88) 其后<u>小吏</u>畏诛,虽有盗不敢发,<u>恐不能得</u>,坐课累府,府亦使其不言。(酷吏 3151)
(89) 世以混浊<u>莫能用</u>,是以仲尼干七十余君无所遇,(儒林 3115)
(90) 二子对曰:"楚将子常贪,而唐、蔡皆怨之。<u>王必欲大伐</u>,必得唐、蔡乃可。"(吴太伯 1466)[27]

"能""欲"等助动词表示主语有能力或愿望作某种行为,其后面的动词行为由其主语发出极为明显。不及物动词作使动用,一般都得有宾语,但是加"欲""能"等,就可以不带宾语。两个现象是同出一辙的。

(91) 远人不服而<u>不能来</u>也。(《论语·季氏》)

2.2.5 作格动词前面加状语,有时主动化。"自"和"相"最常见,例可从略。其他的例子还有:

(92) 当今之时,世咸嘉生而恶死,厚葬以破业,重服以伤生,吾甚不取。(孝文 433)

此例"厚葬"与"重服"对文,可见"厚葬"为动宾结构,"葬"不当主要谓语。"厚葬"有时可带宾语:

(93) 弟诸子欲厚葬汤,汤母曰:"汤为天子大臣,被污恶言而死,何厚葬乎!"(酷吏 3144)

例(93)有两个"葬"字,"厚葬汤"的"葬"为主要动词,"厚"为状语,"何厚葬乎"的"厚葬"是动宾结构。"厚+V"一为动宾,一为状动。类似的例子还有:

(94) 是年,晋公子重耳过宋,襄公以伤于楚,欲得晋援,厚礼重耳以马二十乘。(宋微子 1627)

(95) 于是吕后令吕泽使人奉太子书,卑辞厚礼,迎此四人。(留侯 2045)

副词"擅""妄"针对施事进行动作的态度而言,因此作格动词加它就主动化:

(96) 太史公曰:匈奴绝和亲,攻当路塞;闽越擅伐,东瓯请降。(建元以来侯者年表 1027)

(97) 今诸君将诛其后,是非先君之意而今妄诛。妄诛谓之乱。(赵世家 1783)

"擅伐""妄诛"恐怕也是动宾结构。不管如何,其句意重点在"状语"上,而不在动词上。

2.2.6 否定词"弗""勿"是包含代词宾语的否定词,分别等于"不之"和"毋之"合音㉘。因此被这两个否定词否定的作格动词就主动化。

(98) 芊尹申无宇之子申亥曰:"吾父再犯王命,<u>王弗诛</u>,恩孰大焉!"(楚世家 1708)

(99)(武姜)生太子寤生,生之难,及生,<u>夫人弗爱</u>。(郑世家 1759)

(100) 汉遗匈奴书曰:"……然右贤王事已在赦前,<u>单于勿深诛</u>。"(匈奴 2897)

"王弗诛""夫人弗爱""赦勿斩"实际上等于"王不诛之""夫人不爱之""赦毋斩之",是普通的及物句型,不应看作"施事+V"句型。

有时"弗+作格动词"出现在受事主语后面:

(101) 纵远方奇兽蜚禽及白雉诸物,颇以加祠,<u>兕旄牛犀象之属弗用</u>。(孝武 475)

"兕旄牛犀象之属弗用"就等于"兕旄牛犀象之属不用之",这个类型的句子往往是对比句,或者有"若论、至于"的语气㉙,绝不是普通的受事主语句。例(101)"兕旄牛犀象之属"是对"远方奇兽蜚禽及白雉诸物"而言的。

单个作格动词被"不"否定,往往作施事主语句,如:

(102) 右将军建至,<u>天子不诛</u>,赦其罪,赎为庶人。(卫将军 2928)

(103)(韩信)数以策干项羽,<u>羽不用</u>。(淮阴侯 2610)

(104) 滕公奇其言,壮其貌,<u>释而不斩</u>。(淮阴侯 2610)

这些例子怎样处理,是个很棘手的问题。有些"不"字有异文作"弗",例如上举3个例子在《汉书》中都作"弗"。

(102b) 苏建至,<u>上弗诛</u>,赎为庶人。(《汉书·苏建传》)

(103b) 信数以策干项羽,<u>羽弗用</u>。(《汉书·韩信传》)

(104b) <u>滕公</u>奇其言,壮其貌,<u>释弗斩</u>。(《汉书·韩信传》)

我怀疑这些"不"在原本《史记》作"弗"。秦汉以前古籍中的"弗"往往改成"不"。汉朝昭帝名讳叫刘弗陵,为了避讳,人们在正式场合须改"弗"为"不"。《老子》《论语》等有出土本可对照,出土本"弗"字常见,今本则寥寥无几。马王堆帛书《战国纵横家书》的"弗"字,在《史记》中作"不"的共有 11 处㉚。上举例(127)至(129)的"不"都用在省去宾语的及物动词之上,合乎"弗"字的使用条件。不带宾语的动词所接的"不"字不能保证原本作"不"。Cikoski(1978A)认为"不"还可读作"弗",含"不"的句子不好用来判断动词的性质㉛。

2.2.7 作格动词在兼语句中担任第二个动词,就主动化。兼语句经常表示叫使事作某个动作,因此第二个动词一般都表主动(有个别例外)。

(105) 杨熊走之荥阳,二世<u>使使者斩以徇</u>。(高祖 358)㉜
(106) 而韩闻秦之好兴事,欲罢之,<u>毋令东伐</u>,乃使水工郑国闲说秦。(河渠书 1408)
(107) 公如晋,<u>晋留之葬</u>,公耻之。(十二诸侯 654)

2.2.8 作格动词在祈使句中作主动用。祈使句命令或要求对方作某个行为,其动词由对方发出甚明,因而作格动词可不带宾语而主动用。

(108) 子贡曰:"<u>君按兵无伐</u>,臣请往使吴王,令之救鲁而伐齐,君因以兵迎之。"(仲尼 2198)
(109) 上病益甚,乃为玺书赐公子扶苏曰:"<u>与丧会咸阳而葬</u>。"(秦始皇 264)

2.2.9 作格动词对论元语义的不同要求有时成为主动化的因素。动词"用"(任用)的施事和受事身份高低不同,身份高的人"用"身份低的人。君主一般不会被人任用,因此君主当施事时,动词"用"未必带宾语,如:

"施受同辞"刍议——《史记》中的"中性动词"和"作格动词"　　471

(110) 鞅复见孝公,<u>孝公善之而未用也</u>。(商君 2228)
(111) 申不害者,……学术以干韩昭侯,<u>昭侯用为相</u>。(老子 2147)
(112) 书既闻上,上下吏。吏簿责条侯,条侯不对。景帝骂之曰:"<u>吾不用也</u>。"召诣廷尉。(绛侯 2079)

但是例(110)还可以解释为"孝公善之而(鞅)未用也",是受事主语句。例(111)"用"不一定是动词,有可能是介词,同"以"。例(112)的"不"《汉书》也作"不",但合乎"弗"的使用条件,不一定原作"不"。

以下例子是简单的"Np1+用"构成施事主语句,乍看似是例外:

(113) 夫水土演而<u>民用也</u>。土无所演,民乏财用,不亡何待!(周本纪 145)
(114) 秦失其鹿,天下共逐之,于是<u>高材疾足者先得焉</u>。(淮阴侯 2629)

请注意,上例被省的受事宾语都是无生的。例(113)"水土演而民用也",《史记集解》引韦昭说:"水土气通为演。演犹润也。演则生物,民得用之。"例(114)"得"的受事是"鹿",指帝位、政权,实际上也是无生名词。"焉"也许可以算"得"的宾语,但《汉书·韩信传》无"焉"字。如果受事是有生,不能随便省宾语。

2.2.10 作格动词单独作主动用。

(115) 今楚强以威王此三人,<u>秦民莫爱也</u>。(淮阴侯 2612)
(116) 子圉之亡,秦怨之,乃求公子重耳,欲内之。子圉之立,畏<u>秦之伐</u>也。(晋世家 1656)
(117) 舜登用,摄行天子之政,巡狩。行视鲧之治水无状,乃殛鲧于羽山以死。天下皆以<u>舜之诛</u>为是。(夏本纪 50)

"秦民莫爱"意为"秦民没人爱此三人","秦之伐"、"舜之诛"实为"秦伐晋""舜诛鲧",不是"秦被伐""舜被诛"。这种例子虽然为数极个别,但其原因不明,有待研究[33]。

2.3 这里附带论及单独的动词加"者"字提取受事的问题。朱德熙(1983:20)认为古汉语转指标记"者"的功能是提取主语,单独的及物动词加上"者"以后大都指施事,不指受事。同时朱先生指出有一些例外,如"刖、黥"等表示刑罚的动词,其主语经常指受事,所以加上"者"以后,"刖者、黥者"也经常指受事。我认为,单独动词加"者"提取受事,是作格动词的特点㉞,例如:

(118) 臣闻:母<u>爱者</u>子抱。(留侯 2045)
(119) 至周为廷尉,诏狱亦益多矣。二千石<u>系者</u>新故相因,不减百余人。(酷吏 3153)
(120) 昔<u>以色幸者</u>多矣。(佞幸 3191)
(121) 此夫为盗不操矛弧者也,攻而不用弦刃者也,欺父母未有罪而弑君<u>未伐者</u>也。(日者 3207)

《左传·哀公八年》"及吴师至,<u>拘者</u>道之以伐武城。""拘者"指被拘者,朱先生说与通例不合。但"拘"属于作格动词,"拘者"指受事,并不奇怪。

《公羊传·庄公二十八年》"春秋<u>伐者</u>为客,<u>伐者</u>为主"是特殊情况。此例两个"伐者"前者代表施事,后者代表受事,是典型的施受同辞。据"伐"字的句型特点看,"伐者"应指受事,"为客"的"伐者"提取施事,则为例外。何休《解诂》对此作注说:"伐人者为客,读伐长言之,齐人语也。见伐者为主,读伐短言之,齐人语也。"何休指出齐人语受事的"伐者"要短言,施事的"伐者"要长言,这很有趣。如果"短言"指入声的话,那就是一般的读法了。"长言"不详其真正含意,但它肯定不是普通的入声读音㉟。例外用法的"伐者"读作例外音,这是很值得注意的。无论如何,两个"伐者"据何休读音不同,就算不同的词,施受同辞只不过就字面而言,不是语言本身问题。

作格动词加上"者"有时指施事,如:

(122) 简子乃告诸子曰:"吾藏宝符于常山上,<u>先得者</u>赏。"(赵世家 1789)

上文已经说明,作格动词的宾语由无生名词充当,宾语有时可省,但其主语仍然是施事(见 2.2.8)。此例"得者"实为"得(宝符)者",隐藏了无生的受事"宝符"。在这个条件下"得者"可以提取施事。

单独的中性动词加上"者"指什么,情况与作格动词恰恰相反。"V者"通常指施事,例常见可从略。但它在一定的条件下也可提取受事。中性动词构成受事主语句,主语一般都是无生的名词。因此"V者"提取受事,限于无生名词,例如:

(123) 于是谨其终始,表其文,颇有所不尽本末;著其明,<u>疑者</u>阙之。(高祖功臣侯者年表 878)

(124) 雒阳人有相仇者,邑中贤豪居闲者以十数,终不听。客乃见郭解。解夜见仇家,仇家曲听解。解乃谓仇家曰:"吾闻雒阳诸公在此闲,多<u>不听者</u>。今子幸而听解,解奈何乃从他县夺人邑中贤大夫权乎!"(游侠 3187)

例(124)"不听者"乍看似指"雒阳诸公","听者"提取有生的受事,是一个例外。但从"听"字的句型特点看,"者"字所指应解释为"雒阳诸公所言"。《汉书·游侠传》则作"多不听",解释为"(雒阳诸公所言)多不听"抑或"(子)多不听",均可。

朱先生举了《墨子》中"攻者"指受事的例子,说是例外:

(125) 大国之攻小国,<u>攻者</u>农夫不得耕,妇人不得织,以守为事,<u>攻人者</u>农夫亦不得耕,妇人不得织,以攻为事。(《墨子·耕柱》)㊾

"攻"是中性动词,"攻者"应指施事,如:

(126) <u>所攻者</u>不利,而<u>攻者</u>亦不利,是两不利也。(《墨子·公孟》)

我怀疑例(125)"攻者"前脱一"所"字,正如《墨子·公孟》作"所攻者不利"。

2.4 不管中性动词还是作格动词,以上所举都是施受关系较固定的动词。但我不得不承认,有的动词不带宾语时,其主语既可作施事,又可作受事,而没有看出区别的条件。我找到的一个例子是"杀"。简单的"Np1+杀"中主语指施事,如:

(127)斑怒,鞭茷。庄公闻之,曰:"茷有力焉,遂杀之,是未可鞭而置也。"<u>斑未得杀</u>。(鲁周公 1531)

《史记》中"杀者"共有 4 例,均提取施事,"杀"似接近中性动词:

(128)由所杀蛇白帝子,<u>杀者</u>赤帝子,故尚赤。(高祖 350)

但是受事主语句中也用"杀",如:

(129)<u>秦信左右而杀</u>,周用乌集而王。(鲁仲连邹阳 2477)
(130)<u>厉公之杀</u>,以淫出国,故春秋曰:"蔡人杀陈他。"(田仲敬完 1880)
(131)田氏之徒……遂杀简公。<u>简公立四年而杀</u>。(田仲敬完 1884)

例(129)为对偶句之外,例(130)(131)都不合乎中性动词用在受事句的条件。"杀"字似乎称得上施受同辞的动词。"杀"字可施受同辞的原因目前尚无很好的答案,《史记》中有没有同类的动词,还有待研究。

  3. 根据上述 40 个动词的调查结果看,《史记》中动词和主语之间的施受关系是相当确定的。经常出现在及物句型的动词不带宾语的时候,其主语指向施事还是受事,大致随动词而异。过去所说"施受同辞"和"反宾为主",只不过是笼统的说法,既不是每一个动词无规律地主动受动两用,又不是所有的所谓及物动词都能反宾为主。尤其是主语显现而且谓语由一个动词构成的主谓结构,较少受到其他词语的干扰,显著呈现施受关系固定的倾向。对偶句、无主句、谓语离主语较远的句子、谓语结构复杂的句子,由于受其他成分的影响,施受关系松缓化,因而出现了一些施受同辞的现象。我认为 Cikoski 提倡的中性动词和作格动词之分,很有启发性,但遗憾的是他对例外现象的考察很不够。梅祖麟先生指出上古汉语动词的施受关系很严格,这个观点基本上是可以成立的。但是后来施受关系中立化的原因在上古汉语本身中已经包孕着的,不见得到了唐代才开始。每个动词的施受关系在简单的句子中虽然很固定,但在复杂的句中由于种种原因有时被打乱。上古汉语发达有标记的受事主语句,其原因之一就在此。中性动词作受事主语句,一定要加"见"字等其他成分。作格动词则自由地构成受事主语句。对中性动词说,"见"字是构成受事主语句的必需成分,对作格动词说,是确定或强调施受关系的成分。

中性动词和作格动词的区别,可能与动词的词汇意义有一定的关系。作格动词的词义叫受事的状态引起某种变化的较多,如"斩、诛、劓、伐"等。反之,中性动词的受事本身不受变化。例如"攻、击"只表施事的行为,受事被"攻、击"后会怎么样,则是另外事情。但是不表变化的动词不一定是中性动词。同是表示感情的动词,"妒、畏、疑、怨"等是中性动词,"爱、嬖、幸"等是作格动词。"追""逐"意义很近,但是"追"是中性动词,"逐"是作格动词。古汉语动词的核心意义很难掌握,探讨动词的语义和句型的关系是非常困难的。这方面的研究是以后的课题。

本文检查的动词不多,语料限于《史记》,只不过是一个尝试。本文得到的看法究竟是否成立,还有待今后的调查和研究⑩。

注释

① 这方面的讨论可参看方光焘(1961)。方先生认为所谓无标记的受事主语句是状态句,不能看作被动句。
② 见《马氏文通·实字之卷四》。
③ 见《俞敏语言学论文集》p.383。
④ 李佐丰(1994:36)说,直接宾语中受事宾语最多,但直接宾语并不限于受事,除了与事之外,只要是行为、活动所经常指向的人、物都可能由直接宾语表示。
⑤ 见 Cikoski (1978B:135)。
⑥ 例(8)至(12)引自 Cikoski (1978A:129-132)。
⑦ 见 Cikoski (1978B:135)。
⑧ 见 Cikoski (1978A:132)。

⑨ 详见 Hsüeh(1994:395-399)。
⑩ 关于议论句,刘先生还在"先秦实词与句型—兼论句型和文章风格的关系"等文章进行讨论,很遗憾我还没找到刘先生大作。刘承慧(1999:581)说,表述事件始末经常采用的句型称为"叙事句",表述说话人意见经常采用的句型称为"议论句"。
⑪ 详见梅祖麟(1991:131-135)。梅祖麟(1990:200-201)也有讨论。
⑫ 本文选《史记》作调查对象,理由是卷数浩大,涵盖的时期非常辽远,上自夏商,下至汉武,有的动词使用次数超过一千,这是其优点。当然《史记》不能代表整个上古汉语,有必要时也查其他上古语料。至于褚少孙补作部分,成书时间较晚,或许施受关系已开始中立化,因此暂时排除在外。本文所用的版本是中华书局点校本。找例句时利用了"中研院"历史语言研究所的二十五史资料库。
⑬ "败"等词是及物动词还是不及物动词,可能有不同的理解。如果是不及物动词,其及物句型是使动用法。如果是及物动词,不带宾语的句型是受事主语句。这方面的讨论可参看小方伴子(1997)、蒋绍愚(2000)。蒋先生认为"败""伤"等是及物动词。
⑭ 感情动词的论元不是严格意义的施事和受事而是经验者(experiencer)和客体(theme)或目标(goal),但是本文的目的在于考察主谓之间的施受方向的表现,不需要强作这个区别。为了简化行文,本文所说的施事包括狭义的施事和经验者,受事包括狭义的受事和客体。
⑮ 本文所说的"比较简单的主谓结构",是指谓语由一个动词构成,而且该动词和主语之间不出现其他任何谓语或动词的句子。但是如下例子包括在内:主语和谓语之间出现状语,如:"向寿、公孙奭由此怨"(樗里子甘茂 2316);兼语句,如:"天子闻,使杜式治"(酷吏 3146);谓语后加场所补语的句子,如"项王常置军中"(项羽 322)。
⑯ 表1的统计对象只限于主语和该动词之间不插任何其他动词谓语的例子。数字不包括无生名词当受事的例子、有标记的被动句及动词前加"可、足、自、相"的例子。AV 指施事主语句;PV 指受事主语句。
⑰ 表"讥笑"义的"笑"在"AV"结构中出现,有时与不及物动词的"笑"难以区别,统计数字从略。
⑱ 此例中"治"字构成受事主语句,可能还有论元的语义限制等原因,见 2.1.3。
⑲ "国"或国名有时是有意志的集团或机构,是有生名词,有时是无意志的领土,是无生名词。例(40)的"齐国"和"国"可能是后者。
⑳ 地位低的施事"召"地位高的受事,这样的例子不是没有,但属于不正常的情况,如:"践土之会实召周天子",而春秋讳之曰:天王狩于河阳"(孔子 1943)。

㉑ 参看姚振武(1999：45)、刘承慧(1999：573 – 576)等文章。
㉒ 同注(16)。
㉓ 表Ⅱ的统计对象只限于主语和该动词之间不插任何其他动词谓语的例子。
㉔ 例(72)和(73)中"逐"字表示"追逐",与例(60)中的"逐"表"驱逐、放逐"有所不同。中性动词和作格动词的区别似与其义有着密切关系,"逐"字作中性动词,其原因有可能是表示的词义不同。这一点蒙编者蒋绍愚教授指教,特此表示谢忱。同一个动词里的词义和句型的关系,本文没有进行深入的研究,这是以后的课题。
㉕ "可"表示向对方建议、劝告等语气,就可用在施事主语句。如:"(伍尚)谓员:'可去矣!汝能报杀父之仇,我将归死。'"(伍子胥 2172)
㉖ 此句《逸周书·克殷解》作"乃击之以轻吕,斩之以玄钺","斩"后有宾语"之"。
㉗ 此句《伍子胥列传》作"王必欲大伐之","伐"后有宾语"之"。
㉘ "弗"等于"不之",这个观点是丁声树(1935)等文章提倡的。有的人认为"弗"来自"不之"合音。由于上古文献中有一定数量的例外,如"虽与之俱学,弗若之"(孟子·告子上)等,何乐士(1994,2001)等先生反对丁先生的看法。但是丁先生指出"弗"字大多数用在省去宾语的及物动词上面,这是无可否认的事实,何乐士等先生也予以肯定(见何乐士 2001：97)。被"弗"否定的动词带有强烈的及物性,极少用于受事主语句,这一点是值得注意的。我个人认为马王堆帛书等出土文献中例外极少,并且例外句主要是"弗之 V"和"弗 V 之"两个类型,这个句型可在丁说的基础上解释其产生原因,正如周法高(1953：58 – 59)推测,"弗"字后再跟"之",好比"诸"本为"之乎"合音,但"诸乎"连文,"耳"本为"而已"的合音,但"而已耳"连文。因而丁说和合音说在上古汉语仍可适用(详见大西克也 1988)。春秋末期《侯马盟书》"见之行【道】而弗杀者"(3：22)亦作"逢之行道不之杀者"(3：26),这最说明问题。最近魏培泉(2001)——反驳对合音说的反证,颇有说服力。
㉙ 吕叔湘(1947：99 – 100)指出"受事+(施事)+动词"的句型(即吕文的 2b 式和其省略句型 3d 式)有"若论、至于"的口气是极明显。"咒疣牛犀象之属弗用"可理解为此式。"弗用"的主动性很明显,其前可补零主语,而含在"弗"内的代词宾语复指大主语"咒疣牛犀象之属"。
㉚ 我曾在大西(1988)中详论。魏培泉(2001：165 – 174)专门讨论避讳改"弗"为"不"的问题,魏先生认为《史记》其初应该有比今本多得多的"弗"。
㉛ 他有关"弗""不"的讨论参看 Cikoski(1978A：62 – 73)。
㉜ 此例《汉书·高帝纪》作"二世使使者斩之以徇","斩"后有宾语"之"。
㉝ 所谓"主+之+谓"结构中的"主语"有时既不是通常意义的主语,又不是谓语动

㉝ 词的论元,如:"民之望之,若<u>大旱之望雨</u>也。"(孟子·滕文公下)朱德熙(1983:29-30)认为"N 之 V"是"名词性的偏正结构",与英语的动名词类似。我以为这是"Np1+Vp"结构中 Np1 和 Vp 的语义关系比普通的主谓结构宽一点的原因。例如"臣不敢避<u>子胥之诛</u>"(淮南衡山 3086)",此例大意为"我不敢回避像子胥一样(谏君主)被诛杀","子胥"不是"诛"的受事主语,只能看作定语。我怀疑"舜之伐"也是偏正结构,果真是主谓结构,"舜"只能是受事。

㉞ 作格动词前加"所"也指称受事,那么"V 者"和"所 V"有什么不同? 姚振武(1998:48)认为"者"和"所"的根本区别不在于提取主语还是宾语,他指出"V 者"指称概念上的一般,经过语境的帮助达到指称个别,"(S)所 V"直接指称个别。我认为姚先生的看法有一定的道理。例如作格动词"幸"前加"所",所指都是个别,如:"<u>布所幸姬疾</u>"(黥布 2603);而"幸者"指一般,如"昔<u>以色幸者多矣</u>"(佞幸 3191)。但是中性动词构成的"所 V"和"V 者"能不能这样区别,则还值得商榷。例如"伍胥遂与胜独身步走,几不得脱,<u>追者</u>在后"(伍子胥 2173),这里"追者"指称个别。"追者"改作"所追",只能指被追者。

㉟ 徐彦疏云:"伐人者必理直而兵强,故引声唱伐长言之,喻其无畏矣。被伐主必理曲而寡援,恐得罪于邻国,故促声短言之,喻其恐惧也。"王力(1980:65)认为"伐"字长言之,就是念长入;短言之,就是念短入。

㊱ 吴毓工《墨子校注》云:"攻者,宝历本(日本宝历七年秋山仪校刻本)作守者。"

㊲ 本文投稿后,匿名的审稿委员建议我参看黄正德先生的大作"Historical syntax meets phrase structure theory"(Paper presented at the 4th ICCL, The University of Wisconsin-Madison, 1995),理由是他讨论的复合动词的句型特点和本文讨论的单音节动词有所不同。后来我就请国内外的几位朋友找该文,很遗憾至今尚未读到。希望能够拜读该文而作需要的补充。我在此对提意见的审稿委员致以衷心的谢意和歉意。

参 考 文 献

丁声树　1935　释否定词"弗""不",《庆祝蔡元培先生六十五岁论文集》下册。

方光焘　1961　关于古汉语被动句基本形式的几个疑问,《中国语文》1961 年 10,11 月号。

何乐士　1994　《左传》否定副词"弗""不"的比较,《第一届国际先秦汉语语法研讨会论文集》,长沙:岳麓书社。

何乐士　2001　"弗"的历史演变，*Collected Essays in Ancient Chinese Grammar*, *Collection des Cahiers de Linguistique Asie Orientale*。

蒋绍愚　2000　内动、外动和使动，《汉语词汇语法史论文集》，北京：商务印书馆。

李佐丰　1994　《文言实词》，北京：语文出版社。

刘承慧　1999　先秦汉语的结构机制，《中国境内语言暨语言学》第5辑，"中研院"语言学研究所筹备处。

吕叔湘　1947　从主宾语的分别谈国语句子的分析，《开明书店二十周年纪念文集》。引自吕叔湘著《汉语语法论文集》，北京：科学出版社，1955年。

吕叔湘　1987　说"胜"和"败"，《中国语文》1987年第1期。

马建忠　1898　《马氏文通》，北京：商务印书馆，1983年。

梅祖麟　1990　唐宋处置式的来源，《中国语文》1990年第3期。

梅祖麟　1991　从汉代的"动、杀""动、死"来看动补结构的发展——兼论中古时期起词的施受关系的中立化，《语言学论丛》第16辑，北京：商务印书馆。

王力　1980　《汉语史稿·上册》（修订本），北京：中华书局。

魏培泉　1994　古汉语被动式的发展与演变机制，《中国境内语言暨语言学》第2辑，"中研院"历史语言研究所。

魏培泉　2000　说中古汉语的使成结构，《"中研院"历史语言研究所集刊》第71本第4分。

魏培泉　2001　"弗""勿"拼合说新证，《"中研院"历史语言研究所集刊》第72本第1分。

谢质彬　1996　古代汉语反宾为主的句法及外动词的被动用法，《古汉语研究》1996年第2期。

杨伯峻、何乐士　1992　《古汉语语法及其发展》，北京：语文出版社。

杨树达　1924　《古书疑义举例续补》，刊于《古书疑义举例五种》，中华书局，1956年。

姚振武　1998　个别性指称与"所"字结构，《古汉语研究》1998年第3期。

姚振武　1999　先秦汉语受事主语句系统，《中国语文》1999年第1期。

易孟醇　1989　《先秦语法》,长沙:湖南教育出版社。
殷国光　1997　《吕氏春秋词类研究》,北京:华夏出版社。
俞敏　1999　古汉语的"所"字,《俞敏语言学论文集》,北京:商务印书馆。
周法高　1953　《中国古代语法·称代编》,北京:中华书局重刊本,1990年。
朱德熙　1983　自指和转指,《方言》1983年第1期。

大西克也　1988　上古中国语の否定词"弗""不"の使い分けについて,《日本中国学会报》第40集。
小方伴子　1997　古汉语研究における使动用法の扱いについて,《开篇》vol.16,好文出版。

Cikoski, John S. 1978A　An Outline Sketch of Sentence Structures and Word Classes in Classical Chinese —— Three Essays on Classical Chinese Grammar: Ⅰ, *Computational Analyses of Asian & African Languages* no. 8.

Cikoski, John S. 1978B　An Analysis of Some Idioms Commonly Called "Passive" in Classical Chinese —— Three Essays on Classical Chinese Grammar: Ⅲ, *Computational Analyses of Asian & African Languages* no. 9.

Harbsmeier, Christoph 1980　Current Issues in Classical Chinese Grammar. Some Critical Reflections on J. S. Cikoski: Three Essays on Classical Chinese Grammar, *Acta Orientalia* vol. 41.

Hsüeh, Frank F. S. 1994　Subject Deletion and "Passive Construction" in Classical Chinese,《第一届国际先秦汉语语法研讨会论文集》,长沙:岳麓书社。

"使用"和"使因":"使用"和汉语一种使成式的产生*

孙朝奋 著 赵长才 译 吴福祥 校

1. 引 言

　　本文尝试考察近代汉语中促成动词"著"发展成为使役动词(causative verb)的词源。在历史文献里,zhuo 写作"著"或"着";在现代汉语中,根据特定的具体语境而读作 zhe、zhuo、zhu 或 zhao。"著"也许是最引人关注、令人感兴趣的诸多古汉语动词之一,在现代汉语里,它已经发展演变出具有多种意义和语法地位的各式各样用法。不过,以往的研究(梅祖麟 1988,吴福祥 1996,Sun 1998,等等)主要侧重于"著"在不同的汉语方言里语法化为表示各种体意义的动词后缀,而对在一种迂说式表达结构中"著"的使役功能用法(譬如例(1)里表示使役义的近代汉语"著"①),则完全未予解释。尽管在现代普通话里,这种结构已经不再是一种能产的使成式,但在近代汉语里却得到广泛使用,并且在当今某些正式的书面语中仍有使用。

　　(1) a. 别离滋味浓于酒,著人瘦。(张耒:秋蕊香)
　　　　b. 你著一个火伴,跟我去来。(老乞大谚解)

　　本文旨在揭示"著"的使役义是如何从其在古汉语中表"放置"的

---

　　* [译者注]原文题为 To use and to cause:Shiyong 'to use' and the development of indirect causation in Chinese,刊于 Journal of Chinese Linguistics,Vol.33-1:140-163 (2005)。

动词本义派生出来的,或者说它与动词本义有着怎样的关系(见第2节)。Traugott 和 Dasher(2004:4)注意到,"在某个特定的时间,某个言语社团内部一个正在经历语义演变的词汇项,它所具有的那些独一无二的特性可从促动该演变出现的外围语言环境中引申出来。换言之,每个词汇项就其自身来讲,都有自己独特的历史。不过,在宏观层面上,语义演变的方向通常有很高的可预测性,不独局限于某一种语言,跨语言的情况亦是如此。"本文根据"著"发展成为使役动词这一事实,从宏观层面上建立了"著"的个性化历史。从宏观层面上看,古汉语表"放置""附着"或"著述"等意义的动词"著",发展为一个近代汉语的使役动词,这种演变被认为是由两种类型的语义演变过程所导致的必然结果:首先是造成中古汉语"使用"义产生的转喻过程,然后该转喻过程随之又进一步引发了若干隐喻过程,而这些隐喻过程最终导致近代汉语使役义"著"的产生。下面将提出证据证明,中古汉语里变得非常普遍的"使用"义在连接其古代汉语义和中古汉语连动式中的一些创新用法(这些新用法与后来在早期官话里产生出的使役、被动及一些其他意义有关)过程中,发挥了怎样的重要作用。

  提出这种假设的最初直觉来自一个略微比较正式的由自由语素"使"和"用"构成的现代汉语复合动词"使用"(例2a),而例2c中的"用",意为"使用",例2b中的"使"在连动式中其功能为使役动词,相当于英语"make me laugh"里的"make"。在例2b这个汉语句子里,动词"使"和"笑"组成了一个连动式,例2d中"使"只表示"使用"的意思。"使"和"用"可以是同义词,而且能够组成一个复合动词(例2a),这一事实证明,汉语里的使役义与"使用"这种动词义可能存在某种认知上的联系。

  (2) a. 美军使用了很多新式武器。
    b. 他总是使我笑个不停。
    c. 他用钱来收买人心。
    d. 您使劲拉。
    e. 他使了*我笑个不停。

"著"的使役义是从与上面所讨论的"使"和"用"之间的关系相一致的某个源头派生而来的,如果这个推断正确的话,那么我们有理由期待在"著"经历语义演变而表示使役义用法之前,汉语史中应该存在"著"作动词表示"使用"义的例子。本文第三节证明在中古汉语时期这种情况确实存在。

这种与"著"的词源演化关系密切的使役形式跟一个连动结构式(serial-verb construction)有关,在该结构式中至少有一个逻辑主语[②](主使者,causer),如 2b 中的"他",一个使役动词(causative verb)"使",一个受使者(causee)"我"以及一个动词"笑"。要对某个语言里的这种使役式作出令人满意的解释,必须从句法和语义两方面进行仔细考察(Comrie 1981)。在本文中,使役动词"著"赖以产生的句法环境是一个连动结构,本文又称之为迂说式结构(periphrastic construction)。Li(1991)观察到,由主使者操控的直接使成与由受使者操控的间接使成这两种使成式之间存在着一个语义连续统。根据 Li(1991:346),具有主使者操控特点的直接使成式对受使者部分的操控力较小,主使者很可能直接通过有形的身体操作来施加影响,受使者可以是有生物,也可以是无生物,这两种行为事件之间的依赖关系是绝对必要的,并且使役标记通常由不及物动词发展而来。而具有受使者操控特点的间接使成则对主使者部分的操控力较小,受使者一般是有生物,通常是人,这两种行为事件之间的依赖关系并非绝对需要,往往表示间接致使,并且使成标记通常由及物动词发展而来。在 Li 所勾勒的这样一个语义框架内,通过调查,Li 认为,汉语使成结构在某种程度上更接近于这个连续统中受使者操控的间接使成式,使成动词均由大多数带有生受使者的及物动词派生而来(这些特征很符合具有受使者操控特点的间接使成式)。例(1a)带有一个有生受使者"人",该例中的"人"可以理解为一个受使者,由于悲伤过度而身形消瘦。另一方面,譬如例(1b),它们又确实表示出由主使者操控的直接使成式的某种具体程度,该例中受使者明确受到主使者的遣派。因此,这种结构类型被认为更接近于使成连续统中的间接使成。作为一项对汉语使成式历史的综合研究,本文将大大超越现有的研究范围,对于像现代汉语"使"和近代汉语"著"等这类汉语的使成动词,我们将把它们视为已完全丧失生命力的使成动词③,因为在标记使成结构时它不能与广泛使用的动词后缀如"-了"(2e)共现。

　　Heine 和 Kuteva(2002:328)发现,从跨语言的角度来看,使成助动词可以从具有"做""给"或者"取"义动词演化而来。而本文所报道的汉语事实表明,使成助动词还可以有另外的词汇来源,即源自"使用"义动词。本文下面将分为四节,第 2 节介绍语素"著"的各种用法,第 3 节探讨连动式中作为第一个动词的"著"在中古汉语里的发展演变情况,第 4 节根据语义演变理论讨论这种应该被看作一个隐喻过程的迂说式使成义是怎样派生出来的,第 5 节根据语义演变的规律性对"著"的历史发展作出总结。

2. 汉语"著"的演变

　　汉语历史上,约 3500 年前曾出现过一次逐渐失去其他汉藏语系诸语言所具有的派生性形态特性的现象,进而几乎所有古汉语语素都成了单音节的,很多学者都观察到了这一现象(Norman 1988, Packard 2000, La Polla 2003)。但是,在最近两千年左右,新词语的创造压倒性地由双音节形式构成,导致形成了一种新的本质上主要是多音节的现代汉语形态类型。"著"是一个古汉语动词,中古汉语时期,在当时具有高度能产性的构词方式即连动式复合词中,"著"表示一种结果(见下),开始显示出语法化的征兆(Sun 1998)。事实上,现代汉语里主要表示未完整体意义如例(3a)中读作 zhe 的"着",很可能就是最古的残留下来的汉语动词后缀。此外,在现代汉语里,当"着"处于动词后,组成一个如例(3b)所示的词汇型结果复合词时也可以读作 zhao。不过,作为一个自由语素,在现代汉语里作为一种比较正式的表达,例(3c)中的"着"可以读作 zhuo,意为"穿着"。

(3) a. 门口围着一群人。
　　 b. 我们总算找着他了。
　　 c. 他身着绿色军大衣。

在不同的现代汉语方言里,"着"的同源词可以承担多种不同的体意义(Teng 1979,杨秀芳 1992,孙朝奋 1998)④。譬如例(4)反映的是吴语上海话,这几个句子分别与例(3)官话里的句子相对应。

(4) a. 门口围仔一群人。
　　b. 阿-拉总算寻着依了。
　　c. 依身着绿色军大衣。

正如与官话中相对应的例子一样,上海话里"着"的同源词根据各自特定的功能,读音亦不相同。在官话中用作动词的"着"读 zhuo (3c),作为词汇型结果复合词组成部分的"着"读 zhao (3b),而用作黏着语素的"着"读 zhe (3a)。在上海话里,作为词汇型复合词组成部分的"着"(4b)与用作动词的"着"(4c)读音相同,均读作 zaʔ,而已经语法化用来表示体意义的同源词则读作 tsi。这说明,在语音层面上,无论是上海话还是官话,已语法化了的 zhe/tsi 都拥有自己跟其在汉语词汇层面上的同源词可相互区别的生命力。词汇型复合词和语法化形式是两个不同的过程,可能发生在同一时期、沿不同路径发展演化而来。

梅祖麟(1988)认为,现代汉语各个方言中"着"的所有这些同源词,尽管语义上表现得多种多样,但可能都是从古汉语中一个共同的源头派生发展出来的。随之带来的必然结果是,"着"的各种用法在其历史发展的各个时期语义上应该都是有联系的,它们或是转喻关系,或是隐喻关系。本文考察的重点是汉语史中"着"各种用法之间的这些语义联系。

据 Karlgren (1957: 31),上古汉语(the oldest Old Chinese)表"放置"义或"显著"义的"著",其拟音应是 tio。而同样据 Karlgren,古汉语(Old Chinese)中"著"应该已经存在两个语音派生形式,即表"放置,安排,应用,著述"等义的 tiak 和表"附着"义的 diak。例(5)的几个例子引自《史记》,大致属于古汉语后期,这些句子显示"著"在该时期的一些用法,如表"附着"(5a)、"穿着"(5b)、"著述"(5c)以及"显著"(5d)义等。

(5) a. 其阴贼著与心。(史记:游侠列传)
　　b. 相如身著犊鼻裈。(史记:司马相如列传)
　　c. 二君之所称颂,可著廊庙。(史记:张释之冯唐列传)
　　d. 此其尤大彰明较著者也。(史记:伯夷列传)

例(5)反映出"著"在古汉语中的这些多义现象,相信可能是以如下方式建立联系的:"附着"义(5a)在语义上与动词本义"放置"并不很远,因此可以看作是通过隐喻而建立起的联系;"穿着"义(5b)很容易从"附着于身体"的意义引申出来;此外,需要向后人称颂宣扬的帝王们的丰功伟绩,唯有书诸文献、置之廊庙才能更好地展示。正是从这种处所意义上讲,"显著"义和"著述"义也可以产生。实际上这些古义绝大多数都被保留下来,在一些"著"的同源词里作为不同的词汇型复合词之组成部分,进入到现代汉语中,比如(6)中读作 zhu 的这些例子。

(6) a. 著名
　　b. 著作

尽管作为北方汉语一种变体的普通话已不再普遍使用"著"来表示"放置"或"穿着"义,但在各种南方方言里使用得仍很普遍。比如在上海话里,"穿着"依然是古汉语的同源词 zaʔ(7a)。此外,上海话里"下棋"的字面意思就是放置棋子(于棋盘上)(7b)。

(7) a. 著衣裳
　　b. 著棋

但目前研究所面临的挑战在于,上述种种意思没有哪一个能够明显地跟迂说式使成结构中"著"的意义建立起联系。事实上,古汉语中同样的迂说式使成结构是通过不同的语素来表达的,这些语素与古汉语动词"著"并无直接的词源关系。当时这样一个迂说式使成结构主要跟两个其他动词发生联系,如(8a)中的"使"和(8b)中的"令",后面带一个受使者,如(8a)中的"其后"和(8b)中的"君"。

(8) a. 使其后掌之。(左传:庄公 19 年)
　　b. 令君无疾而死。(左传:哀公 26 年)

下一节将讨论"著"在中古汉语时期的一些新用法,正是这些创新用法最终产生了"著"在近代汉语中广泛使用的使役用法。

3. "著"在中古汉语中的新用法:
动词"使用"和情态用法

中古汉语时期,与前一时期相比,"著"至少产生出三种新的功能,所有这些新功能均是从其旧有的意义通过上下文语境产生出来的。例(9b)和(9c)所举中古汉语的例子只是它们旧用法的延续。例(9a)表明在这一时期 zhuo 也被用来充当类似介词的处所标记(梅祖麟 1988),这种用法可能是从它处于动词后位置的动词"放置"义语法化而来的。

(9) a. 辄含饭著两颊边。(世说新语:德行)
　　b. 著重服。(世说新语:德行)
　　c. 刘伶著酒德颂。(世说新语:文学)

不过,跟本项研究关系更为密切的是例(10)两个例子所显示的这两种新用法,(10a)中"著"是动词,意为"用",(10b)的"著"表示情态。

(10) a. 在意著心勤守护。(变文:双恩记)
　　 b. 著还我天衣。(变文:搜神记)

吴福祥(1996:187)观察到了例(11)中"著"的一项表"使用"义的古汉语动词用法,跟(10a)中"著"的意思几乎完全相同,因此他将其视为一种古汉语的用法。不过,如果确实存在的话,这种用法在中古汉语之前也并不普遍。譬如在古汉语晚期的《史记》一书里查检到 106 例"著",却没有 1 例可以理解为"用"义的。所以,尽管在较早时期偶尔出现过,但"著"表"用"义主要还应看作是中古汉语时期的一种创新用法,因为它在这一历史时期才真正被普遍使用。

(11) 惟著意而得之。(楚辞:九辩)

另一方面,令人感兴趣的是,"著"的偶尔出现表明,假定"著"以这种方式用在汉语情境中的话,从"著"的本义"放置"发展出"用"义是十分自然的事。由此推断,当"放置"义"著"用于比喻时,"使用"义便从例(10a)和(11)这样的上下文语境中产生出来了。例(12)普通话的用例也说明,由"放置"义产生出"运用"(to apply)义,之后再发展出"使用"义这种假设,是很合理的。譬如在普通话里,"放心"一词既可以由表示"放置"义的动词"放"来表示(12a),也可以由动词"用"来表示(12b),二者是同义词。

(12) a. 把工作放在心上。
b. 用心工作。

像(10a)中"著心"这样的例子,直译字面意思为"放置某物于(某人的)心上",提供了一个语境,由这一语境,"运用某人的心智"或者译成英语更惯常的说法是"to use one's brains"(运用某人的大脑)的意思自然而然就可以产生出来了。"著意"(11)和"著心"(10a)中的"著"与后面的名词"心"或"意"结合在一起,利用一个假设的身体器官来指明一种心理活动,从而形成了"使用"义赖以产生的语境。因此,这种转变在同一时期是语言的一种比喻用法,即,放置某物于某人的心上是一种也许只有以想象的方式才可能出现的行为。在真实世界里,这样的行为根本不可能以像吃苹果、骑自行车、把书放在书架上等能够实际看见或切身经历的同样方式出现。而(13a)和(13b)中的句子则是"著"作动词表"使用"义新增加的中古汉语用例,(13c)这个句子说明"著"在这一时期仍具有最早的"放置"义,表示"将一身体器官放置于特定之处"。

(13) a. 著甚言词祈备。(变文:无常讲经文)
    b. 为他著力。(变文:伍子胥)
    c. 著金边(鞭)至坏角。(变文:太子成道)

理论上,这种言语的比喻被认为是一种隐喻过程,Traugott 和 Dasher(2002:29)将其解释成"一种概念机制,通过该机制,久而久之在联想性的、连续的言语流中,诱使性推理(invited inference)便被语义化了,……"具体到这个例子,"使用"的这种诱使性推理随着时间的推移,从其语境结合体中便逐渐被语义化了,在该语境结合体中,"放置某物于心上"产生出"运用某人的智力"的意思,又进而发展为"使用某人的大脑"。

本文还假定,"著"表"使用"这一创新义当其处于动词前的位置时,最终可以发展出表"应该、应当"的情态义,而动词前的位置恰好正是汉语情态助动词通常出现的句法位置。也就是说,在连续的言语流中的同一句法位置上,动词"著"开始语法化为一个表示情态意义的助动词。以下事实体现了这种合理性:自中古汉语至今,像"用"这种本义为"使用"的动词一直被广泛用来表示情态意义,却从未曾有过情态助动词转变为动词而表"使用"义的情况发生。(14)中的例子是中古汉语"用"表情态义的用法,(15)是现代汉语"用"表情态义用法的一个实例。

(14) a. 不用将心怨阿郎。(变文:丑女缘起)
    b. 不用苦切悲啼。(变文:庐山远公话)
(15) 你不用说了。

从时间顺序来看,显然"著"表示"使用"义的功能在中古汉语得到普遍使用之后,其情态义用法才在近代汉语里普遍流行开来,如例(16)所示。

(16) a. 亦著下狱使钱。(朱子语类 17)
    b. 固著逐一理会。(朱子语类 18)

c. 须著如此改。(朱子语类 24)

这符合语义演变的理论,这一过程应该看作一种隐喻,它是除上面讨论过的转喻之外导致语义演变的另一种常见机制。据 Traugott 和 Dasher(2002:28),隐喻主要是一种类推原则,是指"利用另一个概念结构 C_b 中的某个成分,将概念结构 C_a 中的某个成分概念化。由于它运作于'两个域之间'(Sweetser 1990:19,原文用斜体印出),尽管受到相同和相异的聚合关系的制约,受隐喻所促动的这些过程,主要还是通过将'来源'与'目标'之间无关紧要的(和不连续的)概念域加以对照、比较来实现概念化的。"跟"著"处在同样的句法槽中具有共同聚合关系的"用"这样的动词,对于"著"来讲可以成为一种仿效的模式,并最终导致"著"发展为一个情态助动词。

4."著"之使役义的产生

与上面的讨论相一致的是,"著"获得"使用"义的这种创新用法,对其在连动结构中使成义的产生是最重要的一步。从上面的讨论我们注意到,迂说式使成结构业已存在于古代汉语中,当时"著"跟使成动词还毫无关系。但是到了中古汉语时期"著"广泛用来表示"使用"义之后,在近代汉语里"著"便开始产生出使成和被动用法。值得注意的是,在连动式里用作动词表"使用"义的中古汉语"著",与使成动词"使"也具有聚合关系。譬如,(17a)中的"使"用作动词表示"用某人的思想"之意,而在(17b)连动式中,它标记使成。因此我们假定,在近代汉语里,作为一种隐喻过程,"著"的使役义很可能是通过它与使役动词"使"的相互影响和相互作用而产生的。

(17) a. 防祸幻(患)使心神。(变文:维摩诘经讲经文)
　　 b. 必使天龙开道眼。(变文:维摩诘经讲经文)

对于这种假设,还可以从像(18)所举的这些例子中找到证据,(18)中,当"使"和"著"二者都能用来表示"派遣"义(对"使"来讲,这个意义实际上更为原始)时,它们还共同具有另一种聚合关系。就"著"而言,"派遣"义并非从"著"的任何一项古汉语意义发展而来,而是一种创新用法,这说明"使"和"著"二者之间存在一种可以促动这种意义转变的概念上的联系。

(18) a. 著人遂向外国请医人。(变文:搜神记)
　　 b. 便使嫔妃,相随至舍。(变文:欢喜国王缘)
　　 c. 逢著目连。(变文:大目乾连冥间救母)

尤其值得注意的是,"派遣"义动词"著"一般总是与一个有生命的且通常是指人的宾语共现,这样一来就创造了一个使有生性受使者能够从中产生出来的非常有利的语境。不过,在中古汉语时期,正如敦煌变文的例子所示,"著"并未广泛而普遍地用作使役动词。事实上,在直接用于语素"著"之后的全部83个名词短语中,只有10个(约占12%)是有生命的宾语。此外,据我分析,这些有生宾语中没有1例是像(18a)中"著"那样可以理解为使役动词的。实际上,尽管(18a)中表"派遣"义的"著"与使役义接近,但它并不与后面的动词"请"一起出现在一个连动结构中表示迂说式使成,这是因为在(18a)中"著"和"请"被一个副词"遂"和一个介词短语分开。因此,"著"更适宜看作两个分离的小句,而并未形成一个更紧密连接的迂说式结构。我们搜检到的跟在"著"后的其他有生宾语与(18c)类似,其功能为动词后缀,处于动词后的位置,表示体意义,并不是本文所关心的这种连动结构。

正如以上所注意到的,用于迂说式使成结构中的"著"只是在近代汉语时期才变得常见起来,比如(19)中的这几个例子,它们选自元代时期一部反映了北方口语特点的朝鲜人学汉语的教科书。需请注意的是,在早期官话里,"著"除了如(19a)中表使役义的功能外,还可以表示允让义(详见后)。

(19) a. 著这老的看著。[5](老乞大谚解)
　　 b. 著我宿一夜。(老乞大谚解)

c. 著马吃。(老乞大谚解)

　　在这类句子里,有一个明确的受使者,该受使者为有生名词,且通常是人。这种变化表明了一个隐喻过程,经由这一隐喻过程,"著"通过跟自古汉语至今一直用作迂说式使成动词的"使"相比照,获得了表迂说式使成的功能。在汉语各方言中,这种类型的使成标记广泛而普遍地与(20c)中"被"一类的被动标记可交替互换使用。例如,像(20a)中普通话的"让"就是一个常用来表迂说式使成的动词。但是有的时候,在普通话里"让"会变得意义不甚明确,可以作多种理解,比如(20b)这个句子就有三种可能的理解:根据特定的语境既可以表示致使,也可以表示允让,还可以表示被动。

(20) a. 他让我都吃了。
　　　b. 他让我打了。
　　　c. 他被我打了。

　　吴福祥(1996:189)没有谈及"著"标记使役的功能,他认为近代汉语里类似(21a)中"著"的这种表示被动的功能,来源于"著"中古汉语表"触及,附着"义的用法[1],如(21b)。在吴看来,"著"在近代汉语时期语法化为一个被动标记,如(21a),应看作是一种转喻过程,该例须视为由语境引发语义转变的一个实例。不过,在中古汉语中"著"的被动用法即使可能有,也是极为罕见的[6]。尽管(21b)是中古汉语难得一见的例子,而且跟一个似乎是被动标记的"被"出现在两个相匹配的对文里,但是"著"很可能仍是作为一个表"开始接触/附着"义的动词来使用的,而不是用作被动标记。此外,(21b)中的"被"也可以理解为一个带有更初始的表"遭受"义的动词。尽管(21b)中"著"和"被"二者之间存在的这种可理解为被动义的平行功能,对吴的观点似乎提供了某种支持,但若根据吴的假设,很难对"著"的被动义与使役义、表工具

―――――――
　[1] 译者按,此处原文为"to attach",疑作者转引有误,吴福祥(1996:190)认为"着"的被动用法来源于其动词的"遭受"义,而非"触及,附着"义。

的动词义、情态用法以及派遣义等彼此之间存在的种种联系作出解释。

(21) a. 两鬓青青,尽著吴霜偷换。(袁去华:雨中花)
　　 b. 行即著网,坐即被弹。(变文:燕子赋)

与吴福祥的观点形成对比,本文提出的理论既可以解释早期官话中"著"的被动和使役用法之间的联系,也可以解释"著"的使役用法与"使用"义及情态义之间的联系。因此是一个能更加说明问题,而且得到了历史文献语料充分支持的较好的解决方案。

像(21a)这样的例子同时还标志了一个重要的转变。我们须注意到,间接使成式典型地带一个有生性/人的受使者,这与"著"更初始的表示"放置"和"使用"的动词义总是固定带一个无生命宾语如(13a)的"言词"、(13b)的"力"及(13c)的"金鞭"等截然不同。不过,在(21a)中,无生名词"吴霜"通过比喻被看作是一个具有意志力的有生性受使者,副词"偷"表明了这一点。

此外,"著"使成用法的产生看来并不是一个转喻过程,因为它与中古汉语表允让的功能缺乏任何语义联系。根据第一节讨论的 Li(1991)关于使成关系的连续统理论,从跨语言的角度来看,允让义跟由受使者操控的间接使成式存在密切联系。Yap and Iwasaki(1994)也观察到,在东南亚诸语言里,来自"给予"义的使役义的产生遵循如下的路径:

给予>(允让)使役>反身>被动

在上面这个演变路径中,允让义显然优先与使役义有关。但中古汉语的"著"并无显著的允让义用法,最引人注目的是首先发展出"使用"义和情态义,然后接着又产生出了"派遣"义。由于"著"与被广泛用作迂说式使成的"使"具有聚合关系(在同一时期"使"是表"使用"义的动词),本项研究发现,用隐喻来解释"著"的语义演变比用转喻假设来解释要更为合理。近代汉语"著"的被动义(21a)和允让(19b)义成为汉语里一个相当普通的现象,而汉语里迂说式使役词典型地可以承担允让和被动义。换言之,被动义和允让义是在"著"演变为使役标记之后,通过另外一个隐喻扩展的过程而产生的。因此,非转喻假设不仅更进了一步,而且对近代汉语"著"允让义的突然出现也能给予解释。

Li(1991:355)在其对形态使役的跨语言研究中,当讨论工具义和使役义二者之间一种假定存在的关系时,他注意到,使役包含了"一条把进入到某个特定路径的言语事件映射到某个特定对象的管道。很显然,这种把事件映射到对象的转换过程需要某种方法和手段。因此,从一个工具格标记派生出使役义,既是恰当的也是可能的。"而汉语正好可以提供一条强有力的历史证据来支持 Li 的假说,尽管有时"著"是一个表示"使用"义的动词,而不是一个更为语法化了的工具格标记。在"著"的历史发展过程中,它与能够表示"派遣"或使役义的动词"使"语义上的相互作用和影响,使"著"的宾语得以具有受使者的功能,这提供了一个有生性手段,利用这种手段,完满表达了因果关系。

5. 结　　语

简言之,本项研究发现,"著"的使役义并不是直接从其本义"放置"发展出来的。"著"之使役义经过若干次语义演变,只是间接地与它的本义有关系。最关键的联系环节是"使用"义,这需要与用作动词包含"使用"和"使役"两个意义的语素"使"具有聚合关系。

在本文的结语部分,我们将根据语义演变是有规律的这一最新观点,并利用这一理论框架来刻画"著"已经历过的这些演变的特点。Traugott 和 Dasher(2002:11)注意到,在语法的任何层面上发生的每一个演变,所涉及的都并不是"A>B",即一个语言单位被另一个语言单位简单地取代,而是"A>A~B",有时接着继续发展到单独的">B"。根据这一理论,一个多义词的各种意义在经过一段时期的共处之后可能会发生变化。Traugott 和 Dasher 还勾勒了意义合生共处的情形,如(22)所示。

$$(22)\ A > \begin{Bmatrix} A \\ B \end{Bmatrix} (>B)$$

我们目前进行的这项研究首先从古代汉语中"著"的一词多义结构出发。在由(23)流程图所扼要概括的一个连动结构中,这样一个多义结构经由若干次演变的过程,随着时代的推移,日渐丰富充实起来。该流程图并不是包罗万象地将"著"的所有用法都体现出来,而是有意将跟本项研究无关的"著"的一部分多义用法剔除。表"放置"的意义A被看作是现代汉语各方言里包括很多体意义在内的所有派生义的来源。但与本项研究有重大关系的是跟"著"之使役义的产生密切相关的那些意义,因而用大写字母B、C、D、E来标记。其他那些不是由意义B发展出来的意义超出了本文的考察范围,故没有用字母符号来体现其意义变化。

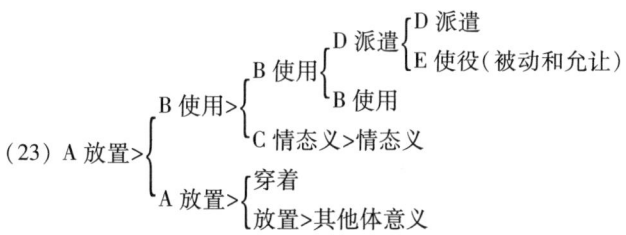

本文认为,"著"从A义获得B义所经由的过程是语境所引发的,因而是一个转喻过程。而动词"使用"义和情态助动词义之间的这种聚合关系证明,C义从B义的派生是一个隐喻过程。由于"著"表"使用"和"派遣"义这两种动词用法之间具有聚合关系,即"著"与中古汉语时期在不同语境里分别具有"派遣""使用"或"使役"义的"使"之间存在的这种关系,D义也通过隐喻从B义派生出来。由此我们进一步假设,"著"表"使役"的E义也是通过隐喻由D义派生发展出来的。"著"从迂说式使役义发展出来的被动义和允让义同样也是一个隐喻的过程。这样,"使用"义就成了联系"放置"义与"派遣"义的重要纽带,更直接促成了"著"使役义的产生。这种分析不仅确立了"著"表迂说式使役的词源,而且根据有规律的语义演变理论,建立了包括若干个过程的"著"的发展演变史。

＊本文较早的不同版本曾于 2002 年在亚利桑那大学举行的第 15 届国际中国语言学会议上宣读，2002 年暑期在北京中国社会科学院语言研究所做过一次演讲，并在 2003 年哥伦比亚大学举办的一次学术会议上宣读。对参加上述会议的同行所提出的深刻评论和建议表示感谢，还要感谢 Li, Fengxiang 教授为我提供了 10 余篇有价值的参考文献。当然，文中可能存在的所有谬误概由本人负责。

注释

① 根据 Norman（1988）、Sun（1996）和 Chen（1999），为了方便起见，将汉语史分为四个时期，即古代汉语（公元前 1000 年后）、中古汉语（约公元 600 年后）、近代汉语（约公元 1400 年后）及现代汉语（公元 1800 年后）。本文中，"现代汉语"这一术语也用来指主要以北京话为基础的标准方言即普通话。

② 从句法上来讲，一个汉语句子的主语位置可以是空缺的（Li 和 Thompson，1974，1981）。

③ 虽然其他地方处于动词前位置上的很多词素是十足的动词，但由于在该位置上缺乏作为动词的典型分布特性，因此许多学者将这一位置上的很多词素或看作是动词或看作是介词（Li 和 Thompson，1974，1981）。

④ 在 Sun 1998 文章中，将现代汉语中一些句末的"着"也看作是同源词。不过，吕叔湘（1984）、孙锡信（1997）和吴福祥（1996）认为它们是从与古汉语"着"无关的其他来源发展出来的。

⑤ 这一时期"著"字也被用来表示句末语气词，如（19a）。但由于它跟使役用法"著"的产生并没有什么直接关系，所以这种用法的"著"不在本项研究调查的范围之内。

⑥ 据唐钰明（1988），该时期"被"已经从其较早表"遭受"义的动词用法发展为广泛用来标记中古晚期的被动用法了。

参 考 文 献

梅祖麟　1988　汉语方言里虚词"着"字三种用法的来源，《中国语言学报》第 3 期，191－206。

吕叔湘　1984　释《景德传灯录》中"在""著"二助词，《汉语语法论文集》,北京:商务印书馆,58-72。

孙锡信　1999　《近代汉语语气词》,北京:语文出版社。

唐钰明　1988　唐至清的"被"字句,《中国语文》第6期,459-468。

吴福祥　1996　《敦煌变文语法研究》,长沙:岳麓书社。

伍云姬　1996　论汉语动态助词系统,《湖南方言的动态助词》(伍云姬主编),湖南师范大学出版社,1-16。

杨秀芳　1992　从历史语法的观点论闽南语"著"及持续貌,《汉学研究》10.1,349-394。

CHEN, Ping 1999 Modern Chinese: History and sociolinguistics. Cambridge: Cambridge University Press.

COMRIE, Bernard 1981 Language universals and linguistic typology. Oxford: Basil Blackwell.

HEINE, Bernd and Taia Kuteva 2002 World lexicon of grammaticalization. Cambridge University Press.

KARLGREN, Bernhard 1957 Grammata serca recensa. Stockholm: The Museum of Far Eastern Antiquities.

NORMAN, Jerry 1988 Chinese. Cambridge: Cambridge University Press.

LAPOLLA, Randy 2003 Overview of Sino-Tibetan morphsyntax. In The Sino-Tibetan Languages (eds. Graham Thurgood and Randy LaPolla) 22-42. London: Routledge.

Li, Fengxiang 1991 An examination of causative morphology from a cross-linguistic and diachronic perspective. Proceedings of the Chicago Linguistic Society. 344-359.

Li, Charles and Sandra Thompson 1974 Co-verbs in Mandarin Chinese: Verbs or prepositions? Journal of Chinese linguistics 2.3: 257-278.

——1976 Subject and topic: A new typology of language. In Li(ed.) Subject and topic. New York: Academic Press. 457-489.

SMITH, S. Carlota 1991 The Parameter of Aspect. Dordrecht, the Netherlands: Kluwer Academic Publishers.

SONG, Jae Jung 1996 Causatives and causation: A universal-typological perspective. London and New York: Addison Wesley Longman Limited.

SUN, Chaofen 1998 Aspectual categories that overlap: A historical and dialectal perspective of the Chinese zhe. Journal of East Asian Linguistics 7: 153-174.

SWEETSER, Eve E. 1990 From etymology to pragmatics: Metaphorical and cultural aspects of semantic structure. Camridge: Cambridge University Press.

TENG, Shou-hsin 1979 Progressive aspect in Chinese. Computational analysis of Asian and African languges 11: 1-12.

TRAUGOTT, Elizabeth and Richard Dasher 2002 Regularity in semantic change. Camridge: Cambridge University Press.

YAP, Foong Ha and Shoichi Iwasaki 1998 Proceedings of the Chicago linguistic society. 421-439.

原文刊于 JOURNAL OF CHINESE LINGUISTICS, Vol. 33, No. 1 (2005)

汉语使役句表被动的语义发展[*]

张丽丽　著

1. 绪　　论

汉语使役句是一种兼语式,结构为:"NP1+使役动词+NP2+VP2(第二谓语)",其中 NP1 是使役动作的施事者,NP2 既是使役的对象,又是第二谓语的施事者,是为兼语。使役动词可分两大类:一类表派遣、命令、要求、吩咐等相关概念(下文统称为使令义),见(1a);另一类表允让,见(1b)。

(1) a. 他<u>教</u>孩子赶紧离开。
　　b. 你能先<u>让</u>他们坐下来吗?

这样的结构也能用于表示被动,如(2)。

(2) a. 老先生的退休金全<u>教</u>孩子分光了。
　　b. 这个消息<u>让</u>政府封锁起来了。

在(2)中,NP1 不再是施事者,反而是受事者;NP2 也不再是使役

---

[*] 本文获"国科会"编号 93-2411-H-002-045 之专题研究计划补助,并利用"中研院"古汉语文献语料库检索资料,特此声明致谢。本文初稿曾于"第五届国际古汉语语法研讨会暨第四届海峡两岸语法史研讨会"上宣读,会中承蒙蒋绍愚先生、洪波先生、徐丹女士以及多位与会人士惠赐宝贵意见,在此深致谢意。并感谢两位匿名审稿人精要的意见与建议,使得本文的疏漏与不当得以减少。自然,一切文责当由作者自负。

的对象,而是全句的施事者。这样剧烈的转变是如何形成的?这个问题过去已有不少文章讨论过,如太田辰夫(1958[2003])、蒋绍愚(1994,2003)、冯春田(2000)、江蓝生(2000)等。这些文章的焦点多半集中在句法面上,关于此一演变所需的句法条件已经讨论得相当周全且深入。蒋绍愚(2003:215)归纳过去研究所得,提出使役句转化为被动的三个条件:

a) 汉语动词表主动和表被动在形式上没有区别;
b) 使役句的谓语动词是及物的;
c) 使役动词前面不是施事主语,而是受事主语。

其实使役句表被动,也可以从语义的层面来观察。徐丹(2003:230)便是从此角度提出一套看法,指出"使/令"义发展成被动义的路径是:"使令渐变为被动命令>使令>允许>允让>任凭"。这是一个连续体,由左至右强迫度逐渐减弱。不过,该文并未就此观点进行历史考察,也没有进一步的讨论。

洪波和赵茗(待刊)一文则是从认知的角度探讨此项演变的原因。[①]该文指出,只有"容让型"使役动词才有此一演变,[②]原因在于认知上的前景凸显。由于这类使役句有时用于强调对 NP1 出乎意外的影响,如"我教你骗了一次,不可能再教你骗第二次了",因而使得 NP1 成为移情对象(target of empathy),造成 NP1 和 VP2 之间的被动关系成为前景信息而被凸显出来,容让型使役义则成为背景信息而被弱化,使役句便转为被动句了。这篇文章留意到容让型使役句和被动的关系,特别是表出乎意外的容让型使役句,这一点我们是十分赞同的。不过这样的说明并不够充分,还有几点不足之处。首先,该文并未进行详细的历史考察,未提出明确的历史资料支持其论点。其次,还有一些疑点该文并未交代清楚,例如:容让型使役用法是如何发展出来的?特别是表示使令的使役动词(如"教")为何会发展出容让用法?再者,从容让用法又为何会发展出被动用法?该文所谓从背景信息变成前景信息的"被动关系"究竟是如何形成的?若要全面掌握使役句表被动的发展,以上疑点尚有待说明。

延续过去研究成果并针对前述不足之处，本文将从语义角度继续探讨从使役到被动的演变，试图提出一套更为周延的解释。本文主张汉语使役句是先形成"非自愿允让"的概念，然后才发展为被动概念，在意义上经历下列演变路径：

使令/允让义>非自愿允让义>被动义

也就是说，从使役到被动经历了"非自愿允让"这个阶段。那么，什么是"非自愿允让"呢？让我们先看看例子：

(3) a. 竟<u>教</u>他抱走了奖杯。
 b. 却<u>让</u>小偷跑了。

这两个例子表示一种不在预期中、不乐意见到的事件。在概念上，非自愿允让用法和一般使役用法最明显的差别是：一般使役用法中 NP1 是自愿的，是有意为之的；非自愿允让用法往往不带 NP1，也很难补得上，即使补上了，如"他让小偷跑了"，却带有 NP1 阻挡不了的无奈口气。二者还有另一项差别：一般使役用法中，"NP2+VP2"所表示的是未实现事件，(1)中"孩子赶紧离开"和"他们坐下来"在说话当时都是尚未实现的；而在非自愿允让用法中，"NP2+VP2"所表示的可以是已实现事件，(3)中"他抱走了奖杯"和"小偷跑了"在说话当时都是已实现的。

非自愿允让用法这两项特点和一般使役句不同，却和被动句相近，因为被动句也常用于描述不幸事件，而且大都用于描述已实现事件。在句法上，非自愿允让用法也和被动句相近，(3)所含两个例子都可用"被"字替换，但这两例和典型的被动句仍有差距：a 句中受事"奖杯"出现在动词后，而非主语位置；b 句搭配的是不及物动词"跑了"，而非及物动词。一旦非自愿允让句带受事主语或是搭配及物谓语，在句法上就和典型被动句相当。

这套语义发展模式还能修正过去的句法分析。过去关于使役到被动的论述，所依据的前提是：由于使役句的受事移前，施事省略，所以造成使役句和被动句在句法上无法区分,因而促使这项演变。然而根据本文模式,这样的前提并不成立。从使役到被动,并不是受事前移,施事省略,而是施事先转为"非自愿允让者",一个兼具施事与受事特性的角色,进而发展为"受事"。也就是,在此一句式转型中,其实各论元位置并无变动,变动的只是各论元间的语义关系。其转换如下:

		NP1		NP2	
a) 使令/允让:	使令/允让者(第一施事者)	+*+	受令/受允者 & 第二施事者	+VP2
	他	教/让	孩子	离开
b) 非自愿允让:	非自愿允让者(第一施事者)	+*+	受允者 & 第二施事者	+VP2
	他	教/让	小偷	跑了
c) 被动:	受事者	+*+	施事者	+VP2
	他	教/让	孩子	骗了

上列式子中,NP1 的变动最大,从使令/允让者转为非自愿允让者,再转为受事者。但 NP2 的变动不大,因为它在使役用法中虽然是受令/受允者,却也同时是第二谓语的施事者。在接下来的演变中,NP2 受令/受允者的特性转弱,最后只保留施事者的特性。由此可以看出,使役句之所以能够转化为被动句,关键点在于使役句中的 NP2 本就带有施事者特性,这一点是和被动句相当的。我们认为,从使役到被动,是在 NP2 和第二谓语的关系维持不变的情况下,由于 NP1 和句中其他成分的关系逐步调整而造成的句式变化。

根据这套模式,对语料的分析也有所补充。从语义来看,同一个例子不太可能既可以理解为使令义又可以理解为被动义,大都是介于非自愿允让和被动之间的歧义。过去研究所提带有被动特征的使役句都是这样的情况。例如下面例(4)是太田辰夫(1958[2003]:229)所举的例句,该文认为这些是容易被看作被动的使役句。又例如例(5)是蒋绍愚(2003:214)所举的例句,该文认为这些例句可以理解为使役,也可以理解为被动。本文同意这些用例在句法上大都属使役兼被动句,但在语义上则是兼具非自愿允让和被动概念。

(4) a. 见说上林无此树,只<u>教</u>桃李占年芳。(白居易《石榴树》)

b. 五月贩鲜鱼,莫教人笑汝。(寒山,诗三百三首两百一十八)
　　c. 第一莫教渔父见,且从萧飒满朱栏。(李远《邻人自金仙观移竹》)
　　d. 莫教人见。(《历代法宝记》)
　　e. 刚被太阳收拾去,却教明月送将来。(苏东坡《花影》)
　　f. 无事颦眉,春思翻教阿母疑。(和凝《采桑子》)
(5) a. 若教靖节先生见,不肯更吟归去来。(赵嘏《赠桐乡丞》)
　　b. 回无斜影教僧踏,免有闲枝引鹤栖。(皮日休《题瓦棺寺真上人院矮桧》)

　　上述对语料的分析,基本说来和过去分析并无实质上的差异,只不过本文是从语义的角度切入,所区分类型要来得多些。因此,从句法角度只能看出上述例句兼具使役和被动特性,但从语义角度来看,便可更精确指出和被动义共存的是非自愿允让义,而非使令/允让义。从使役到被动的发展中,语义和句法层次间的相应关系大致可以条列如下:

语义发展:使令义/允让义＞非自愿允让义＞非自愿允让义/被动义＞被动义
句法发展:使役句　　　　＞使役句　　　＞　　使役句/被动句＞被动句

　　那么,什么时候使役句可以算是已经转为被动句？这个问题的关键在于如何有效区分这两种句型。有学者依据 NP2 的性质来区分,例如蒋绍愚(2003: 212, 218)探讨"给"和"教"字句的发展时,着重观察 NP2 的范围。该文认为如果 NP2 不再是人称名词组,超出使役句允许范围,就表示该例不再是使役句,而是被动句。但根据本文架构,使役句和被动句的主要差别却是在 NP1,而非 NP2。当使役句的 NP1 不再是使令/允让者或非自愿允让者,而是受事,才能确定该句式已经转为被动句。至于使役句的 NP2,它始终带有施事者特征,纵使其范围扩大到非人称名词组,也不影响此一特性,因此无法作为有效的判定标准。这方面意见不同仍导因于所依据的演变模式。根据传统分析,使役句到被动句是提前第二谓语的宾语并省略施事主语(即 NP1)而成,基本说来 NP1 只是省略了,其性质并未改变。因此要观察这项发展,需从 NP2 入手。但根据本文架构,从使役句到被动句,并没有省略施事主语,而是施事主语逐步转为受事,所以判定这项演变的关键应在 NP1。

但是要如何判断使役句主语已经转为受事？ 这其实是不容易的。转换之初往往无法从史料中有效侦测出，必须等到新用法超出原有搭配范围，才能确定其转变，这在语言演变的观察中是屡见不鲜的。③唯有当使役句的主语扩展到非人称主语，超出使役句允许范围，才能够确定使役句已经转为被动句了。但这并不表示要到这个阶段转化才完成，其完成时期应该更早，只不过转变当时语料中没有可兹辨识的特征。

以上是本文的基本主张。接下来将在第 2、3 小节分别检验汉语使役被动句的历史发展以及其他语言中常见的使役兼被动句的特性，并从中提出证据支持本文主张。第 4 节则将以此主张为基础进行更深入更多元的讨论。

2. 历 史 发 展

汉语史上已知可表被动的使役句有"教"字句、"让"字句、"给"字句、"叫"字句和"与"字句，不过本文仅探讨前三个句式。"叫"字句的发展可能受到"教"字句的带动，这部分问题比较复杂，故本文只讨论出现时代较早的"教"字句，而略过"叫"字句。"与"字句由于发展时代早，先秦时期已经见得到被动用法（冯春田 2000：638），不易追踪其发展，本文也不予探讨。此外，近代汉语中的"着"字句也兼具使役和被动用法（冯春田 2000：626 - 630），但是"着"字句的被动用法是源自使役用法还是源自遭受义动词用法，尚有待厘清，故本文也不予讨论。④

2.1 "教"字句

"教"的本义是"教导"，"教"字句从其本义发展出要求、吩咐、劝说等使役概念。太田辰夫（1958[2003]：223）指出这样的用法先秦已出现一例，见（6），不过该文也认为这或许稍为早了点。冯春田（2000：617）认为东汉以后才见得到"教"字句的使役用法，所举例子见（7）。

（6）今鱼方别孕，不教鱼长，又行网罟，贪无艺也。（《国语·里革断宣公罟而

弃之》）

(7) a. 宾如闻其家有轻子泊孙,必<u>教</u>亲彻馔退膳,不得饮食。(《论衡·知实》)
　　b. 公<u>教</u>人唉一口也,复何疑！(《世说新语·捷悟》)

到了唐朝,"教"字句除了表示一般使役概念外,也能表示允让概念,是自愿性的。这样的用法在否定句中最为普遍,用法相当于现代的"不准他出门/不让他出门",见(8)。⑤

(8) a. 打起黄莺儿,莫<u>教</u>枝上啼。(金昌绪《春怨》)
　　b. 但使龙城飞将在,不<u>教</u>胡马度阴山。(王昌龄《出塞》)
　　c. 不可<u>交</u>新妇孤眠独宿。(《变文·秋胡变文》)⑥
　　d. 拟觅朝廷一品荣,读书进业莫<u>教</u>停。(《变文·佛说观弥勒菩萨上生兜率天经讲经文》)

在否定句中,也出现一些可有自愿允让和非自愿允让两解的用法,例句见下。

(9) a. 莫<u>教</u>门外过客闻,抚掌回头笑杀君。(白居易《新乐府之杏为梁之刺居处僭也》)
　　b. 会应归去在,松菊莫<u>教</u>荒。(白居易《郡斋暇日忆庐山草堂兼寄二林僧社三十二韵多序贬官以来出处之意》)
　　c. 乞取东风残气力,莫<u>教</u>虚度一年春。(顾云《咏柳二首》)
　　d. 咽苦吐甘台举得,莫<u>教</u>孤负阿娘恩。(《变文·父母恩重经讲经文(二)》)
　　e. 朝暮切须看听审,惆怅莫<u>交</u>外人闻。(《变文·丑女缘起》)
　　f. 便遣送至深宫,更莫将来,休<u>交</u>朕见。(《变文·丑女缘起》)

上面例句都可以有两解,例如 a 句既可以表示"有意不准门外过客听",也可以表示"不要因为疏忽而让门外过客听到了"。前者是自愿性允让,后者则是非自愿允让。"莫教"本是不准的意思,表 NP1 禁诫的态度,何以能转为 NP1 非自愿允让的态度呢？我们认为关键在于这类例句的语用功能以及所搭配的动词。这些例句都是说话者对某个对象(NP1)的劝诫。劝诫可以有两种，一种是劝诫对方主动不做某事，如"不要出门"；另一种是劝诫对方不要因为不小心而让某事发生了，如"不要跌倒了"。在劝诫时，第一种概念是有可能被理解为第二种概念，当然这还得端视所搭配的动词。所搭配动词如果不见得是外人(NP1)可以有效阻止的，"不准"的本义才可能被重新解释为"不要不小心让"。例如前面一组例句中有不少搭配的是感官动词"闻"或"见"，虽然字面上是表示 NP1 不准 NP2 "闻"或"见"，但是 NP1 的阻挡力却不见得一定有效，因为 NP2 听到或看到并不容易预防，所以这句话便还可能隐含着 NP1 不要因为不小心而让 NP2 听到或看到。这隐含的意思就是非自愿允让义。

当时也见得到以表"非自愿允让"为主的用例，见下。这组例句也都是用于劝诫的语用环境，但所搭配的动作都是 NP1 难以防范的。

(10) a. 五月贩鲜鱼,莫教人笑汝。(寒山,诗三百三首两百一十六)
　　 b. 见说正调穿羽箭,莫教射破寺家墙。(无名氏《题房鲁题名后》)
　　 c. 红软满枝须作意,莫交方朔施偷将。(蒋防《玄都楼桃》)
　　 d. 居士切须勤摄治,莫教死相便来侵。(《变文·维摩诘经讲经文(一)》)
　　 e. 若教靖节先生见,不肯更吟归去来。(赵嘏《赠桐乡丞》)
　　 f. 若教瞥见红儿貌,不肯留情付洛神。(罗虬《比红儿诗》)

"非自愿允让"这个概念十分重要，是使役句和被动句相通的要素。当时肯定使役句也能表自愿性允让，见(11)，但是这样的用例纵使带受事主语，见(12)，还是能和被动句清楚区隔。

(11) a. 池上有门君莫掩,从教野客见青山。(施肩吾《春日宴徐君池亭》)
　　 b. 一笑阳城人便惑,何堪教见杜红儿。(罗虬《比红儿诗》)
　　 c. 放教明月入窗来。(成彦雄《柳枝辞》)
　　 d. 解事把我离书来,交我离你眼去。(《变文·舜子变》)
(12) a. 又从今日帘前讲,名字还交四海闻。(《变文·长兴四年中兴殿应圣节讲经文》)

b. 心灯不碍千门照,智果长<u>交</u>万众攀。(《变文·长兴四年中兴殿应圣节讲经文》)

（12）和被动句的表面结构相当,都是"受事-＊-施事-及物动词",但(12)不会被重新理解为被动句,其关键就在语义。当使役句表自愿性允让时,是表示施事者主语（即使省略也可从句义推得）有意达成的事件,和被动句的语义特征不合,所以不会和被动句混淆。这就好像现代汉语中的"那碗面赶紧叫他端来"这样的用例是不可能被理解成被动句的,纵使它和被动句具有一样的表面结构。蒋绍愚（2003:216）曾举四个唐朝时期带非人称主语的"教"字句,见下所列,该文也认为这四例是使役句,不是被动句,但没有多做说明。在我们看来,这些用例都表使令义。因为不是非自愿允让义,所以不会被误解为被动句。

（13）a. 棹遣秃头奴子拨,茶<u>教</u>纤手侍儿煎。（白居易《池上逐凉》）
　　b. 泉遣狙公护,果<u>教</u>猩子供。（皮日休《奉和鲁望四明山九题之鞠侯》）
　　c. 军书羽檄<u>教</u>谁录,帝命王言待我成。（徐夤《咏笔》）
　　d. 团蕉何事<u>教</u>人见,暂借空床守坐禅。（秦系《奉寄书公》）

在例(9)和例(10)的否定句中,非自愿允让用法仍然是表示未实现事件,维持使役用法的基本特性。但是在肯定句中,就见到表示已实现事件,见(14)。这一组例句在概念上有强调没能阻挡此事的慨叹,属非自愿允让义。至于这一类例句在当时是否兼表被动义？这并不易判定。不过这些用例中,除了 d 句,第二谓语大都后接宾语,仍带有使役句的句式特征。

（14）a. 见说上林无此树,只<u>教</u>桃柳占年芳。（白居易《石榴树》）
　　b. 犹有八人皆二八,独<u>教</u>西子占亡吴。（陆龟蒙《和袭美馆娃宫怀古五绝》）
　　c. 何事荆台百万家,惟<u>教</u>宋玉擅才华。（李商隐《宋玉》）
　　d. 虽<u>教</u>小事相催逼,未到青云拟白头。（罗隐《感怀》）

那么,什么情况下才能确定"教"字句已经转为被动句呢?江蓝生(2000:226)举了一个《敦煌变文》的例子,认为这个例子中的"交"表被动,见(15)。在此的判定准则是"交(教)"和"被"连用,而且"交被"表示"被"义。但是"教"和"被"并列在一起是相当不寻常的用法,这样的判定准则大概只能用于这个例子。

(15) 但雀儿之名脑子,<u>交被</u>老乌趁急。(《变文·燕子赋(一)》)

蒋绍愚(2003:218)则提出例(16)这组例句,并指出这三个例句中的 NP2 都是无生命的事物(分别是"醉/酒""泥"和"城市"),例中的"教"看作使役动词"不容易讲通",应该看作被动标志。

(16) a. 以前虽被愁将去,向后须<u>教</u>醉(一作酒)领来。(皮日休《奉酬鲁望惜春见寄》)
    b. 疏野兑(免)<u>交</u>城市闹,清虚不共俗为邻。(《变文·庐山远公话》)
    c. 总得苔遮犹慰意,若<u>教</u>泥污更伤心。(韩偓《惜花》)

这里判定的准则在 NP2 的范围以及语感上是否说得通。然而使役句在允让或非自愿允让用法中,就允许 NP2 的范围放宽,如(14a)(14d)中的"桃柳"和"小事"。而文中所谓的"不容易讲通",应该是指不能以使令义来理解句中的"教"字;如果也包含允让义和非自愿允让义,就不见得如此。(16a)中虽然"教"和"被"对举,但这个例子理解为被动显得奇怪,好比在现代汉语"必须要被你领来"这样的说法是不太自然的。我们认为把此例解作自愿允让义是说得通的。(16b)和(16c)理解为非自愿允让或被动都是可能的,需要其他准则来作进一步的推断。正如绪论所言,我们认为从使役句到被动句的转换关键在 NP1,因此可从 NP1 的特性来推敲。(16b)的主语是说话者,可以填入"我"字,难以断定 NP1 是非自愿允让者还是被动者。(16c)中的主语虽未出现,但从上下文可推测应是"花",是个非人称主语,已超出非自愿允让者的范围。所以根据我们的判定准则,(16c)确属被动句。

从"教"字句的历史发展可以看出,从使役到被动的转换,"非自愿允让"是其过渡用法。如果不是表非自愿允让义,"教"字句纵使带有受事主语,也不会被理解为被动句。在非自愿允让用法中,一旦主语转为受事者,"教"字句便成为被动句。这样的发展,在晚唐已经见得到。

2.2 "让"字句

"让"在先秦有两个主要的意思:"责备"和"谦让/让与"。"让"表谦让义时可搭配兼语结构,见(17)。一直到明朝,兼语结构"让"字句大都是用于描述社交场合中的礼让行为,如(18)中的例子。不过,从南宋开始,已见部分"让"字句扩展到非礼让行为,表示较为中性的任由/允让义,见例(19)。这样的用例一直很少,要到明朝才逐渐多起来,而且越到后来,允让义越明确,如例(20)。⑦

(17) a. 君何不以此时归相印,<u>让</u>贤者授之,必有伯夷之廉。(《战国策·秦策》)
   b. <u>让</u>其弟公子申为王,不可。(《史记·楚世家》)
   c. 桓公病,太子兹甫<u>让</u>其庶兄目夷为嗣。(《史记·宋微子世家》)
(18) a. 那佳人<u>让</u>客先行。(《新刊大宋宣和遗事》)
   b. 俺婆婆<u>让</u>老张先吃。(《关汉卿戏曲集·感天动地窦娥冤》)
   c. 五个好汉,邀请秦明上厅,都<u>让</u>他中间坐定。(《水浒传》34回)
(19) a. 且不如<u>让</u>渠如此说,且存取大意,得三纲、五常不至废坠足矣。(《朱子语类》页2614)
   b. 只不容他进城,却不来赶杀,<u>让</u>他望北去了。(《水浒传》96回)
   c. 罢!罢!罢!<u>让</u>他走了罢!我吃他这一场亏也!(《西游记》42回)
(20) a. 我拦住河沿,不<u>让</u>他回去,务要将他擒了。(《西游记》22回)
   b. 各依执事,<u>让</u>我在此歇息歇息,饭毕就行。(《西游记》24回)
   c. 我的娘,好歹<u>让</u>我做主这一遭儿,待送他转身,我自来陪你的礼。(《喻世明言》39卷)

清朝中叶以前的允让用法都是自愿性的,如(20)所示,见不到非自愿允让用法。下面是一组很有趣的例子,看起来很像是非自愿允让用法,其实不然。(21a)是某人劝对方要任由"他"骂,这是自愿性的;(21b)的"让"字句后面出现"我不依了",表示前头"我让你骂"是我自愿依从的。

(21) a. 你偷吃了他的果子,就受他些气儿,<u>让</u>他骂几句便也罢了;怎么又推倒他的树!(《西游记》25 回)
　　 b. 可说我<u>让</u>你骂了好几句了,你再骂,我不依了!(《醒世姻缘》60 回)

"让"字句的非自愿允让用法兴起于清朝后半叶。除了出现在一般句,见(22),更常出现在条件让步句,见(23)。

(22) a. 世间的一桩好事,却<u>让</u>你独占头功。(《蒲松龄集》29 回)
　　 b. 所以千红万紫终<u>让</u>梅花为魁。(《红楼梦》110 回)
　　 c. 这里头可得<u>让</u>我比你们爷儿们精通儿了。(《儿女英雄传》31 回)
(23) a. 就<u>让</u>有多少男人,也不怕。(《红楼梦》111 回)
　　 b. 纵<u>让</u>大虫觌面,也不伤他。(《镜花缘》)
　　 c. 若不如此,就<u>让</u>母亲寻见父亲,也恐父亲未必肯来。(《镜花缘》)
　　 d. 便<u>让</u>他得个机会下手,他那仇家岂没个羽翼牙爪?(《儿女英雄传》16 回)
　　 e. 再<u>让</u>他就如妙手空空儿一般报了仇,竟有那本领潜身远祸?(《儿女英雄传》16 回)

上面例句都还符合使役句的特性,用于描述尚未实现的事件,且句中第二谓语大都带有宾语,如"独占<u>头功</u>""为<u>魁</u>""有<u>多少男人</u>""觌<u>面</u>""寻见<u>父亲</u>""下<u>手</u>""报了<u>仇</u>",或者是不及物动词,如"精通儿了"。值得留意的是,这些用例都不带主语,也很难补得上主语。因为以上几点特性,很难确定这样的例句已带有被动义。

可以和"被"字句相通的"让"字句要到民国以后才出现。我们采用老舍的长篇小说为观察语料。⑧老舍中期以后的作品才出现描述已发生事件且带上主语的"让"字句,包括《骆驼祥子》及《四世同堂·饥荒》,见(24)。

(24) a. 祥子！你让狼叼了去,还是上非洲挖金矿去了？(《骆驼祥子》)
　　 b. 老三让妈妈和嫂子哭糊涂了。(《四世同堂·饥荒》)

　　如何断定"让"字句已经转为被动句呢？关键还是在 NP1。正如前文所言,从使役到被动的关键在于 NP1 成为受事主语。上组例句虽然带 NP1,但都是人称主语,很难确切分辨那样的例子是非自愿允让用法,还是被动用法。在老舍的作品中只见到下面一个例子是以非人称名词组作主语,可算是被动用法确定成立的证明。⑨此书写成于 1959年,所以根据老舍作品,要到 20 世纪 50 年代才有可靠证据说明"让"字句已转为被动句了。

(25) 整个北平都让人家给占了,哪儿还有是非呢？(《四世同堂·饥荒》)

　　以上观察说明,"让"字句从使役到被动的这一线发展,在语义上经历"谦让/让与>任由>允让>非自愿允让>被动"连续演变过程,其中从允让到被动的过渡阶段也是"非自愿允让"。

2.3 "给"字句

　　现代汉语"给"字句也能表示被动,例如"那本书给他弄丢了"。虽然"给"字句并非使役句,但是我们认为"给"字句的被动用法也是从非自愿允让用法发展而来的。

　　蒋绍愚(2003)已经指出,"给"字句表被动是经过使役句的阶段发展而来的。其演变并不是在单一结构中进行的,而是涉及句式的变换,从句式 A："他给学生茶喝",到句式 B："他拿茶给学生喝",到句式 C："茶给学生喝了"。句式 A 中的"给"是双宾动词,属双宾句；句式 B 虽不是使役句,但和使役句有两点相似处：句中的"学生"是兼语,且"给"可用"让"替换；句式 C 中的"给"相当于"被",属被动句。

　　我们同意其见解,并想进一步指出早期的句式 C 也是表非自愿允让义,然后才发展为被动句。先从句式 B 的意义谈起。蒋绍愚(2003：206)指出,句式 B 是在《红楼梦》才出现的,例子见下：

(26) a. 贾母忙命拿几个小机子来,给赖大母亲等几个高年有体面的妈妈坐了。(《红楼梦》43回)
   b. 接着我妈为洗头就和芳官吵。芳官连要洗头也不给他洗。(《红楼梦》59回)

上面例句虽然具有和"被"字句相同的表面形式,其实并不会被理解为"被"字句,也不能用"被"字来替换"给",因为都是表自愿允让,是贾母有意要赖大母亲等坐了,是我妈特意不准芳官洗头。这样的"给"字句纵使带上受事主语,如下所列,"给"一样不能以"被"替换。

(27) a. 这一碗笋和这一盘风腌果子狸给犟儿宝玉两个吃去,那一碗肉给兰小子吃去。(《红楼梦》75回)
   b. 只会骗人的钱,一剂好药也不给人吃。(《红楼梦》52回)
   c. 槟榔倒有,就只是我的槟榔从来不给人吃。(《红楼梦》64回)

根据蒋绍愚(2003),要到《红楼梦》才出现表示"容许"义的用法,见下面例句。⑩

(28) a. 我的梯己两件,收到如今,没给宝玉看见过,若经了他的眼,也没了。(《红楼梦》40回)
   b. 今儿老太太喜喜欢欢的给了这个褂子,谁知不防后襟子上烧了一块,……千万别给老太太、太太知道。(《红楼梦》52回)

蒋绍愚(2003)认为(28a)中的"给"可以理解为允让义(页206),也可以理解为被动义(页208)。其实(28a)所含允让义应属非自愿允让义。该例所搭配的动词是强调结果的"看见",而非单纯的动作"看",一般说来我们很难操控他人是否"看见"某个东西,所以理解为非自愿允让义是比较合理的。也就是说,(28a)的意思不是"我刻意不让宝玉看我的梯己",而是"我小心收着梯己,没有因为不小心而让宝玉看见"。(28b)则兼有允让和非自愿允让两种概念,虽然是有意不让他人知道,但是他人知不知道一件事不是我们能够有效防止的,所以这样的用例也可以表示"不要因为不小心而让老太太、太太知道了"。

这两个例子说明,在"给"字句的发展上,首度出现可以转换为被动的使役句也带有非自愿允让义。从这两个例子还可以看出"给"字句发展出非自愿允让用法的条件和"教"字句有两点相同。首先,这两个例子都是否定句,早期"教"字句的自愿和非自愿允让用例也大都是否定句(见例(8)-(10));其次,这两个例子中"给"字句搭配的是动词"看见""知道",属感官动词,而"教"字句的过渡性用例(见例(9))也多半是搭配感官动词。

2.4 小结

"教""让"和"给"是三种不同意义的动词,却殊途同归,都发展出兼表使役与被动的用法。三者发展出被动用法的关键就在于这三个动词分别形成了允让义,然后才得以进一步发展出非自愿允让和被动义。"教"字句是在否定用法中发展出允让义,"不教"大都表不准,很少表不要求;"让"字句的允让义是从"让"原本的谦让/让与、任由义进一步发展而成;"给"字句则是由于出现在"他拿茶给学生喝"这样的句式,而具备了允让义。

根据前面的分析,从允让到非自愿允让,使令类动词和允让类动词呈现一项有趣的对比:"教"字句和"给"字句都是在否定用法中从自愿允让义发展出非自愿允让义;"让"字句的情形正好相对,是在肯定句中直接从任由义发展出非自愿允让义。我们认为这项对比不是没有原因的。使令类动词在否定句中大都表"不准""不让",属允让概念,因此否定句成为该动词发展出非自愿允让义的最佳语境;允让类动词在否定句中其主语的操控性反而比在肯定句中还要强,因为"不准"比起"准许"多出了具体的阻挡力,因而允让义动词反而是在肯定句中才容易进一步降低主语操控性而发展出非自愿允让用法。

句法上,从使役句到被动句的转换关键在于 NP1 成为受事主语。"教"和"让"字句的情形是先经历主语是"非自愿允让者"的阶段(在这个阶段,主语通常不出现),然后才发展出带受事主语的用法,并且是从人称主语扩展到非人称主语。"给"字句的情形,根据蒋绍愚

(2003),则是经由句式变换而造成低操控性论元作主语。

以上讨论了汉语的相关句式,接下来要暂时搁下汉语,看看其他语言的情形。

3. 其他语言的情形

除了汉语,世界上还有不少语言也存在兼表使役与被动的结构,包括阿尔泰语系的多个语族,以及英语、法语、匈牙利语、芬兰语、格陵兰的 Inuit 语、韩语等。这一小节将介绍两种最常见的使役兼被动的句式:反身允让句和不幸被动句,并指出这两种句式都带有非自愿允让的语义。

3.1 反身允让句

许多关于使役句表被动的跨语言研究,都注意到所谓的"反身允让句"(reflexive permission),一个衔接使役和被动的过渡结构(Keenan 1985, Haspelmath 1990)。这个结构见于不少语言,如英语、韩语、法语等,例子见下。⑪这三组例句中,a 句都是带有使役动词(下加底线者)的使役句;b 句是带有反身代名词(以斜体表之)的使役句,也就是所谓的反身允让句。这是个歧义结构,既可以分析为使役句,也可以分析为被动句。此一句式中的反身代名词如果省略,就成了被动句,如(29c)和(30c)。

(29) a. John got Bill fired.
John 让 Bill 被革职了。
b. John got *himself* fired.
John 让(人)革去了自己的工作。
c. John got fired.
John 被革职了。
(30) a. Nuna-ka　　　　emeni-eke　　　　　ai-lil
姊姊-[主格]　　母亲-[间接受格]　　[小孩]-[直接受格]
an-ki-ess-ta.
拥抱-[使役]-[过去]-[直述]
姊姊要妈妈抱小孩。

b. Ai-ka   emeni-eke   caki   mom-lil
      小孩-[主格]   母亲-[间接受格]   自己   身体-做
      an-ki-ess-ta.
      拥抱-[使役]-[过去]-[直述]
      小孩让妈妈抱着(他)。

   c. Ai-ka   emeni-eke   an-ki-ess-ta.
      小孩-[主格]   母亲-[间接受格]   拥抱-[被动]-[过去]-[直述]
      小孩被妈妈抱着。

(31) a. Elle l'a   fait   arrêter   par   la   police.
        她   他   让   逮捕   由   该   警察
        她让他被警察逮捕了。

     b. Elle s'est   fait   arrêter   par   la   police.
        她   自己   让   逮捕   由   该   警察
        她让警察逮捕了。

为什么带上反身代名词的使役句会带有被动义？关键在于这样的结构中，NP1除了是使役句的主语外，又是VP2的宾语；而且句中主语不再是发号施令者，而是偏近非自愿允让者。(29b)在英语中还是个使役句，但是该句式带有非自愿允让概念，John当然不是出于自愿而叫人给辞去了工作。(30b)中的小孩也不是主动叫母亲抱着他，Keenan(1985：262)特别强调此例所表示的使役概念是间接的或"允让"(let)类型，而不是直接的或"强制"(force)类型。(31b)情形亦然。

以下是Igor V. Nedjalkov（1993：193）对反身允让句所提的解释。[12]他强调这样的用法是非自愿的，是由于疏忽或是由于主语无法抗拒的特定外力，才造成该使役结果，并作用到主语身上。

(32) a. 他命令/允许某甲杀了某乙。(使役)
     b. (由于他的疏忽)，他让某甲杀了他自己。(反身允让)
     c. 他被杀了。(被动)

历史上的"教"字句也曾出现过第二谓语带有反指主语的宾语，如例(4b)所举的"(汝)莫教人笑汝"以及"我教这孩子们笑杀我了"(《醒世姻缘》45回），现代"让"字句也有"<u>你</u>个乡下脑颏！别让我损<u>你</u>啦！"(《骆驼祥子》)这样的例子。这几个例子都是使役句,但主语都是在非自愿情况下让某事件作用到自己身上,因而也能理解为被动句；如果把宾语删去,就和被动句结构一致了。虽然汉语的非自愿允让用例大都不带回指主语的宾语,但是在概念上该动作是加诸主语之上或是对主语造成一定的影响。例如例(24b)所举"老三让妈妈和嫂子哭糊涂了"的例子中,"老三"正是在无法抗拒的情况下让一些动作影响到自身。

反身允让句的情形说明,当使役句的主语兼作第二谓语的宾语,而且不再是发号施令者,而是非自愿允让者时,便和受事者相近,而带有被动句特征。接下来让我们看看另一个兼具使役和被动特征的句式——不幸被动句。这个句式出现在通古斯语族的埃文语(Even)中,在探讨埃文语的不幸被动句之前,先让我们看看通古斯语族中使役兼被动的使用和分布情形。

3.2 不幸被动句

通古斯语族中有不少语言含有兼表使役与被动的词缀。这个语族属阿尔泰语系,根据兰司铁(1981：197-202),能兼表被动的使役词缀在阿尔泰语系的另两个语族——突厥语族和蒙古语族——都只剩下一些残余的个别用例,倒是在通古斯语族还是能产的,有-bu-、-wu-和-v-这三种形式。但并不是所有的动词都能带上这个词缀,也不是所有带上这个词缀的动词都兼表使役与被动。Igor V. Nedjalkov(1993：196)根据Zaxarov(1875)所编写的满俄词典进行统计,满语中有12.4%的及物动词和16.6%的不及物动词能带词缀-bu-,带上这个词缀的动词有64%表使役、19%表被动,只有17%才是兼表使役和被动。底下是这个兼表使役和被动的词缀的使用实例。[⑬]例句 b 和 c 唯一的差别在于"敌人"所带格位,带受格是使役句,带与格就变成了被动句。

(33) a. bata   i-mbe   va-ha
    敌人   他-[受格]   杀-[过去式]
    敌人杀了他。

```
b. i              bata-be           va-bu-ha
   他-[主格]      敌人-[受格]       杀-[使役]-[过去式]
   他使(某人)杀了敌人。
c. i              (bata-de)         va-bu-ha
   他-[主格]      敌人-[与格]       杀-[被动]-[过去式]
   他被(敌人)杀了。
```

在通古斯语族各语言中,这个词缀的功能分布比例不尽相同。埃文基语(Evenki)也属通古斯语,该语言有一个词缀-v-(另有-p-/-b-/-mu-的同位词素),和满语的-bu-同源。但这个词缀的功能分布比例和满语-bu-正好相反:主要表被动(几乎所有的动词都可以带上这个词缀来表示被动),见(34),但加在少数动词词干是用于表示使役(大约有50个不及物动词和12个及物动词),见(35)。[14]

```
(34) Uluki:      wa:-p-ča:-n                    xurke:ke:n-du
     松鼠        杀-[被动]-[过去式]-[第三人称单数]   男孩-[与格]
     松鼠被男孩杀了。
(35) a. ju:-'出去'       ju:-v-'使出去:带出、拿出'
     b. i-'进入'         i-v-'使进入:带入、拿入'
     c. eme-'来'         eme-v-'使来:带来'
     d. suru-'去、离开'  suru-v-'使离开:带离、带走'
     e. il-'站、停'      ili-v-'使停:放下'
     f. aru-'苏醒'       aru-v-'使苏醒'
```

和汉语相同,通古斯语族的词缀-bu-也是从使役用法发展出被动用法的,上述分布比例差异反映的是发展上的先后之别:满语处在较早的阶段,这个词缀还是以使役用法为主;埃文基语则已经发展到后期阶段,这个词缀的被动用法已经发展得相当全面,使役用法则残留在一些动词中。

为什么通古斯语的使役词缀会发展出表被动的功能?这个问题可以从也属通古斯语族、分布于俄罗斯境内的埃文语得到解答。Malchukov(1993)一文讨论了埃文语的"不幸被动句"(adversative passive),这个结构过去或称为"被动句"(passive),或称为"非意愿的允让使役句"(nonvolitional permissive-causative)。该语言的"不幸被动句"是加上动词词缀-v-所构成的,这个-v-和前述满语的-bu-以及埃文基语的-v-有同源关系。下面这两个例句中的主要动词都含有词缀-v-,所表达事件对于主格"老人"而言都是他所不乐意见到的,都是不幸的。它所含的意思,既可以用使役句翻译,也可以用被动句翻译。⑮

(36) a. etiken-Ø　　　　(imanra-du)
　　　老人-[主格]　　　雪-[与格]
　　　imana-v-ra-n.
　　　下雪-[不幸被动中缀]-[非未来]-[第三人称单数]
　　　老人让落雪打着了。/老人被落雪打着了。
　　b. etiken-Ø　　nugde-du　　gia-Ø-j
　　　老人-[主格]　熊-[与格]　朋友-[主格]-[所有格.第三人称单数]
　　　ma-v-ra-n
　　　杀-[不幸被动中缀]-[非未来]-[第三人称单数]
　　　那老人让熊杀了他的朋友。/那老人被熊杀了他的朋友。

　　这就是所谓的"不幸被动句",但从所带词缀可以看出,它源自使役句,是一个从使役句转成的被动句。这样的例子显示,当使役句不再带受格(受动作影响),而是带与格(动作的受益者),主语便从使役者转为非自愿允让者,全句增添所谓的"不幸"或"非意愿的允让"概念,就会被当作被动句了。

　　埃文语还有另一个较常使用的使役词缀:uken。⑯这个使役词缀能形成所谓的"准被动句"(pseudo-passive),这个句式同样显示非自愿允让是衔接使役与被动的过渡概念,例子见下。⑰在这个句式中,当表面结构的主语和直接宾语同指时(例如下面例子中的 hejeke-'柯雅克人'既是一般动词 n'urmi-'鬼鬼祟祟'的主语,又是使役动词 med-uken-'注意-使役'和 ič-uken-'看-使役'的直接宾语),这个名词组只需出现一次,带主格格位。应特别留意的是,这个例子所搭配的谓语也是感官动词,虽然不想让埃文人注意到、看到,但这不是完全能够操之在己。因此这个例句中"不让"的概念不是"不准……",而是"不想因为不小心而让……"的概念。

(37) (hejeke-l-Ø)　　　　oroči-l-du　　　　e-niken
　　　柯雅克人-[复数]-　　埃文人-[复数]-　　不做-[共时态]
　　　[主格]　　　　　　　[与格]
　　　med-uken-Ø　　　　e-niken　　　　　　ič-uken-Ø
　　　注意-[使役]-[否定]　不做-[共时态]　　　看-[使役]-[否定]
　　　n'urmi-vat-Ø-ta
　　　鬼鬼祟祟-[反复态]-[非未来态]-[第三人称复数]
　　　(柯雅克人)总是鬼鬼祟祟,不让埃文人注意到、看到他们。

埃文语的 uken 使役句中,只有在表示(非自愿)允让义时,和主语同指的直接宾语才可以省略,如上例所示。如果是表示使令义,直接宾语若和主语同指,是不能省略的,须以反身代名词的形式(如下例中的 men-i)出现,见下。这样的句子便不会被理解为被动句。

(38) teleŋ-diŋe-duki-j　　Kad'd'ak　　oroči-l-du
　　　告诉-[未来分词]-[离格]-　人名　　　埃文人-[复数]-[与格]
　　　[所有格.单数]
　　　men-Ø-i
　　　[反身]-[代名词]-[所有格.单数]
　　　ma-vka-t-ta-n
　　　杀-[使役]-[状态]-[非未来态]-[第三人称单数]
　　　Kad'd'ak 不是说说而已,而是命令埃文人杀了他自己(指 Kad'd'ak)。

埃文语的"不幸被动句"和"准被动句"都是从使役句发展出带有被动特性的句式。这两种句式在句法上都不带"受格"名词组,反而带"与格"名词组,而且"主格"往往也是句中的直接宾语(如例(36a)和(37));在概念上的相应表现则是:不表示主格对受格的使令行为,而是主格有利于与格的非自愿允让行为,而且事件往往作用到主格身上或对主格造成影响。这两个句式再次说明,兼表使役与被动的句式所表示的概念是"非自愿允让"。

4. 讨 论

以上讨论过的语言现象,无论是汉语的或其他语言的,都说明从使役到被动的过渡结构都带有非自愿允让义。在此一基础上,本节将继续探讨此一演变过程的条件。4.1 和 4.2 小节将延续本文对语义层面的观察,分别探讨从使役到非自愿允让以及从非自愿允让到被动的语义条件。语义现象是各语言所共通的,所以这部分的讨论将不限于汉语,也会纳入其他语言的相关研究。接下来则将切入句法的层面探讨。4.3 小节将从使役句的整体虚化趋势来谈使役到被动的演变基础,4.4 小节则从整体句法环境来谈使役到被动的演变条件。在充分掌握此一演变中语义和句法方面的条件后,最后 4.5 小节将从语用角度探讨使役被动句和一般被动句的差异。

4.1 从使役到非自愿允让的语义条件

绪论曾提及,从使役到被动的演变中,NP2 基本维持和第二谓语的语义关系,经历变动的主要是 NP1。NP1 先从使令者转为非自愿允让者,然后再转为受事者。其中第一步的转换最为剧烈,一个发号施令的使令者为何会成为非自愿的允让者?这是必须妥当回答的。

从史料可以看出,非自愿允让义并非直接从使令义发展而来,而是从允让义。语料也显示,使令和允让这两个概念很容易互通,在汉语,使令义动词可发展出允让义,允让义动词也可发展出使令义。前文已说明使令义动词"教"在否定句中最容易发展出允让义,表"不准"。这一点其实并不限于"教",使令义动词"使"和"令"也是如此,以下是一些例句。

(39) a. 夫为门而<u>不使</u>入,委利而<u>不使</u>进,乱之所以产也。(《韩非子·外储说》)

　　b. 乃夜去,<u>不使</u>人知。(《史记·游侠列传》)

(40) a. 秦蚕食韩氏之地,中绝<u>不令</u>相通,故自以为坐受上党也。(《战国策·赵策》)

b. 扶义俶傥，<u>不令</u>己失时。(《史记·太史公自序》)

同样地，允让义动词"让"也能用于表使令义，例子如下：

(41) a. 奶奶今日问我，<u>让</u>我告诉奶奶知道。(《红楼梦》101回)
b. 既是你妈使了你去，他如何不告诉我说你在这里呢，竟出去<u>让</u>我关门，是何主意？(《红楼梦》61回)

不但在汉语使令义和允让义可以互通，在其他语言也见得到兼表使令与允让的句式。例如下面例句是 Nivkh 语的情形。⑱

(42) ətək   o:la-ax   vi-gu-d'
　　 父亲　孩子-[受使者]　　走-[使役]-[限定]
　　 使役：父亲要孩子走。
　　 允让：父亲让孩子走。

在汉语，从使令到允让或是从允让到使令，都算是实词语义扩展的现象。对使令义动词而言，这是形成非自愿允让用法一项先决条件。因为唯有使令义动词能够表示允让义，才可能进一步发展出非自愿允让义。

然而，为什么表示有意允让的结构会进一步转为表达非自愿允让呢？我们认为这个新起的意义本是交谈中的主观推论。在语句的发展上，往往句中所含的主观性(subjectivity)会增强，也就是原本只是交谈者的主观推论会进入句中，成为句子的组成意义(Traugott 1982, 1995)。前文提及，从自愿允让到非自愿允让，是在搭配特定动词时，像是感官动词"见""闻""看见""知道"等，产生歧义而造成的。这个歧义之所以会形成，是因为交谈者在基本句义之外还有另一层主观的推论。当说话者说出"别教他知道这件事"时，原本只是要求对方"有意不让他知道这件事"，但是听话者可能还会自行主观推得另一层劝告义，以为对方是要自己"不要因为不小心而让他知道这件事"。基于交际上的客套原则，带有不信任对方能力的劝告义往往不会明说，而是隐含在表面句义之下。因此,这个意义必须听话者自行根据语境去体会揣摩。一旦使役句经常被推得这一层主观上的意思,使用次数多了,就会进入使役句的本义中,造成句子的歧义,最后引发新的用法,非自愿允让用法就形成了。

根据史料,上述歧义最容易在否定祈使句("教"字句的情况)及条件让步句("让"字句的情况)中形成,如例(43)和(44)所示。这不是没有道理的。表劝诫的祈使句是个否定句,主语不是主动执行者,而只是消极的阻挡者;作为条件让步句的使役句强调的是某条件成立,如例(44)是强调"他拿走这笔钱"此一条件的成立,因此主语的意愿不是那么重要。上述两种情况都有利于说话者作出主语操控性下降的推论,主语便从允让者转为非自愿允让者。

(43) 别教他看见这笔钱。(表劝诫的祈使句,不准→不要不小心让)
　　a. 有意不准他看见这笔钱。[字面义:自愿允让]
　　b. 不要因为不小心而让他看见这笔钱。[推论义:非自愿允让]
(44) 纵使让他拿走这笔钱,我也无所谓。(条件让步句,任由→不得已让或不小心让)
　　a. 有意任由他拿走这笔钱。[字面义:自愿允让]
　　b. 不得已或不小心让他拿走这笔钱。[推论义:非自愿允让]

同样地,反身允让句和不幸被动句也都有利于说话者做出主语操控性下降的推论。在反身允让句中,宾语回指主语,主语虽是使役动作的施事者,却又是另一动作的受事者,操控性自然不高。在不幸被动句中,使役句所带的"受格"为"与格"取代。相对于"受格","主格"名词组的操控性是确保的;但相对于"与格","主格"名词组的操控性就会摇摆,而有下降的可能。

总结上述,我们认为从使役到非自愿允让用法的发展动因是主观推论进入句义中,而且还有赖于两项语义条件的配合:使令义和允让义在概念上能够互通,以及一些特殊语境(否定祈使句、条件让步句、反身句、格位改变)有助于说话者作出主语操控性下降的推论。

4.2 从非自愿允让到被动的语义联系

3.2 小节关于埃文语的说明主要引自 Malchukov（1993：382），该文在结尾指出，非自愿允让用法联系了使役和被动这两种看似不相关的结构：同时具有非自愿允让和使役用法的句式就是使役句，同时具有非自愿允让和被动用法的结构就是所谓的不幸被动结构。

既然非自愿允让用法是使役和被动之间的过渡用法，这三个用法之间具有什么样的语义联系呢？Knott（1995）也留意到通古斯语族中非自愿允让和被动的关系，[19]该文根据主语的"操控性"（control，或译为"自主性"）提出一套解释，以下摘述其主要论点。[20]该文指出语言有一个普遍的原则：句子通常是以施事者（agent）为主语，也就是以动作的"操控者"作主语。使役句包含两个名词组：使役者（causer）和受使者（causee），这两个名词组都是操控者，使役者是主要谓语的操控者，受使者则是从属谓语的操控者。虽然如此，使役句中操控性最强的还是使役者，因为它决定整个事件是否运作，所以使役句是由使役者作主语。但是在表示允让概念的使役句中，情况就比较复杂了。允让者作使役句的主语，它至少也具有"阻止"事件的能力，特别是在否定句中，其操控性最为明显。例如在"妈妈不让他出门"中，"妈妈"阻挡了"他出门"事件的实现。但是还有一种允让用法，那就是非自愿允让，其允让者对于整个事件并没有任何操控力或阻挡力，见下所列 Nivkh 语的例句。[21]

(45) Oːla　navat　či　harʁo-ʁa,　　kinsku　kʰu-ra,
　　　儿子　现在　你　强壮-[比较级]　恶魔　　杀-[连接]
　　　či　　tʼez-ʁa　　　kinsku　pʰ-iɣ-gu-ra
　　　你　　弱-[比较级]　恶魔　　[反身]-杀-[使役]-[连接]
　　　现在，儿子，如果你较强，你将杀了恶魔；如果你较弱，你将让恶魔杀了你。

在这个例子中，主语"儿子"在条件不利于己的情况下，不得不"允让"恶魔杀了自己，主语不再具有操控力或阻挡力。由此例句及汉语对应译句都可看出,非自愿允让用例违反了"主语具有最大操控性"的原则,这一点却是被动句最为典型的句式特征。

Washio(1993)指出,从使役句到使役/被动过渡句,事件作用方向正好逆转。在使役句,是 NP1 对"NP2+VP2"整个事件作用:"个人→事件",到了使役/被动过渡句,则是"NP2+VP2"整个事件对 NP1 作用:"个人←事件"。这个解释虽然不同于 Knott(1995),但一样是指涉 NP1 操控性的转变。在使役句中,NP1 对"NP2+VP2"整个事件具有操控性,到了使役/被动过渡句(即相当于本文所谓的非自愿允让用法),NP1 操控性降低,反而是受到"NP2+VP2"事件的作用。

操控性降低是非自愿允让用法的特性,但此特性尚不足以使此句式被理解为被动句,还需要其他条件配合方能达成。Washio(1993)和 Shen & Mochizuki(2000)都指出兼表被动的使役句中主语和第二谓语需具有"内包"(inclusive)关系。前文提及的反身允让句就带有此一特性,因为主语同时是第二谓语的宾语,这是最典型的内包关系。除此之外,内包关系的范围其实可以很广泛,例如在法语、韩语和日语中,只要宾语属于主语或是和主语有关系,也都允许理解为被动句。下面是一组法语的例句。[22]

(46) a. Jean s'est fait broyer par un camion.
　　　Jean 自己 让 撞到 由 一 卡车
　　　Jean 让卡车撞到自己。

　　b. Jean s'est fait broyer la jambe par un camion.
　　　Jean 自己 让 撞到 他的 腿 由 一 卡车
　　　Jean 让卡车撞到腿。

　　c. Jean s'est fait broyer sa voiture par un camion.
　　　Jean 自己 让 撞到 他的 车 由 一 卡车
　　　Jean 让卡车撞到他的车。

　　d. Jean s'est fait broyer la voiture de son amie par un camion.
　　　Jean 自己 让 撞到 他的 车 的 他的 朋友 由 一 卡车
　　　Jean 让卡车撞到他朋友的车。

根据 Washio(1993：62)的说法，如果主语不内包在第二谓语中，法语的'fait'句就只能理解为使役句；如果主语被内包在第二谓语中，'fait'句就能被理解为被动句。根据上述，所谓的内包关系指的是第二谓语所发出的动作对于主语产生影响，或直接加诸其上，或作用于和其相关的人事物。这是一种语义上的关系，并非绝对的句法关系。

汉语的情形也类似。在汉语有像(47a)的句式，这个句式无法转为被动句，主语"她"和"丈夫跑了"并无明显的内包关系。除非主语和第二谓语具有内包关系，如(47b)，句中的"您"是内包于第二谓语，因为被牵着的鼻子是属于主语的，在这种情况下，非自愿允让句才可能转为被动句。

(47) a. 结婚没几个月,就<u>让</u>丈夫跑了。(《鼓书艺人》)
　　　b. 而您是<u>让</u>时代牵着鼻子走。(《鼓书艺人》)

综合上述，能够转为被动句的使役句具有两项和被动句相当的语义特性：主语的操控性低，以及主语内包于第二谓语。在汉语中，非自愿允让用法和被动句还有第三个相通的特性：主语受到负面的影响，所陈述事件是主语所不乐见的。

除了前述多项语义条件外，汉语使役到被动的发展还需要句法条件的配合，以下将分两小节探讨。

4.3 从使役句的虚化趋势看其演变

从使役到被动，是项不可逆的发展(Haspelmath 1990：49)，其原因可能在于这是项虚化(或称语法化)的发展。虚化一般是带有单向性特征的，只有从低语法程度朝向高语法程度的发展，没有与之相逆的演变。被动标志的语法程度是要比使役动词来得高。

单就汉语使役句而论，从使役到被动这项发展是符合使役句的虚化趋势，这一点从使役句的整体发展脉络可看得更为清楚。正如前文所述，无论使役动词表使令或允让，使役句中所含 NP1 和 NP2 这两个名词组都具有"操控性"：NP1 是发号施令者或准许阻止者，NP2 则是

VP2 的施事者。当这样的结构进一步发展时,是朝着两个方向进行:一个方向是在保留 NP2 的操控性的情况下,NP1 失去其操控性,所发展出的用法便是非自愿允让和被动用法;另一个方向则是在保留 NP1 的操控性的情况下,NP2 失去其操控性,所发展出的用法则是所谓的致使用法,见例(48)。㉓

(48) a. 如此情境怎不教他心伤?
　　　b. 一片欢呼声让国庆的欢乐达到最高潮。

(48a)中 NP2"他"对于是否"心伤"是不具操控性的,(48b)中 NP2"国庆的欢乐"对于是否"达到最高潮"也是不具操控性的;但是(48a)中 NP1"如此情境"是造成"他心伤"的导因,(48b)中 NP1"一片欢呼声"也是造成"国庆的欢乐达到最高潮"的导因。非自愿允让及被动用法的情形正好相反。在非自愿允让用例"教他抱走了奖杯"中,NP2"他"可以操控"抱走奖杯"的动作。但此例中没有 NP1,也很难补得上 NP1;即使能够,如"他教小偷跑了",NP1 对于整个包接事件"小偷跑了"也是无能为力的,完全不具操控性。被动用法此一特性更加明显,在"奖杯教他抱走了"中,NP1 是受事者,NP2 是施事者,具操控性的只有 NP2。

历史上"教"字句的致使用法出现于唐朝,见(49),"让"字句的致使用法则出现于民国以后,见(50)(张丽丽 2005:127,129)。

(49) a. 今日经中道我闻,总教各各无疑虑。(《变文·维摩诘经讲经文(一)》)
　　　b. 不可取你人情,交我再沈恶道。(《变文·维摩诘经讲经文(五)》)
(50) a. 可是曹宅的清静足以让他想起乡间来。(《骆驼祥子》)
　　　b. 刚跑了一身的热汗,把那个冰凉的小水筒往胸前一贴,让他立刻哆嗦一下。(《骆驼祥子》)

也就是说,使令义动词和允让义动词都呈现双线虚化发展:在第一条路径中 NP1 失去操控性而发展出非自愿允让和被动用法,在第二条路径中 NP2 失去操控性而发展出致使用法。

使役>非自愿允让>被动(NP1 失去操控性)
使役>致使(NP2 失去操控性)

在这双线发展中,非自愿允让/被动用法和致使用法的语法程度都明显提高。[24]最直接的证据是,历史上使役动词表使令或允让时可和体貌词搭配,见(51)、(52)。但在致使用法和非自愿允让/被动用法中,此一句法特性已消失。

(51) a. 这里却教了使人送还他去。(《初拍》4卷)
　　 b. 教了俺老公去说了。(《金瓶梅》12回)
(52) 只得让了狄希陈自己回去。(《醒世姻缘》99回)

综合上述,从使役句的整体虚化趋势来看,"从使役到被动"是和"从使役到致使"的发展相对,前者是 NP1 的操控性降低,后者则是 NP2 的操控性降低。这两线发展说明使役句的虚化有朝向只带单一操控者的句式发展的倾向。因此可以推得,使役到被动所以在历史上反复出现,也是因为符合使役句整体虚化趋势。

4.4 从整体句法环境看其演变

使役句表被动是唐朝以后才见到的用法。如果使役到被动符合使役句的虚化趋势,如果使役句表被动是项规律性的发展,那么,唐朝以前的使役句为何没有发展出被动用法?针对这个问题,蒋绍愚(2004)已提出解释,指出使役句要能转为被动句,还需要"受事主语句"发展成熟此一条件,本文赞成其基本主张,不过看待此一问题的角度稍有不同。以下先引述蒋绍愚(2004)一文的意见,然后再从本文观点陈述这个问题。

为何唐以前的使役句没有转化为被动句?蒋绍愚(2004)认为要妥当回答这个问题,应该检验受事主语句的发展。根据该文观察,先秦两汉虽然已有受事主语句,但数量不多,只有下列三种类型:(一)"受事(+施事)+<u>不</u>+动词"、(二)"受事+<u>可/不可</u>+动词"、(三)"受事(+施事)+动词+<u>之</u>"。以上几种都带有特殊标记("不""可/不可""之"),而不带特殊标记的受事主语句:(四)"受事(+施事)+动词词组",出现时期要来得晚,要到六朝才见得到,且在唐以后大为发展。

该文并指出,在唐以前,使役句不搭配第(一)类受事主语句;使役句在第(二)类受事主语句中提前的受事是 NP2(即使役动词的宾语),而非第二谓语的宾语,见例(53a),和被动句特性不合;使役句搭配第(三)类受事主语句时,因为后带有"之",见例(53b),因而不容易被重新理解为很少带"之"的被动句。

(53) a. 子曰:"民可<u>使</u>由之,不可<u>使</u>知之。"(《论语·泰伯》)
　　 b. 今有璞玉于此,虽万镒,必<u>使</u>玉人雕琢之。(《孟子·梁惠王》)

唯有在第(四)类受事主语句发达后,使役句才能自由带上受事主语,才可能被重新分析为被动句。第(四)类受事主语句发达于唐朝,这样的带受事主语的使役句也出现在唐朝,见例(54),所以使役句要到了唐朝以后才具备了转为被动的句法条件。

(54) a. 军书羽檄<u>教</u>谁录,帝命王言待我成。(徐夤《咏笔》)
　　 b. 团蕉何事<u>教</u>人见,暂借空床守坐禅。(秦系《奉寄书公》)
　　 c. 晨昏早遣儿妻起,酒食先<u>教</u>父母尝。(《变文·故圆鉴大师二十四孝押座文》)
　　 d. 宝座令余何处得,莲台<u>教</u>朕那边求?(《变文·妙法莲华经讲经文(一)》)

以上是蒋绍愚(2004)一文的基本主张。我们赞同受事主语句的发展关系到使役被动句的发展,但是该文并未区分使令义和非自愿允让义,因此有一些叙述与本文观点不合。首先,该文所举能够转化为被动且带受事主语的使役句都是表使令义,而非"非自愿允让"义,如(54)的例子。这些例句和被动句具有相同的表面结构(受事+*+施事+V），但是我们认为它们是不可能被理解为被动句，因为这样的句子并不具备转化为被动的语义条件。其次，该文认为从使役句到被动句，有一项关键是施事主语的省略，也就是从"受事（+施事）+动词词组"（该文所列第（四）类受事主语句）省略施事而形成"受事+动词词组"。例（54）确实都是省略施事主语的用例。本文认为从使役句到被动句，并没有省略施事主语，而是施事主语先转为"非自愿允让者"，然后再转为受事者。

因此，从本文观点来看这个问题，切入角度便稍有不同。从本文的三阶段观点来看，应该观察唐以前的使役句在这个发展序列上进展到哪个阶段？是只到第一阶段（使役用法）？还是已经发展到第二阶段（非自愿允让用法）？观察结果是，唐以前的使役句并未发展出成熟的非自愿允让用法。其实，当时也见得到一些使役动词表允让，与"教""让"字句的情形一样，这类用法以出现在否定句为多，见前所列例（39）（40）中的"不使""不令"，以及下列例（55）中的"无使""勿使""无令""勿令"，其中"否定词-使/令"的意思相当于"不要让"。

(55) a. 不如逃之，无使罪至。(《左传·闵公元年》)
　　 b. 天生民而立之君，使司牧之，勿使失性。有君而为之贰，使师保之，勿使过度。(《左传·襄公十四年》)
　　 c. 慎无令民知吾粟米多少。(《墨子·号令》)
　　 d. 君其必速杀之，勿令远闻。(《国语·叔向谏杀竖襄》)

这些大都是劝诫用法，而且例中所表示的动作并不是主语能够有效防止的，和先前所见"莫教门外过客闻""千万别给老太太、太太知道"相当。理论上这些例句也可以理解为非自愿允让义，但是由于这样的用例后来并未发展出被动用法，所以当时是否有这样的理解很令人怀疑。我们倾向主张上述例句在当时纯粹表示"不准许""不要让"的意思，未被理解为非自愿允让义，并认为蒋绍愚（2004）所提论点一样能够解答这样的情形。根据蒋文，唐以前受事主语句不发达，也就是说，低操控性名词组无法自由出现在高操控性名词组之前。使役句的主语若被理解为非自愿允让者，其操控性反而低于句中的NP2，便有违当时的句法特性，所以在唐以前这样的理解是难以形成的。也就是说，像例(55)这样的例句虽然具备了被理解为非自愿允让义的语义条件，却由于不符合当时的句法规范，而不被如此理解。

综合上述，受事主语句发展成熟后句法限制放宽，允许低操控者更为自由地作主语，使役句才可能被理解为带有非自愿允让者主语，并进一步发展为被动句。可见，使役句需要同时符合语义和句法条件，才能顺利发展为被动句。例(54)仅符合句法条件，例(55)在当时仅具备语义条件，都无法顺利发展为被动句。

4.5 使役被动句的语用功能

我们还应当进一步追问，既然语言中已经有被动句了，为何还要使用使役句来表被动？纵使有足够的语义、句法条件促成此项发展，也并不保证这项新用法便能延续下来。此一用法势必要和一般被动句竞争，它能够存留下来，很可能是因为具有独特的功能。我们认为，这个句式强调 NP1 本该能够制止某个发生在自身的事件，但却任其发生，带有一种 NP1 无能为力的无奈口气，因而满足特定的语用目的。

要充分了解这项语用目的，可一并观察处置式表致使的发展，因为这两项演变在这方面有平行表现。处置式指的是"把"字句，在"把"字句的历史发展中，曾经形成所谓的"致使义处置式"(吴福祥 1996)，或称"施事式把字句"(蒋绍愚 1997)。下面是一些典型用例，㉕其特性是"把"搭配的是不及物动词，"把"字的功能和使役动词相当。这些例子有些是 NP1 有意为之，见(56)，但大多数是由特定事件引起的致使结果，见(57)。(57)这组例句大都也是表示不幸事件，表示一种由特定事件所引发的不在预期中的、不幸的结果。

(56) a. 母亲，将您孩儿项上首级腐烂，授与国舅，言称是太子之首。(《元刊杂剧·晋文公火烧介子推》)

b. 他把这粉颈舒长。(《元曲选·魔合罗》三，曲)

(57) a. 遂蹉过仁地位去说，将仁更无安顿处。(《朱子语类》6 卷)

b. 才多欲，便将本心都纷杂了。(《朱子语类》61 卷)

c. (那驴子)忽然的叫了一声丢了个蹶子，把我直跌下来。(《元曲选·

陈州粜米》三,白)
d. 莫不是雨雪少把这黎民来瘦却。(《元曲选·荐福碑》二,曲)
e. 这李逵不省得,倒先把竹笆篾提起了,将那一舱活鱼都走了。(《水浒传》38回)
f. 也是这等笑的不了,把周小姐滑下来。(《金瓶梅》25回)
g. 我前番乞你弄重了些,把奴的小肚子疼起来,这两日才好些儿。(《金瓶梅》27回)
h. 打的顺腿流血,睡了一个月,险不把命花了。(《金瓶梅》38回)
i. 不想我的命苦,先把个冤家没了。(《金瓶梅》62回)
j. 因此闹起来,把我的新裙子也脏了。(《红楼梦》62回)
k. 偏又把凤丫头病了。(《红楼梦》76回)
l. 想到此处,倒把一片酸热之心一时冰冷了。(《红楼梦》113回)

在处置式的这项发展中,NP1的操控性也降低了。在一般处置式中,NP1是施事者,能对NP2直接施加动作,NP2受到直接的影响;在致使义处置式中,NP1不再对NP2直接施加动作,仅能够对NP2造成特定影响。因此,这项发展和使役被动句的发展正好对照如下:

处置式>致使义处置式:
施事者+把+受事者+VP>致使者+把+受致者+VP(NP1操控性降低)
使役句>使役被动句:
使役者+教/让+受使者+VP>受事者+教/让+施事者+VP(NP1操控性降低)

这两项发展有两点平行处:(一)NP1的操控性都明显降低,(二)所形成的新用法大都带有不幸的语义特征。也就是说,在汉语,当特定句式中主语的操控性降低时,多半带有不幸、非乐意见到的意味。为何会如此呢?杉村博文(1998:62)提出了一套解释,他认为处置式此一用法是"变无意为有意":

一件意想不到的、不如意的事情发生了。如果我们及时采取相应的措施,本来是完全可以阻止它发生的,但是我们却没有那样去做,是我们的不明智、无所作为使它发生了,这就等于我们"有意"去做了那件事。一件事情的实现既是我们有意去做的结果,也是我们没能阻止它发生的后果。这种情况我们往往用"处置式"来表达,以便表明自己对事情的发生负有责任。(杉村博文1998:62)

用同样的精神来看使役被动句,说话者也是为了凸显 NP1 没能阻止某件事发生,而采用使役句这种有意愿的句式来表示无意造成的结果,也是变无意为有意。比较"我被他骗了"和"我教他骗了"这两个句子:在第一种用法中,"我"是个单纯的受事者,遭受"被他骗"这样的事件;在第二种用法中,"我"除了是被动句的主语,还带有使役句所残留下来的具操控性的主语特质。也就是说,"我"既是个受事者,又是个该掌控全局并负起责任的使役者。把这两个看似抵触的概念统合起来,就会被理解成:"我"落入受事者的局面是由于"我"的不明智使之发生,好像是"我"有意做了这件令自己不幸的事情。因此,在惋惜自己本该可以阻挡,结果却任由事情发生在自己身上这样的心境中,说话者便倾向选择使役被动句来传达此一抱憾的心情。我们推测,这就是此类被动句持续受到使用,而没有被一般被动句压倒的原因。

以上的分析必须在本文所主张的架构中才能成立。正如绪论所言,本分析的前提是:从使役到被动,并不是提前受事并省略施事而成,而是施事逐步转为受事,中间经历一个使役者兼受事者的"非自愿允让者"的阶段。所以纵使转为被动句,这个被动句主语仍带有使役句所残留的主语特性,是个本该具有操控性,却任之发生的"非自愿允让者",因而才能传达特有的无奈口气。

5. 结　　论

在语法化的研究中,"范畴化"(categorialization)是一项重要议题。本文可以算是一项范畴化的研究。我们在使役句的用法中多区分出一个新的范畴:非自愿允让,并探讨这个新范畴如何形成,又如何联系使役和被动这两个已知范畴。

严格说来,"非自愿允让"是个语义上的范畴,而非句法范畴。但,这是个具有语言普遍性的范畴,能用于解释各语言的相关发展。文中指出,虽然各语言兼表使役与被动的结构在句法表现上各有千秋,例如在汉语曾出现不带主语的使役句,在英语、法语、韩语等则是带上反身代名词的使役句,在通古斯语族则是带使役词缀的动词搭配与格名词组,但是在语义上这些歧义句都是表示非自愿允让,都属于同一语义范畴。

本文所有的讨论都是建立在这个语义范畴之上。以这个新的语义范畴为基础,本文重新架构从使役到被动的演变步骤:使役>非自愿允让>被动,更为细腻地呈现汉语使役句到被动的转变(第 2 小节);在这个新范畴的基础上,本文得以一窥世界其他语言中常见的兼表使役与被动的句式的共通性(第 3 小节);由于这个新范畴的建立,文中方能分别推敲从使役到非自愿允让的语义条件(4.1 小节),以及从非自愿允让到被动的语义联系(4.2 小节);也是在含有这个新范畴的体系中,本文进一步探查汉语使役句的整体虚化趋势(4.3 小节),以及汉语句法环境对此演变的牵制(4.4 小节)。最后,文中探讨使役被动句和一般被动句在语用上的差异,也是立基于含有此一语义范畴的架构之上(4.5 小节)。

从语义角度切入,除了凸显"非自愿允让"此一语义范畴在使役到被动发展中的关键地位外,还能对此项发展的条件提出更细腻的观察,包括:使役句中 NP2 带有施事者特性,先天具有和被动句相通的特质;使令和允让概念的互通,奠定非自愿允让用法形成的先决条件;与特定动词或句式搭配,有利于使役句主语被理解为非自愿允让者;主语操控性下降以及含有语义上的内包关系,使得非自愿允让用法得以和被动句联系起来,等等。本文虽然侧重语义层面,但也未忽略句法条件对此项发展的牵制作用。"从使役到被动"和"从使役到致使"是使役句两条虚化路径,二者都朝往单一操控者的句式发展,可见得使役到被动能够顺利发展也是由于符合使役句的整体虚化趋势。唐以前未出现使役被动句,本文引用蒋绍愚(2004)的意见,认为受事能否自由前提关系到使役到被动的发展。本文最后讨论了使役被动句的语用功能,指出使役被动句和致使义处置式之间的平行发展,并引用杉村博文(1998)针对致使义处置式所提"变无意为有意"的论点来解释使役被动句的语用特性。

　　总之,本研究试图说明,纵使探讨的是句法演变,若能结合语义和语用的层面,有时候是能多增加一分了解的。在语言的历史发展中,关于句法、语义和语用之间的交互作用,目前了解得还不够充分,实有进一步探究的价值。

注释

① 感谢第一作者洪波先生惠赐大作,本文所据即洪先生于2004年9月所赠文稿。据洪先生表示,该文将收录于《语法化与语法研究(二)》一书,预计于2005年出版。然笔者在缴交定稿前仍未见此书出版,故无法引用该文正式发表的版本。

② 该文将使役动词依照使役强度分成三类:(a)命令型——高强度使役、(b)致使型——中强度使役,以及(c)容让型——弱强度使役。

③ Hopper and Traugott(2003:68-69)谈到重新分析和类推的差异时,就提到重新分析是无法被直接观测到的,是类推使得重新分析中无法观测到的演变现形。在这个例子中,可以说使役句先在像是"(我)教他抱走了奖杯"这种用法中被重新分析为被动句,但是必须等到出现"奖杯教他抱走了"这样的句式,才能确定使役句已经发展为被动句。

④ 冯春田(2000:610)推测"着"字句的被动用法是从使役句转化而来,但并未提出证据。汉语许多被动标志源于遭受义动词,如"被"(王力 1958:430)、"吃"(江蓝生 1989)、"遭""挨"等,依此类推,含有遭受义的动词"着"其被动用法并非不可能也源自遭受义。此外,有些方言中的"着"只有遭受义动词用法和被动用法,并无使役用法(李海霞 1994),这一点现象也有待进一步追探。

⑤ 唐朝文献中的"莫教""不教"等除了表示"不准"(允让用法,见例(8))的概念,还可以表示"不要求"(使役用法,见下所列)的概念,但前者要比后者来得普遍多了。

　　留取秾红伴醉吟,莫<u>教</u>少女来吹扫。(张碧《惜花三首》)

⑥ 唐朝"教"也写作"交"(太田辰夫 1958[2003]:223)。

⑦ 本段内容以及所引例句摘自笔者另一篇探讨从使役到致使的文章(张丽丽 2005)。

⑧ 我们所检索的老舍作品包括《老张的哲学》(1928年出版)、《二马》(1931年出版)、《离婚》(1933年出版)、《猫城记》(1933年出版)、《小坡的生日》(1934年出版)、《骆驼祥子》(1939年出版)、《文博士》(1940年出版)、《火葬》(1944年

汉语使役句表被动的语义发展 535

出版)、《四世同堂·惶惑》(1944年出版)、《牛天赐传》(1945年出版)、《四世同堂·偷生》(1946年出版)、《四世同堂·饥荒》(1959年出版)。

⑨ 另外,老舍《鼓书艺人》中也有一例"让"字句的NP1是非生物,见下。不过,由于此书原以英文发表,译者非老舍本人,翻译时代要到1973年,所以不列入。

　　黄黄的砂子和秃光光的大石头,也让太阳照得发出了刺眼的光芒。(《鼓书艺人》)

⑩ 这两例引自蒋绍愚(2003:206,208)。关于第一例,该文所列和我们所查得的稍有出入。该文所列是"一件梯己",出处在42回;我们查到的是"梯己两件",出处在40回。本文所据《红楼梦校注》前八十回是以庚辰本为底本,台北里仁书局1984年出版,冯其庸等校注。

⑪ 以下头两组例句摘自Keenan (1985:262-3)、第三组例句摘自Washio (1993:55-57)。

⑫ 原文为:

　　(i) *He caused/let somebody$_i$ kill somebody$_j$* (causative) →

　　(ii) *He let somebody kill himself* (through his negligence) (reflexive permission) →

　　(iii) *He was killed* (passive)。

⑬ 引自Igor V. Nedjalkov (1993:194)。

⑭ 这两组例句摘自Knott (1995:57)和Igor V. Nedjalkov (1993:199-200)。

⑮ 这两个例句摘自Malchukov (1993:369)。

⑯ 在通古斯语中,除了以-*bu-/-wu-/-v*这个词缀表示使役外,还有使役词缀-*uken-/-fken-/-ven*(这是由后缀-*bu-/-wu-/-v*再加上-*ke-n*'见'而形成的)。前者历史较久,在一些语言中已不具创造性。后者是新形成的,埃文语和埃文基语主要是以此词缀来表示使役。

⑰ 此例和下一例的出处是Novikova (1980),本文则是根据Malchukov (1993:379)一文的转录。

⑱ 此例出处是V. P. Nedjalkov et al. (1969a),本文是根据Knott (1955:55)的转录。

⑲ 该文是以埃文基语为讨论对象。

⑳ 本文所用"非自愿允让"一词,也是参考该文"unwilling permissives"此一术语。

㉑ 此例出处为V. P. Nedjalkov et al. (1969b),本文是根据Knott (1955:55)的转录。

㉒ 摘自Washio (1993:59)。

㉓ 此外,使役动词还能虚化为假设连词,如"使死者无知,则已矣"(《国语》〈句践灭吴夫差自杀〉)。在此项发展中,使役句也是发展为只带单一操控者的句式,

因为原本使役动词前的 NP1 在假设句中不再出现。

㉔ 虽然在致使用法中,使役动词的语法程度明显提高,但是使役动词仍然是句中的主要谓语,并没有降类。因此,我们认为从使役到致使只能算是虚化,不能算是语法化(张丽丽 2005)。

㉕ 以下例句摘自吴福祥(1996,2003)、蒋绍愚(1997,1999)和张丽丽(2003)。

参 考 文 献

王力　　1958　《汉语史稿》,北京:科学出版社。

太田辰夫　1958[2003]　《中国语历史文法》(蒋绍愚、徐昌华译),北京:北京大学出版社。

江蓝生　1989　被动关系词"吃"的来源初探,《中国语文》1989.5:370-377。

江蓝生　2000　汉语使役与被动兼用探源,《近代汉语探源》,221-236。北京:商务印书馆。

吴福祥　1996　《敦煌变文语法研究》,长沙:岳麓书社。

吴福祥　2003　再论处置式的来源,《语言研究》2003.3:1-14。

李海霞　1994　四川方言的被动式和"着",《西南师范大学学报》(哲学社会科学版)1994.1:87-90。

杉村博文　1998　论现代汉语表"难事实现"的被动句,《世界汉语教学》1998.4:57-64。

洪波,赵茗　(待刊)　汉语给予动词的使役化及使役动词的被动介词化。

徐丹　2003　"使"字句的演变——兼谈"使"字的语法化,吴福祥、洪波主编《语法化与语法研究》,224-238。北京:商务印书馆。

张丽丽　2003　处置式"将""把"句的历时研究,台湾"清华大学"博士论文。

张丽丽　2005　从使役到致使,《台大文史哲学报》62:119-152。

冯春田　2000　《近代汉语语法研究》,济南:山东教育出版社。

蒋绍愚　1994　《近代汉语研究概况》,北京:北京大学出版社。

蒋绍愚　1997　把字句略论,《中国语文》1997.4:298-304。

蒋绍愚　1999　《元曲选》中的把字句,《语言研究》1999.1:1-10。
蒋绍愚　2003　"给"字句、"教"字句表被动的来源——兼谈语法化、类推和功能扩展,吴福祥、洪波主编《语法化与语法研究》,202-223。北京:商务印书馆。
蒋绍愚　2004　受事主语句的发展与使役句到被动句的演变,*Meaning and Form: Essays in Pre-Modern Chinese Grammar*, ed. by Ren-ichi Takashima and Shaoyu Jiang. Lincom Studies in Asian Linguistics 55. Muenchen: Lincom Europa.
兰司铁　1981　《阿尔泰语言学导论》(陈伟、沈成明译)。北京:中国社会科学出版社。

Haspelmath, Martin　1990　The grammaticization of passive morphology. *Studies in Language* 14.1:25-72.

Keenan, Edward L. 1985　Passive in the world's language. *Language Typology and Syntactic Description*, ed. by Timothy Shopen. Cambridge: Cambridge University Press.

Knott, Judity　1995　The causative-passive correlation. *Subject, Voice and Ergativity*, ed. by David C. Bennett, Theodora Bynon, and B. George Hewitt. London: School of Oriental and African Studies, University of London.

Malchukov, Andrey L. 1993　Adversative constructions in even in relation to passive and permissive. *Causatives and Transitivity*, ed. by Bernard Comrie and Maria Polinsky. Amsterdam and Philadelphia: John Benjamins.

Nedjalkov, Igor V. 1993　Causative-passive polysemy of the Manchu-Tungusic -bu/-v(u). *Linguistica Antverpiensia* 27:193-202.

Nedjalkov, V. P., and G. G. Sil-nickij. 1969a. Tipologija morfologičeskogo i leksičeskogo kauzativov. *Tipologija kauzativnyx konstrukcij: Morfologičeskij kauzativ*, ed. by A. A. Xoldovič, 20-50. Leningrad: Nauka.

Nedjalkov, V. P., G. A. Otaina, and A. A. Xolodovič　1969b

Morfologičeskij i leksičeskij kauzativy v nivxskom jazyke. *Tipologija kauzativnyx konstrukcij*: *Morfologičeskij kauzativ*, ed. by A. A. Xoldovič, 179–199. Leningrad: Nauka.

Novikova, K. A. 1980 *Očerki dialektov èvenskogo jazyka* II. Leningrad: Nauka.

Shen, Ya-ming, and Keiko Mochizuki 2000 When causatives mean passive in Mandarin Chinese. *Contemporary Research in Modern Chinese*, Vol. 1, 79–88, and Vol. 2, 112–130. Kyoto: Hoyu.

Traugott, Elizabeth Closs 1982 From propositional to textual and expressive meanings: some semantic-pragmatic aspects of grammaticalization. *Perspectives on Historical Linguistics*, ed. by Lehmann and Malkiel, 245–271. Amsterdam: John Benjamins.

Traugott, Elizabeth Closs 1995 Subjectification in grammaticalization. *Subjectivity and Subjectivisation*, ed. by Stein and Wright. Cambridge: Cambridge University Press.

Washio, Ryuichi 1993 When causatives mean passive: a cross-linguistic perspective. *Journal of East Asian Linguistics* 2: 45–90.

Zaxarov, Ivan 1875 *Polnyj man'čžursko-russkij slovar'*. St. Petersburg.

北方汉语动词后缀的形态化*

柯理思 著 陈伟蓉 译 吴福祥 校

一、引 言

《中国语文》在1958年发表了一篇由张成材撰写的文章,题为《商县方言动词完成体的内部屈折》。商县(今商州)毗邻陕西西安;商县方言隶属西北官话。"内部屈折"一词,与人们认为汉语是无形态的分析型语言的共识相抵触。我们要等到最近十几年才能够对这篇论文所描写现象的确切性质有更清晰的认识。在该文发表50多年后,我们认为可以根据有关其他北方方言类似现象的描写以及我们自己的田野调查提出,在中国北方的一些地区,动词已经发展出一种"屈折形式"。

汉语一般被认为是典型的孤立语,某一个词即使语法化变成语法形式,也发展不到形态化的阶段,即语法成分不会进一步演变为动词后缀,更不会与动词词干融合在一起。比如,汉语历史语法和语法化研究

---

* 本研究第一阶段得到日本学术振兴会的资助(2007年—2009年,项目号19520360,项目名称:"从句法-语音介面角度重新审视汉语类型学特点",项目主持人为日本神户市外国语大学太田斋教授),于2008年和2009年到陕西西部和河南北部进行调查。第二阶段得到法国国家科研署项目"语言接触与语言变化:以汉语和阿尔泰语言为例"(ANR-07-BLAN-0023,项目主持人为罗端教授)的资助。论文初稿曾于2009年12月24日在日本大阪举行的研讨会上宣读。有关陕西西部方言的田野调查资料,曾与太田斋教授合作于在兰州举办的"汉语西北方言语言接触研讨会"上宣读(2011年8月9日—12日,参看柯理思、太田斋2011)。更为全面的分析曾于在意大利威尼斯举办的欧洲汉语语言学学会第七届学术会议上宣读(2011年9月13日—15日,报告题目为"汉语形态变化的区域性:北方汉语动词后缀的形态化")。

[译者注]:本文的翻译得到柯理思教授的指教和帮助,译者谨此深表谢忱!

的知名专家吴福祥先生曾指出(吴福祥 2005a:25):

> 汉语语法词或附着词的演变模式为什么不符合 Hopper & Traugott (1993) 所概括的具有普遍意义的语法化斜坡呢？原因在于汉语在形态类型上属于分析-孤立型语言,"在这样的语言里,语法化不可能造成屈折形态成分的产生"(Traugott & Heine 1991a)。可见导致汉语语法词或附着词词汇化而非形态化的主要因素是汉语的形态类型特征(即汉语是缺少屈折形态系统的分析型语言)。

而本文所讨论的有关动词后缀形态化的材料则与以上观点不符。另外,我们见到西北官话中动词后缀形态化的现象也会产生这样的疑问:这些现象是否是某一个"典型"分析型汉语方言和西北边界某一种或几种形态发达的非汉语语言(藏缅语族、蒙古语族或突厥语族)之间的接触所引发的？这就是本文试图探讨的两个问题。

鉴于汉语方言学至今都没有描写分析这些动词形式的一个统一的框架,本文将先概括一下北方汉语中动词后缀形态化现象的基本情况,包括动词词干与后缀部分或全部融合的情况。第二节将给这些融合现象初步分类,并概述其地理分布。第三节将考察本文所说的"屈折形式"的形态句法功能。第四节将讨论以往研究中认为汉语的功能词会在语法化过程中受到限制的观点,并试图回答以下几个疑问:西北汉语动词词尾的形态化现象是否和语言接触相关？根据类似现象的地理分布,能否将此看作是西北汉语特有的语言演变？

二、对北方汉语动词的屈折形式的初步概括

2.1 名词上的附加成分和动词上的附加成分

自汉语方言学研究于 20 世纪 80 年代复兴以来,虽然也有一些研究描写过后缀融合和音节融合的现象,但并没有一个可供田野调查工作者使用的调查表,我们还缺少能够调查出这类现象的基本特点、能判定出其类型的一个统一的框架。

与标注动词范畴的形态变化现象相比,名词形态(如小称后缀和

名词词干融合现象)已受到许多学者的关注(见李荣 1978 年关于浙江温岭方言的研究、曹逢甫 2006 年关于小称语法化轮回的研究等)。实际上,后缀与词干融合过程及其形态语音机制与本文所讨论的后缀与动词词干融合的机制很相似。我们在王福堂(1999)和王洪君(2008/1999)等分析名词变韵、变调时所提出的合音类型中发现了许多可贵的线索。

语言学界对动词后缀融合现象的形态语音特点及其所出现的句法环境的描写和分类数量很少,这是有一定的原因的。要正确描写动词后缀融合现象就不能限于调查字音和词汇,还必须调查完整的语句,必须调查语法。另一方面,调查者只有受过方言学的专业训练才能够调查出连读变调模式以及各种因韵母不同而有不同表现的音变现象:只有在调查音韵系统、词汇系统后才可以找出各类变韵和变调规律。最后还需要克服汉字这一书写体系所造成的错觉(即一个音节一定等于一个语素)以及"汉语无形态"这一教条。

在这一节,我们依据过去 15 年在河北和陕西的直接观察以及有关北方官话的二手描写资料,提供一个初步的分类。这一分类主要根据词干的形态变化的具体表现[①]。

2.2 动词词干和后缀的融合:类型与分布

在这一节中,我们将描写我们至今为止所看到的动词后缀与词干融合的五种类型 A-E 及其地理分布。普通话动词后缀通常会显示出语音弱化现象(声调中和、音节音长缩短等)。而本节将介绍的类型 A-D 则表现出进一步的语音弱化,如整个音节的语音音段的构成成分(声母、主要元音和韵尾)的脱落。在 C 类中,词缀音节音长部分保留,但是极大地丧失语音自主性,与相邻语音单位彻底同化。在 A、B 和 D 类中,后缀的整个音节脱落。

A 类:○【韵母交替[②]】。这一类型主要见于豫北地区的某些中原官话方言以及附近的晋方言(不见于晋方言核心区)。

B 类:△【声调交替】。这一类型(通常叫作"变调")往往源于轻声后缀前发生在动词词干上的连读变调,见于动词后缀音节完全脱落的方言中。

C 类:◇【韵母拉长+声调的加合[③]】。这一复杂类型往往会与动词词干音节的变调现象相结合(有时被称为"合音变调")。这一类型在陕西西部所显示出的特点(笔者的田野调查)与描述河北及山东某些方言的调查研究所报告的类型特点极其相似。

D 类:✦【儿化】。动词词干的韵母发生儿化。这一类型见于一些山东东部的方言。

E 类:□ 这一类型包括性质不明的情况(比如我们所见到的描写不完整或者相互矛盾)以及混合类型(动词词干的具体语音变化取决于韵母等)。

在下面几节(2.3 节至 2.7 节)中,我们将逐一介绍 A–E 每个类型,提供简短的描述后举例。

2.3 A 类:韵母交替(变韵)

最先对此类现象进行详细描写的是贺巍(贺巍 1965、1989、1981)。贺先生描写的是获嘉和济源方言,均位于河南西北部靠近山西的晋语区。这类有时被称为 D 变韵(D 代表"动词",带小称和名词化功能的名词后缀也会引发类似的变韵现象)。然后王森描述了邻近郑州的荥阳方言(王森 1998);辛永芬描写了同样位于河南北部的浚县方言(辛永芬 2006a、2006b,也可参看赵清治 1998 关于长葛方言的描写)。下面的表 1 根据辛永芬(2006b:57),介绍浚县方言的一部分动词韵母交替现象。变韵(屈折形式的韵母)放在符号>的右边,数量比基本韵(非屈折形式的韵母)少。有些韵母并不发生任何语音变化,保持原形。这让我们想起,语素变体"主要来源于形态上的融合现象"(Lehmann 2002:134)。

表 1　浚县方言的动词变韵(改编自辛永芬 2006b:57)

ə/ər / ɿə / uə / yə / ʮə / a / ia / ua / ɛ / iɛ / uɛ / yɛ — 无变韵			
ɿ/ɿə	ai ei ən > ɛ	an >æ	aŋ> æŋ	au ou əŋ > o
ɿ>ɿə	i in > iɛ	ian > iæ	iaŋ> iæŋ	iau iou iəŋ > io
u > uə	uai uei uən>ɜu	uan > uæ		uəŋ> uo
ʮ >ʮə	y yən > yɛ	yan > yæ		yəŋ > yo

在某些特定的环境下,动词必须变韵。下文提供四个最小对比对[④],来说明浚县方言中动词变韵的功能。我们在每对例句后加上普通话的对应句子来指出表达类似意义的动词附加成分。

a) 动词变韵(屈折形式)相当于普通话的[动词+后缀"了"]。可带宾语([动词+了+宾语]),宾语前往往有数量短语。例(1)和(1')分别反映动词"买"的基本式(非屈折形式[ai])和变韵式(屈折形式[æ])。

(1) 买一斤盐 mai^{55} i^{24} tɕin^{24} ian^{42} (买一斤盐)
(1') 买○一斤盐 mæ^{55} i^{24} tɕin^{24} ian^{42} (买了一斤盐)

b) 动词变韵式(屈折形式)相当于普通话的[动词+后缀"着"],其中"着"表结果状态义。动词的这类形式通常出现于以"嘞"结尾的句子中("嘞"相当于普通话的句尾助词"呢")。在例(2)中,基本式(非屈折形式)为[tʰaŋ^{55}],而变韵式(屈折形式)为[tʰæŋ^{55}]。

(2) 躺一会儿吧 tʰaŋ^{55}.yi.xur.ba (躺一会儿吧)
(2') kɛ^{21}床上躺○嘞 kɛ^{21} tʂuaŋ^{42}-.ʂaŋ tʰæŋ^{55}.lɛ (在床上躺着呢)

c) 动词变韵式(屈折形式)相当于普通话的[动词+终点标记"到"]。终点标记是用于介引作为位移终点的处所名词短语(整个格式为[动词+终点标记+处所名词短语])。在浚县话里,动词带位移终点名词短语时,一定要用变韵。

(3) 躺○床上 tʰæŋ^{55} tʂuaŋ^{42}-.ʂaŋ (躺到床上)

d) 趋向补语"来、去"前的动词要变韵(用屈折形式)。格式[动词+傀儡结果补语+来/去]虽然在普通话里基本上已经淘汰了,但是这个傀儡补语在某一些河北方言中与完成体后缀"了"同音(参看柯理思、刘淑学 2001;柯理思 2002),在近代汉语文献中也使用"了",因此,可以用[动词+了+来]来表示。变韵的例子如下(这种情况不存在严格意义上的最小对比对,但可以与"搬家"[pan^{24} tɕia^{24}]的"搬"(非屈折形式)

作对比)。

(4) 啥时搬○来　ṣa⁵⁵ ṣl̩⁴² pæ²² lɛ⁴(什么时候搬过来?)

荥阳方言(王森 1998)和获嘉方言(贺巍 1989)的韵母交替现象在语音上的表现和在句法分布方面与浚县方言相似。我们将在第三节中专门讨论变韵式(屈折形式)的形态句法分布及其表达的语法范畴。

2.4 B 类:变调

孟子敏(2000)描述了山东平邑方言的语法变调,认为是表达完成体最常用的手段。平邑方言属于中原官话,但兼带有冀鲁官话的一些特征。动词带位移终点名词时要变调,就是说要使用屈折形式。带量化受事名词时,变调形式(屈折形式)表达已然事件,而本调形式(非屈折形式)表达未然事件。例(5)是一个最小对比,摘自孟子敏(2000:196)。其中的名词短语既可以理解为拿杯子时所拿的位置(动词读本调),也可以理解为把某物拿到耳边去听的位移终点(动词变调,变调放在本调之后,由连字符连接)[5]。

(5) 拿耳朵间 na⁵³　lɔ⁴⁴⁻²¹⁴.tɔ-.tɕiā　(拿某物时拿它的耳朵旁[6])
(5') 拿○耳朵间 na⁵³⁻⁴⁴　lɔ⁴⁴⁻²¹⁴.tɔ-.tɕiā　(将东西拿到耳朵旁)

动词"拿"通常读阳平即高降调 53,而变调后(屈折形式)的调值为 44。事实上,平邑方言的声调交替现象只不过是北方官话方言中非常普遍的变调现象,即"轻声字前变调"(有关山东方言的这类连读变调可参看钱曾怡等 2001:107-115)。后缀是典型的轻读音节,在很多北方官话方言中轻声音节前的音节(即动词词干)要发生变调。因此,后缀音节即使完全脱落,在动词上仍然会留下韵律上的"痕迹"。河北冀州方言位移终点名词前的一些动词也存在类似的现象(柯理思 2003)。根据我们的调查,该方言的终点标记会因说话人和动词词干韵母的不同而表现出音节融合的不同阶段。然而,在平邑方言中,完成体词尾完全脱落,完成体最主要的标注方式就是变调。

该方言的连读变调模式可以作为这种分析的一个有力的根据。某一个方言里连读变调的规律是规则性的,适用于大量的词汇,但方言之间会有差异。以上所提到的动词变调如果与该方言里的轻声字前变调规律一致的话,不大可能是偶然的巧合。下面表 2 是河北冀州和山东平邑方言中带弱化动词后缀的动词的变调模式。

表 2 冀州和平邑方言动词带轻声词尾时的变调模式

动词词干本调的调类 河北冀州的调值 山东平邑的调值	阴平 213 214	阳平 53 53	上声 55 44	去声 31 412
动词带轻声后缀时变为 河北冀州 山东平邑	>去声 >21 >412	>上声 >55 >44	>阴平 >213 >214	>阳平 >53 >53

两个方言的动词变调模式和轻声字前的一般变调模式一致(柯理思 2009、孟子敏 2000)。这两个方言的调类和普通话一样(阴平、阳平、上声、去声)。

接下来我们来看一下张树铮(2004)提供的山东临清方言的最小对比对。在临清方言中,语音弱化的两个阶段共存:动词可带完成体后缀"了"[.lɔ](轻声),如例(6')所示;后缀也可以脱落后,在动词词干上留下痕迹(变调 323>44,如例(6")所示。"吃"位于去声音节"饭"[fɛ³¹]前也要变调,但其模式就遵循一般的变调模式 323>34,如例(6)。

(6) 吃饭 tsʰʅ³²³⁻³⁴ fɛ³¹   (吃饭)
(6') 吃了饭 tsʰʅ³²³⁻⁴⁴   lɔ⁰   fɛ³¹   (吃了饭)
(6") 吃○饭 tsʰʅ³²³⁻⁴⁴   fɛ³¹   (吃了饭)

可见,动词的变调形式(屈折形式;调值 44)不仅和复合动词"吃饭"中的非屈折形式(调值 34)不同,还和动词单字调(调值 323)不同。这种轻声音节前的变调模式既不见于普通话,也不见于北京话:普通话动词短语"吃饭"和"吃了饭"中,动词"吃"不管后一音节是"饭"还是"了"始终读 55 调(阴平调)。

最后举个山东宁津方言的例子。宁津方言属于冀鲁官话(曹延杰 2002:242-243)。宁津方言的终点标记有各种弱化形式,比如 [.ta] 或 [.tə]。在终点标记完全磨损的情况下,动词词干根据轻声音节前的变调模式发生变调(曹延杰 2002:63-64)。在例(7)和(7')中,动词"跑" [pʰɔ⁴⁴] (上声)在终点标记轻声音节 [.tə] 前发生变调(44>324)。当整个标记音节完全脱落时,也是同样的变调模式。

(7) 跑的 (= [pʰɔ⁴⁴⁻³²⁴.tə]) 城里去了。 (跑到城里去了。)
(7') 跑○ (= [pʰɔ⁴⁴⁻³²⁴]) 城里去了。 (跑到城里去了。)

类似的现象也见于北京话的量词"个"磨损后所引发的变调(参看董秀芳 2003;刘祥柏 2004;Chirkova 2004)。量词"个"脱落后留下的唯一痕迹是数词"一"读为阳平调(升调 35)。表计量功能的数词"一"在去声(降调 51)前通常读升调,但后接读其他调的量词(55, 213 或 34)时则读降调(去声)(比如,"一天"yì tiān、"一年"yì nián、"一点儿"yìdiǎnr)。原本读为 gè(调值 51)的量词"个"ge 引发数词"一"发生变调,变为升调 35,如"一个人"yí ge rén 和"一个朋友"yí ge péngyou。在北京口语中,量词"个"有时会进一步发生磨损,完全消失,只在前面的数词"一"上留下变调的痕迹(53>35),比如"一朋友"yí péngyou 和"一人儿"yí rénr(非正式语体)。

Lehmann (2002:150) 曾指出,交替现象不一定是音段式语法成分的直接延续。他提到德语的 umlaut 这一音变只是间接地反映原来的语法成分,因为它并不是原来有的复数标记的直接变体,而是复数标记所诱发的音变。我们认为 B 类也是如此:后缀完全脱落,只在动词词干上留下痕迹,即动词在轻声音节前的变调。这里的变调既不是音段式语法成分的直接变体,也不是融合的结果。同样的变调模式也发生在后缀语音完整的情况下(即有声母韵母的完整的轻声音节,如例 6 和 7)。动词的这类变调是后缀这一轻声音节引发的,在后缀脱落后仍保留下来,构成与其基本形式对立的"动词变调形式"。这样产生的声调交替是有语法意义的。

2.5 C 类:韵母拉长,声调的加合

这个类型最为复杂。后缀失去声韵母,和动词词干完全融合,但保留部分音长,所以屈折形式明显比一般音节要长。其调型相当于两个音节(动词词干和后缀)融合在一起后的调型,即动词词干的调型和后缀轻声音节的调型的加合。就我们所知,有两个次类:在有些方言(比如河北威县、陕西凤翔、山东莒县)中,动词词干在轻声音节前发生变调,融合的最后结果是动词变调后的调型和轻声音节声调的调型加合以后的缩约形式(有关这些方言的报告经常提到音节拉长现象);在另外一些方言中,动词不发生变调(比如河北赵县)。

我们第一次碰到第一种类型是 2008—2010 年在陕西西部做有关动词后缀的田野调查的时候,但是是后来才意识到王福堂(1999)和王洪君(2008,第 9 章)曾分析过山西南部一些方言的名词后缀(儿化和子变)所显示的类似的形态变化现象。王福堂(1999:138—139,176—177)提到合音音节的调型是"两个语素声调的加合"。他认为,在这类情况下,变调的调值"实际上等于两音节连读中前字调值和后字轻声之和"。有意思的是,这个模式也见于北方官话区的中部和东部,即河北和山东的一些方言。

我们先来看一下威县方言的情况。威县位于河北邢台市,威县方言属于冀鲁官话。曹牧春(2007)对该方言的形态变化现象使用"变韵"(D 变韵)一词,即贺巍(1989)讨论获嘉方言的韵母交替现象(即本文的 A 类)时用的术语。不过,曹牧春明确地把这个合音模式和轻声音节前的变调联系起来。在获嘉或浚县方言,动词词干不发生任何声调变化,而在威县方言,D 变韵(动词屈折形式)的特点在于动词词干的主要元音拉长以及变调(本文用符号 > 表示)。这个变调实际上等于轻声音节前动词词干 $\sigma 1$ 变调后的形式与轻声音节 $\sigma 2$ 调型之和。其中,轻声音节消失,但其韵母音长部分保留下来,使得动词词干的韵母拉长。D 变韵的变调模式可见下页表 3。

表3 河北威县方言动词词干和后缀的融合

融合前动词词干 σ1 的调类和调型：		动词词干 σ1 在轻声音节（动词后缀）σ2 前的变调：	变韵（屈折形式）V○：σ1+σ2 加合为：
阴平	35	>21（去声）+ σ2	>214
阳平	51	>55（上声）+ σ2	>552
上声	55	>35（阴平）+ σ2	>353
去声	21	>51（阳平）+ σ2	>511

调型的最后部分让人联想到普通话轻声音节的读音：当前字为低调(比如普通话第三声)时，比前字高；当前字为高升调(比如普通话第二声)时，比前字低等。而且，由上面表2可知，山东平邑、河北冀州和河北威县的变调模式极其相似。在山东平邑方言，完成体一般通过动词词干的变调来表示，而非由带完整音节形式的完成体后缀表示。在河北冀州方言，我们初步观察到，完成体标记根据说话人和动词韵母的不同会有不同的类型。曹牧春(2007)注意到，在威县方言中，融合形式(变韵)是正常语流中的常见形式，但如果位于句末，或者如果语速慢而清晰、"一个字一个字"说时，后缀恢复原本的音节形式。比如，普通话的静态形式"躺着"通常读为 [tʰaːŋ³⁵³]，但位于句末时可恢复其完整形式 [tʰaŋ⁵⁵⁻³⁵.lei]。同样，在一些特定的环境下，完成体后缀也可读为 [.lau]，补语标记可读为 [.lei]。

李仕春、艾红娟(2008、2009)也描写了山东莒县方言中的类似现象。他们称之为"合音变调"，认为是一种"语法变调"(王福堂1999：176–177 在讨论名词后缀时也用"合音变调"一词，见上)。比如，动词"掉"[tiɔ³¹]本调为低降调31。放在轻声音节前，要根据轻声音节前变调规律发生变调，变为高平调55。后续成分如果是引进终点处所短语的标记"到"[.tɔ]或"了"[.lə](终点标记有两个变体)的话，"掉到"会读为 [tiɔ³¹⁻⁵⁵tɔ⁴]，"掉了"读为 [tiɔ³¹⁻⁵⁵lə⁴]。当终点标记的音段完全消失时，动词词干音节的调型变为轻声前变调的调型55和轻声音节的调型加合在一起的新调型551(即本文所说的"屈折形式")。下面例(8)是普通话的例子，而莒县方言的对应形式可见例(8')、(8")

和(8''')。李仕春、艾红娟(2008)没有提到韵母拉长。

(8) 被子掉到楼下去了。(普通话)
(8') 掉到 [tiɔ³¹⁻⁵⁵ tɔ⁴] + 终点处所短语
(8'') 掉了 [tiɔ³¹⁻⁵⁵ lə⁴] + 处所短语
(8''') 掉◯ [tiɔ⁵⁵¹] + 终点处所短语

C 类的最后一个例子来自我们自己有关岐山和凤翔方言(陕西西部)的田野调查资料。以往的研究中也曾描述过陕西方言动词词干的音变现象,分别称为"动词屈折"(张成材 1958 对商县(即今商州)方言的论述)、"局部重叠"(见韩宝育 2006 对岐山方言的论述和兰宾汉 2011:239-241 有关西安方言的论述)、"D 变韵"(可见王军虎 2012 有关凤翔方言的论述)。然而,这些音变的描写至今还零零碎碎的,方言学界对其所反映的形态音位现象的性质也没有达成共识。王军虎(2012)提到凤翔方言中的变韵可以与静态后缀(普通话"着")、介引程度补语的补语标记(普通话"得")、终点标记(普通话"到")以及一些实现体标记(普通话"上")自由替换。

根据我们在陕西西部的田野调查,凤翔方言的完成体后缀"了"[.lia] 通常不发生形态化,而保留原本的轻声音节形式(在大多数情况下,名词后缀"子"[.tsʅ] 也保持其音节的完整性)。不过,其他动词后缀声韵母却会脱落,后缀会完全融合到动词词干,音节音长也会增加。带静态后缀 [.tʂɔ] 和补语标记 [.ti] 的动词一般都以动词的屈折形式出现。动词后带终点标记来引进位移终点处所短语时也如此。动词带"来·去"一类趋向补语时也用屈折形式(即音变的功能相当于傀儡结果补语,见下文)。

通过对涉及各种不同的声调和韵母的动词词干的系统调查⑦,我们发现有充分的证据证明屈折形式的调型是动词词干($\sigma1$)的变调和中和调音节($\sigma2$)声调的加合。该声调模式的平行性,在阳平调(24)音节的变调上表现得尤为突出:阳平音节后的中和调后缀实际上体现为一个重读的 53 调(邢向东 2010:387-388 提到这个现象)。这些特定的变调模式以及他们独特的调型可以帮助我们追溯形成动词屈折形式调型背后的机制。

表4列出陕西凤翔方言中后字为中和调的两字组调型及变韵调型。

表4 陕西凤翔方言连读变调和声调加合模式

	名词、动词词干 σ1 的本调	σ1（名词词干）在中和调音节 σ2（无合音）前发生的连读变调	名词、动词词干和后缀合音后声调加合的调型
	阴平 21	21 +轻声 σ > 53 + 21	532（σ1+σ2）
名词 动词	辣 la²¹ 刀 tɔ²¹ 端 tuæ̃²¹ 搬 pæ̃²¹	辣子 la²¹⁻⁵³ tsʅ²¹（辣椒） 刀刀 tɔ²¹⁻⁵³ tɔ²¹（刀子）	端〇 tuæːˁ⁵³² 搬〇 pæːˁ⁵³²
	阳平 24	24 + 轻声 σ > 21 + 53	153（σ1+σ2）
名词 动词	黄 xuɑ̃ŋ²⁴ 瓶 pʰiŋ⁵³ 拿 na²⁴ 藏 tsʰɑ̃ŋ	黄瓜 xuɑ̃ŋ²⁴⁻²¹ kua⁵³（黄瓜） 瓶瓶 pʰiŋ²⁴⁻²¹ pʰiŋ⁵³（瓶子）	拿〇 naː¹⁵³ 藏〇 tsʰɑːŋ¹⁵³
	上声 53	53 + 轻声 σ > 44 + 21	442（σ1+σ2）
名词 动词	眼 ɲiæ̃⁵³ 管 kuæ̃⁵³ 躺 tʰɑ̃ŋ⁵³ 躲 tuə⁵³	眼睛 ɲiæ̃⁵³⁻⁴⁴ tsiŋ²¹（眼睛） 管管 kuæ̃⁵³⁻⁴⁴ kuæ̃²¹（管儿）	躺〇 tʰɑ̃ːŋ⁴⁴² 躲〇 tuəː⁴⁴²
	去声 44	44+ 轻声 σ > 45 + 32	453（σ1+σ2）
名词 动词	肚 tu⁴⁴ 袋 tɛ⁴⁴ 放 faŋ⁴⁴	肚子 tu⁴⁴⁻⁴⁵ tsʅ³²（肚子） 袋袋 tɛ⁴⁴⁻⁴⁵ tɛ³²（袋子）	放〇 faːŋ⁴⁵³

下面的例子表示必须使用动词屈折形式的语言环境之一，即动词带趋向补语"来・去"来表示致使位移义的时候。在例（9）中，动词"端"的屈折形式［tuæːˁ⁵³²］（音节拉长）和趋向补语"去"相当于普通

话的动趋式动词"(把菜)端过去"或"端去",可用于说话人在厨房让听话人把菜端给坐在客厅里的客人的语境。在例(9')中,动词的非屈折形式无法构成动趋式,动词后的位移动词"去"只能表达目的义:说话人在客厅里,让听话人"去(厨房)拿菜(再端过来)",相当于北方话的"端去"或普通话的"去端"。需要注意的是,在后一种格式里,"去"也是轻读(中和调),引起前面的动词"端"发生变调,变为[tuæ⁵³],但是动词音节不拉长。

(9) 端○去 tuæː⁵³²tɕʰi⁴⁴⁻²¹ ([你把菜]端去)
(9') 端去 tuæ²¹⁻⁵³ tɕʰi⁴⁴⁻²¹ ([你]去端)

这一类型有个"不变调"的小类,可见于河北赵县方言(李巧兰2013)。尽管赵县离威县并不远,但是其动词词干的音节不变调。和威县方言一样,赵县方言的后缀失去其作为自主音段的地位,声韵调脱落。合音音节的音段部分相当于动词词干的音段部分(一些韵母有细微的元音变化),但音长明显变长。整个调型等于动词词干调型与中低轻声音节(33 或 22 调)之和。比如,动词"放"[faŋ⁵¹]带位移终点处所名词时变为[faːŋ⁵¹³³](屈折形式)。

2.6 D 类:儿化韵

这个类型可见于山东东部方言(属胶辽官话)和河北北部方言。《昌黎方言志》(1960:26–28)较早提到过儿化可以作为动词后缀[.tʂə]、[.liou]和[.ti](分别相当于静态标记"着"、完成体标记"了"和终点标记"到")的变体。(10)显示儿化韵尾相当于弱化的终点标记的例子,而例(10')使用具有独立音节形式的终点标记[.ti](《昌黎方言志》1960:145)。

(10) 掉兒地下咧 tiɑur⁵⁵⁻⁴³   ti²⁴ .ɕie .lie (掉到地上了)
(10') 掉得地下咧 tiɑu⁵⁵.ti ti²⁴ .ɕie .lie (掉到地上了)

钱曾怡等(2001:261,290)也提到在山东东部十几个方言(包括牟平、威海、莱阳、烟台和荣成等)中,儿化代替完成体后缀和终点标记。另外刘翠香(2007a/b)对栖霞方言的情况作了详细的描述。

从语音方面来看,北京话也有类似的语音弱化现象。比如,三音节词的第二个音节一般不重读。当这词中音节带卷舌声母(r- [ʐ], sh- [ʂ], zh- [tʂ], ch- [tʂʰ])时,有时会弱化为前一音节的儿化韵尾,如"不知道" bùzhīdào > bùzhidào > bùrdào、"图书馆" túshūguǎn > túshuguǎn > túrguǎn 或"顺治门" Shùnzhìmén > Shùnzhimén > Shùnrmén(方梅2007)。

2.7 E 类(性质不明或混合类型)

在图1,我们用单独的符号来表示那些方言记载有不清楚、不完整的地方的方言点。这个符号也用来表示不同调查报告之间有矛盾的方言,或者属于混合类型的方言,如根据韵母的不同会发生不同形态变化等方言。比如,山东西部方言的描写资料对屈折形式的确切声调特点说得不是很清楚,如临清方言(张鸿魁 1990:165 涉及音节拉长但是没有提到声调如何)、德州方言(曹延杰 2000)、莱阳方言(宫钦第、栾瑞波 2010)等。描写山东博山方言的几个文献之间也有些出入(钱曾怡 1993;陈宁 2006;李仕春、艾红娟 2009)。这就是我们没有详细讨论博山方言的原因,尽管在讨论语法化的文献中博山方言经常被作为语音弱化的"典型"例子(比如江蓝生 2000 认为是一种导致零形式的语音磨损)。同样,有关商州方言声调变化的描写(张成材 1958)也不是很详细,所以也归到 E 类。

2.8 小结

官方方言的连读变调倾向于出现在双音节词或复合词的第一个音节(邢向东 2010:369-389)。这很可能是解释 B 类和 C 类形态化的一些语音特点的重要线索。邢向东(2010:388-389)指出,在官话方言中,轻声音节前的特殊变调模式很普遍。虽然钱曾怡(2001:107-115)概括了山东地区轻声音节前的变调模式,但是我们至今关于这类现象的频率和分布等还有许多未知之处。以上 A-D 几个类型的情况总结如下:

表 5　动词屈折形式在 A、B、C、D 各类中的变韵和变调举例

类型	D	C	B	A	C	C	C
地点	昌黎	莒县	平邑	浚县	威县	赵县	凤翔
动词	掉		拿		放		
V	tiau⁵⁵	tiɔ³¹	na⁵³	faŋ²¹³	faŋ²¹	faŋ⁵¹	faŋ⁴⁴
V O	tiaur⁴³	ciɔ⁵⁵¹	na²¹⁴	fæŋ²¹³	faːŋ⁵¹¹	faːŋ⁵¹³³	faːŋ⁴⁵³

三、要求使用动词屈折形式的语言环境

3.1 动词屈折形式用于特定的语法格式

目前,动词后缀形态化所构成的"屈折式"的具体语法分布还不是很清楚,语言学界对此也没有达成共识。贺巍(1989:51-79)把获嘉方言的变韵现象分为 27 类。赵日新(2007)和陈卫恒(2011)都讨论了这个分类,试图找出概括性的语法意义。陈卫恒(2011:195-199)提出韵母交替现象(变韵与基本韵的对立)可标注未然和已然这类动词范畴。这个观点尽管可以适用于屈折形式相当于[动词+完成体标记+量化名词]一类句式,但是我们(柯理思、刘淑学 2001;柯理思 2002,2003,2009)曾经指出,这种变韵式经常出现在祈使句里(趋向词"来·去"构成的动趋式动词也好,带有终点处所词语的动词短语也好,都常见于祈使句),而祈使句属于未然句(非现实情态)。李巧兰(2013)也认为屈折形式和时体范畴是没有联系的。

根据以上所展现的材料,我们有充分的依据认为后缀已融入动词词干的动词形式是动词的一种"屈折形式"(inflected form)。这些屈折形式可以分析为广义的"有界式"(bounded form,或者也可以称为"完成式")。与其相对应的动词后缀要么对动词短语起到有界化作用,要么来源于起到有界化作用的动相补语。

为了说明屈折形式在那些方言里的共同功能,我们选择了可以或必须使用屈折形式的 5 个核心语法格式。这些格式及其对应的普通话

格式一并列在下面。

1) 屈折形式出现在动词和宾语之间(比如[动词+了+数量词+宾语]),代替完成体后缀"了",如例(1)河南浚县方言的例子"买了一斤盐"。

2) 屈折形式出现在表达某物位于某处的位置句中(比如[在+处所名词短语+动词+着呢]),代替静态后缀"着",如普通话"在椅子上坐着呢"一类句子。

与语法格式1)和2)相关的普通话后缀"了"和"着"一般被认为是体貌助词(动态词尾),属于同一个句法槽,在意义上似乎是对立的,分别标注完成体和未完成体两种不同的体貌意义。然而,在本文所讨论的北方方言中,进行体主要由副词(比如"正")和句末助词(比如"呢",也读为 [.nə / .ɲi / .li / .lɛ] 等)来表示。这意味着"着"和"了"不会出现于同一种语法环境中,也可以说明为什么两者在动词上形态化后虽然构成同形的屈折形式,却不影响对语法意义的理解。"着"在姿势、放置动词之后表示结果状态,或者在特定格式中表示背景活动。兼表达持续义的句末助词"呢"在独立的未完成小句中倾向于强制使用。

3) 动词词干上的"屈折"代替终点标记(介引位移终点,比如普通话[动词+到+位移终点名词]),如普通话的"放到桌子上"一类句子。

众所周知,在北京话口语中,终点标记经常脱落,如"放到桌子上"也可以说成"放桌子上"(见 Chirkova and Lamarre 2005),处所名词的位置足以表达位移终点义。但并非所有官话方言都是如此:官话方言经常要求显性的终点标记,或者使用动词的屈折形式。柯理思(2009)在讨论汉语终点标记时曾涉及终点标记融合到动词词干的问题(又见柯理思 2003,2007)。

4) 动词词干上的"屈折"代替插在动词和"来""去"类趋向补语(有些地区还包括补语"走")之间的傀儡补语。在反映北方官话的18、19世纪的小说(如《红楼梦》《儿女英雄传》等)中,这个槽位经常由"了"填充。"V了来""V了走"等动趋式直到20世纪仍然可见于主流汉语中,但是在当代普通话里基本上淘汰了:趋向补语直接放在动词之后,如"拿来""拿走"等。例(11)出自反映20世纪初北京话口语的小说《小额》,而例(12)来自反映 20 世纪中期北京话口语的老舍的小说《四世同堂》。

(11) 两个人早把青皮连给拉了走啦。 (《小额》,7-11)(= 当代普通话"给拉走了")
(12) 假若他搬了来…… (《四世同堂》,第一部,第 19 章)(= 当代普通话"搬来")

柯理思、刘淔学(2001)描写了河北中部冀州方言与这类"V 了来"相关的格式("了"说成"唠"[.lau])。在近代汉语某些文献中,这个槽位还会由"将"或"得"填充。"将"和"得"的这个用法仍可见于比较保守的晋语和吴语中,而且具有强制性。在山东栖霞方言中,屈折形式(儿化韵,D 类)在这个语言环境里具有强制性(见刘翠香 2007b)。柯理思(2002)、柯理思、刘淔学(2001)和魏培泉(2013)把"V 了来"的"了"和"V 将来"的"将"均分析为傀儡结果补语的一种[8]。这说明,为了理解格式(4)及格式(1)至(3)的屈折形式之间的联系,不能光拿普通话来对比,必须调查反映近代汉语口语的文献和北方话各方言(包括官话方言和晋方言)。

5) 动词词干上的"屈折"代替介引状态或程度补语的补语标记"得"([动词+得+形容词短语],如"说得好",也可以引进程度补语如"好得很")。补语标记"得"尽管从共时角度来看和完成体的关系较为疏远,但仍然被认为是由实现体标记"得"发展而来的(见杨平 1990)。在其他汉语方言中,这个语法意义往往由实现体标记或趋向补语发展而来的形式来表达(Lamarre 2001a/b)。而且,官话的补语标记"得"有个默认的已然值(与补语标记"个"相反),[动词+得]与完成体后缀"了"、静态后缀"着"不相容。下面的例子来自岐山和凤翔方言的田野调查资料,动词"说"带有状态补语,补语"好"前既可用动词屈折形式也可用动词的基本式加补语标记"得"[.ti]。

(13) 说〇好 [ʂɚː²¹⁻⁵³²-xɔ⁵³] =
(13') 说得好 [ʂɚ²¹⁻⁵³-ti²¹-xɔ⁵³]

表6列出屈折形式在以上五种语法格式中的使用情况。表里所选的北方官话方言并非穷尽的。符号√表示在相应的语法格式里可以使用屈折形式(空白只表示没有相关的资料)。普通话的对应形式列在"普通话后缀"一栏里。

表6 动词屈折形式出现的语法格式

语法格式：	1	2	3	4	5	动词词干变化类型
代替普通话后缀	了	着	到	了	得	
山东						
莒县	√	√	√	√		C:拉长,变调
莱阳	D	C	D			D 儿化 or C
栖霞	√		√	√		D:儿化
博山	√	√			√	E:央元音 [ə] or C
平邑	√		√			B:变调
代替普通话后缀	了	着	到	了	得	
河北						
昌黎	√		√			D:儿化
威县	√	√			√	C:拉长,变调
赵县	√		√	√		C:拉长,声调加合
河南						
浚县	√	√	√	√		A:变韵
荥阳	√	√	√	√	√	A:变韵
获嘉	√	√	√	√		A:变韵
陕西						
凤翔		√	√	√		C:拉长,变调
岐山		√				C:拉长,变调

在以上5种格式当中,有的是既能用屈折形式,又能用基本式,而两者在语义上是对立的。如在独立的小句里,格式1的屈折与否会分别被解释为动作的已然和未然(如例1"买了一斤盐"和"买一斤盐")⑨。还有些格式是要求使用动词屈折形式的。比如,格式3(动词

带位移终点短语)、格式 4(与趋向补语"来·去"构成动趋式)和格式 5 (动词带状态或程度补语)。在格式 2 中,屈折式用在表示姿势、位置变化的动词词干上来派生表示姿势、位置变化后的结果状态的新动词。这种派生手段类似于英语的 sit 或法语的 s'asseoir(坐下)和 is sitting、être assis(坐着)的关系,但是同样也类似于 take in one's hand、prendre(拿)和 hold in one's hand、tenir(拿着)的关系,即在英语、法语中被词化为两个不同词条的意义。在这种情况下,屈折形式对动词词库的组织是起到重要作用的。可见,屈折形式的语法意义取决于它所出现的具体语法格式,概括起来相当困难。

现在我们来看下在格式 3(终点标记)和格式 4(傀儡结果)的可能式中所能观察到的一种"彻底形态化"的情况。

3.2 彻底的形态化:在可能式里也无法回到原来音段的后缀

在北方官话,趋向补语和终点标记通常要发生语音弱化(轻读),类似于动词后缀。然而在可能式中,否定词"不"把它和动词词干隔开,这些语法标记就恢复完整的语音形式,如下例(14)的终点标记"到"构成[V 不 X + 终点短语]类可能式。可能式的能产性很高。

(14) 放到顶上了 fàng-dao dǐng-shang le > [可能式] 放不到顶上 fàng-bu-dào dǐng-shang

然而,在某些方言里还能见到动词后缀因高度形态化而无法再恢复原来独立音节的形式,从而产生异类的语素排列。据以往的研究,这类现象见于河南荥阳方言和浚县方言(A 类)以及山东栖霞方言(D 类)。在荥阳方言,格式 4 的正常可能式[V+不+到+终点处所短语]会说成[V(屈折形式)+不+终点处所短语],就是说格式 4 的可能式仍用动词屈折形式"放ɔ"[fɔ³¹],而不用基本式"放"[faŋ³¹]。处所短语直接放在否定词后,可以记为[V^x+不+处所短语]。

山东栖霞方言中也能见到类似的"异类"的语素排列[V^x+不+处所短语],也是同样的机制造成的(D 类,刘翠香 2007a)。动词构成可能式的时候还是保留儿化韵形式,即终点标记仍然和动词融合在一起。

例(15)表示栖霞方言的例子,其中的终点标记仍然以儿化韵尾的形式附在动词上。需要注意的是[V^x(屈折形式)+不+处所短语]这一格式从官话通常的句法规律来看显示出严重"破格"的语素排列。由此可见,这种可能式分析为词法层次上的格式(而非句法层次上的格式)似乎比较合理。例(15)引自刘翠香(2007a),原来的文献没有提供标音。

(15) 老人年纪太大,一个人都走儿不门口。(老人年纪太大,一个人都走不到门口。)

例(16)是河南浚县方言的句子,也是格式3的可能式,相当于普通话的"药灌不到嘴里"(即无法把药灌到病人嘴里),动词"灌药"[kuan^{213} yɔ^{24}]出现在可能式中和终点"到嘴里"组合的时候,终点标记"到"仍然留在动词上作为变韵出现(为[kuæ];非屈折形式为[kuan])。这里的[.liou]是双音节处所词"里头"的合音形式。排列也是[V^x(屈折形式)+不+处所短语],与正常的排列[V 不到+处所短语]有明显的差异。例(16)来自辛永芬(2006a:52)[⑩]。

(16) 药灌〇不嘴□。yɔ^{24} kuæ^{213}-.pu-tsuei^{55}-.liou (药灌不到嘴里)

除了包括高度形态化的终点标记外,格式3在荥阳方言中也存在同样的现象:[V^x+来]的可能式是[V^x+ 不 + 来],而非"正常"的[V 不 X 来]格式(如冀州方言的"走不了来",见王森 1998:279)。

这些形态化现象的分布和类型究竟如何还不清楚,我们至今只能见到零碎的记载材料。比如在完整音节形式和融合形式都能使用的方言里,有不少描写资料对于两者的相对频率缺乏详细说明。但是,像浚县方言那样,完成体标记和终点标记完全不使用"完整音节"变体来表达的官话方言的确存在。因此,我们不得不承认官话某些方言显示出动词后缀彻底形态化这一种标注类型。然而,在其他一些方言里,这些形态化现象也有可能只限于所谓"语流中音变"一类"偶发"现象,或者限于非正式语体层次。

四、讨　论

上文介绍了北方官话中后缀融合到动词词干的主要类型以及会发生形态化的后缀。本节讨论两个与其相关的问题：

1）这种形态化过程是否与"汉语作为分析孤立语不能在语法化斜坡上走得更远"这一共识相抵触？

2）这些形态层次的现象能否和语言接触联系起来？更确切地说，能否和西北官话特有的某一些语言接触现象联系起来？

4.1 汉语中限制语法化的"语言内部"因素（language-internal constraints on grammaticalization）

Bybee，Perkins and Pagliuca（1994:118）在讨论语音弱化和语法化的相关性的一章中提到的以下观点较好地反映语言学界对汉语的一般认识：

> 孤立语尤其不会产生像屈折语或黏着语那么彻底的语法化。他们不仅不形成词缀，而且也没有综合语那样语义抽象泛化的语法成分。有些孤立语（比如汉语）随着时间的推移所表现出来的稳定性进一步证实了语法化的类型限制。

Bisang（1996:520）在同意这个观点的同时还做了补充：

> 东亚和东南亚大陆语言的主要类型学特点似乎是名词和动词的高度不确定性。这似乎是词项即使高度语法化也倾向于保留它们的语音形式的主要原因。比如，就如 Bybee, Perkins & Pagliuca（1994）所提出的语法化的语音和语义协同进化的现象很少，似乎只能找到几个例子。

Ansaldo and Lim（2004:345）对孤立声调语言（ITL）做了进一步的概括。他们声称"在汉语中，音节边界和音位组配限制排除了在其他语言中所能见到的音节弱化现象，在形态层面很难找到发生弱化的语言成分"。尽管如此,Comrie(2003:255)在一篇讨论导致形态音位交替的过程的文章中曾警告过我们一定要关注韵律特点。他认为,即使在汉语这样缺乏音段层面的音位交替现象的孤立语中,还是会存在相当复杂的变调现象,即属于韵律层面的音位交替现象。⑪

本文讨论的方言材料在多大程度上能够挑战以往研究对汉语类型所达成的这些共识?我们之所以选择"形态化"一词来界定本文所描写的方言现象,是因为形态化可以被看作是将分析型结构变为综合型结构的语法化阶段(Lehmann 2002:12),形态化表现在功能词和动词词干进一步粘在一起。Lehmann(2002:131-145)提出了一套测试来判定某一个语法形式的不同形态化程度(黏着程度)为:(a)可重读的自由语素(a free, stressable morpheme),(b)附着语素(clitic),(c)黏着词缀(agglutinative suffix),(d)融合到词干里的词缀(a fusional affix),(e)把几个不同的语法范畴融合在一起的屈折词缀(a flexional affix amalgamating several grammatical categories),和(f)象征交替(symbolic alternation)。

普通话的体标记如果根据 Lehmann 的定义就可以看作是附着词(b),最多是黏着语素(c):他们的读音取决于动词词干的声调,但是动词词干也可以不带任何后缀,可以单独出现。然而,在本文所讨论的方言中,后缀有时变成另一个语素"不可或缺的部分",即达到 Lehmann(2002:138)所说的极端"融合"阶段(f)。Lehmann 讨论形态化阶段(f)时提到更传统的名称如"象征表达"(见于洪堡特、萨丕尔等人的论著),指的是一个语法范畴没有专用的语素或音段,而是由两种交替形式的对立关系来标注,如英语某些动词的时体范畴是以 sing 和 sang 一类元音交替来标注。这类现象还包括元音拉长、辅音变异、重音转移和变调。从上面第二节的材料来看,A、B、C 和 D 类显然都丧失了动词和后缀间的语素边界,属于 Lehmann(2002:146)所描述的"融合"现象(coalescence),即语法形式为后缀或者甚至为词干的一个语音特征(phonological feature of carrier)。这无疑是形态化的一种,我们在讨论汉语诸方言的语法化现象时是有必要考虑进去的。

这些材料也让我们对于 Bisang(2008,2009)和吴福祥(2005b)的另一个观点提出质疑:他们认为汉语里很多范畴(包括体范畴)不具有强制性。而我们觉得,这个看法未必适用于汉语全部的方言。这个问题有待另文讨论。

4.2 语言接触因素

我们在引言提到商州方言属于中原官话(根据罗杰瑞 1988:191 的分类则属于西北官话)。当我们决定调查位于陕西西部的岐山方言和凤翔方言时(2008、2010 年),我们考虑到张成材(1958)、韩宝育(2006)和王军虎(2012)所记载的变韵现象有可能是官话方言在西北这一特殊的语言环境中因语言接触而产生的语言演变。然而,经过对这些现象地理分布的仔细考察后,再看到中部官话(河北冀州、沧州等)也会显示出类似的合音模式,我们现在的结论是动词后缀之所以会达到相当高的形态化阶段在很大程度上是因为整个北方官话地区创新甚多。比如,这些动词词干的形态化所发生的区域还有一组共同的句法特点,如缺乏进行体标记"在",广泛使用句末助词来标注时·体·态等范畴,动补式动词不具备普通话所用的[动词+得+结果补语]一类可能式,而更多地使用创新可能式[动词+结果补语+了](柯理思 1995,2006)等。

北方官话和晋方言有很多共同的语法特点。晋方言尽管更为保守,有时也被视为官话的一个次类(如钱曾怡 2010:6-8)。为了兼顾晋方言的"北方话"特征及其保守特征,刘勋宁(1995,2008)采用两级分类法,用"官话"一词来称呼更创新的北方方言。

表 7 刘勋宁(2008)对汉语方言的分类

北方方言	南方方言
北方官话、中原官话、晋语(秦晋方言)	南方官话 东南诸方言

对山西方言的描写很多,所以可以认为山西方言中后缀和动词融合的记载较少可能反映该方言比较保守的一面(王艾录 1992 所描述的祁县方言变韵模式和本文介绍的现象还是差异相当大的)。这也是让我们把形态化和创新联系起来的另一个根据。

我们尽管注意到后缀形态化和北方地区所产生的其他创新分布基本一致,但也不排除整个北方汉语语音特点有可能是因语言接触而受到阿尔泰语言或藏语的影响。桥本万太郎在多年前(Hashimoto 1978:122-126)指出,中国大陆南端的汉语和周边非汉语语言在音位组织上非常接近,而轻重音在北方汉语的音位组织中尤其重要,而且轻重音又为词的结构所决定(Hashimoto 1978:199,引用 Polivanov 1930 的一项研究)[11],也可参看 Norman 1988:148-149 关于汉语轻重音的阐述)。这一角度大概会有助于解释本文所讨论的形态音位现象。如上文指出,导致 B 类和 D 类形态化的语音弱化机制当中,有的和北京话口语较接近。轻读音节通常引发元音弱化和辅音弱化。Schiering(2006:168-169)基于对普通话的描写,将官话归类为轻重音对音段所产生的作用偏高的语言(轻声会导致元音和辅音弱化、同化等)。Schiering(2006:260)归纳了语言的不同节奏类型对占附着位置的音段所会造成的影响(如以莫拉为主、以音节为主和以轻重音为主的语言),所得结论与上文关于北方官话方言的现象非常吻合(Bisang 2008 也提到这一项研究)。

第二节所讨论的所有类型都可以看作是和轻重音有关的语音弱化、语音缩减、同化和音变(更确切地说,是轻声音节的一部分或整个音节的语音弱化或语音脱落)。要想了解韵律因素和句法因素在北方官话各种后缀融合模式(轻声音节、变调)中所起的确切作用,还需要把它们和南方方言形态化的情况进行比较。甘于恩(2010:20-28)曾用"形态变调"来指吴语中具有派生功能的连读变调。使用变调而非附着音节来表示完成体也见于一些粤方言。最受青睐的假设是把这种变调看作是体后缀[tsɔ³⁵]语音弱化的结果:[sɪk²² tsɔ³⁵] > [sɪk³⁵](麦耘 1995、甘于恩 2010,2012)。估计未来的研究会让我们对汉语南北方言在形态变调和后缀融合模式方面的差异获得更深刻的理解。

五、结　　论

从本文介绍的北方官话方言材料看,以往研究对于汉语语法化类型限制的一些观点可能过于绝对。汉语动词形态的具体表现与名词、形容词的形态一样,往往是某个地区、某个地方方言特有的,缺乏超方言的形态手段。况且,如果想要了解汉语中有哪些形态化过程,最好不要去观察普通话书面语。本文所展示的较为复杂的形态模式与一个统一的、标准的语言难以相容。⑫我们推测,本文所描述的普通话和某些北方方言的差异或许可归因于共同语普遍倾向于简化系统、抛弃标记变体这一"方言整平"倾向(Trudgill 1986,第3章)。Trudgill 还指出共同语形成(柯因内化 koineization)过程中的一个相关特征,即某一个地区从几种具有不同语言特征的方言并存状态发展出共同语时,共同语选出的形态句法特征不见得是大部分方言都存在的特征,而有时居然选出分布有限但形式上简单的特征,称之为"简化"(Trudgill 1986:103)。最后还可以提到一点:汉字这一书写系统很难反映出语素边界的丢失现象,也有可能是可以说明普通话和北方官话某些变体之间差距的因素之一。

　　动词后缀的融合过程究竟有哪些中间阶段,变韵的语音机制是什么,这些问题只有经过进一步的系统调查和分析才可以弄清楚。总而言之,在导致形态化的动因问题上,可能没有一个统一的答案可以同时适用于粤语、北京官话和古汉语这几种不同的"汉语"变体。

注释

① 这个分类是在 Lamarre(2009)对于终点标记的分类的基础上加以修改而成的。
② 本文讨论的 A-E 类音变在某种程度上都可以用"变韵"这一名称来概括,因此我们没有采用这个名称。
③ 王福堂(2005:186)对类似的现象采用"两个语素声调的加合"这一说法。
④ 例(1)-(5)引自辛永芬(2006a;2006b:58)。最小对比曾与河南大学辛永芬教授核对过(第一次是 2009 年 3 月在河南开封,第二次是 2009 年 12 月在日本西宫录音,借此机会向辛教授表示感谢)。我们在动词词干后用圆圈"○"表示动词变韵。普通话例子有必要时使用拼音斜体。国际音标用[ ]表示。国际音标前的"."表示轻声音节。
⑤ 孟子敏教授为我们提供了他的母语(平邑方言)的样本,还和我们讨论了本文 B 类最妥当的分析方式。
⑥ [译者注]:例(5)和(5')的中文解释均出自孟子敏(2000:196)。

⑦ 田野调查资料主要收集于 2008 年 3 月(陕西岐山县村镇)和 2010 年 8 月(陕西凤翔县虢王镇)。在虢王镇,我们的发音合作人是侯生科先生(68 岁)和张文魁先生(67 岁);语音、词汇、变调模式的调查和分析由日本神户市外国语大学太田斋教授负责(见太田 2012)。调查时参考了王军虎教授 2007 年 10 月在安康举办的第四届官话方言国际学术研讨会上发表的论文(王军虎 2012)。借此机会感谢陕西师范大学邢向东教授和张永哲先生(陕西师范大学,虢王镇人)在调查方面给予我们的各种帮助。

⑧ 王森教授(个人交流,2007)跟我们表示他赞同柯理思、刘淑学(2001)对于王森(1998)中有关荥阳方言材料的分析。在荥阳方言中,动词带"来、去、走"时必须变韵。实际上,我们之所以能够正确地分析荥阳方言的材料,是因为和冀州方言(河北中部)的材料相似。在冀州方言中,有些人使用"唠"[.lao]或者几乎已和动词融合在一起的弱化形式。在冀州和荥阳方言中,动词带"来"时词干必须发生形态变化。

⑨ 如出现在从属小句中会有不同的解释。

⑩ 笔者感谢辛永芬教授给我们提供的发音材料(2009 年 3 月于开封录音),包括例句(16)和其他类似的句式。

⑪ 原文为:"…note that even in the case of isolating languages like the Chinese languages that lack or virtually lack segmental morphonemic alternations, there are nonetheless often quite complex phenomena of tone sandhi, i. e. morphonemic alternations involving tone and therefore at the prosodic level."(Comrie 2003:255)

⑫ Hashimoto 还指出北方声调数量减少、接近高/低一类声调类型、鼻音韵尾-m/n/ng 缩减为 1 个鼻音韵尾以及阻塞韵尾-p/t/k 消失等倾向。

⑬ 最近有一项研究(单韵鸣 2013)指明,在广州话这一区域性共同语中,完成体标记的标注方式(用完整音节的动词后缀还是用变调)和说话人教育水平有一定的相关性:说话人教育水平越低,用变调来表示完成体的频率越高。

参 考 文 献

曹牧春　2007　河北威县方言的 D 变韵,《语言学论丛》36:259-267。
曹延杰　2000　德州方言里的零音节,《首届官话方言国际学术讨论会论文集》(钱曾怡、李行杰编),北京:青岛出版社,89-97。
曹延杰　2002　《宁津方言志》,北京:中国文史出版社。
陈宁　2006　山东博山方言的子变韵及相关问题,《方言》4:

316–322。

陈卫恒 2011 《音节与语义及音系与词汇化、语法化、主观化的关系：豫北方言变音的理论研究》，北京：北京语言文化大学出版社。

董秀芳 2003 北京话名词短语前阳平"一"的语法化倾向，《语法化与语法研究》1(吴福祥、洪波主编)，北京：商务印书馆，166–180。

方梅 2007 北京话儿化的形态句法功能，《世界汉语教学》2：5–13。

甘于恩 2010 《广东四邑方言语法研究》，广州：暨南大学出版社。

甘于恩 2012 广东粤方言完成体标记的综合研究，语言接触与语言比较国际论坛论文，上海大学，2012/1/7–9。

宫钦第、栾瑞波 2010 山东莱阳话的几种语音曲折形式，《中国语文》2：180–183。

韩宝育 2006 韵母局部重叠：岐山话一种重要语法手段，《西北方言与民俗研究论丛》2(邢向东主编)，中国社会科学出版社，136–172。

河北省昌黎县县志编纂委员会、中国社会科学院语言研究所合编 1960 《昌黎方言志》，北京：科学出版社。

贺巍 1965 获嘉方言韵母变化的功用举例，《中国语文》4：272。

贺巍 1981 济源方言记略，《方言》1：5–26。

贺巍 1989 《获嘉方言研究》，北京：商务印书馆。

江蓝生 2000 语法化程度的语音表现，《中国语言学的新拓展》(石峰、潘悟云主编)，香港：香港城市大学出版社，195–204。

柯理思 1995 北方官话里表示可能的动词词尾"了"，《中国语文》4：267–278。

柯理思 2002 汉语方言里连接趋向成分的形式，《中国语文研究》1：26–44。

柯理思 2003 从河北冀州方言对现代汉语[V 在+处所词]格式的再探讨，戴昭铭主编，《汉语方言语法研究和探索》(戴昭铭主编)，哈尔滨：黑龙江人民出版社，144–154。

柯理思 2006 北方方言和现代汉语语法研究：从几个具体的事例谈起，《西北方言与民俗研究论丛 2》(邢向东主编)，北京：中国社会科学出版社，102–117。

柯理思 2007 从趋向范畴的方言表述看"书面汉语中的不同层次"

的判定,《中国语学》254:51-73。[日本]

柯理思 2009 论北方方言中位移终点标记的语法化和句位义的作用,《语法化与语法研究(四)》,北京:商务印书馆,145-187。

柯理思、刘淑学 2001 河北冀州方言"拿不了走"一类的格式,《中国语文》5:428-438。

柯理思、太田斋 2011 西北方言动词词尾形态化的机制:以陕西凤翔县虢王镇话为例,"汉语西北方言与阿尔泰语接触研究国际学术研讨会",兰州,2011年8月9日-12日。

兰宾汉 2011 《西安方言调查研究》,北京:中华书局。

李巧兰 2013 河北赵县方言的D变韵,《语文研究》3:56-62。

李荣 1978 温岭方言的变音,《中国语文》2:96-103。

李仕春、艾红娟 2008 山东莒县方言动词的合音变调,《语言科学》4:394-397。

李仕春、艾红娟 2009 山东方言里的一种语法变调,《方言》4:380-383。

刘翠香 2007a 东莱片方言"V 儿 NL"中的"儿",《中国语文研究》1:21-30。

刘翠香 2007b 《山东栖霞方言的体貌助词"儿"及相关问题》,《语言学论丛》35:260-279。

刘祥伯 2004 北京话"一+名"结构分析,《中国语文》1:36-39。

刘勋宁 1995 再论汉语北方话的分区,《中国语文》6:447-454。

刘勋宁 2008 黄土高原的方言是一个宝藏,《语文研究》2:37-41。

麦耘 1995 广州话的语素变调及其来源与嬗变,《音韵与方言研究》,广东人民出版社,241-272。

孟子敏 2000 平邑话的变调,《开篇》20:189-200。东京:好文出版。[日本]

钱曾怡 1993 《博山方言研究》,北京:社会科学文献出版社。

钱曾怡、张树铮、罗福腾 2001 《山东方言研究》,济南:齐鲁书社。

钱曾怡 2010 《汉语官话方言研究》,济南:齐鲁书社。

桥本万太郎 1978 《言语类型地理论》,东京:弘文堂。[日本]

单韵鸣 2013 广州话动词完成体的变异,《语言科学》6:649-657。

太田斋　2012　陕西凤翔县虢王镇方言音系简介,《神户外大论丛》第63卷第4号:21-33。[日本]

曹逢甫　2006　语法化轮回的研究:以汉语鼻音尾/鼻化小称词为例,《汉语学报》2:2-15。

王艾录　1992　祁县方言动词结果体的内部屈折,《语言研究》1:26-30。

王福堂　1999　《汉语方言语音的演变和层次》,北京:语文出版社。

王洪君　2008　《汉语非线性音系学》,北京:北京大学出版社。(第一版1999年)

王军虎　2012　凤翔方言的子变韵和D变韵,《咸阳师范学院学报》3:57-60。

王森　1998　郑州荥阳(广武)方言的变韵,《中国语文》第4期,275-283。

魏培泉　2013　近代汉语动趋式中的「将」,《语言暨语言学》14-5:875-928。

吴福祥　2005a　汉语语法化研究的当前课题,《语言科学》2:20-32。

吴福祥　2005b　汉语体貌标记"了"、"着"为什么不能强制性使用,《当代语言学》3:237-250。

辛永芬　2006a　《河南浚县方言的动词变韵》,《中国语文》1:45-53。

辛永芬　2006b　《浚县方言语法研究》,北京:中华书局。

邢向东　2010　音变现象述要,《汉语官话方言研究》(第10章)(钱曾怡主编),济南:齐鲁书社,369-406。

杨平　1990　带"得"的述补结构的产生和演变,《古汉语研究》1:56-63。

张成才　1958　商县方言动词完成体的内部屈折,《中国语文》6:279-280。

张鸿魁　1990　《临清方言志》,北京:中国展望出版社。

张树铮　2004　山东方言轻声的语音特点,《开篇》24:213-222。[日本]

张占山、李如龙　2007　虚化的终极:合音——以烟台方言若干虚成分合音为例,《鲁东大学学报》24-2:95-100。

赵清治　1998　长葛方言的动词变韵,《方言》1: 37 - 40。
赵日新　2007　中原地区官话方言弱化变韵现象探新,《语言学论丛》36: 210 - 228。

ANSALDO Umberto and LIM Lisa. 2004. Phonetic absence of syntactic prominence. In Fischer, Norde and Perridon (eds.), *Up and down the cline: The nature of grammaticalization*. Amsterdam: John Benjamins. 345 - 362.

BISANG Walter. 1996. Areal typology and grammaticalization: processes of grammaticalization based on nouns and verbs in East and mainland South East Asian languages, *Studies in Language* 20 - 3: 519 - 595.

BISANG Walter. 2008. Grammaticalization as an areal phenomenon: The case of East and Mainland Southeast Asian Languages and its consequences for concepts of complexity and maturation, *Yǔyánxué Lùncóng*《语言学论丛》38: 64 - 98.

BISANG Walter. 2009. Grammaticalization without Coevolution of Form and Meaning: The Case of Tense-Aspect-Modality in East and Mainland South-east Asia. In Walter Bisang, Nikolaus Himmelmann and Bjorn Wiemer (eds.), *What makes Grammaticalization? — A look from its Fringes and its Components*. Berlin: Mouton de Gruyter. 109 - 138.

BYBEE Joan, REVERE Perkins and William Pagliuca. 1994. *The Evolution of Grammar — Tense, Aspect, and Modality in the Languages of the World*. Chicago: Chicago University Press.

CHIRKOVA Katia. 2004. "On *yī* 'one item', *liǎ* 'two items', and *sā* 'three items'", *Journal of Chinese Language Teachers Association* 39. 2: 19 - 34.

COMRIE Bernard. 2003. Reconstruction, typology, and reality. In HICKEY Raymond (ed.), *Motives for language change*. Cambridge: Cambridge University Press. 243 - 257.

LAMARRE Christine. 2001. "Verb COMPLEMENT Constructions in Chinese Dialects". In H. Chappell (ed.) *Synchronic and diachronic perspectives on the grammar of Sinitic Languages.* Oxford University Press. 85 – 120.

LEHMANN Christian. 2002. *Thoughts on Grammaticalization.* München/ Newcastle: Lincom Europa. (2nd revised edition, first edition 1995). Erfurt: Arbeitspapiere des Seminars für Sprachwissenschaft der Universität Erfurt. Online edition: http://www.christianlehmann.eu/publ/grammaticalization_german.pdf

NORMAN Jerry. 1988. *Chinese.* Cambridge: Cambridge University Press.

SCHIERING René. 2006. *Cliticization and the Evolution of Morphology: A Cross-linguistic Study on Phonology in Grammaticalization.* PhD. Dissertation, Constance University. Constance: KOPS (The Institutional Repository of the University of Constance).

TRAUGOTT Elisabeth Closs and HEINE Bernd. 1991. Introduction. In Traugott and Heine (eds.), Approaches to Grammaticalization. Amsterdam/Philadelphia: John Benjamins. 1 – 14.

TRUDGILL Peter. 1986. *Dialects in Contact.* Oxford: Blackwell.

---

* 原载于:曹广顺、罗端、贝罗贝编辑 2015/5《北方汉语中的语言接触历时与共时研究》Guangshun Cao, Redouane Djamouri & Alain Peyraube (eds.), *Languagesin Contact in North China. Historical and Synchronic Studies*, p. 277 – 308. Paris: École des Hautes Études en Sciences Sociales. 2015.

第二版后记

这本《境外汉语历史语法研究文选》自 2013 年出版以来,受到学界的关注和专家的肯定。出版社计划再版,希望笔者能略增篇目,编个增订本。但考虑到初版的篇幅已经不小,可增的空间非常有限,经反复斟酌,决定增加柯理思教授的《北方汉语动词后缀的形态化》。

第二版除了增加这篇文章外,也对初版中的个别文字误讹予以改正。

我们缺少编辑这类论文集的经验,不当之处敬请指正!

吴福祥

2018 年初夏,于京城齐贤斋

图书在版编目（CIP）数据

境外汉语历史语法研究文选 / 吴福祥编. —2版
. —上海：上海教育出版社，2021.6
ISBN 978-7-5720-0843-6

Ⅰ.①境… Ⅱ.①吴… Ⅲ.①古汉语－语法－文集
②汉语－语法－近代－文集 Ⅳ.①H14-53

中国版本图书馆CIP数据核字(2021)第104373号

责任编辑　朱宇清
封面设计　周　吉

境外汉语历史语法研究文选
吴福祥　编

出版发行	上海教育出版社有限公司	
官　　网	www.seph.com.cn	
地　　址	上海市永福路123号	
邮　　编	200031	
印　　刷	上海展强印刷有限公司	
开　　本	640×965　1/16　印张 36.25　插页 1	
字　　数	539 千字	
版　　次	2021年9月第1版	
印　　次	2021年9月第1次印刷	
书　　号	ISBN 978-7-5720-0843-6/H·0027	
定　　价	98.00 元	

如发现质量问题，读者可向本社调换　电话：021-64377165
本书个别论文未联系到作者，如有原著者见到本书，请与我们联系。